二〇一七年云南昆明屈原与楚辞学国际学术讨论会
暨中国屈原学会第十七届年会论文

中国楚辞学

第二十七辑

中国屈原学会 编

主办

北京市哲学社会科学研究基地
江苏高校哲学社会科学重点研究基地 北京语言大学首都国际文化研究基地
云南大学文学院 南通大学楚辞研究中心

学苑出版社

图书在版编目（CIP）数据

中国楚辞学. 第二十七辑 / 中国屈原学会编. —北京：学苑出版社，2021.11
　　ISBN 978-7-5077-6285-3

Ⅰ. ①中… Ⅱ. ①中… Ⅲ. ①楚辞研究—中国—丛刊 Ⅳ. ① I207.223-55

中国版本图书馆 CIP 数据核字（2021）第 219627 号

责任编辑：李蕊沁　战葆红
出版发行：学苑出版社
社　　址：北京市丰台区南方庄 2 号院 1 号楼
邮政编码：100079
网　　址：www.book001.com
电子信箱：xueyuanpress@163.com
联系电话：010-67601101（营销部）　010-67603091（总编室）
印　刷　厂：河北赛文印刷有限公司
开本尺寸：787×1092mm　1/16
印　　张：31.75
字　　数：611 千字
版　　次：2021 年 11 月第 1 版
印　　次：2021 年 11 月第 1 次印刷
定　　价：120.00 元

编 委 会

顾　问　谭家健　陈怡良(中国台湾)　李炳海　崔富章　毛　庆
　　　　　赵逵夫　蒋南华　潘啸龙　章必功　殷光熹　张崇琛
主　编　方　铭　周建忠　冯良方
编　委　程本兴　蔡靖泉　陈连山　常　森　陈书良　戴永新
　　　　　冯良方　傅利民　方　铭　郭　丹　郭　杰　郭建勋
　　　　　黄崇浩　黄凤显　黄金明　黄灵庚　何新文　黄震云
　　　　　金荣权　李　诚　刘　刚　林家骊　李金善　罗　漫
　　　　　廖　群　刘生良　刘石林　刘毓庆　力　之　李洲良
　　　　　凌智民　钱　征　汤　洪　谭家斌　汤漳平　王德华
　　　　　吴广平　王孝强　谢　君　熊良智　徐文武　徐志啸
　　　　　杨生虎　尹小林　姚小鸥　叶之衡　周秉高　詹福瑞
　　　　　张宏洪　张俊伟　周建忠　赵敏俐　张　强　张庆利
　　　　　朱闻宇　林登顺(中国台湾)　鲁瑞菁(中国台湾)　邓国光(中国澳门)
　　　　　黄耀堃(中国香港)　大野圭介[日本]　谷口洋[日本]
　　　　　朴永焕[韩国]　吴万钟[韩国]　白　马[德国]
编辑部　谢　君　朱闻宇　王孝强

目 录

屈原作品研究

论《离骚》作于楚怀王十六年秋 …………………………………… 周秉高(1)

离去现实忧患、解脱生命痛苦
　　——关于《离骚》题义与诗旨的重新解读 ………………… 何新文　熊显长(17)

《离骚》香草意象之审美效应探析 …………………………………… 苏荟敏(32)

《离骚》的空间建构与屈原悲剧的必然性 …………………………… 段天姝(37)

《天问》夏代部分史实稽考 …………………………………………… 黄震云(45)

《天问》"应龙何画"节校释补正 ……………………………………… 李道和(53)

《湘君》《湘夫人》祭楚地祇考 ………………………………………… 曹胜高(77)

沅有芷兮澧有兰，思公子兮未敢言
　　——解读屈原诗《九歌·湘夫人》 …………………………… 吴昌林　唐季冲(85)

论《哀郢》作于顷襄王十三年 ………………………………………… 周秉高(92)

《哀郢》"曾不知夏之为丘兮，孰两东门之可芜"新解 ………………… 李治中(97)

《橘颂》并非屈原写给自己的诗篇 …………………………………… 郑志强(101)

屈原思想与精神研究

屈原与爱国价值观的中国传统文化基础 ……………………………… 方　铭(111)

庄蹻与屈原 ……………………………………………………………… 殷光熹(122)

屈原的"美政"与《书》"允迪厥德"的德政 …………………………… 戴永新(135)

屈原悲剧新解 ………………………………………… 郝玥朝　王连儒(142)

屈骚批评与两汉士人的精神流变 ……………………………………… 李春霞(152)

析屈原之"恐" …………………………………………………………… 刘　泽(164)

庄、屈《渔父》与儒道争辩 …………………………………………… 谢小刚(175)

屈原精神研究

历代屈原图像的人文寄托 ……………………………………………… 何继恒(185)

论宋明遗民对屈原与《楚辞》接受之异同 …………………………………… 毛　蕊（195）
改写屈原：一代辞宗如何成为变形金刚 …………………………………… 申　江（207）
汉代的屈原自沉论 …………………………………………………………… 杨　园（217）
从《橘颂》看屈杜的人格理想与文类贡献 ………………………………… 张思齐（230）
屈原文化遗迹时空分布的系统梳理 ………………………………………… 龚红林（250）
神圣空间：屈原、杜甫湖湘之游的诗学同构 ……………………………… 刘　祥（256）

宋玉研究

文士主体性研究视域下的宋玉《神女赋》真伪问题 ……………………… 陈咏红（270）
宋玉《九辩》寒蝉意象研究 ………………………………………………… 赵永子（278）

楚辞学者及楚辞学著作研究

《屈原贾生列传》与司马迁的政治主张 …………………………………… 郭全芝（286）
王逸《楚辞章句》中的齐国文献 …………………………………………… 郭　丽（296）
王逸《楚辞章句》《卜居》注的押韵 ……………………………………… 田岛花野（300）
刘勰的辞赋观 ………………………………………………………………… 袁　丁（310）
论先唐所传王逸《楚辞》著作之名实为《楚辞注》
　　——兼谈其传播时间 …………………………………………………… 王　伟（322）
洪兴祖《楚辞补注·离骚》暗引书考 ……………………………………… 黄　丽（332）
"以意逆志"解屈辞 ………………………………………………………… 赵　静（351）
《楚辞疏·离骚》异文研究 ………………………………………………… 邓杨婷（358）
《楚辞听直·听天问》探析 ………………………………………………… 何传雯（375）
《骚筏》的特点与贡献 ……………………………………………………… 刘树胜（380）
王夫之屈原论之寄托 ……………………………………… 丁海玲　陈　杨（404）
评朱骏声《离骚赋补注》 …………………………………………………… 李凤立（410）
李光地读楚辞 ………………………………………………………………… 郭　丹（416）
董国英及其《楚辞贯》研究 ………………………………………………… 李国荣（422）
论陈廷焯《白雨斋词话》之"屈骚"词学观 ……………………………… 谢　雪（430）
以己注骚，以骚注己
　　——论谢济世《离骚解》的"感遇情结" ………………… 施仲贞　张　琰（438）
王邦采楚辞研究及其生平著述初探 ………………………………………… 伊雯君（446）
梁启超的屈原与楚辞研究 …………………………………………………… 刘生良（458）

徐嘉瑞先生的楚辞研究 ································· 段炳昌(465)
现代楚辞学史上的第一部楚辞地理考释专著
　　——评饶宗颐《楚辞地理考》的考据特色 ················· 黄　建(473)
林庚楚辞研究中的"兮"字说 ··························· 陈长江(484)
殷光熹教授楚辞研究述评 ····························· 许　悦(490)

屈原作品研究

论《离骚》作于楚怀王十六年秋

《职大学报》编辑部　周秉高

小序

当前中国楚辞研究的瓶颈在屈原作品写作背景的认定上。"知人论世"乃文学评论之铁律，如果连作品的写作背景都搞不清楚，还能奢谈什么思想和艺术分析？而屈原不少作品的写作背景至今不够清楚，以致众说纷纭，莫衷一是，故诸多论著对楚辞作品的解读都近乎云天雾地，不能深入，令读者似懂非懂，莫名其妙。2016年7月在内蒙古包头召开的由中国屈原学会与《职大学报》联合主办的"屈原作品篇第研讨会"，开始对此千古难题发起冲击，参会的11位副会长和几位常务理事踊跃发言，尽管争论激烈，但毕竟在有些作品写作背景的认知上取得了某些共识。另外，在屈原作品写作背景的研究中，《离骚》《哀郢》两篇尤其重要，因为只要这两篇的写作背景搞清了，屈原人生轨迹上的两个历史坐标也就可确定下来，其他作品的写作背景也就有可能迎刃而解。本人这几年一直用力于此二篇写作背景的研究，在去年的包头会议上公布了自己的研究结果，也得到了不少朋友的指正。在此基础上兹作二论，乞请方家指正。

关于《离骚》的写作年代，宋代以前本是清楚的，然而朱熹为了反王逸而反王逸，硬将一池清水搅浑了。800多年来，特别近代以来，这池水被越搅越浑，竟成了楚辞研究中的一个大难题，严重影响着楚辞研究的深入。

去年（2016年）7月，由中国屈原学会与《职大学报》编辑部联合主办、包头职业技术学院承办的"屈原作品篇第研讨会"在包头召开，有11位副会长和多位常务理事参加了这次会议。会上，笔者对《离骚》的写作年代问题首先发表了自己的看法，专家们对此进行了热烈的讨论，不同观点之间也展开了针锋相对的辩论。最后，大多数专家还是认同了《离骚》作于楚怀王十六年的说法，这也可算是这次会议的一个成果。会议结束，黄震云教授返京前与笔者握别时说：你可以就《离骚》写作年代问题召开一个新闻发布会了。十分感谢震云教授的鼓励，但考虑召开新闻发布会不如写文章更能说清问题，故操觚以成此篇，诚乞诸贤指正。

研究《离骚》的写作年代，一是要考证历史文献，二是要吃透《离骚》文本。本文就从这两个方面入手。

一、历史文献中的证据

(一)最早的历史记载

最早记载《离骚》写作背景的是西汉时期的司马迁和刘向。

1.《史记·太史公自序》有载曰：

  屈原放逐著《离骚》。①

2. 司马迁《报任少卿书》亦载曰：

  屈原放逐乃著《离骚》。②

3. 司马迁《史记·屈原列传》载曰：

  ……王怒而疏屈平。
  屈平疾王听之不聪也，谗谄之蔽明也，邪曲之害公也，方正之不容也，故忧愁幽思而作《离骚》……推此志也，虽与日月争光可也。
  屈平既绌，其后秦欲伐齐……③

4. 刘向《新序·节士》载曰：

  秦欲吞灭诸侯，并兼天下。屈原为楚东使于齐，以结强党。秦国患之，使张仪之楚，货楚贵臣上官大夫靳尚之属，上及令子兰、司马子椒，内赂夫人郑袖，共谮屈原。屈原遂放于外，乃作《离骚》。④

任何研究《离骚》写作年代的学者都不可能回避这四则历史记载。抛开这四则历史记载仅凭臆测所做的任何所谓研究，都是不可信的。

上述这四则最早关于《离骚》写作背景的记载中，三则所述相仿，唯《屈原列传》所载与其他三则不同。更奇怪的是，同一个司马迁在其他两篇文章中明言《离骚》是屈原"放

---

① 司马迁：《史记》（第十册），北京：中华书局，1959年，第3300页。
② 班固：《汉书》（第九册），北京：中华书局，1962年，第2735页。
③ 司马迁：《史记》（第十册），北京：中华书局，1959年，第2481—2482页。
④ 卢元骏：《新序今注今译》，天津：天津古籍出版社，1987年，第240页。

逐"后作,偏偏本传中却似乎说"疏"后作。这是怎么回事?难道是司马迁糊涂、自相矛盾了?显然不能轻易下这个结论,而需要进行仔细考证和辨认。

(二)《屈原列传》中那段关于《离骚》写作背景的记载并非司马迁所述

三国时代的张晏在注《汉书·司马迁传》时已经提出《史记》曾在"元、成之间褚先生补缺"①的问题。近人汤炳正先生《屈赋新探》首篇就是集中讨论"今本《屈原列传》之被窜乱及原本《屈原列传》的本来面目"②这个课题。在前贤研究成果的基础上,我们对此可以进行深入探讨。

1.《屈原列传》中有被后人"窜乱"的明显证据——此传最后有云:"贾嘉最好学,世其家,与余通好,至孝昭时列为九卿。"③司马迁没有活到孝昭时代,可见这段话是后人所补入。由此可见,此传并非全部是太史公手笔,读者有理由对此传其他有关文字进行严格审查。

2.《屈原列传》中有两段文字的语体风格显然与前后文字迥异,并非史传体语言,似非司马迁所述。这两段文字是:

屈平疾王听之不聪也,谗谄之蔽明也,邪曲之害公也,方正之不容也,故忧愁幽思而作《离骚》。离骚者,犹离忧也。夫天者,人之始也;父母者,人之本也。人穷则反本,故劳苦倦极,未尝不呼天也;疾痛惨怛,未尝不呼父母也。屈平正道直行,竭忠尽智以事其君,谗人间之,可谓穷矣。信而见疑,忠而被谤,能无怨乎?屈平之作《离骚》,盖自怨生也。《国风》好色而不淫,《小雅》怨诽而不乱。若《离骚》者,可谓兼之矣。上称帝喾,下道齐桓,中述汤武,以刺世事。明道德之广崇,治乱之条贯,靡不毕见。其文约,其辞微,其志洁,其行廉,其称文小而其指极大,举类迩而见义远。其志洁,故其称物芳。其行廉,故死而不容。自疏濯淖污泥之中,蝉蜕于浊秽,以浮游尘埃之外,不获世之滋垢,皭然泥而不滓者也。推此志也,虽与日月争光可也。④

屈原既嫉之,虽放流,眷顾楚国,系心怀王,不忘欲反,冀幸君之一悟,俗之一改也。其存君兴国而欲反复之,一篇之中三致志焉。然终无可奈何,故不可以反,卒以此见怀王之终不悟也。人君无愚智贤不肖,莫不欲求忠以自为,举贤以自佐,然亡国破家相随属,而圣君治国累世而不见者,其所谓忠者不忠,而所谓贤者不贤。怀王以不知忠臣之分,故内惑于郑袖,外欺于张仪,疏屈平而信上官大夫、令尹子兰。兵挫地削,亡其六郡,身死于秦,为天下笑。此不知人之祸也。《易》曰:"井泄不食,为

---

① 班固:《汉书》(第九册),北京:中华书局,1962年,第2725页。
② 汤炳正:《屈赋新探》,济南:齐鲁出版社,1984年,第4页。
③ 司马迁:《史记》(第八册),北京:中华书局,1959年,第2503页。
④ 司马迁:《史记》(第八册),北京:中华书局,1959年,第2435页。

我心恻,可以汲王明,并受其福。"王之不明,岂足福哉!①

这两段文字的主要表现手法是抒情与议论,特别是第一段中关于《离骚》写作的那段文字还采用了排比、夸张和比拟等多种修辞手法,与以叙述和描写为主的《史记》主体的表现手法明显不同。众所周知,成熟的作家都有自己独特的鲜明的语言特色。如苏洵在评论孟子、韩愈和欧阳修三人的语言风格时指出:

孟子之文,语约而意尽,不为巉刻断绝之音,而其锋不可犯。而韩子之文,如长江大河,浑浩流转,鱼鼋蛟龙,万怪惶惑,而抑遏蔽掩,不使之露,而人望其渊然之光,苍然之色,亦自畏避,不敢迫视。执事(欧阳修)之文纡余委备,往复有折,而条达疏畅,无所间断,气尽语极,急言竭论,而容与闲易,无艰难劳苦之态。此三者皆断然自为一家之文也。②

《屈原列传》以上两段文字的语体风格与前后文字迥异,就不得不让人怀疑其是否为司马迁所著。

3. 说以上两段文字不是司马迁所述,还有一个证据。班固《离骚序》有载曰:

昔在孝武,博览古文,淮南王安叙《离骚传》,以国风好色而不淫,小雅怨悱而不乱,若《离骚》者,可谓兼之,蝉蜕浊秽之中,浮游尘埃之外,皭然泥而不滓。推此志也,虽与日月争光可也。③

尽管现在不能说《屈原列传》中那两段抒情文字完全是淮南王刘安所作,但班固《离骚序》至少可以证明"国风好色而不淫"等文字的著作权确实不属司马迁。

4. 更重要的是,从《屈原列传》的叙事角度看,上述两段文字与前后衔接不够紧密;相反,去掉那两段文字,前后叙述就十分顺畅,此足证其非司马迁所著。

先说第一段"窜入"文字。其开头与本传上段结尾"王怒而疏屈平"一句似乎能联上,这也是后人误认其为司马迁所述的一个原因。但要注意,"屈平疾王听之不聪也,谗谄之蔽明也,邪曲之害公也,方正之不容也,故忧愁幽思而作《离骚》"一句与下文"夫天者,人之始也……虽与日月争光可也"等关联更加紧密,是以下长篇抒情的发端,或者说,从"疾王听之不聪也"到"虽与日月争光可也"是一个完整的抒情单元,密不可分。而这段抒情

---

① 司马迁:《史记》(第八册),北京:中华书局,1959年,第2481页。
② 转引自罗根泽:《中国文学批评史》(第三册),上海:上海古籍出版社,1984年,第104页。
③ 转引自郭绍虞:《中国历代文论选》(上册),北京:中华书局,1962年,第120页。

文字与其后"屈平既绌,其后秦欲伐齐"等就根本联不上了。相反,去掉这段抒情文字,其前"王怒而疏屈平"一句与其后"屈平既绌"等却是关联十分紧密。由此可证,屈平"忧愁幽思而作《离骚》"那段文字是后人"窜入"而非司马迁所述。

至于第二段抒情文字,更是与前后叙事连接不上,纯属"画蛇添足"。相反,去掉这段文字,那么其前"楚人咎子兰以劝怀王入秦而不反也"一句与其后"令尹子兰闻之大怒"等却是十分紧密。此足见是后人硬在此中间"窜入"了那段与本传内容关系不大的文字。

搞清了以上四点,就可知,《屈原列传》中那段关于《离骚》写作的文字当如褚、汤等前贤所云,是后人胡乱"补缺"或"窜入",与司马迁无关,而《太史公自序》的所载"屈在放逐著《离骚》"与《报任少卿书》所载"屈原放逐乃著《离骚》"才是司马迁的真正观点。

既然肯定了"屈原放逐乃著《离骚》"是汉人的记载,是当时著名历史学家司马迁和刘向一致的看法,那么,"屈原放逐著《离骚》"究竟在哪一年呢?屈原一生两次被逐,《离骚》写作究竟在哪次放逐之后?这也曾是争论的焦点之一。有些学者硬说屈原在顷襄王朝被逐之后写的《离骚》,可是历史文献中记载的却不是这样。

(三)屈原放逐著《离骚》"是在楚怀王十六年(前313)

根据各种历史文献记载可知:"屈原放逐著《离骚》"是在楚怀王十六年(前313)。证据如下:

1. 刘向《新序·节士(七)》,其云:

  秦欲吞灭诸侯,并兼天下。屈原为楚东使于齐,以结强党。秦国患之,使张仪之楚,货楚贵臣上官大夫靳尚之属,上及令子兰、司马子椒,内赂夫人郑袖,共谮屈原。屈原遂放于外,乃作《离骚》。①

2.《史记·楚世家》有载曰:

  (怀王)十六年,秦欲伐齐,而楚与齐从亲,秦惠王患之,乃宣言张仪免相,张仪南见楚王……②

3.《史记·六国年表》有载曰:

  (怀王)十六年,张仪来相。③

---

① 卢元骏:《新序今注今译》,天津:天津古籍出版社,1937年,第240页。
② 司马迁:《史记》(第五册),北京:中华书局,1959年,第1723页。
③ 司马迁:《史记》(第二册),北京:中华书局,1959年,第733页。

4.《史记·张仪列传》亦有载曰：

秦欲伐齐，齐楚从亲，于是张仪往相楚……①

5.《史记·秦本纪》有载曰：

（秦惠王十二年，即楚怀王十六年）张仪相楚。十三年，庶长章击楚于丹阳，虏其将屈匄，斩首八万……②

以上史料互相印证，有力地表明，"屈原放逐著《离骚》"是在楚怀王十六年，即公元前313年。

另外，历史文献还表明，屈原在楚怀王十六年著《离骚》是情理之中的事。在研究《离骚》写作背景时，有三则史料须引起高度重视——

1.《楚世家》载曰：（怀王）十六年，秦欲伐齐，而楚与齐从亲，秦惠王患之，乃宣言张仪免相，使张仪南见楚王，谓楚王曰……怀王大悦，乃置相玺于张仪……因使一将军西受封地。③

2.《屈原列传》：（怀王十六年）屈平既绌，其后秦欲伐齐，齐与楚从亲，惠王患之，乃令张仪佯去秦，厚币委质事楚，曰："秦甚憎齐，齐与楚从亲，楚诚能绝齐，秦愿献商、於之地六百里。"楚怀王贪而信张仪，遂绝齐，使使如秦受地。④

3.《新序·节士》：秦欲吞灭诸侯，并兼天下。屈原为楚东使于齐，以结强党。秦国患之，使张仪之楚，货楚贵臣上官大夫、靳尚之属，上及令子兰、司马子椒，内赂夫人郑袖，共谮屈原，屈原遂放于外，乃作《离骚》。⑤

这三则史料都说"齐与楚从亲"（齐楚"以结强党"），"秦国（惠王）患之"。其原因，正是"屈平既绌，不复在位，使于齐以结强党"之故。秦王因此视之如寇仇，"使张仪之楚，货楚贵臣上官大夫靳尚之属，上及令子兰、司马子椒，内赂夫人郑袖，共谮屈原，屈原遂放于外"。前因后果，顺理成章，楚怀王十六年屈原放逐乃著《离骚》，合情合理，可以定谳。

---

① 司马迁：《史记》（第七册），北京：中华书局，1959年，第2287页。
② 司马迁：《史记》（第一册），北京：中华书局，1959年，第207页。
③ 司马迁：《史记》（第五册），北京：中华书局，1959年，第1723页。
④ 司马迁：《史记》（第八册），北京：中华书局，1959年，第2483页。
⑤ 卢元骏：《新序今注今译》，天津：天津古籍出版社，1987年，第240页。

因为以上史料确凿可信,所以宋人洪兴祖在《楚辞补注》中总结曰:

> 按《楚世家》《屈原传》《六国世表》、刘向《新序》云,秦欲吞灭诸侯,屈原为楚东使于齐,以结强党。秦国患之,使张仪之楚,赂贵臣上官大夫靳尚之属,及令子兰、司马子椒,内赂夫人郑袖,共谮屈原。屈原遂放于外,乃作《离骚》。当怀王之十六年,张仪相楚。①

这是对宋代以前楚辞学界关于《离骚》写作年代认知的总结,今天看来也是比较可信的结论。遗憾的是800多年来,特别是近代以来,围绕《离骚》的写作年代问题,学界打了多少笔墨官司,但最后恐怕还得承认洪兴祖的结论更符合文献记载!

二、《离骚》文本中的证据

一些企图否定《离骚》作于楚怀王十六年的学者,不顾历史文献中的记载,硬说通过对《离骚》文本的解读,得出了《离骚》并非作于楚怀王十六年的观点。而实际上,他们的解读是错误的,如清人林云铭所说,不少学者研究楚辞,"全不顾其篇中文义","反添出许多强解,附会穿凿,把灵均绝世奇文埋没殆尽,殊可叹也!"②

严肃的学者,只要认真解读《离骚》文本,恰恰会发现,《离骚》只能作于楚怀王十六年。证据如下。

(一)《离骚》内容概述

关于《离骚》的层次,有些学者称为"段落",从古到今,分法种种,据统计有近百种之多。"段落"与"层次"并非一个概念。不管有多少分法,《离骚》有几处显然是层次的交接点,这是绝大多数学者都能认同的。这几处,一是"虽体解吾犹未变兮,岂余心之可惩",此与下文"女嬃之婵媛兮,申申其詈予"绝对不能联在一起;二是"闺中既已邃远兮,哲王又不悟。怀朕情而不发兮,余焉能忍与此终古",与下文"索藑茅以筳篿兮,命灵氛为余占之"也绝对不能合在一起。最后的"乱"辞与"仆夫悲余马怀兮,蜷局顾而不行"以上文字也不能合在一起。所以,我在《楚辞解析》等拙著中将"乱"辞以上文字分为回顾、求索和矛盾三大层次。屈原在《离骚》第一层次中回顾自己的志向、遭遇和决心。屈原回顾自己当年怀有高洁的志向和独立的人格,一心追随国君,振兴国家,但是灵修数化,众芳芜秽,在如此尴尬境遇里,他表示了九死未悔的决心和即使退隐也要坚持操守的意志。《离骚》第二层次写他在回顾往昔信而见疑忠而被谤的背景下,屈子迷惑,于是上下求索,

---

① 洪兴祖:《楚辞补注》,北京:中华书局,1983年,第135页。
② 林云铭:《楚辞灯》,黄灵庚主编:《楚辞文献丛刊》第46册,北京:国家图书馆出版社,2014年,卷4。

貌似追求四位美女,实际是在追求实现美好理想的同道和途径,但最后均以失败告终。《离骚》第三大层次写屈原历经坎坷,前途无望,只好借巫祝之语抒胸中之情。他已看清,楚国上层黑暗腐朽,自己再无施展抱负的机会,所以他要冲出楚国去"远逝",前往"九州"那个更加广大的世界。但楚国是自己的故乡,他不能离开自己的故乡。不能不离,离又不能。正是在此尖锐的感情冲突中,诗人的爱国主义思想升华到最高境界,熔铸成了中国文学史上的一个绝世强音。

通过以上对《离骚》内容的概括,人们可以看到,尽管在作品最后,诗人有"既莫足与为美政兮,吾将从彭咸之所居"的牢骚,但全诗主要是表达诗人对美好理想和志同道合者的热烈追求,激情洋溢,积极向上。此诗与表达"不能不死,死又不能"思想的《悲回风》完全不同,而有些学者错误解读诗中片言只语,然后硬说《离骚》为屈子的"绝命辞"(因此只能作于楚顷襄王时代),这是完全不顾作品实际的徒劳之举。

(二)《离骚》的内容还证明,作品中所写当时楚国的君王,也就是诗人要效忠的君王是楚怀王而非楚顷襄王。这点对于判断《离骚》的写作年代十分重要。

《离骚》中明明白白写道:

　　初既与余成言兮,后悔遁而有他。
　　余既不难夫离别兮,伤灵修之数化。

历史文献证明,对屈原"数化",即时而信任,时而猜疑的,是楚怀王,而非楚顷襄王。因为顷襄王从即位到顷襄王三年"怒而迁"屈原为止,这两年多的时间里一直没有重用屈原。《怀沙》证明了这一点:

　　巧倕不斫兮,孰察其揆正?
　　玄文处幽兮,蒙瞍谓之不章。
　　离娄微睇兮,瞽以为无明。

这里连用三个比喻,就是说顷襄王从来没有重用过屈原,所以屈子慨叹不能施展自己杰出的才华,只能身处犹如凤凰被困、鸡鸭欢舞那种玉石同糅的尴尬境地。也因此,屈原对顷襄王不存在"余既不难夫别离兮,伤灵修之数化"的问题。相反,楚怀王生前确实对屈原的态度有过多次变化,时而信任,时而怀疑。《屈原列传》对此有记载:最初,屈原"为楚怀王左徒,博闻强志,明于治乱,娴于辞令。入则与王图议国事,以出号令;出则接遇宾客,应对诸侯。王甚任之。"而后来,上官大夫"争宠而心害其能",因谗之,"王怒而疏屈平。"又,刘向《新序·节士》记载,"秦欲吞灭诸侯,并兼天下。屈原为楚东使于齐,以结强党。秦国患之,使张仪之楚,货楚贵臣上官大夫靳尚之属,上及令子兰、司马子椒,内赂夫人郑袖,共潛屈原。屈原遂放于外,乃作《离骚》。"以上历史记载证明,《离骚》中所写对屈原"数化"的当时楚国君王是怀王而非顷襄王。

另外,《离骚》中表达出的对当时楚王的感情是那样的热烈、忠诚:

> 余固知謇謇之为患兮,忍而不能舍也!
> 指九天以为正兮,夫唯灵修之故也!
>
> 日月忽其不淹兮,春与秋其代序;
> 惟草木之零落兮,恐美人之迟暮。
> 不抚壮而弃秽兮,何不改乎此度也?
> 乘骐骥以驰骋兮,来吾道夫先路!

这些热情洋溢的诗句显然只能适用于楚怀王。因为屈原在顷襄王朝仅两年多一点的时间,顷襄王也一直没有重用他,所以君臣之间不可能有多么深厚的感情。而此时的屈原与怀王君臣关系已十余年,怀王还曾几度信任、重用过他,君臣关系自然非同一般。这些诗句西还有力地证明,《离骚》写作之时,楚怀王还活着,正处壮年,还在执掌楚国的政权,而且屈原对他充满希望,还愿意为他驰骋效劳,当开路先锋。所以说,《离骚》内容恰恰证明,此诗只能作于楚怀王十六年。

游国恩先生曾以"灵"字有种神秘之意而说怀王当时已经死去,因此《离骚》作于顷襄王时代,这种说法是站不住脚的,胡念贻先生曾对此有过批驳,此不赘录。①

(三) 从《离骚》表现的当时楚国的形势考察。

为了证明《离骚》作于顷襄王时期,有的学者硬说屈原作《离骚》之时,"楚国日益削弱,国势岌岌可危",楚国内政变革已无复可言,外事之急尤甚于内忧,而屈子深知合从抗秦其望已绝,楚之亡可以立待,故决然自沉以死,以"表示与祖国共存亡"。② 这个说法与《离骚》文本根本不合。《离骚》全诗373句,其中明确讲到楚国形势的有两处:一是回顾遭遇时,一是决定去留时。回顾遭遇时这样写道:

> 惟夫党人之偷乐兮,路幽昧以险隘。
> 岂余心之惮殃兮,恐皇舆之败绩。

---

① 胡念贻:《先秦文学论集》,北京:中国社会科学院出版社,1981年,第341页。
② 游国恩:《游国恩学术论文集》,北京:中华书局,1989年,第214页。

这里,"恐皇舆之败绩"的意思是担心国家危亡,但这同"路幽昧以险隘"一样,仅仅是泛指,是楚国由盛转衰时诗人一种预感。这种预感并非"外事之急"所致,而是"党人偷乐"即当时黑暗内政所致。所谓"党人偷乐"即诗中所写:

众皆竞进以贪婪兮,凭不厌乎求索。
羌内恕己以量人兮,各兴心而嫉妒。

这里,实在找不出一点"外交之急尤甚于内忧"的根据。
在写决定去留时,作品对当时楚国形势更有一段十分集中、明确的叙写:

时缤纷其变易兮,又何可以淹留?
兰芷变而不芳兮,荃蕙化而为茅。
何昔日之芳草兮,今直为此萧艾也?
岂其有他故兮,莫好修之为害也。
余以兰为可恃兮,羌无实而容长。
委厥美以从俗兮,苟得列乎众芳!
椒专佞以慢慆兮,榝又欲充夫佩帏。
既干进而务入兮,又何芳之能祇?
固时俗之流从兮,又孰能无变化?
览椒兰其若兹兮,又况揭车与江离!

这一长段诗句的开头就表明是要讲楚国形势,如五臣注所云:"言世乱变易不可住也。"① 而当时楚国形势之"变易",又究竟指什么呢?下文详细地写到了兰、芷、荃、蕙、茅、椒、榝、揭车、江离等等,这些都是用比,各有喻意,即抨击当时腐朽、堕落的楚国统治集团,揭露混乱黑暗的内政,又哪里有秦楚外交的影子? 即使游先生认为力证的"乱词",也只是说到"国无人,莫吾知","莫足以为美政",又哪里有"亡可以立待"的外交危机感呢?

又,历史文献表明,楚怀王十六年之前,正是楚国国势处于最强盛的时期。《楚世家》载曰:"(楚怀王)十一年,苏秦约从山东六国共攻秦,楚怀王为从长。""(楚怀王)十六年,秦欲伐齐,而齐与楚从亲,秦惠王患之,乃宣言张仪免相,使张仪南见楚王。"能成为山东六国盟军之最高统帅,能使秦王"患之",可见当时楚国国势之强盛。但是,怀王十六年

---

① 转引自游国恩:《离骚纂义》,北京:中华书局,1980年,第415页。

重用佞臣、误听张仪、放逐屈原之后,楚国形势急转直下,特别是怀王十七年丹阳、蓝田两次大战之后,秦国日益强大,楚国渐趋衰微,那以后才是所谓"外事之急甚于内忧"。这一史实与《离骚》文本相比照,更足见《离骚》不可能作于楚怀王十六年之后。所以即使从诗歌表现的当时楚国形势考察,游先生等学者的观点也是站不住脚的。

(四)对其他几个错误观点进行反驳的资料

在这次包头会议上,为了对《离骚》作于楚怀王十六说进行质疑,有几位学者提出了几个问题向我质询。我当时拿出22年前出版的拙著《风骚论集》来加以回答,因为那几个所谓的"问题"其实几十年前学术界早已解决。兹将会议上我用来回答质疑者的拙著《风骚论集》中搜集的那几个资料过录如下:

1. 驳"江南地名"

中国社会科学院研究所已故研究员胡念贻先生在其《先秦文学论集》中写道:

> 有人举出"济沅湘以南征兮,就重华而陈辞"两句为屈原作《离骚》时在江南的证据。然而这两句实际是想象之词,也同"吾令丰隆乘云兮,求宓妃之所在"一样,不能当作事实看。有人以为,"就重华而陈辞"是假想,"济沅湘"以南征不是假想,这也是过于深求。重华的一些故事讲到的地点南方,自然要"济沅湘以南征",两句是密切地关联的。如同"望瑶台之偃蹇兮,见有娀之佚女"一样,我们能说屈原真的见了瑶台吗?如果说"沅湘"实指,那么,"指西海以为期"的"西海"也是实指吗? ①

2. 驳"汉老的心情"

著名楚辞学家汤炳正教授在其《屈赋新探》一书中写道:

> 如游国恩同志在《楚辞概论》中曾举出《离骚》的下列词句,说明它是屈原晚年的作品,不是壮年的作品:
> (1)汩余若将不及兮,恐年岁之不吾与。
> (2)惟草木之零落兮,恐美人之迟暮。
> (3)老冉冉其将至兮,恐修名之不立。
> 但游氏所举的这三例,不仅不能证明《离骚》是晚年的作品,相反的更足以证明它是壮年的作品。因为从这三句的语气看,凡两言"将",则所谓"零落""迟暮""老"显指将来而言,非指现在而言;凡三言"恐",则分明是怕老之将至,而非言老之已至……另一方面,我们还可能举出与此相反的三个例子来说明这个问题:

---

① 胡念贻:《先秦文学论集》,北京:中国社会科学院出版社,1981年,第350页。

及荣华之未落兮,相下女之可诒。
　　及年岁之未晏兮,时亦犹其未央。
　　及余饰之方壮兮,周流观乎上下。

就时间的称谓看,其曰"未落",曰"未晏",曰"未央",曰"方壮",则显指壮年而言,就心情的表现来看,则三句凡三言"及",则其欲方壮之年复兴楚国的汲汲之情宛然如是。如果把这两组例句加以对照,不难看出,谈到"未央""方壮"等,则言"及";而谈到"零落""迟暮"等,却是两曰"将",三曰"恐"。从这两种不同的语气上,完全可以证明《离骚》是作于壮年而非作于晚年。这跟《涉江》所云"余幼好此奇服兮,年既老而不衰"的思想感情是不一致的。①

3. 驳"去国远逝的念头和一死的决心"
胡念贻先生写道:

　　《离骚》最后几句:"已矣哉！国无人莫我知兮,尔何怀乎故都？既莫足与此为美政兮,吾将从彭咸之所居！"持《离骚》作于顷襄王时期说者认为这几句表示了死的决心,甚至把《离骚》当成"绝命辞"(郭沫若语)。然而这还需要认真的分析:(一)《离骚》这首诗整个地看写得是那样感情热烈,心潮澎湃,回顾过去,占卜将来,陈辞重华,上下求索,可见他还有着强烈的奋斗愿望,并不真的想死。"吾将从彭咸之所居",只是表明作者当时在忍受着极大的痛苦下的无所告诉的心情;(二)我们应当将《离骚》和《哀郢》和《涉江》特别是和《怀沙》比较。在《哀郢》和《涉江》里,再也没有表现出《离骚》里的那种热切的心情,而是一副冷峻的笔墨。在这些作品里再不对楚王有所表白,再不对楚国和自己的前途抱什么希望。如果说《哀郢》里还有一点渺茫的希望的心情,《涉江》里却是任何希望都不存在了。《涉江》里说:"吾不能变心而从俗兮,固将愁苦而终穷","余将董道而不豫兮,固将重昏而终身"。屈原表示永远不改变自己的节操,他也知道永远不会见于天日。《怀沙》是绝命辞,"知死不可让,愿勿爱兮",感情是多么平静,一点也没有激动的表现,和《离骚》完全两样。这时,他对一切都已经过冷静的思索了。②

以上,汤炳正先生和胡念贻先生的反驳是十分有力的。
几十年前学术界早已解决的问题居然在如此高级的学术会议上被重新提了出来,实

---

① 汤炳正:《屈赋新探》,济南:齐鲁出版社,1984年,第11—12页。
② 胡念贻:《先秦文学论集》,北京:中国社会科学出版社,1981年,第349页。

在令人诧异。

总之,《离骚》文本恰恰证明:《离骚》只能作于楚怀王十六年!

三、说《离骚》写作在秋天的根据

我在包头会议上首次提出:"《离骚》作于楚怀王十六年秋天。"对于这个"秋天说",几乎在场的绝大多数专家都不予认同,以为此说"太绝对了"。那些赞同《离骚》作于楚怀王十六年说的专家亦对此不表认同,认为关于《离骚》写作年代的表述"宜粗不宜细",等等。倒是赵敏俐教授在做会议总结时对我的这个说法进行了鼓励,他说:

> 关于楚辞研究的这种方法,我倒是特别赞赏的。研究某个问题,如果我们只说大概、差不多,比如,说《离骚》的写作,只说是前期做的或是后期做的,那还研究什么?我们总是要找到更多的证据,然后通过对这些证据的仔细分析,尽可能逼近那个原点,逼近它原初的形态。我觉得,对楚辞篇章进行研究,最重要的就是在对每一个具体问题的考证,问题往往在这里发现。所以很多有关这方面的文章,初看起来结论未必是那么坚实,但这样的文章往往会提出新问题,会给我们非常大的启发,引导大家争论,正是在这些具体的细节问题的讨论过程中,才能把楚辞研究一步步引向深化。所以我是很赞赏这种研究方法的,而且我觉得这是推进楚辞研究的一个很重要的方法。①

十分感谢赵敏俐教授的鼓励之辞。

我至今认为这个"秋天说"是站得住脚的,而且半年以来我又对这个问题进行了深入的研究,更加觉得此说是有根据的。

(一)内证。从写作理论上讲,有触景生情说。清人李渔《闲情偶记》有云:"善咏物者,妙在即景生情。"②《离骚》中也有即景生情的内容,而《离骚》中写到的景色正是秋天之景。证据如下——

一年四季,春夏秋冬。《离骚》通篇未言"冬"。言"春"者仅有两处,曰:"溘吾游此春宫""春与秋其代序","春宫"是建筑名词,"春与秋"泛指时间。言"夏"者亦只有两处,曰:"夏康娱以自纵""夏桀之常违",显然,这两处的"夏"均指朝代名,而非指季节。但是,《离骚》实实在在地写到了秋天的景物:

---

① 赵敏俐:《一次可以载入楚辞研究史的重要会议》,《职大学报》,2016年第4期,第7页。
② 李渔:《闲情偶寄》(词曲部·词采二),见《中国古典戏曲论著集成》(七),北京:中国戏剧出版社,1959年。

扈江离与辟芷兮,纫秋兰以为佩。
朝饮木兰之坠露兮,夕餐秋菊之落英。

这两处之"秋",确实是指季节。从情理上讲,屈原不可能在春天、夏天或冬天来讲"纫秋兰"或"餐秋菊",因此,只能理解为"即景生情"。

包头会议上,有的学者举出《礼魂》中"春兰兮秋菊"一例,以为作品中的季节景象不一定能作为确定作品写作年代的根据,企图以此否定"《离骚》作于秋天说"。可惜那位学者忘了《礼魂》"春兰兮秋菊"句下还有一句:"长无绝兮终古",而恰恰那后半句说明上句的"春兰""秋菊"是在泛指"一年到头都在祭祀",并非确指作品写作的时间,因此根本不能否定《离骚》中的"秋兰""秋菊"为作者写作时眼前所见秋天景物的说法。

(二)外证。通过对历史文献所载时间的推算,亦可知"屈原放逐著《离骚》"的季节应该是秋天。请看以下历史记载

1. 刘向《新序·节士(七)》,其云:

秦欲吞灭诸侯,并兼天下。屈原为楚东使于齐,以结强党。秦国患之,使张仪之楚,货楚贵臣上官大夫靳尚之属,上及令子兰、司马子椒,内赂夫人郑袖,共谮屈原。屈原遂放于外,乃作《离骚》。①

2.《楚世家》载曰:

(怀王)十六年,秦欲伐齐,而楚与齐从亲,秦惠王患之,乃宣言张仪免相,使张仪南见楚王,谓楚王曰:"敝邑之所甚说者无先大王,虽仪之所甚愿为辩栏之厮者亦无先大王。敝邑之王所甚憎者无先齐王;虽仪之所甚憎者亦先齐王。而大王和之,是以敝邑之王不得事王,而令张仪亦不得为门栏之厮也。王为仪闭关而绝齐,今使使者从仪西取故秦所分楚商於之地方六百里,如是则齐弱矣。是北弱齐,西德于秦,私商於以为富,此一计而三利俱至也。"怀王大悦,乃置相玺于张仪……因使一将军西受封地。②

3.《楚世家》还载曰:

张仪至秦,详醉坠车,称病不出三月,地不可得。楚王曰:"仪以吾绝齐尚薄邪?"

---

① 卢元骏:《新序今注今译》,天津:天津古籍出版社,1987年,第240页。
② 司马迁:《史记》(第五册),北京:中华书局,1959年,第1723页。

乃使勇士宋遗北辱齐王。齐王大怒,折楚符而合于秦。秦齐交合,张仪乃起朝,谓楚将军曰:"子何不受地?从某至某,广袤六里。"楚将军曰:"臣之所以见命者六百里,不闻六里。"即以归报怀王。怀王大怒……遂绝和于秦,发兵西攻秦。①

4.《楚世家》还有一段记载,曰:

(怀王)十七年春,与秦战丹阳,秦大败我军……②

按,以上几则史料记载了三个紧密相关的时间段之内的事情,可以逆推看去:

1. 怀王十七年春天,秦楚丹阳大战。

2. 其原因是张仪"称病不出三月"后翻脸不认账,无耻地将原先答应楚怀王"商於之地方六百里"改说为"从某至某广袤六里",从而引得"怀王大怒","发兵西攻秦"。这三个月,自然是指楚怀王十六年的冬天。

3. 再逆推上去。从"秦欲伐齐,而楚与齐从亲,秦惠王患之,乃宣言张仪免相,使张仪南见楚王"和被张仪诓骗之后"怀王大悦""因使一将军西受封地"等记载看,此二位君王急迫之情溢于纸上,其时间不会拖得太长。此事在张仪"称病不出三月"之前。由此可知,刘向《新序》所载的"秦欲吞灭诸侯,并兼天下。屈原为楚东使于齐,以结强党。秦国患之,使张仪之楚……共谮屈原。屈原遂放于外,乃作《离骚》"的季节应该是秋天。

(三)旁证一。《抽思》写屈子无过被逐,忧思难抑,抚今思昔,夜不能寐。全诗写了两个夜不能寐,一个是"思蹇产之不释兮,曼遭夜之方长。悲秋风之动容兮,何回极之浮浮?"一个是"望孟夏之短夜兮,何晦明之若岁?惟郢路之辽远兮,魂一夕而九逝"。后一个"抚今",在孟夏之夜,是写眼前之景,故用"望"字领起;前一个"思昔",在秋风之夜,是回忆放逐前夕的情景,故用"思"字发端。诗人在"思昔"时唱道:"数惟荪之多怒兮,伤余心之忧忧。愿摇起而横奔兮,览民尤以自镇。"此处所讲之"横奔",与《惜诵》"欲横奔而失路兮,盖志坚而不忍"中之"横奔",性质完全一样,连前后表达的内容也相似,可见《抽思》所"思"的秋风之夜,当是诗人写作《惜诵》之时。学术界一般都认为,诗人写作《惜诵》之时,已经受谗被疏,但尚未离开郢都,只是"欲""愿"而已,他思想斗争十分激烈,一度有意不遵礼数拂袖而去("横奔"),即与君王彻底决裂,但最终理智占了上风——"盖志坚而不忍""览民尤以自镇"。这正是诗人写作《离骚》前夕的情景,所以可证《离骚》作于秋天。

(四)旁证二。从古代刑法角度看,古人看重"春生秋杀",以为"凉风至,白露降,寒

---

① 司马迁:《史记》(第五册),北京:中华书局,1959年,第1723页。
② 司马迁:《史记》(第五册),北京:中华书局,1959年,第1723页。

蝉鸣,鹰乃祭鸟,用始行戮",故审决罪犯一般都在秋天。《礼记·月令》有载云:孟秋之月,"命有司修法制,缮囹圄,具桎梏,禁止奸,慎罪邪,务搏执……戮有罪,严断刑,天地始肃,不可以赢";仲秋之月,"乃命有司,申严百刑,斩杀必当"①,等等。"屈原放逐乃著《离骚》"之"放逐",据《尚书》所载,乃所谓"宥五刑"的一种手段②,其判决时间当然也在秋天。《离骚》作于放逐之际("将远逝以自疏"),因此也自然是在秋天。

根据以上理由,我说《离骚》作于秋天——楚怀王十六年秋天。

---

① 郑元注、孔颖达疏:《礼记正义》,见《十三经注疏》,北京:中华书局,1980年,第1373页。
② 孔安国传、孔颖达疏:《尚书正义》,见《十三经注疏》,北京:中华书局,1980年,第128页。

离去现实忧患、解脱生命痛苦

——关于《离骚》题义与诗旨的重新解读

湖北大学 何新文 熊显长

古往今来,关于屈原《离骚》篇题之义的解释,众说纷纭,不下数十种之多。然而,古今学人颇有囿于"离骚"声义之训,而忽视其与《离骚》诗旨或屈原作意的关联,故而虽见仁见智、探赜索隐,终究歧义迭出、莫衷一是,难有通达之论,并且由此而影响到对《离骚》诗意的理解。有鉴于此,笔者拟从考察"离""骚"之词在《楚辞》作品及楚汉文献中的实际运用入手,重新探究"离骚"一词的题义及其与《离骚》内容主旨、屈原创作意图的关系。略陈一己之见。

一、旧说重检:以"离骚"为"遭忧、别愁"诸说皆与诗旨不合

据研究者统计,历来关于"离骚"二字的训释多达四三十种[①]。其中较有影响者,可以择要概述为"汉人旧解"与"汉以后新说"两类若干种。

(一)汉司马迁、班固、王逸三家"离忧""遭忧""别愁"旧解叙说

(1)司马迁的"离忧"说。《史记·屈原贾生列传》说:

> 屈平疾王听之不聪也,谗谄之蔽明也,邪曲之害公也,方正之不容也,故忧愁幽思而作《离骚》。离骚者,犹离忧也。夫天者,人之始也;父母者,人之本也。人穷则反本,故劳苦倦极,未尝不呼天也;疾痛惨怛,未尝不呼父母也。屈平正道直行,竭忠尽智以事其君,谗人间之,可谓穷矣。信而见疑,忠而被谤,能无怨乎?屈平之作《离骚》,盖自怨生也。

司马迁既是第一个为屈原作传的史学家,也是最早解释"离骚"题意的人。他以"离忧"解释"离骚",指出屈原"忧愁幽思而作《离骚》",屈原之作《离骚》"盖自怨生也"。从而正确地为《离骚》的题义乃至主题定下了一个"忧愁""幽怨"的基调。但由于司马迁

---

① 霍松林主编:《辞赋大辞典》,载周建忠撰"《离骚》题义"词条介绍为27种,南京:江苏古籍出版社,1996年,第1200页;又罗建新、梁奇:《楚辞文献研读》,介绍主要者19种,桂林:广西师范大学出版社,2011年,第72页。

对于"离"字无解,也没有说明所谓"离忧"的具体内涵,故此给"离骚"题义的解释留下了巨大的空间。

(2)班固的"遭忧"说。班固《离骚赞·序》云:

> 屈原以忠信见疑,忧愁幽思而作《离骚》。离,犹遭也;骚,忧也。明己遭忧作辞也。

班固将"离"解释为"遭",又承司马迁之说训"骚"为"忧",并且说《离骚》是屈原"明己遭忧作辞";又因为"离"字本有"遭""罹"之义,屈原作品中又颇有"离"字作"罹"或"遭"解的"离忧""离尤""离殃"之语,故"遭忧"之说古今从者甚众。如《史记·屈原贾生列传》司马贞《索隐》引东汉应劭云:"离,遭也;骚,忧也。"① 后来,唐颜师古为《汉书·贾谊传》"离骚赋"句作的注也说:"离,遭也,忧动曰骚,遭忧而作此辞。"② 今人朱季海、姜书阁、聂石樵、金开诚、郭维森、许结等多从此说。如金开诚《〈离骚〉题名的解释》认为"'离骚'释为'遭忧'虽是最古老的训解,却是最有可能符合题名原意的"③,郭维森、许结认为"纵观各家之说,仍当以遭忧为是"④;直至新近出版的《楚辞文献研读》一书,编者在介绍19种不同说法之后,还以"按"语的形式总结说:"相形之下,以'离骚'为'遭忧'之说,既有训诂依据,又能从屈原作品之中找到内证,还较能切合屈子文意,从之可也。"⑤ 这些例文都足以证明,"遭忧"之说影响甚为深远。

但是,我们寻绎《离骚》全诗,却仍然感到以"遭忧"解释"离骚",与诗篇的主要内容和基本主旨不合。不错,《离骚》是屈原"忧愁幽思"或"遭忧"而作,"遭忧"一词可以用来概括屈原艰难凶险的政治遭遇亦即《离骚》前半篇的现实回顾,却不能涵盖《离骚》后半部为实现"美政"理想、解脱现实忧患而"上下求索"的思路历程,也远不能概括它原本已经显示出来的真正"诗意"和深刻的思想艺术魅力。故而自来也有怀疑班固此说的意见流传,如明人汪瑗《楚辞集解》就提出批评说:"若谓'明己遭忧而作此辞',则二十五篇为遭忧之所作者多矣,而总名之曰'离骚'可矣,又奚必篇各有题名乎?"⑥ 清代著名文学批评家刘熙载《赋概》也认为:"太史公《屈原传》曰'离骚犹离忧也',于'离'字初未明下注脚。应劭以'遭'训'离',恐未必是。"⑦

(3)王逸的"别愁"说。《楚辞章句·离骚序》曰:

---

① 司马迁:《史记》,北京:中华书局版标点本,1959年,第2482页。
② 班固撰,颜师古注:《汉书》,北京:中华书局,1962年,第2222页。
③ 金开诚:《屈原辞研究》,南京:江苏古籍出版社,1992年,第122页。
④ 郭维森、许结:《中国辞赋发展史》,南京:江苏教育出版社,1996年,第64页。
⑤ 罗建新、梁奇:《楚辞文献研读》,南宁:广西师范大学出版社,2011年,第72页。
⑥ 汪瑗:《楚辞集解》,见杨金鼎等《楚辞评论资料选》,武汉:湖北人民出版社,1985年,第258页。
⑦ 刘熙载:《艺概》,上海:上海古籍出版社,1978年,第87页。

> 屈原执履忠贞而被谗邪，忧心烦乱，不知所愬，乃作《离骚经》。离，别也；骚，愁也；经，径也。言已放逐离别，中心愁思，犹依道径以风谏君也。故上述唐虞三后之制，下序桀、纣、羿、浇之败，冀君觉悟，反于正道而还已也。①

王逸称《离骚》为"经"，洪兴祖《补注》已予以否定，谓"古人引《离骚》未有言'经'者，盖后世之士祖述其词尊之为经耳，非屈原意也。逸说非是"。但王逸释"离骚"为"别愁"，即"放逐离别"之"愁思"说，在古今学人中却颇有影响。如上引汪瑗《楚辞集解》不满班固释为"遭忧"，却很赞赏王逸此说："篇内曰'余既不难夫离别兮，伤灵修之数化。'此《离骚》所以名也。王逸曰'离，别也，骚，愁也，言已放逐离别，中心愁思'，其说是矣。"刘熙载《赋概》不赞同以"遭"训"离"，也认为王逸此说"盖为得之。然不若屈子自云'余既不难夫离别兮，伤灵修之数化。'尤见'离'而'骚'者，为君非为私也"②。今人陈子展《楚辞直解》③等宗此说。

如果说从文字训诂的角度看，王逸释"离骚"为"别愁"并不为无据。但是，若以屈原与楚君"离别之愁"解释《离骚》的内容主旨，则不免牵强附会、以偏概全之嫌。因为，无论《离骚》是屈原作于楚怀王放逐江北还是楚顷襄王放逐江南之时，诗中都很少有难与楚王分离的"别愁"情绪，《离骚》全篇的基本内容主旨远非"别愁"所能概括。即便如汪瑗、刘熙载所津津乐道的"余既不难夫离别"一句，其实也不是指屈原与楚君的"别愁"，而恰恰相反。试看原文：

> 初既与余成言兮，后悔遁而有他。余既不难夫离别兮，伤灵修之数化。

对于这四句诗，王逸注曰："言怀王始信任已，与我平议国政，后用谗言，中道悔恨，隐匿其情，而有他志也；言我竭忠见过，非难与君别也，伤念君信用谗言，志数变易，无常操也。"④很明显，这里的"余既不难夫离别兮"，不是说"难与君别"，而是如朱熹所谓"非难与君离别，但伤君志数变易，无常操也"，故"此说非是"⑤。今人钱钟书先生亦谓："王逸释'离'为'别'，是也；释'离骚'为以离别而愁，如言'离愁'，则非也。"⑥

---

① 洪兴祖：《楚辞补注》，北京：中华书局，1983年，第2页。
② 刘熙载：《艺概》，上海：上海古籍出版社，1978年，第87页。
③ 陈子展：《楚辞直解》，南京：江苏古籍出版社，1988年，第414页。
④ 洪兴祖：《楚辞补注》，北京：中华书局，1983年，第10页。
⑤ 朱熹：《楚辞集注·楚辞辩证》，上海：上海古籍出版社，1979年，第7、173页。
⑥ 钱钟书：《管锥编》，北京：中华书局，1979年，第2册第532页。

(二)汉以后古今诸家新说①略述

(1)承司马迁"离忧"之语而另释"离"字诸说

自司马迁"离忧"之释出后,后世承之者甚众。但因为司马氏只以"忧"字训"骚"而对"离"字无解,故企图给"离"字作解者代不乏人。诸如释"离"为"隔"、为"隔离"、为"离间"、为"离绝"、为"丽"、为"出走",释"离骚"为"舒忧""陈忧""抒忧""怀着忧愁""离去不离去的苦恼"等等,众说纷纭。以上诸家,虽训"离"字大多有据,但所解释"离骚"题意与《离骚》主旨尚有较大差距。但是,其中如钱钟书先生《管锥编》"与愁告别"说,以及伏俊琏教授"舒散忧愁"说、刘树胜教授"告别忧愁"说等②,尤具新意。

(2)区别汉人旧释而别立新说

此类论者不沿袭汉人"离忧"或"遭忧""别愁"诸说,而别立新解,而有所谓"牢骚""劳商""琴骚""鸡骚""楚歌""离歌""太阳之歌""图腾鹭鸟的悲歌""告别蒲骚""多重牢骚""出走",乃至于"离别骚臭""离开骚的人"等等。然诸家之论,多脱离《离骚》主旨内容和具体语境,去做纯文字、词语的训诂考据推演,有的更只是单文孤证,故大多不为学界接受。

(三)对"离骚"题义解释现状的基本分析

权衡上述"汉人旧解"与"汉以后新说"两大类古今解释之说,可以得出如下认识:

(1)司马迁"离忧"之说提出既早且较各家为善。但因太史公于"离"字无解,故后世申说"离忧"之说者大多只注重探究"离"字之意,且异说纷纭,莫衷一是,而对于司马迁为何不解"离"字这一关键点却几乎无人涉及③。

(2)班固"遭忧"、王逸"别愁"二解,从文字训诂角度讨论并不为无据,但与《离骚》诗旨主题及其后半部上下"求索"的内容全然不合,未免牵强附会、以偏概全之嫌。

(3)汉代以后诸家,或本汉人旧解而有所增减,或离开古训而自立新义。其中,或长于文字训诂、或优于推理论证之文,如"与愁告别""舒散忧愁"诸说尤其富有启迪意义;但从总体上看,仍然有所不足,不少论辩文章不是于文字训诂有碍,即使与《离骚》文意主旨及诗人作意也不相关联。

---

① 此类征引资料,主要根据周建忠:《离骚》题义,载《辞赋大辞典》,江苏:江苏古籍出版社,1996年;以及罗建新、梁奇:《楚辞文献研读·离骚·题旨》,广西:广西师范大学出版社,2011年。
② 钱钟书:《管锥编》,北京:中华书局,1979年,第2册第582页;伏俊琏:《浅谈司马迁对"离骚"的解释》写于1986年,载所著《先秦文献与文学考论》,上海:上海古籍出版社,2011年,第34—38页;刘树胜:《〈离骚〉题旨别解》,载《沧州师专学报》,2003年第3期。
③ 如姜亮夫先生说:"过去大家讲《离骚》这题目的含义时,都是讲遭遇忧愁。我近一二年来想到,还是解为'离别'的'离'好","暂时逃开政治骚乱的楚国,这就是'离骚'";又说"这些年来,觉得汉儒释别离愁思一训,最得主旨"。载姜亮夫:《楚辞今绎讲录》(修订本),北京:北京出版社,1983年第2版,第73、77页。

因此，若要既于文字训诂有据，又要能符合《离骚》诗旨内容、诗人创作意图的"离骚"篇题诠释，当在紧密结合《离骚》文本的基础之上，继续探寻新的解读。

二、题旨辩证："离骚"即"离忧"，"离开忧患、解脱痛苦"

"离骚"一词中的"骚"字，司马迁、班固及王逸都解释为"忧"或"愁"，后世言"离骚"者大多承之无异。分歧的关键点，在于对"离"字的理解。

问题是：司马迁所作"离骚者犹离忧也"的七字判断，分明已经将"离骚"解释为"离忧"。那么，太史公又为何不给"离"字下注脚？除了班固所释"遭"字之义外，这"离骚"的"离"字是否还有别的含义？司马迁的"离忧"之说，究竟应该如何理解呢？

让我们回到屈原和司马迁，先从文字训诂的角度，逐步考察《楚辞》《史记》等楚汉文献中"离"字的实际用法，去探索"离骚"诗题的意义。从文字训诂的角度分析，"离"字，除有"罹""遭"之义之外，更有今语之"离""去""远"，"离开""离去""远离""分离"等含义。东汉许慎《说文解字》曰："離，離黃，倉庚也。鳴则蚕生。从隹离声。"① 清段玉裁《说文解字》注则谓："今用鵬为鵬黃，借'離'为'離別'也。"② 当代文字学家康殷先生却认为：考之甲文，则许氏为"误解"。金文"禽"字，字形为"用'网'形以指网捕的对象——禽兽，后转指飞鸟，同时也表示禽捉"；"離"字则"像把网捕住的鸟由网中取出，使鸟离网，引申泛指分离、离去等意。"③

上引段、康二氏之说，指出"离"字用为鵬黃之外，尚有"离别""离去"之义。这既有文字字形源头所本，又有古今文献所载人们实际用法的依据。如果我们再考察屈宋《楚辞》与《史记》等楚汉相关文献所载"离"字的实际用法，将会得到更充分的证明。

（一）《楚辞》"离"字除"遭、罹"之义外更有"离开、离去、分离"诸义

笔者以王逸《楚辞章句》④为样本统计，前10卷中被认为是屈宋所作《离骚》《九歌》《天问》《九章》《远游》《九辩》《招魂》等七卷作品中，有"离"字（或组合的词语）共49例。这49例"离"字或词语，有15例为"陆离""江离""被离""淑离"及"离娄""阳离""离披"等专门名词或形容词之外，其余34例"离"字，既有训"遭"或"罹"的，更有"离开、离去、远离"之义者。

可训为"遭"或"罹"的有12例，如：《离骚》"进不入以离尤兮"，《九歌·山鬼》"思公子兮徒离忧"，《天问》"卒然离蠥""少离散亡"，《九章·惜诵》"纷逢尤以离谤兮""恐重患而离尤"，《怀沙》"离慜而长鞠""离慜而不迁"，《思美人》"独历年而离慜"，《惜往日》

---

① 许慎：《说文解字》，北京：中华书局影印本，1983年第7次印刷本，第76页。
② 段玉裁：《说文解字段注》，成都：成都古籍书店影印本，1981年第1版，第149、150页。
③ 康殷：《源流浅说》（释例篇），北京：荣宝斋，1979年，第149—151页。
④ 凡征引王逸《楚辞章句》原文均据，中华书局1983年版洪兴祖《楚辞补注》，以下不再具体注明。

"被离谤而见尤",《招魂》"长离殃而愁苦""离彼不祥些"等。

而更多的"离"字,则有今语"离开、离去、远离"之义。例如:

余既不难夫离别兮。(注曰:"近曰离,远曰别"。《离骚》)
飘风屯其相离兮。(《离骚》)
纷总总其离合兮。(《离骚》)
何离心之可同兮。(《离骚》)
孰离合兮可为?(《九歌·大司命》)
悲莫悲兮生别离。(王逸注:"悲哀莫痛与妻子生别离。"《九歌·少司命》)
首身离兮心不惩。(注曰:"头足分离。"《九歌·国殇》)
反离群而贽疣。(《九章·惜诵》)
众骇遽以离心兮。(《九章·惜诵》)
民离散而相失兮。(《九章·哀郢》)
离人群而遁逸。(《远游》)
去乡离家兮徕远客。(注曰:"偕违邑里,之他邦也。"《九辩》)
离芳蔼之方壮兮。(注曰:"去已盛美之光容也。"《九辩》)
重无怨而生离兮。(注曰:"身无罪过,而放逐也。"《九辩》)
愿赐不肖之躯而别离兮。(《九辩》)

这以上 15 例"离",或"离别、相离、离合、离心、别离、离群、离散、离人群、离芳蔼、首身离、去乡离家"等词,均有古今相同相近的"离开""离去""远离""分离""别离"之义,如王逸注所云"近曰离、远曰别","头足分离"等。

还应该注意的是,在王逸注中,"离"与"去"又可以同义互训,例如:

《哀郢》"去终古之所居兮",注曰:遂离先祖之宅舍也。
《九辩》"去白日之昭昭兮",注曰:违离天明而湮没也。
《招魂》"去君之恒干,何为四方些"。注曰:"夫人须魂而生,魂待人而荣。二者别离,命则陨零"。
《九辩》"离芳蔼之方壮兮",注曰:"去已盛美之光容也"。
《九怀》"将离兮所思",注曰:"背去九族,远怀王也"。

《楚辞章句》的这 5 个例句中,前 3 例是王逸以"离"注释"去";后 2 例是王逸以"去"训释"离"。

以上所述足以说明,在屈、宋《楚辞》作品里,"离"字既有"遭""罹"之训,更有不须注解、不释自明的"离开""离去""远离"之义;而且"离""去"可以互训。若诚如是,则屈原所谓"离骚"之"离",或者原本就有"离开""离去'之义?

(二)《史记》中大多数"离"字都是"离开、离云、分离"等含义

《史记》130篇(卷)中,大约68篇(卷)有"离"字(或组合的词)187个。其中,除有近百例诸如"王离(18次)、钟离(9次)、钟离昧(8次)、高渐离(9次)、离骚(5次)、离宫(5次)、彭离、李离、离石、离侯、符离、离堆"和"离娄、离枝、离水、纤离、江离、薛离、蜥离"等专门名词,以及"陆离"之类形容词外;大多数的"离"字,都有"离开、离去、离散、分离"的含义。例如:

秦离战国而王天下,其道不易,其政不改。(《秦始皇本纪》)
黎民得离战国之苦,君臣俱欲休息乎无为。(《吕太后本纪》)
今右贤王离其国,将众居河南降地。(《孝文本纪》)
太史公曰:故君子不可须臾离礼,须臾离礼则暴慢之行穷外;不可须臾离乐,须臾离乐则奸邪之行穷内。故乐音者,君子之所养义也。夫古者,天子诸侯听钟磬未尝离于庭,卿大夫听琴瑟之音未尝离于前。(《乐书》)
周公将没,曰:"必葬我成周,以明吾不敢离成王。"(《鲁周公世家》)
梦者戒曰:"我亡,尔闻公孙彊为政,必去曹,无离曹祸。"(《管蔡世家》)
中国白头游敖之士,皆积智欲离齐秦之交。(《田敬仲完世家》)
始秦与周合,合五百岁而离,离七十岁而霸王者出焉。(《老子韩非列传》)
苏秦曰:"孝如曾参,义不离其亲一宿于外。"(《苏秦列传》)
首身分离,暴骸骨于草泽,头颅僵仆,相望于境。(《春申君列传》)
悉忠而不解,主虽绝亡,尽能而弗离。(《范睢蔡泽列传》)
周成王初立,未离襁褓。(《蒙恬列传》)
绝二主之约,离兄弟之亲。(《匈奴列传》)
神大用则竭,形大劳则敝,形神离则死。死者不可复生,离者不可复反。(《太史公自序》)

以上14则文字中的22个"离"字或"相离、离合"等词语,均非"遭""罹"可训,而是"远离、分离"乃至"离间"等义,并且这些"离"字的含义是十分浅易明了、不须专门注释的。比如,所谓"秦离战国而王天下""得离战国之苦""右贤王离其国""不可须臾离礼""不可须臾离乐""听钟磬未尝离于庭""吾不敢离成王""不离其亲一宿于外""未离襁褓",等等,读着这样明白如话的文字,恐怕谁也不会怀疑这些"离"字的"离开、离去"

之义了。

《史记》里面仅有 5 例可训为"遭"或"罹"的词语如"离愍、离滑、离咎、离此咎、离此尤"等。而这 5 例中,除仅有 1 例是《朝鲜列传》太史公曰的"及难离咎"外,其余 4 例均出于《屈原贾生列传》所载《怀沙》及《吊屈原赋》原文①。同时,《史记》"遭遇"之意多半用"遭"字而不用"离"字,也就是说"遭""离"二字很少互用。例如:

> 禹收九牧之金,铸九鼎。……遭圣则兴,鼎迁于夏商。(《封禅书》)
> 吾尝三仕三见逐于君,鲍叔不以我为不肖,知我不遭时也。(《管晏列传》)
> 昔卞和献宝,楚王刖之;李斯竭忠,胡亥极刑。是以箕子佯狂,接舆辟世,恐遭此患也。(《鲁仲连邹阳列传》)
> 斯乃仰天而叹,垂泪太息曰:"嗟乎! 独遭乱世!"(《李斯列传》)
> 太史公曰:韩信、卢绾非素积德累善之世,徼一时权变,以诈力成功,遭汉初定,故得列地,南面称孤。(《韩信卢绾列传》)
> 太史公曰:袁盎虽不好学,亦善傅会,仁心为质,引义慷慨。遭孝文初立,资适逢世。(《袁盎晁错列传》)
> 太史公曰:于是论次其文。七年而太史公遭李陵之祸。(《太史公自序》)

以上 7 则文字中的 7 个"遭"字(词),分别有"遭遇"或"遭受"之意,但太史公均不用"离"字,即使"遭此患"和"遭李陵之祸"两句,也不说"离此患"和"离李陵之祸"。与《楚辞》作品中"遭""离"混用的情形不同。

(三)《汉书》则颇有"离""遭"混用与连用之例

搜索中华书局版一百卷本《汉书》,书中既有 82 卷运用了"离"字,也有 54 卷运用了"遭"字。例如《元帝纪》"远离父母、妻子",《食货志》上"离乡轻家,民如鸟兽";《成帝纪·赞曰》"遭世承平、上下和睦",《地理志》上"尧遭洪水,怀山襄陵",等等。但是,与《史记》不同的是,班固《汉书》中,有"遭""离"混用与连用之例,如:

> 数年之间,外被项籍之灾,内离牧竖之祸。(《楚元王传》)
> 是故伊尹勤于鼎俎,太公困于鼓刀,百里自鬻,宁子饭牛,离此患也。(《严朱吾丘主父徐严终王贾传》下)
> 痛阳禄与柘馆兮,仍襁褓而离灾。(《外戚传》下)

---

① 如《史记·屈原贾生列传》载:《怀沙》"离愍之长鞠""离滑而不迁兮";《吊屈原赋》"嗟苦先生兮,独离此咎""般纷纷其离此尤兮"。

治狱使者丙吉见皇曾孙遭离无辜,吉仁心感动。(《魏相丙吉传》)

天子闵惜,下诏称扬曰:"大司农邑,廉洁守节,退食自公,亡强外之交,束脩之馈,可谓淑人君子,遭离凶灾,朕甚闵之。"(《雋不疑传》)①

以上5则文字中,前3例"离牧竖之祸""离此患""仍襁褓而离灾"三句的"离"字,颜师古均注曰"离,遭也";后2例"遭离无辜"与"遭离凶灾"两句中"遭离"连用,第4例未注,第5例颜师古注曰"离,亦遭"。足可说明:在班固的《汉书》中,"离"可训"遭",而且"遭离"连用时,"离,亦遭"也。这正是班固解"离骚"之时,以为"离,犹遭也"的原因之一。

我们求之于《楚辞》,证之以《史记》与《汉书》,可知楚、汉时期之"离"字,除有"罹、遭、别"诸义外,其最常见的意义却确是"离开、离去、分离"之意,而且这些含义既见之于书面文献,也出于日常口语,如汉代诗歌所谓"行行重行行,与君生别离"(《古诗十九首》),"愿得一心人、白头不相离"(《汉乐府》)之类,是在社会上普遍应用,人人明白,不须注解、诠释的。或许正有鉴如此,司马迁在解释"离骚"一词时才说"离骚者,犹离忧也",而"离忧",就是"离开忧患、离去忧愁",当然于"离"字并不须下注脚了。

班固却与司马迁不同,在《汉书》中,"离"可训"遭","遭""离"可以互训混用甚至是连用、通用。于是,班固在解"离骚"之"离"时,就自然而然地以为"离,犹遭也"。班固强作解人,增字解经,误解司马迁,把一个原本清晰无误、不需要解释的"离开、离去"之"离"误解为"遭罹"之"遭",并由此引导了对于《离骚》题意与诗意的误读。

而拨开班固开始布下的迷雾,正本清源地回到司马迁的解读,正是当代《离骚》研究者的学术责任。

三、思想探源:屈原"舒吾忧"及司马迁"舒愤懑"的美学文学观

我们说"离骚"的题意与诗旨原本就是"离去忧患、解脱痛苦"之意,这一解读与《离骚》作者屈原和以"离忧"解释"离骚"的解释者司马迁的文学、美学思想也是相通的。

自先秦以来,古代思想家不仅提出了"诗言志"(《尚书·舜典》)、"诗可以兴、观、群、怨"(《论语·阳货》)的文学观念;而且还从文学创作心理和文学作用效果相结合的角度,论述过文学具有"舒忧""舒愤"、解脱精神痛苦的美学功能和文学意义。而在这一方面,与本文论述相关的屈原和司马迁,正是楚汉之时最具有代表性的论述者。

---

① 以上5例,见班固:《汉书》,北京:中华书局,1962年,第1955、2826、3986、3148、3636页。

（一）屈原由"忧心不遂"而"舒吾忧心"的美学愿望

《中国美学史》认为："美同个体的心灵、情感、想象、愿望更多地融汇到一起，这正是屈原美学超越儒家美学的地方。"① 屈原十分善于描绘个体内在的心灵和情感，在《楚辞》作品中，屈原对于现实政治黑暗的愤怨，对于祖国人民命运的忧虑，对于未来道路的探索追寻，乃至对于内心情感的波动，都有十分具体、生动的展现。如其《九章》诗中，对于自己忧愁抑郁情绪的书写：

> 情沉抑而不达兮，又蔽而莫之白。（《惜诵》）
> 心絓结而不解兮，思蹇产而不释。（《哀郢》）
> 心郁郁之忧思兮，独永叹乎增伤，思蹇产之不释兮，曼遭夜之方长；忧心不遂，斯言谁告兮？（《抽思》）
> 舒忧娱哀兮，限之以大故。（《怀沙》）
> 媒绝路阻兮，言不可结而诒。蹇蹇之烦冤兮，陷滞而不发，申旦以舒中情兮，志沈菀而莫达；吾将荡志而愉乐兮，遵江夏以娱忧。（《思美人》）
> 愿陈情以白行兮，得罪过之不意。（《惜往日》）
> 愁郁郁之无快兮，居戚戚而不可解；愁悄悄之常悲兮，翩冥冥之不可娱。（《悲回风》）

从上引的诗句中，可以理出一条十分清晰的线索，诗人之所以要有他自己的创作：

首先，是因为他的内心有许许多多难以诉说、无以诉说的忧愁苦痛。所谓"情沉抑而不达兮，又蔽而莫之白"，"心絓结而不解兮，思蹇产而不释"，"忧心不遂，斯言谁告兮"，"媒绝路阻兮，言不可结而诒。蹇蹇之烦冤兮，陷滞而不发"，"愁郁郁之无快兮，居戚戚而不可解"，"愁悄悄之常悲兮，翩冥冥之不可娱"：在这连篇累牍的"不达""不解""不释""不遂""不发""莫达""无快""不可解""不可结""不可娱""莫之白"等以否定副词组成的诗句里，诗人反复诉说着满腹幽愁怨恨凭谁诉的无尽愤懑。这也就是司马迁所说的"忧愁幽思"，所谓"屈平正道直行，竭忠尽智以事其君，谗人间之，可谓穷矣。信而见疑，忠而被谤，能无怨乎？屈平之作《离骚》，盖自怨生也"②！

其次，也是更进一步，屈原希望通过这些因"怨"而"生"的诗篇，诉说出内心的不平，使自己从心理上、从精神上离开忧患，解脱痛苦。于是，诗人又写下这般充满热望的诗

---

① 李泽厚、刘纲纪：《中国美学史》第1卷，北京：中国社会科学出版社，1984年第1版，第382页。
② 司马迁：《史记》，北京：中华书局版标点本，1959年，第2482页。

句:"惜诵以致愍兮,发愤以抒情";"登大坟以远望兮,聊以舒吾忧心";"道思作颂,聊以自救兮","舒忧娱哀兮"。这所谓"发愤抒情""舒吾忧心""聊以自救"(朱熹注曰"救,解也")、"舒忧娱哀",亦即王逸《楚辞章句》所注:是屈原"自知不遇,聊作词赋,以舒展忧思",是所谓"且展我情,渫忧思也"①。表达着屈原渴望诉说、期冀解脱忧患的心理和美学愿望。

(二)司马迁弘扬楚骚传统的"发愤为作""以舒其愤"的美学观

屈原之后,司马迁继承和发展了以屈原为代表的楚骚美学传统,并由此而发挥了他的"发愤为作""以舒其愤"的美学观。如《汉书》本传载司马迁《报任安书》中说:

> 盖西伯拘而演《周易》,仲尼厄而作《春秋》;屈原放逐,乃赋《离骚》;左丘失明,厥有国语;孙子膑脚,《兵法》修列;不韦迁蜀,世传《吕览》;韩非囚秦,《说难》《孤愤》;《诗》三百篇,大抵贤圣发愤之所为作也。此人皆意有所郁结,不得通其道,故述往事,思来者。乃如左丘明无目,孙子断足,终不可用,退论书策以舒其愤,思垂空文以自见。②

这段文字最早见载于《史记·太史公自序》,而个别文字略有不同。《中国美学史》概括这里的"舒其愤"和《报任安书》开头部分所说的"舒愤懑","正是司马迁美学思想的核心和实质所在"③;而屈原的《离骚》,更是司马迁所说"舒愤懑"的文学的典型代表。

司马迁认为,历史上举凡伟大而流传千古的著述,都是圣贤和志士仁人"意有所郁结、不得通其道",因而"发愤为作""以舒其愤"的产物。周文王被囚羑里而演《周易》、孔子穷困而作《春秋》、左丘失明而撰《国语》、孙子膑脚而修列《兵法》是如此;像《诗》三百篇、像屈原《离骚》这样伟大的文学作品的产生,又何尝不是如此!屈原一生正道直行,竭忠尽智以事其君,而逸人间之,反而"信而见疑,忠而被谤,能无怨乎?"屈原"疾王听之不聪也,谗谄之蔽明也,邪曲之害公也,方正之不容也",不仅自己饱受统治者的压抑打击和谗佞之徒的嫉妒迫害,而且为之毕生奋斗求索的"美政"理想也完全无法实现,屈原的内心充满了悲愤、怨望和痛苦。屈原的不幸遭遇,深深地打动了司马迁的心,让他生发出深刻的理解和无限的同情。

唯其如此,司马迁才会断言:屈原"忧愁幽思而作《离骚》";原屈之作《离骚》,"盖自

---

① 王逸:《楚辞章句·哀郢》"舒吾忧心"句注,《怀沙》"舒忧娱哀"句注,载《楚辞补注》第134、145页。
② 班固撰,颜师古注:《汉书》,北京:中华书局,1962年,第2736页。
③ 李泽厚、刘纲纪:《中国美学史》第1卷,北京:中国社会科学出版社,1984年,第504页。

怨生也";而"离骚者,犹离忧"——离开忧患、解脱痛苦之谓也!

当屈原"信而见疑、忠而被谤",内心深处充满着忧愁怨愤之时;当他毕生为之不懈奋斗的"美政"理想无法实现甚至无人理解之时,"忧愁幽思"的诗人第一位的需要、其本能的反应,就是寻求怎样从忧患和痛苦中解脱。这既是诗人当时的心理需要,也正是《离骚》的主要内容和创作目的。所以,今人钱钟书先生对"离骚"篇题的解释,也特别具有启迪意义:

> "离骚"一词,有类人名之"弃疾""去痛"或诗题之"遣愁""送穷";盖"离"者,分阔之谓,欲摆脱忧愁而循避之,与"愁"告"别",非因"别"而生"愁"……《远游》开宗明义曰:"悲时俗之迫阨兮,愿轻举而远游";王逸《九思·逢尤》曰:"心烦愦兮意无聊,严载驾兮出戏游",逸自注或其子延寿注"将以释忧愤也";正是斯旨。

因此,理解了"离骚"诗题,同时也就可能理解了《离骚》之诗。

现在,让我们以"离骚"为"离忧",即"离去忧患、解脱痛苦"之意去读《离骚》之诗吧!我们得到的,将远不止是对于题旨的进一步的证明。

四、诗题即主题:《离骚》前半写"骚"(忧),后半写"离",《乱》词总结全诗而写"离骚"即自沉而死,这是终极意义上的"离骚"

《离骚》,这首长达 373 句、2490 字的奇诗,虚、实相间,叙事与抒情结合,既内容纷繁复杂,又思想深刻富博,具有"惊采绝艳、难与并能"的艺术魅力,且自古以来也有"难读"之称①。《离骚》之所以"难读",原因或是多方面的。但是,如果我们明白了它的题意、主旨,再从全诗的结构思路入手,就一定会找到它固有的内在规律,有如刘熙载所云:"《离骚》东一句,西一句,天上一句,地下一句,极开阖抑扬之变;而其中自有不变者存。"②

关于《离骚》的结构分段,历来不一,言人人殊,仅据姜亮夫先生所归纳即有 95 种之多③,但其中尤以明清以来学人所分为两大段或三大段最为流行(三段论实际上是两段论的进一步划分)。笔者以为,《离骚》全诗应是"三段式结构":正文可分为前、后两个半

---

① 如杨金鼎主编《楚辞评论资料选》载:清朱冀《离骚辩》曰"楚辞中最难读者莫如《离骚》一篇";又王邦采《离骚汇订自序》亦云"最难读者莫如《离骚》一篇",武汉:湖北人民出版社,1985 年,第 309、310 页。
② 刘熙载:《艺概》,上海:上海古籍出版社,1978 年,第 88 页。
③ 姜亮夫:《楚辞今绎讲录》修订本,北京:北京出版社,1983 年,第 58 页。谓:"关于《离骚》的分段,历来不一,归纳起来大致有 95 家之多。我把它分为三段"。

篇,最末的"《乱》曰"部分是全诗的尾声与总结①。

如果回到上述的"离骚"题旨来分析《离骚》的结构,则可以说《离骚》的前半部是写"骚",即写现实政治生活的挫折和诗人内心的幽怨痛苦,是屈原对以往历史的回顾;后半部是写"离",即写诗人为"离"开幽怨、解脱痛苦而"上下求索"的不懈奋斗,是屈原对未来道路的探索,既包括"去与留"的思考,也包括"生与死"的抉择;《乱》曰部分,是对全诗的概括和总结,其中两句写"骚"、两句写"离",而"吾将从彭咸之所居"——沉江而死则是终极意义上的"离骚",现实幽怨、生命痛苦的最终形式的解脱。

循着这样的思路,我们再来具体分析《离骚》之诗

（一）从"帝高阳之苗裔兮"至"岂余心之可惩"共130句为前半部分,是写"骚"、写"忧",写诗人现实政治生活中的斗争、矛盾、幽愤和痛苦。

在前半篇中,诗人先述自己与楚同本共源的家世和诞辰,在天赋"内美"基础上"重之以修能"的品德才华,自觉体认为祖国效力、为楚君"道夫先路"的理想初衷。然而,事与愿违,现实如此黑暗,路途荆棘丛生,朝野上下"党人偷乐",逸侈贪婪,君主昏庸,贤愚倒置,时俗工巧,民生多艰。诗人抒写着"灵修浩荡""皇舆败绩""众女谣诼""芳泽杂糅"的政治乱象,又强烈地感受到"草木零落""美人迟暮"的人生忧愁。

政治斗争的严重挫败,现实与理想的悬殊背离,给屈原带来了无尽的痛苦和深沉的忧愤。他抑制不住满腔的愤懑,反复诉说着自己无比失望、孤独、幽怨、狐疑的情绪:"岂余身之惮殃兮,恐皇舆之败绩","指九天以为正兮,夫惟灵修之故也","亦余心之所善兮,虽九死其犹未悔","忳郁邑余侘傺兮,吾独穷困乎此时也?宁溘死以流亡兮,余不忍为此态也!"重重的忧郁、怨望、苦闷、彷徨,重重地压在心头。

很明显,前半部分的基本内容和感情基调,就是一个"骚"字、就是一个"忧"字!就是司马迁所说的"忧愁幽思"。那么,出路在哪里?诗人将如何"离"开这无边的"忧"愁,如何解脱这无尽的痛苦?

---

① 分《离骚》正文为前、后两半篇,或始于明清之际。如:(1)李光地《离骚经注》以"女媭训诫"以上为"前半篇","自重华陈辞"以后为"后半篇"。(2)蒋骥:《山带阁注楚辞》,上海:上海古籍出版社,1984年,第39、183、184页。谓"'民生(各有所乐兮)'四句,总承篇首至此之意而结之,以起下文","却用'将往观乎四荒'开下半篇之局"。即以"岂余心之可惩"以前为上半篇,从"女媭之婵媛兮"到篇末为下半篇。(3)游国恩等:《中国文学史》,北京:人民文学出版社,1963年,第82—83页,认为"全诗可分为前后两部分。从篇首到'岂余心之可惩'为前一部分;从'女媭之婵媛兮'到篇末为后一部分。前一部分是诗人对历史的回溯,后一部分是描写诗人对未来道路的探索"。(4)何新文:《辞赋散论》,北京:东方出版社,2000年,第23页,也以为:《离骚》"前半部主要是写'骚'、写遭遇忧患,即现实世界的荒谬、生存环境的恶劣和诗人内心的忧愁苦痛;后半部是写'离'、写'离骚',即屈原对未来道路的探索和解脱忧患的欲求;而'死'则是最终的解脱方式,是真正意义上的'离骚'。从《乱辞》来看也是如此"。

于是，便进入了后半部的描写——

（二）从"女须之婵媛兮"至"蜷局顾而不行"共244句为后半部分。诗人紧承前半之"骚"之"忧"而是写"离"，写为"离"开忧愁、解脱痛苦而"上下求索"的不懈奋斗，写为实现"美政"理想而上天入地"求帝""求女"的幻想经历。

蒋骥说："自'悔相道'以下，欲求君四方，开下半篇之局"，"《离骚》下半篇，俱自'往观四荒'句生出，只是一意，却翻出无限烟波"①。当黑白颠倒、是非不分的现实世界"无路可走"之时，矢志不渝的诗人将他不屈的目光、深邃的思绪，投向了幻想的天际。

诗人不顾"女嬃"的劝说，否定了明哲保身的消极逃避，而满怀虔诚的期冀，"济沅湘以南征，就重华而陈词"，"朝发轫于苍梧，夕至乎县圃"，"饮马咸池，总辔扶桑"，"济白水、登阆风""游春宫""求宓妃之所在""见有娀之佚女""留有虞之二姚"：诚可谓"路曼曼其修远兮，吾将上下而求索"。然而，"世溷浊而嫉贤兮，好蔽美而称恶；闺中既已邃远兮，哲王又不寤"，"不意天门之下，亦复如此"②！

"求帝""求女"的不遇，不仅宣告了实现"美政"理想的无望，同时也宣告了"离骚"的失败。欲"离骚"而"骚"难"离"，忧患犹在，痛苦依然。

接下去，诗人又幻想着去找巫者灵氛占卜、巫咸降神，请他们指示出路。灵氛认为楚国已无希望，勉励他去国远游："勉远逝而无狐疑兮，孰求美而释汝？"巫咸更劝他"及年岁之未晏"而速去。灵氛、巫咸的指点和劝勉，一度使诗人产生过"去与留"的思想矛盾，甚至还曾决意离开这"时缤纷其变易"的所在，离开这精神苦痛的渊薮，去寻求幻想中的"西极"世界："何离心之可同兮，吾将远逝以自疏"。可是，当他驾飞龙、乘瑶车、鸣玉鸾，神思飞扬、心情愉悦地升腾远逝的时候，却又远远地看见了故国的大地："陟升皇之赫戏兮，忽临睨夫旧乡；仆夫悲余马怀兮，蜷局顾而不行"。诗人发现，自己根本无法离开生长于斯的旧乡故土！出于同本共原的本能终究使他留在了楚国的土地上。

一篇《离骚》长诗，本为"离骚"而设，却历尽千回百折，数经心力交瘁，仍然是"骚"而未"离"，"忧"而为"解"。长达2500字言的正文已经结束了，但此时的诗主人公，却犹如一匹极度疲敝的老马，还在孤独无望地望着远方嘶鸣：其"骚"可"离"乎？其"忧"能解乎？茫茫环宇，何处是归程？

最后请看全诗之《乱》曰。

（三）"《乱》曰"总结全诗，点明主题："吾将从彭咸之所居"是终极意义上的"离骚"，是全部幽怨、痛苦的最高形式的解脱。

《离骚》之"乱"，既是全诗的总结与概括，又是对全诗主题的提炼和升华：

---

① 蒋骥：《山带阁注楚辞》，上海：上海古籍出版社，1984年，第182、183页。
② 此句为朱熹语。见《楚辞集注》，上海：上海古籍出版社，1979年，第17页。

> 乱曰：已矣哉！国无人莫我知兮，又何怀乎故都？既莫足与为美政兮，吾将从彭咸之所居。

清蒋骥曾经高度评价《离骚》"乱"辞在全诗中的意义说："乱曰以下，楚不可留，终归于为彭咸而誓死也。如此则通篇结撰。"① 其实，还不仅如此，"乱"曰五句还合乎规律地呼应诗题，点明了全诗"离骚"的基本线索："已矣哉！国无人、莫我知兮"是"骚"，"又何怀乎故都"是"离"；"既莫足与为美政兮"是"骚"，"吾将从彭咸之所居"是"离"②。

洪兴祖《楚辞补注》云："屈原其不可去乎？有比干以任责，微子云之可也。楚无人焉，原去则国从而亡。故虽身被放逐，犹徘徊而不忍去。"③ 既不能去，又不能忍，这样就把矛盾推向高峰，"死"的问题便被尖锐地提出来了。屈原开始思考着他的最后归宿："宁溘死以流亡兮，余不忍为此态也"；"伏清白以死直兮，固前圣之所厚"；一直到全诗之《乱》的"吾将从彭咸之所居"，最终表明要追随殷代贤臣彭咸而投水而死。

龚景瀚说得好："'莫我知'，为一身言之也；'莫足与为美政'，为宗社言之也。世臣与国同休戚，苟己身有万一之望，则爱身正所以爱国，可以不死也。不然，其国有万一之望，国不亡，身亦可以不死。至'莫足与为美政'，而望始绝矣。既不可去，又不可留，计无复之，而后出于死，一篇大要，《乱》之数语尽之矣。"（《离骚笺》）"一篇《离骚》，展现的既是诗人由遭'骚'而欲'离'的人生经历，更是诗人由'骚'而欲'离'的矛盾而痛苦的情感历程"④，而《乱》辞的"吾将从彭咸之所居"，则是终极意义上的"离骚"，是全部幽怨、痛苦的最高形式的解脱。

---

① 蒋骥：《山带阁注楚辞》，上海：上海古籍出版社，1984年，第182页。
② 何新文：《屈原作品中的死亡之思》，载所著《辞赋散论》，北京：东方出版社，2000年，第23页。
③ 洪兴祖：《楚辞补注》，北京：中华书局，1983年，第50页。
④ 何新文：《屈原作品中的死亡之思》，载所著《辞赋散论》，北京：东方出版社，2000年，第23页。

《离骚》香草意象之审美效应探析

云南大学 苏荟敏

清人施闰章所云"香草叠出"(《蠖斋诗话·苏诗》),是《离骚》最显著的艺术特色之一。据台湾学者鲁瑞菁先生统计,《离骚》373 句中,具体指称的香草如江离、芷、兰等共出现 44 次,计有 19 种香草,另外还有以"芬""芳""芳草""众芳"等字样泛指香草者,约 15 次。① 可以说,《离骚》正是通过这些奇花异草,营构了一个丰美高华、香氛氤氲的芳香世界,展现了无尽的艺术魅力,蕴衍出丰厚、多维、立体的"境界层深"的审美效应。

一、美感延伸

以香草入诗,并非始于屈原。《诗经》中涉及草本植物达 100 多种,其中就包括有椒、兰、荷、芍药等常见的香草。将《诗经》与《离骚》的香草意象做比较可以发现,《诗经》中的香草不仅零散地分布在单个作品之中,虽时有比兴,但不成系统,未如《离骚》的香草那样形成意象与象征的体系,而且在感性特征上也并未凸显其作为"香草"的芳香特征。与之相比,《离骚》则突出了香草气味的芬芳,如"佩缤纷其繁饰兮,芳菲菲其弥章""芳菲菲而难亏兮,芬至今犹未沬"等。联系屈原其他作品如《九歌》中香草意象的呈现情况,有研究者指出:"是屈原第一次将草木芳香的描写大量地引入诗歌,并将之作为审美的中心加以突出表现。"② 诚如斯论。

从美学上来看,渲染香草的芳香特征,将气味的芬芳"作为审美的中心加以突出表现",意义重大。这实际上是承认了嗅觉作为审美感官之可能,并肯定其所相应的嗅觉美感的重要地位。证以中西美学史而言,西方美学历来将视觉与听觉视为审美的感官,而将其他的官能排斥在外,如桑塔耶纳所言:"触觉、味觉和嗅觉,虽则无疑可能很发达……它们被称为非审美的感觉或低级的感觉,这些名称的正确性是不可否认的。"③ 同样,在屈原以前的中国美学中,虽然并未将审美感官局限于视觉与听觉,而是常将声、色、味并举,如"口之于味也,有同嗜焉;耳之于声也,有同听焉;目之于色也,有同美焉"(《孟子·告子上》),甚至以味觉美感统摄听觉与视觉之美感体验,"美,甘也,从羊从大"(《说

---

① 鲁瑞菁:《楚辞骚心论——讽谏抒情与神话仪式》,上海:上海书店出版社,2016 年,第 149—150 页。
② 王绪霞:《诗意的草——关于屈原作品香草描写的两点认识》,《河南社会科学》,2005 年第 5 期,第 120 页。
③ [西]桑塔耶纳:《美感》,缪灵珠译,北京:中国社会科学出版社,1982 年,第 44 页。

文解字》),但似乎也并未明确将嗅觉纳入美感的范围。因此,屈原在其《离骚》《九歌》等作品中对香草之气味芳香特征的标举与凸显,具有将寺歌乃至中国文化的美感体验,从视觉美感、听觉美感与味觉美感,延伸到嗅觉美感的重要美学价值。

进而言之,这种美感的延伸,从文学接受、感发效果的角度来看,无疑具有在美感体验的层次上突破读者原有的"期待视野",开启其独特的生命感受与崭新的审美空间的积极作用。接受美学的代表人物、德国美学家尧斯指出:"一部作品在其出现的历史时刻,对它的第一读者的期待视野是满足、超越、失望或反驳,这种方法明显地提供了一个决定其审美价值的尺度。期待视野与作品间的距离,熟识的先在审美经验与新作品的接受所需求的'视野的变化'之间的距离,决定着文学作品的艺术特性。"① 即使仅就美感体验的感官意向特质而言,《离骚》及屈原其他作品的香草意象也可视为超越了"熟识的先在审美经验",进而带来"视野的变化"之极具审美价值的艺术创构。具体而言,也就是开创了中国文学与艺术审美的"爱香传统"②:"若悱恻芬芳,楚骚为之祖。"(裴子野《雕虫论》)有如稼轩词云:"千古离骚文字,芳至今,尤未歇。"(《喜迁莺》)直至今日,我们仍可呼吸到《离骚》香草意象的醉人芬芳,体会到其独特的美感与风致。

二、象喻生发

《离骚》香草意象不仅呈现出迷人的感性魅力,而且承担着具有复杂的意义指向的象喻功能,这一点已成为历代注家、学者乃至普通读者的共识。不过,这些繁多的香草意象究竟意指什么,则众说纷纭。王逸《楚辞章句·离骚经题解》云:"《离骚》之文,依《诗》取兴,引类譬喻,故善鸟香草,以配忠贞;恶禽臭物,以比谗佞。"作为最早论及《离骚》香草之喻义的注家,王逸的观点影响极大。但是,仅以"忠贞"释香草的喻指,似过于单一。明人汪瑗在其《楚辞集解》中注《离骚》"何昔日之芳草"句:"篇内所言芳草,或以比君,或以比臣,或以比人,或以比德,或以比时,或有比者,或无比者,亦不可一概而漫视之。"相比王逸所解,汪氏之说今人多从之。

一般认为,汪瑗的观点之所以得到今人的更多赞同,象于其更符合《离骚》文本之实际。比如,"扈江离与辟芷兮,纫秋兰以为佩"中作为佩饰的"离""芷""兰"等喻指"我"之美德、修能,是为"比德";"荃不察余之中情兮"中的"荃"一般解作代指楚怀王,是为"比君";"昔三后之纯粹兮,固众芳之所在"中的"众芳"当指"三后"圣王之贤臣,是为"比臣",等等。诚如周建忠先生所言:"《离骚》中的众多香草……是在统一的艺术构思下表达了

---

① [德]尧斯、[德]霍拉勃:《接受美学与接受理论》,金元浦、司宁译,沈阳:辽宁人民出版社,1987年,第31页。
② 朱良志:《中国美学十五讲》,北京:北京大学出版社,2006年,第91页。

丰富复杂的内容,其取喻点不一,而其喻意更是各自有别,自然而多变。"① 若进一步从修辞的层面来看,《离骚》中的香草意象,既存在以同一植物喻指不同的对象,如"兰"既可喻指"我"之美德("纫秋兰以为佩"等),亦可喻指"我"精心培养的人才("既滋兰之九畹兮"等),还可喻指变节者("余以兰为可恃兮,羌无实而容长"等);也存在以多种植物喻指相同的对象的情况,如"椒""兰""芷""荷""离""杜衡""辛夷"等都可喻指"我"所具有或追求的美德、"修能",《离骚》香草意象喻指的多义性、复杂性可见一斑。

从接受美学的角度来看,《离骚》香草意象喻指的复杂性所涉及的实际上是意象的暗示性表意特性、文本框架与读者之间的关系问题。"夫象者,出意者也。"(王弼《周易略例·明象》)在意象的"象"与"意"之间,只能是一种引起、暗示的指向关系,因而必然有其不确定性、多义性。因此,读者若想确定意象所喻指之义,只能将置入文本框架之中,借助其语境关联来加以推想、阐释。但是,之所以将文本称为"框架",是因为文本在提供大致的意义方向的同时,仍存在众多"未定点"或"意义空白",因而有待于读者的"具体化"。② 因此,读者阅读文本、推敲意象喻指,就不是被动地接受,而是回应着文本、意象之"召唤结构"的主动积极地参与乃至生命意志的感发投入。这种积极参与和感发投入的程度越深,读者所感受到的审美愉悦也就越加强烈。联系到《离骚》香草意象来看,其喻指意义的复杂多义正是来自文本框架中读者的具体化,因而同样隐含着深致的审美效应。明人王世贞云:"《骚》览之,须令人裴回循咀,且感且疑;再反之,沉吟歔欷;又三复之,涕泪俱下,情事欲绝。"(《艺苑卮言》卷一)这里的"且感且疑""沉吟歔欷",或许就是对此审美效应的形象化描述。

三、神秘体验

《离骚》香草意象有着楚地灵巫文化的渊源和背景。在此背景中,《离骚》所言及之香草,很可能在现实生活中承担着巫术灵物的功能。一般而言,香草多为具有芳香、气味的植物,而先秦古籍中则有以香祈神、以草木驱邪的记载。如《尚书·酒诰》:"弗惟德馨香祀,登闻于天。"《诗经·大雅·生民》:"其香始升,上帝居歆。"《周礼·庶氏》:"庶氏掌除毒蛊,以攻说禬之,嘉草攻之。"具体就《离骚》所载香草参以旧籍,不少香草也都被认为具有求吉、长生、去疫、驱邪、除凶等巫术功能。如关于"兰",《尔雅翼》云:"兰有国香,人服媚之,古以为生子之祥。"关于"椒",《荆楚岁时记》载:"(楚人)岁旦饮椒柏酒以辟疫疠。"关于"薜荔",《山海经·西山经》:"小华之山,其草有草荔(薜荔),食之已心痛。"关于"杜衡",《山海经·西山经》:"(天帝之山)有草焉,其状如葵,其臭如蘼芜,名曰杜衡,可以走马,食之已瘿。"关于"菌桂",朱季海《楚辞解故》引《重修政和证类本草》卷

---

① 周建忠:《"椒兰"辨——兼论〈离骚〉之香草》,《许昌师专学报》,1985年第4期,第33页。
② 此处的"未定点""意义空白""具体化"以及后文的"召唤结构",出自波兰哲学家英伽登、德国文学理论家伊瑟尔等,都是西方接受美学中的重要术语。

十二:"菌桂,味辛温,无毒。主百病,养精神,和颜色,为诸药先聘通使。久服轻身不老,面生光华,媚好常如童子"等等。

尽管《离骚》中诸香草已转化为诗歌意象,但仍遗存着其作为巫术灵物的痕迹。事实上,《离骚》中本身就有以香草降神的记载:"巫咸将夕降兮,怀椒糈而要之。"王逸《楚辞章句》注:"椒,香物,所以降神。糈,精米,所以享神。"宋人钱杲之《离骚集传》:"糈置椒,取其芬香,以礼神。"不仅如此,"朝饮木兰之坠露兮,夕餐秋菊之落英",从上下文来看,固然喻指"我"对高洁品性之追求与坚持,但其形象所本,颇近似于巫师服食仙药灵物以通神或增强法力。尤其是篇中反复出现的以诸多香草为衣物配饰的形象,如"扈江离与辟芷兮,纫秋兰以为佩""擥木根以结茝兮,贯薜荔之落蕊。矫菌桂以纫蕙兮,索胡绳之纚纚""制芰荷以为衣兮,集芙蓉以为裳"等,其喻象所依托的形象本身,颇具巫风:"一方面,这是文学比兴的服饰,象征其情信芳、好修以为常;另一方面,这又是巫术仪式服饰";"举凡芰荷衣、芙蓉裳、辟芷帔、薜荔帔、石兰帔等,俱是充满自然、清新、神秘、活泼之生命气息的衣物,与神巫全身行止合一"。①

将《离骚》香草意象作为巫术灵物的方面纳入观照,无疑具有进一步丰富其审美意味、拓展其审美效应的意义。"巫术祭祀的特殊性质和神秘意味,决定了香草的意义在它具有某些言辞之外的象征作用,它作用于人的主观情绪,任何一个处于或熟知巫术文化传统的人,都能从这些香草的名称中体会到热烈的情感状态和神秘、圣洁的意味,并为之激动和着迷。"②概言之,其在审美效应上的最重要贡献,就在于将一种神秘体验引入对《离骚》及其香草意象的阅读、涵泳之中。"神者,灵变惝怳,妙万物而为言。"(贺贻孙《诗筏》)这种"灵变惝怳"之美,就是神秘之美。不仅如此,神秘中自有深致。这里潜藏着意大利哲学家维柯所言"诗性智慧":"根据人类思想史来看,玄学女神是从各异教民族中的真正人类思维开始的。……诸异教民族最初创始人的那种心灵状态,浑身是强烈的感觉力和广阔的想象力。……这种诗性智慧……无疑就是世界中最初的智慧。"③在中国文学中,《离骚》正是"强烈的感觉力和广阔的想象力"之"诗性智慧"的典范。

四、生命自觉

宗白华先生在论及中国古典艺术时曾言:"那在实践生活中体味万物的形象,天机活泼,深入'生命节奏的核心',以自由和谐的形式,表达出人生最深刻的意趣,这就是'美'与'美术'。"④《离骚》及其所营构的美轮美奂的香草意象,也可归于这种的"'美'与'美

---

① 鲁瑞菁:《楚辞骚心论——讽谏抒情与神话仪式》,上海:上海书店出版社,2016年,第139、154页。
② 过常宝:《楚辞与原始宗教》,北京:东方出版社,1997年,第129页。
③ [意]维柯著,朱光潜译:《新科学》,北京:商务印书馆,1989年,第9页。
④ 宗白华:《美学散步》,上海:上海人民出版社,1931年,第119页。

术'",其引发的审美效应的最深层次,就在于对"人生最深刻的意趣"的表达与诘问。

《离骚》香草意象所传达的"人生最深刻的意趣",是一种以对生命之有限的体认为前提的追求与坚持"洁净"的自觉。一方面,《离骚》香草意象除了比德、比人之外,还有着一种象征时光流逝、生命短暂的深层意义。"日月忽其不淹兮,春与秋其代序。唯草木之零落兮,恐美人之迟暮。"香草尽管美好,但终为"草木",总有"零落"之时,就如"美人"也难逃"迟暮"。事实上,参以《离骚》全篇,弥漫着一种"对时间的尖锐意识"[①]乃至焦灼感:"汩余若将不及兮,恐年岁之不吾与""老冉冉其将至兮,恐修名之不立""欲少留此灵琐兮,日忽忽其将暮""时暧暧其将罢兮,结幽兰而延伫",等等。这种时间的"尖锐意识"与焦灼感,也投射到香草意象之上。另一方面,《离骚》奇花异草所营构的芳香世界,指向的是一种追求与坚持"洁净"的精神。所谓"洁净",就是《渔父》中所言"身之察察""皓皓之白""举世皆浊我独清",就是一种生命价值的抉择与坚守。王逸也正是以此"洁净""清洁"义注《离骚》香草。如注"扈江离与辟芷兮,纫秋兰以为佩":"行清洁者佩芳……言己修身清洁,乃取江离、辟芷,以为衣被;纫索秋兰,以为佩饰;博采众善,以自约束也。"注"畦留夷与揭车兮,杂杜衡与芳芷":"言己积累众善,以自洁饰,复植留夷、杜衡,杂以芳芷,芬香益畅,德行弥盛也。"

将以上两个方面统一起来,就构成了《离骚》香草意象所传达的一种生命自觉。如陈世骧先生所言:"它们的可悦与纯洁由于自身短暂的生命而变成是脆弱的、不能持久的,而在有限时光的人生里,美、德和善也正是如此。就是由于它们的时光有限性,人需要竭力地耕耘、采摘、保存,向'自然'本身来尽取;就犹如人为了抗拒那时光之流的劫运,需要坚称人类本质的高贵,以人类本质能了悟美、德和善并能成其有限时光的生命和存在和有价值的现实人生之故。贯穿全篇的精髓就是如此的一种声嘶力竭的坚称。"[②]在此"坚称"中,既有对生命之脆弱、有限的深挚体认,却又并不放弃生存意义的追寻与生命价值的坚守。对读者来说,《离骚》香草意象所传达的这种生命自觉,当有巨大的冲击力,并转化为对自身生命意义与价值的深刻诘问。后世刘勰所言"惊采绝艳,难与并能"(《文心雕龙·辨骚》),苏轼所言"前无古,后无今"(见蒋之翘《七十二家评楚辞》),也当联系到这种"震人心坎的力量"与"高度的感情强度"[③]来理解,方不致坠入皮相。

进而言之,正是在此生命自觉的情感、思想与人格的高度上,前述《离骚》香草意象所兴起的美感延伸、象喻生发与神秘体验诸层次的审美效应,才被统摄成缠绵悱恻、一往情深的整体性的芬芳世界。在中国文化中,《离骚》及屈原其他作品中的香草,几乎成为美的精灵与净的化身。

---

① 陈世骧:《中国文学的抒情传统》,北京:三联书店,2015年,第180页。
② 陈世骧:《中国文学的抒情传统》,北京:三联书店,2015年,第178页。
③ 陈世骧:《中国文学的抒情传统》,北京:三联书店,2015年,第178页。

《离骚》的空间建构与屈原悲剧的必然性

云南大学 段天姝

引言:楚辞与文学地理空间问题的再探讨

《四库全书总目》集部楚辞类叙说:"裒屈宋诸赋,定名楚辞,自刘向始也。后人或谓之骚,故刘勰品论楚辞,以辨骚标目。考史迁称屈原放逐,乃着离骚,盖举其最着一篇,九歌以下均袭骚名,则非事实矣。"①骚名之内涵及辨析暂且不论,一个鲜明的事实是,延续《史记·屈原贾生列传》这一关于屈原和《离骚》最早亦较可靠的记载而来,在汉代以降的楚辞学研究中,围绕《离骚》展开的一系列讨论,都或多或少牵涉屈原的生平和经历。屈原的"忠君爱国"思想和屈原几次见逐的行迹等问题,更是成为楚辞学史的讨论中心。而值得注意的是,这些以往的研究和讨论,都是始终将《离骚》同司马迁所记的"屈原放逐"的事迹结合在一起的,显示出强烈的现实指向。这一强烈的现实指向直接导致楚辞学史研究的诸著作在训诂、章句和考辨过程中,更多地将《离骚》中所涉及的时间、空间信息与屈原的实际经历联系在一起,以图通过《离骚》文本所提供的信息确定和考证屈原的生平和行迹。

清以前几部楚辞学研究最重要的著作当中,都有类似的倾向。屈原在《离骚》中所体现出的鲜明的时间意识和空间意识,被有意地与屈原的实际经历联系在一起。对《离骚》中文学地理空间的认识,在一系列的训诂和注释的强大传统中,逐渐趋于实指。

如王逸在《楚辞章句·离骚经章句第一》中所许:

> 同列大夫上官靳尚妒害其能,共谮毁之,王乃疏屈原。屈原执履忠贞,而被谗衺,忧心烦乱,不知所愬,乃作离骚经。离,别也;骚,愁也;经,径也,言已放逐离别,中心愁思,犹陈直径,以风谏君也。……其子襄王复用谗言,迁屈原于江南,而屈原放在山野,复作九章,援天引圣,以自证明,终不见省,不忍以清白久居浊世,遂赴汨渊自沈而死。②

---

① 永瑢总撰:《四库全书总目提要》卷一百四十八,河北人民出版社,2000 年,第 3812 页。
② 王逸:《楚辞章句·离骚经章句第一》,中华书局,2015 年,第 2 页。

此处将屈原创作《离骚》和《九章》的情况与屈原在楚怀王、襄王期间两次见逐的经历紧密结合起来,但对屈原遭放逐的具体地点,未作进一步阐发,只言"迁屈原于江南""放在山野""赴汨渊自沈"。

洪兴祖《楚辞补注》于王逸章句所提供的信息之外,别加补注,除"放在草野"下注"草,一作山"外,主要是在"汨渊"之下作了进一步补充:

> 《前汉地理志》,长沙有罗县。《荆州记》曰,县北带汨水,水源出豫章艾县界,西流注湘。沿湘西北,去县三十里,名为屈潭,屈原自沈处。①

指出屈原自沉的"汨渊"具体所在之县地和后世遗迹,将《离骚》与屈原生平所涉及地点的考证又向前推了一步。

朱熹《楚辞集注》以"王逸《章句》与近世洪兴祖《补注》并行于世,其于训诂名物之间,则已详矣"②,将《集注》的主要篇幅系于赋比兴及意旨阐发之上,未对地点和空间相关的考证多加议论。但朱熹也在《九章》集注下指出,"《九章》者,屈原之所作也。屈原既放,思君念国,随事感触,辄形于声,后人辑之,得其九章合为一卷,非必出于一时之言也"③,认为《九章》并非作于一时一地,对于此后楚辞研究和屈原生平所涉及地点的考证提供了更加细化的思路。

到了清蒋骥作《山代阁注楚辞》六卷:

> 注前冠以《史记·屈原列传》,沈亚之《屈原外传》《楚世家》节畧,以考原事迹之本末;次以楚辞地理列为五图,以考原涉历之后先,所注即据事迹之年月,道里之远近,以定所作之时地。虽穿凿附会所不能无,而征实之谈,终胜悬断。④

可以看出,蒋骥的楚辞地理研究方法,主要就是以楚辞各篇中的地点、地理信息为据,结合史家对屈原生平的记载,来考证楚辞中各篇所作的具体时间、地点,并在串联各个具体地名考证的基础上,勾勒出《楚辞地理总图》,将具体的楚辞篇章与具体的楚地地名坐标一一对应,直观地体现了各篇章创作与屈原放逐经历的关系。蒋骥在《山代阁注楚辞》"楚辞地图"部分之小序中云,"余所考订楚辞地理与屈子两朝迁谪行踪,既散着于

---

① 洪兴祖撰,白化文等校点:《楚辞补注》,中华书局,2015年,第2页。
② 朱熹撰,蒋立甫校点:《楚辞集注》,上海古籍出版社,2001年,第2页。
③ 朱熹撰,蒋立甫校点:《楚辞集注》,上海古籍出版社,2001年,第72页。
④ 永瑢总撰:《四库全书总目提要·集部·楚辞类第一·山代阁注楚辞》,河北人民出版社,2000年,第3817页。

诸篇,犹恐览者之未察其详也,次为图如左"①,下列《楚辞地理总图》《抽思、思美人路图》《哀郢路图》《涉江路图》《渔夫、怀沙路图》共计五图。也就是说,蒋骥的所谓"楚辞地理",其实际做法,是将楚辞各篇章中所提及的地名与屈原两次放逐行经地点作一一对应,以诸文本所涉地点考证屈原先后行迹,从而彻底将楚辞各篇所塑造的文学地理空间和屈原时代的楚地历史地理空间重合起来,最终以地理形式呈现。

虽然蒋骥在《山代阁注楚辞》中对楚辞中的各地名、地点信息与屈原行实对照考证时,非常注意运用正史、方志和其他地理文献的运用,能够在考虑到空间对应关系的前提下自圆其说、自成体系,得到四库馆臣"征实之谈,终胜悬断"的评价。但蒋骥这种将楚辞文学地理实指化、历史化的尝试,从呈现的结果上看,是比较失败的。一个较为典型的案例是蒋骥在《远游》注下,将"顺凯风以从游兮,至南巢而壹息"中的"南巢"注作"南巢,今庐州府巢县有金庭山王乔洞,王子升仙之所也"②,并在《楚辞余论》中更进一步认为"巢县在古陵阳正北,相去数百里而近,今观顺凯风而至南巢之语,则《远游》之作,岂在迁放陵阳之日与"③。把"南巢"这一文学地理的信息,完全与屈原放逐行迹的实在历史地理信息对应起来。

事实上,自王逸《楚辞章句》将"南巢"解为"朱雀之所居也"④;到洪兴祖《楚辞补注》补云"《山海经》,丹穴之山有鸟焉,五彩而文,曰凤鸟,南巢,岂南方凤鸟之所巢乎?成汤放桀于南巢,乃庐江居巢,非此南巢也"⑤;再到朱熹《楚辞集注》亦从前说,以为"南巢,旧说以为南方凤鸟之巢,非汤放桀之居巢也"⑥。都将"南巢"解为"南方的凤巢",这不仅仅是王逸《楚辞章句》对后世楚辞章句训诂巨大影响的结果,更重要的是,"南巢"这一游止的目的地,应当是"顺凯风以从游兮"的乘风戏荡、游观八区的飞行和仙游活动的一环,是屈原在《远游》中以文字构建的文学空间、神话空间的一个部分。尽管洪兴祖、朱熹等人并未对这一文本现象作更进一步的阐释或提炼,但这些一脉相承的传统,楚辞研究者已经在文本阅读的基础上清晰地认识到"南巢"绝非实指历史地名,并将屈原《远游》中作为神话空间一部分的"南巢"与历史上汤放桀之地的"居巢"作了清晰的区分。

应当看到,出于王逸以降传统楚辞学研究者对屈原忠君爱国、高洁之志的关心,和有关屈原生平行迹的可信传世文献材料过少的现实,《离骚》及其他楚辞篇章当中与屈原有关的内容,不可避免地成为作为历史和政治人物的屈原研究最重要的材料。而在这样的

---

① 蒋骥撰,于淑娟点校:《山带阁注楚辞·楚辞地图》小序,上海古籍出版社,2019年,第66页。
② 蒋骥撰,于淑娟点校:《山带阁注楚辞》卷五,上海古籍出版社,2019年,第146页。
③ 蒋骥撰,于淑娟点校:《山带阁注楚辞·楚辞余论》卷下,上海古籍出版社,2019年,第233页。
④ 王逸:《楚辞章句》卷五,《楚辞补注》,中华书局,2015年,第173页。
⑤ 洪兴祖撰,白化文等校点:《楚辞补注》卷五,中华书局,2015年,第173页。
⑥ 朱熹撰,蒋立甫校点,《楚辞集注》卷五,上海古籍出版社,2001年,第106页。

研究取向和现实指向中,屈原在《离骚》及其他楚辞篇章中所体现出的鲜明的时间意识和空间意识,被有意识地与屈原的实际经历联系在一起。对楚辞中文学地理空间的认识,在一系列的训诂和注释的强大传统中,逐渐趋于实指,也逐渐在历史考据的需要中,偏离了文本本身所提供的线索,走向了穿凿附会。

而当我们沿着王逸、洪兴祖、朱熹等人对楚辞中与地理相关的阅读经验向前推进,以现代西方空间批评方法重新审视《离骚》,就可以发现,《离骚》的文本,作为作者屈原及其所属的楚文化思想观念、价值观念和文化内涵的集中体现,其本身就是一种具有主体性意义的空间构建。揭示《离骚》的主体性空间构建,对于我们从文本出发,重新理解屈原的创作心理和自我定位,进而理解屈原悲剧的必然性,具有重要意义。

一、"旧乡":抽象化的现实性空间

空间批评是当代西方后现代化理论和文化地理学发展的产物。自 1974 年列斐伏尔发表《空间的生产》后,长期被时间连续性和历史决定论所遮蔽的空间同存性和空间的本体论地位逐渐开始得到重视,空间不再是时间的附庸,而是成为了重要的文化实体,空间本身就是一种社会生产模式和一种知识行为,这一文化思想领域的重大转变对近年来西方社会学、建筑学、文化研究、文学批评等学科和领域都产生了重要的影响,这就是所谓的"空间转向"(spatial turn)。20 世纪 90 年代起,空间批评开始转向空间的文化研究,其中具有代表性的研究者之一是迈克·克朗(Mike Crang),他在《文化地理学》一书中指出,空间景观是价值观念的象征,是承载着深刻文化内涵的"文本";而文学作品也不仅仅是对地理空间的描摹和反映,而是社会发展、思想意识等诸种复杂意义的一部分。空间批评视阈下的文学地理空间研究,其关注核心在于空间作为文本的意义系统是如何表达意识形态、思想观念、价值观念和文化内涵等的。[①]

《离骚》的空间性,直观地体现在《离骚》中为数庞大的地理、空间描写和数次空间变换的场景中。萧兵在《楚辞的文化破译》一书中,曾将《离骚》的结构总结为"四次对话"和"三次飞行",苍梧-悬圃的"第一次飞行"、阆风-白水-洧盘-瑶台-天津的"第二次飞行"和天津-西极的"第三次飞行"[②],以阅读体验而言,都是《离骚》以前的古代文学作品中从未出现过的,大幅度、高频率的地理空间跳跃,这是属于屈原的独特空间体验和感受。可以说,《离骚》是屈原独特心理状态和生命情绪的空间再现,而对《离骚》文本整体所构建的文学地理空间加以分析后,我们可以依据具体的空间特质,将《离骚》的文学地理空间构建划分为两个层次:抽象的现实性空间和跳跃的理想空间,也即"旧乡"和

---

① 参见[英]迈克·克朗著,杨淑华、宋慧敏译:《文化地理学(修订版)》,南京大学出版社,2005 年。
② 参见萧兵:《楚辞的文化破译》,湖北人民出版社,1991 年,第 129 页。

"陞皇"。"旧乡"是以郢都为现实基础并加以抽象化、文学化的现实性空间,是《离骚》整体文学地理空间构建的中心和原点;"陞皇"则是天马行空、跳跃展开的理想空间,是屈原在现实的苦闷之外寻求理想实现的精神尝试及其空间具现。"旧乡"和"陞皇"两个层次的文学地理空间构建,事实上可以看作是作者屈原主体意识和精神状态的空间隐喻,两个层次之间既有矛盾的张力,也有一致的动力,最终作为一个矛盾统一的整体,指向幻灭和徒劳,指向屈原悲剧的必然性。

屈原在《离骚》中所构建的第一个层次的文学地理空间,我们将其概括为抽象的"旧乡"现实性空间,具有以下几方面的特质:

第一,"旧乡"首先是一个以郢都为现实基础的文学地理空间,它是屈原在现实空间体验基础上抽象化和文学化的结果。《离骚》的文本结构很清晰地区分为相对静止的、有现实基础的"旧乡"空间和跳跃的、理想化的"陞皇"空间。在"飞行"或曰"远游"的频繁空间跳跃和转换之前,"旧乡"的文学地理空间在屈原对于自身身世和现实境遇的抽象化表达中得以构建。《离骚》中所蕴含的楚文化和楚地方言元素,前人已多有论及,这是"旧乡"作为文学空间现实性的集中体现。但应当注意的是,《离骚》中的"旧乡",虽然具有现实性,但却并不是一个完全实在和实指的现实空间。《离骚》从屈原自述身世开篇,文本中"余"所处的空间,与屈原实际身处的现实空间是密切联系的,但更是屈原基于自身经历、感受和心态,对现实空间的元素加以提炼之后的重新建构。屈原在写作中事实上屏除了现实空间其他芜杂的要素,重点突出了"香草美人"的主题。从"朝搴阰之木兰兮,夕揽洲之宿莽"到"扈江离与辟芷兮,纫秋兰以为佩",从"固众芳之所在,杂申椒与菌桂兮"到"既滋兰之九畹兮,又树蕙之百亩",都是具有浓重楚地韵味的风物,它们形成了一个相得益彰的整体,这是屈原对于现实空间的抽象和潜意识的流露,"旧乡"在屈原的潜意识中,是一个本来十分美好的空间,也应当能够呆持这种美好和美政的空间。

第二,作为文学地理空间的"旧乡"与屈原所处的现实的历史空间最大的区别在于,"旧乡"是一个以"道路"为中心的文学地理空间。《离骚》对于"旧乡"这一抽象化的现实性空间的构建,主要是通过"道""路""径"等关键词来实现的,如:

> 乘骐骥以驰骋兮,来吾道夫先路;
> 彼尧舜之耿介兮,既遵道而得路;何桀纣之猖狂兮,夫唯捷径以窘步;
> 惟党人之偷乐兮,路幽昧以险隘;
> 忽奔走以先后兮,及前王之踵武;
> 悔相道之不察兮,延伫乎吾将反。回朕车以复路兮,及行迷之未远。①

---

① 《离骚》引文出自洪兴祖:《楚辞补注》,中华书局,2015年。

可以发现，屈原在《离骚》中所构建的"旧乡"这一抽象化的现实性空间，是有一个绝对正确的既定轨迹和预期方向的。在屈原的知识体系和政治理想中，"旧乡"这一现实性空间，既是沿着尧舜等诸圣先王的德政之路而来，就应当继续推行在正确道路上前进的美政，所谓"遵道"；现实却是"道之不察"，由于小人的蒙蔽而偏离了正确的道路；而在清醒地认识到偏离德政的正确道路的前提下，屈原仍在寄希望于能够"回车以复路"，回到既定的正确轨道上来。这不仅仅是屈原现实空间中感受和经历的抽象化和文学化，更重要的是融合了屈原的政治理想和对现实境遇的认识。屈原的政治理想应当是沿着诸圣先王的毋庸置疑的美政之路，辅佐楚王继续推行美政、德政；而屈原所遭遇的现实却是君王在小人蒙蔽下偏离了"道"，与沿着美政的既定轨道坚定前行的自己渐行渐远。"道"的既定轨迹和逐渐"行迷"偏离"道"的现实，是"旧乡"这一抽象的现实性空间构建的中心，也同样作为一个空间隐喻的整体，揭示了屈原现实经历中痛苦和纠结的核心问题。"香草美人"的主题固然是鲜明的，但更应该注意到的是，在"行迷"和"失道"的现实空间里，香草"零落""萎绝""芜秽"，美人遭"众女"嫉妒、"谣诼"，"忳郁"又"侘傺"，现实性空间构建的核心不在于香草美人本身，而是这种香草枯萎、美人遭嫉的状态，这是屈原现实境遇和心理感受的抽象化，也集中体现了屈原在面对政治理想难以实现、反遭小人离间和君王疏远的现实遭遇下深沉的痛苦和焦虑。

第三，在《离骚》的文学地理空间整体构建中，"旧乡"始终处在中心和原点的位置上。《离骚》中的远游范围极广、空间转换跳跃极大，但一个显著的特点是，这数次远游和飞行，都始终是以"旧乡"为中心的。在各类具体的神话传说地名之外，《离骚》中对于远游和飞行过程的描绘，主要有以下几种：

> 忽反顾以游目兮，将往观乎<u>四荒</u>；
> 路曼曼其修远兮，吾将<u>上下</u>而求索；
> 览相观于<u>四极</u>兮，周流乎天余乃下；

几次远游和飞行的目的地不尽相同，但可以发现，不论"四荒""上下"还是"四极"，都是对远游所涉及的空间范围边缘的划定，而以这些边缘确定下来的广阔空间的中心，是"何所独无芳草兮，尔何怀乎故宇"的"故宇"，是"忽临睨夫旧乡"的"旧乡"，是"又何怀乎故都"的"故都"。"故宇""故都"和"旧乡"，无不流露出屈原对于以郢都为现实基础的"旧乡"的深切眷恋，也预示着"远游"最终无法离开"旧乡"这一空间中心的结局，这是屈原现实体验和生命情绪所构建的空间隐喻，指向屈原无法摆脱现实苦闷的悲剧结局。

二、"陞皇"：跳跃的理想空间

在《离骚》所构建的第一个层次的文学地理空间，也就是抽象的"旧乡"现实性空间中，"道"的既定轨迹和逐渐"行迷"偏离"道"的现实，是屈原痛苦和纠结的核心问题，流露出屈原在面对政治理想难以实现、反遭小人离间和君王疏远的现实遭遇下深沉的痛苦和焦虑。而《离骚》所构建的第二个层次的文学地理空间，也即跳跃的"陞皇"理想空间，可以看作屈原以构建理想的神话幻想空间来反抗痛苦现实的尝试，而这种尝试，也是注定必将失败的。

第一，"陞皇"首先是一个屈原以自身天马行空的想象力创造的、范围极广、空间转换和跳跃极其频繁的理想空间，这一理想空间，是屈原对抗现实遭遇和深沉痛苦的尝试，是屈原以文学创作为手段主动开展的空间生产和空间实践。这一理想空间的构建，直观地体现在《离骚》中众多非现实地名的运用中，近年来的楚辞研究，对于这些非现实地名，有从神话、传说、巫术、楚地方言等等角度的不同解读，各有所本，而我们关注的重点在于，这些非现实地名合在一起，形成了一个相得益彰的整体，一个脱离于现实之外的，打上了屈原个人主体性意识和知识体系痕迹的理想空间。从苍梧到悬圃，从阆风到白水、洧盘、瑶台、天津，又从天津到西极，屈原在《离骚》中创造了一个广阔、辉煌、华丽、令人目眩神迷的理想空间，他在这个理想空间中，能够摆脱现实的窘迫、痛苦和焦虑，"溘埃风余上征""聊逍遥以相羊"，在四荒上下间无拘无束地自在游荡，甚至向着光明的、终极的朝阳，"陟陞皇之赫戏"。这一理想空间，是屈原创造的理想中的净土，与现实世界的污浊形成鲜明的对比。

第二，在构建"陞皇"这一理想空间的同时，屈原其实已经深刻而清醒地认识到，这片净土其实并不能真正和污浊而痛苦的现实划清界限，《离骚》所构建的理想空间，是屈原个人经历的现实空间的投射。虽然在《离骚》所构建的理想空间中，"余"能够在四荒上下间无拘无束地自在游荡，但这种自在游荡始终是存在着边缘和界限的，而"余"也始终未能突破这些人为的边缘和界限。"令帝阍开关兮，倚阊阖而望予"，面对帝阍阻拦，最终只能"结幽兰而延伫"，这既是屈原在现实中遭到排挤和冷遇的一种投射，更是屈原在文学空间构建中的清醒的主体性意识，虽然苦闷和焦虑的情绪能够在理想空间的驰骋中得到片刻的自由，但他因对故土的眷恋和对美政的坚持与污浊现实相悖而产生的深沉痛苦，是无法通过文学空间的构建来打破的。

第三，在《离骚》的文学地理空间整体构建中，"陞皇"是一个始终未曾真正到达的理想空间，与作为中心和原点的"旧乡"形成了对比。"余"虽然能够在四荒上下间无拘无束地自在游荡，但却始终在距离作为终极目的地的"陞皇"一步之遥的地方失败。而值得注意的是，前两次的失败是出于帝阍阻挠和"王不寤"的失时，都是外部不利因素导致的;但在最后一次追求终极的飞行途中,在即将到达顶点,"陟陞皇之赫戏"的瞬间,因为"忽临睨夫旧乡"而选择了放弃,"仆夫悲余马怀兮,蜷局顾而不行"。也就是说,在《离骚》构建的理想空间当中,屈原通过两次被人为阻挠而失败的远游映射了现实空间中遭到排挤和放逐的经历,而最后一次因心怀旧乡而主动放弃的飞升之旅,则宣告了屈原通过构建理想空间摆脱现实痛苦的尝试失败。在《离骚》构建的理想空间中,"余"与女须、重华、灵氛和巫咸的四次对话,提供了理想空间的两条出路,一条是与世流俗,"世并举而好朋",这与屈原高洁的本性和坚定的政治理想彻底相悖,于是"茕独而不予听";一条则是彻底拔足离开现实的泥潭,保全自身高洁的志向,"远逝以自疏",寻求精神上的解脱,而《离骚》选择让通向精神解脱的飞升在即将登顶时戛然而止,这已经是饱含屈原主体性意识的表达:他固然清晰地认识到,超越现实的,糅合神话、巫术诸元素的理想空间构建,能够有效地使他摆脱污浊现实所带来的痛苦和焦虑;但他对于故土的眷恋,对于美政的追求,却也始终牵系着他,要摆脱痛苦和焦虑,也同时意味着必须斩断眷恋与牵系。在现实空间的痛苦和焦虑折磨中,屈原选择以构建理想空间的方式来进行超越和解脱;而当他意识到真正意义上的超越和解脱需要斩断自己对故土的眷恋,抛弃自己对于美政的追求时,他最终决定怀抱深重的痛苦,不离旧乡,不易其志。这是屈原现实体验和生命情绪所构建的空间隐喻,也是屈原以自己的主体性意识构建的空间隐喻,在坚守故土和己志的前提下,"既莫足与为美政兮,吾将从彭咸之所居"的悲剧结局,是必然的结果,也是屈原自我意识的选择,这是屈原悲剧必须重申的中心意义。

《天问》夏代部分史实稽考

中国政法大学　黄震云

《天问》中涉及一些夏朝的历史人物,有些无考,有些难考。过去我曾就《天问》的写作进行过整体研究(《论天问》,《江苏社会科学》1995 年第 4 期),也曾具体地就伯禹愎鲧、三年不施、昭后成游、南土爱厎、武发杀殷、载尸集战等写过文章。兹就近期阅读所致,罗列一二如下。

一、《天问》的对象

屈原的《天问》是屈原作品中比较受到关注的一篇,也是比较难读的一篇。通篇用疑问或反问的方式表达,反问的写法《诗经》中有《无衣》等在前,并不稀奇,主要是涉及夏商周三代的历史,又只是以自己特有的视角对事实做出一些思索。有些文章认为《天问》是屈原对于天地、自然和人世等一切事物现象的发问,未免言过其实。屈原只是就自己关心的一些方面提出问题,而这些问题一是材料少,二是有自己的角度,并不是就事论事,所以把握起来有些困难。大禹到夏桀,按照《史记》和皇甫谧《帝王世纪》记载,历十九王,含四百三十二年。禹一、启二、太康三、仲康四、相五、羿六、寒浞七、少康八、杼九、槐十、芒十一、泄十二、降十三、扃十四、廑十五、孔甲十六、皋十七、发十八、桀十九。但是,《天问》涉及的不过是之前的鲧、禹、启、太康、羿、寒浞、少康、孔甲和桀等数位。其中,羿、寒浞和大禹之间没有血缘关系,属于改朝换代的异姓王,但也是夏朝的君主。《天问》的重点在羿与寒浞关系。夏商周三代拥有共同的祖先即帝喾。一般以为,《天问》是庙中呵壁之作,那么这个庙就有可能是帝喾庙了。[①]

二、《天问》关于夏朝的神相和矣犬吠尧、蜀犬吠日

《天问》开头说:"曰:'遂古之初,谁传道之。上下未形,何由考之。冥昭瞢暗,谁能极之。冯翼惟象,何以识之。明明暗暗,惟时何为。阴阳三合,何本何化。圜则九重,孰

---

① 根据王嘉《拾遗记》,楚怀王时经常在洞庭湖周边赋诗。按:这条资料出自黄震云:《楚辞通论》,湖南:湖南教育出版社,1979 年,第 36 页。另外,根据《白虎通》《后汉书》等关于疏放用块与屈原三次放逐,以及《后汉书》延笃传、屈原庙在南阳等资料、《隋书》第一次提出赛龙舟与屈原的关系等资料皆等为黄震云首次引证。南阳屈原庙资料初次引用在 1994 年 5 期《贵州社会科学》发表的《楚辞与两汉文化》中。另外,寿春即鄂州之说等皆为黄震云首次提出。

营度之。惟兹何功,孰初作之。斡维焉系,天极焉加。八柱何当,东南何亏。九天之际,安放安属。隅隈多有,谁知其数。天何所沓,十二焉分。日月安属,列星安陈。出于汤谷,次于蒙汜。自明及晦,所行几里。夜光所德,死则又育。厥利维何,而顾菟在腹。'"
夏朝以前的文献,《尚书》中有一些,但没有探讨宇宙形成的理论记载,后世提到的比较零碎,并不系统。《周易》中记载相对详细,应该是不断积累形成的结果。但有些东西史料中有明确的记载。如天人关系,殷商时代为一元神,上帝和祖先为一人,周代以上帝为中心,祖先只是上帝身边的众神之一,可以看成是多元神时代,而夏朝对应的神相是太阳神。皇甫谧《帝王世纪》说:"帝桀淫虐有才,力能伸钩索铁,手搏熊虎,多求美女以充后宫。为琼室瑶台,金柱三千,始以瓦为屋,以望云雨。大进侏儒倡优,为烂漫之乐,设奇伟之戏,纵靡靡之声,日夜与妹喜及宫女饮酒,常置妹喜于膝上。妹喜好闻裂缯之声,桀为发裂缯,以顺适其意。以人驾车,肉山脯林,以为酒池,一鼓而牛饮者三千余人。醉而溺水,以虎入市,而观其惊。伊尹举觞造桀,谏曰:君王不听群臣之言,亡无日矣。桀闻祈然哑然叹曰:'子又妖言矣。天之有日,由吾之有民,日亡吾乃亡也。两日斗蚀,鬼呼于国,桀醉不寤。汤来伐桀,以乙卯日战于鸣条之野,桀未战而败绩,汤追至大涉,遂禽桀于焦,放之历山,乃与妹喜及诸嬖妾同舟浮海,奔于南巢之山而死'。"

根据上述资料我们看出,太阳是夏桀以为夏朝的天下的象征,太阳不灭,夏朝永存。和《史记》中记载的殷纣王临死前的一元神救命之道哀鸣十分相似。因此,太阳是夏朝的神相。关于日月的发问应该是关于夏朝的历史。同时,大禹命名九州,铸九鼎,立九德,与涂山氏为九尾狐有关,所以开始发问中多次提到九。《吴越春秋·越王无余外传》的记载相对更为丰富曲折,也与《史记》一致:

舜与四岳举鲧之子高密。四岳谓禹曰:"舜以治水无功,举尔嗣考之勋。"禹曰:"俞!小子敢悉考绩,以统天意,惟委而已!"禹伤父功不成,循江溯河,尽济甄淮,乃劳身焦思以行,七年闻乐不听,过门不入,冠挂不顾,履遗不蹑,功未及成,愁然沉思。禹乃东巡,登衡岳,血白马以祭,不幸所求。禹乃登山,仰天而啸。因梦见赤绣衣男子,自称玄夷苍水使者。"闻帝使文命于斯,故来候之。非厥岁月,将告以期,无为戏吟,故倚歌覆釜之山。"东顾谓禹曰:"欲得我山神书者,斋于黄帝岩岳之下,三月庚子,登山发石,金简之书存矣。"禹退,又斋。三月庚子,登宛委山,发金简之书,案金简玉字,得通水之理。复返归岳,乘四载以行川,始于霍山,徊集五岳。诗云:"信彼南山,惟禹甸之。"遂巡行四渎,与益、夔共谋。行到名山大泽,召其神而问之山川脉理、金玉所有、鸟兽昆虫之类及八方之民俗、殊国异域土地里数,使益疏而记之。故名之曰《山海经》。禹三十未娶,行到涂山,恐时之暮,失其度制,乃辞云:"吾娶也,必有应矣。"乃有白狐九尾造于禹,禹曰:"白者,吾之服也。其九尾者,王之证也。"

涂山之歌曰："绥绥白狐,九尾痝痝。我家嘉夷,来宾为王。成家成室,我造彼昌。"天人之际,于兹则行,明矣哉!禹因娶涂山,谓之女娇,取辛壬癸甲。禹行十月,女娇生子启。启生,不见父,昼夕呱呱啼泣。禹行,使大章步东西,竖亥度南北,畅八极之广,旋天地之数。禹济江,南省水理,黄龙负舟,舟中人怖骇,禹乃哑然而笑曰:"我受命于天,竭力以劳万民。生,性也;死,命也。尔何为者?"颜色不变,谓舟人曰:"此天所以为我用。"龙曳尾舍舟而去。……民去崎岖,归于中国。尧曰:"俞!以固冀于此。"乃号禹曰伯禹,官曰司空,赐姓姒氏,领统州伯,以连十二部。

表示幸运吉祥,和周代的六、殷商的八不同。九重、九天之说出自夏朝,此为语言特征,可以参证。根据《淮南子》,尧派羿平定了天下,其中封十日为一日,因此尧成为天子。同理,太阳重生,尧是太阳的象征神相。至于黄龙负舟和周武王白鱼说原理一致,表明天理就是人间最美道德。《山海经·海内经》记载:"帝俊赐羿彤弓素矰,以扶下国,羿是始去恤下地之百艰。"今本《山海经》不见大羿射日的故事,但唐人成玄英《山海经·秋水》疏引《山海经》云:"羿射九日,落为沃焦。"该九日当为九黎或多个部落方国的代名词。宋代类书《锦绣万花谷》前集卷一引《山海经》云:"尧时十日并出,尧使羿射十日,落沃焦。"换言之,尧是天地间的主神,尧命令羿射落了多余的太阳,也就是说一个太阳是尧的安排。《汉书·邹阳传》录邹阳《狱中上吴王书》说:"桀之狗可使吠尧,而跖之客可使刺由。"夏桀的狗吠尧,是尧让羿射落了九个太阳,带有复仇意识,另一个太阳就是夏朝的象征,犬担心尧再让羿射落另一个太阳,捍卫的是夏桀的天下,表明奴才不问是非,只认主人。唐·柳宗元《答韦中立论师道书》说:"屈子赋曰:'邑犬群吠,吠所怪也。'仆往闻庸、蜀之南,恒雨少日,日出则犬吠。"鲧禹出自蜀,所谓蜀犬吠日,也就是桀犬吠日、桀犬吠尧。这关于日月运行,实质上是关于夏朝盛衰,因此《天问》自夏朝开始发问比较合适,不然为什么不问炎黄,直接由遂古日月入笔。

三、羿和后羿

《天问》说:"羿焉彃日,乌焉解羽?禹之力献功,降省下土四方?焉得彼涂山女,而通之于台桑?闵妃匹合,厥身是继,胡维嗜不同味,而快鼌饱?启代益作后,卒然离蠥,何启惟忧,而能拘是达?皆归射鞫,而无害厥躬!何后益作革,而禹播降?启棘宾商,九辩九歌!何勤子屠母,而死分竟地?帝降夷羿,革孽夏民!胡射夫河伯,而妻彼雒嫔?冯珧利决,封豨是射。何献蒸肉之膏,而后帝不若。"

根据《天问》的书写顺序,羿射日以后,大禹才降临人间治水,十日是炎热和干旱的象征。按《淮南子·本经训》载:"逮至尧之时,十日并出,焦禾稼,杀草木,而民无所食。猰貐、凿齿、九婴、大风、封豨、修蛇皆为民害。尧乃使羿诛凿齿于畴华之野,杀九婴于凶水之上,缴大风于青丘之泽,上射十日而下,杀猰貐,断修蛇于洞庭,擒封豨于桑林。万民皆喜。置尧以为天子。"这是关于羿的生平事迹最详细的资料。由此可知,羿是尧的功臣,为尧射日、诛凿齿、杀猰貐、断修蛇、擒封豨、夺取天下,地点在洞庭一带。按《山海经》五藏山经末尾说:"凡洞庭山之首,自篇遇之山至于荣余之山,凡十五山,二千八百里。其神状皆鸟身而龙首。其祠毛,用一雄鸡、一牝豚刉,糈用稌。凡夫夫之山、即公之山、尧山、阳帝之山皆冢也,其祠皆肆瘗,祈用酒,毛用少牢,婴毛一吉玉。洞庭、荣余山神也,其祠:皆肆瘗,祈酒太牢祠,婴用圭璧十五,五采惠之。"洞庭湖因为洞庭山得名。由此可知,洞庭山脉长达二千八百里,羿跟随尧就在这一带治理天下。又《山海经·海外南经》载:"羿与凿齿战于寿华之野,羿射杀之。在昆仑虚东。羿持弓矢,凿持盾。一曰戈。"又《山海经·海内西经》载:"海内昆仑之虚,在西北,帝之下都……在八隅之岩,赤水之际,非仁羿莫能上冈之岩。"按《史记正义》引《括地志》云:"宋州宋城县古阏伯之墟,即商丘也,又云羿所封之地。"关于羿与嫦娥登月。《淮南子》说:"羿请不死之药于西王母,羿妻嫦娥窃之奔月,托身于月,是为蟾蜍,而为月精。"嫦娥的丈夫是羿。东汉高诱注《淮南子·览冥训》说:"姮娥,羿妻;羿请不死药于西王母,未及服食之,姮娥盗食之,得仙,奔入月中为月精也。"关于嫦娥奔月以后的事情,南朝梁刘昭注《后汉书·天文志上》云:"羿请无死之药于西王母,姮娥窃之以奔月。将往,枚筮于有黄。有黄筮之,曰:'翩翩归妹,独将西行,逢天晦芒,毋惊毋恐,后且大吉。'姮娥遂托身于月,是为蟾蜍。"关于西王母,又见《穆天子传》周穆王曾经拜访过西王母,所以西王母应该是一个部落联盟的名称,存在已经很久。由此可见,关于嫦娥的故事发生在羿身上,而不是后(夷)羿。关于羿的事迹。汉《括地图》曰:"羿年五岁,父母与入山。其母处之大树下,待蝉鸣,还,欲取之。群蝉俱鸣,遂捐去。羿为山间所养,年二十,能习弓矢。仰叹曰:'我将射远方,矢至吾门止。'因捍即射,矢摩地截草,经至羿门,随矢去。"又《山海经·海内经》载:"帝俊赐羿彤弓素矰,以扶下国,羿是始去恤下地之百艰。"由此看来,帝喾未能稳定天下,是羿协助尧完成了安定天下的大业。屈原《天问》问"羿焉彃日?乌焉解羽?"其中的羿无疑是羿,不是后羿。这里有一个问题需要说明,即羿射日以后,太阳神发生了一些变化,周人称为赤鸟,后来又称三足乌。就乌焉解羽看,战国时期已经有太阳精为鸟的说法,但羿的时代没有,所以这里质疑尧是表面,质疑周才是事实。

《天问》言:"帝降夷羿,革孽夏民。胡射夫河伯,而妻彼雒嫔?冯珧利决,封豨是射。何献蒸肉之膏,而后帝不若?浞娶纯狐,眩妻爰谋。何羿之射革,而交吞揆之?"

夷羿的夷是身份,一般将东方九族称为东夷九族。夏朝的国号是夏后,不是夏。《史记·夏本纪》说:"帝舜荐禹于天,为嗣。十七年而帝舜崩。三年丧毕,禹辞辟舜之子商均于阳城。天下诸侯皆去商均而朝禹。禹于是遂即天子位,南面朝天下,国号曰夏后,姓姒氏。""故诸侯皆去益而朝启,曰'吾君帝禹之子也'。于是启遂即天子之位,是为夏后帝启。"由此我们知道,夏朝确实名为夏后,证之《山海经》夏后开,亦作如是说,所以不会错。《天问》中的夷羿,是推翻太康暴政的武士,以骑封闻名天下。因此说革孽夏民。但言封狶是射则混淆了羿和夷羿,封狶是射的是羿不是夷羿。后(夷)羿出自有穷氏。《左传》鲁襄公四年说:

> 《尚书·夏训》有之曰:"有穷后羿。"公曰:"后羿何如?"(魏绛)对曰:"昔有夏之方衰也,后羿自鉏迁于穷石,因夏民以代夏政。恃其射也,不修民事而淫于原兽。弃武罗、伯困、熊髡、龙圉而用寒浞。寒浞,伯明氏之谗子弟也。伯明后寒弃之,夷羿收之,信而使之,以为己相。浞行媚于内而施赂于外,愚弄其民而虞羿于田,树之诈慝以取其国家,外内咸服。羿犹不悛,将归自田,家众杀而亨之,以食其子。其子不忍食诸,死于穷门。靡奔有鬲氏。浞因羿室,生浇及豷,恃其谗慝诈伪而不德于民。使浇用师,灭斟灌及斟寻氏。处浇于过,处豷于戈。靡自有鬲氏,收二国之烬,以灭浞而立少康。少康灭浇于过,后杼灭豷于戈。有穷由是遂亡,失人故也。昔周辛甲之为大史也,命百官,官箴王阙。于《虞人之箴》曰:'芒芒禹迹,画为九州,经启九道。民有寝庙,兽有茂草,各有攸处,德用不扰。在帝夷羿,冒于原兽,忘其国恤,而思其麀牡。武不可重,用不恢于夏家。兽臣司原,敢告仆夫。'《虞箴》如是,可不惩乎?"于是晋侯好田,故魏绛及之。公曰:"然则莫如和戎乎?"对曰:"和戎有五利焉:戎狄荐居,贵货易土,土可贾焉,一也。边鄙不耸,民狎其野,稼人成功,二也。戎狄事晋,四邻振动,诸侯威怀,三也。以德绥戎,师徒不勤,甲兵不顿,四也。鉴于后羿,而用德度,远至迩安,五也。君其图之!"

这段话比较详细地论述了夏朝中期王权交替的历史。即后羿自鉏迁于穷石为祝融氏之后,因为迁徙到穷石,因此叫有穷氏。因为擅长射箭,被称为夷羿,乘着太康不务正业,强大起来,夺取了太康的政权,国号仍然叫夏。夷羿遭到大臣寒浞的弑杀,并且直接寒浞接受了羿的宫室,因此称纯狐,大禹的妻子就是九尾狐,寒浞因之,所以叫纯狐。他们有两个儿子浇及豷。夏的一支有鬲氏靡自杀掉了寒浞立少康为帝,有穷氏就灭亡了。羿之所以叫后羿,看来主要是时间上为了和羿区别,常常混淆,《天问》中也有这种情况发生。晋郭璞注《山海经》云:"有穷后羿慕羿射,故号此名也。"不过是他的推测,于史无征,与稷、后稷的形式不同。

四、关于少康逐犬、纯狐和大禹释舟陵行

《天问》说:"浞娶纯狐,眩妻爰谋。何羿之射革,而交吞揆之。阻穷西征,岩何越焉。化为黄熊,巫何活焉。咸播秬黍,莆雚是营。何由并投,而鲧疾修盈。白蜺婴茀,胡为此堂。安得夫良药,不能固藏。天式从横,阳离爰死。大鸟何鸣,夫焉丧厥体。蓱号起雨,

何以兴之。撰体协胁,鹿何膺之。鳌戴山抃,何以安之。释舟陵行,何以迁之。惟浇在户,何求于嫂。何少康逐犬,而颠陨厥首。""女歧缝裳,而馆同爰止。何颠易厥首,而亲以逢殆。汤谋易旋,何以厚之。覆舟斟寻,何道取之。桀伐蒙山,何所得焉。妹嬉何肆,汤何殛焉。""女歧无合,夫焉取九子。伯强何处,惠气安在。何阖而晦,何开而明。角宿未旦,曜灵安藏。不任汩鸿,师何以尚之。佥曰何忧,何不课而行之。"《史记正义》帝王纪说:"寒浞杀羿于桃梧,而烹之以食其子。其子不忍食之,死于穷门。浞遂代夏,立为帝。寒浞袭有穷之号,因羿之室,生浇及豷。浇多力,能陆地行舟。使浇帅师灭斟灌、斟寻,杀夏帝相,封浇于过,封豷于戈。恃其诈力,不恤民事。初,浇之杀帝相也,妃有仍氏女曰后缗,归有仍,生少康。初,夏之遗臣曰靡,事羿,羿死,逃于有鬲氏,收斟寻二国余烬,杀寒浞,立少康,灭浇于过,后杼灭豷于戈,有穷遂亡也。"按照正义的资料寒浞直接取代了夷羿(不是羿),所以是因羿之室,原来夷羿的老婆还给他生了两个儿子。夷羿的老婆以及涂山氏,九尾狐之后,所以称为纯狐。少康逐犬,就是禁止反夏(太阳)势力,颠陨厥首是颠陨对方厥首。惟浇在户,何求于嫂?浇和豷是寒浞的儿子,浇的嫂子只能是夷羿的儿媳妇,女歧缝裳就是女歧无合,缝裳俗言开怀,就是馆同爰止,彼此生活在一起。那么,女歧生下的儿子只能是浇的儿子了。王逸注:"女歧,浇嫂也。"王逸注:"女歧,神女。无夫而生九子也。"佥曰何忧,何不课而行之是说行为不合法度,没有经过卜筮。

《史记·夏本纪》说:"禹乃遂与益、后稷奉帝命,命诸侯百姓人徒以傅土,行山表木,定高山大川。禹伤先人父鲧功之不成受诛,乃劳身焦思,居外十三年,过家门不敢入。薄衣食,致孝于鬼神。卑宫室,致费于沟。陆行乘车,水行乘船,泥行乘橇,山行乘檋。左准绳,右规矩,载四时,以开九州,通九道,陂九泽,度九山。令益予众庶稻,可种卑湿。命后稷予众庶难得之食。食少,调有余相给,以均诸侯。"这里提到三行,水上用船,湿地用橇,那么山地用的是一种技巧,即譆。《说文》言譆,善哉技。《庄子·齐物论》李注:"叹气也。"俯而应之曰譆。这说明大禹确实想出了在山上行走的办法。释舟陵行,何以迁之就是指俯应之法,屈原不解,以为诳语。

五、有虞和不姚告与眩妻爰谋

《天问》说:"舜闵在家,父何以鱞。尧不姚告,二女何亲。厥萌在初,何所忆焉?璜台十成,谁所极焉!登立为帝,孰道尚之。女娲有体,孰制匠之?舜服厥弟,终然为害?何肆犬体,而厥身不危败?吴获迄古,南岳是止?孰期去斯,得两男子?缘鹄饰玉,后帝是飨。"

《史记·夏本纪》说:"夏后帝启,禹之子,其母涂山氏之女也。有扈氏不服,启伐之,大战于甘。将战,作甘誓,乃召六卿申之。"启曰:"嗟!六事之人,予誓告女:有扈氏威侮五行,怠弃三正,天用剿绝其命。今予维共行天之罚。左不攻于左,右不攻于右,女不共命。御非其马之政,女不共命。用命,赏于祖;不用命,僇于社,予则帑戮女。遂灭有扈氏。天下咸朝。"

根据《史记》的记载,我们知道,有虞氏作为舜的一支,并不赞成舜禹禅让,结果被夏启用兵打败,也就是打服,征服了天下。换言之,有虞氏和夏朝之间已经结下了梁子。因此,当夏朝发生动乱时,有虞氏扶植了夏朝弱势的一方。

《春秋左传》鲁哀公元年说:"昔有过浇杀斟灌以伐斟鄩,灭夏后相。后缗方娠,逃出自窦,归于有仍,生少康焉。为仍牧正,惎浇能戒之。浇使椒求之,逃奔有虞,为之庖正,以除其害。虞思于是妻之以二姚,而邑诸纶。有田一成,有众一旅①。能布其德,而兆其谋,以收夏众,抚其官职。使女艾谍浇,使季杼诱豷,遂灭过、戈,复禹之绩。祀夏配天,不失旧物。今吴不如过,而越大于少康,或将丰之,不亦难乎?"当后缗出逃到窦时,得到了有虞氏的援助。不但给予他们封地、职务,还将两个女儿嫁给了少康。少康收拾残部,用美女离间寒浞一方,期间应该过去了一代人,当有几十年时间。屈原认为,如果尧当年不将位置禅让我舜,那么有虞氏就没有必要和有仍氏结亲了,指接受太康的事情。告即诰,这里指禅让。

眩妻爰谋指的是另一婚姻关系。《春秋左传》鲁昭公二十八年说:"昔有仍氏生女,鬒黑而甚美,光可以鉴,名曰玄妻。乐正后夔取之,生伯封,实有豕心,贪惏无餍,忿类无期,谓之封豕。有穷后羿灭之,夔是以不祀。且三代之亡,共子之废,皆是物也。女何以为哉?夫有尤物,足以移人,苟非德义,则必有祸。"眩妻指有仍氏女儿,生下的孩子贪得无厌,与少康的后代完全不同,因此被夷羿灭亡。爰谋就是说她能怎么样?还不是死于非命,夔祀终结。显然,屈原的意思是表示,同样是九尾狐之后,但是下场迥异,这是由于各自不同的人生决定的。

六、关于下逢尹挚和黎服大说

《天问》说:"何乘谋夏桀,终以灭丧!帝乃降观,下逢伊挚。何条方致罚,而黎服大说。"根据清严可均《全上古三代汉魏六朝文》卷三十九立勋(七)风俗通义(四)氏姓上《广韵》七《歌》《通志·氏族略》):"阿氏出自伊尹。阿衡,伊尹号,其后氏焉。"《广韵》,衡氏。伊尹为汤阿衡,子孙以衡为氏。一云鲁公子衡之后,以王父字为氏。《通志·氏族略》,《广韵》十二《庚》引云:"阿衡,伊尹之后。又公衡,鲁公子,后乃氏焉。"《索引》引《孙子》

---

① 《周礼·小司徒》云:"乃井牧其田野。"郑众云:"井牧者,《春秋传》所谓'井衍沃'、'牧隰皋'者也。"郑玄云:"隰皋之地,九夫为牧,二牧而当一井。今造都鄙,授民田,有不易,有一易,有再易,通率二而当一,是之谓井牧。昔夏少康在虞思,有田一成,有众一旅。一旅之众,而田一成,则井牧之法,先古然矣。"杜解"牧隰皋"虽与郑异,其授民田二而当一,理亦宜然。计方十里为方一里者百,方一里有九夫之田,则十里容九百夫也。其一百夫授上地不易者,其四百夫授一易二而当一,则得为五百夫矣。

兵书:"伊尹名挚。"孔安国亦曰"伊挚"。

晋代皇甫谧《帝王世纪》:"伊尹名挚,为汤相,号阿衡,年百岁卒,大雾三日,沃丁以天子礼葬之。帝雍己崩,弟太戊立,是为帝太戊。帝太戊立伊陟为相。"伊陟即尹挚,伊尹。《史记》注:"帝太戊惧,问伊陟。伊陟曰:'臣闻妖不胜德,帝之政其有阙与?帝其修德。'太戊从之,而祥桑枯死而去。"(伊陟赞言于巫咸,巫咸治王家有成,作咸艾,作太戊。帝太戊赞伊陟于庙,言弗臣,伊陟让,作原命。殷复兴,诸侯归之,故称中宗。)由此可知,帝指的是帝太戊。

伊尹出生在河南陕西之间。《史记正义》引《括地志》云:"古莘国在汴州陈留县东五里,故莘城是也。《陈留风俗传》云:陈留外黄有莘昌亭,本宋地,莘氏邑也。"案:古陈留地在今河南省开封市附近,其地正在鲁西豫东平原上。唐《独异志》:"伊尹无父,生于空桑中。"《路史》:"(空桑)若乃伊尹之生,共工氏之所灌,则陈留矣。……乃若共工氏之振滔鸿水,以薄空桑,则为莘、陕之间。伊尹,莘人,故《吕春秋》《古史考》等俱言伊产空桑,……故《地记》言:'空桑,南杞而北陈留,各三十里,有伊尹村。'"唐林宝《元和姓纂》,言一云吉为尹吉甫之后。

按:阿,倚也,衡,平也。言依倚而取平。《书》曰"惟嗣王弗惠于阿衡",亦曰保衡,皆伊尹之官号,非名也。皇甫谧曰:"伊尹,力牧之后,生于空桑。"又《吕氏春秋》云:"有莘氏女采桑,得婴儿于空桑,母居伊水,命曰伊尹。"尹,正也,谓汤使之正天下。《诗·商颂·长发》:"实维阿衡,实左右商王。"《尚书·君奭》:"成汤既受命,时则有若伊尹,格于皇天。在太甲,时则有若保衡,商代官名。师保之官。"《史记·殷本纪》说:"伊尹名保衡。"《毛诗·郑笺》以阿衡为官名。俞樾《群经平议》以阿、保为官名,衡乃伊尹之字。崔述《商考信录》又以保衡为太甲复位后的辅佐,非即伊尹。《列子·天瑞篇》:"伊尹生乎空桑。"(《博物志》卷九同)《帝王世纪》:"初,力牧之后曰挚。其母曰始,孕伊水之滨。"[集解]引《列女传》曰:"汤妃,有莘氏之女。"

伊尹的母亲名始,为有莘氏之女。根据《史记集解》引《列女传》曰:"汤妃有莘氏之女。"《正义》引《括地志》云:"古莘国在汴州陈留县东五里,故莘城是也。陈留风俗传云陈留外黄有莘昌亭,本宋地,莘氏邑也。"或言有莘氏部落族聚居合阳。约公元前21世纪,夏启封支子于莘(今合阳),称"有莘国"。这些指的都是大致方位。

由上述可知,帝指太戊。大禹时代,施行五服制度,即按照血缘关系确定生活地理。周代因之,这在《国语》和《山海经》中都有记载,重黎和匈黎都是黎,即黎民,他们都是颛顼之后,因此黎是夏朝五服之一。在夏桀时期,商汤率领商部落士兵与夏军在鸣条(山西夏县之西)进行的一场决战,打败了夏朝的军队,鸣条就是条方或鸣方,他们看到夏桀的失败十分高兴,所以说条方致罚,而黎服大说。

《天问》"应龙何画"节校释补正

云南大学　李道和

《楚辞·天问》鲧禹治水一节有云:"应龙何画？河海何历？"此二句王逸始作"河海应龙,何尽何历",大部分注释、研究者多从洪兴祖提示"一云"本,作"应龙何画,河海何历"。笔者认为,尽管《天问》"应龙何画"一节文本校正与阐释已无大碍,但古今均有据王逸本作解者,至于据洪说作解者亦有未尽其义处,尚宜从更广视野对此做比观通解。笔者亦曾就此作过简析,也对相关神话、传说另有专文论说,今再在前人基础上特就此节校释论题,引据新材料更作补正申论。

一、前贤校释平议

《天问》此节文本究为"应龙何画,河海何历",还是"河海应龙,何尽何历",二句解释也自然不同。差异发生在东汉王逸与南宋洪兴祖之间,并延续至今。

(一)前贤文本校正

王逸《楚辞章句》卷三作"河海应龙,何尽何历",注云:

> 有鳞曰蛟龙,有翼曰应龙。历,过也。言河海所出至远,应龙过历游之,而无所不穷也。或曰:禹治洪水时,有神龙以尾画地,导水所注当决者,因而治之也。

章句先言河海出远,次言应龙过历,再称"无所不穷",则其所据底本确作"河海应龙,何尽何历";但从其别引"或曰"所谓"神龙以尾画地"看,王逸对底本正文又不免有疑,则其时或有"应龙何画"之本。洪兴祖《楚辞补注》卷三所附《考异》"一云"本,即作"应龙何画,河海何历",补注曰:

> 《山海经》云:"应龙处南极,杀蚩尤与夸父,不得复上,故下数旱,旱而为应龙之状,乃得大雨。"《山海经图》云犂丘山有应龙者,龙之有翼也。昔蚩尤御黄帝,令应龙攻于冀州之野。女娲之时,乘雷车服驾应龙。夏禹治水,有应龙以尾画地,即水泉流通。《天对》云:"胡圣为不足,反某龙知?畚锸究戴,而欺画厥尾。"画,音获。①

---

① 王逸章句,洪兴祖补注,黄灵庚点校:《楚辞补注》,上海:上海古籍出版社,2015 年,第 135、137 页。前引王逸《楚辞章句》即据补注。按,本文引《天问》皆据此书。又,本文若再次引用同一文献,不再出具脚注。

补注既有释义,还有柳宗元"对"证,有注音,则以为当作"画"字,然其正文仍作"河海应龙,何尽何历"。其后,朱熹《楚辞集注》卷三当据洪氏补注径以"应龙何画,河海何历"作正文,注云:

> 一作"河海应龙,何画何历",失韵,非是。画,音获。历,叶音勒。有鳞曰蛟龙,有翼曰应龙。历,过也。《山海经》曰:禹治水,有应龙以尾画地,即水泉流通,禹因而治之也。柳子《对》曰:"胡圣为不足,反谋龙知!畚锸究勤,而欺画厥尾。"此言得之矣。①

据集注开头,知有第三种文本作"河海应龙,何画何历",如《四库全书》本《楚辞补注》②、刘永济所据本③,不过此当是改"尽"作"画"或因二字形似产生的文本。无论如何,补注、集注校正的影响巨大,其后,古今学者大多依据补注、集注说,正文文本多作"应龙何画,河海何历",并从应龙画地助禹治水之古说作解。

当代学者可列举者,一如游国恩《天问纂义》按语:"此文一作'应龙何画,河海何历',词义较明。今作'河海应龙,何尽何历',当系错简倒乱,而'尽'字又'画'之形误也。观《章句》言无所不穷,则其误已久。"④二如闻一多《楚辞校补》:"当从一本作'应龙何画,河海何历'。"⑤三如姜亮夫:据王逸引或说,"则王时已有异本,作'应龙何画,河海何历'矣","此句或当从一本作'应龙何画,河海何历'","与词气条顺",据《天对》知"唐本已作'画'矣"⑥。四如黄灵庚:"以韵定之,二句协《锡》韵,则旧当作'应龙何画,河海何历'也。"⑦应该成为定论。

(二)"尽"字说仍然行世

即使经过学者校正,但古今仍有不少学者从"尽"字着眼解释,现今流传的《天问》亦多仍明刊本补注作"河海应龙,何尽何历"。一是单纯就"尽"字作解,如明林兆珂《楚辞述注》称,"九河既疏,万流归海","亦何烦于遍历哉"?清邱仰文《楚辞韵解》卷三:"河海极险至远,八年经历殆遍?"⑧陈远新《屈子说志》:"禹历河海,无不周遍。"

---

① 朱熹撰,李庆甲点校:《楚辞集注》,成书于庆元五年,上海:上海古籍出版社,1979年,第56页。
② 洪兴祖:《楚辞补注》,收入《四库全书》集部,台北:台湾商务印书馆,1983年影印,第1062册,第165a页。
③ 刘永济:《屈赋通笺》,北京:中华书局,2010年,第123页。未知所据为何本。
④ 游国恩主编,金开诚、董洪利、高路明补辑:《天问纂义》,北京:中华书局,1982年,第107页。
⑤ 闻一多:《楚辞校补》,收入《闻一多全集》,袁謇正整理:《楚辞编·乐府诗编》,武汉:湖北人民出版社,1993年,第5册,第157页。又,其《楚辞斠补甲》亦言之,同上书,第63—64页。
⑥ 姜亮夫:《重订屈原赋校注》,天津:天津古籍出版社,1987年,第282—283页。
⑦ 黄灵庚:《楚辞章句疏证》,北京:中华书局,2007年,第1043页。
⑧ 邱仰文:《楚辞韵解》,乾隆三十五年自序,《四库未收书辑刊》影印乾隆间硕松堂刻本,北京:北京出版社,2000年,第5辑,第16册,第357d页。

二是"画""尽"意并存,即使认同"画"字,已从应龙画地立说,也仍有"尽"字含义痕迹。如李陈玉《楚辞笺注》卷三言"江海之广,一一疏寻,而皆遍历之"①,林云铭《楚辞灯》卷二言"身无不周遍"②,徐焕龙《屈辞洗髓》言"禹踪何遂遍历",王邦采《天问笺略》言"八年经历殆遍"③。所不同者,王逸谓应龙过历无所不穷,而后人多谓禹长年在外,疏河导江,无不周遍。蒋骥《山带阁注楚辞》卷三似已指出这种分别:"问圣人:治水何乃借力于龙乎?其所经历而画之者又何在乎?一说'河海何历',指禹言。"故接引《吕氏春秋》禹于东南西北四方所至处④。

三是当代仍有学者主张从旧本。如陆侃如说:

> 河海应龙,何尽何历,一作"应龙何画,河海何历"。侃按:王逸注云:"河海所出至远,应龙过历游之,而无所不穷也。"据此,则古本如何,不难想见。此二句上下必有阙文;后人不知,妄改"尽"为"画",移于上句,以便与"历"相叶。此既于文义上讲不通,而又戾于《天问》四句成节之例,不可从也。⑤

林庚也说:"应龙画地之说最早实出于王逸之'或曰',一本作'应龙何画,河海何历',非也。"⑥苏雪林乃从外来文明入手,否定朱熹交正,认为"河海"来源于希腊的 River Ocean,河海是土星神的飞龙所化,大海环流大地没有穷尽⑦。更有甚者,大胆窜改为"河海历龙,何画何应",称"旧讹作'河海应龙,何画何历',今订正",译作:"河海湖泽,是根据什么所凿成?"⑧但未知其所谓俗语证据。

四是今传《天问》文本仍多作"河海应龙,何尽何历"。由于《楚辞》或《天问》至今缺乏校正本,编选作品、校勘文字者往往存而不改,或仅在校勘记中帮助正误。一些名曰

---

① 李陈玉:《楚辞笺注》,成书于顺治十年,《续修四库全书》影印康熙十一年魏学渠刻本,上海:上海古籍出版社,2002 年,第 1302 册,第 27cd 页。
② 林云铭:《楚辞灯》,康熙三十六年自序,《四库全书存目丛书》影印康熙间挹奎楼刻本,济南:齐鲁书社,1997 年,集部,第 2 册,第 193c 页。
③ 王邦采:《离骚汇订》附录,康熙六十一年自序,《四库未收书辑刊》影印康熙间刻本,第 5 辑,第 16 册,第 260c 页。
④ 蒋骥:《山带阁注楚辞》,康熙五十二年自序,上海:上海古籍出版社,1984 年,第 76—77 页。
⑤ 陆侃如:《楚辞研究》,收入袁世硕、张可礼主编:《陆侃如冯沅君合集》,合肥:安徽教育出版社,2011 年,第 5 卷,《〈诗经〉〈楚辞〉及乐府研究集》,第 214 页。
⑥ 林庚:《天问笺释》,见其《天问论笺》,北京:人民文学出版社,1983 年,第 17 页。
⑦ 苏雪林:《屈赋论丛》,武汉:武汉大学出版社,2007 年,第 454—455 页;又参其《天问正简》,武汉:武汉大学出版社,2007 年,第 94—95 页。
⑧ 陈抡:《历史比较法与古籍校释:越人歌·离骚·天问》,长沙:湖南教育出版社,1987 年,第 258—259 页。

"校释"的书籍亦少见校勘。闻一多《楚辞校补》以《四部丛刊初编》影印明翻宋本补注为底本,崔富章、李大明主编《楚辞集校集释》①、黄灵庚《楚辞集校》②,又以同治十一年(1872)翻刻明汲古阁校刊补注本为底本,三种校勘正文皆作"河海应龙,何尽何历"。唯闻一多除《楚辞校补》外,《天问疏证》又做专题校正,正文"从王注所云一本改",作"应龙何画,河海何历",以为王逸引"或曰"即"释一本之文,盖班、贾旧说"③。蒋天枢《楚辞校释》也大体属校正本,此处据明黄省增刊章句本作"应龙何画,河海何历"④。仅是比较异同而不在正文中改动的校勘虽然保存了古籍旧貌,但在一般选本中则可能导致读者误会。

(三)"画"字说亦有可商者

除了"尽"字干扰外,即使单就"画"字义作解,也还有可商处。一是以为画为"画策"。有学者偏离"画"之描画、划定义,另作别解。如刘梦鹏以为,"画,策也","言应龙佐禹,不知有何画赞",禹"虽不弃群策,而实独任忧勤"⑤。谭介甫更称,"此龙疑即舜命作纳言名龙的人,他早晚出纳君命正是画策的事,后禹也应允其谋,故说应龙所画"⑥。画策、赞助义不免抽象模糊,最终还需落实到具体方法,若从神话而非历史的角度看,其法也不当是人为的君命臣策。

二是否定应龙画地说。有学者拘泥于《天问》疑问体,以为作者在怀疑应龙画地的神话,如黄文焕《楚辞听直》卷三:"何独为禹而画,不为鲧而画也?禹导河以入海,应龙既为之画其所经历次第,龙迹何在?"⑦夏大霖《屈骚心印》卷三:

有传说者谓,应龙佐禹,画地流泉,以神其说,则问应龙何独为禹画耶?果谓有之,则禹藉应龙之力而可矣。禹通九州岛之河海,何必随山刊木,一一身历之耶?问意总见好事之说无凭,皆禹之实力以行其变化,所以干父蛊而副君之任也。顺便插一应龙之神怪,以带起后问之多少神怪。⑧

---

① 崔富章、李大明主编:《楚辞集校集释》,武汉:湖北教育出版社,2003年,第1062页。《天问》部分由王延海撰稿。
② 黄灵庚:《楚辞集校》,上海:上海古籍出版社,2009年,第543页。
③ 闻一多:《天问疏证》,北京:三联书店,1980年,第28—30页。
④ 蒋天枢:《楚辞校释》,上海:上海古籍出版社,1989年,第188页。
⑤ 刘梦鹏:《屈子章句》,乾隆二十五年自序,《四库全书存目丛书》影印乾隆五十四年蕓青堂刻本,集部,第2册,第542b页。
⑥ 谭介甫:《屈赋新编》,北京:中华书局,1978年,下册,第449页。
⑦ 黄文焕:《楚辞听直》,崇祯十六年自序,《四库全书存目丛书》影印顺治十四年续刻崇祯十六年刻本,集部,第1册,第457cd页。
⑧ 夏大霖:《屈骚心印》,雍正十二年毛云孙序,《四库全书存目丛书》影印乾隆三十九年一本堂刻本,集部,第2册,第371d页。按,原书字迹模糊,"通""州""总"诸字仿佛近之。

其说包括独为禹画、禹身遍历、神怪无凭等误解，或者源于对疑问体的拘泥。陈本礼《屈辞精义》卷二则从文献上否定应龙："何画者，问禹之治水，《禹贡》有书，《山海》有经，曾无齿及应龙画地之事，即使有之，今河海所历，何处是应龙所画之区耶？"① 不仅应龙画地之迹不存，记载其事之文亦且无闻。

三是以应龙为历史人物。刘梦鹏说："盖古者以龙纪官，应龙疑古治水之官，后或遂以为氏，彼以神物疑之者，妄也。"上述谭介甫亦说应龙是出纳君命的人，又接称："后人传讹，遂附会造作神话，其实《天问》全篇是怀疑神话的。我们注释当用折疑，不要推波助澜为好。"而我们以为，《天问》只是使用疑问体而已，何曾怀疑神话，说者显然把神话历史化了，也进而否定应龙画地的神话存在。与历史化相似的是圣智说和水利说，圣智与龙智的对立，可以明张凤翼、林兆珂说为代表，戴震更以为禹有"神智"，而好事者"谬诞之说"不免"怪异"非是②。水利说如汪瑗《楚辞集解》说："禹顺水性而成功，若因龙计，则又何所成而尧赏之乎？"③ 周拱辰《离骚草木史》卷三："画地者，疏水之脉，使水由地中行也。"④ 王夫之《楚辞通释》卷三："实则禹循水脉，水脉亦谓之龙耳。"⑤ 也跟历史化一样，圣智说和水利说都否定了神话。

四是从求雨应龙作解。此说早出洪兴祖引《山海经》作注："应龙处南极，杀蚩尤与夸父，不得复上，故下数旱，旱而为应龙之状，乃得大雨。"程嘉哲说应龙"是我国民间最早向之祈雨的龙神"，也即蚯蚓，引《山海经》《本草纲目》作解，称"《淮南子》并有楚人供奉土龙祈雨的记载"⑥。其实应龙非必蚯蚓，《淮南子》也未确指土龙祈雨是楚俗，再说即使土龙或应龙可以致雨，不等于《天问》应龙画地是在求雨。萧兵《楚辞与神话》也说到雨神："大雨冲刷土地，使其沟渠纵横，汇水流而入河海，是普遍现象；其神话反映就是云雨之神应龙用尾划开大地，让洪水流入大海。"⑦ 但应龙画地显然是要治理洪水，而非主动祈求大雨。

---

① 陈本礼：《屈辞精义》，嘉庆十六年自序，《续修四库全书》影印嘉庆间裛露轩刻本，第1302册，第484b页。
② 戴震撰，褚斌杰、吴贤哲点校：《屈原赋注》，成书于乾隆十七年，北京：中华书局，1999年，初稿部分，第179页。
③ 汪瑗：《楚辞集解》，嘉靖二十七年归有光序，《四库全书存目丛书》影印万历四十三年汪文英刻本，集部，第1册，第94ab页。《天问》部分原有完整注文，但刻本仅为朱熹集注，附刻汪瑗眉批，此引即眉批。
④ 周拱辰：《离骚草木史》，《续修四库全书》影印嘉庆八年重刻清初圣雨斋刻本，第1302册，第113ab页。
⑤ 王夫之：《楚辞通释》，康熙二十四年自序，《续修四库全书》影印同治四年曾氏刻《船山遗书》本，第1302册，第215b页。
⑥ 程嘉哲：《天问新注》，成都：四川人民出版社，1984年，第47页。
⑦ 萧兵：《楚辞与神话》，南京：江苏古籍出版社，1987年，第63页。

(四) 较为合理的校释

比较起来,《天问》应龙一节合理的文本,当是洪兴祖《考异》所示"一本":"应龙何画,河海何历。"较为合理的解说始见王逸注所引"或曰":"禹治洪水时,有神龙以尾画地,导水所注当决者,因而治之也。"同样的意思亦见洪兴祖补注:"夏禹治水,有应龙以尾画地,即水泉流通。"或因此三句置于引《山海经图》云云下,故朱熹集注径作《山海经》文。

观补注前已引《山海经》致雨神话,原见《大荒东经》,又接引《山海经图》云云,加一"图"字,亦属混乱,所引《山海经图》应龙有翼等实为混合《大荒东经》《大荒北经》及郭璞注("龙之有翼也")之文,"女娲"以下乃出《淮南子·览冥》,然后才是应龙画地云云,则后者显非《山海经》(即《山海经图》)文。再观集注引文,实际为拼合王逸、洪兴祖说而成,洪氏画地之语也该是转述王逸引或说。相关文字不见世传《山海经》,亦不见诸书引及,故丁晏针对集注指出,"今本《山海经》无此文"①。此前徐文靖已称,"《集注》所引《山海经》,今经无是文",但据汉《周憬碑》、唐柳宗元《天对》,徐氏以为"则古本自应有是文"②。

又,朱熹集注成书时间略有歧说,弟子杨楫跋谓在庆元元年乙卯,而王懋竑《朱子年谱》之《朱子年谱考异》卷四,驳正前人所编年谱之误,定于庆元五年己未③。而此前韩醇训诂柳宗元《天对》言:"此对《天问》'应龙何画,河海何历',盖王逸注或曰:禹治水时,有神龙以尾画导水径,从而治之。"而书末韩醇记署为淳熙丁酉④。则韩醇似以为《天问》当作"应龙何画,河海何历",或者见过改正如此之本,其时在洪兴祖、朱熹之间,或是《天问》二句较早的正读,惟其非注《楚辞》。再说既然王逸引或说,《天对》称"反谋龙智","欺画厥尾",那么确如姜亮夫所云,则王逸时、柳宗元时已有"画"字本。

且不论应龙画地之说是否出自古本《山海经》,亦不论汉、唐时是否有"画"字本,或朱熹是否受到韩醇影响,王逸、洪兴祖、朱熹,甚至柳宗元、韩醇,据应龙神话解释或反驳《天问》应龙句,都是绝对正确的。其后周拱辰⑤、蒋骥、屈复⑥、徐文靖、丁晏等,皆主要

---

① 丁晏:《楚辞天问笺》,咸丰四年自序,《丛书集成续编》影印《广雅书局》本,上海:上海书店,1994年,第98册,第232ab页。
② 徐文靖:《管城硕记》,乾隆九年自序,《四库全书》本,第861册,第217a页。按,此书范祥雍点校本(北京:中华书局,1998年,上海:上海古籍出版社,2013年),《天对》"畚锸"皆误作"畚钟",分见第274、307页。
③ 王懋竑撰,郑麦等整理:《朱子年谱》,成书于乾隆十七年,收入朱杰人等主编:《朱子全书》,上海:上海古籍出版社,合肥:安徽教育出版社,2002年,第27册,第508、509页。
④ 柳宗元撰,韩醇训诂:《柳河东集》,《四库全书》本,第1067册,分见第136a、467ab页。
⑤ 周拱辰:《天问别注》,附见(明)陆时雍:《楚辞疏》(卷四),《续修四库全书》影印明缉柳斋刻本,第1301册,第413d—414a页;又见周拱辰:《离骚草木史》,同上,第1302册,第113ab页。
⑥ 屈复:《楚辞新集注》,《四库全书存目丛书》影印乾隆三年弱水草堂刻本,集部,第2册,第444b页。

从应龙画地神话作解。跟朱熹其他著作一样,朱熹集注影响较大,甚至出现专门祖述朱注的著作,如沈云翔《楚辞评林》①、来钦之《楚辞》②、佚名《楚辞宗旨》等③,应龙一节亦皆径录朱注。

当代学者中则当以闻一多的校正和说解最为详确,其《楚辞校补》云:

> 当从一本作"应龙何画,河海何历"。《易林·大壮》之《鼎》曰"长尾蝼蛇,画地成河",《周憬碑》曰"应龙之画",《太平广记》二二六引《大业拾遗记》转引杜宝《水饰图经》曰"禹治水,应龙以尾画地,导决水之所出"。应龙画地成河之说,汉魏以降,流传不绝,不得以先秦古籍罕言而疑其晚起。王注载或说曰"禹治洪水时,有神龙以尾画地,导水所注当决者,因而治之也",即释一本"应龙何画,河海何历"之文。朱本、元本、王鳌本并同一本,《柳集》亦同。

其《天问疏证》大同,又称:

> 应龙助禹治水之传说,后世俗说中犹多留其痕迹。《灌县旧志》载黄龙助禹开江事,即其明证。鲧治水有鸱龟曳衔之异,禹治水有应龙画地之瑞,事属同科。鸱龟曳衔即鲧筑堤之蓝本,而龟即鲧之化身,……则应龙画地即禹决渎之蓝本,而龙即禹之化身,可以隅反矣。

这应是迄今校证《天问》应龙节最重要的成果,尽管尚有可以补正者。

按,闻一多所引《易林》除见于卷三《大壮·鼎》外,又见卷一《师·咸》、卷二《噬嗑·复》,其中《师·咸》作"画地成河",《大壮·鼎》《噬嗑·复》皆作"画地为河"④。画地成河还有方术表演,《西京杂记》卷三:"淮南王好方士,方士皆以术见,遂有画地成江河,撮土为山岩。"⑤《文选》卷二张衡《西京赋》描写幻术,有"画地成川,流渭通泾"⑥。《宋书》卷一九《乐志一》载,'魏晋讫江左',犹有诸乐舞,中有'《画地成川》之乐'⑦。不知这种方术

---

① 朱熹集注,沈云翔辑评:《楚辞评林》,崇祯十年自序,《四库全书存目丛书》影印崇祯十年吴郡八咏楼刻本,集部,第2册,第57a页。
② 王逸章句,朱熹集注,来钦之述注:《楚辞》,崇祯十一年自序,《四库未收书辑刊》影印崇祯间刻本,第5辑,第16册,第31c页;亦收入吴平、回达强主编:《楚辞文献集成》,扬州:广陵书社,2008年,第4册,第2415页。
③ 佚名:《楚辞宗旨》,《四库未收书辑刊》影印清钞本,第5辑,第16册,第561页。
④ 焦赣撰,刘黎明校注:《焦氏易林校注》,成都:巴蜀书社,2011年,分见第607、150、393页。
⑤ 刘歆撰,葛洪集,向新阳、刘克任校注:《西京杂记校注》,上海:上海古籍出版社,1991年,第117页。
⑥ 萧统编,李善注:《文选》,清嘉庆十四年胡克家刻本,北京:中华书局,1977年影印,第49a页。
⑦ 沈约:《宋书》北京:中华书局,1974年,第2册,第546页。

是否与应龙神话有关。比较起来,引《易林》解说《天问》应龙者当以闻一多为早。

所引汉碑为《隶释》卷四《桂阳太守周憬功勋铭》,中云:"于是府君乃思夏后之遗训,□应龙之画。"① 碑文作者为郭苍。碑立于东汉灵帝熹平三年,恰恰接续于王逸所处的安帝、顺帝、桓帝时代之后,碑中应龙之说或源于王逸注,或本于民间。碑文记周憬在桂阳郡(治今湘南郴州市)治理泷水事,泷水,《水经注》卷三八《溱水》作武溪(今称武水),源出临武县(以临侧武溪而得名,在今湘南)西北,南入重山,为曲江县(今粤北乐昌、韶关一带)地,"崖壁峻岨,岩岭干天","悬湍回注,崩浪震山,名之泷水"②。涧深水急,故多水患。其地战国属楚,理当历来盛传应龙画地之说。引周憬碑释《天问》应龙,当始见于吴任臣《山海经广注》卷一四③,后见于徐文靖《管城硕记》、丁晏《楚辞天问笺》。除汉碑外,《艺文类聚》卷九六引梁刘勰《剡县石城寺弥勒石像碑铭》亦曰:"四海将宁,先入感凤之宝;九河方导,已致应龙之画。"④ 则应龙画地之说汉、梁间皆有传承。

《太平广记》卷二二六引《大业拾遗记》(唐佚名撰)载:"(隋)炀帝别敕学士杜宝,修《水饰图经》十五卷,新成,以三月上巳日,会群臣于曲水,以观水饰。有神龟负八卦出河,……禹治水,应龙以尾画地,导决水之所出,凿龙门疏河。"⑤ 则应龙画地神话汉唐间均有流传证据。引《大业拾遗记》释《天问》应龙,当始见于蒋骥《山带阁注楚辞》,后又见于陈本礼《屈辞精义》、丁晏《楚辞天问笺》。其实,此前还有一种"拾遗记"值得关注(详后)。总之,闻一多继承前贤,又有创获,作了合理校证。

二、从神话演变到传说:应龙助禹治水与动物助人造城

前人从应龙画地神话解释《天问》"应龙何画",似乎已经理由充足,几无剩义,但因注疏体例所限,仍然存在视野未广之瑕,也差不多是在王逸引"或曰"基础上,加上《易林》、周憬碑、《大业拾遗记》而已。如果我们把视野稍加拓展,那么古代盛传的动物助人造城传说还可以帮助我们从传承源流上反证应龙画地神话。

关于应龙画地神话与后世动物助人造城传说的源流关系,笔者曾经作过简析⑥。事实上,在20世纪30年代,钟敬文在分析地方传说时已联系到应龙神话⑦;90年代,李少

---

① 洪适:《隶释》,同治十年洪氏晦木斋翻刻乾隆汪日秀氏刊本,北京:中华书局,1985年影印,第55a页。
② 郦道元注,杨守敬、熊会贞疏,段熙仲点校,陈桥驿复校:《水经注疏》,南京:江苏古籍出版社,1989年,下册,第3174—3175页。
③ 吴任臣:《山海经广注》,初刻于康熙六年,《四库全书》本,第1042册,第217d页。
④ 欧阳询等编,汪绍楹校:《艺文类聚》,上海:上海古籍出版社,1999年,下册,第1302页。
⑤ 李昉等编,汪绍楹点校:《太平广记》,北京:中华书局,1961年,第5册,第1735页。
⑥ 李道和:《民俗文学与民俗文献研究》,成都:巴蜀书社,2008年,第6—8页。
⑦ 钟敬文:《中国的地方传说》,《开展》月刊第10、11期合刊"民俗学专号"即《民俗学集镌》第1辑,杭州:1931年7月;此据《钟敬文民间文学论集》,上海:上海文艺出版社,1985年,下册,第88—89页。按,所举宋张舜民《画墁录》汴城事,乃人事,非此类动物传说。

雍①、赵明政也提及这种关联性②。相较而言,引据造城传说文例及讨论,仍以拙论稍多。笔者又曾作专文讨论中国、越南的造城传说,亦与《天问》联系③。这里再就本题引据一些新材料并提出一些新问题作一申论。

(一)古代造城传说举要

应龙不仅能画地引导大禹治水,甚至龙也可能成为城市筑造的引导者。《旧唐书》卷一〇四《哥舒翰传》载天宝七载哥舒翰筑城事:

> 筑城于青海中龙驹岛,有白龙见,遂名为"应龙城",吐蕃屏迹,不敢近青海。④

出现的是白龙,城名却作应龙。无论如何,这把我们从应龙画地的神话引向应龙造城的传说。

不知此一白龙是在筑城之际还是在筑就之后出现,从其名为"应龙城"看,尤其是从古今中外大量造城传说看,动物一般是在筑造之际甚至之前出现,而且往往是城市所以能够最终造成的"决定性"因素。

目前所知,最早记录这种传说的文献或是西汉扬雄所著《蜀王本纪》,中唐李德裕称述《蜀王本纪》言:

> 秦相张公子筑成都城,屡有颓坏。时有龟周旋行走,巫言依龟行迹筑之。既而,城果就。⑤

尽管《蜀王本纪》的作者有争议⑥,但秦灭蜀时张仪修筑成都的传说,汉魏时期当已载入文献。至迟两晋间常璩《华阳国志》已记之,《太平御览》卷九三一引其书佚文亦云"依龟行所筑之"⑦。成都古称"龟城",《太平御览》卷一九二所引《成都记》(唐白敏中撰)说,

---

① 褚斌杰、谭家健主编:《先秦文学史》,北京:人民文学出版社,1998年,第46页。此部分为李少雍撰稿。按,以上钟、李二氏所举金龙池(櫼儿)、成都龟城事,乃为日本《搜神记》,未必属干宝书文。
② 赵明政:《文言小说:文士的释怀与写心》,桂林:广西师范大学出版社,1999年,第133—134页。
③ 李道和:《中、越交通中的造城传说圈》,《中国俗文化研究》第7辑,成都:巴蜀书社,2012年,第169—188页。
④ 刘昫:《旧唐书》,北京:中华书局,1975年,第10册,第3212—3213页。
⑤ 韦绚:《戎幕闲谈》,收入(元)陶宗仪辑,张宗祥重校《说郛》,北京:中国书店,1986年据涵芬楼本(1927)影印,第2册,卷七,第14b—15a页。
⑥ 学者或以为《蜀王本纪》(《蜀纪》)非扬雄作,而是蜀汉时期谯周所撰。参徐中舒:《论〈蜀王本纪〉成书年代及其作者》,《社会科学研究》创刊号,1979年3月,第19—22页;此据徐中舒著,徐亮工编:《川大史学·徐中舒卷》,成都:四川大学出版社,2006年,第480—488页。
⑦ 李昉等编:《太平御览》,北京:中华书局,1960年影印宋本,第4册,第4140ab页。

造城时,"屡皆倾侧,忽有大龟周行,随其所蹑而筑之,功果就焉,故亦号'龟城'"①。

成都龟城传说当发生于秦汉时代,而就产生时代言,中国古代最早的动物助人筑城传说事件当在战国。《水经注》卷三《河水三》引《虞氏记》云:

> 赵武侯……于河西造大城,一箱崩不就,乃改卜阴山河曲而祷焉。昼见群鹄游于云中,徘徊经日,见大光在其下。武侯曰:"此为城乎?"乃即于其处筑城,今云中城是也。

赵武侯即战国赵武灵王,所筑云中城在今内蒙古乌拉特前旗一带。《搜神记》卷二七又有马邑传说:

> 昔秦人筑城于武州塞内,以备胡,城将成而崩者数矣。忽有马驰走一地,周旋反复。父老异之,因依走迹以筑城,城乃不崩,遂名之为"马邑"。②

秦人所筑马邑或在赵武灵王筑云中之后。

古代造城传说甚多,此处着重谈谈龙蛇之城。《太平寰宇记》卷四三载,西晋末,刘渊(字符海)修筑平阳城(在今山西临汾市):

> 晋永嘉之乱,元海僭称汉,于此置都,筑平阳城。昼夜兴作,不久则崩。募能城者赏之。先有韩媪者,于野田见巨卵,傍有婴儿,收养之,字曰"橛儿"。时已四岁,闻元海筑城不就,乃白媪曰:"我能城之,母其应募。"媪从之,橛儿乃变为蛇,令媪持灰随后遗志焉。谓媪曰:"凭灰筑城,可立矣。"竟如所言。元海问其故,橛儿遽化为蛇,投入山穴,露尾数寸,使者斩之,仍掘其穴。忽有泉涌出,激(溜)〔流〕奔注,与晋水合流,东入于汾。至今近泉出蛇皆无尾,以为灵异,因立祠焉。③

橛儿变蛇指示筑城位置,其城可谓蛇城,敦煌文书 P.2511 号《诸道山河地名要略》第二残卷记其事,有"龙子祠"之称④,故事亦属"龙母龙子"型,则所筑城可谓龙城。

---

① 《太平御览》,第 1 册,第 930b 页。按,成都龟城传说曾误混入旧本《搜神记》卷一三,称"龟化城",未必属干宝书文。见干宝撰:《搜神记》,《丛书集成初编》据《秘册汇函》本排印,上海:商务印书馆,1935—1937 年,第 2694 册,第 87 页。
② 干宝撰,李剑国辑校:《新辑搜神记》,北京:中华书局,2007 年,第 436 页。
③ 乐史撰,王文楚等点校:《太平寰宇记》,北京:中华书局,2007 年,第 2 册,第 898—899 页。按,此事曾误混入旧本《搜神记》卷一四,参《丛书集成初编》本,第 2694 册,第 93 页。
④ 王仲荦:《敦煌石室地志残卷考释》,北京:中华书局,2007 年,第 91—92 页。

北宋筑造邕州（今南宁市）时有蛇相助，《永乐大典》卷八五〇七《宁·南宁府二·城郭》引《建武志》载：

> 耆老相传，经营之初，随筑随坏，董役者苦之。夜梦有蛇，环地而行，若示其址，遂志所梦，即其地而筑焉。立青龙、乌龙庙于城隅，至今祀之，即所梦之神也。①

为蛇立龙庙，则其城为龙城，《舆地纪胜》卷一〇六载此传说即置于邕州风俗形势"梦蛇示址"、古迹"青龙乌龙城"两条下，谓事在仁宗皇祐间②。嘉靖《南宁府志》卷三《城池》则谓，主事者为邕州知州刘初，筑城屡崩，梦神人称"宜随蛇迹所至，乃可成城"，筑之果成③。民间口头传说称，刘初按照黑蚺蛇爬过的路线，"划上石灰线"，依线筑城，筑就后立"乌龙庙"以报恩④。

越南也有龙城，龙编（今为河内市龙编区）筑城已有类似的异闻。《安南志略》卷一说："龙编，西汉交州刺史治所，旧名龙渊，后有蛟龙盘编于水，改曰龙编。"⑤ 其说在晋宋之际已经出现，《太平御览》卷一七二引《南越志》（南朝宋沈怀远撰）：

> 龙编县，州之始，有蛟龙编于津之间，因以为瑞而名邑。

《水经注》卷三七亦言："建安二十三年，立州之始，蛟龙蟠编于南北二津，故改龙渊，以龙编为名也。"既然谓之"（立）州之始"，《旧唐书》卷四一《地理志四》即作"立城之始"，则蛟龙编津之瑞正该出现在筑城之初，恰如云中城的群鹄徘徊、马邑的骏马反复，或是成都的乌龟周旋，都是都城得以筑成的动物襄助。

（二）造城传说源于应龙神话

应龙画地神话与动物助人造城传说的关系一目了然：应龙以尾巴画地，指示大禹凿河通江的决水之处，跟乌龟周旋、群鹄徘徊、骏马反复、蛟龙编津等如出一辙、若合符节，它们都像邕州之蛇一样，"环地而行，若示其址"。大禹治水时，应龙"画地成川"，后人造

---

① 解缙、姚广孝等编：《永乐大典》，北京：中华书局，1986 年影印，第 4 册，第 3934ab 页；亦见马蓉、陈抗、钟文、栾贵明、张忱石点校：《永乐大典方志辑佚》，北京：中华书局，2004 年，第 5 册，第 2848 页。按，《建武志》为宋代邕州地志，乐公明修，尹安中纂，《大典》所引本条有淳祐九年（1249）筑城事，则该志成于此年后。本条首云"据《旧志》"，若蛇示城址传说亦出《旧志》，则记录时代更早。
② 王象之：《舆地纪胜》，道光二十九年扬州岑氏惧盈斋刊本，北京：中华书局，1992 年影印，第 4 册，第 3244、3250 页。
③ 郭楠纂修：《南宁府志》，嘉靖十七年张岳序刊本，第 ab 页。
④ 兰鸿恩：《广西民间文学散论》，南宁：广西人民出版社，1981 年，第 149 页。
⑤ ［越］黎崱撰，武尚清点校：《安南志略》，北京：中华书局，2000 年，第 20 页。

城时,动物盘旋示址;水泉流通,禹因而治之,后人筑城,城亦不崩。

在多种造城传说中,平阳的橛儿事稍异:橛儿是蛇也是人,蛇似无本能的周旋行迹,但其人实有主动的应募筑城,且有"凭灰筑城"之法。这种人性化的蛇形象,似跟应龙神话更有关联,后者亦无巫言梦告,应龙简直就是禹的助手。此再就其中的"龙""尾""掘"母题略做讨论。橛儿助力筑城后,刘渊询问缘故:

> 橛儿遽化为蛇,投入山穴,露尾数寸,使者斩之,仍掘其穴。忽有泉涌出,激(溜)〔流〕奔注,与晋水合流,东入于汾。

这是值得关注的情节。

橛儿所化之蛇,实际也是龙。刘渊使者所掘橛儿之尾而形成的穴泉,亦名"金龙池",《大明一统志》卷二〇《平阳府·山川·金龙池》亦载橛儿异事,称"使者斩之,忽有泉出穴中,汇为此池",在平山之麓①。敦煌文书记有"龙子祠",橛儿故事亦为龙母龙子故事。凡此皆可证橛儿之蛇为龙,平阳为龙城。

至于橛儿之尾,使者斩其蛇尾,掘其山穴,恰似大禹按照应龙尾画而凿河掘川。表面上看,使者掘穴导致泉涌奔注,似乎引发洪水,跟大禹治理洪水适相反对,其实,穴泉奔流,与晋水合而入汾,恰恰是汾水在晋水之外新增了一条支流。按,《水经》云,汾水"又南过平阳县东",《水经注》卷六《汾水》载有汾水支流"平水":

> 永嘉三年,刘渊徙平阳于汾水,得白玉印,……渊以为天授,改永凤二年为河瑞元年。汾水南与平水合,水出平阳县西壶口山……其水东迳狐谷亭北,……又东,迳平阳城南,东入汾,俗以为晋水,非也。

比较《水经注》汾水支流平水与《太平寰宇记》橛儿传说,其中时间、地理、人物、事件均相类同,颇疑《水经注》之平水当即橛儿传说中的穴泉,传说中的"与晋水合流",也跟"俗以为晋水"的说法相近。

跟橛儿蛇尾下竟然掘出一条平水相似,《水经注》卷三载上郡高奴县(在今陕北延长县一带)有清水与河水合,清水东"得龙尾水口,水出北地神泉障北山龙尾溪,东北流,注清水"。龙尾溪水出于神泉,溪水名"龙尾",而平阳的平水亦缘于斩蛇尾、掘蛇穴,与刘渊使者掘穴亦相合。那么刘渊使者的斩尾掘穴,不正是依据蛇尾、蛇穴挖掘出一泓金龙池、

---

① 李贤等:《大明一统志》,成书于天顺五年,同年司礼监原刻本(经厂本),西安:三秦出版社,1990年影印,第309bc页。

一条平水吗？这样的推论竟然有文献可证，康熙《平阳府志》卷一三《水利》载，临汾市有"平水渠"：

> 府城西，即平山平水也。晋刘渊僭据时，导金龙池下，合诸泉东流，分为上官河、上中河、下官河、北磨河，并庙后小渠，共溉刘村等村田，并襄陵诸处田三百六十余顷。①

这"平水渠"或"平山水"，不就是《水经注》所谓"平水"吗？水有渠名，且为刘渊时从金龙池所掘导，皆可佐证刘渊筑城之际确曾凿穴通渠。

再说蛇子或龙子"橛儿"之"橛"，其字通"撅"，有挖掘义，旧本《搜神记》即改作"撅"，挖掘义更明显。既然橛儿为龙子，其名有挖掘义，刘渊筑城、凿渠皆有橛儿之蛇的神助，其襄助的方式都是以尾示迹，那么刘渊的凭灰筑城，斩截蛇尾，挖掘蛇穴，不也都像大禹据应龙尾画而凿山开河吗？这样说来，平阳筑城掘渠传说当有远古应龙助禹治水神话的痕迹。至于盛唐哥舒翰在青海龙驹岛筑城，白龙可能亦以龙尾指示城址，不然为何称为"应龙城"呢？

事实上，早期应龙画地的神话跟后世动物助人的造城传说之间，正该构成一种源与流的传承关系。既然应龙神话孕育了后世造城传说，那么反过来，造城传说也可以溯源至应龙神话，并对后者加以印证。因此，结合造城传说，《天问》文本也绝当作"应龙何画，河海何历"，其意蕴亦当是应龙以尾画地助禹治水的神话。

三、从传说溯源到神话：造城、治水与造地

尽管应龙神话跟造城传说在情节母题、故事类型二者相类似，应该可以互相释证，但二者之间显然尚缺一条似乎难以补缀的逻辑纽带：应龙是帮助大禹治理洪水，而动物是助人筑造都邑，洪水、都城也似乎是不相关涉之物。除橛儿传说附带掘渠事外，其他传说基本是单纯的造城事。事实上，如果我们再追溯到更早、更深的文化传承，那么就如橛儿传说背后或有应龙神话的影像一样，这种似乎断裂的纽芋也还留有遗迹，经过补缀，还可以使相关神话、传说的脉络绳贯珠联、不绝如缕。

---

① 刘荣修，孔尚任等纂：《平阳府志》，康熙四十七年刘氏序刊本，第1a页。按，该志卷五《山川》载临汾县之平水，仍称"又名晋水"，末引《水经注》否定平水为晋水的俗说（第2a页），后无辨正，则民间长期亦称晋水，《太平寰宇记》橛儿传说亦谓"与晋水合流"。又，《寰宇记》谓橛儿化蛇"投入山穴"，《平阳府志》卷三一《古迹·金龙池》称，刘渊"逐蛇至平山之麓，入山穴中"（第2a页），指其山为平山。《大明一统志》已言金龙池在平山之麓，而《水经注》乃称平水出壶口山，据《元和郡县志》卷一二："平山，一名壶口山，今名姑射山"，在晋州临汾县西，"平水出焉"。参（唐）李吉甫撰，贺次君点校：《元和郡县图志》，北京：中华书局，1983年，第337页。

(一)鲧禹造城的传说

古代城市起源的时代或说黄帝时,或说炎帝时,但城市主要应是始于鲧禹,这种差异当是成败论英雄的结果,而作器造物故事正属所谓"文化英雄"(Culture Hero)神话。城市起源神话不但可以串联后世造城传说,也可能关涉远古鲧禹治水甚至创世的神话。

关于鲧禹始造城郭,文献多有记载。如鲧造城郭,《礼记·祭法》正义引《世本》称,鲧"作城郭"①,《玉篇》卷二《土部·城》②、《水经注》卷二《河水》亦并引称"鲧作城"(第184页),《广韵》卷五《入声·铎·郭》引作"鲧作郭"③。《路史》卷一〇《后纪·禅通纪·太昊纪上》:"鲧率万民平水土,道泉原,因水居方,而置城邑。"注:"见《三坟》书,或以《世本》,诸书皆言鲧置城郭。"④鲧作城事当载于秦汉以前文献《世本·作篇》。其后《吕氏春秋·君守》言:"夏鲧作城。"高诱注:"鲧,禹父也,筑作城郭。"⑤《淮南子·原道》:"昔者夏鲧作(三)〔九〕仞之城。"⑥《初学记》卷二四引《吴越春秋》佚文曰:"鲧筑城以卫君,造郭以守民,此城郭之始也。"⑦禹亦继承其父造作城郭,《博物志》卷八:"处士东(鬼)〔里〕块责禹乱天下事,禹退作三(章)〔城〕,强者攻,弱者守,敌〔者〕战。城郭,盖〔自〕禹始也。"⑧这是总体上说鲧禹始作城郭。

又有一些具体城郭亦有被传为是大禹所筑者。《太平寰宇记》卷一载,开封府封丘县有期城遗迹,引《城冢记》云:"期城者,夏禹理水时所筑。"期城亦即卷二东京考城县之簸箕城,彼处亦引《城冢记》云,"禹治水时所筑"。卷一雍丘县又有肥阳城,亦引《城冢记》:"禹治洪水时,在肥泽之阳所筑。"《大明一统志》卷三载,真定府有固城古迹,"相传禹治水时所筑"。这些个别城市的起源传说,是大禹始作城郭的具体反映。

值得注意的是,鲧作城之际,也有尾巴的母题。《吕氏春秋·行论》载:

---

① 郑玄注,孔颖达等正义:《礼记》,清阮元校刻《十三经注疏》本,北京:中华书局,1980年影印,下册,第1590b页。
② 顾野王撰,陈彭年重修:《大广益会玉篇》,康熙间张氏泽存堂刻本,北京:中华书局,1987年影印,第6d页。
③ 周祖谟:《广韵校本》,康熙间张氏泽存堂刻本,北京:中华书局,1960年影印,第511页。
④ 罗泌撰,罗苹注:《路史》,成书于乾道六年,《四库全书》本,第383册,第77a页。
⑤ 吕不韦撰,高诱注,陈奇猷校释:《吕氏春秋校释》,上海:学林出版社,1984年,下册,第1051、1063页。
⑥ 刘安撰,高诱、许慎注,刘文典集解,冯逸、乔华点校:《淮南鸿烈集解》,北京:中华书局,1989年,第14页。
⑦ 徐坚等编,司义祖点校:《初学记》,北京:中华书局,2004年,第565页。
⑧ 张华撰,范宁校证:《博物志》,北京:中华书局,2014年,第93页。此处文字为笔者据《艺文类聚》卷六三(第1137页)、《太平御览》卷一九二(第928b页)、卷三二〇(第1473d页)、卷三三五(第1539cd页)引文参校。

尧以天下让舜,鲧为诸侯,怒于尧曰:"得天之道者为帝,得地之道者为三公。今我得地之道,而不以我为三公。"以尧为失论,欲得三公。怒甚[其]猛兽,欲以为乱。比兽之角,能以为城;举其尾,能以为旌。召之不来,仿佯于野以患帝。舜于是殛之于羽山,副之以吴刀。

高诱注"以为城",指"以为城池之固";注"以为旌",指"以为旌旗之表"。《论衡·率性》亦言,鲧"比兽之角,可以为城;举[兽之]尾,可以为旌"①。在这里,鲧作城的文化英雄神话已被禽兽化、妖魔化,但鲧始作城郭的功劳还有迹象。

重要的是,举尾为旌,以作表识,联系后世造城传说,这种尾旌正可能是助人造城的动物如龙蛇之尾,《路史》注更以为《吕氏春秋》所言是鲧"以尾为城",若此则兽尾、兽角都可能是确定城址的标识。就是这种可做表识,应该旌表、旌扬的尾巴和头角,将鲧禹作城的文化英雄神话跟后世造城传说做了有效的连缀,使我们相信造城传说可以溯源至应龙画地、鲧禹作城的神话。

(二)鲧禹治水神话的本相是造地神话

鲧禹作城,城在地上立;鲧禹治水,水在地上行,这似乎暗示:鲧禹实际是大地的创造者,鲧禹造城、治水的传说可能需要溯源到造地神话方能得其本相。

古往今来,我们都相信鲧禹是治理洪水灾害,这是因为水患历来是中华民族最大的自然灾害,鲧禹也成为治水英雄而流芳百世,为人纪念。鲧禹治水故事也成为著名传说,但从民间文学严格的文体概念上看,鲧禹治水故事实际是一种神话。鲧和禹可能是历史人物,但其时代、史事却难以理清,最重要的是,他们能够是华夏江河的疏凿者吗? 所有江河是他们或是以其为首的民众疏凿的吗? 从自然地理、地质变迁角度看,关于治水的故事显然在更大程度上是神话,从神话学角度看,它也是典型的创世神话。

鲧禹治水传说的本来面目是"造地"创世神话,笔者亦曾就此作专文讨论②。关于此一问题,学界研究较为热烈,大林太良较早提及③,后来萧兵④、叶舒宪⑤、胡万川等连续

---

① 王充撰,黄晖校释:《论衡校释》,北京:中华书局,1990年,第78页。
② 李道和:《昆仑:鲧禹所造之大地》,《民间文学论坛》,1990年第4期,第12—20页;收入马昌仪选编:《中国神话学百年文论选》,西安:陕西师范大学出版社,2013年,第805—817页。
③ [日]大林太良著,林相泰、贾福水译:《神话学入门》,北京:中国民间文艺出版社,1989年,第51—52页。
④ 萧兵:《中国文化的精英》,上海:上海文艺出版社,1989年,第767—774页。
⑤ 叶舒宪:《从"盘古之谜"到中国原始创世神话之谜》,《民间文艺季刊》,1989年第2期,第4—25页;《中国神话哲学》,北京:中国社会科学出版社,1992年,第336—358页。

讨论①，吕微更用专章且旁及引申至相关论题②。简单说，鲧禹治水神话是一种"大地潜水者神话"(earth-diver myths)创世类型，在世界很多民族中都有这种神话流传。据Charles H. Long撰写词条"创世神话"（宇宙开创论，cosmogony），其中第七类即为此型，其母题情节略为：原初之水(primordial water)或洪水淹没世界，有文化英雄或动物潜入大水中，带出些微泥土，然后用这些泥土扩展成为大地，从而陆地由水中生成。潜水者往往私藏泥土，并与神帝形成对抗③。

鲧禹神话正属于这种类型。《山海经·海内经》："洪水滔天，鲧窃帝之息壤，以堙洪水，不待帝命。帝令祝融杀鲧于羽郊。鲧复生禹，帝乃命禹卒布土，以定九州岛。"郭璞注："息壤者，言土自长息无限，故可以塞洪水也。"④从大地潜水者神话类型看，息壤不是堵塞洪水的土壤，而是可以繁衍生息、由小到大扩展成整个大地的海底淤泥，淤泥经过拓展，陆地生成，地势升高，所谓"洪水"自然消退，正如李陈玉注应龙时谓禹治水是"水落地出，遂为高坟"，故造地神话在后世又衍生出治水传说。这就是鲧禹治水的造地创世本相，这里再就本题作一申论。

（三）鲧禹所造大地的都城特征

跟其他学者不同的是，笔者主张鲧禹造成的大地，就是以昆仑山为中心甚至为代表的大地，而昆仑是神帝的都城。《太平御览》卷三八引《尸子》曰："赤县神州者，寔为昆仑之墟。"《搜神记》卷二八："昆仑之墟，地首也，是惟帝之下都。"这是说昆仑是大地的端首，也是神帝在人间的都城。《博物志》卷一说：

> 地（部）〔祇〕之位，起形高大者有昆仑山，广万里，高万一千里，神物之所生，圣人仙人之所集也。出五色云气，五色流水，其泉南流入中国，名曰河也。其山中应于天，最居中，八十城布绕之，中国东南隅，居其一分，是奸城也。

这是说帝都昆仑是大地"起形"处即开端，又是大地的中心，有八十城围绕，又称中国是"奸城"，即能御难捍卫之城。

关于昆仑是帝都，早见于《山海经·西次三经》："昆仑之丘，（是实）〔寔〕惟帝之下都。"注："天帝都邑之在下者〔也〕。"《海内西经》又称"海内昆仑之虚"，乃"帝之下都"。这是

---

① 胡万川：《捞泥造陆——鲧、禹神话新探》，收入朱晓海主编：《新古典新义》，台北：台湾学生书局，2001年，第45—72页。

② 吕微：《神话何为——神圣叙事的传承与阐释》，北京：社会科学文献出版社，2001年，主参第三章，第95—158页。

③ Mircea Eliade (Editor in chief): The Encyclopedia of Religion, New York: Macmillan Publishing Company, 1987. Vol.4, p.97.

④ 郭璞注，袁珂校注：《山海经校注》，成都：巴蜀书社，1993年，第536页。

昆仑为帝都的最早记录。《天问》应龙节后亦言：

> 昆仑县圃，其凥安在？增城九重，其高几里？

《淮南子·墬形》称，昆仑"中有增城九重"，高万一千余里。高诱注："增，重也。有五城十二楼，见《括地象》。"《太平御览》卷三八引《河图括地象》即曰："昆仑之墟有五城十二楼。"卷六七七引《历藏中经》（《太平御览经史图书纲目》作《老子历藏中经》）："昆仑山有金城九重，玉楼十二，神仙所治也。"《海内十洲记》称昆仑有"天墉城"："面方千里，城上安金台五所，玉楼十二所"；又有"墉城"："金台、玉楼相似"，"西王母之所治也"①。《水经注》卷一《河水》引《昆仑记》曰："昆仑之山三级，下曰樊桐，一名板桐；二曰玄圃，一名阆风；上曰层城，一名天庭，是谓太帝之居。"《拾遗记》卷一〇说昆仑山："山有九层，每层相去万里。有云色，从下望之，如城阙之象。"② 这都是说帝都昆仑有重城层楼。

鲧禹治水所用"息壤"，除了长息无限的特征外，还有状若城郭的外形。《舆地纪胜》卷六四载引佚名《溟洪录》云："江陵府南门有息壤焉。唐元和中，裴宇牧荆州，掘之得石城，与江陵城同。中径六尺八寸，徙弃之。是年霖雨不止，遂埋之。见《息壤记》。"则早见于北宋王子融《息壤记》。息壤居然是"石城"，且"与江陵城同"，《五杂俎》卷四亦云，"息壤，石也，而状若城郭"③。《舆地纪胜》卷五六又载，永州南故龙宫寺中有息壤，"状若鸱吻，色若青石"。鸱吻是宫殿屋脊装饰，也是城郭象征。鲧禹始作城郭，自然其所用息壤有城郭之象。《旧唐书》卷三八《地理志一》载，齐州禹城，本汉祝阿县，天宝元年，改称"禹城"，"以县西有禹息故"。雍正《山东通志》卷九《古迹志》，据《水经注》"禹以息土填鸿水以为名山"，以为"禹息"城名"当取此义"④。禹息城大约是禹以治水息壤筑城的一个例子。

昆仑山之所以是大地或城郭的象征，是因为跟其他很多民族一样，中国古人也把昆仑山当作"世界大山"或"宇宙大山"，甚至是"大地唯一之山"（Mountain of All Lands）。一是因其"大"，"广万里"，大如世界，等同宇宙，所以大山就是大地。二是因其"中"，"昆仑中应于天，最居中"，是大地的中轴。昆仑也该是《山海经·海内经》之都广之野，郭璞注："其城方三百里，盖天下之中。"或因其为广大的都城，故曰"都广"。《淮南子·墬形》

---

① 东方朔（旧题）：《海内十洲记》，引据王国良校释本，参王国良：《海内十洲记研究》，台北：文史哲出版社，1993年，第87页。
② 王嘉撰，萧绮录，齐治平校注：《拾遗记》，北京：中华书局，1981年，第221页。
③ 谢肇淛：《五杂俎》，万历四十四年潘膺祉跋，上海：上海书店出版社，2001年，第63页。
④ 岳濬修，杜诏纂：雍正《山东通志》，成书于乾隆元年，《四库全书》本，第539册，第359c页。

记昆仑丘后接言:"建木在都广","盖天地之中也"。知昆仑、都广、建木皆为中轴,实际上,建木就在昆仑上,与世界大山昆仑合并,是其他民族所谓"世界大树""宇宙大树",昆仑、建木都因其巨大、居中而成为大地、宇宙的象征。三是因其"高",昆仑"高万一千(余)里",有三级、九重。高山是大地高处,也是大地最先升高脱离洪水之处,是江河的发源地(参后文)。各地往往有传说称,尧时洪水,竟有诸山漂浮不没,如百丈山、高筐山、浮山、尧山、尧市山、宣务山、系舟山、走金山等,皆浮出水面,未曾淹没①,实际是由大地、高山从洪水中升高的神话演变而来的传说。

跟昆仑作为中轴近似的是,古代建国立都也往往力求处于地中。《周礼·地官·大司徒》:"日至之景尺有五寸,谓之地中,天地之所合也,四时之所交也,风雨之所会也,阴阳之所和也。然则百物阜安,乃建王国焉。"②《白虎通义·京师·建国》:"王者京师必择土中。"③ 人间王者都城实际是模仿神帝之都昆仑。就像昆仑有八十城围绕一样,王国都城之外也自然有诸侯方国的城郭环绕。即使僻处东南的越国都城,也试图模仿昆仑,《吴越春秋·勾践归国外传》载,范蠡筑会稽城(今为绍兴市),取象天门、地户:

> 范蠡曰:"臣之筑城也,其应天矣。昆仑之象存焉。"越王曰:"寡人闻昆仑之山,乃天地之镇柱,上承皇天,……下处后土,……滋圣生神,呕养帝会。故五帝处其阳陆,三王居其正地。吾之国也,(扁)〔偏〕天地之壤,乘东南之维,斗去极北,非粪土之城,何能与王者比隆盛哉?"范蠡曰:"君徒见外,未见于内。臣乃承天门制城,合气于后土,岳象已设,昆仑故出,越之霸也。"越王曰:"苟如相国之言,孤之命也。"④

范蠡之言是对神帝之都与王者京师源流关系的最好帮助。

据前所论可知,鲧禹是始作城郭的文化英雄,所造城郭不过是始创大地时的副产品(如鲧在"能以为城"之前已经"得地之道"),因为昆仑大地具有都城特征,王者京师亦模仿昆仑帝都。治水神话其实是造地神话的衍生物,陆地造成则洪水自然退去,反过来说,造地神话是治水神话的本相。跟应龙神话类似的后世造城传说,既源出鲧禹始作城郭的神话,更来自创造大地昆仑的神话。

---

① 参李道和:《岁时民俗与古小说研究》,天津:天津古籍出版社,2004年,第261—263页。
② 郑玄注,贾公彦疏:《周礼》,《十三经注疏》本,第704b页。
③ 陈立:《白虎通义疏证》,北京:中华书局,1994年,第157页。
④ 赵晔撰,徐天祜音注,周生春辑校汇考:《吴越春秋辑校汇考》,上海:上海古籍出版社,1997年,第131页。

当然还有一个疑问:鲧禹用息壤拓展大地,此属造地神话似易理解,可是应龙画地而水泉流通,似乎更像治水神话。除了橛儿传说中的造城掘渠事外,不妨再看看《淮南子·墬形》:

> 禹乃以息土填洪水,以为名山,掘昆仑虚以下地。

高诱注:"息土,不耗减,掘之益多,故以填洪水。名山,大山也。""掘犹平也。'地',或作'池'。"在此"掘"的行为最为突出。挖掘息土显然是拓展土地,非必是以土填水,故有"掘之益多"的神效,《水经注》卷一引称"掘昆仑虚,以为下地",故可谓之"掘地"。但禹不同于鲧堵塞的治水方法是疏导,也即凿山掘河,而其所据是应龙尾画,正如《大业拾遗记》所言:"禹治水,应龙以尾画地,导决水之所出,凿龙门疏河。"所以禹也可能像高注校勘所示那样是"掘池",如同刘渊掘金龙池,挖出平水渠,故而禹也是挖渠掘江、凿沟通河。而昆仑山恰恰因其巨大、居中和高耸,成为大江大河的发源地,《淮南子》下文言"河水出昆仑东北陬",《尔雅·释水》:"河出昆崙虚,色白,所渠并千七百一川,色黄。"①《淮南子》此节似乎是造地、治水、掘江、造城多种传承的混合。

再看《册府元龟》卷二四、卷三七所并载:贞观十四年二月,陕州言河水变清,司空长孙无忌等诣阙上表,有曰:

> 瑞马开图,发荣光于远代;应龙辟壤,致宅土于遐年。②

应龙帮助大禹开辟大地,让人拥有可以宅居的土地。辟壤宅土之说值得关注。《说文解字》七下《宀部》:"宅,人所托凥也。"③宅土就是可以宅居的土地,而土地又从何而来?同书十一下《川部》称:"水中可凥者曰州,水周绕其旁,从重川。昔尧遭洪水,民凥水中高土,故曰九州岛。"其字形为水中土堆,又附古文"州"字,段注:"此像前后左右皆水。"九州岛大地是从洪水中升高成为可以居住的土地,这是造地神话在文字中的遗留。而人在土地中的宅居最重要者莫若城郭,同书十三下《土部》:"城,㠯盛民也,从土、成,成亦声。"玩味《搜神记》马邑事之"城将成"、嘉靖《南宁府志》"可成城"之语,颇疑"城"字从"土""成",正有可能是土地形成则人民得以聚居之意,恰如"成都"或是都城修成之意。由此我们似乎可以明了多重缘由:如为什么鲧禹治水本是造地?为什么鲧禹治水时也造城?为什么大地昆仑具有都城特征?以及此处之为什么应龙画地通泉的同时也

---

① 郭璞注,邢昺疏:《尔雅》,《十三经注疏》本,下册,第2620a页。
② 王钦若等编,周勋初等校订:《册府元龟》,南京:凤凰出版社,2006年,分见第238、390页。
③ 许慎撰,段玉裁注:《说文解字注》,嘉庆二十年经韵楼刊本,上海:上海古籍出版社,1981年影印,第338a页。

是"辟壤"拓土？总之，"应龙辟壤"是较为少见的说法，恰恰帮助应龙画地助禹治水之说，实际上也是助禹辟壤造地的衍生神话。

如此说来，鲧禹始创大地，进而始作城郭，并在后世派生出治水或造城传说，这些久远的传承都是有脉络可寻的。这种脉络恰恰是应龙画地神话跟造城传说之间似乎已经断裂的逻辑纽带：大禹依据应龙画地而治水，后人依据动物示址而造城，二者间的关系必然是：治水实际是造地，大地亦如都城（可以宅居处），应龙是画地通泉，也是辟壤拓土，故依龙画而地成水治，循物迹而城成郭固。因此，如果能将后世造城传说溯源到鲧禹作城、治水乃至造地的神话，那么《天问》应龙画地文本确可参据这些相关传承做出合理校释。

四、"鸱龟曳衔"的本相及其与"应龙何画"的关系

鲧、禹为父子，事业相承，先后治水，或同用息壤，并造城郭，他们在治水或造地时也都得到了动物的帮助，跟应龙助禹一样，鸱龟也曾助鲧。此即《天问》应龙前节"鸱龟曳衔，鲧何听焉"的神话。

（一）造城传说视角商兑

客观地说，联系造城传说解释《天问》鲧禹神话一节，并非我们的首创，但前贤未将其运用到应龙画地的禹事上，而是用在"鸱龟曳衔"的鲧事上。最早提出此说的是周拱辰《离骚草木史》：

> 盖鸱龟曳衔，鲧障水法也。鲧睹鸱龟曳尾相衔，因而筑为长堤高城，参差绵亘，亦如鸱龟之曳尾相衔者然。程子曰：今河北有鲧堤，而无禹堤。《通志》曰：尧封鲧为崇伯，使之治水，乃（与）〔兴〕徒役，作九仞之城。又《淮南》云：鲧作三仞之城，诸侯背之。《史稽》曰：张仪依龟迹筑蜀城。非犹夫崇伯之智也？即其证。按，扬雄《蜀王本纪》言，张仪筑成都城，依龟迹筑之，龟壳犹在军资库。宇文遇云，比常为主库吏，见龟壳长六尺。依龟筑城，仪袭鲧智，大抵然矣。

这种联系后来为毛奇龄①、蒋骥、屈复等所继承，朱亦栋《群书札记》卷三《鸱龟曳衔》又引《搜神记》张仪事②。筑堤造城说又见游国恩《天问纂义》按语、闻一多《天问疏证》等。

---

① 毛奇龄：《天问补注》，《四库全书存目丛书》影印康熙间《西河合集》本，集部，第 2 册，第 146ab 页。
② 朱亦栋：《群书札记》，《续修四库全书》影印光绪四年武林竹简斋重刊本，第 1155 册，第 40d—41a 页。

按,古蜀成都确称"龟城",古吴都(今苏州)、南诏拓东城(今昆明)等亦作龟形之城,因为蜀王子流落至越南,彼地自古亦盛传金龟造城传说,同时,鲧禹亦确曾始作城郭。但后人依照龟迹或龟形筑城,跟鲧治水之际的鸱龟曳衔仍然缺乏明显的联系,倒跟应龙画地更相近。甚至还有疑问:筑堤造城为什么一定是像鸱龟曳衔一样?后者的确切含义是什么?我们认为,同拱辰以来的这种解释尚需确证。

(二)鲧障水说质疑

与鲧筑堤造城说相关联的,是古今盛传的鲧以填塞沮障之法治水的传说,鲧亦因逆水之性而遭殛杀,屡为后人所诟病,甚至被禽兽化、妖魔化。即如《天问》在鲧已"永遏在羽山"后接叙禹事,亦有"洪泉极深,何以寘之?地方九则,何以坟之"两问,注家也往往着眼于"寘"之填塞、"坟"之高土义,批评禹亦不免障水,只是禹形象仍以正面为主。其实,治理洪水既有凿渠疏水之法,也还有筑堤防水之方,怎能一概否认鲧之堙塞,或疑禹亦障水?

应该注意到"寘"还有放置、废止、处置义,为什么一定是指填塞呢?"坟"确是高土,但也是隆起、升高义,重要的是:高山、高土从水中的自然隆起,恰恰是处置、消除洪水的自然方法,何曾有人为的累山阻水之事?当然问题的关键还不在于鲧禹治水时在水平维度上对水性的顺逆,而在于治水的本相是立体维度上的水中造地,土从水出,地成而水平。关于此点也还有一些注家能略得仿佛,如徐焕龙释寘洪:"泛滥九年,洪泉极深矣,何以遂能位置之而安其条理。"前述李陈玉释坟地:"同一地方,禹则水落地出,遂为高坟。"稍后钱澄之亦云:"水落土出,则九州岛之川原,高下俱见,犹坟而起也。"① 这才是寘洪坟地亦即从水中造地的神话原貌。

既然筑堤障水之说是造地神话的演化,或者阻挡、疏通皆可治水,那么鲧禹尤其是鲧也不该遭到责难。但历代注家往往囿于《天问》疑问体,多从怀疑、质问、否定、批判的角度理解,如本题中就对应龙神话、鲧听鸱龟、寘坟洪水加以否定。否定中一是伦理视角,鲧成为负面角色,即使禹形象以正面居多,但称他亦曾填土,再如禹三十未娶,注家亦对《天问》中禹不顾洪灾急娶盒山作了无情的指责②。二是知识视角,如以应龙为神怪,以鸱龟为祟物(参下节),前述谭介甫更言"《天问》全篇是怀疑神话的"。可是,即就知识视角言,对于《天问》这种类似于包含问题的神话古史知识读本,能这样解读吗?

再就伦理视角言,鲧的负面形象乃是神话思维的必要设置。之所以说"鲧窃帝之息壤",不得三公还"欲以为乱",其实是因为窃壤被殛的鲧,恰如基督教潜水造地神话中与上帝作对的撒旦,撒旦从水中带回泥土,却又暗中窃藏,这是神话思维中常见的"二元论"

---

① 钱澄之撰,殷呈祥校点:《庄骚合诂》,合肥:黄山书社,1998年,第228页。
② 参游国思主编:《天问纂义》,北京:中华书局,1982年,第177—188页。又,李道和:《试论作为望夫石传说原型的涂山氏传说》,《民族艺术研究》,2003年第2期,第42—53页,其中第44—45页。

(Dualisms)观念产物,这种观念在神话宇宙论中尤其突出。就在《天问》鲧禹治水造地后,即有"康回冯怒,墬何故以东南倾"之事,或以为康回即共工,或以为是先鲧治水者,姜亮夫乃证其为鲧。即使此处康回不是共工,也还有另一个破坏者共工:恰如大地创造后有毁坏者,天地秩序造成后也有折"天柱"、绝"地维"的毁坏者,此即与女娲对立的共工,他同样是秩序与混沌、创造与毁灭的二元对立形象之一。①从二元对值角度看,即使没有窃壤埋水或违抗帝命听信鸱龟的鲧,也要创造出一个对立者来。

(三)鸱龟曳衔与取壤造地

舍弃筑堤造城或埋塞障水视角,"鸱龟曳衔"又当作何理解?

鸱龟之事似未见文献记载,朱熹即以为"鸱龟事,无所见"王邦采并称"鸱龟事无考",贺宽更指为"荒诞之说",胡文英称"此乃魑魅之技,所以眩鲧耳"②,丁晏亦言"盖谓怪物之为祟者",相较而言,当以戴震《屈原赋注》初稿本所言为是:"鸱龟曳衔,盖古有是语,书阙未闻。"

古今学者对鸱龟做了很多解说,"鸱龟"相连作解者,如游国恩、闻一多之旋龟,徐焕龙之"形似鸱鸟之龟",胡文英之"若鸱之龟",刘梦鹏之"龟鸣如鸱"等。"鸱""龟"分别理解者亦有之,但也单纯地解作鸱、龟。重要的是,鸱、龟在何种场合中出现?

马王堆一号汉墓T形帛画的出土,使这个问题有了新的方向。学者指出,帛画下部"两侧各绘一巨龟,口衔云气纹,背上立一枭",可能表现的是"鸱龟曳衔"③。"画中所见左右两只大龟,背上各蹲一鸱鸟,自是'鸱龟'无疑","龟口中衔着一枝芝草似的植物,枝茎垂曳,正与《天问》所云'曳衔'相符","两龟之间的裸体巨人应当是鲧","可以证明此处所画的神话图形与屈原所见者相同"④。这种解释已经吸收进蒋天枢《楚辞校释》、汤炳正等《楚辞今注》⑤。但萧兵《楚辞与神话》感到疑惑:"无奈《帛画》海洋部分实在不涉及伯鲧治水",所以帛画的"托地巨人实在更像海神禺强",再据布朗族、彝族神话解释鸱龟:鳌鱼托地欲睡时,旁边的金鸡就啄它,不然就有地震。萧兵结合地震神话解释鸱、龟并列是合理的,但托地神非必是禺强。笔者在鲧禹造地论文中,也曾分析托地神话,以为托地神就是造地的鲧禹,即如《天问》所言"永遏在羽山",或如"鳌戴山抃"等。

---

① 参见李道和:《女娲补天神话的本相及其宇宙论意义》,《文艺研究》,1997年第5期,第101—109、第106—107页。
② 胡文英:《屈骚指掌》,乾隆五十一年自序,《续修四库全书》影印乾隆间刻本,第1302册,第576d—577a页。
③ 安志敏:《长沙新发现的帛画试探》,《考古》,1979年第1期,第43—53、49页。
④ 马雍:《论长沙马王堆一号汉墓出土帛画的名称和作用》,《考古》,1979年第2期,第118—125、123页。
⑤ 汤炳正等注:《楚辞今注》,上海:上海古籍出版社,1996年,第87页。《天问》部分由李大明执笔。

但鸱龟所衔究为何物？笔者曾经在造地论文中提到是"从水中衔土"。玩味"鸱龟曳衔"句的核心词，除了动物鸱、龟外，反而动作行为的"衔"字应该值得注意。衔，有前后连接义，更常见的是口中衔物义。《释名·释车》："衔，在口中之言也。"①毛奇龄即谓"衔犹辔衔，以口相结衔"，徐焕龙、王邦采谓"曳尾衔物"，均着眼于口衔。衔物当用口喙，不妨再看柳宗元《天对》：

> 盗埋息壤，招帝震怒。赋刑在下，投弃于羽。亥陟元子，以胤功定地。胡离厥考，而鸱龟肆喙？②

因为鸟兽虫鱼及人之口皆曰"喙"，所以从潜水造地神话看，鸱龟之"喙"，正该是鸱龟甚至鲧自己听从鸱龟含衔息壤的所在。所衔之物当非云气或是植物，而就是帝之息壤。所谓鲧窃息壤，实际也是鸱、龟或鲧相继入水含衔，鲧也从而有了拓展陆地即"定地"的最初材料。可以推知，《天问》鸱龟曳衔表现的正是潜水衔泥拓土造地的神话，是在息壤之外几乎被湮没的另一重要母题。从衔泥造地角度，针对鸱龟曳衔及帛画的这种理解，在持鲧禹造地说的神话研究者中，似仅有笔者及胡万川提及，而在帛画研究中疑似未知见其例。

（四）鸱龟曳衔与应龙画地的关系

《天问》"鸱龟曳衔"与"应龙画地"两句之间有无关联？朱熹以为"详其文势，与下文应龙相类"，张诗说鸱龟"如应龙之属"③，闻一多《天问疏证》亦称二者"事属同科"。但究竟是何种类似关系？应龙是以尾画地，也有学者说鸱龟"曳衔"是曳尾，如周拱辰、林云铭、夏大霖、屈复、邱仰文皆说鸱龟是"曳尾相衔"，但鸱龟曳衔中的"尾巴"似乎没有突出的表现。我们以为，"衔"是口喙衔泥，"曳"不过是牵引、拖拽泥土，合起来就是从水中衔引泥土。

应龙、鸱龟两句的关系当在事件类同上，尽管一属鲧事，一属禹事，然皆为动物助人的造地治水事。《拾遗记》卷二记：

> 禹尽力沟洫，寻川夷岳，黄龙曳尾于前，玄龟负青泥于后。玄龟，河精之使者也。龟颔下有印，文皆古篆，字作九州岛山川之字。禹所穿凿之处，皆以青泥封记其所，使玄龟印其上。今人聚土为界，此遗象也。

---

① 刘熙：《释名》，《丛书集成初编》影印《小学汇函》本，第1151册，第121页。按，此条似未见于毕沅疏证，王先谦补，祝敏彻、孙玉文点校：《释名疏证补》，北京：中华书局，2008年。
② 柳宗元撰，吴文治等校点：《柳宗元集》，北京：中华书局，1979年，第2册，第369页。
③ 张诗：《屈子贯》，《四库未收书辑刊》影印嘉庆三年畴城万春堂刻本，第7辑，第16册，第32a页。

在这里,黄龙曳尾指示决水之处,跟玄龟负泥拓展土地发生了前后相续的联系,都是治水中来自动物的襄助,"黄龙曳尾"属禹事中的"应龙画地","玄龟负泥"属鲧事中的"鸱龟曳衔"。只是严格地从造地治水的创世程序看,倒该是玄龟负泥造地在先,黄龙曳尾导水在后,尽管造地治水之际往往也是水土相连的,恰如龟之取壤也可治水,龙之画地也可辟壤。

理清鲧事之"鸱龟曳衔"和禹事之"应龙画地"的本意是造地治水,以及二者间子承父业的关系,我们自然可以看到,《天问》鲧禹神话一节自"不任汨鸿,师何以尚之",至"鲧何所营,禹何所成",皆属鲧禹造地治水事,而其下续以"康回冯怒,墬何故以东南倾?九州岛安错?川谷何洿?东流不溢,孰知其故?"接言鲧禹造地治水以后的大地、水流情况。除应龙二句或有脱落,但这一整个段落应该没有错简。我们也还可以看到,中国远古时代鲧禹取壤造地、地成水治、始作城郭的神话,跟后世依靠动物筑造城池的传说之间,构成了一种源流相续、表里相符的久远传承,这种传承脉络从《天问》应龙画地及鸱龟曳衔一节也可窥见一斑。

《湘君》《湘夫人》祭楚地祇考

陕西师范大学　曹胜高

《九歌》中湘君与湘夫人的祭祀性质,历来争论不一,主要在于对湘君湘夫人的神格认识不同。《史记·秦始皇本纪》载秦始皇二十八年,至湘山祠,问博士,对曰湘君为"尧女,舜之妻";西汉刘向《列女传》遂以舜之二妃为湘君;东又王逸《楚辞章句》又以湘夫人为舜之二妃,湘君为湘水神。唐代司马贞《史记索隐》谁论"夫人是尧女,则湘君当是舜"①。然唐代韩愈始怀疑湘君为舜的传说,提出湘君乃娥皇,湘夫人是女英②,宋洪兴祖《楚辞补注》然之③。清代王夫之《楚辞通释》卷二以湘君为水神,湘夫人是水神妻,与舜及二女妃无涉。赵翼《陔余丛考》卷十九认为二湘乃"楚俗所祀湘山神夫妻二人"④,犹如祭祀泰山府君、城隍神之类一样。上述诸说的形成,主要是从外部史料寻找证据,忽略了《湘君》《湘夫人》中的一些重要细节。本文试从文本分析入手,对"二湘"祭祀性质进行探讨。

一、湘君"北行"与九嶷山

最早对湘君的神格进行解释的是《史记》卷六《秦始皇本纪》:

> 之衡山、南郡。浮江,至湘山祠。逢大风,几不得渡。上问博士曰:"湘君何神?"博士对曰:"闻之,尧女,舜之妻,而葬此。"于是始皇大怒,使刑徒三千人皆伐湘山树,赭其山。上自南郡由武关归。

这段记述是传世文献数据中对湘君、湘山进行准确描写的重要数据,从中可以看出诸多线索:

第一,秦始皇所至于湘山,并非洞庭君山。张守节正义引《括地志》言"二妃冢在湘阴北一百六十里青草山上",又引盛弘之《荆州记》云"青草湖南有青草山,湖因山名焉。"以为湘山乃青草山,并说"山近湘水,庙在山南,故言湘山祠"⑤。据秦博士言湘君为尧之

---

① 司马迁:《史记》卷六《秦始皇本纪》,北京:中华书局,1959年,第249页。
② 马伯通:《韩昌黎文集校注》卷七《黄陵庙碑》,上海:古典文学出版社,1957年,第287页。
③ 洪兴祖:《楚辞补注》,北京:中华书局,1990年,第64页。
④ 赵翼:《陔余丛考》卷十九《湘君、湘夫人非尧女》,石家庄:河北人民出版社,1990年,第349页。
⑤ 司马迁:《史记》卷六《秦始皇本纪》注引,北京:中华书局,1959年,第248页。

二女,乃以为秦始皇所至湘山祠为二妃冢,故定青草山为湘山,显然有误。湘山为楚地名山,不当为洞庭湖中之青草山。《史记》卷一《五帝本纪》载黄帝曾"南至于江,登熊、湘"。卷二十八《封禅书》言:"及秦并天下,令祠官所常奉天地名山大川鬼神可得而序也。于是自崤以东,名山五,大川祠二。曰太室。太室,嵩高也。恒山,泰山,会稽,湘山。"将湘山与嵩山、恒山、泰山并列,足见湘山在秦汉时,名声大于衡山。《封禅书》又载:"始皇南至湘山,遂登会稽。"曾第二次登上湘山。始皇巡狩天下,遍祀名山,湘山曾为黄帝所祀。《史记》所载始皇过衡山、荆州而至于之湘山,断非洞庭湖之青草山。

  第二,湘山祠所祭不当为湘水之神。秦始皇欲祀湘山,遂问湘山之神为何?可见此书所谓湘君,显然是湘山之神,而非湘水之神。而《史记》所载"几不得渡",乃渡江不顺,非始皇未至于湘山,否则何以令刑徒伐其树、赭其山?

  第三,此事发生在始皇二十九年,也就是秦始皇刚刚统一全国的第三年。此时随始皇出行的博士,乃秦出,并不熟悉楚地祭祀,因而对秦始皇湘君何神的问答,只能以"闻之"对答,而非像随秦始皇东游论封禅时的引经据典。这既说明湘君不必定是舜之妻,也不能说明湘山所祠的必然是舜之女。而秦始皇在听闻了湘君为舜之二女之后,即下令伐木毁山。这又说明,在秦始皇心目中,舜之二女不应当为湘山之神,故而不甚畏惧而伐之。查《九歌》《九章》《招魂》中的"君"皆指男性,而且自古亦少女性神称君的例子,何况君与夫人并称。这也说明,湘君不可能是二妃。

  第四,始皇三十七年,秦始皇第二次至于湘山。这一记载是有差异的。《封禅书》:"后五年,始皇南至湘山,遂登会稽,并海上,冀遇海中三神山之奇药。不得,还至沙丘崩。"《秦始皇本纪》则记载:"十一月,行至云梦,望祀虞舜于九嶷山。……上会稽,祭大禹,望于南海,而立石刻颂秦德。……还过吴,从江乘渡。……自琅邪北至荣成山……七月丙寅,始皇崩于沙丘平台。"明确说秦始皇登九嶷山祀舜。一言湘山、一言九嶷山,前云"南至于",当最南抵达湘山。而据秦汉史籍,九嶷也在领土最南。《史记·汉兴以来诸侯王年表》:"自陈以西,南至九疑,东带江、淮、谷、泗,薄会稽,为梁、楚、吴、淮南、长沙国:皆外接于胡、越。"以九嶷外为化外之地。《淮南子·原道训》:"九疑之南,陆事寡而水事众,于是民人被发文身,以像鳞虫,短绻不绔,以便涉游,短袂攘卷,以便刺舟,因之也。"《汉书》卷七《武帝纪》:"(元封)五年冬,行南巡狩,至于盛唐,望祀虞舜于九嶷。"九嶷也是秦汉的最南端,故《封禅书》所谓湘山当为泛指,秦始皇巡狩的最南端准确来说应该是九嶷山。

  九嶷山为秦汉前名山。《山海经·海内经》:"南方苍梧之丘,苍梧之渊,其中有九嶷山,舜之所葬,在长沙零陵界中。"《海内南经》又云:"苍梧之山,帝舜葬于阳,帝丹朱葬于阴。"张揖注《汉书》引《山海经》:"九疑之山有五采之鸟,名曰鹭鸟也。"[1] 汉郊祀歌《华烨烨》

---

[1] 班固:《汉书》卷五十七《司马相如传上》注引,北京:中华书局,1962年,第2567页。

描写神仙降临的宏大场面,其中写道:"神之揄,临坛宇,九疑宾,夔龙舞。"提及九嶷神灵、故秦皇、汉武祭祀于此。又被传为南方之仙山。司马相如的《大人赋》:"历唐尧于崇山兮,过虞舜于九疑。纷湛湛其差错兮,杂沓胶辀以方驰。"描写九嶷山上群神如云。《博物志》甚至以九嶷山为坐标,陈述四方异物,如卷二:"羽民国,民有翼,飞不远,多鸾鸟,民食其卵。去九疑四万三千里。"卷三:"止些山,多竹,长千仞,凤食其实,去九疑万八千里。"《法苑珠林》卷八引《外国图》:"焦侥国人长尺六寸,迎风则偃,背风则伏,眉目具足,但野宿。……去九疑三万里。"《太平御览》卷九一五引《括地图》云:"孟亏人首鸟身,其先为虞氏驯百禽,夏后之末世,民始食卵,孟亏去之,凤凰随焉止于此。……去九疑万八千里。"汉唐间神仙传说,亦多有九嶷之说,如《神仙传》卷十载汉武帝登嵩山,见仙人自称"吾九嶷之神也,闻中岳石上菖蒲一寸九节,服之可以长生,故来采之"。《真诰》载晋穆帝升平三年有萼绿华者降生,"云为九嶷山中得道罗郁"。《集仙录》载鲁妙典为九嶷山女官,《太平广记》卷四三载薛玄真、卷六一载苍梧女道士王妙想、卷六七载九疑道士王方古,卷七十载缑仙姑等遇仙、成仙事,足见九嶷山被古人当作仙人聚集之所。

在楚辞中,九嶷山也被作为神山。屈原在《离骚》里,先是"济沅湘以南征兮,就重华而陈词",然后一游昆仑。又写巫咸降神:"百神翳其备降兮,九疑缤其并迎",再登昆仑。九嶷山不仅是群神降临之所,也是登天之处。在《远游》中,作者也是写"指炎神而直驰兮,吾将往乎南疑"之后,然后述与天神交往之事。《九怀·陶雍》也写道:"吾乃逝兮南娭,道幽路兮九疑。"以南至九嶷作为出路,可见九嶷山在先秦楚人心中的崇高地位。

《湘夫人》中"九嶷缤兮并迎,灵之来兮如云"的描写,也透露出九嶷山与湘君、湘夫人之间的直接关系。我们先来看《湘君》中对湘君行程的描写:"令沅湘兮无波,使江水兮安流!……驾飞龙兮北征,邅吾道兮洞庭。薜荔柏兮蕙绸,荪桡兮兰旌。望涔阳兮极浦,横大江兮扬灵。……桂棹兮兰枻,斲冰兮积雪。……朝骋骛兮江皋,夕弭节兮北渚。"

诗作描写湘君从沅、湘源头出发,驾着飞龙,顺江而下,转过湘水进入洞庭湖,看到了涔阳、澧浦。看到江上"石濑兮浅浅""斲冰兮积雪",行舟困难,便"夕弭节兮北渚",盘桓于洞庭北边的小洲上。

由此我们可以想到《离骚》中,屈原"济沅湘以南征兮,就重华而陈词",屈原的南征,是溯沅、湘南下,到了九嶷山;而在《湘君》中,湘君则是乘船沿着湘水北上,抵达了洞庭湖。《山海经·海内东经》:"湘水出舜葬东南陬,西环之。入洞庭下。"司马迁《太史公自序》言自己"窥九疑,浮于沅、湘",曾至于此。《史记索隐》释沅、湘:"《地理志》湘水出零陵阳海山,北入江。沅即湘之后流也。"《史记正义》引《说文》:"沅水出牂牁,东北流入江。"① 衣《水经注》卷三十八"湘水"条所载:湘水出零陵始安县阳海山,汇集承水、洣水、漉水、

---

① 司马迁:《史记》卷八十四《屈原贾谊列传》,北京:中华书局,1959年,第2489页。

沩水、资水、微水等,北至巴丘山入于江,在其"过泉陵县西"处,有营水注入,此水"出营阳泠道县南山,西流径九疑山下,蟠基苍梧之野,峰秀数郡之间",融汇其他溪流后,"西北流注于湘水"。① 由此可见,屈原南征,正是溯湘水抵达九嶷山,而《湘君》北行也是顺着湘水北上洞庭。这样我们就有理由相信,湘君来自九嶷山,而不必是湘水神。

二、湘夫人"筑室水中"考

《湘夫人》开篇便描写湘夫人应约降临洞庭北渚,"登白薠兮骋望,与佳期兮夕张"。她也到了湘君盘桓过的江皋,"朝驰余马兮江皋,夕济兮西澨。闻佳人兮召予,将腾驾兮偕逝",说有人在等待自己,希望能一起远逝。在这过程中,出现一段奇异的景物描写:

> 袅袅兮秋风,洞庭波兮木叶下。……鸟萃兮苹中,罾何为兮木上。……荒忽兮远望,观流水兮潺湲。麋何食兮庭中?蛟何为兮水裔?

湘夫人看到秋天的洞庭湖波浪翻滚,秋叶纷飞,更令她惊讶的是鸟聚集在水草之间,而渔网却挂在树上。这种景色令她感到不解,她飞上水草,继续远望,"观流水兮潺湲",潺湲,王逸、洪兴祖不注,实为水流激越貌。武帝面对黄河决口所作之《瓠子歌》:"河汤汤兮激潺湲,北渡污兮浚流难。"颜师古注《汉书》云:"潺湲,激流也。"张衡《思玄赋》言:"乱弱水之潺湲兮,逗华阴之湍渚。号冯夷俾清津兮,棹龙舟以济予。"《招魂》:"川谷径复,流潺湲些。"皆状水流湍急。《湘君》云:"横流涕兮潺湲,隐思君兮陫侧。"《云中君》亦有此句,洪注:"屈原感女媭之言,外欲变节,而意不能改,内自悲伤,涕泣横流也。"宋玉《九辩》:"倚结軨兮长太息,涕潺湲兮下沾轼。"潺湲亦有横流之态。湘夫人看到江水横流湍急,增加了更大的疑惑:麋鹿为何在庭中食草?蛟龙为何游到水边?王逸言:"麋当在山林,而在庭中,蛟当在深渊,而在水涯,以言小人宜在山野,而升朝廷,贤者当居尊官,而为仆隶也。"他过分了强调此诗的政治意味,而没有注意到《湘君》中的类似描写:

> 令沅湘兮无波,使江水兮安流!
> 桂栋兮兰橑,辛夷楣兮药房。采薜荔兮水中,搴芙蓉兮木末。
> 鸟次兮屋上,水周兮堂下。

湘君沿江北行,也是对江水泛滥感到无奈,也期望江水能够波平浪静,能够"安流",

---

① 王国维:《水经校注》,上海:上海人民出版社,1984年,第1183—1212页。

而且在到达洞庭北岸时,却发现"遭天盛寒,举其棹楫,斫斫冰冻,纷然如积雪,言已勤苦也。一云斫曾冰","徒为勤苦,而不得前也"。湘君只好停船,他不得不从水中采捞薜荔草、从树丛中捡起芙蓉花,徘徊在洞庭湖北岸附近。薜荔不缘木而生,芙蓉本生于水中。薜荔草漂于水中,芙蓉挂于树梢,实为洪水泛滥之情形。而鸟集屋上,水绕堂下,乃"言己所居,在湖泽之中,众鸟舍止我之屋上,流水周旋己之堂下",实则洪水淹没庭院,堂前积水一片,水鸟栖江房上。这和《湘夫人》中鸟萃苹中、罾挂木上的景致一样,正是洪水肆虐所引起的反常景象。

湘夫人与湘君不同的是,她显然是一位水神,不仅能够轻盈地降于北渚,而且能够飘在湖泽满布的白苹上远望,而且能够"筑室兮水中,葺之兮荷盖"。这与湘君看到江水横流便无可奈何形成了鲜明的对比,说明湘夫人正是水神。而且,比较湘君和湘夫人中的洪水描写,正能看出洪水消退的过程:湘君发出了令沅湘无波、江水安流的命令后,洪水似乎并未散去,湘君抵达洞庭湖北焦急等待。而湘夫人登场后,看到了长江水流湍急,洞庭波浪涌起,一方面想到了"佳期""公子";另一方面则镇定自若地观察,摈退流水,使麋食庭中而不再水绕堂下,使蛟游回岸里而不再是鸟萃屋上,然后她开始在水中用各种各样的香草建起了一座美丽的宫殿,不仅表明了她是一位湘地水神,而且也描写了她消弭洪水的行动。

值得注意的是,湘夫人刚降临到洞庭湖北渚时,她说"与佳期兮夕张""沅有茝兮醴有兰,思公子兮未敢言",在建造水中宫殿之前也在想:"闻佳人兮召予,将腾驾兮偕逝。"宫殿建成之后,她则"九嶷缤兮并迎,灵之来兮如云"。这些描写湘夫人感情生活的语句,透露出一个信息:那就是湘夫人希望能够遇到自己的心上人,而且能够和他一起离开。而作品描写她在筑室之后,飞临到了九嶷山,许多仙人一起迎接。这说明她消弭洪水的努力得到了大家的认同。

由此可见,《湘君》和《湘夫人》描写了湘君从九嶷山沿着湘江北征、期待湘江安流;湘夫人降于洞庭湖畔,使江水退却后,逝于九嶷的场景。湘君是作为湘山之神出现的,而湘夫人则是楚地水神。"二湘"中反复描写的反常景观,实际是洪水泛滥的场景。祈求洪水消退,正是楚人祭祀湘君、湘夫人的主要原因。

三、二湘祭祀之性质

湘君、湘夫人既然能够消弭洪水,那么二湘祭祀的性质是什么呢?

第一,二湘当是楚地山川之神。《湘君》和《湘夫人》的结尾分别有一段唱词:

捐余玦兮江中,遗余佩兮醴浦。采芳洲兮杜若,将以遗兮下女。时不可兮再得,聊逍遥兮容与。

捐余袂兮江中，遗余褋兮醴浦。搴汀洲兮杜若，将以遗兮远者。时不可兮骤得，聊逍遥兮容与。

这两节描写的内容大致类似，当是祭祀后巫者的祝词。"二湘"开篇，先是巫师祈祷湘君、湘夫人降临，以消弭洪水。然后是以二湘口吻的唱词，描述了降临到离去的过程。最后是巫者的合唱，描述的祭祀的场面。由于《湘君》中湘夫人尚未出现，因而巫师采"芳洲兮杜若"，"将以遗兮下女"。下女，《离骚》"及荣华之未落兮，相下女之可诒"，后列虙妃、有娀氏之女、虞之二姚等神女，故此处巫者乃期望湘夫人降临。而在《湘夫人》中，写的是湘夫人在消除洪水后"将腾驾兮偕逝"，至于九嶷山，因而巫者合唱曰"将以遗兮远者"。最后的"时不可兮骤得（再得），聊逍遥兮容与"，正是祭祀的结束语。

而这场面恰恰透露出《湘君》《湘夫人》祭祀的性质。沉埋玉帛是祭祀山川的仪式。《湘君》结尾，写将"玦"沉于水中、将"佩"留于醴浦。依据王逸注：玦，玉佩也；佩，琼琚之属也。佩，一作珮。玦、佩，朝服之饰。沉玉水中，乃古代的祭河仪式。《穆天子传》卷一记述穆天子祭河礼："官人陈牲五□具，天子授河宗璧，河宗伯夭受璧，西向陈璧于河，再拜稽首。"《管子·形势》："山高而不崩，则祈羊至矣；渊深而不涸，则沉玉极矣"。武帝元光三年，"自临决河，沉白马玉璧于河"①，作《瓠子歌》："搴长茭兮沉美玉，河伯许兮薪不属。"正是沉玉祭水、采香草相赠。所以，湘君所描写的"捐余玦兮江中"，正是沉玉于水；"遗余佩兮醴浦"，乃埋玉于土。《湘夫人》结尾写捐袂、褋，依洪注，袂，衣袖；褋，襜襦。朱季海《楚辞解故》引《周易·归妹》言"帝乙归妹。其君之袂。不如其娣之袂良"，证明捐袂、褋亦为祭河仪式②，过于辗转。《周礼·春官·肆师》言祭祀山川"用玉帛牲牷"。《湘夫人》中"捐余袂兮江中，遗余褋兮醴浦"，袂、褋乃丝织品，乃以帛衣之状沉埋，来祭祀山川。

第二，我们应该注意到，湘君、湘夫人都曾到"北渚"逗留。《湘君》："夕弭节兮北渚。"《湘夫人》："帝子降兮北渚。"渚，水中小洲、小岛。湘君、湘夫人一乘舟前来，一翩翩降临，先后至于洞庭湖中的小洲，接受祭祀。《湘君》开篇巫师唱道："君不行兮夷犹，蹇谁留兮中洲？"洪兴祖注："中洲，洲中也。水中可居者曰洲。"乃祈祷湘君降临于祭坛，并能够使"令沅湘兮无波，使江水兮安流"，正与此合。

第三，《博物志》卷六言："洞庭君山，帝之二女居之，曰湘夫人。又《荆州图经》曰，湘君所游，故曰君山。"言湘君、湘夫人常至君山。君山在洞庭湖东北角，又名洞庭山，即司马节所谓青草山，据北岸约12公里，与岳阳楼隔湖相望。黄庭坚《雨中登岳阳楼望君山》其一："未到江南先一笑，岳阳楼上对君山。"北渚很可能是洞庭湖中的君山。

---

① 司马迁：《史记》卷六《秦始皇本纪》，北京：中华书局，1959年，第1413页。
② 朱季海：《楚辞解故》，北京：中华书局，1980年，第91页。

第四，按照礼制，夏日于泽中方丘上祭地祇，主要由埋玉和沉玉组成。祭祀地祇的场面。上古于水中小洲所祭者，正是地祇。《隋书·礼仪志》引《周官》云："冬日至，祠天于地上之圆丘。夏日至，祭地于泽中之方丘。"《周礼·春官·大司乐》："夏日至，于泽中之方丘奏之。若乐八变，则地示皆出。可得而礼矣。"《汉旧仪》："古之祭地，泽中方丘也，礼仪如祭天。"《通典》卷四十五《方丘》："夏以五月祭地祇。……周制，大司乐云：'夏日至礼地祇于泽中之方丘。'其丘在国之北。礼神之王以黄琮，牲用黄犊，币用黄缯。王及尸同服大裘。"这说的正是在泽中祭祀山川之神。《湘君》《湘夫人》结尾描写的沉埋玉帛，正是祭地祇的礼仪。

第五，从出土所见楚简来看，楚人祭祀系统中，列于司命之前的王是后土。如望山简42："举祷于太一环，后土司……"简54："后土、司命，各一小环。"简57："与祷太备玉一；后土、司命，各一少环；大水备玉一环。"包山简213："后土、司命、司祸，各一小环。"包山简237："后土、司命，各一牂。"这里所谓的"后土"列于太一、司命之间，与后世祭祀系统中的后土相同。秦家嘴简99："地主、司命、司祸各一牂。"天星观简10、33、43、105、614："司命、司祸、地主各一吉环。"汤漳平先生将楚墓竹简与《九歌》神系进行比较后，认为湘君、湘夫人为二天子①，而忽略了楚墓竹简、历代祭祀中地祇（后土、地主）的存在，而且湘君、湘夫人无论如何，都无法解释为二天子。因此，'二湘'当是楚地的地祇，由湘山和湘水之神合并担任。

第六，按照《山海经·中山经》的记载，洞庭周围的山川早已形成了固定的祭典："洞庭、荣余山神也，其祠：皆肆瘗，祈酒太牢祠，婴用圭璧十五，五彩惠之。"其中就包括"帝之二女"居住的"洞庭之山"。《史记》《竹书纪年》又记载，尧曾咨询四岳而择立舜，舜即位后又曾巡狩四岳，"类于上帝，禋于六宗，望山川，遍群神。"也就是说，在舜健在的时候，不仅祭祀山川成为祭典，而且诸山川也必有神灵存在。依照《山海经》通例，神灵所居，多司其地，由巫者祭之。所以，"帝之二女"应该在舜时已经成为神灵。而且从前文的考证来看，湘君居住在九嶷山，九嶷山在楚汉神话传说中又是来往天地之间的通道，是一座神灵缤纷的神山。舜南巡苍梧，曾赴此祭祀，所祭当为山之灵。由此便可排除舜为湘山之神的可能性。后代帝王到九嶷祭祀舜，但未把舜当作九嶷山神加以祭祀，如《汉书·武帝纪》记载："武帝元封五年冬，行南巡狩，至于盛唐，望祀虞舜于九嶷。"

第七，湘君、湘夫人最初并非配偶神。首先，按照楚地男女巫娱神的习俗，是以人娱神，而不是以神娱神。其中幽怨伤感之辞，当是巫祈神时相诉慕神之语气，非皆神灵之形态。《九歌》所写的多是人神对话，至多是人娱神，而不是神神恋爱的场景。其次，湘君、湘夫人是先后降临于北渚的，一来自九嶷，一归于九嶷，不必到民间相思。再次，尽管《湘

---

① 汤漳平：《再论楚墓祭祀竹简与〈楚辞·九歌〉》，《文学遗产》，2001年第4期。

君》有"思夫君",但从楚辞通例看,夫常作为语助词。如《离骚》有"导夫先路""纫夫蕙茞""法夫前修"等,《云中君》有"思夫君"。王夫之《楚辞通释》卷二《东皇太一》:"称夫君者,亲之之词,犹言阿翁阿母。"① 金开诚亦批驳旧说将之释为"丈夫"之"夫",由此推断写人神之恋,尤为荒唐。② 故"思夫君"当为"思君"。最后,《湘君》中间"扬灵兮未极,女婵媛兮为余太息",乃湘君之词。而随后的"横流涕兮潺湲,隐思君兮陫侧。……心不同兮媒劳,恩不甚兮轻绝。"则为巫女诉思神之苦。其中相思对话,皆巫、神相怨相交之词,而非二神到民间缠绵怨恨。因此二湘原初并非配偶神,民俗逐渐讹为夫妻,若"《蓼花洲闲录》所载杜拾遗讹为杜十姨,而以之配伍子胥也"。③

---

① 王夫之:《楚辞通释》,上海:上海人民出版社,1976年,第28页。
② 金开诚:《屈原辞研究》,南京:江苏古籍出版社,1992年,第177页。
③ 赵翼:《陔余丛考》卷十九《湘君、湘夫人非尧女》,石家庄:河北人民出版社,1990年,第349页。

沅有芷兮澧有兰，思公子兮未敢言
——解读屈原诗《九歌·湘夫人》

华东交通大学　吴昌林　唐季冲

屈原是楚辞的创立者，也是楚辞作家的杰出代表。楚怀王时曾任左徒，他"博闻强志，明于治乱，娴于辞令"（《史记·屈原贾生列传》），对内主张"举贤授能兮，循绳墨而不颇"，对外主张联齐抗秦。后来屈原遭到保守派上官大夫等人的诬陷，被怀王疏远，贬官汉北，其主要作品《离骚》《九歌》《九章》《天问》等二十三篇，多是流放途中所作[①]。《九歌》系列作品在艺术上，具有浓厚的楚国地方色彩，想象奇特，富有浪漫主义特征，继承发展了《诗经》的比兴传统。而《湘夫人》作为《楚辞·九歌》组诗十一首之一，是祭湘水女神的诗歌，与《湘君》是姊妹篇。

解读《湘夫人》必须从了解充满神鬼之气的楚文化开始，《湘夫人》主要写主人公湘君与湘夫人约会但不得见，反映了原始初民崇拜自然神灵的一种意识形态和"神人恋爱"的构想。全篇以湘君思念湘夫人的语调去写，诗歌明暗对应、相辅相成，构成一种情景交融的境界，描绘出湘君驰神遥望湘夫人，那种祈之不来，盼而不见的惆怅心情。诗题虽为《湘夫人》，但诗中的主人公却是湘君。这首诗的主题主要是描写相恋者生死契阔、会合无缘，作品始终以候人不来为线索，在怅惘中向对方表示深长的怨望，但彼此之间的爱情始终不渝则是一致的。

一、《九歌·湘夫人》内容的解读

（一）对《九歌·湘夫人》"神话传说"背景的解读

《九歌》是屈原十一篇作品的总称。"九"是泛指，非实数，《九歌》本是古乐章名。《湘夫人》为《九歌》中的一篇。王逸《楚辞章句》："昔楚国南郢之邑，沅、湘之间，其俗信巫而好祠，其祠必作歌乐鼓舞以乐诸神。屈原放逐，窜伏其域，怀忧苦毒，愁思沸郁。出见俗人祭祀之礼，歌舞之乐，因为作《九歌》之曲。上陈事神之敬，下见己之冤结，托之以讽谏。"[②]

也有人认为是屈原在民间祭歌的基础上加工而成，朱熹《楚辞集注》云："蛮荆陋俗，

[①] 洪兴祖：《楚辞补注》，北京：中华书局，1893年，第107页。
[②] 李汪：《相见欢简释》，上海：上海古籍出版社，1891年，第215页。

词即鄙俚,而其阴阳人鬼之间。又或不能无亵慢荒淫之杂。原既放逐,见而感之,故颇为更定其词,去其泰甚。而又因彼事神之心,以寄吾忠君爱国眷恋不忘之意。是以其言虽若不能无嫌于燕昵,而君子反有取焉。"据此,屈原的《九歌》是屈原在流放江南时,在民间祭神歌曲的基础上创作的一组用于民间祭神的祭歌。《九歌·湘夫人》现在一般以此诗写湘君与湘夫人约会,久久等候却迟迟不见湘夫人到来的惆怅,是用于祭祀湘水神的祭歌。作为楚人祭祀的神祇,《湘夫人》反映了原始初民崇拜自然神灵的一种意识形态,楚国民间文艺,有着浓厚的宗教气氛,祭坛实际上就是"剧坛"或"文坛"。

(二)对《九歌·湘夫人》"神人恋爱"主题的解读

《九歌·湘夫人》是《楚辞·九歌》组十一首之一,是祭湘水女神的诗歌,和《九歌·湘君》是姊妹篇。一般认为,湘夫人是湘水女性之神,与湘水男性之神湘君是配偶神。《湘夫人》是人们在祭湘君时,以女性的歌者或祭者扮演角色迎接湘君。他们借神为对象,寄托人间纯朴真挚的爱情;同时也反映楚国人民与自然界的和谐。因为纵灌南楚的湘水与楚国人民有着血肉相连的关系,她像慈爱的母亲,哺育着楚国世世代代的人民。人们对湘水寄予深切的爱,把湘水视为爱之河,因而把湘水的描写人格化。神的形象也和人一样演出悲欢离合的故事,人民意念中的神也就具体地罩上了历史传说人物的影子。

祭湘夫人时,以男性的歌者或祭者扮演角色迎接湘夫人,各致以爱慕之深情。诗题虽为《湘夫人》,但诗中的主人公却是湘君。这首诗的主题主要是描写相恋者生死契阔、会合无缘。作品始终以候人不来为线索,在怅惘中向对方表示深长的怨念,但彼此之间的爱情始终不渝则是一致的。全诗由男神的扮演者演唱,表达了赴约的湘君来到约会地北渚,却不见湘夫人的惆怅和迷惘。如果把这两首祭神曲联系起来看,那么这首《湘夫人》所写的情事,正发生在湘夫人久等湘君不至而北出湘浦、转道洞庭之时。因此当晚到的湘君抵达约会地北渚时,自然难以见到他的心上人了。作品即由此落笔,与《湘君》的情节紧密配合。

二、《九歌·湘夫人》艺术的解读

《湘夫人》是由湘君与湘夫人约会因为时间上的误差而引出的悲剧,但又是一幕两情相悦、忠贞不渝的喜剧。说是悲剧,因为双方赴约错过了相会的时间,彼此都因相思不见而难以自拔,心灵和感情遭受了长时间痛苦的煎熬;说是喜剧,由于男女双方的相恋真诚深挚,尽管稍有挫折,但都没有放弃追求。当他们在耐心的相互等待之后终于相见时,这场因先来后到而产生的误会和烦恼必然会在顷刻间烟消云散,迎接他们的将是湘君在幻觉中所感受的那种欢乐和幸福。以下笔者从结构艺术与情感艺术两方面对《湘夫人》进行解读。

(一)对《九歌·湘夫人》结构艺术的解读

1.《湘夫人》——诗第一段

  帝子降兮北渚,目眇眇兮愁予。袅袅兮秋风,洞庭波兮木叶下。登白薠兮骋望,与佳期兮夕张。鸟何萃兮苹中,罾何为兮木上。沅有茝兮澧有兰,思公子兮未敢言。荒忽兮远望,观流水兮潺湲。

  意思为:湘君降落在北洲之上,极目远眺啊使我惆怅。树木轻摇啊秋风初凉,洞庭起波啊树叶落降。踩着白薠啊纵目四望,与佳人相约啊在今天晚上。鸟儿为什么聚集在水草之处?渔网为什么挂结在树梢之上?沅水芷草绿啊澧水兰花香,思念湘夫人啊却不敢明讲。神思恍惚啊望着远方,只见江水啊缓缓流淌。这里"荒忽"一词语含双关,字面指湘君目远望,并没有看到湘夫人,只看到渺茫不清的一片。实际又含有湘君因看不到湘夫人,内心一片迷离恍惚,思绪难以理清。潺湲,水缓慢流淌的样子。这里"观流水兮潺湲"亦语含双关,字面指湘君恍惚中远望时所看到的缓缓流淌、不见边际、永无穷时的湖水,实际又隐指湘君因看不到湘夫人时的忧愁。这忧愁是这样的深、这样的长,就如那潺湲的流水一样,永无停时。当湘君兴冲冲地赶到约会地点北渚时,却兜头受了一盆冷水:湘夫人并没有在那里等他。湘君并不知道湘夫人已经到过,是等他不着才去寻他去了。他只认为是湘夫人还未到来,只要等等就会来的。殊不知他等了又等,还是不见伊人踪影。于是湘君情不自禁地发出呼唤:"帝子降兮北渚""高贵的公主啊,你快些降临到这北渚来吧",并表明了自己的心境"目眇眇兮愁予""我已经望眼欲穿,满怀愁绪了"。

  湘君满怀深情、急不可待地呼唤,结果仍然是毫无回响。他感受到的只是微微吹起的阵阵秋风,他看到的只是随风而落的片片树叶,只是浪涛荡漾、奔腾浩瀚的洞庭湖水。这两句写的是眼前实景,是主人公的即目所感。但是,一首优秀诗歌的意象又远非如此单一,上面的意思是它的表层含义,湘君是极想见到湘夫人,结果却是思而不见、求而未得。主观愿望与客观事实之间的矛盾,自然使君的心理产生了一种巨大的落差,这样的心境与眼前的景物相融合,景物自然就带上了主人公主观的色彩。秋风带来的阵阵凉意,正是象征着主人公内心的点点悲凉;波涛起伏的洞庭湖水,正象征着主人公不平静的心情;飞落的树叶,象征着主人公渐渐下沉的那颗心。面对洞庭湖浩渺的烟波,湘君更感到心事浩茫,无边无际。在此情景交融,已浑然一体。

  急忙中,湘君登上了长有白薠的高地,以便望得更远些。他执着地认为湘夫人来了,湘夫人正向他走去。因为他与湘夫人事先约定,所以他在头天黄昏就为这次约会做好了种种安排。尽管湘君是这样痴痴地盼着,结果湘夫人依然没有到来,就像鸟本应栖息于木上,而现在却集于水草中;渔网本来应放在水中,现在却置于木上一样。诗人在这里一连使用了两个比喻句,来形象地说明事与愿违,说明湘君的呼而不至、求而不得。接着,诗人又进一步描写湘君的即景生情。

正好比沅水芷草、澧水兰花一样,思恋湘夫人的情感之潮,正阵阵冲击着湘君的心灵。不同的是,沅水芷草和澧水兰花能够自然正常地散发出它们的浓郁的芬芳。而湘夫人不来,湘君那蕴藏于胸中的炽烈而甜蜜的感情却无人可以倾诉。因此,当湘君再一次抬起头来向远方眺望的时候,他看到的是一片恍恍惚惚、渺渺茫茫的景象,看到的只是那不分昼夜、永远也流不完的悠悠洞庭湖水。这一切,正是湘君此时此刻恍惚迷离的心境写照,正是湘君总也抹不去的凄凉惆怅的象征。南唐李后主《虞美人》词"问君能有几多愁?恰似一江春水向东流",其源盖出于此乎!①

以上是本诗的第一段,通过对湘君的徘徊、瞻望和急切等待的描写,表现了湘君对湘夫人的强烈而真切的感情。

2.《湘夫人》——诗第二段

麋何食兮庭中?蛟何为兮水裔?朝驰余马兮江皋,夕济兮西澨。闻佳人兮召予,将腾驾兮偕逝。筑室兮水中,葺之兮荷盖;荪壁兮紫坛,播芳椒兮成堂;桂栋兮兰橑,辛夷楣兮药房;罔薜荔兮为帷,擗蕙櫋兮既张;白玉兮为镇,疏石兰兮为芳;芷葺兮荷屋,缭之兮杜衡。合百草兮实庭,建芳馨兮庑门。九嶷缤兮并迎,灵之来兮如云。

意思是:麋鹿为什么在庭院里觅食?蛟龙为什么在水边游荡?清晨我打马在江畔奔驰,傍晚我渡到江水西旁。我听说湘夫人啊在召唤着我,我将驾车啊与她同往。我要把房屋啊建筑在水中央,还要把荷叶啊盖在屋顶上。荪草装点墙壁啊紫贝铺砌庭坛。四壁撒满香椒啊用来装饰厅堂。桂木做栋梁啊木兰为桁橼,辛夷装门楣啊白芷饰卧房。编织薜荔啊做成帷幕,析开蕙草做的幔帐也已支张。用白玉啊做成镇席,各处陈设石兰啊一片芳香。在荷屋上覆盖芷草,用杜衡缠绕四方。汇集各种花草啊布满庭院,建造芬芳馥郁的门廊。九嶷山的众神都来欢迎湘夫人,他们簇簇拥拥的像云一样。

本段开始,诗人一连用了两个比喻:"麋何食兮庭中,蛟何为兮水裔",麋鹿本应居于山林之中,现在为什么竟跑到人家的庭院中来寻食了;蛟龙本应潜于深渊,现在为什么跑到水边来了。它们与前面"鸟何萃兮蘋中,罾何为兮木上"两个比喻句的意义相同,都是主人公在心境极度悲怆恍惚下的幻觉,都用以表明湘君主观意愿与客观事实的不符。"麋何食兮庭中,蛟何为兮水裔"的错觉表明,湘君当时确实已经神志恍惚了。迷茫中他又驱马奔驰,清晨奔跑于江高岸,傍晚又渡水到达湖西岸边。在一整天的寻找,湘君心中希望

---

① 朱熹:《诗集传》,上海:上海古籍出版社,1980年,第186—187页。

和失望不断交替出现,希望越大,失望就越甚。对于极度的失望者,幻想自然会成为自我宽慰的一种方式。弗洛伊德曾说,幻想是从那些愿望未得到满足的人心中生出来的。

换言之,未满足的愿望是造成幻想的推动力。每一个独立的幻想,意味着某个愿望的实现。这里在幻想中,湘君甚至听到了湘夫人的召唤,他准备驾车奔腾,同她一起前往那美丽的地方。在那美丽的地方,湘君将为他心爱的女神在水中修筑一座最美好、最高洁的房屋。幻想中的这段描绘,先由表及里,又由里返表,线索清楚,层次井然。同时,诗人所选用的这些香花香草,既象征着湘君对湘夫人的纯洁而浓郁的爱情,又完全符合他们作为水神的身份特征。湘君以为,新居建成之时,就是他们的欢聚之日。他们的朋友,在九嶷山上众多的神灵,都会纷纷赶来向他们表示祝贺。但是这一切只不过是湘君聊以自慰的幻想,真实的情况是湘夫人仍然没有到来。

以上是本诗的第二大段,通过湘君的幻想,进一步表达了他对湘夫人的纯洁、浓郁而深挚的感情。

3.《湘夫人》——诗第三段

捐余袂兮江中,遗余褋兮澧浦。搴汀洲兮杜若,将以遗兮远者;时不可兮骤得,聊逍遥兮容与!

意思是:我把那衣袖抛到江中去,我把那单衣扔到澧水旁。我在小洲上啊采摘着杜若,将用来馈赠给远方的姑娘。美好的时光啊不可多得,我姑且悠闲自得地徘徊游逛。

当湘君从幻想中回过神来,脚踏实地地面对现实的时候,他感到更加悲哀和孤单。幻想中那美好高洁的新居,那纷纭而来祝贺的诸神完全都消失了。湘君失望了,失望之际,他产生了一种极端的愤慨。为了表示与湘夫人的决绝,他撕下自己的衣袖抛入长江水中,他脱下自己的单衣丢弃在澧水之滨。湘君似乎超脱了,但是彼此隔绝是客观现实,并不是他的主观愿望。作为男主人公,湘君是多么希望能一会湘夫人。"剪不断,理还乱,是离愁,别是一番滋味在心头"。经过一番痛苦的感情发泄,湘君冷静多了,也许他还为自己刚才的行为懊悔。于是他决定采取补救措施,他采来了汀洲上的香草杜若,打算把它送给湘夫人,希望能一通自己诚恳的感情。同时,湘君也深知约会的时机是不可能多次得到的,既然得到了这次机会,就应耐心地等待。这样一来,在"聊逍遥兮容与"的自解声中,湘君从容自在地漫步于江畔,等待着湘夫人的到来。

上是本诗的第三大段,通过湘君在等湘夫人不来的情况下矛盾心情的描写,进一步表现了湘君对湘夫人的诚挚强烈的感情。

(二)对《九歌·湘夫人》情感艺术的解读

1. 双线并行,同步延展

本诗是通过叙述湘君与湘夫人约会,久久等候却迟迟不见湘夫人到来的过程,叙事抒情结合,同步表现其情感的起伏变化。按照事件的发展,大致可分为三层:第一层,从开头到"蛟何为兮水裔",事件的发生、发展,表现出湘君的虔诚与惆怅;第二层,从"朝驰马兮江皋"到"灵之来兮如云",写湘君幻觉中忽闻湘夫人召唤他,便腾驾偕逝、筑室水中,希望和湘夫人共享美好生活,表现出湘君十分兴奋欣喜;第三层,从"捐余袂兮江中"到结尾,写湘君从幻觉中回到现实后气愤、失望、后悔,又萌生希望的复杂心情。屈原通过叙事抒情双线并行,同步延展。

此外,诗中还有着明暗对应的双层结构方式。主人公情感的表现,有明有暗,明暗结合。抒情对象既可实指,又有象征性。在描写实境时,主人公的情感是表层性的,意旨明朗,情感高低起伏。如诗的后半段写筑室建堂、美饰洞房、装饰门面、迎接宾客的场面,就属于明写。从"筑室兮水中"至"疏石兰兮为芳",是从外到里、由大到小;从"芷葺兮荷屋"至"建芳馨兮庑门",又由里到外,线路清楚。①

2. 借景抒情,情景交融

情感的宣泄是直露胸臆的方式,主人公情感的流动与外在形式同步。从深层结构看,这首诗又有着寓情于景的表现法,情感的流动较蕴藉深沉:景物不是原来的样子,如"鸟何""罾何""麋何""蛟何"等句;或是带上感情色彩的景物,如秋风、秋水、秋叶的描写。这种双层结构,明暗对应,相辅相成,构成一种情景交融的境界,增大作者情感的容量,使情感的表现呈立体状。

比如,诗中所写"袅袅兮秋风,洞庭波兮木叶下",是"眇眇之所见",是"愁予"的原因。所见眼前景所以会"愁予",是因为所见非所望。本希望看见"帝子降兮北渚",结果看到的却是与主观愿望存在相反方向关联的景象:秋风、秋水与秋叶。诗人可以眼前景写心中情,各种感官接收的信息在大脑皮层神经元突触的移借沟通中,与心灵情感建立联系,故作品中"一切景语皆情语"(王国维《人间词话》)。胡应麟《诗薮》说"袅袅兮秋风,洞庭波兮木叶下"形容秋景"悲哉秋之为气也",模写秋意入神,皆千古言秋之祖。六代唐人诗赋,靡不自此出者。后杜甫"无边落木萧萧下,不尽长江滚滚来"(《登高》)、李煜"问君能有几多愁,恰是一江春水向东流"(《虞美人》)、李清照"花自飘零水自流"(《一剪梅》),诗句的写法与此相类,写景抒情也可称为泛化的通感。②

---

① 刘永济:《屈赋音注详解》,上海:上海古籍出版社,1983年,第177页。
② 胡云真:《宋词选》,上海:上海古籍出版社,1982年,第207页。

3. 召唤方式,期待视野

《湘夫人》既然是迎神曲,必然是以召唤的方式祈求神灵降临。全诗以召唤湘夫人到来作为出发点,以期待的心理贯穿其中。诗的前半段主要写湘君思念湘夫人时那种望而不见、遇而无缘的期待心情。中间经历了忧伤、懊丧、追悔、恍惚等情感波动。这些都是因期待而落空所产生的情绪波动。诗的后半段是写湘君得知湘夫人应约即将到来的消息后,喜出望外,在有缘相见而又未相见的期待心情中忙碌着新婚前的准备事宜。诗的末尾,湘夫人才出现,召唤的目的达到,使前面一系列的期待性的描写与此呼应。实际上,后半段的描写不过是湘君的幻想境界。出现这种幻象境界,也是由于期待心切的缘故。整首诗对期待过程的描写,有开端,有矛盾,有发展,有平息,有高潮,有低潮,意识线路清晰可见。从情感的结构角度看,这首诗是以"召唤方式"呼应"期待视野"。①

通过以上简单解读,可以知道《湘夫人》一诗主要是通过对湘君在与湘夫人的一次约会中期待、追寻、幻想的描写,表现湘君对湘夫人的强烈深挚的感情,以及思而不遇的惆怅忧闷。然而屈原写《湘夫人》的意图在于,借诗篇表达自己不被楚王所赏识的悲愤之情。屈原借湘君想向湘夫人用香草献殷勤却没有等到湘夫人的故事,来寓指自己想要向楚王奉献自己的才华,但却得不到楚王的重用。②

《湘夫人》全诗构思奇特、文辞华丽,富于积极浪漫主义的色彩,加之作品对民间情歌直白的抒情方式吸取和对传统比兴手法的运用,更加强了它们的艺术感染力。尽管作者把这种热烈大胆、真诚执着的爱情包裹在宗教仪式的外壳中,但它本身所具有强大的生命力量,经久不息地释放出无限的能量,让历代的读者从中不断获取不畏艰难、不息地追求理想和爱情的巨大动力。

---

① 姜亮夫:《屈原与楚辞》,合肥:安徽教育出版社,1996 年,第 257 页。
② 周建忠:《楚辞考论》,北京:商务印书馆,2007 年,第 120—121 页。

论《哀郢》作于顷襄王十三年

《职大学报》编辑部　周秉高

两千余年来,关于《哀郢》的写作年代,一直众说纷纭。总的来说,是两个思路:一个是根据历史资料首先确定屈原第二次被逐的年代,然后进一步探讨作品的写作年代;另一个是几百年来不少楚辞学者走的路子,即首先将作品开头的那个动乱的场景描写假设为战乱描写,然后推测作品的写作年代。走第一个思路,答案是唯一的,是历史的原貌;走第二个思路,根据《楚世家》和《六国年表》记载,从顷襄王元年到顷襄王二十一年,秦楚之间发生过多次战争,所以开头那个动乱场面描写的年代就有了不同说法,《哀郢》的写作年代也就有了不同说法,而且这些不同说法也与史料中记载的屈原第二次被迁的年代发生矛盾,是后代楚辞学者要用自己的主观臆测来取代客观的历史记载。因此,比较起来,走第一个思路才正确的。去年包头会议上,我采用第一个思路,提出《哀郢》作于楚顷襄王十三年这个观点,由于会议时间有限,可能论证不够充分,当时未获得更多学者认同,故今特作此文,以求教于方家。

屈原第二次被迁这件事在史书上有明确记载。《楚世家》载曰:

顷襄王三年,怀王卒于秦。秦归其丧于楚,楚人皆怜之,如悲亲戚。①

《屈原列传》载曰:

(怀王)竟死于秦而葬。长子顷襄王立,以其弟子兰为令尹。楚人既咎子兰以劝怀王入秦而不反也……令尹子兰闻之大怒,卒使上官大夫短屈原于顷襄王。顷王怒而迁之。②

这两则史料合在一起,可知是顷襄王三年时"怒而迁"屈原。

不过,诗中明言屈原是"仲春"二月被迁离郢,而"怀王卒于秦""秦归其丧于楚""楚人既咎子兰""令尹子兰闻之大怒,卒使上官大夫短屈原于顷襄王"这一系列事件不可能在顷襄王三年的头一两个月之内完成,因此屈原真正被迁离郢的时间不会在顷襄王三年。

---

① 司马迁:《史记》,北京:中华书局,1982年,第1729页。
② 司马迁:《史记》,北京:中华书局,1982年,第2484—2485页。

另外，古人判决罪犯一般在秋季。古人看重"春生秋杀"，以为"凉风至，白露降，寒蝉鸣，鹰乃祭鸟，用始行戮"，故审决罪犯一般都在秋天。《礼记·月令》有载云：孟秋之月，"命有司修法制，缮囹圄，具桎梏，禁止奸，慎罪邪，务搏执……戮有罪，严断刑，天地始肃，不可以赢"；仲秋之月，"乃命有司，申严百刑，斩杀必当"，①等等。"迁"也是一种刑罚，即放逐。王逸《章句》在"民离散而相失兮，方仲春而东迁"句下注曰："言怀王不明，信用谗言而放逐己，正以仲春阴阳会时，徙我东行，遂与室家相失也。"②此处明明白白地将"迁"释为"放逐"。又《尚书·皋陶谟》"何迁乎有苗"句下有疏曰："尧畏其乱政故迁放之。"③此疏亦将"迁"与"放"并列。"迁"既然是一种刑罚，其判决时间，根据以上几则史料可知，"顷襄王怒而迁之"的时间应在顷襄王三年秋天。当时楚国适逢为怀王治丧。隆重的丧礼在古代被看得很重，是所谓："人道之至文者也，六是之谓至隆，是百年之所同，古今之所壹也。"④而丧礼期间，"哭泣之哀，齐斩之情，饘粥之食""自天子至庶人如一"⑤，况且，屈原"楚之同姓也"，故尽管已被判外"迁"，但怀王丧礼自然不能缺席，当时森严的礼仪制度也不会允许他缺席。又，据《礼记·杂记》载曰：治丧期间，凡与死者有亲戚关系者，无论贵贱都"将往哭之"⑥，"诸侯五月而葬，(亲戚及大夫等)七月而卒哭"⑦。所以，屈原头年秋季被判外"迁"，"卒哭"之后执行，时间也就推到了翌年"仲春"。

根据以上理由，可知屈原第二次被逐离郢，开始的时间当是顷襄王四年仲春，斯时屈原49岁。⑧

搞清了屈原第二次被迁的时间，再看作品开头的场景描写就比较清楚了。从目前可查到的资料看，顷襄王四年郢都附近不存在"兵革""数署"之事，故朱熹的解释有理，其曰："屈原被放时，适会凶荒，人民离散，而原亦在行中，悯其流离，因以自伤，无所归咎，而叹皇天之不纯其命。"⑨

诗中又写道，"去终古之所居兮，今逍遥而来东"，"背夏浦而西思兮，哀故都之日远"，"忽若不信兮，至今九年而不复"。这个"九年"是确指而非有些学者所说的"泛指"。王逸对此明确注曰："放且九岁，君不觉也。"⑩洪兴祖的补注更严谨，更有说服力。其曰："《卜

---

① 阮元：《十三经注疏》，北京：中华书局，1980年，第1373页。
② 洪兴祖：《楚辞补注》，北京：中华书局，1983年，第132页。
③ 阮元：《十三经注疏》，北京：中华书局，1980年，第128页。
④ 阮元：《十三经注疏》，北京：中华书局，1980年，第1663页。
⑤ 阮元：《十三经注疏》，北京：中华书局，1980年，第1276页。
⑥ 阮元：《十三经注疏》，北京：中华书局，1980年，第1563页。
⑦ 阮元：《十三经注疏》，北京：中华书局，1980年，第1566页。
⑧ 周秉高：《楚辞探析》，台北：五南图书出版股份有限公司，2016年，第34页。
⑨ 朱熹：《楚辞集注》，上海：上海古籍出版社，1979年，第81页。
⑩ 洪兴祖：《楚辞补注》，北京：中华书局，1983年，第135页。

居》言:'屈原既放三年,不得复见'……其云'既放三年'谓被放之初,又云'九年而不复',盖作此诗时放已九年也。"① 由此可知,屈原作《哀郢》当在顷襄王十三年,诗人是年五十八岁。换句话说,《哀郢》作于顷襄王十三年,地点在夏浦。

历史资料和作品文本载之凿凿,不容置疑,其他任何猜测之辞均可休矣!

在对《哀郢》写作背景的诸种臆测中,《哀郢》作于顷襄王二十一年秦将白起破郢之后一说影响尤大,直至时下仍有一些楚辞学者还在这么说。而这确是一种臆测,实在不可信据。理由如下:

此说始作俑者是明人汪瑗。其《楚辞集解》先是说:

> 当顷襄王之二十一年,(秦)又攻楚而拔之,遂取郢……秦又赦楚罪人而迁之东,屈原亦在罪人赦迁之中。悲故都之云亡,伤主上之败辱,而感己去终古之所居,遭谗妒之永废,此《哀郢》之所由作也。②

汪氏此说是后代屈原投江"殉国说"的源头。但汪氏此说不能成立。首先,屈原第二次被迁之时间、背景,上文已经证明是在顷襄王三年。史籍记载如此明白,但汪瑗非要说是顷襄王屈原第二次被迁是在顷襄王二十一年,而且还是"秦人"将他作为"罪人""赦迁"之东的,这不是臆测又是什么?汪瑗后又注曰:

> 按秦拔郢在顷襄王二十一年,今曰九年不复,则见废当在顷襄王十三年矣,但无所考其因何事而废耳。③

这就与上文他所说屈原在顷襄王二十一年白起破郢后被秦人当作"罪人""赦迁"之事相矛盾。如依他后来的说法,那么,既然早在顷襄王十三年就已经被迁离郢,为什么在顷襄王二十一年屈原又突然出现在郢都、且被秦人当作"罪人""赦迁"之东呢?如此前后矛盾信口开河之说,后代居然还有人相信!因为汪说颇多谬误,后代一些学者如马茂元等,就千方百计为他补漏洞。马茂元曾强词夺理地解释说:"但郢都被围时,屈原恰巧回到郢都,郢都城破,他和难民一同逃出,独自南下沅、湘,这一点是可以肯定的。"④那么,马先生又是根据什么"可以肯定"此事的呢?一直到马先生离世,人们也未见其对此有何说明。

---

① 洪注祖:《楚辞补注》,北京:中华书局,1983年,第135页。
② 汪瑗:《楚辞集解》,北京:北京古籍出版社,1994年,第172页。
③ 汪瑗:《楚辞集解》,北京:北京古籍出版社,1994年,第178页。
④ 马茂元:《楚辞选》,北京:人民文学出版社,1958年,第133页。

历史上较早主张《哀郢》写作背景为顷襄王二十一年"白起破郢"的还有王夫之。王夫之《楚辞通释》不再谈什么秦人"赦迁"之类妄语，然仍坚持"东迁"是指顷襄迁陈一事。其曰：

> "东迁"，顷襄畏秦，弃故都而迁于陈。百姓或迁或否，兄弟姻姻，离散相失。"仲春"，纪时，且言方东作时。旧说谓"东迁"为原迁逐者，谬。原迁沅、湘，乃西迁，何云"东迁"？且原以"秋冬"迫逐，南行涉江，明言之非"仲春"。①

后代不少学者信奉此说。如，郭沫若《屈原研究》据此以为"东迁"即指秦将白起破郢、襄王"东北保于陈城"一事，故云《哀郢》作于顷襄王二十一年。郭氏因其政治地位很高，又曾任中国科学院院长之职，其学术见解影响甚广，故《哀郢》作于顷襄王二十一年之说竟似乎成了骚界主流。然而，错的就是错的，并不会因有华丽的包装而改变其性质。王夫之说法的错误在以下两点：

首先，王氏未从《哀郢》篇观照"东迁"一词。"民离散而相失兮，方仲春而东迁"句后诗人紧接写曰："去故乡而就远兮，遵江夏以流亡。出国门而轸怀兮，甲之朝吾以行。发郢都而去闾兮，荒忽其焉极？楫齐扬以容与兮，哀见君而不再得。"全篇均为屈子抒发自己被迁离郢之哀痛，与顷襄畏秦迁陈无一点关系。但王氏偏要生拉硬扯。如他释"吾"为顷襄王，是"流亡者迫于强邻弃其故都倾国而行"②；这就与紧接下句的"哀见君而不再得"相矛盾，他便将此释为"留于郢者永与楚王诀别不得再见"③，由"吾"突变而为"他"，前后矛盾，破绽百出！又，如果王氏之说成立，白起破郢，襄王迁都，遭逢如此重大的政治变故，为何爱国者所用的《哀郢》的主题不是对侵略者的谴责反倒将主要矛头指向楚国的佞臣昏君呢？王氏硬要将二者毫无关系之事扯在一起，不是胡搅蛮缠又是什么？

其次，王夫之在释"至今九年而不复"句时云："赋作于九年之后"，即顷襄王三十年之后。王氏又云："寻绎此篇前后之旨，盖原虽不用，然犹可与闻国政。东迁之役，原所不欲，谗人必以沮国大计为原罪而谮之，故重见窜逐，其伤心悲叹者于此为切……"④这些更是臆测。《荀子·大略》"绝人以玦，反绝以环"句下有注曰："古者臣有罪待放于境，三

---

① 王夫之：《楚辞通释》，黄灵庚主编，楚辞文献丛刊（第 45 册），北京：国家图书馆出版社，2014 年，第 168 页。
② 王夫之：《楚辞通释》，黄灵庚主编，楚辞文献丛刊（第 45 册），北京：国家图书馆出版社，2014 年，第 169 页。
③ 王夫之：《楚辞通释》，黄灵庚主编，楚辞文献丛刊（第 45 册），北京：国家图书馆出版社，2014 年，第 173 页。
④ 王夫之：《楚辞通释》，黄灵庚主编，楚辞文献丛刊（第 45 册），北京：国家图书馆出版社，2014 年，第 173 页。

年不敢去,与之环则还;与之玦则绝,皆所以见意也。"① 这就是说,逐臣三年不复之后,国君即与之"绝"交,再无联系。屈原第二次被迁,史料明载是在顷襄王三年("顷襄王怒而迁之")。王氏说《哀郢》作于顷襄王三十年,即被迁已经二十七年,居然此时还"犹可与闻国政。东迁之役,原所不欲,逸人必以沮国大计为原罪而谮之,故重见窜逐",等等,岂非信口中开河?

　　不看全篇内容,只纠缠于片言只语;不弄清诗人一生轨迹,只凭主观臆测判断;不尊重史料,只是根据评论者所处政治环境而各取所需。这绝不是正确的学术研究的态度和方法。王夫之身处明末清初这个大变动的时代,饱尝亡国之哀,他于康熙二十四年(1685)完成《楚辞通释》,就是怀着这种心情来欣赏楚辞和解释楚辞的。后来的郭沫若于抗日战争最艰苦的岁月里(1942)写作《屈原研究》一书,也是怀着山河破碎国难当头的心情来欣赏楚辞和研究楚辞的。从政治的角度看,他们的"研究"可以理解;而从学术角度看,这是不能认同的。而后来不少学者步其后尘,硬将《哀郢》与"白起破郢"扯在一起,则是楚辞研究的一大悲哀!

---

① 王先谦:《荀子集解》,诸子集成(第3册),石家庄:河北人民出版社,1986年,第322页。

《哀郢》"曾不知夏之为丘兮,孰两东门之可芜"新解

周口师范学院　李治中

一、曾不知夏之为丘兮

黄灵庚《楚辞章句疏证》疏证曰：

> 夏,大殿也。丘,墟也。诗云："于我乎夏屋渠渠。"案:《章句》引诗,在《秦风·权舆》,毛传:"夏,大也。"又,《补注》:"夏,大屋。扬子曰:'震风凌雨,然后知夏屋之为帡幪也。'"洪氏引《扬子》在《法言》卷二《吾子篇》。夏,今作厦。《招魂》:"冬有突厦,夏屋寒些。"章句:"厦,大屋也。"《章句》训大殿,随文设之,"为传注"也。《文选》卷二张衡《西京赋》:"大厦耽耽。"薛综注:"屋之四下者为厦。"屋之中高而四下,复以为殿堂之称。
>
> 怀王信用谗佞,国将危亡,曾不知其所居宫殿当为墟也。案:《章句》:"曾不知其所居宫殿当为墟"云云,逆知郢之将下,楚之将亡。周拱辰《离骚·草木史》"即夏浦之夏,谓古今递阅,陵谷变迁,此江夏不知几变为王陵,又何知两东门之鞠为茂草乎?"其说有致,当备为一解。①

黄灵庚先生对王逸《楚辞章句》疏证,援引较为详尽,本文以之作为基础来讨论。王逸将夏丘释为大殿的废墟,他又认为《哀郢》创作于楚怀王之际,是屈原借以告知"国将危亡",带有几分恐吓的意味。是时楚国仍占据南方半边山川,在怀王看来,多少有些危言耸听了。因此,王逸章句值得商榷,宋人洪兴祖《楚辞补注》等亦值得商榷。黄灵庚没有对王逸章句提出质疑,他将"夏"解释为"厦",又称"逆知郢之将下,楚之将亡",屈原推测楚国将亡。黄灵庚仅是沿着王逸章句的思路做了注解,这是不够的。

"夏",王逸释为"大殿",王逸生活在东汉中后期,"大殿"是其引申出来的意思,后世受其影响,或曰"大屋"或曰"厦"。《尔雅·释诂第一》:"夏,大也。"《方言》卷一:"自关而西,秦晋之间,凡物之壮大而爱伟之谓之夏。"《荀子·王论篇》:"令行于诸夏之国谓之王。"杨倞注:"夏,大也,中原之大国。"换言之,中原大国曰夏。由此可见,在战国时期,

---

① 黄灵庚:《楚辞章句疏证》,北京:中华书局,2007年,第1423页。

"夏"为中原大国,或指称大禹建立的夏代,至西汉乃至西汉末年,"夏"被释读为"大",至于东汉以降的"大殿""厦",只是引申而已。"丘",《尔雅·释丘第十》:"非人为之丘""宛中,宛丘。"前者指自然形成的土山,后者指"四周高,中央下曰宛丘"。"曾不知夏之为丘",指以前不曾知道作为大国的夏就是自然形成的土山。

中国历史上有一个夏王朝,《国语·周语》:"昔夏之兴也,融降于崇山。"韦昭注:"崇,崇高山也。夏居阳城,崇高所近。"崇高山即嵩山,嵩山附近是夏族的发祥地,也是夏族的统治中心。登封王城岗遗址位于河南省登封县告成镇,它南望箕山,北依嵩岳,颍水流经南侧,五渡河从它的东边注入颍水,一般认为是禹都阳城,① 新密新砦城址是夏启所都黄台,② 总之,"以嵩山为中心的豫西一带是夏王朝的最重要地区"③。王城岗遗址有多种文化互相叠压,已知有"裴李岗"类型文化、龙山文化、二里头文化、商代二里岗期文化、商代晚期文化和春秋、战国时代的文化堆积层等,其中王城岗二期龙山文化的内涵最丰富。④ 据《水经注》,"颍水出颍川阳城县西北少室山,东南过其县,又东南过阳翟县北,又东南过颍阳县西……又东过西华县北,又南过女阳县北,又东南过南顿县北……",今址即流经了登封市、禹州市、临颍县、鄢陵县、西华县、商水县、项城市等地,最后注入淮河。豫东南的颍水流域发现众多龙山文化、二里头文化的遗址,应为夏族的重要统治区。平粮台遗址位于与西华县与商水县毗邻的淮阳县,具体在淮阳县东南四公里的大连乡大朱村,面积百余亩。平粮台文化层共分为十层,第十层为平粮台一期,从出土的器物特征看早于龙山文化,叠压在城墙夯土层之上的第七、八、九层为龙山文化遗存。就出土陶片文化特征而言,平粮台五期堆积与"偃师二里头下层文化的堆积相似",即二里头一期文化。经碳14年代测定,"平粮台古城的建造年代当早于灰坑H15的年代,即在距今4355±175年以前"⑤。综述之,平粮台遗址与王城岗遗址建造始年相当,甚至早于王城岗遗址,被认为是东夷集团虞舜所建的都城,⑥ 后又有夏文化堆积,根据平粮台古城所处夏文化核心区及建造规模,疑为夏代的重要城邑。

平粮台古城即为宛丘⑦,作为夏代重要城邑,至楚属战国时期已经荒废,已发表的诸多文化考古成果显示,尤其在楚都陈城时期,已经沦为楚国贵族的墓地。可以想见,作为

---

① 河南省文物研究所:《登封王城岗遗址的发掘》,《文物》,1983年第3期。
② 赵春青:《新密新砦城址与夏后启之居》,《中原文物》,2004年第3期;许顺湛:《寻找夏启之居》,《中原文物》,2004年第4期。
③ 许顺湛:《夏代文化的再探索》,《河南文博通讯》,1979年第3期。
④ 中国社会科学院考古研究所实验室:《放射性碳素测定年代报告(七)》,《考古》,1980年第4期。
⑤ 河南省文物研究所、周口地区文化局文物科:《河南淮阳平粮台龙山文化城址试掘简报》,《文物》,1983年第3期。
⑥ 秦文生:《舜都于淮阳平粮台龙山文化古城考》,《中原文物》,1991年第4期。
⑦ 曹桂岑:《淮阳平粮台龙山文化古城名考》,《中原文物》特刊,1983年。

城邑特征的城墙、殿宇之类的建筑已经荡然无存,只剩下高大的土丘,或许由于存在城墙夯土,旧有的排水陶管仍旧起作用,宛丘表现出"四周高,中央下"的外在特征,不过在屈原看来,就等同于自然形成的土山了。"曾不知夏之为丘",是说夏代的重要城邑已经成为丘墟,表达诗人的黍离之悲。夏族与楚族看似风马牛不相及,实际却有着千丝万缕的联系,诗人由哀夏而《哀郢》是完全成立的。《国语·鲁语上》有"夏后氏禘黄帝而祖颛顼,郊鲧而宗禹",即夏后氏最早的血脉祖先是黄帝,以颛顼为祖,以禹为宗,郊祭禹的父亲鲧,《史记·夏本纪》云"禹之父曰鲧,鲧之父曰帝颛顼,颛顼之父曰昌意,昌意之父曰黄帝",可以参考。《史记·楚世家》又云:"楚之先祖出自帝颛顼高阳,高阳者,黄帝之孙,昌意之子也。高阳生称,称生卷章,……帝乃以庚寅日诛重黎,而以其弟吴回为重黎后,复居火正,为祝融。吴回生陆终。陆终生子六人……其六曰季连,芈姓,楚其后也。"简言之,夏族与楚族均以颛顼为先祖,夏族的兴起与"融降于崇山"有关,预示着夏族曾获得祝融族的支持,祝融的一支与楚族之间有着血缘关系,在这个意义上,诗人视夏族为亲族是可以理解的。

二、孰两东门之可芜

黄灵庚《楚辞章句疏证》疏证曰:

孰,谁也。黄本、夫容馆本、冯本、俞本、朱本、庄本、湖北本、四库章句本无"也"字。案:详参《九歌·山鬼篇》:"岁既晏兮孰华予"注。

芜,秽也。案:芜,荒芜也。《周礼》卷二九《夏官·司马》第四《大司马》"野荒民散则削之",郑注:"荒,芜也。"秽字解逋亡,《左传·僖公十五年》"六年其逋",杜注:"逋,亡也。"《章句》复以"逋废"释之,亦荒芜也。

言郢城两东门非先王所作邪?何可使逋废而无路?黄本、夫容馆本、冯本、俞本、朱本、庄本、四库章句本"邪"作"耶",无"可"字。湖北本无"可"字。案:邪与耶通。徐仁甫《古诗别义》谓"两,象也,犹言想象";"可芜"谓多芜,"可"有多义。失之。"曾不知夏之为丘兮,孰两东门之可芜。"下句述语承上句知字省,屈赋盖有其例,详参《离骚》"纷吾既有此内美兮,又重之以修能"注。此谓孰知两东门可芜也。章句以上墟、路同协鱼韵。①

所谓"两东门",黄灵庚列出王逸章句"郢城两东门",表明指郢都的两个东门,继而又引徐仁甫《古诗别义》,认为郢都东门只有一个,"两""犹言想象",表明他对郢都有两个东门并不确定。明人汪瑗明确指出"两东门,郢都东关有二门也"②,大概有所本。湖北

---

① 黄灵庚:《楚辞章句疏证》,北京:中华书局,2007年,第1424页。
② 汪瑗:《楚辞集解》,董洪利点校,北京:北京古籍出版社,1994年,第177页。

省江陵县境内位于纪山之南的楚都纪南城,即楚郢都故城,经考古勘察,规模宏大的城垣形成于春秋晚期至战国早期,城门遗址有七处,包括两个水上城门建筑,其中所谓东门指"东南角以北 670 米处为东垣南门"。另外,"东垣偏北龙桥河出城的缺口,即今名龙会桥处,钻探得知存有古河道。推测在河道上应有水门一座……"① 这个今名龙会桥处的水门,或为"顾龙门而不见"的龙门,王逸章句:"龙门,楚东门也。言已从西浮而东行,过夏口之水,望楚东门,蔽而不见,自伤日以远矣。"松柏区位于城内东南部,有春秋时代与战国早期的大型宫殿基址,龙桥河两岸是主要手工业作坊区,由此可见,当年郢都两东门附近建筑奢华,经济繁荣。

但是,文本中的"两东门"并不专指郢都的两个东门,郢都其中一个东门是水门,在同一文本中称"龙门"。可以确定的是,两个东门的其中一个指郢都的"东南角以北 670 米处为东垣南门",而另一个应指陈城的东门。陈城东门也是一个繁华的去处,《诗经·陈风》有《东门之枌》《东门之杨》《东门之池》三首,出东门,陈城东南即为宛丘,是先秦陈国祭祀、大夫游艺的重要场所。结合"曾不知夏之为丘兮,孰两东门之可芜"的语境,诗人感叹夏代的城邑宛丘已成为丘墟,事实上,已经成了楚国贵族的墓地。诗人以此为起兴,慨叹郢都东门已经荒芜,貌似繁荣的陈郢东门恐怕会像宛丘一样成为丘墟。在文本中,"孰"为疑问代词,相当于"哪一个",郢都东门荒芜已成事实,指称郢都东门荒芜,无疑也在指明陈郢东门也会重蹈覆辙,这两句诗表明了诗人对楚国东迁之后命运的极度绝望。

余论

《哀郢》一诗是诗人屈原"今逍遥而来东"之后的作品,他身处陈郢东门之外,感受楚王的乐不思蜀,目睹夏代都邑、陈国祭祀的重要场所宛丘已沦为丘墟,慨叹楚国将亡。就其创作动机,明人汪瑗解读曰:"东北退保于陈城,而江陵之郢,不复为楚所有矣。……悲故都之已亡,伤主上之败辱,而感已去终古之所居,遭谗妒之永废,此《哀郢》之所由作也。"② 王夫之从之说,"曰夏为丘,曰两东门可芜,曰九年不复,其非迁原于沅溆,而为楚之迁陈也甚明,"③ 蒋天枢等今人从之说。按照此说,屈原的一些重要作品如《哀郢》等可进一步解读,它们可能是在楚都陈郢时期完成,再加上宋玉的多篇作品,陈郢在楚辞创作上的地位更为重要了。

---

① 湖北省博物馆:《楚都纪南城的勘察与发掘》,《考古学报》,1982 年第 3 期。
② 汪瑗:《楚辞集解》,董洪利点校,北京:北京古籍出版社,1994 年,第 172 页。
③ 王夫之:《楚辞通释》,上海:上海人民出版社,1975 年,第 77 页。

《橘颂》并非屈原写给自己的诗篇

河南省社会学院《中州学刊》 郑志强

自西汉淮南王刘安作《离骚经章句》、刘向首辑《楚辞》,东汉王逸吸收刘安、刘向及贾逵、班固、马融诸家遗说,首以集成形式编著《楚辞章句》并作注始,确认《橘颂》是屈原存世作品中的代表作之一众无疑辞。《橘颂》也是中国诗歌史中最著名的赋物咏人的经典名篇之一,其影响之巨之深远自不待言。但《橘颂》中歌颂期许的主要对象到底是谁? 创作于何时? 直至当代,诸家献疑,莫衷一是。本文认为,《橘颂》一诗,是屈原与楚怀王在青年时代互相赏识,个人关系十分亲密的最好见证。然而,后人对这首诗的性质诠释却出现了很大的偏差。

一、《橘颂》诠释史中两个争议未决的疑案

在《橘颂》诠释史中,有两个争议未决的疑案:一个是《橘颂》的创作时间,另一个是《橘颂》到底在歌颂期许谁。关于《橘颂》的创作时间,东汉王逸认为是"顷襄王时作"。按这一说法,《橘颂》就只能是创作于公元前298年即顷襄王元年之后。南宋朱熹认为是"屈原既放,思君念国,随事感触,辄形于声"① 而作;但依朱熹所言,则《橘颂》既有可能作于楚怀王二十五年(前300)之后,又有可能作于顷襄王元年(前298)之后。这种说法属于游移不定。清代文学家姚鼐认为是"怀王朝初被谗时所作",这种说法确认《橘颂》创作于怀王"怒而疏平"之后,即约怀王五年(前325)至八年(前323)之间。而汤彰平先生则言,屈原第一次赋《橘颂》是在怀王十一年即公元前318年之后,是时屈原奉楚怀王命使齐面见齐宣王:"屈原见问……说道:'微臣离郢都之时,见院中几株橘树果实累累,色彩斑斓,心有所思,曾写《橘颂》小诗一首,不敢呈献大王。'"② 根据汤先生此言,《橘颂》是屈原于怀王十八年奉命使齐过程中首次呈献给齐宣王的,而这首诗作于使齐前夕。但当今的著名楚辞专家多不同于上述论断。郭沫若《橘颂解题》云:"《九章》中,《橘颂》一篇,体裁和情趣都不同。这可能是屈原早期的作品"③;吴广平亦认为《橘颂》是"屈原早年的作品,很可能是处女作""既颂橘,也颂人"④;黄寿祺、梅桐生认为:"《橘颂》从内容和风

---

① 朱熹集注:《楚辞集注》,上海:上海古籍出版社,1979年,第73页。
② 汤彰平:《屈原传》,郑州:郑州大学出版社,2002年,第83页。
③ 郭沫若:《郭沫若全集·文学编》第五卷,北京:人民文学出版社,1984年,第368页。
④ 吴广平译注:《白话楚辞》,湖南:岳麓书社,1996年,第208页。

格上看,应是屈原早年的作品"①。黄露生认为:《橘颂》"不仅是屈原早期的作品,还是他受'大封'为屈氏家族'世子'、楚国'莫敖'的合法继承人(所作)。按当时受'大封'的社会制度和风习置'宜木','先告后土'时所创作的'颂'辞。"②黄露生教授虽然认同《橘颂》是屈原早期作品,但他仍然认为《橘颂》是屈原写给自己的作品,甚至主观臆断出是屈原"受'大封'为'世子'、楚国'莫敖'合法继承人"这两个显属违背当时楚国政治历史常识的论断。"莫敖"一职早在屈原之前很久即被楚庄王废除,而作为一个氏族首领专称的"莫敖氏也"早已被楚庄王九年(前605)"尽除",屈原何由被"大封"为"莫敖"?信史没有任何依据。至于"世子"之称,也只能加于"国君继承人"的头上,屈原当然从来没有这样的身份。屈原当时所能继承的最高爵位不过大夫,而楚国即已奉《周礼》,则根据《周礼·仪礼·士冠礼》规定:"无大夫冠礼,而有其婚礼。"③所以,黄先生的判断显属不经之论。关于《橘颂》歌颂与期许的主要对象,也有两种不同诠解:南宋朱熹认为是"言橘之高洁,可比伯夷,宜立以为像而效法之,亦因(橘)自托也"④。现当代大多数楚辞学者予以秉承。当代楚辞学者林家骊认为:"《橘颂》既是对橘树的颂歌,又是屈原自比志节如橘,不可移徙。"⑤龙洋先生秉承历史成说,在参编的大学教材《〈屈原九章·橘颂〉评析》中,确认《橘颂》用拟人手法,借咏物以表达屈原自己追求高洁品质和美好理想的坚定信念;通过沟通物我,将屈原自己与橘树写得合二而一,彼此互映。詹安泰在《屈原·宋词研究》中亦认同朱熹提出的《橘颂》为屈原自许的见解,认为该诗"可以看出屈原的高贵品质和一生的动向"⑥。但是,郭沫若对《橘颂》歌颂的对象为谁这一点则显得比较谨慎。他说:"《橘颂》前半颂橘,后半颂人,与屈原身世无直接关联。他所颂的人是很年轻的。所颂者何人?不得而知。是不是自颂?也不得而知。"⑦他于后又强调说:"《橘颂》显然分为前后两段。前段颂橘,自此以下为后段,乃称颂一位年轻人。此人为谁,不得而知。"⑧当代著名楚辞专家姜亮夫在《楚辞通故·橘》云:"《橘颂》一篇颂橘之形色品质,可谓千古妙文,不必更待他说。"⑨郭沫若、姜亮夫对《橘颂》中"颂"的对象为谁这一关键问题上,并未简单秉承历史旧学,而是提出了"与屈原身世无直接关联"的学术观点。但令人遗憾的是,无论郭

---

① 黄寿祺、梅桐生译注:《楚辞全译》,贵州:贵州人民出版社,1984年,第112页。
② 黄露生:《〈橘颂〉与屈原身世》,政协湖南省汉寿县委员会编《屈原与汉寿》,《汉寿文史资料》(第十三辑),汉新出准字(2008)第02号,2008年,第61页。
③ 《周礼·仪礼·礼记》,陈戍国点校,湖南:岳麓书社,1989年,第140页。
④ 朱熹集注:《楚辞集注·橘颂》,上海:上海古籍出版社,1979年,第99页。
⑤ 林家骊译注:《楚辞》,北京:中华书局,2009年,第147页。
⑥ 詹安泰:《屈原·宋词研究》,上海:上海古籍出版社,2011年,第145页。
⑦ 郭沫若:《郭沫若全集·文学编》第五卷,北京:人民文学出版社,1984年,第372页。
⑧ 郭沫若:《郭沫若全集·文学编》第五卷,北京:人民文学出版社,1984年,第372页。
⑨ 姜亮夫:《楚辞通故》(三),云南:云南人民出版社,1999年,第486页。

沫若还是姜亮夫，他们身为现当代楚辞研究大家，虽然没有肯定屈原创作《橘颂》是借颂橘而自颂自期的旧说，较为明确地否定了《橘颂》是屈原写给自己的作品，但也没有真正解决《橘颂》主要"颂"的人到底是谁这一关键问题。

本文认为，上述诸多楚辞学专家对《橘颂》创作时间及诗作性质的判定虽有一定价值，但众说纷纭，互相抵牾。总之，对这篇作品到底所"颂"何人、创作于何时，有的不甚了了，有的与《橘颂》文本龃龉不合，扞格不通。本文认为，无论从《橘颂》文本的内在表述进行细读，还是结合屈原的创作时代背景看，《橘颂》的歌颂对象都不可能是屈原自己，《橘颂》的创作时间也不可能是屈原被流放时期。

二、应当对《橘颂》文本中重点词汇做出重新诠释

其实，自朱熹至今关于屈原《橘颂》创作于作者被楚顷襄王流放期间，屈原借颂橘而实现屈原"自比志节如橘，不可移徙"这一观点，最早可以追溯至东汉的王逸。细考王逸对屈原《橘颂》创作时间和歌颂对象的诠释之所以一直被后世多数楚辞学家所遵信，主要原因有二：一是王逸籍贯为故楚国之旧都鄢郢（即东汉时期的宜城），而东汉时宜城与秭归同属南郡，地望上与屈原故里秭归在当时可视为同乡；二是王逸编著的《楚辞章句》为现存最早的集成性屈原作品诠释版本。这两个因素，足以让后世《楚辞》研究者步王逸后尘。但是，话说回来，王逸著《楚辞章句》时距屈原去世已超过300年，且在这300多年里，楚与秦发生了无数次惨烈的战争；加上秦始皇当政后的焚书暴政，以及秦汉之间的战火对原始文献的损毁甚巨，因此，允许王逸对屈原具体作品的诠释容或有误是题中应有之义；未可认为对王逸《楚辞章句》陈陈相因为理所当然。

本文采用傅伟勋先生的"创造性诠释学"①方法对《橘颂》这一名篇诸关键词作重新解读。只要从根源上即语言表述的概念逻辑和概念所涵盖的文化观念上辨析出王逸对《橘颂》诠释的不确切之处，就能用当代诠释学的逻辑方法演绎推导出《橘颂》真正歌颂期许对象以及这篇作品的可信创作时间段。下面不妨把原作照录如下：

> 后皇嘉树，橘徕服兮。受命不迁，生南国兮。深固难徙，更壹志兮。绿叶素荣，纷其可喜兮。曾枝剡棘，圆果抟兮。青黄杂糅，文章烂兮。精色内白，类任道兮。纷缊宜修，姱而不丑兮。
>
> 嗟尔幼志，有以异兮。独立不迁，岂不可喜兮！深固难徙，廓其无求兮。苏世独立，横而不流兮。闭心自慎，终不失过兮。秉德无私，参天地兮！愿岁并谢，与长友

---

① 关于"创造性诠释学"所提倡的诠释"五层次"观念，可参见傅伟勋的著作《创造性诠释学与大乘佛学》。

兮。淑离不淫,梗其有理兮。年岁虽少,可师长兮。行比伯夷,置以为像兮。①

　　以今天的修辞学理和文章结构学理看,《橘颂》创造性地将《诗经》中的"雅"体(赞美活人诗)与"颂"体(祭歌)有机杂糅在一起,在艺术手法上使用了"兴"即以上半阕颂橘起兴,以引起下半阕所颂之人;以上半阕表面赞颂橘树里子隐喻讽喻人,以下半阕完全脱离橘树转而落脚于直接对人的赞颂,从而形成了一种"借物喻人"的新体诗《橘颂》。

　　王逸对屈原作品诠释的杰出之处,在于他最早看到了屈原作品对《诗经》中经典作品思想艺术成就的继承和发展。他说,屈原诗作"依托《五经》以立意焉;'帝高阳之苗裔',则'厥初生民,时惟姜嫄'也;'纫秋兰以为佩',则'将翱将翔,佩玉琼琚'也"②。然而令人遗憾的是,王逸在诠释《橘颂》时,没有将屈原《橘颂》中一系列关键词汇所表达的概念和思想观念基本上来源于中原《五经》这一指导思想贯彻到底。事实上,《橘颂》除敷陈和提炼橘树形象这一与中原相比专属楚国的独特植物外,包括他对橘树和人"文化品质"的文学归纳,明显学习和引入了孔子对"玉"之文化品质的归纳。屈原将孔子的"君子比德于玉焉"(《礼记·聘义》)化入《橘颂》中,从而变为以"尔"比德于"橘"焉。王逸没有自觉认识到这一点,从而导致对《橘颂》的重大误释。

　　其一,他在诠释《橘颂》开篇"后皇嘉树,橘徕服兮"一句就讲:"屈原自喻才德如橘树,亦异于众也。"③ 接着又在释"受命不迁,生南国兮"言:"橘受天命,生于江南,不可移徙;种于北地,则化而为枳。屈原自比志节不可移徙。"④ 释"深固难徙,更壹志兮"曰:"屈原见橘根深坚固,终不可徙,则专一己志,守忠信也。"释"绿叶素荣,纷其可喜兮"又曰:"以言己行清白,可信任也。"⑤ 释"青黄杂糅,文章烂兮"曰:"以言己敏达道德,亦烂然有文章也。"⑥ 总之,王逸一开始释《橘颂》,就定调子说屈原创作此诗是为了表明自己德才兼备,十全十美。其二,王逸对《橘颂》下半阕的诠释,亦沿用了这一视角。他在释"嗟尔幼志,有以异兮"曰:"言嗟乎众臣,汝少小之人,其志易徙,有异于橘也";释"独立不迁,岂不可喜兮!"曰:"屈原言己之行度,独立坚固,不可迁徙,诚可喜也。"释"深固难徙,廓其无求兮"曰:"言屈原自知为谗佞所害……心中觉寤,然不可变节,犹行忠直,横立自持,不随俗人也。"在释"秉德无私,参天地兮"曰:"言己执履忠正,行无私阿,故参配天地,通之神明,使知之也。"在释"愿岁并榭,与长友兮"曰:"言己愿与橘同心并志,岁月虽去,年且衰老,

---

① 吴广平译注:《白话楚辞》,湖南:岳麓书社,1996年,第219—220页。
② 洪兴祖传,白化文等点校:《楚辞补注》,北京:中华书局,2015年,第37页。
③ 洪兴祖传,白化文等点校:《楚辞补注》,北京:中华书局,2015年,第119页。
④ 洪兴祖传,白化文等点校:《楚辞补注》,北京:中华书局,2015年,第119页。
⑤ 洪兴祖传,白化文等点校:《楚辞补注》,北京:中华书局,2015年,第119—120页。
⑥ 洪兴祖传,白化文等点校:《楚辞补注》,北京:中华书局,2015年,第120页。

长为朋友,不相远离也。"① 其三,王逸在释结尾句"年岁虽少,可师长兮"曰:"言己年虽幼少,言有法则,行有节度,诚可师用长老而事之。"在释"行比伯夷,置以为像兮"曰:"周武王伐纣,伯夷、叔齐扣马而谏之……遂不食周粟而饿死。屈原自亦修洁白之行,不容于世,将饿馁而终。故曰:以伯夷为法也。"②

在指出王逸对《橘颂》产生重大误释之前,本文应先提出一条诠释学新定律,即在对古代经典诠释过程中,无论某位诠释学家的诠释内容有多么大的历史积淀性权威,只要他的诠释对经典中关键词哪怕只有一处不合文本逻辑,则其整个诠释内容都会产生学理上的"多米诺骨牌效应",因而通篇都有推翻重释的必要。

就《橘颂》通篇的结构看,屈原对《诗经》中的文化观念及其赋比兴艺术手法不仅掌握得十分纯熟,而且运用得炉火纯青,富有创造性。"兴者,先言它物以引起所咏之辞也。"(卜子夏《诗大序》)就《诗经》中的"兴体诗"人称类型看,诗人在"先言它物"以引起"所咏之辞"时,两个主语对应结构有第三人指称(其、彼、之子)与第二人指称(尔、汝、子)对举型,第三人指称(其、彼、之子)与第一人指称(我、予、余、吾、朕)对举型,以及第二人指称(尔、汝、子)与第一人指称(我、予、余、吾、朕)对举三个主要类型。《橘颂》通篇选择的是第三人指称"其"与第二人指称"尔"对举类型——"绿叶素荣,纷其可喜兮""深固难徙,廓其无求兮""淑离不淫,梗其有理兮"之"其"均指橘;而诗中第二人指称"嗟尔幼志"之"尔"当然应诠释为第二人指代词"你"这种对举类型。《橘颂》中是否有"多重对话"?细读文本,根本没有。换句话说,屈原作为诗人,他在《橘颂》先对"橘"说话,让"尔"听;后又对"尔"说话。并没有诗人屈原(及代言人)之外的"第三者"来对"橘"和"尔"说话;也没有"橘""尔"或"第三者"来对诗歌创作者屈原说话。由此一来,屈原创作《橘颂》借橘(其)起兴以引起所咏之"尔",必非指屈原本人。因为屈原并没有在《橘颂》中用第一人指称"朕""余""吾""予"或"我",而且屈原其他名作中亦没有用"尔"直接称呼自己的先例。所以,王逸所诠释的屈原以"橘"言"己"与《橘颂》文本词汇及其相应内容逻辑显属相悖。《橘颂》中的"尔"即现实创作者对言指称的"你";屈原用"你"与"橘"进行"比德",那他当然不会以"橘"喻"己"。若以"橘"喻"己",则屈原必会用"朕""余""吾""我"或"予",这在其他作品中比比可见。然而,王逸却在《橘颂》诠释中出现了三处自相矛盾的逻辑硬伤:第一,他在释"嗟尔幼志,有以异兮"时言:"言嗟乎众臣,女少小之人,其志易徙,有异于橘也。"也就是说,诗中"尔"指"少小之人"——"众臣";却又在"年岁虽少,可师长兮"中说:"言己年虽幼少,以诚可师用长老而事之。"注意,诗中的"年岁虽少"的主语为"尔",是一种承前省略修辞法。"嗟尔幼志"(尔)年

---

① 洪兴祖传,白化文等点校:《楚辞补注》,北京:中华书局,2015年,第120页。
② 洪兴祖传,白化文等点校:《楚辞补注》,北京:中华书局,2015年,第121页。

岁虽少"均单指一人"尔",怎能使"尔"既指称"众臣,汝少小之人",又能指称屈原自己"年岁虽少,可师长兮"？这是王逸诠释逻辑视角中的自相矛盾之一。王逸诠释自相矛盾之二是错用了"双重标准"：他既然将"嗟尔幼志"之"尔"诠释为"众臣,汝少小之人,其志异徙",如何又在"年岁虽少,可师长兮"中又说："言己年虽幼小……可师用长老而用之"？对"众臣"是"年龄少小之人,其志易徙",对屈原则"年岁幼小……可师用长老而事之"？难道"年龄少小,其志易徙"不适用于屈原吗？屈原会不会在同一诗中将同为"幼小"年龄段的"众臣"进行贬斥而将自己神性化拔高？当然不会！由此可见,王逸诠释,自相矛盾之极也。第三,屈原当不会在《橘颂》中一会儿说自己年龄大,一会儿又说自己年龄小；一会儿说年龄少小,其志易徙,一会儿又说年龄小也没关系,君主和众臣都可以把自己当作长老和老师来众星捧月。《橘颂》为千古名篇,不会有这么多艺术语言表达的逻辑矛盾；屈原绝非如此愚蠢自大之人,一定是王逸自己没吃透《橘颂》,把全诗主语和全诗真意搞混淆了。

再从《橘颂》所用其他关键词汇看,屈原当然更不可能用这些词汇来自我赞颂。因为在那个时代,如果屈原把这些词汇安放在自己头上,显属"僭越",屈原当不会如此愚蠢。这些词汇主要包括"受命不迁""独立不迁""秉德无私,参天地兮","年岁虽少,可师长兮;行比伯夷,置以为像兮"。

(1)关于对《橘颂》原文本中重点词汇原文的重解诠释。"后皇嘉树"之"后皇",过去一般解"后"为"后土""地",解"皇"为"皇天""天"。① 姜亮夫言："王逸注'皇,皇天'。朱熹以'后皇'指楚王,亦可通。"因而他主张"冠天子之冠曰皇"② 这两种解释均过于简单化,其实这是一个双关语：既明指作为楚国社树的橘为天地所生,受天之命,生于南国而茂,移于淮北,则化为枳；又双关喻指楚威王嫡子像"佳树"一样为优秀世子。夏代称夏王为"后",夏以前称王为"皇","有虞氏皇而祭"(《礼记·王制》)。(2)"徕服":"徕"同"来"则可,"服"则不采它解,而只应作取《群经平议·周书·武穆》"教之以服"俞樾解"服""法"③"法制""法象"解。因此,"服"的过去旧解"习惯"④ 则误。(3)"嗟尔幼志"之"尔",以前的释读有的将"尔"释为指"橘"⑤,有的学者认为"尔"是屈原"以橘自喻,通过颂橘来抒写自己精神品质的高尚。"⑥ 本文认为皆误。《橘颂》中"尔"专指楚威王太子芈槐。《橘颂》一诗的创作专用于一位贵人满20岁行"加冠礼"仪式上祭礼中的颂歌

---

① 吴广平译注：《白话楚辞》,湖南：岳麓书社,1996年,第328页。
② 姜亮夫著：《楚辞通故》第四辑,云南：云南人民出版社,1999年,第1页。
③ 宗福邦、陈世铙、萧海波主编：《故训汇纂》,北京：商务印书馆,2003年,第1057页"服"。
④ 吴广平译注：《白话楚辞》,湖南：岳麓书社,1996年,第328页。
⑤ 吴广平译注：《白话楚辞》,湖南：岳麓书社,1996年,第210页。
⑥ 聂石樵：《屈原论稿》,北京：中华书局,2010年,第239页。

之歌辞,则"嗟尔幼志,不以异乎?"即指楚怀王20岁以前的品行和文化修养异于庸常诸公子。若以"尔"指"橘"或屈原自己,则全诗文意扞格不通。综观屈原在《楚辞》中的所有作品,屈原谈到自己时,一般使用过"朕""余""吾""我",甚至径称"屈原";只有在书写二人对话时,对方称屈原为"尔"或"君"。如《离骚》中屈原"命灵氛为余占之",灵氛反问"尔何怀乎故宇?"又如《卜居》:"屈原既放,三年不得复见……往见太卜郑詹尹曰:'余有所疑,愿因先生决之。'詹尹乃端策拂龟,曰:'君将何以教之?'屈原曰:'吾宁悃悃款款朴以忠乎?'"总之,统观屈原所有作品,基本没有屈原在直叙时自称"尔"的现象。唯《橘颂》一篇中之"尔",古今注家偏偏认为屈原是自称。这是值得反思的。要认真反思,必须对《橘颂》文本进行细读。通过细读我们不难发现,《橘颂》中的诗词语气中,事实上是有自我称谓的。只是诗中省略了"予""余""吾""我""朕"这种第一人称代词。这句诗即是"愿岁并谢,与长友兮"。在此句诗中,为了适应乐歌节拍,诗人有意在文首省略了"我"或"予"。"愿岁并谢,与长友兮"细译成白话文,应为"我愿与您长久结为密友,一同与岁月并进,直至终生"。诗人当然不是说愿与橘并谢,而是指愿与此人并谢。如果这句白话细译确切无误的话,那么《橘颂》的歌颂主角必定是与屈原相对的"尔",而非屈原自己。郭沫若在白话释译《橘颂》时正是发现了这一现象,因而说"后段,乃称颂一位年轻人。此人为谁?不得而知"。本文认为,《橘颂》之"尔"可得而知,即指芈槐无疑。换句话说,在当时的屈原心目中,什么样的角色才有资格在《橘颂》中被如此颂扬呢?反复研究,角色只有一个,这就是当时的楚威王太子芈槐。统观《橘颂》,诗人崇尚道家思想十分明显:"独立不迁""苏世独立,横而不流"均是以老子、庄子为代表的道家思想的人格愿景。(4)"秉德无私,参天地兮"并非为以前诸诠释学者所言,是屈原自许;相反,是屈原对芈槐的期许,是屈原对老子《道德经·二十五章》云"故天大,地大,道大,王亦大。域中有四大,而王居其一焉"①思想观念的入神化用。中国的汉字"王"字,即是对沟通天、地、人观念的形象化书写。《橘颂》中的"秉德无私,参天地兮"即是对"王"的历史性文化阐释,是"天无私覆,地无私载,日月无私照"这一儒家对君王品德的明确归纳和要求。而具有与天、地并列为三("参")的,只有"王"而非其他臣子当然也包括屈原,否则他就僭越了。只有"王储"才有资格被《橘颂》喻为"后皇嘉树"。屈原对自己的叙述,只不过是帝高阳之"苗裔"。"苗裔"不过是众多后代中的一个;而"后皇嘉树"既可实指"社树""神树"(橘),又可比喻高贵的王位继承人。《左传·襄公二十四年》鲁国大夫叔孙豹所言"太上有立德,其次有立功,其次有立言"之"三不朽"中之"立德",则专指具有贵为天子身份者,在王者之位而能"创制垂法,博施济众……惠泽被于无穷"(《左传》孔颖达疏),方为圣君。因此,《橘颂》中将"秉德无私,参天地兮"解释为屈原自许,是忘记古代使用语言

---

① 汤彰平、王朝华译注:《老子》,北京:中华书局,2014年,第95页。

有"忌讳"了。在屈原时代,政治环境并不允许屈原这样自夸。(5)"行比伯夷"这一颂语中,而屈原若以伯夷自比,则政治身份不对等,为僭越。屈原当不会愚蠢至此。那么,《橘颂》中的系列称颂语如"独立不迁""廓其无求""苏世独立""闭目自慎""年岁虽少,可师长兮。行比伯夷,置以为像兮",这些颂语,是虚写?还是实写?以过去学者对《橘颂》的诠释,认为以颂橘来实现屈原自颂的阐述视角看,一般都认为是虚写,是自我期许。大错。错在他们没有看到使用这些有特定含义的语汇,与屈原的政治身份(大夫)不对等、不相称。

三、《橘颂》是写给楚威王太子芈槐的诗篇

本文认为,《橘颂》是建立在"实写"即特定的史实基础上的。《橘颂》中之"尔"实指楚威王太子芈槐,而这首诗正是芈槐在满20周岁所举行的"加冠礼"上,由屈原创作的,用在芈槐"加冠礼"中某个环节的诗篇。这样来重新确定《橘颂》的性质,则《橘颂》诠释中的诸多难解的疑团,均可迎刃而解。例如,《橘颂》中的"后皇嘉树""行比伯夷"用以比喻身为楚国太子的芈槐则很贴切,而若言用于比喻屈原则显僭越不经,因为屈原所能继承的最高爵位不过"大夫"而已;用"受命不迁""独立不迁""深固难徙""苏世独立""更一志兮""类任道兮"等词汇来赞美楚太子芈槐及其王族则很贴切,因为此前悠久的中国王权文化一直秉承的观念是凡"王家"均是"受天明命""维天之命"①"昊天有成命"②;换句话说,每一个国家的王族及推举出的"元首"均是受命于天(上帝),是"天之历数在尔躬"③,是"天既讫我殷命""我生不有天命哉!"④而身为王位继承人,首先要掌握王者的为政之道,即"人心惟危,道心惟微,惟精惟壹,允执厥中"⑤。身为太子,将来要承继大统为楚王,这些知识和品性修养都必须具备。"而秉德无私,参天地兮"更是对"天大,地大,道大,王亦大。域中有四大,而王处甚一焉"(老子《道德经·第二十五章》)这一名言的隐括。上古所谓王,除天下共主"天子"外,尚有公侯伯子男和附庸六等之国君,而不及大夫。因为"大夫"的"采地"一般不超过方三十里即九百里,超过此数就晋级为"附庸"国君了。如果屈原的《橘颂》是写给自己的,那就等于告诉读者他是国君的太子。屈原自然愚不至此。他的《橘颂》自然是写给芈槐举行"加冠礼"中"祭庙"(又称"庙祭""社祭")仪式中所用之礼乐性歌辞。王庙古时又指"社稷",社稷中有"社树"。《橘颂》中既然以颂橘开始,则以橘比楚太子芈槐顺理成章。下面我们将《橘颂》中核心词汇与先贤

---

① 王秀梅译注:《诗经·周颂·天作·昊天有成命》,北京:中华书局,2015年,第747—748页。
② 王秀梅译注:《诗经·周颂·天作·昊天有成命》,北京:中华书局,2015年,第747—748页。
③ 江灏、钱宗武译注:《尚书全译·虞夏书》,贵阳:贵州人民出版社,1999年,第43页。
④ 司马迁:《史记·殷本纪第三》,韩兆琦译注,长沙:岳麓书社,1988年,第50页。
⑤ 江灏、钱宗武译注:《尚书全译·虞夏书》,贵阳:贵州人民出版社,1999年,第43页。

著作中的名言列表作一对比,更有助于看清这一切。

《橘颂》前经典中用语与《橘颂》中用语对照表

《橘颂》前经典中已有词汇	《橘颂》中使用词汇
《诗经·大雅·卷阿》:"梧桐生矣,于彼朝阳,蓬蓬萋萋"; 《诗经·大雅·文王》:"思皇多士,生此王国。王国克生,维周之桢。济济多士,文王以宁。"	后皇嘉树,橘徕服兮;绿叶素荣,纷其可喜兮。曾枝剡棘,圆果抟兮!
《周礼·仪礼·士冠礼》:始加(冠),(宾)祝曰:"令月吉日,始加元服。弃尔幼志,顺尔成德。寿考惟祺,介尔景福";又曰:"吉月令辰,乃申尔服。敬尔威仪,淑慎尔德。"	嗟尔幼志,有以异兮; 年岁虽少,可师长兮。行比伯夷,置以为像兮!
《尚书·虞夏书》:"惟精惟壹,允执厥中。" 《诗经·大雅·文王》:"上帝既命,侯于周服";"侯服于周,天命靡常";"殷之未丧师,克配上帝"。	深固难徙,更壹志兮; 独立不迁,岂不可喜兮!
《老子·第二十五章》:"天大、地大、道大、王亦大。域中有四大,王居其一焉。"	精色内白,类任道兮。
《礼记·孔子闲居》:子夏曰:"三王之德,参于天地。敢问何如斯可谓'参于天地'矣?"孔子曰:"奉三无私以劳天下。"子夏曰:"敢问何谓三无私?"孔子曰:"天无私覆,地无私载,日月无私照。奉斯三者以劳天下,此之谓三无私。其在《诗》曰:'帝命不违,至于汤齐……上帝是祗,帝命式于九围',是汤之德也。……三代之王也,必先令闻。《诗》云:'明明天子,令闻不已。'三代之德也。'驰其文德,协此四国',太王之德也。"	深固难徙,廓其无求兮! 秉德无私,参天地兮!
《尚书·虞夏书》:"咨尔禹,天之历数在尔躬!" 《诗经·周颂》之《维天之命》:"惟天之命……骏惠我文王";《昊天有成命》:"昊天有成命,二后受之。" 《道德经·第五章》:"多言数穷,不如守中。" 《道德经·第六十五章》:"其合瞑瞑,若愚若昏,是谓玄德。"	受命不迁,生南国兮! 闭目自慎,终不失过兮。

根据《左传·襄公十九年》中的记载,重大文献中对不同级别的政治人物的文献性歌颂用辞一般遵循的是"天子令德,诸侯言时计功,大夫称伐"。因此,在《诗经》乃至《楚辞》中,凡歌颂"品德"如何美好者,其对应人物一般应是天子、国王及太子一类人物;对诸侯一级人物一般是"言时计功",而"大夫"一级则可以"称伐",这与《离骚》中的"朕皇考曰伯庸"等记载自己家世之"伐阅"一致。反观《橘颂》中所使用的核心文辞及所含蕴的观念,其对应人物只能是楚威王太子芈槐无疑。

楚怀王是否举行过"加冠礼",《史记》并无明载。但鉴于楚国与秦国实行异姓对偶婚制达20代以上,而秦惠王(前356年生)与楚怀王(前355年生)只有一岁之差。秦惠王举行过"加冠礼"(《史记》中有明确记载)[①];以此推理,楚怀王为表示在普及东周文化上不落后于秦,则

---

① 司马迁:《史记·秦本纪第五》,长沙:岳麓书社,1998年,第148页"惠文君三年,王冠"。

亦举行过"加冠礼"当属可信。《橘颂》正是一篇印证楚怀王举行过"加冠礼"的珍贵文献。

考证到此,最后一个问题也就需要回答了:《橘颂》最有可能创作于何时?本文的回答是,既然创作于楚怀王行"加冠礼"之际,那么,这首诗被采纳作为怀王20岁行"加冠礼"中祭祀社稷仪式上的乐歌歌辞,《橘颂》创作时间应在公元前335年。在那个时期,橘树被确定为楚国族中的"社树"或"神丛"当没有什么可奇怪的。屈原借鉴了《仪礼·士冠礼》中的礼辞言说形式,却并未抄袭其词句,而是结合了楚国的实际创作出新的诗篇。《橘颂》是屈原代写的"社稷祭"中芈槐与"社神"的对扬礼辞。诗中一方面借未来的楚怀王之口歌颂社树橘树;另一方面代"宾者"(太子师傅)以"社神"之口写出长辈对太子的赞美与期许"加冠"中的太子芈槐。"嗟尔幼志"语气虽然是模拟"社神"之口,但现实中,除父母等长者外,只有太子老师方能对加冠中的"太子"称"尔"。这从一个侧面也说明了芈槐行"加冠礼"前确属"年幼",符合"二十曰弱,而冠"的《周礼·士冠礼》中的仪规。芈槐"加冠"之时年方20岁,20岁为"弱",为"幼",当为确解。

依照逻辑推理,已知芈槐生于公元前256年,而屈原比芈槐小两岁。因此《橘颂》为屈原18岁时的作品。18岁写出彪炳千古的经典诗歌,的确可以为圣为贤。放眼现当代,在国际上获得诺贝尔文学奖的诗人中,发表处女作时年龄很小者不乏其人。如智利女诗人米斯特拉尔(1889—1957)和印度诗人泰戈尔(1861—1941)。二人都是14岁即发表诗作;俄国作家蒲宁(1870—1953)1889年发表第一篇著名诗作时只有19岁;英国作家、诗人罗德亚德·吉卜林(1865—1936)发表第一本诗集时只有21岁;瑞典诗人托马斯·特兰斯特罗默(1931—)出版第一本诗集《诗十七首》时23岁;上述诗人处女作发表时有比屈原年龄更小的(14岁)。也有比屈原年龄略大的,但他们的处女作均不是获奖作品;只有"智利的巴勃鲁·聂鲁达和捷克的雅罗斯拉夫·塞弗尔特。他们两位都是诗人,他们获得诺贝尔奖的诗作发表时年龄都是20岁"。"巴勃鲁·聂鲁达在20岁创作了诗歌《二十首情诗和一支绝望的歌》,雅罗斯拉夫·塞弗尔特在20岁创作了《泪城·全是爱》。"① 毫不夸张地说,创作于公元前335年的《橘颂》即使与上述诺贝尔文学奖获得者处女作放在一起相比,其文学艺术水平和思想水平也有过之而无不及。《橘颂》与《九歌》中一些新王即位举行大祭的祭歌歌辞写得如此之好,致使楚怀王在未即王位时就对年方18岁左右的屈原产生强烈好感,那么,怀王于27岁即王位后较快提拔重用屈原也就是顺理成章之事。申论言之,《橘颂》在为《史记·屈原列传》中记载屈原年轻时即为"楚怀王左徒""王甚任之"提供了一个文学作品佐证外,也为中原文化与《楚辞》之间的确存在血脉传承关系提供了毋庸置疑的文献佐证。

---

① 刘凯、刘亚敏:《一个世纪以来诺贝尔文学奖获得者的地理与社会学分析》,《中州学刊》,2017年第7期,第140页。

屈原思想与精神研究

屈原与爱国价值观的中国传统文化基础

北京语言大学 方 铭

在中国文化史上,屈原受到世人推重,绝不仅仅是由于他作为伟大诗人的地位,更重要的是源于他博闻强识、明于治乱、正道直行的见识和人格而受人尊敬。20世纪中期以后,屈原作为一个爱国主义诗人的定位为大家所熟知。践行社会主义核心价值观,爱国是其中重要的一个内容,了解爱国与中国传统文化的关系,了解爱国与屈原的关系,具有重要的意义。

一、天下观念与爱国

爱国即爱自己的祖国,指的是对自己所生活的国家的人民、文化、习俗的一种依恋和认同的感情。

从根本意义上说,爱国是民族主义感情的一部分,是建立在对自己生活的大大小小的共同体认同的基础上的。《共产党宣言》说:"有人还责备共产党人,说他们要取消祖国,取消民族。无产阶级没有祖国。决不能剥夺他们所没有的东西。"① 马克思的意思是说,无产阶级只对自己作为自由人平等地组合起来的联合体负责,资产阶级主导的社会是不公平的社会,因此,无产阶级不负有爱国的责任。也就是说,爱国只有在国家是全体人民平等共有的基础上才有意义。

梁启超《爱国论》说:"国者何?积民而成也。国政者何?民自治其事也。爱国者何?民自爱其身也。故民权兴则国权立,民权灭则国权亡。为君相者务压民之权,是之谓自弃其国。为民者而不务各伸其权,是之谓自弃其身。故言爱国必自兴民权始。"② 爱国必须以民权的保证为前提。古希腊思想家西塞罗在《论共和国》中说:"国家乃是人民之事业,但人民不是人们某种随意聚合的集合体,而是许多人于法权的一致和利益的共同性而结合起来的集合体。"③ 法国思想家卢梭《社会契约论》说:"这一由全体个人结合所形成的公共人格,以前称为城邦,现在则称为共和国或者政治体,当它是被动时,它的成员

---

① 马克思、恩格斯:《共产党宣言》,北京:人民出版社,1997年,第46页。
② 梁启超:《爱国论》,《饮冰室文集》,北京:中华书局,1941年,卷3,第73页。
③ 西塞罗著,王焕生译:《论共和国》,上海:上海出版社,2006年,第75页。

就称它为国家。"① 英国思想家洛克《论宗教宽容》说:"在我看来,国家是由人们组成的一个社会,人们组成这个社会仅仅是为了谋求、维护和增进公民们自己的利益。"② 这些论述,都强调的是国家必须是一些具有共同利益诉求的人的共同体。

从严格意义上说,共产党人应该以实现共产主义为目标,而共产主义者应该体现的是国际主义精神,是要尽量克服民族主义倾向的。《中华人民共和国宪法》规定开展"爱国主义"教育的同时,也规定要开展"共产主义"教育,爱国主义教育体现的是中国的民族主义立场,而共产主义教育体现的是共产党的本来宗旨。爱国主义和共产主义结合,反映的是中国特色社会主义发展的特定历史发展阶段的现实选择。因此,爱国作为社会主义核心价值,体现了中国传统价值观的痕迹。

在中国传统文化形成的轴心时代,中国人的理想社会是"大同"世界。孔子描述的体现"大道"的唐尧虞舜时期,中国人有"天下"观念,而无国家观念。《礼记·礼运》说:"大道之行也,天下为公。选贤与能,讲信修睦。故人不独亲其亲,不独子其子,使老有所终,壮有所用,幼有所长,矜寡孤独废疾者,皆有所养。男有分,女有归。货,恶其弃于地也,不必藏于己;力,恶其不出于身也,不必为己。"③ 人无私心私利,也无有国家,自然不需要产生"爱国"观念。类似的描述,不仅仅存在于原始儒家的历史观中,《道德经》说:"小国寡民,使有什佰之器而不用,使人重死而不远徙。虽有舟舆,无所乘之;虽有甲兵,无所陈之。使民复结绳而用之。甘其食,美其服,安其居,乐其俗,邻国相望,鸡狗之声相闻,民至老死不相往来。"④《庄子·胠箧》说:"子独不知至德之世乎?昔者容成氏、大庭氏、伯皇氏、中央氏、栗陆氏、骊畜氏、轩辕氏、赫胥氏、尊卢氏、祝融氏、伏牺氏、神农氏,当是时也,民结绳而用之,甘其食,美其服,乐其俗,安其居,邻国相望,鸡狗之音相闻,民至老死而不相往来。若此之时,则至治已。"⑤ 道家思想家虽然把中国早期社会命名为"小国""国",但认为这个时期的中国早期社会人与人之间不发生利害关系,因此,实际上也就不存在所谓国家的概念。

"爱国"一词在传世文献中最早出现在战国时期的文献中。《战国策·西周》载:"秦令樗里疾以车百乘入周,周君迎之以卒,甚敬。楚王怒,让周,以其重秦客。游腾谓楚王曰:'昔智伯欲伐卼由,遗之大钟,载以广车,因随入以兵,卼由卒亡,无备故也。桓公伐蔡也,号言伐楚,其实袭蔡。今秦者,虎狼之国也,兼有吞周之意,使樗里疾以车百乘入周,周君惧焉,以蔡、卼由戒之。故使长兵在前,强弩在后,名曰卫疾,而实囚之也。周君岂能无爱

---

① 卢梭著,何兆武译:《社会契约论》,北京:商务印书馆,2003年,第21页。
② 洛克著,吴云贵译:《论宗教宽容》,北京:商务印书馆,2009年,第5页。
③ 郑玄注,孔颖达疏:《礼记正义》,《十三经注疏》,北京:中华书局,2009年,卷21,第3062页。
④ 朱谦之撰:《老子校释》,北京:中华书局,1984年,第307—309页。
⑤ 郭庆藩撰,王孝鱼点校:《庄子集释》,《新编诸子集成》,北京:中华书局,2012年,卷4中,第366页。

国哉？恐一日之亡国,而忧大王。'楚王乃悦。"① 这里的"周君岂能无爱国哉"的主体是西周君,而西周君之所以爱国,是因为西周是他自己的领地。

二、爱国与天下为家

《易传·系辞上》说:"是故《易》有太极,是生两仪。两仪生四象。四象生八卦。"②《易传·序卦》说:"有天地然后有万物,有万物然后有男女,有男女然后有夫妇,有夫妇然后有父子,有父子然后有君臣,有君臣然后有上下,有上下然后礼义有所错。"③ 按照中国古代人的宇宙生成观和人类社会起源观,最古时期称为"太极",太极时期无中生有,产生了阴阳天地,然后依次有万物、人类、父子、君臣、礼义。《礼记·礼运》说:"今大道既隐,天下为家,各亲其亲,各子其子,货力为己,大人世及以为礼,城郭沟池以为固,礼义以为纪,以正君臣,以笃父子,以睦兄弟,以和夫妇,以设制度,以立田里,以贤勇知,以功为己。故谋用是作,而兵由此起。"④ 中国早期国家观念的产生,是伴随着"天下为家"的社会退化进程的。在"天下为家"的时代,爱国只能是统治阶级的责任。

原始儒家的国家理念,与欧洲近代文明以来的社会契约论观点殊途同归。《论语·尧曰》载,尧曰:"咨！尔舜！天之历数在尔躬,允执其中。四海困穷,天禄永终。"⑤ 舜亦以命禹。领导人的责任就是率领国家机器为人民服务,如果领导人不能全心全意为人民服务,领导人也就失去了当领导人的资格。《孟子·尽心下》孟子曰:"民为贵,社稷次之,君为轻。是故得乎丘民而为天子,得乎天子为诸侯,得乎诸侯为大夫。诸侯危社稷,则变置。牺牲既成,粢盛既絜,祭祀以时,然而旱乾水溢,则变置社稷。"⑥ 社稷即国,孟子认为,君主不好,威胁国家的生存,则应更换君主,如果天降惩罚,民不聊生,则国家就失去了生存的合法性。在中国历史上,周朝是中国历史上一个特别的时代,虽然周朝的制度遗产和夏、商一致,仍然是"天下为家"的体制,不过周朝早期的领导人强调他们之所以担任领导职务,是为了全心全意为人民服务的,除了人民的利益,他们没有其他的利益诉求。东汉末年人荀悦著《前汉纪》,讨论西周封建制度时,也是着重强调周朝的社会根基在一心为民。荀悦说:"昔者圣王之有天下,非所以自为,所以为民也。不得专其权利,与天下同之,唯义而已,无所私焉。封建诸侯,各世其位,欲使亲民如子,爱国如家,于是为置贤卿大夫,考绩黜陟,使有分土而无分民,而王者总其一统,以御其政。故有暴乱于其国者,则

---

① 刘向撰,高诱注,黄丕烈札记:《战国策》,《四部备要》,上海:中华书局,1936年,卷2,第7页。
② 王弼注,孔颖达疏:《周易正义》,《十三经注疏》,北京:中华书局,2009年,卷7,第169—170页。
③ 王弼注,孔颖达疏:《周易正义》,《十三经注疏》,北京:中华书局,2009年,卷9,第200—201页。
④ 郑玄注,孔颖达疏:《礼记正义》,《十三经注疏》,北京:中华书局,2009年,卷21,第3062页。
⑤ 何晏集解,邢昺疏:《论语注疏》,《十三经注疏》,北京:中华书局,2009年,卷20,第5508页。
⑥ 赵岐注,孙奭疏:《孟子注疏》,《十三经注疏》,北京:中华书局,2009年,卷14上,第6037页。

民叛于下，王诛加于上，是以计利虑害，劝赏畏威，各兢其力而无乱心。"① 这里的"亲民如子""爱国如家"，说的是不能脱离人民而谈爱国。

因此，周人封建诸侯，以诸侯之领地为国，以大夫的领地为家，建立了国家制度，但周天子所统领的地域仍为"天下"。保家卫国的责任在士大夫阶层，而平民则只负责劳役地租，并不承担有拱卫诸侯和大夫的责任。

《左传·庄公十年》载："十年春，齐师伐我。公将战，曹刿请见。其乡人曰：'肉食者谋之，又何间焉。'刿曰：'肉食者鄙，未能远谋。'乃入见。"② 公元前684年鲁国和齐国发生长勺之战，齐强鲁弱，平民曹刿欲为鲁国效力，其乡人阻止，认为这些事情是鲁国领导人的事情，与平民无关。

《春秋公羊传·成公十五年》曰："《春秋》内其国而外诸夏，内诸夏而外夷狄。王者欲一乎天下，曷为以外内之辞言之？言自近者始也。"③《公羊传》的经师以为"内其国而外诸夏，内诸夏而外夷狄"是"自近者始也"，但没有说明为什么"自近者始"。孔颖达《尚书正义》解释《尚书·周书·周官》"六服群辟，罔不承德。归于宗周，董正治官"时说："《周礼》九服，此惟言六者，夷、镇、蕃三服在九州之外夷狄之地，王者之于夷狄，羁縻而已，不可同于华夏，故惟举六服诸侯。奉承周德，言协服也。"④ 华夏和夷狄不是种族的区别，而是文明的差异。《史记·秦本纪》说颛顼之后裔孙大费子孙"或在中国，或在夷狄"⑤，《史记·历书》说周幽王、周厉王以后畴人子弟分散，"或在诸夏，或在夷狄"⑥，《史记·魏世家》说周同姓毕公高"其后绝封，为庶人，或在中国，或在夷狄"⑦。《国语·周语》说周天子"耀德不观兵"⑧，受周封建以德治国则为华夏，不受封建则为夷狄。也正因此，"内诸夏而外夷狄"体现的并不是民族主义观念。《尚书·商书·说命下》曰："四海之内，咸仰朕德。"⑨《礼记·乐记》说："合父子之亲，明长幼之序，以敬四海之内。天子如此，则礼行矣。大乐与天地同和，大礼与天地同节。和故百物不失，节故祀天祭地，明则有礼乐，幽则有鬼神。如此，则四海之内，合敬同爱矣。"⑩《论语·颜渊》载，司马牛忧曰："人皆有兄弟，我独亡！"子夏曰："商闻之矣，死生有命，富贵在天。君子敬而无失，与人恭而有礼。四海之内皆兄弟也，君

---

① 荀悦、袁宏著，张烈点校：《两汉纪》，北京：中华书局，2002年，第72—73页。
② 杜预注，孔颖达疏：《春秋左传正义》，《十三经注疏》，北京：中华书局，2009年，卷8，第3835页。
③ 何休解诂，徐彦疏：《春秋公羊传注疏》，《十三经注疏》，北京：中华书局，2009年，卷18，第4988页。
④ 孔安国传，孔颖达疏：《尚书正义》，《十三经注疏》，北京：中华书局，2009年，卷18，第499页。
⑤ 司马迁撰：《史记》，北京：中华书局，1959年，卷5，第174页。
⑥ 司马迁撰：《史记》，北京：中华书局，1959年，卷26，第1258—1259页。
⑦ 司马迁撰：《史记》，北京：中华书局，1959年，卷44，第1835页。
⑧ 韦昭注，黄丕烈札：《国语》，《四部备要》，上海：中华书局，1936年，卷1，第3页。
⑨ 孔安国传，孔颖达疏：《尚书正义》，《十三经注疏》，北京：中华书局，2009年，卷10，第372页。
⑩ 郑玄注，孔颖达疏：《礼记正义》，《十三经注疏》，北京：中华书局，2009年，卷37，第3316页。

子何患乎无兄弟也？"①《孟子·滕文公下》说："苟行王政，四海之内皆举首而望之，欲以为君。"②《孟子·告子下》说："夫苟好善，则四海之内皆将轻千里而来告之以善。"③上古圣贤之所以能放眼四海，是与他们胸怀天下苍生的文化情怀联系在一起的。

三、爱国与爱天下

中国上古圣贤以天下为己任，鞠躬尽瘁，死而后已，因此，我们今天所谓"爱国"，在中国古代，实际上体现为"爱天下"之意。而"爱天下"，就是要尊重文明的成果。顾炎武《日知录·正始》说："有亡国，有亡天下。亡国与亡天下奚辨？曰：易姓改号，谓之亡国。仁义充塞，而至于率兽食人，人将相食，谓之亡天下。……知保天下然后知保国。保国者，其君其臣肉食者谋之；保天下，匹夫之贱与有责焉耳矣。"④顾炎武分别"亡国"与"亡天下"二者，认为"亡国"是家天下君臣自己的事情，而"亡天下"是社会大倒退，是要"率兽食人"，一切文明人和热爱文明的人都不能置身事外。

大体而言，在唐虞以前，中国人普遍认为天下是全部中国人的天下。自唐虞以下，中国古代社会进入"家天下"阶段，统治者则把国家看作是自己的私产，把人民看作是可以肆意咀嚼的鱼肉，因此，国家对于普通人民来说，正是马克思所说的"他们所没有的东西"⑤，苛求人民"爱国"，无疑是给人民头上戴上深重的枷锁。《列子·杨朱》载有战国思想家杨朱的观点，其核心是"古之人损一毫利天下不与也，悉天下奉一身不取也。人人不损一毫，人人不利天下，天下治矣"⑥。在杨朱看来，"世固非一毛之所济"⑦，所以，有人损一毫利天下，则有人以悉天下以奉一身，如果人人不损一毫，则人人不得以天下为利。韩非子从维护君主极权的角度看，杨朱的思想是有害的，因此，《韩非子·显学》把"今有人于此，义不入危城，不处军旅，不以天下大利易其胫一毛，世主必从而礼之，贵其智而高其行，以为轻物重生之士也"⑧的现象表现出了极大愤慨。如果站在原始儒家的立场，或者以马克思主义以及现代人类文明的观点看待，杨朱的态度无疑是正确的。

虽然唐虞以下的大部分领导人把天下看作自己的私产，不过，一些真正有思想深度的学者并不这样看，他们仍然抱持孔子及原始儒家的天下为公的立场。这种现象，在中国受到外族入侵的时候，表现得更见强烈。《伯牙琴》的作者邓牧是宋元之际一位著名学

---

① 何晏集解，邢昺疏：《论语注疏》，《十三经注疏》，北京：中华书局，2009年，卷12，第5436页。
② 赵岐注，孙奭疏：《孟子注疏》，《十三经注疏》，北京：中华书局，2009年，卷6上，第5898页。
③ 赵岐注，孙奭疏：《孟子注疏》，《十三经注疏》，北京：中华书局，2009年，卷12下，第6008页。
④ 顾炎武撰，黄汝成注：《日知录集释》，《四部备要》，上海：中华书局，1936年，第247页。
⑤ 马克思、恩格斯：《共产党宣言》，北京：人民出版社，1997年，第46页。
⑥ 杨伯峻撰：《列子集释》，《新编诸子集成》，北京：中华书局 2013年，卷7，第242页。
⑦ 杨伯峻撰：《列子集释》，《新编诸子集成》，北京：中华书局 2013年，卷7，第242页。
⑧ 王先慎撰，钟哲点校：《韩非子集解》，北京：中华书局 1998年，卷19，第502页。

者,他继承了孔子及原始儒家天下为公的立场,赞扬唐尧、虞舜时代的君主"忧民之溺,由己之溺;忧民之饥,由己之饥"①,强烈批判后代统治者"夺人之所好,聚人之所争"②,"焚诗书,任法律,筑万里长城"③;批评各级官吏为非作歹,"白昼施行,使天下敢怨而不敢言,敢怒而不敢诛"④,这样的社会,没有丝毫公平可言,因此,他提出"废有司,去县令,听天下自为治乱安危"的主张⑤,即实行人民自治。明末清初思想家黄宗羲《明夷待访录》认为"为天下之大害者,君而已矣"⑥,其原因就在"古者以天下为主,君为客,凡君之所毕世而经营者,为天下也;今也以君为主,天下为客,凡天下之无地而得安宁者,为君也。……屠毒天下之肝脑,离散天下之子女,以博我一人之产业,……敲剥天下之骨髓,离散天下之子女,以奉我一人之淫乐"⑦。又说,"天下之治乱,不在一姓之兴亡,而在万民之忧乐"⑧,"故我之出仕也,为天下,非为君也;为万民,非为一姓也"⑨。认为在家天下时代其法只不过是"一家之法,而非天下之法也"⑩,"何曾有一毫为天下之心哉,而亦可谓之法乎"⑪?黄宗羲建议把学校办成议会,议政并监督、弹劾官员,因为"天子之所是未必是;天子之所非未必非;天子亦遂不敢自为是非,而公其是非于学校"⑫。邓牧、黄宗羲对国家社会现实和政治制度的批判,正体现了现代意义上的"爱国"含义。

四、屈原的爱国之诚心

在中国历史上,战国时期的屈原是第一个和"爱国"联系在一起的。《史记·屈原贾生列传》论述屈原《离骚》的创作动机时说:"《离骚》者,犹离忧也。夫天者,人之始也;父母者,人之本也。人穷则反本,故劳苦倦极,未尝不呼天也;疾痛惨怛,未尝不呼父母也。屈平正道真行,竭忠尽智以事其君,谗人间之,可谓穷矣。信而见疑,忠而被谤,能无怨乎?屈乎之作《离骚》,盖自怨生也。"⑬王逸《楚辞章句》序屈原诸辞赋创作大义说:"屈原执履忠贞,而被谗邪,忧心烦乱,不知所诉,乃作《离骚经》。"⑭又说:"《天问》者,屈原之所

---

① 邓牧著,张岂之、刘厚祜标点:《伯牙琴》,北京:中华书局,1959年,第1页。
② 邓牧著,张岂之、刘厚祜标点:《伯牙琴》,北京:中华书局,1959年,第4页。
③ 邓牧著,张岂之、刘厚祜标点:《伯牙琴》,北京:中华书局,1959年,第4页。
④ 邓牧著,张岂之、刘厚祜标点:《伯牙琴》,北京:中华书局,1959年,第6页。
⑤ 邓牧著,张岂之、刘厚祜标点:《伯牙琴》,北京:中华书局,1959年,第6页。
⑥ 黄宗羲:《明夷待访录》,《黄宗羲全集》,杭州:浙江古籍出版社,1985年,第3页。
⑦ 黄宗羲:《明夷待访录》,《黄宗羲全集》,杭州:浙江古籍出版社,1985年,第2页。
⑧ 黄宗羲:《明夷待访录》,《黄宗羲全集》,杭州:浙江古籍出版社,1985年,第5页。
⑨ 黄宗羲:《明夷待访录》,《黄宗羲全集》,杭州:浙江古籍出版社,1985年,第4页。
⑩ 黄宗羲:《明夷待访录》,《黄宗羲全集》,杭州:浙江古籍出版社,1985年,第6页。
⑪ 黄宗羲:《明夷待访录》,《黄宗羲全集》,杭州:浙江古籍出版社,1985年,第6页。
⑫ 黄宗羲:《明夷待访录》,《黄宗羲全集》,杭州:浙江古籍出版社,1985年,第10页。
⑬ 司马迁撰:《史记》,北京:中华书局,1959年,卷84,第2482页。
⑭ 洪兴祖:《楚辞补注》,北京:中华书局,1983年,第2页。

作也。何不言问天？天尊不可问，故曰天问也。屈原放逐，忧心愁悴，彷徨山泽，经历陵陆，嗟号昊旻，仰天叹息。见楚有先王之庙及公卿祠堂，图画天地山川神灵，琦玮谲诡，及古贤圣怪物行事，周流罢倦，休息其下，仰见图画，因书其壁，呵而问之，以泄愤懑，舒泻愁思。"① 又说："屈原放于江南之野，思君念国，忧心罔极，故复作《九章》。"② 又说："《远游》者，屈原之所作也。屈原履方直之行，不容于世，上为谗佞所谮毁，下为俗人所困极，章皇山泽，无所告诉，乃深惟元一，修执恬漠，思欲济世，则意中愤然，文采铺发。"③ 又说："《卜居》者，屈原之所作也。屈原体忠贞之性，而见嫉妒，念谗佞之臣，承君顺非而蒙富贵。己执忠直而身放弃，心迷意惑，不知所为。乃往至太卜之家，稽问神明，决之蓍龟，卜己居世何所宜行，冀闻异策，以定嫌疑，故曰《卜居》也。"④ 又说："《渔父》者，屈原之所作也。屈原放逐在江、湘之间，忧愁叹吟，仪容变易，而渔父避世隐身，钓于江滨，欣然自乐，时遇屈原川泽之域，怪而问之，遂相应答。"⑤ 洪兴祖《楚辞补注》曰："《卜居》《渔父》，皆假设问答以寄意耳。"⑥ 又说《九章》诸篇大义，以为《惜诵》"此章言己以忠信事君，可质于明神，而为谗邪所蔽，进退不可，惟博采众善以自处而已"⑦。《涉江》"此章言己佩服殊异，抗志高远，国无人知之者，徘徊江之上，叹小人在位，而君子遇害也"⑧。《哀郢》"此章言己虽被放，心在楚国，徘徊而不忍去，蔽于谗谄，思见君而不得"⑨。《抽思》"此章言己所以多忧者，以君信谀而自圣，眩于名实，昧于施报，己虽忠直，无所赴诉，故反复其词，以泄忧思也。"⑩《怀沙》"此章言己虽放逐，不以穷困易其行，小人蔽贤，群起而攻之，举世之人，无知我者，思古人而不得见，仗节死义而已"⑪。《思美人》"此章言己思念其君，不能自达，然反观初志，不可变易，益自修饬，死而后已也"⑫。《惜往日》"此章言己初见信任，楚国几于治矣。而怀王不知君子小人之情状，以忠为邪，以谮为信，卒见放逐，无以自明也。"⑬《悲回风》"此章言小人之盛，君子所忧，故托游天地之间，以泄愤懑，终沉汨罗，从子胥、申徒，以毕其志也"⑭。

---

① 洪兴祖：《楚辞补注》，北京：中华书局，1983年，第85页。
② 洪兴祖：《楚辞补注》，北京：中华书局，1983年，第120页。
③ 洪兴祖：《楚辞补注》，北京：中华书局，1983年，第163页。
④ 洪兴祖：《楚辞补注》，北京：中华书局，1983年，第176页。
⑤ 洪兴祖：《楚辞补注》，北京：中华书局，1983年，第179页。
⑥ 洪兴祖：《楚辞补注》，北京：中华书局，1983年，第179页。
⑦ 洪兴祖：《楚辞补注》，北京：中华书局，1983年，第123页。
⑧ 洪兴祖：《楚辞补注》，北京：中华书局，1983年，第132页。
⑨ 洪兴祖：《楚辞补注》，北京：中华书局，1983年，第137页。
⑩ 洪兴祖：《楚辞补注》，北京：中华书局，1983年，第141页。
⑪ 洪兴祖：《楚辞补注》，北京：中华书局，1983年，第145页。
⑫ 洪兴祖：《楚辞补注》，北京：中华书局，1983年，第149页。
⑬ 洪兴祖：《楚辞补注》，北京：中华书局，1983年，第153页。
⑭ 洪兴祖：《楚辞补注》，北京：中华书局，1983年，第162页。

从汉初到唐代,学着们都把屈原看作是"博闻强识""正道直行"的忠烈贞洁之士,到了南宋,著名理学家朱熹则把屈原和"爱国"结合在一起,以寄托他对南宋因外族入侵而所面临的文明危机的忧虑。《楚辞集注序》曰:"原之为人,其志行虽或过于中庸而不可以为法,然皆出于忠君爱国之诚心。原之为书,其辞旨虽或流于跌宕怪神、怨怼激发而不可以为训,然皆生于缱绻恻怛、不能自已之至意,虽其不知学于北方以求周公、仲尼之道,而独驰骋于变风、变雅之末流,以故醇儒庄士或羞称之,然使世之放臣、屏子、怨妻、去妇抆泪讴唫于下,而所天者幸而听之,则于彼此之间,天性民彝之善,岂不足以交有所发,而增夫三纲五典之重。此予之所以每有味于其言而不敢直以词人之赋视之也。"①《楚辞集注·九歌注》曰:"九歌者,屈原之所作也。昔楚南郢之邑,沅、湘之间,其俗信鬼而好祀,其祀必使巫觋作乐,歌舞以娱神。蛮荆陋俗,词既鄙俚,而其阴阳人鬼之间,又或不能无亵慢淫荒之杂。原既放逐,见而感之,故颇为更定其词,去其泰甚,而又因彼事神之心,以寄吾忠君爱国眷恋不忘之意,是以其言虽若不能无嫌于燕昵,而君子反有取焉。"②《楚辞辩证·九歌》曰:"楚俗祠祭之歌,今不可得而闻矣。然计其间,或以阴巫下阳神,以阳主接阴鬼,则其辞之亵慢淫荒,当有不可道者。故屈原因而文之,以寄吾区区忠君爱国之意。比其类则宜为三颂之属,而论其辞则反为国风再变之郑卫矣。"③

作为一位正道直行的人,屈原对自己的才德有充分自信,同时,又对楚王任用群小的现实强烈不满,他认为一个正常的社会,应该有一个"选贤授能""举直而错诸枉"的公正的社会运行机制,而楚国却是小人当道,奸佞得志。屈原是一位对楚国命运极端关心的人,他的这种关心超过了对其他国家的关心,甚至超过了对自己命运的关心;在遇到挫折时,仍然不改变自己对祖国的热情,继续表现自己对祖国的关心,并坚决地同楚国的君主及权贵等邪恶势力进行斗争;一切努力失败之后,虽萌生远走他乡的想法,但对祖国的依恋超过了远走他乡的想法;在退出政治舞台以后,继续以文学创作来表现他的爱国情怀,期望通过自己的作品警醒统治者。

一个人要像屈原那样,永远保持对祖国的关心和爱护,是非常不容易的,特别是在春秋战国之际,在倡导个性解放和个人尊严和独立的时代,更是不多见。也正因此,屈原才能被当作是中国古代爱国主义的旗帜,受到后世志士的拥戴。

五、爱国的正义性

"爱国"建立在民族主义立场上,具有排他性,也就是说,对某国的"爱"就意味着对某国的"不爱"或者"恨",所以,"爱国"也就是极容易走向歧途的一种倾向,是最容易和

---

① 朱熹撰,蒋立甫点校:《楚辞集注》,上海:上海古籍出版社,2001年,第2页。
② 朱熹撰,蒋立甫点校:《楚辞集注》,上海:上海古籍出版社,2001年,第21页。
③ 朱熹撰,蒋立甫点校:《楚辞集注》,上海:上海古籍出版社,2001年,第180页。

罪恶连接在一起的。恩格斯认为："国家无非是一个阶级镇压另一个阶级的机器。"① 列宁说："国家是维护一个阶级对另一个阶级的统治的机器。"② 斯大林说："国家是统治阶级用来镇压阶级敌人的反抗的机器。"③ 马克思认为无产阶级是没有祖国的，就是看到了"爱国"背后的陷阱。爱国主义建立在对某个特定的"国家"的忠诚和关心的基础上，而国家，特别是专制主义国家政体，本身作为一个阶级压迫另一个阶级的工具，其存在并不具有合理性，在这样的前提下，如果所处的国家本身并不具有全民性特征，而是为了一部分人服务——即使这些人是大多数，他们通过国家机器压迫被压迫者，这个时候，国家的存在不但不是这些被压迫者的乐园，而是他们的苦海，在这个时候，如果强调让被压迫者"爱国"，就等于让被压迫者永远无条件地接受压迫而不知反抗，让压迫者爱国，就是让压迫者永远维护自己的特权，对被压迫者永远实施压迫和迫害。这样的爱国主义无疑是有害的。爱国主义对于帝国主义和狭隘民族主义者来说，是他们推行法西斯主义、民族利己主义、沙文主义、种族主义的理论工具，其危害性是不能低估的，人类历史上的政治迫害和战争起源这样的大灾难都无不打着爱国主义的旗号。

因此，表面上看起来，"爱国"并不是永远正确的，"爱国"者也不是永远值得尊敬的。列宁曾经说："每当一个国家的政治、经济出现重大危机的时候，爱国主义的破旗就又散发出臭味来。"④ 这是说"爱国"会成为专制主义者的借口，是人类贪婪欲望的保护伞。伯特兰·罗素说："爱国主义就是积极地为了微不足道的原因杀人并被杀。"⑤ 亨利·大卫·梭罗说："那些没有自尊的人仍然可以是爱国的，他们可以为少数牺牲多数。他们热爱他们坟墓的泥土，但他们对那种可以使他们的肉体生机勃勃的精神却毫无同情心。爱国主义是他们脑袋里的蛆。"⑥ 这是说"爱国"是像希特勒这样的法西斯主义分子和日本军国主义分子的战争动员令。因此，安布罗斯·比尔斯说"爱国主义是一堆易燃的垃圾，任何想照亮自己名字的人只要朝它丢根火柴就可以了。"⑦ 18世纪英国作家塞缪尔·约翰逊说："爱国主义是流氓无赖们最后的藏身之地。"⑧ 这些告诫，都是让我们在举起"爱国"旗帜的时候，判断什么是真正的"爱国"。

如果理性地思考，只有和正义结合的"爱国"，才是真正的"爱国"。爱国者必须是把全体人民的利益放在第一位，要和危害人民的反动统治者进行彻底而坚决的斗争；爱国

---

① 马克思、恩格斯：《马克思恩格斯文集》，北京：人民出版社，2009年，卷3，第157页。
② 列宁：《列宁选集》，北京：人民出版社，1972年，卷4，第48页。
③ 斯大林：《论列宁主义基础》，北京：人民出版社，1964年，第33页。
④ 刘跃进：《为国家安全立学》，长春：吉林大学出版社，2014年，第159页。
⑤ 刘跃进：《为国家安全立学》，长春：吉林大学出版社，2014年，第159页。
⑥ 刘跃进：《为国家安全立学》，长春：吉林大学出版社，2014年，第159页。
⑦ 杨道金：《治国通鉴》，北京：九州出版社，2013年，第272页。
⑧ 刘跃进：《为国家安全立学》，长春：吉林大学出版社，2014年，第159页。

者在实践自己的爱国主张的时候,不能用功利主义原则取代人类正义,其行为方式首先应该是维护社会正义,而不是相反;爱国者必须不违背国际主义的原则,不能为了维护自己国家的利益,而损害其他国家,特别是弱小国家的利益。爱国者与帝国主义、狭隘民族主义、大国沙文主义、专制主义、种族主义、贪婪的私有制是天然的敌人。因为帝国主义、狭隘民族主义、大国沙文主义、专制主义、种族主义、贪婪的私有制是公平与正义的敌人,是背离了人类追求幸福与和平愿望的,如果任由这样的思想披上"爱国"的外衣施虐,不是"爱国",而是"害国"。

《周易·同人·上九》曰:"同人于郊,无悔。"《象传》说:"'同人于郊',志未得也。"王弼注曰:"凡处同人而不泰焉,则必用师矣。不能大通,则各私其党而求利焉。楚人亡弓,不能亡楚。爱国愈甚,益为它灾。是以同人不弘刚健之爻,皆至用师也。"孔颖达《正义》说:"案《孔子家语·弟子好生篇》云:楚昭王出游,亡乌号之弓,左右请求之。王曰:'楚人亡弓,楚得之,又何求焉。'孔子闻之曰:'惜乎!其志不大也。不曰人亡之,人得之,何必楚也。'昭王名轸,哀六年,吴伐陈,楚救陈,在城父卒。此爱国而致它灾也。引此者,证同人不弘皆至用师矣。"① 楚昭王以"楚人亡弓而楚得之"体现了楚国财富楚国所有的小共同体境界,而孔子改为"人亡弓而人得之",则体现了人类大共同体的大同境界,这是与孔子"天下为公"的社会理想相一致的。"爱国愈甚,益为它灾"直接与"用师"联系在一起,就是为了防止在"爱国"的旗帜下发动侵略战争,破坏和平。《墨子·兼爱上》认为,天下之乱,起源于"不相爱","臣子不孝君父","子自爱,不爱父,故亏父而自利;弟自爱,不爱兄,故亏兄而自利;臣自爱,不爱君,故亏君而自利",以及"父之不慈子,兄之不慈弟,君之不慈臣","父自爱也,不爱子,故亏子而自利;兄自爱也,不爱弟,故亏弟而自利;君自爱也,不爱臣,故亏臣而自利","盗爱其室,不爱其异室,故窃异室,以利其室;贼爱其身,不爱人,故贼人以利其身"②。推而广之,诸侯之攻伐,皆由于不相爱,而若能"使天下兼相爱","爱人若爱其身","视父兄与君若其身","视弟子与臣若其身","视人之室若其室","视人身若其身","视人家若其家","视人国若其国",则没有盗贼战乱攻伐,所以"天下兼相爱则治,交相恶则乱"。③《墨子·非攻上》说:"今小为非,则知而非之;大为非攻国,则不知非,从而誉之,谓之义,此可谓知义与不义之辩乎?是以知天下之君子也,辩义与不义之乱也。"④ 则是批判诸侯之攻伐,认为诸侯之攻伐亦是杀人,而且是更大的杀人。《庄子·胠箧》说:"彼窃钩者诛,窃国者为诸侯。"⑤ 正是揭露的战国时期"胜王败寇"的现实

---

① 王弼注,孔颖达疏:《周易正义》,《十三经注疏》,北京:中华书局,2009年,卷2,第58页。
② 孙诒让:《墨子间诂》,北京:中华书局,2001年,卷4,第99页。
③ 孙诒让:《墨子间诂》,北京:中华书局,2001年,卷4,第99—100页。
④ 墨翟撰,毕沅校注:《墨子》,《四部备要》,上海:中华书局,1936年,第33页。
⑤ 郭庆藩撰,王孝鱼点校:《庄子集释》,《新编诸子集成》,北京:中华书局,2012年,卷4中,第359页。

伦理。《论语·季氏》说:"故远人不服,则修文德以来之;既来之,则安之。"①《论语·尧曰》说:"兴灭国,继绝世,举逸民,天下之民归心焉。"② 都是反对为了一己之私利而兴兵灭国。《论语·泰伯》说:"三分天下有其二,以服事殷,周之德,其可谓至德也已矣。"③ 孔子赞扬周文王不兴兵灭商是至德,不仅仅说的是周文王恪守臣道,而是赞扬他不为了建立周王朝而兴兵。至商纣王无道已甚,不灭不足以解民于倒悬。《孟子·梁惠王下》载,齐宣王问曰:"汤放桀,武王伐纣,有诸?"孟子对曰:"于传有之。"曰:"臣弑其君,可乎?"曰:"贼仁者谓之'贼',贼义者谓之'残'。残贼之人,谓之'一夫'。闻诛一夫纣矣,未闻弑君也。"④ 周文王不灭商,周武王灭商,之所以都体现了"爱国"情怀,就在于他们的出发点都是为了人民利益的最大化的。

毫无疑问,屈原的爱国情怀,是与中国传统文化之中的天下意识和家国情怀结合在一起的。屈原把批判的矛头对准了把楚国带上歧路的楚国当权者,屈原关心楚国实际是关心楚国的人民,担心楚国人民在战国动乱形势中遭受损害。屈原追求政治向善,他把"美政"理想的实现当作爱国的目标。屈原把爱国与自己的价值受到尊重结合起来,当自己遭遇不幸时,他对自己的祖国提出批评,通过对自己命运的不平之鸣,体现他的爱国情怀。也正因此,我们在确立屈原的爱国价值的时候,我们实际上是假设楚国有作为一个独立主权国家的权利,考虑的是一定的历史阶段的正义。战国时期的楚国的前身是周王朝的一个诸侯国,而楚国在春秋战国之际,率先奄王坐大,破坏周礼秩序,是把中国社会推向战争边缘的主要推手。屈原之爱国,当然本源于他作为楚国王室成员,是楚国命运共同体的一分子。楚国君臣腐败贪腐,其生死存亡当然对楚国普通人民来说毫无意义。但是,秦灭楚后的实践说明秦国的统一给中国人民带来了深重灾难。当然,在朱熹时代,南宋的统治者也多乏善可陈,不过,鞑靼更是比秦人更为野蛮的侵略者,朱熹无疑早已经预见到了南宋灭亡以后的恐怖场景,才赋予了屈原行为全新的意义。

---

① 何晏集解,邢昺疏:《论语注疏》,《十三经注疏》,北京:中华书局,2009年,卷16,第5476页。
② 何晏集解,邢昺疏:《论语注疏》,《十三经注疏》,北京:中华书局,2009年,卷20,第5508页。
③ 何晏集解,邢昺疏:《论语注疏》,《十三经注疏》,北京:中华书局,2009年,卷8,第5402页。
④ 赵岐注,孙奭疏:《孟子注疏》,《十三经注疏》,北京:中华书局,2009年,卷2下,第5828页。

庄蹻与屈原

云南大学 殷光熹

说到滇楚文化的关系,自然与"庄蹻开滇"有着密不可分的关系。在庄蹻生平事迹中,最被学者关注的是两件事:一为"庄蹻暴郢";二为"庄蹻开滇"。在后人的著述和研究中,又有"为盗"或是"为将"(含"先盗后将""先将后盗")之争;"庄蹻入滇"是否系楚王(含哪位楚王)所遣之争;在同时代是否有两个"庄蹻"之争;还有庄蹻入滇路线问题之争,等等。本文围绕以上问题做了重新审视和探索。在探讨"庄蹻暴郢"一事时,有个值得注意的现象,即"庄蹻暴郢"后的活动轨迹,与屈原后期流放江南的经历同步,而且二者有着某些微妙的关系,这就需要在理清庄蹻其人其事的基础上,又对屈原后期的经历及晚年作品中的某些隐情进行破解,以期揭示屈原与庄蹻的微妙关系,为今后深入探讨滇楚文化关系打下一定基础。

一、从最早记载庄蹻的历史材料说起

庄蹻的生平事迹,最早载于先秦诸子《荀子》《韩非子》和杂著《吕氏春秋》等典籍中,虽然简略,却是我们研究庄蹻其人其事的立足点,通过对这些材料的综合整理和考证分析,再辅之以汉以后有关材料的补充与印证,仍可了解其生平轮廓。

其一,《荀子·议兵》:

> 若夫招近募选,隆势诈,尚功利之兵,则胜不胜无常,代翕代张,代存代亡,相为雌雄耳矣。夫是之谓盗兵,君子不由也。故齐之田单、楚之庄蹻、秦之卫鞅、燕之缪虮(乐毅),是皆世俗之所谓善用兵者也。是其巧拙强弱,则未有以相君也,若其道一也。未及和齐也。掎契司诈,权谋倾覆,未免盗兵也。

尽管荀子在文中将田单、庄蹻、卫鞅和乐毅等人视为"世俗之所谓善用兵者",都是"招近募选""隆势诈,尚功利"而"未及和齐"一类的"盗兵",然而不可否认的是,田单、卫鞅、乐毅都是"善用兵"的将领。

田单,战国时齐将,公元前279年,田单用"火牛阵"击败燕军,齐军势如破竹,收复七十多城,官为相国,封安平君。公元前264年入赵任相国,封为平都君。

商鞅,战国时政治家,除变法有功外,公元前340年,因战功封商(今陕西商县东南)

十五邑,号商君,因称商鞅,后被陷害,车裂而死。

乐毅,战国时燕将,公元前284年,率军破齐军,攻下七十多城,因功封于昌国(今山东淄博东南),号昌国君。后奔赵国,被封于观津(今河北武邑东南),号望诸君。

文中又将庄𫏋与以上三人并列为"善用兵者"之将领,且有权"招近募选",说明庄𫏋暴郢之前已经成为"善用兵"的将领(后面第二个问题中再做详论)。

《荀子·议兵》又云:

> 礼者,治辨之极也,强国之本也,威行之道也,功名之总也,王公由之所以得天下也,不由,所以陨社稷也。故坚甲利兵,不足以为胜,高城深池,不足以为固,严令繁刑,不足以为威,由其道则行,不由其道则废。楚人鲛革、犀兕以为甲,坚如金石;宛钜铁釶,惨如蜂虿;轻利僄速,卒如飘风;然而兵殆于垂沙,唐蔑(昧)死;庄𫏋起,楚分而为三、四。是岂无坚甲利兵也哉! 其所以统之者非其道故也。汝颍以为险,江、汉以为池,限之以邓林,缘之以方城,然而秦师至而鄢、郢举,若振槁然。是岂无固塞隘阻也哉! 其所以统之者非其道故也。

这段话的中心意思是说,楚国屡战屡败,并不是因为自己的装备不好,武器不精,城堡不坚固,而是统治者没有遵循礼所致。文中最值得注意的是说到楚国"兵殆于垂沙,唐昧死,庄𫏋起,楚分而为三、四"一段话,表明庄𫏋起事的时间当在垂沙之战后。晚出的《商君书·弱民》篇中有一段话与上引《荀子·议兵》篇的文字大致相同,其中有两句值得注意:"庄𫏋发于内,楚分为五。""发于内",指在楚郢都起事,亦即《吕氏春秋·介立》篇所说的"庄𫏋暴郢"一事。庄𫏋发动兵变,楚国一时群龙无首,握有兵权的大臣也趁机在外地割据,楚地分为五股势力范围,故《韩非子·喻老》篇有楚庄王(即顷襄王)"诛大臣五"之说。正好是"楚分为五"的脚注。类似的记载还有:《韩诗外传》作"唐子死,庄𫏋走,楚分为三、四者"、《史记·礼书》作"唐昧死,庄𫏋起,楚分为四、三。"这都是指楚怀王二十八年齐、韩、魏攻楚,楚军大败于垂沙,楚将唐昧战死之后,庄𫏋乘机发动兵变占领郢都这一事件,时间当在怀王二十八年末至怀王二十九年之间。

其二,《韩非子·喻老》:

> 楚庄王欲伐越,杜子谏曰:"王之伐越何也?"曰:"政乱兵弱。"杜子曰:"……王之兵自败于秦晋,丧地数百里,此兵之弱也。庄𫏋为盗于境内而吏不能禁,此政之乱也。王之弱乱,非越之下也,而欲伐越,此智之如目也。"王乃止。

按:此处"杜子"即"庄子",杜、庄形近而误。这里的"庄子"指庄辛,即《战国策·楚策》中所说的"庄辛谓楚庄王"之"庄辛"。"楚庄王"即顷襄王,战国时将顷襄王称为"庄王",前人已有考证。这里所说的"楚庄王"有别于春秋时代号称五霸之一的楚庄王。当时的楚国正处于强盛时期,尚无丧师失地,有辱国威之事。而到了顷襄王时期,兵败失地,丧权辱国之事屡见不鲜,因此不能将韩非文中称"楚庄王"的顷襄王与春秋时代的楚庄王相混。

庄蹻暴郢是在怀王二十八年垂沙战役楚军败北之后,两年后顷襄王立,此时庄蹻还"为盗于境内而吏不能禁",因此,庄辛认为这是楚国的大患,安内的重要性并不亚于伐越,与其出兵伐越,不如先集中力量根除"为盗于境内"的庄蹻。顷襄王采纳了庄辛的建议,放弃原先伐越的打算,集中力量整治内乱,正如《韩非子·喻老》篇所载:"楚庄王(顷襄王)……所废者十,所起者九,诛大臣五,举处士六,而邦大治。"这里需要辨明的是,顷襄王"诛大臣五"与《商君书·弱民》篇所说:"庄蹻发于内,楚分为五"二者是否有关联?"楚分为五",这个"五"是否指"大臣五"?或因五大臣乘庄蹻暴郢之机而犯下割据一方之罪而被顷襄王"诛"之?姑且存疑。

通过以上材料的分析可以得知,从庄蹻暴郢后,到顷襄王继位时期,庄蹻还"为盗于境内"的事实,可证庄蹻的主要活动是在怀、襄时期,而不是楚威王时期,更不是楚威王使将军庄蹻率兵"略巴、黔中以西",入滇"以兵威定属楚"。也就是说顷襄王初期,庄蹻在楚境遭到镇压而失败后才向西南远征入滇的,根本不存在顷襄王派遣庄蹻远征西南一说。

其三,《吕氏春秋·介立》:

郑人之下虢也,庄蹻之暴郢也,秦之围长平也。

按:关于"郑人下虢"句高诱注:"虢,邑名也。"陈奇猷在《吕氏春秋校释·介立篇》注中对"郑人之下虢"做了考证,认为"依文义,显系谓郑人攻下韩之虢"。其根据是韩景侯二年,"皆有郑败韩于负黍之文,疑即此处所谓郑人下虢。"即郑人攻下韩之虢(邑名)。关于"庄蹻之暴郢"句,"庄蹻暴郢"后一度占领郢都,从此,"庄蹻暴郢"便成为各书常用语,其出处就是《吕氏春秋·介立篇》。关于"秦人之围长平也"句,高诱注:"秦使白起、赵括军于长平,阬(坑)其军四十万。"以上三句指出:这三次战役,胜者为郑人、庄蹻、秦人;败者为韩、楚(官军)、赵。《吕氏春秋·介立篇》将"庄蹻暴郢"与"郑人下革處""秦围长平"相提并论,足见"庄蹻暴郢"乃历史大事之一。正因为如此,所以在《荀子·议兵篇》《商君书·弱民篇》《韩诗外传》《史记·礼书》等著述中均提及庄蹻起而楚分……之语,足见其影响之大。

从以上先秦的零星史料(其一、其二、其三)可得知以下一些信息:庄蹻"善用兵"(先将后盗)。垂沙之战,韩、魏、齐攻楚,楚国战败后,"庄蹻暴郢",楚分而为三四(或分而为五）。顷襄王即位后,庄蹻还"为盗于境内而吏不能禁"。顷襄王采纳庄辛建议,放弃原先伐越打算,集中力量清除内乱,"诛大臣五",而庄蹻幸免被灭,脱险他去,不明去向。

其四,《史记·西南夷列传》:

> 始,楚威王时,使将军庄蹻将兵循江上,略巴（蜀）、黔中以西。庄蹻者,故楚庄王苗裔也。蹻至滇池,（地）方三百里,旁平地,肥饶数千里,以兵威定属楚。欲归报,会秦击夺楚巴、黔中郡,道塞不通,因还,以其众王滇,变服从其俗,以长之。

按:后世一些注家疑《史记·西南夷列传》中的"楚威王"有误,而采用古本《华阳国志》所说的"楚顷襄王",如《史记正义·西南夷列传》《汉书·地理志》《北堂书钞》《太平御览》等书均引自古本《华阳国志》。

《史记·西南夷列传》说楚威王使将军庄蹻"略巴、黔中以西"云云,从时间上推论就有问题,不合情理。假定楚威王派庄蹻"略巴、黔中以西"时庄蹻年三十,历经怀王三十年,再经顷襄王二十二年,秦取巫郡和黔中郡时,庄蹻因道路不通而"欲归"不得时,他已经是八十二岁的人,还能远征西南而入滇吗?再说,庄蹻暴郢时是怀王二十九年,庄蹻已经近六十岁的人了,从诸多条件来衡量都很难胜任"暴郢"这样的大事。难怪杜佑在《通典·边防》（卷一百八十七）中指出:"若庄蹻自威王时将兵略地,属秦陷巫、黔中郡,道塞不通（还）,凡经五十二年,岂得如此淹久?或恐《史记》谬误,班固因习便书,范晔所记详考为正。"笔者认为杜佑指出《史记》有误是正确的,司马迁在《史记·太史公自序》中说:"奉使西征巴、蜀以南,南略邛、笮、昆明,还报命。"邛,今四川西昌一带。笮,今四川大渡河、雅砻江流域。昆明,今滇西地区。司马迁"奉使西征",意外发现庄蹻入滇为王,这时距庄蹻入滇近二百年,《西南夷列传》所记史料中难免会有误传,或有不够准确之处。或许有这样一种可能,庄蹻出生于楚威王时（威王在位十年,即前339—前329）,这段时间庄蹻年幼,到了怀王时期,正处于青壮年时期,身为将军而奉命"略巴、黔中以西",因而成为"善用兵者",到"庄蹻暴郢"时,他仅30多岁,正是年富力壮之时。顷襄王继位初期,庄蹻还"为盗于境内",遭到镇压后才被迫向西南转移,最后入滇的。

其实,在司马迁心目中并没有将庄蹻看成"大盗",所以在《西南夷列传》中只字未提"庄蹻暴郢"事,而从本篇"太史公曰"更可看出他托词楚国的用意:"楚之先岂有天禄哉!在周为文王师,封楚。及周之衰,地称五千里。秦灭诸侯,唯楚苗裔尚有滇王。汉诛西南夷,国多灭矣,唯滇复为宠王。"其中有的话值得深味,秦灭六国,唯有楚的苗裔拥有"滇王",汉武帝讨伐西南夷,唯有滇王（庄蹻的后代）故了"宠王",似乎将滇王看成是楚国根苗的延伸,正如马曜在《庄蹻起义和开滇的历史功绩》一文中所说,隐含"第二个楚国"之意。

不过,司马迁在《游侠列传》中有这么两句:"跖、蹻暴戾,其徒颂义无穷。"前一句说跖、蹻凶暴残忍,后一句又说他们的党徒却不断地称赞他们的义气。对此,班固批评道:"序游侠则退处士而进奸雄。"于此可想而知,《游侠列传》似有从另一角度(即从仁、义方面)推许庄蹻之意。《史记·太史公自序》说:"救人于厄,振人不赡,仁者有乎;不既信,不倍言,义者有取焉。作《游侠列传》第六十四。"这是司马迁用心良苦之处,细味《游侠列传》中"窃钩者诛,窃国者侯"诸语,则所谓"暴戾"为"盗"的庄蹻,则是敢于反抗统治者的豪侠。这与司马迁为项羽立《本纪》的做法类似,他将项羽比诸帝王,还说:"舜目重瞳子,又闻项羽亦重瞳子,羽岂其苗裔耶!"班固从封建正统历史观出发,批评司马迁"是非颇谬于圣人。"司马贞认为项羽"未践天子之位",故"宜降为世家"。赵翼在《二十二史札记》中也有类似看法:"惟项羽称本纪颇失当,故《汉书》改为列传。"后人对司马迁的批评,都是因为不理解司马迁的用意而致。今天,当我们重新审视历史时,应当感谢司马迁为后人留下了庄蹻的生平资料,赞赏他为庄蹻说公道话的勇气,理解他说庄蹻"其徒颂义无穷"的良苦用心。

还有一个问题需要辨明:楚王遣将军庄蹻"略巴、黔中以西"事是在"庄蹻暴郢"之前,即在怀王二十八年之前怀王当政时期(既不是楚威王时期,也不是楚顷襄王时期)。顷襄王当政初期,庄蹻还"为盗于境内",顷襄王一定会对其追剿,绝不可能再用庄蹻为将,并派遣他"略巴、黔中以西"。庄蹻正是由于朝廷的追剿,在楚国境内难以立足的情况下才向西南撤退,最后入滇的。因此,不存在庄蹻"欲归报"朝廷的问题。当然,为便于远征西南,庄蹻表面上仍打着楚庄王苗裔或朝廷楚将的旗号一路行进至滇,"以兵威定属楚"。

关于庄蹻入滇路线问题,则放在后面第四个问题中进行讨论。

二、庄蹻的名氏、世家、身份等问题

关于庄蹻之名,古书中除"庄蹻"这个名字外,主要有以下三种说法:

"企足"说:《吕氏春秋·异用篇》:"跖与企足得饴,以开闭取楗也。"高诱注:"跖,盗跖。企足,庄蹻也。皆大盗人名也。""企足"即蹻之字义,古人以名字之义为字者是通例,与身份贵贱无关。

"严蹻"说:《汉书古今人表》有"严蹻"之说,显然,这是避汉明帝刘庄之讳而改"庄"为"严"。

"庄豪"说:《后汉书·西南夷列传》作"庄豪",豪、蹻为叠韵,其义相近。杜佑《通典》卷一八七:"庄豪即庄蹻也。"又云:"滇王者,庄蹻之后也。"

关于庄蹻的身份,争论焦点之一是:庄蹻是否"为将"的问题。

《荀子·议兵篇》一文中提到田单、庄蹻、卫鞅、乐毅都是"世俗之所谓善用兵者",他们善用权谋诈术瓦解对方,却未达到与百姓齐心合力的要求,这未免属于"盗兵"。这里所说的"盗兵",与犯上作乱的"大盗"有别。尽管荀子将这几位"善用兵者"说成是"世俗"的看法,却不能否认田单、卫鞅、乐毅都是战功赫赫的将军(前面已做介绍),这是有史可证的。文中将庄蹻与这三人并列为"善用兵者",其身份当属"将军"无疑。谁能有权"招近募选"? 非将军莫属。战国史研究著名专家杨宽先生在《思想战线》1975年第5期上发表了自己的看法:

《荀子·议兵》论到"招近(延)募选,隆势诈,尚功利"是"盗兵",而以"齐之田单、楚之庄蹻、秦之卫鞅、燕之缪虮(乐毅)"等"世俗之所谓善用兵者"为例,认为他们都是属于"盗兵"一类,"未及和齐也"。而五霸"皆和齐之兵",但还不是"王者之兵"。从上下文来看,庄蹻这个"善用兵者"只能是指楚的将军,否则,"招近募选……"等话很难解释,不可能把一个农民起义领袖夹在战国将军中一起评论。

此说言之有理。与前面所说的理由综合观之,庄蹻"为将"身份当属可信。

争论焦点之二是:庄蹻"为将"的时间问题:一说是在楚威王时;一说是在顷襄王时。

关于庄蹻为楚将的任职时间,各家记载有不同说法,《史记·西南夷列传》把庄蹻"为将"定在楚威王时,后世史学家认为其载有误,认为"楚威王"应改为"楚顷襄王",即任职时间应往后移才说得通。如古本《华阳国志》就不取《史记》楚威王之说,而取顷襄王之说。此后,主张顷襄王时庄蹻为将的看法居多,如《北堂书钞》卷一百三十八"牂牁条"注引:"楚顷襄王遣将军庄蹻泝沅水伐夜郎……"《太平御览》卷一百六十六"姚州条"引:"楚顷襄王遣将军泝沅水,出且兰以伐夜郎……"

不过,我认为将庄蹻"为将"定在楚顷襄王时期也有问题。因为"庄蹻暴郢"事件发生在怀王二十九年,据《韩非子·喻老篇》记载,顷襄王继位后"庄蹻为盗于境内而吏不能禁",成为朝廷镇压对象,顷襄王怎么可能再"遣将军庄蹻泝沅水伐夜郎"呢? 笔者以为,庄蹻为将"略巴、黔中以西"是在他"暴郢"之前的怀王时期才合乎情理。《荀子·议兵篇》杨倞注引司马贞《索隐》云:"庄蹻楚将,言其起为乱后,楚遂分为四。"明言"楚将""为乱",指的就是"庄蹻暴郢",发生在怀王二十九年。这样看来,庄蹻是"先将后盗",而不是"先盗后将",更不是有人所说的当时有两个"庄蹻"(一为将,一为盗)。总之,通过对各种史料的甄别和分析看,庄蹻"为将"的时间应在怀王时期,属于"先将后盗"更近史实。

三、"庄蹻暴郢"的前因后果

"庄蹻暴郢",事出有因。楚怀王当政时期,曾一度任用屈原进行改革,但不久又将屈原革职,改革流产。此后,党人当权,内政腐败,正如《战国策·楚策三·苏子谓楚王》中指出:"今王之大臣父兄,好伤贤以为资,厚赋敛诸臣百姓……是以国危。"《战国策·楚策三·苏秦之楚三日》中,苏秦也指出:"楚国之食贵于玉,薪贵于桂。"可谓民不聊生。《战国策·韩策二·史疾为韩使楚》中更明言"楚国多盗","今盗贼公行而弗能禁也"。社会治安非常糟糕。民贫国弱,必然带来内忧外患,据《史记·楚世家》载:

  (怀王)十七年春,与秦战丹阳,秦大败我军,斩甲士八万,虏大将军屈匄、裨将军逢侯丑等七十余人,遂取汉中郡。楚怀王大怒,乃悉国兵复袭秦,战于兰田,大败楚军。韩、魏闻楚之困,乃南袭楚,至于邓。
  (怀王)二十六年,齐、韩、魏为楚负其从亲而合于秦,三国共伐楚。楚使太子入质于秦而请救。秦乃遣客卿通将兵救楚。三国引兵去。
  二十七年,秦大夫有私与楚太子斗,楚太子杀之而亡归。
  二十八年,秦乃与齐、韩、魏共攻楚,杀楚将唐眛,取我重丘(垂沙)而去。
  二十九年,秦复攻楚,大破楚,楚军死者二万,杀我将军景缺。怀王恐,乃使太子为质于齐,以求平。
  三十年,秦复伐楚,取八城。

  同年,怀王应秦昭王之约,赴秦被囚。
  从以上记载可以看出,楚国屡战屡败,元气大伤,一蹶不振。频繁的战争,不仅百姓遭殃,引起民愤,而且士兵伤亡惨重,引发兵怨。在此情形下,内乱迟早会爆发。垂沙之战,楚国大败,于是成为"庄蹻暴郢"的导火索。《战国策·楚策三·苏子谓楚王》云:"垂沙之事,死者以千数。"当时身为裨将的庄蹻可能参与此役,他是大将军唐眛属下的裨将,唐眛战死,朝廷追责时,身为裨将(副将)的庄蹻必然成了替罪羊。在这种情况下,庄蹻被迫发动兵变,一度占领郢都。《论衡·命义篇》说:"庄蹻横行天下,聚党数千,攻夺人物,断斩人身。"其矛头直指当政者,重拳出击。两年后,顷襄王即位,《韩非子·喻老篇》记载庄蹻仍"为盗于境内而吏不能禁"。楚国形势十分严峻,难以自拔,乃至走向亲秦求和之路。
  顷襄王即位之后,任人唯亲,排斥良臣,权奸得势,内政腐败,外受强秦侵逼,内受"多盗"困扰。于是顷襄王采用对外妥协、对内镇压的方针,在亲秦求和的同时,重点打压反秦派(如放逐屈原),镇压内乱,特别是"为盗于境内"的庄蹻。
  楚国衰败,原因何在?这从《战国策·中山策·昭王既息民缮兵》一文中秦将白起所说的一段话得知其中一二:"是时楚王恃其国大,不恤国政,而群臣相妒以功,谄谀用事,良臣斥疏,百姓心离,城池不修,既无良臣,又无守备……楚人自战其地,咸顾其家,各有散心,莫有斗志。"这就是秦将白起眼中的楚国。

从以上情况不难看出，自怀、襄二王执政以后，楚国就逐渐走下坡路，一蹶不振。从深层原因看，是由于贵族保守势力的疯狂反扑，致使吴起、屈原推行的变法归于失败，导致后来楚国的衰败，正如《商君书·弱民篇》指出的："此无法之所生也。"《韩非子·和氏篇》曾总结过秦国成功的经验和楚国失败的教训："楚不用吴起而削乱，秦行商君法而富强。"同书《有度篇》又说："奉法者强则国强，奉法者弱则国弱。""能去私曲就公法者，民安而国治。能去私行，行公法者，则兵强而敌弱。"楚国当政者拒绝变法革新的后果表明，法治中断，人治代替了法治，内外交困，于是内乱不可避免，"庄蹻暴郢"，出于必然。这一重大历史事件，既给楚国统治集团以沉重打击，也为庄蹻后来"因祸得福"提供了条件，借用《论衡·命义篇》中的话来说就是庄蹻"乃以寿终"。当然，王充是将庄蹻视为"命吉之人，虽不行善，未必无福"一类人来说的。说庄蹻"寿终"，当指庄蹻开滇后寿满天年。

四、庄蹻是开发西南边疆的先驱者

关于庄蹻入滇路线问题，主要有二说：

其一，司马迁在《史记·西南夷列传》说是由荆州溯长江至巴郡（今重庆），再向南至夜郎（今贵州以西），进入滇池。笔者按：据《史记·秦本纪》（卷五）记载，秦惠王"九年（前316），司马错伐蜀，灭之"。说明长江上游早已被秦国控制，因此，庄蹻不可能溯长江而后入滇。

其二，《华阳国志·南中志》则说庄蹻是溯沅水，出且兰，克夜郎，再入滇。笔者按：《北堂书钞》卷一百三十八"牂牁条"注引、《太平御览》卷七百七十一"牂牁条"引《后汉书·西南夷列传》《水经注》卷三十六"温水篇"等书均主此说。也就是说，庄蹻由湘西溯沅水，经且兰（今贵阳以东）到夜郎（今贵阳以西），沿今滇黔路进入滇池。此说可信度较高。

庄蹻入滇时间当在顷襄王当政初期，这从《韩非子·喻老篇》中庄辛与顷襄王的对话中得以证实，庄辛说："庄蹻为盗于境内而吏不能禁，此政之乱也。"顷襄王采纳了庄辛的建议，放弃原先伐越的打算，集中力量清除内乱，庄蹻必然是主要打击目标。在官军的追剿下，庄蹻才被迫向西南撤退，率众远征，入滇时是"以兵威定属楚"。这说明是打着楚将的旗号入滇的。

庄蹻入滇后，能深识远虑，入乡随俗，并以部落成员的身份融入当地部落联盟当中，"便服从其俗"，迅速融入当地民族生活，并与邻近的"靡莫""劳浸"等族友好相处，结为"同姓相扶"的关系，彼此通婚，繁衍后代，逐渐形成民族融合的大家庭，正如《盐铁论·论功篇》所说："今西南诸夷，楚庄之后。"《新唐书·南蛮传》："自夜郎滇池以西，皆庄蹻之裔。"《太平寰宇记》："自夜郎以西，皆曰庄蹻余种。"《云南乡贤事略》："庄蹻卒，子孙相继王滇，至汉元封二年（前109），以滇为益州郡，滇王降，赐印，复长其民，获最宠，庄蹻之贻谋远矣。"庄蹻入滇后，不仅给当地带来先进的生产技术，而且给当地带来了丰富多彩的楚文化,为滇楚文化的交流和互动开辟了通道,为汉武帝在滇设置郡县奠定了基础,这在国家统一的历史过程中功不可没。司马贞在《史记索隐述赞》中明确指出:"西南外徼,庄蹻首通。"庄蹻成为开发西南边疆的先驱者。其后,内地大批移民先后进入云南,同当地各族人民进一步开发了多民族的西南边疆,成果累累,这已经被历史证实。总之,"庄蹻开滇"的功绩在历史上应给予肯定。

五、屈原与庄蹻的微妙关系

在战国七雄争霸天下的时代,楚国的政治风云将屈原与庄蹻推到了风口浪尖上,在历史上扮演了前无古人的角色,最终,一个因变法革新、坚持正道而被放逐,自沉汨罗而死,成为今天的世界文化名人;一个因反对权奸当道,发动兵变成为"大盗"而被追剿,撤退入滇,寿终正寝,成为开发西南边疆的先驱者。

这里拟将屈原晚年流放经历与庄蹻活动轨迹联系起来进行考察,再以屈原作品中的一些隐情作为切入点,寻根究底,探讨事情的来龙去脉,以期破解屈原与庄蹻的微妙关系。

庄蹻原本就是个正派的人,《盐铁论·诏圣篇》说:"夫铄金在炉,庄蹻不顾。"贾谊在《吊屈原赋》中认为"世人"不该"谓跖、蹻廉",这恰好从另一面看出跖、蹻因"廉"而受"世人"拥戴。《论衡·本性篇》也指出:"庄蹻刺人之滥。"这些都表明庄蹻对腐败贪婪者的不满和痛恨。这与屈原做人应廉洁清白的主张不谋而合,他在《卜居》中说过:"宁廉洁正直以清白乎""谁知吾之廉贞"? 这说明屈、蹻二人有着相通之处。

"庄蹻暴郢",朝廷上下惊恐万状,在此危难时刻,怀王不得不求齐国伸出援手,于是想起过去曾出使齐国有功的屈原,立即将屈原召回朝廷,并派往齐国修复关系。据蒋骥、游国恩、姜亮夫、孙作云等名家考证,屈原被召回朝廷的时间当在怀王二十九年(或二十九年前后),这从《史记·屈原列传》所载得到证实:"时秦昭王与楚婚,欲与怀王会。怀王欲行,屈平曰:'秦,虎狼之国,不可信,不如毋行。'怀王稚子子兰劝王行:'奈何绝秦欢!'怀王卒行。"这是怀王三十年之事,说明此前(怀王二十九年)屈原已被朝廷召回,与前面几位名家考定的时间吻合。因此,"庄蹻暴郢"这一震惊朝廷上下的重大事件,屈原应当知道。这就与屈原后来被放逐到江南时而追寻庄蹻活动轨迹的经历产生了微妙的关系。

据《史记·屈原列传》记载,顷襄王即位后,因屈原曾埋怨子兰不该劝怀王入秦,又表达了让怀王返楚的愿望,子兰得知后勃然大怒,"卒使上官大夫短屈原于顷襄王,顷襄王怒而迁之"。子兰明白,若楚怀王回归楚国,自然推脱不了劝怀王入秦被囚的责任,必然危及自身权益,因而反应特别强烈,唆使上官大夫去向顷襄王进谗言,毁谤屈原。而顷襄王也自知,如果怀王回楚,自身王位难保,于是顺水推舟将屈原放逐江南,时在顷襄王元年或二年初。

屈原与庄蹻，虽然素不相识，也未曾有过直接联系，但从客观倾向上看，他们在一些问题上不免会有共鸣之处，例如二人皆为楚之苗裔，曾先后为朝廷文武官员，积极推行向南开拓疆域的国策，主张联齐抗秦、举贤授能，反对权奸当道等等，因而受到佞臣的排斥和打击。但在反对奸佞当道的斗争方式上，庄蹻选择了武力"暴郢"的方式，虽然他的主观意图是清除朝中败类，但客观上却造成了与朝廷分庭抗礼的局面，因而被朝廷视为犯上作乱的"大盗"，遭到无情镇压。对于一向自诩为忠臣的屈原来说，在反对权奸当道这一点上，与庄蹻虽有共识之处，但庄蹻以"暴郢"方式出牌，完全出其意外，恐非"上策"。因为这样做的结果，反而会被奸佞抓住把柄，"名正言顺"地进行镇压，使自己陷入无法申辩的绝境，其后果可想而知。这当然是屈原不想看到的结果。不过，当我们认真考察屈原流放江南行程和玩味他的某些作品时，发现其中与庄蹻的去向和命运又有着某种关联的迹象和难言的隐情。下面不妨以屈原晚年流放南方时创作的三篇作品（《哀郢》《涉江》《怀沙》）为例，以破解其中的隐情。

其一，《哀郢》是屈原流放江南九年后追忆往事之作。洪兴祖《楚辞补注》云："至顷襄即位，遂放于江南耳……又云九年而不复，盖作此时，放已九年也。"

在诗人的心目中，郢都是楚国的象征，哀郢都就是哀楚国，关心楚国的前途命运是诗人毕生使命之所在。

皇天之不纯命兮，何百姓之震愆。
民离散而相失兮，方仲春而东迁。

本诗开头四句就与当时的政治形势有关。《史记·楚世家》云："顷襄王横元年，秦要怀王不可得地，楚立王以应秦，秦昭王怒，发兵出武关攻楚，大败楚军，斩首五万，取析十五城而去。"顷襄王元年，楚国另立君王（顷襄王横），使秦国以扣留楚怀王作为要挟楚国割地的图谋落空，却深表不服，于是秦出兵攻楚，夺取楚之十五城而去，形势极为紧张，又闻秦军还要大举进攻郢都，弄得人心惶惶，故次年春天，民众纷纷逃离郢都，正好屈原也被放逐，从此开始了他的流放生涯。戴震在《屈原赋注·音义下》中是这样描述的："屈原东迁，疑即当顷襄王元年，秦发兵出武关攻楚，大败楚军，取析十五城而去。时怀王辱于秦，兵败地丧，民相散失，故有'皇天不纯命'之语。"百姓惊恐，离散东逃，都与上面所说的政治形势有关。屈原也是在这种形势下开始了流放江南的生活。

关于屈原的流放路线问题，清人蒋骥在《山带阁注楚辞》和《楚辞余论》中有过考证，他将《哀郢》和《涉江》中屈原的流放路线衔接起来，从时间上看，《哀郢》作于前，《涉江》作于后，即"《哀郢》发郢而至陵阳"，九年后，《涉江》又以陵阳为起点，"从鄂渚入溆浦，乃自东北往西南,当在陵阳之后"。

> 去故乡而就远兮,遵江夏以流亡。

故乡指郢都,江夏指长江和夏水(湖北江陵东南)。夏水发源于长江,为其支流,在郢都附近的夏首(今湖北沙市),会于沔水(今汉水),再东流至夏口(今汉口),流入长江。

> 过夏首而西浮兮,顾龙门而不见。

"过夏首而西浮"句,赵逵夫先生是这样解读的:"即言过夏首(夏水由长江分出之地),东行一段后,向西南入洞庭。这个路线,同庄蹻向黔中转移的路线是一致的。"①

> 当陵阳之焉至兮,淼南渡之焉如?

到了陵阳不知去哪里,向南渡过无边际的大江,要到哪里呢? 也就是说,屈原到了陵阳就停留下来了。

> 惟郢路之辽远兮,江与夏之不可涉。

钱澄之《屈诂》云:"'江与夏之不可涉',言永别此路,不复至郢也。"这就意味着诗人要回郢都的希望十分渺茫。

其二,九年后,《涉江》又以陵阳为起点,由夏口涉江到达鄂州(今武昌西面),又从鄂渚进入溆浦。

> 哀南夷之莫我知兮,旦余济乎江湘。

当时濮地又称南夷,在辰、沅之西,当属蛮荒之地。姜亮夫先生在《楚辞今译讲录》中认为,这里所说的"南夷",当指三苗人,"我推想,可能就是'庄蹻王滇'之前,任用了一些三苗的人。暴郢后,他带不走。而三苗自舜以来西迁,说不定屈原是想逃到南边去找庄蹻,说服他不应以政变的方式暴楚。这纯粹是我的想法,是推想。但他到时,庄蹻已走掉了,留下的只有三苗的一些人,所以说'南人莫余知',三苗人不了解我。"这种将庄蹻

---

① 赵逵夫:《屈原与他的时代》,北京:人民文学出版社,2002年,第390页。

的活动轨迹与屈原的行走路线联系起来,考察这二者之间的关联性,值得一试。庄蹻撤出郢都后,曾向西南方向转移,在南夷蛮荒之地停留过,屈原到达时,庄蹻虽已离开当地,但仍可以从当地少数民族了解庄蹻的一些情况,至于庄蹻的最终去向,当地人也不一定知晓,无法奉告,不能如屈原所愿,故云"莫我知"。

接着又"乘舲船余上沅兮……",登上小船我游沅水而上。溯沅水入黔中,是当时楚人常经之通道。"朝发枉渚兮,夕宿辰阳。"枉渚,在今湖南省常德市一带。辰阳,在今湖南省辰溪县西,靠近沅水。"入溆浦余儃佪兮,迷不知吾所如。"溆浦在今湖南省溆浦县。枉渚、辰阳、溆浦等地,当时均属黔中,是通往西南的交通要道。庄蹻队伍曾到过这些地方,但屈原到达这些地方时,庄蹻已不知去向,屈原寻找庄蹻踪迹从此断了线,故有"迷不知吾所如"之叹。他在溆浦时,身处深山密林,猿猴出没,雨雪纷飞,阴暗潮湿,显得孤独无助,却突如其来地插进两句:"吾不能变心从俗兮,固将愁苦而终穷。""变心从俗",可做两种理解:一是不变初心,不与朝秦暮楚之俗人合群;二是为国尽忠的志向不变,与朝廷认为已经"变心"的旧臣划清界限(包括庄蹻在内),以免被奸佞找借口诬陷自己与庄蹻有什么关联。这就是为什么当他一进入辰阳时就急于声明:"苟余心端直兮,虽僻远之何伤。"内心端正忠直,虽身处幽僻荒远之地于己无损,言外之意,只要身子正,不怕影子歪。屈原来到庄蹻队伍驻扎过的地方,目的何在?为什么要特意表明自己身正则无畏,如果与追寻庄蹻的活动轨迹无关,何必做此表白?也就是说,屈原对庄蹻去向的关注,虽不敢明言,但从他的行踪及某些诗句的隐情中可以得知其用意所在。

可以说,是楚国开拓南方领域的国策,让屈原与庄蹻的想法和行动联系在一起,客观上已形成共识。屈原追寻庄蹻的行踪,心中或许就有为了延续楚国的存在而将开拓南方疆域的愿望寄托于庄蹻身上,只是不敢明言而已。虽然屈原生前没有机会知道庄蹻的最终去向,也不可能预料到庄蹻王滇所发生的后事,但从推行楚国向南开拓疆域的国策来看,庄蹻入滇的壮举,还是实现了屈原生前没有实现的愿望,也正如二百年后的司马迁所希望的那样,庄蹻入滇,"以兵威定属楚",滇已"属楚",乃楚国的延伸,所谓"开滇续楚"也。

其三,继《哀郢》《涉江》之后,又有《怀沙》之作。诗人的行踪在沅、湘一带,如:"伤怀永哀兮,汩徂南土。"朱熹《楚辞集注》:"汩徂南土,泝沅湘也。"乱辞又云:"浩浩沅湘,分流汩兮。"诗人再入沅湘的目的地是汨罗,即"进路北次"(欲往汨罗),准备到汨罗自沉,即"限之以大故",生命已到了尽头。但也不能排除他想便中能够弄清庄蹻的最终去向,因为此前庄蹻也在这一带活动过。

总之,在屈原晚年流放江南时期所创作的作品中,《哀郢》《涉江》所记行走路线最详,《怀沙》次之,其中提到的沅水、湘水、洞庭湖、枉渚、辰阳、溆浦等地,既是屈原流放所经之地,又与庄蹻队伍的活动轨迹暗合。也就是说,屈原晚年的流放经历,是有其一定的目的和指向的,并非漫无目的浪游南方各地。这种目的和指向中就可能包含着对庄蹻活动事迹的了解,对庄蹻最终去向的关注,并将开拓西南疆域和反秦复国的希望寄托于庄蹻身上,这些没有明言的隐情,多少可以从屈原的某些作品中觉察到,从而了解屈原与庄蹻的微妙关系。

屈原的"美政"与《书》"允迪厥德"的德政

聊城大学 戴永新

"美政"一词，出现在楚辞《离骚》篇的最后两句："既莫足与为美政兮,吾将从彭咸之所居!"王逸《楚辞章句》解释曰："言时世之君无道,不足与共行美德、施善政者,故我将自沉汨渊,从彭咸而居处也。"① 纵观其作品可以看出,屈原这种对时政不满而产生"行美德、施善政"中效法先王、任贤尚能、严明法度、关注民生等内容,和《尚书》稽查往古的"允迪厥德"德政思想有很多相似之处,《皋陶谟》曰："皋陶曰:'允迪厥德,谟明弼谐。'"孔氏传："迪,蹈。厥,其也。其,古人也。言人君当信蹈行古人之德。谋广聪明,以辅谐其政。"② 也就是,相信并按照先王的道德处理政务,这样就能使谋略实现,大臣之间就能团结一致,同心同德了。从《尚书》的"稽我古人之德"(《召诰》)稽查古文修身养性、选贤用贤、明德慎罚、爱民重民等内容来看,屈原美政思想的渊源或许和《尚书》有关。

一

《尚书》,是我国现存的第一部历史文献汇编。曰：《书》记先王之事"③ 而被为政者奉为圭臬,又因其"疏通知远而不诬"④,而成为士子们研习的教材,《书》教伴随着《书》篇的形成和传播而产生。由于孔子对《尚书》的整理编订,特别明确提出"疏通知远,《书》教也"(《礼记·经解》)⑤ 之后,使总结历史经验、宣讲道义的《书》教之旨更加明确化,对当时和后世影响也就更加具体化了。从《左传》《国语》《战国策》皆有多处引《书》来看,先秦时期士人很多曾受过《书》教。

屈原所生活的楚国,虽僻处荆山,由于春秋战国时期各国互通往来,楚文化中也受到了中原文化的影响。如《左传·昭公二十六年》就有:"王子朝及召氏之族、毛伯得、尹氏固、南宫嚚奉周之典籍以奔楚"⑥ 的记载。不仅如此,《左传》《国语》中也有很多地方

---

* 阮元校刻:《十三经注疏·尚书正义》,北京:中华书局,1980年。以下引自《尚书》的所有内容皆出自本书。
① 王逸注:《楚辞章句》,北京:中华书局,1984年。
② 阮元校刻:《十三经注疏·尚书正义》,北京:中华书局,1980年,第138页。
③ 司马迁撰,(唐)张守节正义:《史记》卷八十四,北京:中华书局,1959年,第3297页。
④ 阮元校刻:《十三经注疏·礼记正义》,北京:中华书局,1980年,第1609页。
⑤ 阮元校刻:《十三经注疏·礼记正义》,北京:中华书局,1980年,第1609页。
⑥ 阮元校刻:《十三经注疏·春秋左氏传》,北京:中华书局,1980年,第2112页。

记载楚人引用《尚书》以说理。《左传·成公二年》记载申公巫臣劝说楚庄王讨伐陈夏氏后勿纳夏姬,便引用《周书》"明德慎罚"①,并对"明德""慎罚"分别做了解释,希望楚庄王要致力于提倡道德,避免受到惩罚,从而使楚庄王打消了收纳夏姬的念头。《国语·楚语》"左史倚相儆申公子亹"篇也记载了楚国史官倚相引《周书》"文王至于日中昃,不皇暇食。惠于小民,唯政之恭"②教训元老重臣申公子亹应以国事为重,不能以老自居,贪求安逸。"白公子张讽灵王宜纳谏"篇中白公子张劝谏暴虐拒谏的楚灵王时引用了武丁作书曰:"若金,用女作砺。若津水,用女作舟。若天旱,用女作霖雨。启乃心,沃朕心。若药不瞑眩,厥疾不瘳。若跣不视地,厥足用伤。"③以武丁求贤若渴、从谏向善的事实向灵王进谏。"观射父论绝地天通"篇中楚国大夫观射父解释昭王所问《周书》所谓重、黎实使天地不通者,何也? 若无然,民将能登天乎?"④论述了上古人神关系及其发展状况,以及有关鬼神降福、巫觋降神、太祝、宗伯的任命和祭祀的来源、制度等内容。

上面言说者的身份有史官、有大夫、有县尹,引《书》内容,从治国理政,到敬业修为,再到人神关系都有所涉猎。不仅如此,楚国还把《书》列入教材。《国语·楚语》"申叔时论傅天子之道"篇中,申叔时认为《春秋》《世》《诗》《礼》《乐》《令》《语》《故志》《训典》等可以作为教材教育太子,其中《故志》《训典》就是《书》的内容。可以想见楚国士人很多都接受了《书》教。屈原,据《史记·屈原贾生列传》云:"为楚怀王左徒,博闻强识,明于治乱,娴于辞令,入则与王图议国事,以出号令;出则接遇宾客,应对诸侯"⑤,其作为楚国重要的官员本就应该对王朝各种文告以及君臣讨论朝政大事的记录的《尚书》进行过一番学习和研究。其另外一个身份,据《渔父》所言曾为"三闾大夫",掌管教育楚国王族屈、景、昭三姓宗族子弟,应该对作为教材的《尚书》内容有了一定的把握,而从其作品中多处出现尧舜禹汤等先王事迹,"美政"思想的核心内容来看,其明显接受过《书》教。

二

《尚书》"允迪厥德"之"德",首先包括先王的个人崇高品德。"曰若稽古"引出的帝尧"钦明文思安安,允恭克让,光被四表,格于上下,克明俊德"(《尧典》);虞舜"克谐以孝",大禹"思日孜孜"。《虞书》中根据传说整理的尧、舜、禹这些古代圣贤帝王的语言和事迹,莫不反映出他们恪尽职守、勤于朝政的崇高品德。

《周书》弥漫着浓厚的道德气氛。在19篇中85次出现了"德"字。这些"德"字,大

---

① 阮元校刻:《十三经注疏·礼记正义》,北京:中华书局,1980年,第1896页。
② 徐元诰撰,王树民、沈长云点校:《国语集解》,北京:中华书局,2002年,第502页。
③ 徐元诰撰,王树民、沈长云点校:《国语集解》,北京:中华书局,2002年,第503—504页。
④ 徐元诰撰,王树民、沈长云点校:《国语集解》,北京:中华书局,2002年,第512—515页。
⑤ 司马迁撰,张守节正义:《史记》,北京:中华书局,1982年,第2481页。

部分出于周公之口,而且多围绕"皇自敬德"、以德配天、以文王为中心阐释如何从平凡事务中显示其伟大、以期实现"祈天永命"的目的而展开的。

《周书》中,上天是王朝国运的决定者,天子是代天行令之人,这样上天和民众之间就由"天子"架起了一座沟通的桥梁,而这座桥梁的核心则是"德"。上天选择那些有道德的人,而把大命赐予他,所谓"今天其命哲",而且"自贻哲命"(《召诰》),只要他一心向善,上天必定赐他一个圣智的性格。所以据周人的观点,上天赐予天子大命的同时,也赐予其德,所以道德和大命是相随而来的,所以天子只有以德配天,才能"祈天永命",于是"德""敬德""敬德"等概念在《周书》中被反复提及。

《尚书》注重考察圣王之"德"的稽古意识,在屈原作品中得到继承和发扬,他很多诗歌都对古代圣王的品德进行了高度赞美。在屈原看来,"惟尧、舜之耿介兮"(《离骚》)。尧、舜,是圣德之王,《论语·泰伯》有言:"大哉尧之为君也!巍巍乎唯天为大,唯尧则之。""巍巍乎舜禹之有天下也,而不与焉。"[①] 尧的伟大,在于则天,天无私覆;舜的伟大,在于拥有天下而不占有,所以屈原称之为"耿介"即光大圣明。他们"既遵道而得路"(《离骚》),因此行为高尚,远远超出世俗直薄云霄:"尧舜之抗行兮,了杳杳而薄天。"(《哀郢》)商汤、夏禹、周文王严明谨慎,讲究治道无有过失:"汤禹俨而祗敬兮,周论道而莫差。"屈原认为,"内厚质正兮,大人所晟"(《怀沙》),因此大禹、商汤、文王正是因为自身德行完美,才吸引了一大批贤能辅助其政:"昔三后之纯粹兮,固众芳之所在。"(《离骚》)而对于历史上骄奢淫逸、昏庸无德的君,给予了无情地鞭挞:

启《九辩》与《九歌》兮,夏康娱以自纵。不顾难以图后兮,五子用失乎家衖羿淫游以佚畋兮,又好射夫封狐。固乱流其鲜终兮,浞又贪夫厥家。浇身被服强圉兮,纵欲而不忍。日康娱而自忘兮,厥首用夫颠陨。(《离骚》)

历史事实证明,君王注重修德可使国运昌盛,而恶行败德将使国家毁灭。因此,美政理想的关键首先在于治者的修德。屈原"依前圣以节中兮",注重培养自己形成崇高的品德,他着精美服饰:"扈江离与辟芷兮,纫秋兰以为佩""制芰荷以为衣兮,集芙蓉以为裳""高余冠之岌岌兮,长余佩之陆离";乘精致车辆:"为余驾飞龙兮,杂瑶象以为车";食精华食物"朝饮木兰之坠露兮,夕餐秋菊之落英""折琼枝以为羞兮,精琼靡以为粻"。屈原之所以这样做,是为了践行"謇吾法夫前修兮""忽奔走以先后兮,及前王之踵武"(《离骚》)的理想。

---

① 阮元校刻:《十三经注疏·论语注疏》,北京:中华书局,1980年,第2487页。

三

《尚书》"允迪厥德"之"德",包括推行德政,其中包括任人唯贤、明德慎罚、关注民生,这些思想也成了屈原追求"美政"的重要内容。

《尚书》稽查的圣王突出了美德和善政。尧"允恭克让";舜"让以德";文王"徽柔懿恭";武王"率惟谋从容德"。他们知人善任:如尧放弃"嚚讼"的儿子,传位于有才能的虞舜;舜流放了"静言庸违"的共工、"方命圮族"的鲧,而任用了顺应五行的禹等等。汤、太甲分别任用伊尹和保衡,太戊任用伊陟、臣扈、巫咸,祖乙和武丁分别任用巫贤和甘盘,文王、武王任用虢叔、闳夭等,这些圣王皆能尊才用贤。有贤臣辅助的殷商,"则商实百姓,王人罔不秉德,明恤小臣,屏侯甸,矧咸奔走",殷国的统治才"多历年所"。文王之所以能治理好周朝,一方面源于他"尚克修",另一方面是因为他有虢叔、闳夭、散宜生、泰颠、南宫括等贤臣的辅助,相反,如果没有这些贤臣的辅佐和教导的话,文王之德也不可能普及于民了。

《尚书》通过稽查古人尚贤授能推广德政的思想,深深地影响了屈原。在他的作品中,他多方考察了古人尚贤授能的事迹。商汤、大禹、周文王"举贤才而授能",汤为人严正虚心求贤,得到伊尹、皋陶的辅助:"汤、禹俨而求合兮,挚、咎繇而能调",并突出强调了先王重才而不计出身地位:"说操筑于傅岩兮,武丁用而不疑。吕望之鼓刀兮,遭周文而地举。宁戚之讴歌兮,齐桓闻以该辅。"

可是屈原所在的楚国"谅聪不明而蔽壅兮,使谗谀而日得","君无度而弗察兮,使芳草为薮幽"(《惜往日》),"凤凰在笯兮,鸡鹜翔舞。同糅玉石兮,一概而相量"(《怀沙》)。怀王受人蒙蔽,谗献谀者日益得意,贤才没人赏识,忠臣谏言之路被障碍壅塞,使得人人无所适从。我们在反复吟唱"闻百里之为虏兮,伊尹烹于厄厨,吕望屠于朝歌兮,宁戚歌而饭牛,不逢汤武与桓缪兮,世孰云而知之"的诗句中品味出屈原羡慕古人"苟中情其好修兮,又何必用夫行媒",而表露出对明君知遇的深深地渴望,以及面对"伯乐既没,骥焉程兮"的现实而无能为力,以及"汤禹久远兮,邈而不可慕"(《怀沙》)的深深遗憾。

《尚书》通过稽古发现,圣王善政的实现,不仅靠人,更要靠法。《洪范》箕子向武王传授治国大典——"洪范九畴"中不仅强调"建用皇极",而且更强调"无偏无陂,遵王之义;无有作好,遵王之道。无有作恶,遵王之路;无偏无党,工道荡荡;无党无偏,王道平平,无反无侧,王道正直。"并且要"庸庸,祗祗,威威。"(《康诰》)要任用应该受到任用的人,敬畏有声望的人,镇压有罪之人,但施刑时需要慎重,要"敬明而罚"。司刑者要仔细判断犯罪初衷、犯罪后的态度;仔细审阅罪犯供词。并且执法过程要严格,要"用其义刑义杀",凡是应该受到惩罚的就一定要加以惩罚,对那些"元恶大憝"要"刑兹无赦",对于"乃别播敷,造民大誉"也要"兹义率杀"(《康诰》)。为政者如果用人得当,司法严明,即有望实现国运昌盛的目的,反之国家就走向灭亡,"殷罔不大小,好草窃奸宄,卿士师师非度",最终受到上天惩罚,降下"若兹大丧"。

屈原和《尚书》一样,认为善政的推行应该德治与法治相结合。其作品多处提到"度""绳墨""规矩"等字眼,充分表现出其对严明法治的重视。《惜往日》有言:

> 惜往日之曾信兮,受命诏以昭时。奉先功以照下兮,明法度之嫌疑。国富强而法立兮,属贞臣而日娭。

因为"草创宪度,定众难也"(《楚辞章句》)[①],所以需要修明法治,只有修明法度才能使得国家富强昌盛。修明法度是严明法纪的前提,屈原"受命诏以昭时","怀王使屈原造为宪令"(《史记·屈原列传》)明辨已有的典文,并且制定新的法度。屈原认为,法度一旦制定就需要"章画志墨兮,前图未改"(《怀沙》)。处理政事更要本着"常度未替"(《怀沙》)的态度,严格遵守。屈原在《离骚》中还列举了夏桀、商汤、大禹、周文王的事例:"夏桀之常违兮,乃遂焉而逢殃。""汤、禹俨而祗敬兮,周论道而莫差。举贤才而授能兮,循绳墨而不颇。"(《离骚》)从正反两面来说明严明法纪而昌盛,违背法度而亡国的事实,以彰显法治的重要。

虽然屈原一直主张法治的重要,但是楚国的现实却是"世溷浊而不分兮"(《离骚》),那些旧贵族反对屈原制订宪令,屡次向楚怀王进谗言,"变白以为黑兮,倒上以为下"(《怀沙》),而"君无度而弗察兮,使芳草为薮幽""弗省察而按实兮"(《惜往日》)楚怀王没有标准也不明察,听信谗言,渐渐疏远了屈原。屈原在诗中感慨道:"昔君与我成言兮,曰黄昏以为期。羌中道而回畔兮,反既有此他志。"(《抽思》)屈原制定的法令未能实施即被扼杀了。屈原眼中的楚人"固时俗之流从兮"(《离骚》),而且到处充斥着违法乱纪的现象:"固时俗之工巧兮,偭规矩而改错。背绳墨以追曲兮,竞周容以为度。"他通过痛苦地吟唱"乘骐骥而驰骋兮,无辔衔而自载。乘氾泭以下流兮,无舟楫而自备。背法度而心治兮,辟与此其无异。"(《惜往日》)来表现其对于楚国法度不明的叹息。虽然屈原追求法治的思想未能实现,但诗中依然歌唱"亦余心之所善兮,虽九死其犹未悔"(《离骚》)追求"美政"的坚定决心。

四

关心同情人民是屈原"美政"理想的根基,其诗歌多处表现"爱民"思想。

---

① 王逸注:《楚辞章句》,北京:中华书局,1984年。

《离骚》对不体察民心的君王表达了遗憾："怨灵修之浩荡兮,终不察夫民心",对楚国人民的多灾多难掩泣太息："长太息以掩涕兮,哀民生之多艰"。当楚国"恃其国大,不恤其政,而群臣相妒以功,谄谀用事,良臣斥疏,百姓心离,城池不修"(《战国策·中山策》)而郢都被秦国将领白起攻克时,诗人在《哀郢》中慨叹"皇天不纯命兮,何百姓之震愆?民离散而相失兮,方仲春而东迁",表达了诗人看到天命变化无常,不眷顾百姓而使得人民流离失所、妻离子散的愤慨之情。诗人走投无路而想远走他乡,但心系百姓的苦难和安危,放弃了离国走四方的想法。"愿遥起而横奔兮,览民尤以自镇。结微情以陈辞今,矫以遗夫美人"的诗句把诗人爱民重民之情淋漓尽致地展现出来。这种以人民得失进退的爱民思想,是《尚书》爱民思想的延续。

《尚书》关注百姓,表现出重民与爱民的思想。据统计,今文《尚书》中"民"字共出现了199次,主要集中在《尧典》《皋陶谟》《盘庚》《洪范》《康诰》《吕刑》等篇中,从较频繁出现"民"字的现象,即可看出《尚书》对"民"的关注。

重民爱民思想,《尚书》是通过天治观念展露出来的。《尚书》之天是有意识的,他关爱百姓,"天亦惟用勤毖我民,若有疾",待民如同对待病人一般。"天工人其代之"(《皋陶谟》),王即代天行令,成为上天和人之间的桥梁。"天棐忱辞,其考我民"(《大诰》)上天为了要使人民安定才设立君王,而且"天佑下民,作之君",君为民设,其目的在民。因此君王为政必须"恭承民命"(《盘庚下》),从"古我先后,罔不惟民之承","王不敢后。用顾畏于民碞"(《召诰》)、"惟我下民秉为,惟天明畏"(《多士》)等语言来看,君王对民众有着责任和义务。

为政者之所以顺民意,听民命,是因为"天畏棐忱,民情大可见",上天决定是否赐予大命,根据臣民的情绪而定,民众的好恶乃被拟定为上天之意,这就把"民"的地位上升了到"神"的地位。上天从民众中间听取意见,观察问题,彰善惩恶,也是依据民众意见,上天和下民互相通达。如果为君者违背民意,上天即"惟时求民主"。夏桀"惟虐于民""洪舒于民",上天降大命于成汤,"刑殄有夏",殷纣"用燕丧威仪,民罔不蠹伤心",所以上天"简畀殷命"(《多方》),把大命转于周王。因此,君王不能假借天命,必须规规矩矩地体察民意,以实行天意。由此看来,真正凌驾在君王之上不是神秘的上天,而是具体的民众了。"帝王天命,主于民心",因此君王应时刻关注民众情绪的变化,从民意中探究为政的好坏得失,要"敬民""引养引恬"(《梓材》),使民众安于自己的处境而不犯上作乱,以实现为政"在安民"(《皋陶谟》)的根本目的。《尚书》中圣王"用康保民",无不表现出爱民重民的思想。帝尧"敬授民时"、虞舜心系"黎民阻饥"、大禹"安民""稷播";殷商三王和周文王或则"治民祗惧,不敢荒宁";或则"旧劳于外,暨小人";或则"旧为小人"或则"卑服田公",这些圣王"先知稼穑之艰难,乃逸则知小人之依"(《无逸》),其对待庶民"罔不惟民之承"(《康诰》)、"能保惠于庶民,不敢侮鳏寡"(《无逸》)。

《尚书》站在为政者的角度摆正了天、君、民三者的关系,认识到民心可以影响天意,从而决定君权的兴衰。先秦以后的民本思想都是在这一基础上生成的。屈原所言"皇天无私阿兮,览民德焉错辅"(《离骚》),皇天要根据人民的反应和愿望,然后决定是否给君王以辅助正是对《尚书》民本观念的继承。

　　从以上的论述可以看到,屈原的"美政"思想很多内容如效法先贤、举贤授能,修明法度、关注民生等受到了《尚书》"德政"思想的影响,但是屈原的理想政治的形成,是基于楚国内政的现实,带有很强的时代特色,这和《尚书》"允迪厥德"的稽古思想不尽相同。

屈原悲剧新解

聊城大学　郝明朝　王连儒

众所周知,屈原的一生是个悲剧。如何解释这个悲剧,有两个问题无法回避:一是其遭疏遭放何不去楚?二是不去楚也还罢了,何以要死、且是"自沉"?古往今来的屈子研究者,对这两个问题的看法见仁见智,迄无定论。笔者不揣简陋,谈谈自己的一孔之见,请方家教正。

一、屈原何以不走

屈原具有高尚的人品,卓越的才干,怀抱振兴楚国的"美政"理想,却被群小谗嫉,楚王疏放,以致报国无门,其痛苦可想而知。但在人才自由流动,"此处不留爷,自有留爷处"的战国之世,其何以不"去楚他仕"呢?对这个问题,学界主要有以下几种看法:

(一)同姓无可去之义。宋洪兴祖《楚辞补注》说:"屈原,楚同性也。""同姓无可去之义"这是影响最大的一种说法。其源可溯至汉代的王逸,王氏《离骚经章句》云:"屈原自道本与君共祖,俱出颛顼胤末之子孙,是恩深而义厚也。"宋·朱熹、清·蒋骥等以及现当代的许多学者均赞同此说。自然也有持异议者,如董运庭即谓:"这种说法其实是靠不住的。可以说,屈原之眷顾楚国,苦恋故土,其主要的思想动机并不是出于宗族血缘上的关系。按照我们能够认同的结论,屈氏的始祖是楚先王熊渠之子句亶王熊伯庸,历史年代已不可确考,距离屈原生活的年代至少是五百年至六百年以上。就算按照王逸所说,屈氏出自楚武王熊通之子屈瑕,那么楚武王在位的年代(公元前740—公元前690)距离屈原也有四百多年了。一定要追溯的远代祖宗都姓芈,也只能说'五百年前是一家',那又有多大的意义呢?在当时'宗臣去国,亦屡见不鲜'。"① 笔者以为,以与"楚同姓"来解释屈原死不去楚的确不能让人心服,因为"宗臣去国,亦屡见不鲜",包括屈氏家族的人。但,宗族血缘关系虽非构成屈原"眷顾楚国,苦恋故土"的"主要的思想动机",其死不去楚却不能说与此无关,理由下述。

(二)由于爱国。姜书阁在《人民诗人屈原的爱国主义思想》中说:"他之所以终不去者,只是'冀幸君之一悟',王之一听耳。他完全是出于热爱祖国之诚,初非如后世之愚

---

① 董运庭:《楚辞与屈原辞再考辩》,北京:中国社会科学出版社,2005年,第151页。

忠,或若古所谓'宗臣无去国之义'的封建伦理观念。"① 熊任望亦说:"屈原为什么不离开楚国?……诗人自己直接说明不能离楚的第一个原因是:热爱祖国。……第二个原因是:系心楚王。……第三个原因是:眷念人民。"② 郑在瀛《屈原的民族精神略论》谓:"屈原有王佐之才,若屈仕他国,何国不容?为什么一定要以身殉国呢?对此,后人提出过不同的看法。或谓屈原是同姓之宗臣,义不可去,故死志已决;或谓屈原的思想核心是忠君,忠臣不事二主;或谓屈原'直道而事君,焉往而不三黜?'去国也未必有好结局;或谓屈原志在使楚国强大并由她统一中国,不必旁求;或谓屈原热爱乡土,'鸟飞返故居,狐死必首丘。'这些看法都有一定的道理,但只是说到了屈原高尚的思想品质和爱国行为的某一个或某几个侧面,还不是屈原'何为不去国'乃至以死殉国的根本原因。我认为:屈原至死不离开楚国的根本原因在于他具有强烈的民族感情和坚定的民族立场。"③ 问题是其何以这样爱国?其何以具有这样的民族感情和民族立场?其何以非要把自己与楚国绑在一起呢?当然,有些学者对这些问题做过解释,如张正明先生即谓"楚人有热爱乡国和报效君国的传统精神"④,这种民族传统是屈原爱国思想之根基。蔡靖泉先生亦说:"屈原出生的战国后期,正是楚国强盛的末世,也是楚文化高度发展、楚国人民的爱国主义传统高度形成的时期,这客观上就为屈原那种强烈的爱国主义精神的产生提供了深厚的历史和文化的基础。外因只是变化的条件,内因才是变化的根据,屈原之所以成其为'屈原',更主要的是有着他植根于现实而形成的爱国主义的思想基础,这就是他宏伟的爱国思想和进步的'美政'主张。"⑤ 两先生所言不能说没有道理,但总让人觉得还是隔了一层,这种传统何以不能成为楚王家人及上官大夫等人的爱国思想根基呢?屈原何以具有他人没有的"宏伟的爱国思想和进步的'美政'"主张呢?

（三）屈原的政治抱负和与王同姓的关系使然。赵逵夫先生把屈原与公孙衍进行比较,认为其"不同于一般的纵横家,而是具有深刻思想和远大政治抱负的政治家"之后说:"这里附带说一下屈原何以始终不离开楚国。如一些学者所说,这同他是楚王同姓有一定的关系。但难道他仅仅因为自己是楚国贵族才这样热爱楚国吗?不是。这主要同他在青年时代即形成的政治抱负有关。他在行加冠礼时就说过:'受命不迁,生南国兮。'楚国在列国之中疆域最大,历史最久……不仅完全有统一全国的希望,而且按照屈原的政治路线,较之秦国的做法,社会付出的代价会更小,也会更得民心,更利于社会的发展。

---

① 参见湖北省社会科学院文学研究所编:《屈原研究论集》,1984年,第5页。
② 熊任望:《楚辞探综》,河北:河北大学出版社,2000年,第272—276页。
③ 参见湖北省社会科学院文学研究所编:《屈原研究论集》,1984年,第19页。
④ 张正明:《屈原爱国思想试析》,《江汉论坛》,1986年第3期。
⑤ 蔡靖泉:《论屈原的爱国主义精神》,湖北省社会科学院文学研究所编《屈原研究论集》,1984年,第35页。

屈原从小就抱有了这种志向,怎能改变?何况在楚怀王时,有统一希望者,楚国之外,只有秦国(齐国无论疆域还是国力,都不能同楚国相比),屈原既认为'秦,虎狼之国,不可信',他就绝不会到秦国去谋求理想的实现。"① 我们赞同赵先生"屈原始终不离开楚国"虽然和与王同姓有关,但仅以其"是楚国贵族"实不足以说明问题的看法。然赵先生以屈原"在青年时代即形成的政治抱负"以及对秦国的认识来说明其秦国不会去,其他国家不值得去,"他就只有哀叹:'既莫足与为美政兮,吾将从彭咸之所居!'"②来解释"屈原始终不离开楚国"似仍不能让人满意,因为屈原何以在青年时代即形成这样的抱负?其为什么从小就会抱有这种志向?赵先生并未给出答案。与其空叹,何不出国一试?当然,赵先生说屈原"在行加冠礼时就说过:'受命不迁,生南国兮。'"就下定了绝不离楚的决心。这则是另一个问题了,因为从《橘颂》中我们看不出赵先生所说的屈原的"政治抱负",其"始终不离开楚国"即使与这个"抱负"有关,但当这个"抱负"在楚国已无法实现,其仍"不出国一试"的事实,即说明了它并非屈原离楚与否的决定性因素。

(四)没认清形势,对楚王抱有幻想;没本事,不敢去。范正声谓:"屈原不事他邦的一个重要原因就是他没有认清形势,他幻想怀王、顷襄王能一改旧念:再招用他。……如果他能认清形势,不抱幻想,也许会远走他邦。""他没有辅佐君王当新型天子的雄心,没有李斯、韩非的气魄和才能,也没有将兵率众,以御强敌的本领。能保驾护航,免使楚国早亡尚成为他的理想,哪里还能到他邦以事贤君呢?……观其思想理论水平,看其政治、军事才能,在楚失败后,实在不敢到中原以显身手,更不敢到秦、齐这样的大国去班门弄斧。"③应该说屈原对怀王确实抱有幻想,这在《离骚》中即有所反映,但《离骚》中亦明确地说"既莫足与为美政",他也不会"远走他邦",而是"将从彭咸之所居"。这说明屈原的"不远走他邦"与对楚王抱不抱幻想没有关系。在屈原的早年作品《橘颂》中,他便明确表示"受命不迁,生南国兮",这更说明其不远走他邦与对楚王抱不抱幻想没关系了。当然,范先生认为《橘颂》不是屈原早年所作,"而是放逐后的作品"。即便如此,那幻想破灭,也不"远走他邦"的意思还是很明显的。那么幻想即已破灭,还不远走他邦,是不是像范先生所说没本事,不敢去呢?从屈原任三闾大夫教育贵族子弟,任左徒"博闻强志,明于治乱,娴于辞令。入则与王图议国事,以出号令;出则接遇宾客,应对诸侯"(《史记·屈原贾生列传》),改革内政,联齐抗秦,谏怀王"何不杀张仪"、勿入秦等行为看,他是既有眼光又有本事的。司马迁即谓"以彼其材,游诸侯,何国不容"。其"不事他邦",实是另有原因。

(五)屈原具有诗人气质,乡国之情太深;坚持人格的完美,别国同样难容。董楚平说:"屈原不愿出走的一个原因是乡国之情太深,这与他的重感情的诗人气质有关。除了

---

① 赵逵夫:《屈原与他的时代》,北京:人民文学出版社,2002年第2版,第227—228页。
② 赵逵夫:《屈原与他的时代》,北京:人民文学出版社,2002年第2版,第227—228页。
③ 范正声:《屈原不事他邦的原因》,《聊城师范学院学报》(哲学社会科学版),1993年第4期。

这个感情因素之外,更主要的还有理性的原因,即屈原要坚持人格的完美,认为别国同样难容,去也无益。"①曲德来不以董氏的第一个原因为然:"屈原首先不是作为一个诗人,而是作为一个政治家和社会活动家出现在历史和人生舞台上的,屈原出身贵族,'博闻强识,明于治乱,娴于辞令',很早就投身政治,被任为左徒。政治上的失败,人生的挫折,才成就他为诗人。班固说他'为赋以风'。因此要说气质,屈原首先具有政治家、社会活动家的气质。""'乡国之情'既然仅只是人之常情,是'一般的人性情操'而不是'道德伦理'原则(笔者按:此处所引亦董文观点),那么,这一本质性的规定就从根本上决定了无论'乡国之情'多深,都不能决定人们是否留在故国,当然也不能决定屈原留在楚国,即使他真具有'诗人气质'。"②笔者以为,不能否认屈原具有富感情的诗人气质,否则便难以解释何以会有其浸透着情感的伟大诗作;其超人的乡国深情亦不能说与其"诗人气质"无关,但,具有"诗人气质"显然不能成为其便"恋爱乡国",乃至具有超人的乡国深情的理由,更不能成为其死不去楚的理由。诚如曲先生所说"无论'乡国之情'多深,都不能决定人们是否留在故国,当然也不能决定屈原留在楚国,即使他真具有'诗人气质'。"那么,屈原的死不去楚,是不是因为他知道秉性不改,"别国同样难容,去也无益"呢?董先生说:"这样说,并非凭空推测,也是有诗为证的。"其举的第一个证据是《涉江》中如下一段:"吾不能变心而从俗兮,故将愁苦而终穷。接舆髡首兮,桑扈裸行。忠不必用兮,贤不必以;伍子逢殃兮,比干菹醢。与(举)前世而皆然兮,吾又何怨乎今之人?余将董道而不豫兮,故将重昏而终身!"我们认为董先生的这个证据是不能成立的。首先,他采取的是断章取义的引用方法,没有顾及诗句的具体语境。众所周知,《涉江》是屈原晚年流放江南时所作(董先生亦承认是屈原的晚期作品),在具体叙述其行程路线的同时,亦较为充分地展示了他的心路历程。屈原说,即使把其放逐到这山高蔽日、幽晦多雨、非人所宜居的荒僻险恶的地方,再也见不到光明,他仍将"董道而不豫",绝不会向群小屈服。因为他知道君昏政暗、群小当道、贤良斥逐的例子并不鲜见,自古都是如此,"吾又何怨乎今之人"?其与柳下惠所谓"直道而事人,焉往而不三黜"实不能相提并论。其次,屈原并不是因为"去也无益",才留楚不去的。灵氛、巫咸不皆以为其去楚便可施展抱负吗?他也知道天涯处处有芳草,只是"忽临睨夫旧乡",看到了多灾多难的祖国,才停下了远游的脚步。屈原在早年便抱定了"受命不迁",誓不去楚的决心,这更说明其死不去楚与去楚之后的有益、无益没有关系了。董先生所举的第二个证据是《怀沙》中的诗句,其同样是采取了断章取义的方法,即把诗句剥离具体的语境,而用其一般性的意义。此不具论。

---

① 董楚平:《从屈原之死谈到他的爱国、人格、气质——屈原个性研究》,《中国社会科学》,1989年第1期。

② 曲德来:《屈原的"乡国之情"、气质和人格新论》,《社会科学辑刊》,1998年第4期。

二、屈原何以要死

屈原不走也还罢了,何以要死、且自沉呢?对这个问题,学界亦有种种说法。闻一多先生当年曾归纳为三说:"历来解释屈原自杀的动机者,可分三说。班固《离骚序》曰:'忿怼不容,沉江而死',这可称为泄愤说。《渔父》的作者曰:'宁赴常沉而葬江鱼腹中耳,又安能以皓皓之白而蒙世之温蠖乎',这可称为洁身说。东汉以来,一般的意见渐渐注重屈原的忠的方面,直到近人王树楠提出尸谏二字,可算这派的极峰了。这可称为忧国说。三说之中,泄愤最合事实,洁身也不悖情理,忧国则最不可信。然而偏是忧国说流传最久,势力最大。"周建忠先生在引述闻氏上述文字之后说:"随着学术研究的进展、社会观念的变化,关于屈原自沉的研究,已经远远超过了这三种解释。或从主观的角度研究,可谓之'动机''目的''原因'研究;或从客观背景及效果立说,可谓之'价值''意义'研究。"具体而言主要有六种说法,即洁身说、殉国说、殉道说、殉楚文化说、政治悲剧说和赐死说。周先生对"六说"逐一分析后认为:"综上六说可见,'赐死说'推测成分过多,根据不足;'殉国说'是抗战时期的'古为今用''六经注我',可作为研究史上的'现象'研究;'殉楚文化说''政治悲剧说'是从历史、哲学的角度解读,对屈原的主体意识认识不够。唯'洁身说''殉道说'颇近情理:'洁身''殉道''泄愤',皆为屈原自沉动机的不同方面,与屈原作品的情感抒发,比较吻合。"① 董运庭不同意周先生对殉国说的看法:"六说之中的'殉国说',也就是通常所说的爱国主义思想或精神,被评点为抗战那种特定历史时期出现的'古为今用',且类似于儒家解经的'六经注我'的方法。诚如是,则'其特色为玄想的,而其流弊为空疏',显然对于楚辞和屈原辞的研究来说,不足为训。"② 笔者以为以"洁身""泄忿"来解释屈原的自沉,亦与其作品所说实不相合。屈原的《离骚》说,他担心的不是自身安危,而是国家的倾覆:"岂余身之惮殃兮,恐皇舆之败绩。"为了楚国,为了楚国的黎民百姓,他屈心抑志、忍尤攘诟,乃至可以九死不悔。试想,一个早已把自身安危乃至生死置之度外的人,会为了泄一己之私愤或所谓的"洁身"而投江自尽吗?若为"泄忿",他完全可以去楚他仕,干出个模样来给楚王及群小看看;若为"洁身",他也完全可以像儒家那样"穷则独善",正如扬雄所说"不得时则龙蛇……何必湛身哉"?(《汉书·扬雄传》)况且,屈原自己也不是不知道,投江自沉的结果只能是身死名灭,连楚王都不会理解:"临沅湘之玄渊兮,遂自忍而沈流?卒没身而绝名兮,惜壅君之不昭。"(《惜往日》)③

---

① 周建忠:《屈原"自沉"的可靠性及其意义》,《贵州社会科学》,2003年第5期。
② 董运庭:《楚辞与屈原辞再考辩》,北京:中国社会科学出版社,2005年,第146页。
③ 褚斌杰《楚辞选评》(三秦出版社,2004年):"'临沅湘'四句,有人认为系对屈原之死的叙述与悼念语,故曾疑《惜往日》一篇为伪作",但"从上下文义与语气看,此处乃诗人设想感慨之词,并不能成为非屈原所作之佐证。"

既如此,何以还要投江自尽呢? 屈原自己说是:"宁溘死而流亡兮,恐祸殃之有再;不毕辞而赴渊兮,惜壅君之不识。"(同上)关于"恐祸殃之有再",学界有不同看法,一谓屈原恐自身再次遭祸,一谓屈原担心君国再遭祸殃。我们同意褚斌杰先生的分析:"从屈原此时本身的处境(已遭流放,并决心赴死),以及屈原的一贯思想与诗中的上下文来看,'有再',当指对国家前途的担忧。按屈原历怀、襄两朝,辅佐怀王时,草宪令不成,立法图强失败,故国弱兵败,并有怀王客死于秦之大祸殃。今顷襄王朝,更任心而行,积弱更甚,国之前途,不堪设想,故云'恐祸殃之有再'。"① 若褚先生的分析可以信从,那么,"泄愤说""洁身说"则显然是不能成立的。从其在《离骚》中主张"循绳墨而不颇",到这临渊自沉时还在为楚王的"背法度而心治"担忧来看,屈原实是死未瞑目! 他的思想确实是一贯的。即此言之,谓屈原的自沉是殉道似亦未尝不可。但,其行道的目的不是为了把楚国的事情办好、为了楚国百姓的福祉吗? 以此而言,则与其谓之"殉道"实不如说是"殉国"更直接、更贴切。周先生自己亦说屈原:"真正的个性是追求理想,坚持好修、忠君爱国的有机统一。为了忠君爱国,他放弃了为美政的良机;为了追求理想,他终生惶惶,不以己悲。抱怨与表白、抨击与分析、劝诫与引导,都是为了追求。从这个角度看,他的死是殉节,又是殉国,更是追求(以死谏君,求其醒悟)。"② 既然"为了忠君爱国"连"为美政的良机"都可以放弃,"他终生惶惶,不以己悲"追求的理想是什么呢? 从"抱怨与表白、抨击与分析、劝诫与引导,都是为了追求"来看,屈原所追求的理想只能是君圣臣贤、法立国强、黎民幸福。所谓"殉节"、所谓"追求(以死谏君,求其醒悟)",则是说屈原至死都没忘记君国,以此言之,屈原的死,可以说就是"殉国"。

对屈原之死的解释,周先生归纳的"六说"外,尚有其他说法,如马健《屈原死因新解》③竟谓屈原是死于情杀,其荒诞不经可以想见。李金坤先生已著专文批驳。④此不赘。

《江海学刊》2008年第4期刊发了胡大雷先生的文章《屈原自沉与"以身祷之"》。文章"认为屈原是为楚国祈福消灾而自沉汨罗的,即'汤祷'式。这是近年来较有影响的"新说",《新华文摘》2009年第1期即以《屈原自沉说新解》摘编报道。下面我们一起来读读胡先生的文章,看其"'汤祷'式"的说法可否成立。文章除"结论"外共分五个部分:一、关于屈原自沉原因的几种说法,二、"以身祷之"与屈原自沉,三、从屈原作品看屈原"以身祷之"的心理,四、楚国巫风与屈原"以身祷之"观念的形成,五、尾声:塞祷与屈原"自沉"预期心理。

文章的第一部分只是依次列出了屈原自沉的四种说法:不同流合污、殉国、"死谏"、

---

① 褚斌杰:《楚辞选评》,西安:三秦出版社,2004年,第250—251页。
② 周建忠:《楚辞讲演录》,广西:广西师范大学出版社,2007年,第340—341页。
③ 见1999年9月7日《镇江日报》"梦溪园·广告版"。
④ 李金坤:《〈屈原死因新解〉之驳谬》,《苏州教育学院学报》2003年第4期。

绝望,而未做任何分析与评论。

在文章的第二部分,胡先生首先列举了《尸子·卷下》《吕氏春秋·顺民》《淮南子·主术训》《文选·思玄赋》李善注引《淮南子》、皇甫谧《帝王世纪》有关"汤祷"的记载,以说明"汤祷"确有其事。之后,为了说明"'汤祷'并非孤立之事",又列举了《史记·周本纪》:"武王病。天下未集,群公惧,穆卜,周公乃祓斋,自为质,欲代武王,武王有瘳。"《左传·僖公二十一年》:"夏,大旱,公欲焚巫尪。(杜预注:巫尪,女巫也,主祈祷请雨。)"《后汉书·独行传·戴封》:"其年大旱,(戴)封祷请无获,乃积薪坐其上以自焚。火起而大雨暴至,于是远近叹服。"并举《史记·楚世家》:"昭王病于军中,有赤云如鸟,夹日而蜚。昭王问太史,太史曰:'是害于楚王,然可移于将相。'将相闻是言,乃请自以身祷于神。"说明"'以身祷之',楚国亦盛","'以身祷之'可'移祸',为了楚国,为了楚王,屈原也是可以这样做的。""以身祷之"与《史记·屈原列传》所称其临死前在诗中表达的"存君兴国"的主题相符,说明此说"有成立的可能"。胡先生引用的文献,固然可以证明"汤祷"确有其事,且非孤立的事件(包括楚国在内都有"以身祷之"的例子),但并不能证明屈原的自沉就是"汤祷"式。这一点胡先生自己亦承认,因此,其亦只是谓这种说法"有成立的可能"。

第三部分,胡先生首先以屈作中的相关语句与汤之祷词、周宣王自祷词进行比较,认为"屈原的这些倾诉是与汤祷、周宣王呼天自诉一致的,都是在强调没有做错什么",因此,"自己'存君兴国'的'美政'理想就不该失败,楚国就不该受到如此灾异、惩罚"。笔者以为,这里最关键的问题是三者的身份:商汤、周宣王是天子,自然可以代表天下上祷于天,屈原呢? 他有资格代表楚国吗? 当然,文章第二部分所举"以身祷之"者,除汤外,还有周公、巫尪、戴封和楚之将相。大家知道,周公乃武王之弟,他的"以身祷之"是在武王生病的情况下,"自为质,欲代武王",其所祷的内容与其身份是相合的;巫尪则是专管祈祷请雨的女巫;戴封乃西华令,其管辖的地盘上大旱,代辖区内百姓上祷于天亦是与其身份相符的;而楚之将相的"请自以身祷于神",则是"闻是言":"是害于楚王,然可移于将相"后的行为,所祷内容自然亦与其身份不悖。综上可见,"以身祷之"者所"祷"的内容是必须与其身份相吻合的。谓屈原的自沉是"'汤祷'式",显然与此不合。其次,胡先生谓"屈原在作品中往往表达这样一种心态,即不怕自己遭受殃祸甚或死亡,只怕自己的祖国、自己的君王有所败绩",所说有据;谓屈原在作品中"确实是在表达:为了楚国的强大与安宁,自己是不惜舍身的",所说亦不错;但以此便谓屈原"是能够以自己为牺牲为楚国祈福消灾的",便有点离谱了;而由此引申出屈原是"在现实的抗争努力不起作用的情况下,才有自己的'以身祷之'、自沉汨罗"的结论,则离谱就更远了。屈原在其作品里确实不止一次地说过要死,但这同样不能成为其"以身祷之"的证据。第三,谓"屈原最大的人生痛苦莫过于不被理解",其说有理。但说:"怎样才能被理解? 屈原觉得,用'以身祷之'的自沉来为楚国消灾祈福,这样做是值得的,这就是所谓'以身祷之'来表白心迹。"

则无疑又是臆测之词了。

在文章的第四部分,胡先生主要表达了以下几层意思:1.巫的任务是祈福消灾;2.屈原生活的楚国巫风盛行;3.钱钟书即"从艺术表达与艺术效果上称神、巫、屈子三者合而为一";4.生活中的屈子就有点巫的色彩;5.《离骚》开篇称"生当'庚寅'日,意味深长","屈原自称'惟庚寅吾以降',从继承其先祖的角度说,就是无论生与死,都是一种责任,无所谓生则以喜、死则以惧。屈原对生死如果是如此体悟,那么,以自己为牺牲来为楚国祈福消灾,就是自然而然的事了"。五层意思中与屈原自沉是"'汤祷'式"关系密切的是后三层。胡先生谓:钱钟书即"从艺术表达与艺术效果上称神、巫、屈子三者合而为一"。就胡先生所引的文字看,我们认为这样概述钱氏之说是不准确的,因为钱氏在"故《九歌》中之'吾'、'予''我'或为巫之自称,或为灵之自称,要均出于一人之口"后,更明确地强调说:"作者假神或巫之口吻,以抒一己之胸臆。"即神也好、巫也罢,都不过是屈子抒情、表意的道具而已,并非是说"神、巫、屈子三者合而为一"。生活中的屈子是否有巫的色彩呢?胡先生说"屈原字'灵均',就有巫的意味"。笔者以为这样理解"灵均"的"灵"字,未免求之过深。对于屈原我们应该从整体上把握,他的"美政"理想、他对形势的看法和判断,乃至其自沉,都是理智的,其与巫觋的行为有相似之处吗?如果说"屈原自称'惟庚寅吾以降'"包含着对其先祖责任的继承的话,不能说没有道理,但笔者以为,据此实在难以得出屈原"以自己为牺牲来为楚国祈福消灾,就是自然而然的事"的结论。

胡先生在文章的第五部分首先引了《史记会注考证》中的一段文字:

> 斋藤正谦曰:余尝著《屈原投汨罗辨》,谓原自谓"宁赴湘流葬于江鱼腹中",一时愤激之言,而非实语也。子长弗察,引为实录。果然,鲁连之蹈东海,亦将为真投水而死耶?是连愤激之余,发此言耳。原语殆类此,灾知其非实事也。后阅袁随园《随笔》,引黄石牧太史云:"屈子未必沉水死也,其又曰'吾将从彭咸之所居',又曰:'宁赴湘流葬江鱼腹中',皆愤怒之寓言,非实事也。太史公因贾生一吊,遂信为真,不知宋玉亲受其门,而《招魂》之作,上天下地,东西南北,无所不招,而独不及水,何耶?惟乱曰:'湛湛江水上有枫,魂兮归来哀江南。'则其善终于汨罗可知也。若《楚辞》注,《招魂》作于屈子生时,则豫凶非礼,宋玉不应诅其师矣。"是与余说暗合,更为详明。

之后,归纳说:"我们说,宋玉视其师屈原为'善终',就是因为其自沉是'以身祷之',作为楚文化来说,这是一种高尚的但也是正当的、正常的举动;所以,其《招魂》之作,上天下地,东西南北,无所不招,而独不及水'。"这里有这样几个问题需要澄清:一是胡先生引用这段文字的用意究竟是什么?从其视屈原自沉为"善终"来看,像是证明屈原确实是投汨罗自沉的,即"以身祷之"。但,我们相信任何一个人读过这段文字后都会得出相反的结论,即斋藤正谦的意思是说:屈原并未投水。二是"善终"一词究竟怎么讲?《现代汉语词典》(商务印书馆,1996年修订第3版)的解释是:"指人因衰老而死亡,不是死于意外的灾祸。"《辞源》(商务印书馆,1988年版)的解释是:"不遭祸患,终其天年。"胡先生说"宋玉视其师屈原为'善终',就是因为其自沉是'以身祷之',作为楚文化来说,这是一种高尚的但也是正当的、正常的举动",即"以身祷之"在"楚文化来说"就是"善终"。遗憾的是,我们没有看到胡先生这样解释的根据。且,在引述上面这段文字之前,胡先生亦说:"有前代学者尝猜测屈原是否自沉,或许还是'善终'。"好像也同意《现代汉语词典》《辞源》的解释。三是《招魂》的著作权非宋玉而是屈原,这在目前已基本成了学界的共识。退一步讲,就算是宋玉作的《招魂》,其作《招魂》的目的既然是为其师招魂,他又知道老师是自沉"以身祷之"的,其"《招魂》之作"便没有理由"上天下地,东西南北,无所不招,而独不及水"。胡先生在该部分所要表达的主要意思是:后代对屈原多有祭祀,这种祭祀是楚人对屈原"以身祷之"的回报,属"塞祷";"自沉将会得到'塞祷'之类的好报,恐怕在屈原沉江前已有预期,他期望以死救楚国,他预期楚人会因为这件事而永远记得他、纪念他。"很明显,这是在由果求因,但由于屈作中根本不存在这个"因",胡先生自然没法找到,因此,为了证成己说,便不能不加以臆测:"恐怕"如何如何。遗憾的是,屈原"卒没身而绝名兮,惜壅君之不昭"(《惜往日》)证明胡先生的这个臆测不能成立:让人痛惜的是,自沉的结果只是身死名灭,连楚王都不会省察。屈原若已经预期到自沉后楚人会"永远记得他、纪念他",那"卒没身而绝名兮"的无奈的哀叹将无从解释。

总之,我们以为所谓"'汤祷'式"不能成立,因为它与屈原的身份不符;屈原的自沉,不"是怀着希望、怀着热忱的自沉",而是死未瞑目。

三、屈原悲剧新解

屈原在其长诗《离骚》开篇即谓:他是古帝高阳氏的后裔,与楚王同宗。笔者以为这绝非泛泛之言,而是在向世人宣称楚国、楚国的黎民百姓是楚王的,也是他屈原的,他有责任使楚国富强、百姓幸福。宗族血缘关系虽不是其死不去楚的"主要的思想动机",却是其以主人自居、具有强烈主人意识的根源(参见拙文:《屈原的主人意识与封建士人的帮忙心态——从汉代评屈者说起》,待发)。作为一个主人,没有丢下自己的国家、人民不管的道理。这正是他何以非要把自己与楚国绑在一起,死不去楚的根本原因。如果说屈原早年所谓"受命不迁,生南国兮"还主要是情感因素使然的话,那么,随着年龄的增长,大起大落的政治经历,面对着日益衰弱的国势、受苦受难的百姓,加之楚人爱国传统、屈氏家风的熏陶,屈原的主人意识在日益加强,他的"眷顾楚国,苦恋故土",以致宁死不去,与其说是"乡国之情太深",毋宁说是理性思考和抉择的结果。

屈原的"不去楚他仕",既不是因对楚王抱有幻想,也不是因为去也无益,关键在于,他认为楚王作为楚之主人应把楚国的事情办好;他作为一个主人,国家的利益、人民的利益就是他的利益。他没有置自己的国家、人民于不顾去寻求一己之"私利"的权力。

屈原的乡国之情之深,确非他人所能比,但这并非源自其"诗人气质",而是其强烈的主人意识使然。他的死不去楚,也不是因为知道自己坚持"人格的完美",到哪里都难以容纳,而是因为他的身份——主人,不允许他走。"橘逾淮而北为枳"(《考工记》)他一旦离楚也就由"主"变成了"客"。这也正是他在作品中不止一次地艳羡傅说、吕望、宁戚等出身微贱、因有自由身而能够君臣遇合的原因。

我们以为屈原的自沉既非"洁身"亦非"泄忿",而是"殉国"。所谓"殉道"其实质亦是"殉国"。所谓"殉楚文化说",其流弊是玄虚、空疏,因为屈原的志向是事功,其既未想过当学者,也没想过当诗人,他虽然以不朽的诗作名垂青史,但这却完全是无心插柳,是屈原当年所始料未及的。所谓"政治悲剧说",笔者以为这与"殉国说"并不矛盾,不过是着眼点不同而已。"赐死说""情杀说"俱不足论。胡大雷先生所谓"'汤祷'式"虽不能成立,但就其精神实质而言,实际亦是说屈原以主人自任,具有强烈的主人意识。

屈原虽以主人自任,却没有实际的主人身份。从怀王对他可以任命、也可以罢免的情况看,他并没有主人所拥有的天然的、法定的权利,而不过是一个与楚王同宗的具有知识和才干的士人。屈原的悲剧正是其意识与身份相矛盾、无法调和的产物。他的"死不去楚"固然是强烈的主人意识使然,他的自沉又何尝不是如此!因为他既不能三谏不听则去,又没有"反复之而不听则易位"的能量,作为一个主人,眼睁睁地看着自己的国家、人民沦落、受难,而无能为力,那份煎熬、那种痛苦是没有办法承受的,真是生不如死!屈原正是带着"卒没身而绝名兮,惜壅君之不识"的深深的遗憾殉国的。从其临渊自沉时还在为顷襄王的"背法度而心治"担忧,"恐祸殃之有再"来看,屈原的确是死未瞑目。

屈骚批评与两汉士人的精神流变

陕西师范大学　李春霞

汉代的文学批评主要围绕两个方面展开,一方面是关于《诗》的诠释;另一方面则是围绕屈原及其代表作品展开,形成了屈骚批评传统,具体表现为或在大量拟骚作品中展现自身与屈原相似的精神困境;或对屈原的人格、作品及其自杀结局进行批评。综合汉代士人对屈骚批评的两个方面,我们可以看出,在两汉大一统的时代背景下,士人面对新的仕宦环境,他们以积极用世的态度试图一展抱负时,不期然遭遇了与屈原相似的仕途苦境、精神困境。他们或在屈骚世界里寻找知音安慰,或面对新的时代环境尽力寻找与屈原不同的人生出口、精神出路。因此,在两汉士人对屈骚的批评中我们可以清晰地看出他们精神流变的痕迹,这种变化主要表现在以下三个方面:仕途的不遇之悲与自我政治理想坚守并存;仕宦的忧愤之感与自我生命价值超越合一;遇与不遇的命定之论与疏离政治的感受同在。本文试从这三个方面逐一展开论述,以期清晰地描绘出汉代士人在对屈骚的批评中展示出来的自身精神嬗变轨迹。

一、不遇之悲与坚守政治理想并存

汉代士子大多怀有积极用世的志向,他们希望在大一统环境下能够大有作为,士人们把自身人生价值的实现与王朝兴盛结合起来,积极地为新政权献言建策。但在与大一统政权相互磨合之中,当政治热情遭遇仕途挫折、进取心态支配下的行为一旦受阻,悲伤幽怨的不遇情结就会油然而生。士人们在作品中抒发自我生命的痛苦、不遇之叹更令人恻然。遇与不遇的人生困境,已是汉代士人思考的一个重要方面。

在汉代,最早表现出仕途不遇之叹的是贾谊。据《史记》本传记载,贾谊约二十岁就因通读诸子百家之书被文帝召为博士,之后渐渐在仕途崭露头角:"是时贾生年二十余,最为少。每诏令议下,诸老先生不能言,贾生尽为之对,人人各如其意所欲出。诸生于是乃以为能,不及也。孝文帝说之,超迁,一岁中至太中大夫。"①(卷八十四)贾谊认为自己正值天下大定之时,汉王朝也在休养生息之中蓬勃向上。为此,他大胆向文帝提出种种改革的措施,惹来权臣的谗害。《汉书·贾谊传》曰:"绛、灌、东阳侯、冯敬之属尽害之,乃毁谊曰:洛阳之人年少初学,专欲擅权,纷乱诸事。"导致贾谊最终被贬:"于是天子后亦

---

① 司马迁撰,裴骃集解,司马贞索隐,张守节正义:《史记》,北京:中华书局,1959年,第2492页。

疏之,不用其议,以谊为长沙王太傅。"①(卷四十八)他怀着复杂的心情离开京都遥赴长沙,经过湘水,与另一个不遇之魂猝然相遇,贾谊在嗟叹之中创作《吊屈原赋》。司马迁曰:"谊为长沙王太傅,既以谪去,意不自得,及渡湘水,为赋以吊屈原。屈原,楚贤臣也,被谗放逐,作《离骚》赋。其终篇曰:'已矣哉,国无人兮莫我知也。'遂自投汨罗而死。谊追伤之,因以自喻。"② 这就说明了贾谊的《吊屈原赋》是"因以自喻"之作。在《吊屈原赋》中,我们可以看到,作者因自己的精神困境在屈原的人生遭遇里面找到了共鸣,他或哀叹自身生不逢时:"遭世罔极兮乃殒厥身""呜呼哀哉兮逢时不祥",或表达对奸佞小人的痛斥"阘茸尊显兮谗谀得志,贤圣逆曳兮方正倒植",字字句句无一不弥漫着不遇的悲伤。班固在《汉书·贾谊传》赞中引刘向语评贾谊曰:"虽古之伊、管未能远过也。使时见用,功化必盛。为庸臣所害,甚可悼痛"③(卷四十八)。清代程廷祚在《骚赋论》中说贾谊:"贾生以命世之器,不竟其用。故其所见于文也,声多类骚,有屈氏之遗风"。④ 班、程的评价中都表现了对于贾谊才华的赞叹,以及对他无辜遭遇庸人谗害而不能展示自身价值的可惜之情。程世和先生针对贾谊的贬谪及其所作的《吊屈原赋》对汉代士人产生的影响时说道:"贾谊的遭贬赴湘,开始了两汉士人在汉帝国历史上悲剧性生存的历史。在中国君主历史的原初时期,汉之第一秀士贾谊就进入了'屈原困境',这对于两汉士人以至于两汉之后整个中国历代士人来说都自是一种具有历时性的精神事件。"⑤ "经世之才"的卓绝才华,为国效力的积极态度,忠而被贬的人生遭遇,这些都让贾谊的不遇之悲更加令人唏嘘和同情。从贾谊开始,两汉士人在仕途困境中走向屈原,"不遇之叹"一直弥漫在汉代士人的文学作品和精神世界之中。

  武、宣盛世,国力强盛。"罢黜百家,表章《六经》"的政策实行后,儒学成为官方意识形态,中央皇权也随之高度集中。汉王朝采用征辟察举等相对灵活的用人政策,大批的儒生、文人进入士大夫序列。他们踌躇满志梦想以王者师的身份存在,为国家的大一统事业贡献自己的力量。但是由于武帝攻打匈奴的战事需要,真正在统治核心中发挥作用的仍是法家的杂霸思想,文士们大多处境尴尬,被倡优待之。《汉书·东方朔传》曰"而朔尝至太中大夫,后常为郎,与枚皋、郭舍人俱在左右,诙啁而已"⑥(卷六十五),《汉书·严助传》曰:"相如常称疾避事。朔(东方朔)、皋(枚皋)不根持论,上颇俳优畜之。"⑦(卷六十四上)司马迁《报任少卿书》曰:"仆之先人非有剖符丹书之功,文史星历,近乎卜

---

① 班固撰,颜师古注《汉书》,北京:中华书局,1962年 第2222页。
② 严可均辑:《全汉文》,北京:商务印书馆,1999年,第169页。
③ 班固撰,颜师古注《汉书》,北京:中华书局,1962年 第2265页。
④ 程廷祚撰:《青溪文集·卷三》,金陵丛书本,第203页。
⑤ 程世和:《汉初士风与汉初文学》,北京:中国社会科学出版社,2004年,第138页。
⑥ 班固撰,颜师古注《汉书》,北京:中华书局,1962年,第2863页。
⑦ 班固撰,颜师古注《汉书》,北京:中华书局,1962年,第2775页。

祝之间,固主上所戏弄,倡优畜之,流俗之所轻也。"①班固《两都赋序》曰"故言语侍从之臣,若司马相如、虞丘寿王、东方朔、枚皋、王褒、刘向之属,朝夕论思,日月献纳。"②由此看来,君主不但把他们作为倡优看待,而且放他们在身边主要目的也是出于润色鸿业、点缀升平的需要。这与他们想要通过仕途实现自己政治理想的志向有很大的落差。因此在他们看起来荣宠的背后,实则隐藏着不遇的深深悲哀。这些人之中,司马相如以《子虚赋》得遇武帝,也只不过是"为郎数岁"。《史记·滑稽列传》曰:"(东方朔)以好古传书,爱经术,多所博观外家之语。朔初入长安,至公车上书,凡用三千奏牍。公车令两人共持举其书,仅然能胜之。"③(卷一百二十六)由此可见,东方朔实为饱读史书之士,他满怀希望和信心来到天子脚下,"然悉力尽忠以事圣帝,旷日持久,积数十年,官不过侍郎,位不过执戟"而遭到周围人的取笑。士人们奋发有为的理想壮志与现实仕途的错位之间鸿沟赫然分明,于是就产生了一系列哀叹不遇的伤痛之作。董仲舒在《士不遇赋》中时而哀叹时运的不可捉摸:"呜呼嗟乎,遐哉邈矣。时来曷迟,去之速矣",时而申诉现世的以邪害贞:"生不丁三代之盛隆兮,而丁三季之末俗。以辩诈而期通兮,贞士以耿介而自束。虽日三省于吾身兮,繇怀进退之惟谷",时而以屈原等人的高洁不媚俗来寻以慰藉:"若伍员与屈原兮,固亦无所复顾。亦不能同彼数子兮,将远游而终古。于吾侪之云远兮,疑荒涂而难践"④。在他的悲伤哀叹之中,我们可见一代儒师内心的悲凉。司马迁的《悲士不遇赋》亦复如此,他以相似的感情基调如泣如诉地表达生不逢时的悲痛:"悲夫士生之不辰,愧顾影而独存",志向难以伸展之悲"虽有形而不彰,徒有能而不陈"⑤。除此之外,东方朔的《答客难》也是表现不遇主题的代表作品。在这一作品中,他不但展现了自己"积数十年,官不过侍郎,位不过执戟"不遇的现实,而且以自己的不遇和苏秦、张仪等战国策士的遇相比较:"彼一时也,此一时也,岂可同哉",时代环境的变化,导致了士人仕宦环境的变迁:"夫苏秦、张仪之时,周室大坏,诸侯不朝,力政争权……得士者强,失士者亡,故谈说行焉。身处尊位,珍宝充内,外有仓廪,泽及后世,子孙长享。今则不然。圣帝德流,天下震慑,诸侯宾服,连四海之外以为带,安于覆盂,动犹运之掌。贤与不肖何以异哉。"⑥苏秦、张仪身逢战国之时,当时士无定主、国无定士。士人们来去自由,他们鬻技炫能,合纵连横之间得遇诸侯,继而获得自身价值的彰显。而东方朔说所处的环境则是天下太平、四海归一。帝王的权力高度集中,人才济济,士人个体价值的彰显难度加强,个体价值也

---

① 严可均辑:《全汉文》,北京:商务印书馆,1999年,第268页。
② 严可均辑:《全后汉文·上》,北京:商务印书馆,1999年,第235页。
③ 司马迁撰,裴骃集解,司马贞索隐,张守节正义:《史记》,北京:中华书局,1959年,第3205页。
④ 严可均辑:《全汉文》,北京:商务印书馆,1999年,第228页。
⑤ 严可均辑:《全汉文》,北京:商务印书馆,1999年,第266页。
⑥ 严可均辑:《全汉文》,北京:商务印书馆,1999年,第257页。

随之下降。这是时代使然,更是士人的无奈。东方朔在分析自身不遇的原因时,实则说出来大部分人的不遇问题。正如余英时先生在《道统与正统之间》一文中所论述的那样:"先秦时期的一般知识分子,都游走于各国王侯之门,上者猎取卿相,下者亦可获得衣食,而知识界领袖如稷下先生之流则更受到君主的特殊礼遇,但是这种情况之所以出现则有其特定的历史条件,即列国间的激烈竞争。在争霸的迫切要求下,各国君主不但需要种种知识与技能,而且需要'道'的支持。……汉代自武帝以后独尊儒术,孔子之'道'至少在表面上已成为正统。这可以说是汉比秦高明之处。但是和先秦时代相较,'道'在汉代的地位则已远远不足与'势'相颉颃。"① 这些都说明时代环境的变迁和中央皇权的加强是导致仕宦问题越来越严重的一个重要原因。

  从贾谊到东方朔,我们可以看出,无论遭遇贬谪,还是"终不见用"(《汉书·东方朔传》),他们都始终不愿离开朝堂,不愿离开仕宦环境,而且仍然在力所能及之时为朝廷提供自己的意见和建议。贾谊虽然在文帝时遭到周勃、灌婴等权臣的谗言而贬谪长沙,但他在贬谪期间依然心系朝廷,《新书》中许多政论作品,就是在他被贬谪时期完成的。特别值得一提的是,贾谊在梁怀王坠马死后,上奏《请封建子弟疏》,他主张及时调整目前诸侯王所属封国势力范围,扩充梁王、淮阳王的地盘,以此来达到制衡其他诸侯王、捍卫中央汉庭稳定的目的。正是在贾谊的建议下,文帝乃迁淮阳王武为梁王,并扩充梁王的势力,在之后景帝时的七国诸侯叛乱中,梁王果然发挥了巨大的作用,屏护住了汉朝中央的统治。贾谊在政治上深远的洞察力和维护汉中央统治的儒士情怀一直被人们所赞叹,清代李塨在其《阅史郄见》评曰:"则谊不惟汉之巨儒,亦汉之元勋也,乃不得与绛灌比功,惜哉""平七国之功,长沙第一,条侯次之""长沙眼界识见,高出汉人以上"②(卷一)。程世和先生也在其论著中说道:"贾谊不惟'在庙堂之上'改变了陆贾'附会将相'的非对抗状态而显现出儒士的精神人格、政治人格的历时性增长,而且在'江湖之远'虽不堪贬谪之痛但始终顽强地保持着儒之精神大义与政治理想。贾谊政论文章除《过秦论》《论积贮疏》《论定制度兴礼乐疏》可以判定为遭贬之前所作之外,其他著作大多作于外放之后,这正说明了贾谊始终不改其志的坚定节操。"③

  虽然东方朔在不得重用时发牢骚说自己是"避世于朝廷间者也",但是纵观他的仕宦生涯,我们可以看出"朔虽诙笑,然时观察颜色,直言切谏,上常用之。自公卿在位,朔皆敖弄,无所为屈"④(卷六十五),即使在临终之时,仍不忘规劝帝王:"至老,朔且死时,谏

---

① 余英时:《中国知识人之史的考察》,见《余英时文集·第四卷》,桂林:广西师范大学出版社,2004年,第144—145页。
② 李塨著,邓子平、陈山榜点校:《李塨文集》,石家庄:河北人民出版社,第127页。
③ 程世和:《汉初士风与汉初文学》,北京:中国社会科学出版社,2004年,第115页。
④ 班固撰,颜师古注:《汉书》,北京:中华书局,1962年,第2850页。

曰:《诗》云'营营青蝇,止于蕃。恺悌君子,无信谗言。谗言罔极,交乱四国。'愿陛下远巧佞,退谗言"①(卷一百六十二)。这样一个地位卑微的郎官,在临死之前的忠贞之情,拳拳之意,怎能不令人感动!以上我们可以看出,士人们虽然在政治热情遭遇挫折时发出阵阵不遇之叹,但他们对整个蒸蒸日上的大汉王朝仍抱有极大的希望和热忱,他们大多选择了在不遇之中坚守自己的政治理想,把个人利益、价值与王朝的发展紧紧结合在一起。士人们在大一统环境下积极用世的态度既是他们产生不遇的关键因素所在,同时也是他们大多在不遇之后选择坚守仕途的一个重要的原因。这种情怀是值得我们称赞的,它向前延续了屈原忠君爱国的情怀,向后影响了汉末党人竭诚赴汤蹈火的义烈精神。

二、忧愤之感与生命价值超越合一

屈骚作品中所表现对理想的追求,对自身人格的坚守和对权佞小人的怨愤在汉代士人的作品中找到了回音。汉代士人们一方面顾怜着自己不幸的遭遇,另一方面嗟叹着屈原幽怨的人生困境,个体遭遇之怨与屈原之怨找到了相似的切入点。在两汉士人中,大多充满幽怨的情怀,但真正能够在理解和同情屈原之怨的基础上,触及屈原之怨的灵魂而且能够汲取屈原发愤抒情的精神而实现自身生命价值超越的则是太史公司马迁。他以屈原坚韧不屈、砥砺不懈的进取精神充实自身的内心世界,在屈原不屈抗争精神中完成了自身人生价值的重建与超越。司马迁在《史记·屈贾列传》中首先表达出对屈原发愤抒情而作《离骚》的理解:"屈平疾王听之不聪也,谗谄之蔽明也,邪曲之害公也,方正之不容也,故忧愁幽思而作《离骚》。离骚者,犹离忧也。夫天者,人之始也;父母者,人之本也。人穷则反本,故劳苦倦极,未尝不呼天也;疾痛惨怛,未尝不呼父母也。屈平正道直行,竭忠尽智以事其君,谗人间之,可谓穷矣。信而见疑,忠而被谤,能无怨乎?屈平之作《离骚》,盖自怨生也。"②(卷八十四)司马迁不但第一次指出屈原的《离骚》是抒"怨"之作,而且指出屈原之"怨"产生的原因正是"信而见疑,忠而被谤,能无怨乎",可谓抓住了屈原创作《离骚》最根本的情感特征和创作心理。孟子曾言读古人书要做到"知人论世""以意逆志",在知己知彼的基础上才能对古人作品做出正确的解读。司马迁之所以能对屈原创作《离骚》的情感动机把握得如此准确,正是建立在这一基础之上。司马迁是在自身人生遭遇之中理解了屈原之怨、理解了屈原作品创作的情感动机。

纵观司马迁的人生经历,我们可以看到,他青年时踌躇满志接受父亲遗命,以著述史书为己任。他在《太史公自序》说:"先人有言:'自周公卒五百岁而有孔子,孔子卒后至于今五百岁,有能绍明世、正《易传》,继《春秋》,本《诗》《书》《礼》《乐》之际。'意在斯

---

① 司马迁撰,裴骃集解,司马贞索隐,张守节正义:《史记》,北京:中华书局,1959年,第3208页。
② 司马迁撰,裴骃集解,司马贞索隐,张守节正义:《史记》,北京:中华书局,1959年,第2482页。

乎！意在斯乎！小子何敢让焉"①（卷一百三十）。之后这段文字稍做改变又出现在了《报任少卿书》中，可见他对著述史书为己任的重视。他希望借此来彰显大一统、歌颂大汉王朝的太平盛世"且余掌其官，废明圣盛德不载，灭功臣贤大夫之业不述，堕先人所言，罪莫大焉。"②（卷六十二）正当司马迁全力投入史书著述时，不虞之祸猝然来临："七年而太史公遭李陵之祸，幽于缧绁。乃喟然而叹曰：'是余之罪也夫。是余之罪也夫！身毁不用矣'。"③在《报任少卿书》④中又描述了李陵之祸的过程，当时"陵败书闻，主上为之食不甘味，听朝不怡。大臣忧惧，不知所出"，司马迁想要宽慰上意而陈述自己对事件的看法："仆窃不自料其卑贱，见主上惨凄怛悼，诚欲效其款款之愚。以为李陵素与士大夫绝甘分少，能得人之死力，虽古之名将不能过也。身虽陷败，彼观其意，且欲得其当而报于汉。"不料震怒主上，身陷囹圄，一腔忠贞之情不晓于君主，而惨遭宫刑，这对于司马迁而言是何等的屈辱。世态炎凉、人情冷暖尝遍，"家贫，货赂不足以自赎，交游莫救，左右亲近不为一言。身非木石，独与法吏为伍，深幽囹圄之中，谁可告愬者"。遭遇种种，司马迁内心岂能无怨、岂能无恨。遭遇宫刑成为"身亏"之人，遭遇世俗的嘲讽，"倡优所畜，流俗之所轻也"。每日战战兢兢、如履薄冰，"是以肠一日而九回""每念斯耻，汗未尝不发背沾衣也"。他心中深沉的痛苦无法表达，他借为伯夷叔齐立传表达自己对善恶颠倒天道的质疑，抱怨天道不公，"或曰：'天道无亲，常与善人。若伯夷叔齐，可谓善人者非耶？积仁行絜行如此而饿死。……所谓天道，是邪非邪'"⑤（卷六十一）。他在绝望之际也想到了生死"假令仆伏法受诛，若九牛亡一毛，与蝼蚁何以异"，进而在"人固有一死，或重于泰山，或轻于鸿毛"的宣言中否定了自杀的念头。他想到伯夷叔齐之贤，颜渊的笃学之所以被后人传颂，是因为他们的行为被书写出来之后，被后人了解才声名彰显，即"圣人作而万物睹"。所以他选择坚韧地活下去，完成史书的著述事业："所以隐忍苟活，幽于粪土之中而不辞者，恨私心有所不尽，鄙陋没世，而文采不表于后也。"⑥司马迁借鉴历史，联想到大多留存于世的作品都是作者发愤忧思的结果："夫《诗》《书》隐约者，欲遂其志之思也。昔西伯拘羑里，演《周易》；孔子厄陈蔡，作《春秋》；屈原放逐，著《离骚》；左丘失明，厥有《国语》……《诗》三百篇，大抵贤圣发愤之所为作也。此人皆意有所郁结，不得通其道也，故述往事，思来者"⑦（卷一百三十）。刘生良师认为这段精彩的论述是司马迁在极端悲愤

---

① 司马迁撰，裴骃集解，司马贞索隐，张守节正义：《史记》，北京：中华书局，1959年，第3296页。
② 班固撰，颜师古注：《汉书》，北京：中华书局，1962年，第2719页。
③ 司马迁撰，裴骃集解，司马贞索隐，张守节正义：《史记》，北京：中华书局，1959年，第3300页。
④ 严可均辑：《全汉文》，北京：商务印书馆，1999年，第267—269页。
⑤ 司马迁撰，裴骃集解，司马贞索隐，张守节正义：《史记》，北京：中华书局，1959年，第2124—2125页。
⑥ 严可均辑：《全汉文》，北京：商务印书馆，1999年，第269页。
⑦ 司马迁撰，裴骃集解，司马贞索隐，张守节正义：《史记》，北京：中华书局，1959年，第3300页。

之时,寻找知音,发扬顽强不屈的抗争精神,从而发愤著书而实现自身生命超越的真实写照。对以往圣哲发愤图强抗争命运的赞叹,同时也正是对他自己价值选择的肯定。[①] 司马迁正是从屈原等人的发愤著述精神中汲取力量而最终完成了《史记》的著述事业。

徐复观先生分析《离骚》在汉代产生影响时说道:"屈原的《离骚》在汉代文学中之所以能产生巨大的影响,其原因不仅在于汉初统治者对'楚声'的喜好和提倡,更大的原因乃是当时的知识分子,以屈原的'信而见疑、忠而被谤,能无怨乎'的'怨',象征着他们自身的'怨'"[②]。正因为在抒发"怨"中司马迁与屈原找到了情感共鸣,因此他要向屈原学习,在极艰苦的环境中完成史书的著述工作,他自言史书所要达到的境界是"亦欲以究天人之际,通古今之变,成一家之言。草创未就,会遭此祸,惜其不成,是已就极刑,而无愠色。仆诚以著此书,藏之名山,传之其人,通邑大都,且仆偿前辱之责,虽万被戮,岂有悔哉!"[③] 在遭遇李陵之祸后,司马迁无论在对士人自身价值的构建上还是对历史观的构建上,都显示出脱胎换骨式的改变。自此之后,他著述史书的目的不再是为统治者歌功颂德、粉饰太平,而是转变替历史代言,实现自己与历史同在的生命价值的超越。对统治阶层的阴暗面目认识得更为清晰,同时也对不遇的士人寄托更多的同情和赞美,为弱小士人立传,给予他们应有的历史地位。鲁迅先生评价《史记》为"史家之绝唱、无韵之离骚",这不仅言明了《史记》作为史书的价值和意义,更加指出《史记》和屈原《离骚》的发愤抒怨这一抒情性上的共同点,说明了太史公在著述史书时把个人的情感遭遇完全汇入历史事件、人物的记述之中。这种近于"实录"的发愤著书精神和屈原创作诗歌《离骚》时的发愤抒情精神有异曲同工之妙,真正达到了"成一家之言"的境界。鲁迅曾批评说所谓的"正史"其实是为帝王将相所做的家谱而已,他之所以对《史记》另眼看待,我想原因也正在于此。《史记》的不朽,同时也成就了太史公司马迁的不朽。司马迁在不遇的困境中与屈原猝然相遇,在对屈原作品的理解与屈原精神的继承与赞美中完成了自身生命价值的突破与超越。

三、命定之论与疏离政治倾向同在

在对屈骚进行接受和评价的汉代士人中,争论最大的一方面是在对屈原结局的评价上,大多士人表现出的是对屈原自杀结局的不解与诘难。而在这种不解之中,又透露出汉代士人自身对祸福无法把握而完全归之于"命"的命定思想以及由这种观念而延伸出

---

① 参见刘生良:《〈史记〉乃"无韵之〈离骚〉"的文本阐释》,《陕西师范大学学报》(哲学社会科学版),2002年第2期,第92页。
② 徐复观:《西汉知识分子对专制政治的压力感》,见《两汉思想史·第一卷》,上海:华东师范大学出版社,2001年,第168页。
③ 严可均辑:《全汉文》,北京:商务印书馆,1999年,第269页。

的对政治疏离的情感倾向。较早出现这一特征的是扬雄,《汉书·扬雄传》曰:"又怪屈原文过相如,至不容,作《离骚》,自投江而死,悲其文,读之未尝不流涕也。以为君子得时则大行,不得时则龙蛇,遇不遇命也,何必湛身哉!乃作书,往往摭《离骚》文而反之,自岷山投诸江流以吊屈原,名曰《反离骚》"①(卷八十七上)。在扬雄看来,屈原的悲剧人生遭遇以及选择自杀殉国的行为是在于他没有对时局做出清醒判断,缺乏一种处世的智慧。从这一观点出发,扬雄又在《太玄赋》中说出了自己不同于屈原的人生选择:"屈子慕清,葬鱼腹兮。……我异于此,执太玄兮。"②与扬雄稍后的冯衍,在《显志赋》的序文更加直白地说道:"冯子以为夫人之德,不碌碌如玉,落落如石。风兴云蒸,一龙一蛇,与道翱翔,与时变化,夫岂守一节哉!用之则行,舍之则藏,进退无主,屈伸无常。故曰:'有法无法,因时为业,有度无度,与物趣舍'。"③从上可以看出,扬、冯二人都表现出一种"天下有道则见,无道则隐"(《论语·泰伯》),远害避祸、优时处顺的人生态度。从扬雄开始,在之后汉代士人对屈原的批评之中,由之前因自身不遇之叹转变为对屈原冒死直谏行为以及自杀结局的不解,进而产生了把时遇、祸福都归结于"命""时"的命定之论或时命之论。他们不但认为屈原的行为是不识时务之举,在时局浑浊、君主昏聩的情况下没有选择明哲保身是不明智的,而且认为君臣遇合、自身富贵不是一己能够把控。他们把种种无法把控的因素都归结为是由"命"早已预定好的,这就形成了他们对时遇、祸福的"命定"之论。

扬雄之所以对屈原做出如此评价,与他自身的性情以及仕宦经历是有密切关系的。《汉书·扬雄传》曰:"雄少而好学……默而好深湛之思,清净亡为,少耆欲,不汲汲于富贵,不戚戚于贫贱,不修廉隅以徼名当世,家产不过十金,乏无儋石之储,晏如也。自有大度,非圣哲之书不好也;非其意,虽富贵不事也。顾尝好辞赋。"④由此可见,扬雄从小的性情就有颜回之风,甘于贫贱,不慕富贵,以诗书、文学创作为乐,这是他基本的人生态度。尽管之后他曾经做过官,但纵观他的仕宦生涯,他的这一人生态度没有根本改变过。据扬雄本传,他在大约40岁时由蜀入京,得到大司马王音的赏识和举荐,通过奏赋而为郎官,与王莽、刘歆一起任职黄门。之后"哀帝之初,又与董贤同官。当成、哀、平间,莽、贤皆为三公,权倾人主,所荐莫不拔擢,而雄三世不徙官。及莽篡位,谈说之士用符命称功德获封爵者甚众,雄复不候,以耆老久次转为大夫,恬于势力乃如是"⑤。从以上我们得出两点结论,第一,扬雄仕宦京师,并没有取得仕途上的辉煌成绩;第二,扬雄没有因同僚的富贵而刻意逢迎获取升迁,表现出他洞观世事不汲汲于名利、富贵的特点。他在因地位卑微

---

① 班固撰,颜师古注:《汉书》,北京:中华书局,1962年,第3515页。
② 严可均辑:《全汉文》,北京:商务印书馆,1999年,第528页。
③ 严可均辑:《全后汉文·上》,北京:商务印书馆,1999年,第190页。
④ 班固撰,颜师古注:《汉书》,北京:中华书局,1962年,第3514页。
⑤ 班固撰,颜师古注:《汉书》,北京:中华书局,1962年,第3583页。

而遭客子嘲笑时，通过《解嘲》把自己"且握权则为卿相，夕失势则为匹夫""位极者宗危，自守者身全"的人生哲学阐释得极为淋漓。面对客子的嘲笑，扬雄答道："客徒欲朱丹吾毂，不知一跌将赤吾之族也"①。扬雄对当时仕宦环境之浑浊说道："当今县令不请士，郡守不迎师，群卿不揖客，将相不俯眉，言奇者见疑，行殊者得辟，是以欲谈者宛舌而固声，欲行者拟足而投迹。乡使上世之士处乎今，策非甲科，行非孝廉，举非方正，独可抗疏，时道是非，高得待诏，下触闻罢，又安得青紫？"因此，在世异事变的情况下，士人处境更为艰难，扬雄认为只有守默疏离，才能全身避祸"且吾闻之也，炎炎者灭，隆隆者绝……攫拏者亡，默默者存；位极者宗危，自守者身全"②。他通过对仕宦环境险恶的分析，指出士人在进取的过程中要洞明时局，在时局不利之时要善于静默自守才能全身避祸，这是扬雄一生仕宦经历的总结，也是他最终选择不擢富贵、默守自存人生态度的原因所在。明白于此，我们就不难理解他对屈原所做出的批评里面，不但有诘难成分，更重要的是蕴含着他以自己人生经历选择了不同于屈原的人生出路。徐复观先生说："尤其是自大一统的专制政治成立后，政治压力对任何人来说，皆无所逃于天地之间。西汉知识分子对此特别敏感。扬雄是最重视人生祸福的人，也是对政治矫伪疏离的人。"③

与扬雄以"命定"之论评价屈原观点相似的是班固。班固《离骚序》曰："且君子道穷命矣，故潜龙不见，是而无闷。《关雎》哀周道而不伤，蘧瑗持可怀之智，宁武保如愚之性，咸以全命避害，不受世患故《大雅》曰：'既明且哲，以保其身。'斯为贵矣。今若屈原，露才扬己，竞乎危国群小之间，以离谗贼。然责数怀王，怨恶椒兰，愁神苦思，非其人忿怼不容，沈江而死，亦贬絜狂狷景行之士。"④ 与扬雄相比，班固由于受到儒家正统观念的影响，对屈原行为的指责有过于扬雄。

班固首先认为，士人的遇与不遇是在"命"里早已预设定的，不要与命理抗争，保全自身最好的方法就是明哲保身，全身避害。他指出士人应像潜龙一样"不见是而无闷"，或像蘧伯玉、宁武子一样"持可怀之志""保如愚之性"，认为士人怀才是否能遇贤君，是命数决定。即使便怀才不遇，可以选择隐身于世，没有必要自殆其身。批评屈原没有看到富贵行藏的"命理"设定问题，反而在政治环境异常险恶，君主如此昏聩的情况下依然砥砺不懈为之奋斗并最终自杀身亡的行为是极不可取的。相似的"命理"及"时遇"之论在班固之前刘向《说苑·杂言》中也曾出现。刘向指出："贤人君子者，通乎盛衰之时，明乎成败之端，察乎治乱之纪，审乎人情，知所去就。故虽穷不处亡国之势，虽贫不受污君之禄；……夫暴乱之君，孰能离絷以役其身，而与于患乎哉！故贤者非畏死避害而已也，

---

① 班固撰，颜师古注：《汉书》，北京：中华书局，1962年，第3567页。
② 严可均辑：《全汉文》，北京：商务印书馆，1999年，第537页。
③ 徐复观：《汉代思想史·第二卷》，上海：华东师范大学出版社，2001年，第333页。
④ 严可均辑：《全后汉文·上》，北京：商务印书馆，1999年，第250页。

为杀身无益,而明主之暴也。比干死纣而不能正其行,子胥死吴而不能存其国。二子者,强谏而死,适足明主之暴耳。未尝有益如秋毫之端也。是以贤人闭其智,塞其能,待得其人然后合。故言无不听,行无见疑,君臣两与,终身无患。今非得其时,又无其人,直私意不能已,闵世之乱,忧主之危,以无赀之身,涉蔽塞之路,经乎谗人之前,造无量之主,犯不测之罪;伤其天性,岂不惑哉!"① 从中可以看到,刘向认为如果士人所处时代混乱、君主昏庸,他们冒死力谏君主只会带来杀身之祸,于时于事丝毫没有助益。接着指出,当今之时,仕宦环境险象环生,"今欲明事情,恐有抉目剖心之祸,欲合人心,恐有头足异所之患",从而得出"遇不遇者时也,死生者命也"的结论。从上可以看到,刘向反对在君主昏聩、政局黑暗时冒死强谏而惹来杀身之祸,赞同分清时局,在政治环境险恶之时,在士人不遇之时选择全身远祸、远离政治的人生道路。刘向的这一观点与班固《离骚序》中的观点是相似的。《说苑》是班固著述《汉书》时重要参考的文献典籍之一,我们如果说班固的命定之论以及反对强谏杀身的思想曾受到刘向的影响也是说得通的。

除了刘向的"命"定之论可能影响到班固对屈原的评价之外,他自身的经历也是不可忽视的因素。章帝时,班固官职为郎,年已40仍未获得升迁,内心苦闷而作《答宾戏》,在这篇文章中,作者首先说明写作的背景:"永平中为郎,典校秘书,专笃志于儒学,以著述为业。或讥以无功,又感东方朔、扬雄自喻以不遭苏、张、范、蔡之时,曾不折之以正道,明君子之所守,故聊复应焉"②,接着面对宾者嘲笑,班固曰:"一阴一阳,天地之方;乃文乃质,王道之纲;有同有异,圣哲之常。故曰:慎修所志,守尔天符,委命供己,味道之腴,神之听之,名其舍诸"③ 的通达之语。其中,"天符""委命"都含有神秘主义的命定论的观点,同时也表明了班固在长期居于郎官、仕途不遇的情况下选择疏离仕途、埋首著述事业的原因。

从上可以看出,扬雄和班固对屈原的批评都同时彰显了士人在不遇之时、在仕宦环境险恶的情况下,对如何远离祸端、安身立命的人生出处问题的思考。他们一致认为在乱世之中,在君主昏聩的情况下冒死直谏,并为此丢掉生命是于事无补、于己无益的事情。因此他们在综合衡量古今士人的行为之后对屈原所做出的批评,其实也是对自身人生出处的选择、人生价值的思考。只有回归到他们自身才能真正理解他们对屈原做出批评的原因所在。

由扬雄和班固对屈原的批评我们发现,士人此时的心态与汉初及武宣之时相较,已有当初的不遇而选择政治理想的坚守转向疏离官场向个体生命价值回归的倾向,老庄思想在士人身上的影响越来越明显。徐复观先生认为:"道家思想,在两汉的前期,似偏

---

① 刘向撰,向宗鲁校证:《说苑校证》,北京:中华书局,1987年,第410—411页。
② 严可均辑:《全后汉文·上》,北京:商务印书馆,1999年,第247页。
③ 严可均辑:《全后汉文·上》,北京:商务印书馆,1999年,第247页。

在清静无为的政治方面。两汉后期,似偏在恬淡养性知足不辱方面。"① 扬雄和班固对屈原的批评中,正显示了道家思想在两汉后期的这一特征。政治环境的恶化使得士子的仕途充满艰辛痛苦,他们一方面反思历史,在忧患中寻找自我保护、疏离政治。《汉书·梅福传》②(卷六十七)言福"明《尚书》《谷梁春秋》,为郡文学",针对当时成帝不重视士人意见上书到:"士者,国之重器;得士则重,失士则轻。……臣闻齐桓之时有以九九见者,桓公不逆,欲以致大也。今臣所言非特九九也,陛下距臣者三矣,此天下士所以不至也。"梅福指出,士人不但不受重视,而且动辄遭遇杀身之祸:"今陛下既不纳天下之言,又加戮焉。夫鸢鹊遭害,则仁鸟增逝;愚者蒙戮,则知士深退。"并用具体的例子提醒成帝正直忠贞的士人因建言而惨遭杀戮的事实:"故京兆尹王章资质忠直,敢面引廷争,孝元皇帝擢之,以厉具臣而矫曲朝。及至陛下,戮及妻子,且恶恶止其身,王章非有反畔之辜,而殃及家。"梅福同时指出,君主不但戒士人之言,而且任由外戚擅政"外戚之权日以益隆,陛下不见其形"。面对君主任由外戚专权和自己屡次上书而不见采纳的结果,在新莽代汉之际,梅福选择了疏离政治,回归到老庄自然的怀抱:"是时,福居家,常以读书养性为事。至元始中,王莽颛政,福一朝弃妻子,去九江,至今传以为仙。"从梅福的仕宦经历到最后的人生选择,我们可以更清晰地看到西汉末期到新莽代汉时士人的艰难处境,同时也解释了他们疏离政治情感倾向产生的原因。

在哀帝时,谏大夫鲍宣的遭遇也非常典型。《汉书·鲍宣传》③(卷七十二)说他"通晓经术",忠正持守,数次上书哀帝,指出朝政存在的弊病并提出相应的对策,而后竟因礼仪小事得罪权相孔光被下狱受诛,随后爆发了学生为之请命的事件,哀帝迫于压力,改"罪减死一等"之后"徙为上党"。当这些可怕的事件一幕幕在士人面前出现时,岂能不影响到他们人生出路的选择?特别是新莽代汉之时,为了迎合王莽热衷谶纬天命的特点,刘歆等人刻意迎合种种天符祥瑞之举,上演了一出骤然受宠又骤然被抛弃并祸及性命的闹剧。扬雄静默自守在阁中校书之时,无端遭遇牵连而为免受辱跳下校书阁,几乎丧命。由此种种可见,士人们或尽忠建言而不被采纳、或不受重用、或遭遇贬谪、或入狱而丢了性命。在这种种血淋淋现实教训面前,士人们开始与政治保持距离,疏离之感渐渐产生就成了极为自然的结果。

由儒家积极用世的精神转向道家的淡泊自守,是士人在对屈原结局的诘难之中寻找到的新的人生突破口。他们在面对时局险恶,特别是在两汉之际儒士们充当改朝换代工具后又惨遭抛弃,并遭遇杀身之祸的血淋淋现实面前,自然选择疏离政治,转向全身远祸的个体生命关怀之中,最后归入道家自守的价值怀抱。东汉后期的张衡也是如此,从他

---

① 徐复观:《两汉思想史·第二卷》,上海:华东师范大学出版社,2001年,第283页。
② 班固撰,颜师古注:《汉书》,北京:中华书局,1962年,第2919—2927页。
③ 班固撰,颜师古注:《汉书》,北京:中华书局,1962年,第3086—3094页。

的仕途经历来看,从"举孝廉不行,连辟公府不就"到"所居之官,辄积年不徙",后来尽管在政事渐损,权移于下之时,曾上书言事,但遭遇宦官的威胁:"帝引在帷幄,讽议左右。尝问衡天下所疾恶者。宦官惧其毁己,皆共目之,衡乃诡对而出。阉竖恐终为其患,遂共谗之。衡常思图身之事,以为吉凶倚仗,幽微难明。乃作《思玄赋》以宣寄情志。"① 在时局艰难,祸福难策的汉末时期,张衡也选择在老庄的哲学中寄托自身的生命情怀,从"聊朝隐于柱史"(《应间》)到"纵心于物外,安职荣辱之所知""超埃尘以遐逝,与世乎长辞"(《归田赋》)中我们可以清晰地看出张衡在皇权下移、宦官专权的世风之下,所选择疏离政治、谨慎逍遥而回归老庄怀抱的人生态度。

纵观两汉士人对屈骚的批评,在新的仕宦环境中,在大一统的中央皇权之下,他们自身的政治困境、精神苦境也随之彰显了出来。他们或在体认屈原困境中获取精神安慰,或根据时代的变迁对屈原发出诘难而寻找新的人生道路突破口,在体认和新的选择中,士人精神变化痕迹也随之表现出来,分析和了解这一精神流变,对于我们理解他们屈骚批评产生的原因是有所助益的。

---

① 参见范晔撰,李贤等注:《后汉书》,北京:中华书局,1965年,第1910—1914页。

析屈原之"恐"

南京大学 刘 泽

屈原留给我们的印象似乎总是那样心理强大。这种强大因其为"帝高阳之苗裔"而与生俱来,更由其"重之以修能"而根深蒂固。据《屈原列传》"入则与王图议国事,以出号令;出则接遇宾客,应对诸侯"的记述[①],他有着当仁不让的才智与自信;面对权贵的谗毁、君王的猜忌,他不改初衷,宁死不屈,不止一次地表述了死志,如"亦余心之所善兮,虽九死其犹未悔""伏清白以死直兮,固前圣之所厚""阽余身而危死兮,览余初其犹未悔""宁溘死以流亡兮,余不忍为此态也""虽体解吾犹未变兮,愿依彭咸之遗则"(以上出自《离骚》)"知死不可让,愿勿爱兮""焉舒情而抽信兮,恬死亡而不聊""宁溘死而流亡兮,恐祸殃之有再。不毕辞而赴渊兮,惜壅君之不识""宁溘死而流亡兮,不忍此心之常愁"(以上出自《九章》),由此足见其高洁耿介,视死如归。但需要注意,古人言己之无畏,多以死为衬托,如樊哙曾豪言"臣死且不避,卮酒安足辞"。大抵死之于古人,是最为可怖的事情了。然而,正是这个自称死不足惧的屈原,其笔下却屡次言"恐",且表达的都是他个人的主观感受,无一例外。

《说文》云:"恐,惧也。"[②](《尔雅》亦如此)从字形来看,古文恐字上面是表声兼表意的"工",下面是表形的"心",意谓心如被绳子捆住一般,不能伸展,这应该是"恐"字的本义。所以,"恐"的内涵是畏惧、害怕。《广韵》云:"恐,疑也。"[③] 这种解释也是从"惧"的本义上引申而来的,疑由惧生,因惧怕而生疑。所以,"恐"还有担心、恐怕之意。从语法角度讲,"恐"是一个表心理活动的动词,它所表示的意义是主语对人或事物的畏惧或担忧;从心理学角度讲,"恐"乃七情之一,人生而有之。《礼记》曰:"何谓人情?喜怒哀惧爱恶欲七者,弗学而能。"[④] 而刚正无畏如屈原者何惧之有?其所"恐"又将做何解释呢?

一、"恐"字涉及不同的对象

要解开这一谜团,我们必须回归文本,一探屈原所"恐"维何。在屈原的创作中,《九歌》是一组在民间祭歌基础上加工再创作而成的诗歌,《天问》则旨在穷究自然和社会之

---

① 司马迁:《史记》,北京:中华书局,1982年,第2481页。
② 许慎著,段玉裁注:《说文解字注》,上海:上海古籍出版社,1981年,第541页。
③ 陈彭年、丘雍,周祖谟校勘:《广韵校本》,北京:中华书局,2011年,第347页。
④ 郑玄注,孔颖达疏:《礼记正义》,见阮元校刻《十三经注疏》,北京:中华书局,1980年,第1422页。

理,二者主观抒发的成分较少。而其集中吐露内心情感、描述自己行迹和心路历程的篇章,当数《离骚》《九章》《远游》《卜居》和《渔父》了。通过对以上文本的检索,列举出描述屈原"恐"惧状态的句子12例,列表如下:

出处	原文	合计
《离骚》	汩余若将不及兮,恐年岁之不吾与。	8
	惟草木之零落兮,恐美人之迟暮。	
	岂余身之惮殃兮,恐皇舆之败绩。	
	老冉冉其将至兮,恐修名之不立。	
	凤凰既受诒兮,恐高辛之先我。	
	理弱而媒拙兮,恐导言之不固。	
	恐鹈鴂之先鸣兮,使夫百草为之不芳。	
	惟此党人之不谅兮,恐嫉妒而折之。	
《惜诵》	欲僵偃以干傺兮,恐重患而离尤。	2
	恐情质之不信兮,故重着以自明。	
《惜往日》	宁溘死而流亡兮,恐祸殃之有再。	1
《远游》	恐天时之代序兮,耀灵晔而西征。	1
		12

由上表不难发现,屈原的这种"恐惧"心理,主要集中在《离骚》这一带有自叙性质的长篇政治抒情诗和《九章》这几篇回忆性质较强的纪实诗当中。这说明,出现在这些诗里的"恐",都是屈原的亲身经历和真实的心理活动,是其复杂的矛盾心理的真实写照。兹以行文次序为先后,尝试论之。

在《离骚》里,屈原的第一次"恐"是"汩余若将不及兮,恐年岁之不吾与"。诗句直言感受到时光流水般逝去,自己将赶不上时间的脚步了,所以,他惧怕岁月不再等待他,而他的美政理想也将化为泡影——他怕的是时不我待!屈原是个非常自信的人,《离骚》开篇讲,他出身好、生日好、名字好,这是与生俱来的内美;此外他非常注意培养自己的能力和品德。但现在发现,自己年龄老大了,理想还没有实现,所以,悲情就来了。这样看来,这里的"恐"是出于内心的忧惧,是浅表层面上的对自身年龄或身体状况的畏惧。需要注意,世间慨叹时不我待者,无外乎两种情况:一是吃喝玩乐、游戏人生者,恐怕时间太短而未能及时行乐;一是壮志凌云、胸有宏图者,忧虑时光飞逝、不甘抱憾而终。毕生"上下而求索"的屈原当然属于第二种情况。作为一个强者,面对有限的时间,他不仅没有忧生的悲情,反而满怀一腔热血,欲图有所作为。李陈玉注曰:"大丈夫当乘时作事。"① 说得大致不差。

屈原的第二次"恐"是"惟草木之零落兮,恐美人之迟暮"。上节言感受到时光如流水般逝去而害怕自己盛年不再,而这里又说想到草木的零落就害怕"美人"到了迟暮之年。论者多认为与上节内容重复,实属皮相之论。林云铭评述曰:"言流光易逝,不但己之修若将不及,亦恐君不能及时而修。"② 实际上,这里"恐"的对象已转化为"美人",这个"美人"是以象征手法特指的楚怀王。怀王的老去是一种必然,但怀王的老去对屈原构成了一定的威胁,所以屈原从内心里害怕他的"迟暮"。这个"恐"不是屈原心有所疑、如绳捆心,而是对怀王"迟暮"发自内心的忧惧:怀王曾为六国之纵长,颇有些图强的雄心,可称得上是一位有所作为的君王;他曾重用过屈原,与他图议国事以出号令,让他处理内政外交的事务;但怀王身上也有许多缺点,如好大喜功、刚愎自用,如听信谗言、多疑善变。所以,屈原要使怀王成为自己实现美政理想、发挥王佐之才的平台,必须保证他在少壮之年改掉秽行。因而,怀王的衰老昏沉必定是贤臣所不忍面对的。

屈原的第三次"恐"是"岂余身之惮殃兮,恐皇舆之败绩"。"皇舆"即帝王之车驾,承载君王之安危。而君王又为一国之主,肩负一国之安危,故以"皇舆"喻指一国;败绩则是军败而车覆人溃,代指国家旦夕危亡之境。李陈玉曰:"误身事小,误国事大。"③ 林云铭曰:"实虑君为窀步之续。"④ 均将"恐"的意义说到了实处。先此,屈原为怀王树立了三后纯粹的光辉榜样,继而又列举了桀纣猖披的反面典型。他不惧党人对他的迫害,担心的是君王的车子散架。这个"恐",不是出于一身的畏惧害怕,而是因对党人及君王的疑虑而产生的"担忧",它与自身的畏惧有细微差别。由此忧国之"恐",足见屈原绝不是人尽可君的纵横之臣。他满怀捍卫国家的责任心与使命感,楚国的存亡超越了一己之生死。

屈原的第四次"恐"是"老冉冉其将至兮,恐修名之不立"。从表面看,这个"恐"的用意与第一次"恐年岁之不吾与"的"恐"似乎相同,其忧惧的客体皆为自身。而实际上,"恐"修名不立比"恐"年岁不与更进了一步:害怕年老不是害怕年寿不长,而是害怕抱负不能实现;老境将至的压迫感,使其忧惧的是美名还没有树立。这个"恐",是从自身出发产生的恐惧心理。林云铭《楚辞灯》在此句下注曰:"人寿几何,万年遗臭,安得不惧?"⑤ 正抓着了这句话的痒处!树立美名是中国古人的不朽追求,《左传·襄公二十四年》曰:"太上有立德,其次有立功,其次有立言,虽久不废,此之谓三不朽。"⑥ 屈子所追求的"修名",看他"朝饮木兰之坠露兮,夕餐秋菊之落英。苟余情其信姱以练要兮,长顑颔亦何

---

① 李陈玉:《楚辞笺注》,见《续修四库全书》,上海:上海古籍出版社,2002年,第1302册第10页。
② 林云铭著,刘树胜校勘:《楚辞灯校勘》,保定:河北大学出版社,2011年,第2页。
③ 李陈玉:《楚辞笺注》,见《续修四库全书》,上海:上海古籍出版社,2002年,第1302册第11页。
④ 林云铭著,刘树胜校勘:《楚辞灯校勘》,保定:河北大学出版社,2011年,第6页。
⑤ 林云铭著,刘树胜校勘:《楚辞灯校勘》,保定:河北大学出版社,2011年,第3—4页。
⑥ 杨伯峻编著:《春秋左传注》,北京:中华书局,2009年,第1088页。

伤。擥木根以结茝兮,贯薜荔之落蕊。矫菌桂以纫蕙兮,索胡绳之纚纚"的一番象征意味浓厚的描述,指的应该就是"三不朽"中的"立德",也可能包括修明法度的"立功"和"受命诏以昭诗"的"立言"。

屈原的第五次"恐"是"凤凰既受诒兮,恐高辛之先我",第六次"恐"是"理弱而媒拙兮,恐导言之不固"。这两次"恐",集中出现在《离骚》后半篇思想斗争的"求女"一节。在求有娀佚女时,"恐"自己所托之媒妁"凤凰"落于高辛氏派出的媒人之后,致使追求落空;在求有虞氏二姚时,又"恐"自己的媒人暗弱而笨拙,会败在他们无力的撮合言辞上。这两处"恐"不是对自身的忧惧,而是对他人能力的怀疑和担忧。我们知道,《离骚》的后半篇通过女媭劝告、陈词重华、上天入地、求女、问卜和昆仑之游等情节,表现了他进与退、战与降、去与留的思想矛盾与斗争,而求女不成的几个情节,正曲折地反映了他在现实中君臣遇合希望的破灭。求爱象征政治上的追求,因此,接连不断的忧虑,象征的正是屈原仕途的坎凛:既无同道中人与之合作、推广美政,又无法上达天听、获得君王的信任。虽然这两个"恐"出现在反映思想斗争的部分,但依旧反映了诗人在现实生活中的遭遇,象征性地再现了政治抱负不得施展的焦虑。

《离骚》最后两次言及"恐"亦在后半部分。屈原请求大巫巫咸为他决疑,巫咸先是讲了一番"中情好修,又何用乎行媒"的话,又列举了历史上君臣遇合的成功事例,意在劝告屈原等待时机遇合有望,接着就又说"及年岁之未晏兮,时亦犹其未央。恐鹈鴂之先鸣兮,使夫百草为之不芳",前后似乎自相矛盾,实际上他是在催促屈原抓紧时间"中情好修"。林云铭注曰:"阴气至则草死,若再迟待老,则世道日趋于坏,正人凋谢,天下事益不可为矣。此勉其速干求君,行道以救世也。"① 这个"恐"就是对屈原在"好修"这方面的担忧:你不先鸣,恐怕要被那些恶鸟占先了!需要注意,此处的"恐"的动作发出者是巫咸,不是屈原。但巫咸的这一担心,与屈原"恐修名之不立"的灵惧是同一指向,兼之巫咸是屈原虚构的理想人物,是屈原的代言人,所以,它也体现了屈原的忧惧心理;在巫咸"恐鹈鴂之先鸣"的劝告之后,紧接着屈原抒发了自己"何琼佩之偃蹇兮,众薆然而蔽之。惟此党人之不谅兮,恐嫉妒而折之"的感慨,显然与前者是有关系的。由"鹈鴂"的抢占先机,想到现实社会的"蔽美",又想到党人的"不谅",自然会产生对"嫉妒而折之"的恐惧。这个"恐"是屈原之"恐",他恐惧的是党人的迫害。虽然这两处仍属于屈子的思想斗争,但这两个"恐"正是他对自身处境的担忧。既然是主观的思考,便是屈原徘徊于"去"与"留"之间矛盾心理的刻画。

除《离骚》外,尚有四处"恐"散见于《惜诵》《惜往日》与《远游》中。《惜诵》"欲儃佪以干傺兮,恐重患而离尤",描述了自己想留下来待机重返朝堂,却害怕因此增加祸患

---

① 林云铭著,刘树胜校勘:《楚辞灯校勘》,保定:河北大学出版社,2011年,第12页。

而更加遭殃的矛盾心理。这个"恐"与《离骚》"恐嫉妒而折之"的心理近似,是诗人心中"去留"矛盾心理的表现。屈原所害怕的,正是这种精神上的徘徊不安所带来的左右为难的选择;"恐情质之不信兮,故重着以自明",描述了生怕君王不相信自己的真情,而作诗反复表白的忐忑心情。这个"恐"反映的心理,不同于以往所有的内容,虽然它也是针对自身而发的感慨,但显示的却是一种有冤难伸的精神苦闷。《惜往日》是诗人在流放过程中创作的,有人据其中"宁溘死而流亡兮,恐祸殃之有再"两句认定此诗为屈原的绝命词。在这两句诗中,诗人将身体死亡和魂魄流亡与再次遭祸对举,决然地选择了前者。这一选择,一是体现了"祸殃"的恐怖,二是表现了屈原对现实的绝望,三是体现了他宁为玉碎的高贵质量。所以,诗句中的这一"恐"字力量强大,内涵深刻,它不唯体现了诗人对祸殃的恐惧,也交代了宁死的原因。《远游》"恐天时之代序兮,耀灵晔而西征",紧承"绝氛埃而淑尤兮,终不反其故都。免众患而不惧兮,世莫知其所如"的远游而来,因看到明亮的太阳每日西落而心生天时代序之忧。那么,这里的"恐"与"汩余若将不及兮,恐年岁之不吾与"的"恐"在情感上近似,表达的也是时不我待之感。

经上文钩稽一过,可将屈原所"恐"概括为五个方面:时不待、君不在、国将亡、名不立、迫害遭祸。它们涵盖了内外,跨越了时空,深刻地影响了屈原的心理,使得他反复将恐惧诉诸笔端。

二、"恐"字充满丰富的变化

明确了屈原"恐"的内涵,我们发现,慷慨赴死之人也有许多软肋。乍看这 12 个"恐"及 5 类"恐"的内容,委实显得有些头绪纷繁。但经过对"恐"的主体和客体的仔细揣摩,不难发现,诸"恐"之间脉脉相通,层层深入,有变化规律可循。我们以行文先后顺序为经,以忧惧对象为纬,从纵横双向同时考察前文的爬梳结果,便可得到了几条关键的脉络。

首先,由己及人——从兹美吾身到美人皇舆。屈原第一次"恐"的是"汩余若将不及兮,恐年岁之不吾与"(包括《远游》"恐天时之代序兮,耀灵晔而西征"的"恐"),这是围绕着自己展开的。他为什么有这样的感叹呢?此句上文是"扈江离与辟芷兮,纫秋兰以为佩",说自己除了丰富的内美,还有许多修能,此外还特别注意加强道德修养,可即使如此,自己的政治理想还没有实现,所以悲情就来了,他生怕自己的年命不待。然而下文却又说"朝搴阰之木兰兮,夕揽洲之宿莽",屈原虽然对君王和党人多所揭批,但绝不怨天尤人,他善于从自身找原因,他觉得还得继续加强道德修养。但这上下两句说的都是鲜花香草,没有明确说自己,实际上这是象征。洪兴祖曰:"《离骚》之文,依《诗》取兴,引类譬喻,故善鸟香草,以配忠贞。"[①]"香草美人"之喻是《离骚》中特有的象征手法,以各种香

---

① 洪兴祖撰:《楚辞补注》,北京:中华书局,1983 年,第 2 页。

草寓意"内美"与"修能"。所以在自言佩戴香草之间,屈原感慨时光如流,时不我待,流露出来的感情自然是:我博采众善约束自己,诚心辅君,但年命如流,一旦身老昏聩,一切便来不及了。诗人在这里害怕的是自己老去,但接下来就发生了变化,一转而为君王。

屈原第二次"恐"的是"日月忽其不淹兮,春与秋其代序。惟草木之零落兮,恐美人之迟暮",与第一次围绕自己不同,这一次是围绕着"美人"展开的。过去曾有人认为"恐"迟暮与上节的"恐"老是一个意思,是一唱三叹,这显然是不对的,屈原没有自称过"美人",《思美人》里的美人就是楚怀王。《楚辞补注》开篇云:"灵修美人,以媲于君。"① 这也是"香草美人"象征手法的一部分,我认为"美人""灵修"以及后文所求之女,都是君主的托譬。虽然洪兴祖以为"宓妃佚女,以譬贤臣"②,但是就《离骚》原文"思九州之博大兮,岂惟是有女"推断,求女即在求明君。君王在屈原的心中的地位是极高的,这是遵循"君臣父子"名分的古代士子的共同心理。除此之外,屈原与楚王之间还有一层特别的关系,屈原要达成自己的政治理想,需要一个有所作为的君主作为平台,楚怀王就是这个平台,因此怀王的态度与决策直接决定了屈原政治理想的成败。另外,"君"字在他的笔下出现的频率颇高,尤其是在《惜诵》一诗的前半部分,几乎句句见"君",如"竭忠诚以事君兮,反离群而赘疣。忘儇媚以背众兮,待明君其知之""故相臣莫若君兮,所以证之不远""无谊先君而后身兮,羌众人之所仇。专惟君而无他兮,又众兆之所雠""疾亲君而无他兮,有招祸之道也""思君其莫我忠兮,忽忘身之贱贫。事君而不二兮,迷不知宠之门",等等,屈原倾肝沥胆之忠心跃然纸上。为了君王,他可以"忘身贱贫",甚至"招祸离群"。那么,屈原为什么为了君王甘愿如此万劫不复呢?

在屈原的第三"恐"中,我们找到了这个问题的答案:"岂余身之惮殃兮,恐皇舆之败绩"。诗人忧君,归根结底是在担心君国倾危,担心泯灭了先王的功绩。考察屈原的忠君思想,必须与他的爱国情怀联系起来。如若屈原单纯渴盼效力于明君,追求"君臣遇合",在那个楚才晋用的时代,他是不会"欲从灵氛之吉占兮,心犹豫而狐疑"的。经过反复的思想斗争,屈原否定了退隐、妥协与远逝的消极考虑,最终选择了留在旧乡"董道直行"。至于他为什么对楚国有这般深情,屈原在《离骚》开篇便以自报家门的方式告诉了我们:"帝高阳之苗裔兮。"《帝系》曰:"颛顼娶于腾隍氏女而生老僮,是为楚先。其后熊绎事周成王,封为楚子,居于丹阳。周幽王时,生若敖,奄征南海,北至江汉。其孙武王求尊爵于周,周不与,遂僭号称王,始都于郢。是时生子瑕,受屈为客卿,因以为氏。"③ 屈原自道乃颛顼之后,也就是与楚国王室同宗同祖,因而在他心里国事便是家事也就顺理成章。《离骚》"陟升皇之赫戏兮,忽临睨夫旧乡。仆夫悲余马怀兮,蜷局顾而不行"与《远游》"忽临睨夫旧

---

① 洪兴祖撰:《楚辞补注》,北京:中华书局,1983年,第2页。
② 洪兴祖撰:《楚辞补注》,北京:中华书局,1983年,第3页。
③ 洪兴祖撰:《楚辞补注》,北京:中华书局,1983年,第3页。

乡,仆夫怀余心悲兮,边马顾而不行"的描述,就是其系念旧乡、忠君爱国的真情流露。

通过比对可以发现,从屈原"恐"自己年岁不与,到"恐"美人迟暮,是由个人层面上升到他人层面,是一次精神上的飞跃;而由此再到"恐"皇舆败绩,是由他人层面上升到了国家层面,已是精神层面上的第二次飞跃了。所以,纵观上述三"恐"及三者之间的两次转折,一条清晰的脉络便昭然若揭:屈子的恐惧从畏老一变而为忧君,再变而为忧楚,由内而外,从一己生发,趋于大义。

其次,由表及里——从姱服蛾眉到中情内美。从对"恐"的原因分析中看出,诗人之"恐"并没有停留和终结在"皇舆"这一层面,而是继续发展,并再次反观自身。值得注意的是,屈原对于自身的忧惧并非一味到底、毫无新意,而是呈现出明显的层次变化。

上文提及屈原的第一次"恐",即"恐年岁之不吾与"(包括《远游》"恐天时之代序兮,耀灵晔而西征"),从表面看(虽然他关心年龄与他的理想实现有关),那是关乎自家性命寿夭的第一次"恐",他在乎的是外在的年龄。而当他看到众人和党人们竞进贪婪、恕己量人、兴心嫉妒、驰骛追逐的时候,他反观自己的思想状态,对自身产生了第二次"恐",即"恐修名之不立"。在前文的分析中说过,屈原在《离骚》后半篇巫咸为他决疑的内容中,有劝告屈原等待时机的话,继而又劝他趁年纪未老加强修养,"恐鹈鴂之先鸣",这个"恐"字就是对屈原在"好修"方面的担忧,与屈原"恐修名之不立"的"恐"是同一指向,反映的是屈原的忧惧心理。洪兴祖《补注》谓"修名"为"修洁之名"[①]。李陈玉《楚辞笺注·离骚总论》云:"《离骚》大意,只为'好修'二字。与人异趣,为人所忌,好修者必芳洁,故喻诸香草……不一而足。小人好利好朋不好修,臭秽所集,故喻诸恶草……自然朋党。设问平生好修,原为洁白,以事吾君,一间之后,君亦以好修为其眼中钉矣。一生吃亏,尽在于此。"[②] 正说到了屈原的痛处!大凡君子皆耻于没有善名传世,至于实现名垂青史,不出所谓"三不朽"的范畴——立德、立功、立言。立德即身殁而道存,即《中论》所谓"德义令闻者,精魄之荣华"[③];立功则关乎朝堂,即《礼记》所谓"政行则事成,事成则功立"[④];立言则见于文字,即《抱朴子》所谓"穷览《坟》《索》,著述粲然"[⑤]。此三者,皆须有内在操守与才智积累始可获得。由此可见,屈原的思绪从年命之类的表象层次,至此已深入到了内在修养的境界;从浅表的"恐"自身年岁不能赶上时间的脚步,进化到深层的"恐"美好名节不能树立。这是自我设计、自我完善、自我实现的一次飞跃,它标志着屈原已从

---

① 洪兴祖撰:《楚辞补注》,北京:中华书局,1983年,第12页。
② 李陈玉:《楚辞笺注》,见《续修四库全书》,上海:上海古籍出版社,2002年,第1302册第8页。
③ 徐干:《中论》,见《影印文渊阁四库全书》,台北:商务印书馆,1986年,第696册第491页。
④ 郑玄注,孔颖达疏:《礼记正义》,见(清)阮元校刻《十三经注疏》,北京:中华书局,1980年,第1606页。
⑤ 葛洪:《抱朴子》,见《诸子集成》第8册第3部,上海:上海古籍出版社,1986年,第108页。

一个有政治理想的人走向了一个追求道德完善的君子。

再次,由行到言——对用人失当的忧虑。在屈原之"恐"中,有两次变化不同寻常,即第五次"恐高辛之先我"与第六次"恐导言之不固",它们集中出现在"求女行媒"一节。在求女一节里,屈原打算用来行媒的有蹇修、鸩、雄鸠、凤凰和无名氏理媒:蹇修结言虽好而宓妃骄傲淫荡,鸩则先泼冷水,雄鸠轻佻取巧,皆不可用。而凤凰与理媒虽然可用,但行动缓慢、言语笨拙,其事怕也难成就。虽然这两个"恐"都是对媒人的担忧,在内容上却有变化。在求有娀佚女时,诗人担心的是媒人行动迟缓而落于人后;在求有虞氏二姚时,诗人担心的是媒人言辞拙劣。屈原对媒人言行能力的担忧,实际上是对用人失当的思考。这种忧惧心理,也是他向灵氛和巫咸问疑的一方面原因,这可以从巫咸"苟中情其好修兮,又何必用夫行媒"的话里得到印证。须知《离骚》后半篇是用想象和幻想的形式表现思想斗争的,它所象征的是现实斗争的处处碰壁。那么,那些在求女过程中的媒人,应该就是诗人在现实中的同僚或同志。因此,这两处"恐"间接反映了诗人君臣遇合和理想实现的艰难。

又次,由嫉到祸——对党人嫉妒迫害的忧惧。《离骚》"恐鹈鴂之先鸣兮,使夫百草为之不芳",假设了坏人一旦得势,摄取高位,形势就会大变,培育的各种人才也会纷纷变节。这个"恐"字所涉及的是党人迫害贤人的先决条件;而"惟此党人之不谅兮,恐嫉妒而折之",进一步控诉了党人因妒生恨的狭隘,表现了恐惧迫害的心理。但这一"恐"的心理所反映的党人的行为还只是"蔽美""不谅"'嫉妒而折之",还只是浅层次的阻挠;而《惜诵》之"欲僵偃以干傺兮,恐重患而离尤",则通过描述自己欲留下来寻找机会却畏惧遭受更大祸患和谴责的矛盾心理,间接地表现了党人们对诗人的严重迫害。难以想见,什么样的迫害竟能够对屈原这样一位坚持理想信念、视死如归的志士产生心理动摇呢?此前的诗句曾提到"君可思而不可恃""作忠以造怨""众口其铄金""赠弋机而在上兮,罻罗张而在下。设张辟以娱君兮,愿侧身而无所",这就是"患"与"尤"。党人们工于造谣诽谤、设置各种陷阱和圈套、以谄媚的方式包围君主(重患),而君主则不辨忠奸、可思而不可恃(离尤),因此他才有"恐重患而离尤"这样的恐惧。这个"恐"所反映的忧惧,比上述两处程度都要强烈得多了;至于《惜往日》之"宁溘死而流亡兮,恐祸殃之有再",在身体死亡魂魄流亡与遭遇祸殃之间,诗人宁愿选择前者,间接反映了祸殃的惨烈,直接表现了诗人对祸殃的强烈恐惧。从忧惧坏人得势,到忧惧党人嫉妒生恨,再到畏惧党人罗织罪名,再到畏惧遭遇更大的祸殃,体现了屈原内心的变化层次,也反映了党人对他的迫害在逐渐加深。

总之,屈原笔下接连出现的"恐",并不是杂乱无章的。他的"恐"从自身生发,蔓延至竭忠侍奉的君王,进而放眼于朝夕挂怀的乡土,又回溯到自身品位的提高,由浅入深地观照元初的修名之志,重新审视因仕途的跌宕而产生的矛盾心理;忧从中来,旁及外物,从外援行动与言辞上的不可恃,到党人由轻到重的嫉妒迫害,均体现了诗人斗争的艰难。"恐"的几经变化是完全符合诗人的心绪与逻辑的,尤其是集中出现"恐"字的《离骚》一文,八"恐"皆不可颠倒,它们的依次出现正是屈子心路历程的草蛇灰线。

三、"恐"字勾勒出了诗人的心路历程

洞悉了屈原之"恐"渐次转变的轨迹,我们发现他的忧惧最终还是回到了自身,纠结于思想斗争和心理矛盾中,这恰恰印证了诗人一直秉承的"好修姱以鞿羁"的自我修炼。他素来将修己安人与舍生取义奉为生命中最为重要的信条,并于诗中反复申明。但我认为,就以上对"恐"的剖析来看,屈子的精神核心不在于主观个体的外在形象、道德质量、精神境界和思想动态。若问诗人日夜忧虑、无法释怀的是什么? 不妨由"恐"字放眼全域,抽丝剥茧,步步深入。

首先,从"善修吾初服"看他的修己功夫。这还要从屈原对自身的关注说起,因为诗中毕竟针对自身的"恐"出现的次数最多。诚然,屈原是一个完美主义者,这种自爱不仅体现在培养个人言行情貌的美丽,还见于他时刻反省自察,保持初衷。

"恐年岁之不吾与"与"恐天时之代序"均为屈子感慨时光飞逝之辞,他担忧年华老去,害怕时光"若将不及"。畏惧"不与",一来是害怕自己年命不久,二来是惶恐德行操守退化。这种心理,恰恰映射出诗人对美的追求。诗人爱美,爱善禽香草,爱漂亮服饰,爱各种美的事物,并以此种种譬喻清高忠贞之质或贤德正直之人。他熟稔"善不由外来,名不可以虚作"的道理,所以他不仅要"朝搴阰之木兰兮,夕揽洲之宿莽",日夜不停地培养自己的美好品德;更要"扈江离与辟芷兮,纫秋兰以为佩",年年以象征高尚品德的事物作为冠带服饰。诸如此类,均是以象征手法表现对纯美之德的热烈追求的。此外,诗人更向往"美名","恐修名之不立"正昭示了他崇高的修炼目标。林云铭曰:"若揆当日党人行谗之故,缘其本以贪婪固宠,谬谓吾得侍君侧,亦以贿进,妨夺其利,而不知吾不以进身为荣,而以修名不立为恐。虽知招妒,愿以身殉,免此方民生日苦求索,死不敢辞也。"①指出了屈原对"修名"的看重。所以,我们看到的屈原,一生都在忙于树德固本,追求高不可及的自我设计、自我完善、自我实现,以期达到"中情好修",进而达到"两美必合",从而实现"美政"理想。这与儒家的"修齐治平"不谋而合。

与此同时,屈原因自己精神世界的思想斗争而产生的恐惧,让我们感受到"修己"之"修"并不只是修养和修炼,也包含着修正。他敢于一次又一次地直视自己的心理世界,分别在"悔相道不察""女媭劝告""灵巫告吉"后拷问过自己的灵魂,但最后都没有做出背心违志的决定。正如他在面对现实中的"群小""党人"和"灵修"时,"进不入以离尤,退将复修吾初服",依旧不改初衷,坚守修名之志,坚持正道直行。"初服"是什么样子?

---

① 林云铭著,刘树胜校勘:《楚辞灯校勘》,保定:河北大学出版社,2011年,第15页。

它是"扈江离与辟芷,纫秋兰以为佩",更是"制芰荷以为衣,集芙蓉以为裳""高余冠之岌岌,长余佩之陆离"。洪兴祖曰:"集合芙蓉,以为衣裳,被服愈洁,修善益明。""复高我之冠,长我之佩,尊其威仪,整其服饰,以异于众也。'① 诚如贺贻孙于《骚筏》所云:"大凡君子所以成其为君子,不过好修,好修故不变;小人所以成其为小人,不过偷乐,偷乐故易变。"② 这正是诗人所热爱并一直修炼的纯美之德,而在种种诱惑与逆境中,他的反省与坚守尤其显得弥足珍贵。

其次,从"畏老不畏死"看他的舍己情怀。由上述可以看出,屈原近半数的恐惧源于对自己美德修名的注重,毫无疑问,这是一种自爱的表现。但就是这个非常自爱的人,丝毫不吝性命,从不惧怕死亡,却畏惧老境的到来。诚然,时间的推移会带来死亡,但二者不能等同,"老"在屈原的眼里与"死"有本质上的差别。

屈原不畏死。在其创作中,屈原多次涉及死的内容,仅《离骚》中明言"死"的就有"亦余心之所善兮,虽九死其犹未悔""伏清白以死直兮,固前圣之所厚""宁溘死以流亡兮,余不忍为此态也""阽余身而危死兮,览余初其犹未悔"等若干例,而像"虽体解吾犹未变兮,岂余心之可惩""虽不周于今之人兮,愿依彭咸之遗则""既莫足与为美政兮,吾将从彭咸之所居"那样没有明言死却表现了死志的诗句也为数不少。结合与"死"对应的另一半诗句,不难看出,屈原誓死守卫的往往是国家、理想、正道和初衷。而当他自述内心的恐惧时,每每喜欢将不畏惧的事物对举以作烘托,"死"即在其列,如"岂余身之惮殃兮,恐皇舆之败绩"与"宁溘死而流亡兮,恐祸殃之有再"。在屈原心灵的天平上,家国事务、培德修身的分量永远重于自己的生命,这是屈原一生不变的志节。贺贻孙云:"不变则好修之事毕矣,不变是屈子一生把柄。"③ 为了坚守它们,他不拒舍己相殉。

但屈原畏老。他惧怕"天时代序",惧怕"年岁不与"。"泪余若将不及",不经意间便要面临"老冉冉其将至"的境况,而令他遗憾的是"修名之立""怀朕情而不发"。他深恨,一旦老境来临,他心目中那些超越生死的初衷和理想就会成为泡影,所以,他害怕老境的到来。贺贻孙在《骚筏》中将屈原的这一性格作了精到的总结:"屈子不畏死而畏老,不伤无年,而伤无名。"④"屈子一生失意,全被'君思我兮然疑作'七字所苦。盖屈子从来畏老不畏死,今欲及未老而罢,未老而死耳。如此心事,岂恒情可量。"⑤ 可谓千百年下屈原的知音。这样看来,不畏死与畏老二者并不矛盾,因为它们都有一个共同的出发点,即心思都在"皇舆""美政"与"初服"之间。而这里的"舍己"与上文的"修己"同样也不是对立的,

---

① 洪兴祖撰:《楚辞补注》,北京:中华书局,1983年,第17页。
② 贺贻孙:《骚筏》,见《四库未收书》,北京:北京出版社,第13册第227—228页。
③ 贺贻孙:《骚筏》,见《四库未收书》,北京:北京出版社,第13册第230页。
④ 贺贻孙:《骚筏》,见《四库未收书》,北京:北京出版社,第13册第234页。
⑤ 贺贻孙:《骚筏》,见《四库未收书》,北京:北京出版社,第13册第257—258页。

因为所有的"好修"都将成为实现理想的准备工作。每一次"畏老"无非是担心时间有限而难以完成毕生的追求,而慷慨陈词"不畏死"的"舍己",正是为理想的实现做好了充分的心理准备:一旦被迫停止,必要时将以死殉自己的理想。

再次,从"惟灵修故宇"看他的殉国壮怀。既然"修己"与"舍己"都是为了一个目的,而这个目的必然是屈子精神世界的重要支柱。屈原可以为了初衷、美政、君王和国家毅然选择苦难甚至结束生命,那么,这些内容就成了他生命的全部,而楚国的兴衰存亡就是它们的核心。在屈作表现"恐"这一情感的诗句中,虽然只有"恐皇舆之败绩"一处直言因国家而忧惧,但诗中那些"修初服""导先路""及踵武""为美政"的表达,哪一处最终不是为了他热爱的这片土地呢?其实,屈原的这种情怀早在《离骚》开篇"帝高阳之苗裔"的话里就埋下了种子,他不是在矜夸出身的高贵而拉大旗作虎皮,而旨在说明与楚国国君同宗同祖,国事即家事。这种家国情怀,一直支持着他在激烈的政治斗争中忍受着统治集团的误解与迫害,支持着他在激烈的思想斗争中克服了进与退、战与降、留与行的矛盾。无论是神游境界的"陟升皇之赫戏",还是现实世界的"吾方高驰而不顾""去终古之所居",他都会"反顾""临睨",目光所及必然是"旧乡""故都",因为他有强烈的"鸟飞反夫故乡,狐死必首丘"的家国情结。

林云铭在《楚辞灯·离骚后评》云:"屈子全副精神,总在忧国忧民上。如所云'恐皇舆之败绩''哀民生之多艰',其关切之意可见。"[①]可谓知屈子者。屈原将一己之生死与楚国之安危融合在了一起,所以,亲手结束自己的生命成了必然的结局。《史记·楚世家》载:"(顷襄王)二十一年,秦将白起遂拔我郢,烧先王墓夷陵。楚襄王兵散,遂不复战。"[②]屈原就在次年端午自沉汨罗,以身殉国了。我认为,屈子自杀不是因为仕途多舛、小人排挤,也不是因为见疏君王而被流放,因为反对派毕竟一直存在,而流放也不是第一次,君王的不信任也不仅仅在顷襄一朝。无论小人怎样"谣诼",屈原均可"忍尤攘诟",因为楚国尚在,他这棵坚韧的兰草就有立足的土地。而一旦楚国覆亡,他非但再无牵挂,仅有的精神寄托也就失去了。

综上,通过对屈原之"恐"的剖析,我们由屈子之"恐"窥见了其丰富的内心世界,感受了其曲折的心路历程和炽热的爱国情怀。古人云:"窥一斑而见豹","尝一脔而知鼎"。我们透过屈原创作中一个表心理活动的动词的变化,感受到了屈原人格之伟大,让我们领略到了"惊心动魄,可谓几乎一字千金"[③]的深刻内涵,足见楚辞用语之精妙。

---

① 林云铭著,刘树胜校勘:《楚辞灯校勘》,保定:河北大学出版社,2011年,第17页。
② 司马迁:《史记》,北京:中华书局,1982年,第1735页。
③ 钟嵘著,周振甫译注:《诗品译注》,北京:中华书局,1998年,第32页。

庄、屈《渔父》与儒道争辩

云南大学 谢小刚

一、先秦时渔父形象的变迁

在远古时期,"先王未有宫室,冬则居营窟,夏则居橧巢。未有火化,食草木之食,鸟兽之肉,饮其血茹其毛。未有麻丝,衣其羽皮。"后来,人类几经周折便发现了火,这火的横空出现,给人类文明带来了一缕曙光。于是,"后圣有作,然后修火之利,范金合土,以为台榭宫室牖户。以炮,以燔,以亨,以炙,以为醴酪。治其麻丝,以为布帛。"(《礼记·礼运》)从茹毛饮血到以烹以炙,这期间一直贯穿着先民的渔猎采摘生活。作为一种谋生手段,初民的捕鱼方法多样。结合出土的实物,我们可以推断此时有多种捕鱼方法,先民除徒手摸鱼外,还有棍棒打鱼、弓箭射鱼、鱼镖钩鱼、鱼叉刺鱼、鱼钩钓鱼、渔网捕鱼。如此繁多的捕鱼手段,折射出捕鱼水平的日渐提高。但这同时给鱼类的繁衍生息带来了灾难,渔业急需要规范化的管理,这就有了"渔人"和"鳖人"之官,鳖人"以时簎鱼鳖龟蜃""春献鳖蜃,秋献龟鱼"(《周礼·鳖人》),渔人则"掌以时渔,为梁。春献王鲔,辨鱼物,为鲜蔌,以共王膳羞"(《周礼·渔人》)。

从文献中看,渔人不仅指掌渔官,有时他还指捕鱼人。作为官职的渔人,除上文所引《周礼》的记载外,《淮南子·时则训》当中也有记载,"乃命渔人伐蛟,取鼍,登龟,取鼋。"至于捕鱼人,《管子·禁藏》云:"渔人之入海……宿夜不出者,利在水也。"这渔人当属捕鱼人无疑。我们通常所说的渔人一般指后一种,渔人有时称"渔者",有时称"渔夫",也有称"渔父"的,"父"通"甫","甫,男子美称也"(《说文解字》)。

《诗经》是周代的一部文化百科全书,其中涌现了一些捕鱼者的形象,这对我们勾勒、探索先秦时期的渔父形象有重要意义。《诗经》中记载的渔人有三种,第一种是女性形象,第二种是男性形象,第三种性别不明。

一是女性形象。在《邶风·新台》一诗中,国人[①]咀曰:"鱼网之设,鸿则离之。燕婉之求,得此戚施。"这首诗旨在讽刺卫宣公(姬晋)筑造新台,截娶儿媳(宣姜)的翁媳丑闻[②]。"鱼

[①] 《毛诗序》:"国人恶之而作是诗。"
[②] 《左传·桓公十六年》:"初,卫宣公烝于夷姜,生急子,属诸右公子。为之娶于齐,而美,公取之,生寿及朔,属寿于左公子。"《史记·卫康叔世家》:"右公子为太子取齐女,未入室,而宣公见所欲为太子妇者好,说而自取之,更为太子取他女。"

网之设,鸿则离之"表面意是撒鱼网捕鱼,却捞了一只蛤蟆。实则是"言齐女本求与急为燕婉之好,而反得宣公丑恶之人也"(《诗集传》)。显然,设网人是事件的受害者宣姜,故而作者为表达心中忿忿,以捕鱼获鸿为喻,替故事的主角宣姜鸣不平。可见,这首诗中的渔人是贵族女子宣姜,与其说她在撒网捕鱼,倒不如说她在追慕郎才女貌式的燕婉之好。

《邶风·谷风》是一首凄楚哀婉的弃妇诗,诗中有云:"宴尔新婚,不我屑以。毋逝我梁,毋发我笱。"女主角是一位异常善良、用情专一的普通劳动者,她曾辛劳操持起了一个一贫如洗的家庭,帮助丈夫克服重重困难险阻,创造了富裕美好的家庭生活,但这个糟糠之妻最终被可以共患难、不能同富贵的丈夫抛弃了。痴情厚德如她,沉溺在曾经持家史中无法自拔,尤其是有关于捕鱼生活的呈现:修筑好的鱼梁依旧矗立在水中,鱼梁中嵌入捕鱼工具——竹笱。

在《卫风·竹竿》里,有远嫁姑娘的回忆:"籊籊竹竿,以钓于淇。岂不尔思?远莫致之。泉源在左,淇水在右。女子有行,远兄弟父母。"她曾在家乡的泉源、淇水畔竹竿垂钓、操舟游逛,这里一直是她的游乐园,留下了儿时的追逐嬉戏和欢歌笑语。"岂不尔思?远莫致之",如今嫁做人妇,往事已成追忆。在这首诗里,诗人和故事主角同为一人,有一段出嫁前的捕鱼生活,并以钓鱼为人生之乐事。

《小雅·鱼丽》:"鱼丽于罶,鲿鲨。君子有酒,旨且多。 鱼丽于罶,鲂鳢。君子有酒,多且旨。鱼丽于罶,鰋鲤。君子有酒,旨且有。"罶,又名笱,是一种竹编捕鱼工具,口大颈狭,腹宽而长,鱼能入而不能出。《尔雅·释器第六》"嫠妇之笱谓之罶"[①],萧凤仪《嫠妇之笱谓之罶解》:"此笱实竹器,与筐笼相似,口阔颈狭,腹大而长,无底。施之,则以索束其尾,喉内编细竹而倒之,谓之曲簿,入则顺,出则逆,故鱼入其中而不能出。谓之罶者,罶,从网从留,言能留鱼而不使出也。多就曲梁施之以承其空,人不必入水,虽妇人亦能用。"[②]《毛传》云:"罶,曲梁也,寡妇之笱也。"[③] 据此推断,这渔人大概是妇女,是普通劳动者,为贵族宴饮捕鱼。从写作手法来看"鱼丽于罶"云云属于起兴。

二是男性形象。《召南·何彼襛矣》:"其钓维何?维丝伊缗。齐侯之子,平王之孙。"这其中暗含着了一位钓者,据《郑笺》云:"钓者以此有求于彼。何以为之乎?以丝为之纶,则是善钓也。"[④] 又,孔颖达《正义》曰:"其钓鱼之法维何以为乎?维以丝为绳,则是善钓。以兴其娶妻之法,亦何以为之乎?维以礼为之,则是善娶。钓者以此有求于彼,执丝纶以求鱼;娶者以己有求于人,用善道而相呼。谁能以善道相求呼者?乃齐侯之子求平

---

① 胡奇光、方环海撰:《十三经译注·尔雅译注》,上海:上海古籍出版社,2004年,第216页。
② 胡奇光、方环海 撰:《十三经译注·尔雅译注》,上海:上海古籍出版社,2004年,第216页。
③ 李学勤主编:《十三经注疏·毛诗正义》(上、中、下),北京:北京大学出版社,1999年,第605页。
④ 李学勤主编:《十三经注疏·毛诗正义》(上、中、下),北京:北京大学出版社,1999年,第105页。

王之孙。"① 可知,钓者就是娶者,指齐候之子,因而这钓者是一位男性。诗中女主角王姬即是平王外孙,根据《春秋》庄公元年所载"王姬归于齐"来进行诗史互证,"齐侯之子"和"平王之孙"是男女两人,并非是一人。"其钓维何?维丝伊缗"二句一问一答,说明钓鱼之法的关键在于钓线,最好的钓线做法莫过于纠丝为绳,纠丝为绳隐喻男女合而为婚。

《齐风·敝笱》:"敝笱在梁,其鱼鲂鳏。齐子归止,其从如云。敝笱在梁,其鱼鲂鱮。齐子归止,其从如雨。敝笱在梁,其鱼唯唯。齐子归止,其从如水。""敝笱在梁,其鱼"云云,意指破敝的竹篓无法制止鱼儿的往来。这首诗暗指鲁桓公夫人文姜与其兄齐襄公私通之事,其事见于《左传》桓公十八年,据载:"公会齐侯于泺,遂及文姜如齐。齐侯通焉。公谪之,以告。夏四月丙子,享公。使公子彭生乘公,公薨于车。"如《毛诗序》所言:"《敝笱》,刺文姜也。齐人恶鲁桓公微弱,不能防闲文姜,使至淫乱,为二国患焉。""齐人以敝笱不能制大鱼,比鲁庄公不能防闲文姜,故归齐而从之者众也。"(《诗集传》)鲁桓公软弱无能,疏于防闲文姜,最后还祸及己身,被人扼死在车中。因而此处的捕鱼人显系鲁桓公而言。

《豳风·九罭》是首留客诗,诗中有言:"九罭之鱼,鳟鲂。我觏之子,衮衣绣裳。"主人是一位地位低下的平民,与一位身穿"衮衣绣裳"的高级官员不期而遇,于是他诚恳延客留宿,急急忙忙撒网捕鳟获鲂,烹制成美味佳肴,殷勤招待远方的贵客。

三是性别不明。《卫风·硕人》是一首关于卫庄公夫人庄姜的赞歌,诗描写随嫁车队经过黄河岸边,看到壮观的捕鱼场面:"河水洋洋,北流活活。施罛濊濊,鳣鲔发发。"白茫茫的黄河之水,浩浩荡荡北流入海。岸边有渔人哗哗的撒网声,与鱼尾击水的啵啵声相呼应,演奏出了大自然最华美的乐章。从哗哗的撒网中,我们能看出当时在黄河岸边捕鱼的人不止一人,渔人不辨男女老少。

通过对《诗经》中捕鱼者形象的梳理和挖掘,我们可以发现一些规律,女性捕鱼者的形象大多与歌唱爱情、婚姻生活有关,有时以捕鱼来隐喻爱情婚姻,表达主人公有关喜怒哀乐的情感经历,有时通过回忆过往愉快的捕鱼生涯,呈现主角当下酸甜苦辣的心路体验,其人物身份上至贵族女性,下至贫苦农民。男性捕鱼者形象大多与婚姻、宴饮活动有关,在婚姻领域中,有人善钓,门当户对,夫妇和合;有人不善钓,貌合神离,夫妇离德。在宴饮活动中,为了食物丰盛、招待殷勤,还需要打鱼。这类人物身份有国君,有公子,有贫民。

进一步说,不管是爱情,还是婚姻,乃至于宴饮,都属于日常家庭生活,因而《诗经》中的渔人钓鱼主要本于日常生活,钓鱼是一种谋生手段,是人类社会从古至今一直赖以为生的方式,任何社会成员都逃不出这种金科玉律。

---

① 李学勤主编:《十三经注疏·毛诗正义》(上、中、下),北京:北京大学出版社,1999年,第105页。

当然,钓鱼不仅仅是谋生手段,它还可以是干政方式。姜子牙其人其事可以追溯到商代,渭水钓鱼明显要早于《诗经》所载的钓鱼事象,只是作为谋生手段的钓鱼要比作为干政的钓鱼原始本真。吕尚渭水钓鱼以干文王的事,史料中有很多记载。《吕氏春秋·谨听》载:"太公钓于滋泉,遭纣之世也,故文王得之而王。"又《吕氏春秋·首时》:"太公望,东夷之士也,欲定一世而无其主,闻文王贤,故钓于渭以观之。"《史记·齐太公世家第二》载:

> 吕尚盖尝穷困,年老矣,以渔钓奸周西伯……于是周西伯猎,果遇太公于渭之阳,与语大说,曰:"自吾先君太公曰'当有圣人適周,周以兴'。子真是邪?吾太公望子久矣。"故号之曰"太公望",载与俱归,立为师。

张守节《正义》引《说苑》:"吕望年七十,钓于渭渚,三日三夜,鱼无食者,望即忿,脱其衣冠。上有农人者,古之异人,谓望曰:'子姑复钓,必细其纶,芳其饵,徐徐而投,无令鱼骇。'望如其言,初下得鲋,次得鲤,刺鱼腹得书,书文曰:'吕望封于齐。'望知其异。"《韩诗外传》:"太公望少为人塿(婿),老而见去,屠牛朝歌,赁于棘津,钓于磻溪,文王举而用之。"又如《列仙传》:"吕尚钓于磻溪,三年不获鱼,比闾皆曰:'可已矣。'尚曰:'非尔所及也。'已而,果得兵钤于鱼腹中。"《宋书·符瑞志》:"王至于磻溪之水,吕尚钓于涯,王下趋拜曰:'望公七年,乃今见光景于斯。'尚立变名答曰:'望钓得玉璜,其文要曰:姬受命,昌来提,撰尔雒钤报在齐。'"

姜太公知动静变化之道,故可藏器于身,相机而动。《战国策》载苏秦得"太公阴符之谋,伏而读之",太公通晓《阴符经》,并为其做了注释。《阴符经》就有关于动静变化之道的论述:"天人合发,万变定基";"性有巧拙,可以伏藏";"九窍之邪,在乎三要,可以动静";"食其时,百骸理,动其机,万化安";"愚人以天地文理圣,我以时物文理哲"[①],等等。由此我们可以理解太公"行年五十,卖食棘津""年七十,居于朝歌"(《韩诗外传》)这种行为了,他上知天文、下知地理,文能治国、武能安邦,"上则能尊君,下则能爱民,政令教化,刑下如影,应卒遇变,齐给如响,推类接誉,以待无方,曲成制象"(《荀子·臣道》),胸怀大志,行年七十能"身为渔父而钓于渭滨"(《史记·范雎蔡泽列传》范雎语),钓鱼实是以退为进,眼观八方,期待明主的策略,一旦身在朝堂,便能大鹏展翅,施展满腔抱负。钓鱼看似远离朝阙,闲暇无为,实则能引人注目,如能待机出仕,方可搅弄风云,运筹帷幄之中。可见,姜尚的钓鱼有隐逸因子,以隐逸为名钓鱼也是在干政钓名。

范蠡与姜尚一样,精通《阴符经》,继太公之后,又为其作注,他不仅深谙进退之术,而且颇精识人之法,还通晓货值之道。他判断,"越王为人长颈鸟喙,可与共患难,不可与共

---

① 黄帝著、伊尹等注:《阴符经集释》,北京:中国书店,2013年,第1—9页。

乐",故在助勾践灭吴雪耻后,归隐五湖以避祸全身,《国语·越语》载范蠡"乘轻舟以浮于五湖,莫知其所终极"。又《越绝书》:"吴亡后,西施复归范蠡,同泛五湖而去。"幸亏范蠡急流勇退,否则其性命恐怕不保。果不出其所料,他的归隐立马引发勾践的担忧和不安,《吴越春秋》载:

>范蠡既去,越王愀然变色,召大夫种曰:"蠡可追乎?"种曰:"不及也。"王曰:"奈何?"种曰:"蠡去时,阴画六,阳画三,日前之神,莫能制者。玄武、天空威行,孰敢止者?度天关,涉天梁,后入天一,前翳神光。言之者死,视之者狂。臣愿大王勿复追也,蠡终不还矣。"

范蠡在归隐五湖后不久,为了自身安全又辗转他方,《史记·越王勾践世家》载:"范蠡浮海出齐,变姓名,自谓鸱夷子皮,耕于海畔,苦身戮力,父子治产。居无几何,致产数十万。"他结庐在海边,捕鱼晒盐,家产丰盈。大概是范蠡曾以捕鱼为业,大概是范蠡功成隐退,于是后人将范蠡视为渔父,一个隐者。范蠡的人生轨迹恰和姜尚颠倒,姜尚由渔隐到干政,范蠡由仕宦到渔隐。当然,钓鱼作为一种谋生手段一直未有改变。

范蠡的思想沾染了一丝道家之风。关于功成身退,《老子》第九章言,"功成身退,天之道",他本人"必顺天道"(《越语下》)是功成隐退的践行者。关于动和时,《老子》第八章有"动善时"之语,范蠡有"圣人随时以行,是谓守时""时不至,不可强生""时为之庸"(《越语下》)的认识。关于居功,《老子》第二章、第二十二章、第二十四章说,"成功而弗居""不自伐,故有功;不自矜,故长""自伐者无功;自矜者不长",范蠡认为,"劳而不矜其功"(《越语下》)。关于天人,《老子》第五十九章云:"治人事天莫若啬",范蠡则有言,"人事至矣,天应未也""天地未形,而先为之征,其事是以不成,杂受其刑""夫人事必将与天地相参,然后乃可以成功"(《越语下》)。关于盈与骄,《老子》第九章云:"持而盈之,不如其已;揣而锐之,不可长保。金玉满堂,莫之能守;富贵而骄,自遗其咎",范蠡说:"天道盈而不溢,胜而不骄"(《越语下》)。

《史记·伍子胥列传》载有一渔父:"到昭关,昭关欲执之。伍胥遂与胜独身步走,几不得脱。追者在后。至江,江上有一渔父乘船,知伍胥之急,乃渡伍胥。伍胥既渡,解其剑曰:'此剑直百金,以与父。'父曰:'楚国之法,得伍胥者赐粟五万石,爵执珪,岂徒百金剑邪!'不受。"在这里,渔父是一个不贪图功名利禄的世外高人。若不是渔父渡船救命,伍子胥早已不在人间。渔父既然懂楚国之法,楚国官兵又不认识他。那么他大约是楚国由仕而隐的隐士,归隐之后常出没在此地,并以钓鱼为生。

于是,钓鱼逐渐成为士人的一种隐逸姿态。据《庄子·刻意》所描述:"刻意尚行,离世异俗,高论怨诽,为亢而已矣。此山谷之士,非世之人,枯槁赴渊者之好也。语仁义忠信,恭俭推让,为修而已矣。此平世之士,教诲之人,游居学者之所好也。语大功,立大名,礼君臣,正上下,为治而已矣。此朝廷之士,尊主强国之人,致功并者之所好也。就薮泽,处闲旷,钓鱼闲处,无为而已矣。此江海之士,避世之人,闲暇者之所好也。吹呴呼吸,吐故纳新,熊经鸟申,为寿而已矣。此道引之士,养形之人,彭祖寿考者之所好也。"士人有山谷之士、平世之士、朝廷之士、江海之士、道引之士,这五种士人中,山谷之士和江海之士属于隐者,江海之士无为自在,处身闲暇,以垂钓鱼为乐,这就是庄子眼中的渔父。

庄子也是一个渔父形象,《庄子·秋水》载:

> 庄子钓于濮水。楚王使大夫二人往先焉,曰:"愿以境内累矣!"庄子持竿不顾,曰:"吾闻楚有神龟,死已三千岁矣。王以巾笥而藏之庙堂之上。此龟者,宁其死为留骨而贵乎?宁其生而曳尾于涂中乎?"二大夫曰:"宁生而曳尾涂中。"庄子曰:"往矣!吾将曳尾于涂中。"

庄子与姜尚都在水边垂钓,但二人有明显区别,姜尚是一位待机而动的渔父,庄子则是一位远祸全身的渔父,宁愿在世俗之中悠游自在,也不愿意在庙堂之上受人追捧,生命本身的意义高于社会立名的价值,在险恶的政治环境下,贪恋权力不但可能沦为别人手中的工具,丧失独立人格,而且很可能会陷入政治旋涡中,反误卿卿性命。

这样道家思想落定于渔父角色。在《庄子·渔父》和《楚辞·渔父》里,儒道两家展开了正面交锋。

二、渔父与儒道争辩

(一)《庄子·渔父》对儒家的质疑

儒道两家之争由来已久,这种争辩从他们的创始人那里就开始了,《史记·老子韩非列传》载:

> 孔子适周,将问礼于老子。老子曰:"子所言者,其人与骨皆已朽矣,独其言在耳。且君子得其时则驾,不得其时则蓬累而行。吾闻之,良贾深藏若虚,君子盛德容貌若愚。去子之骄气与多欲,态色与淫志,是皆无益于子之身。吾所以告子,若是而已。"孔子去,谓弟子曰:"鸟,吾知其能飞;鱼,吾知其能游;兽,吾知其能走。走者可以为罔,游者可以为纶,飞者可以为矰。至于龙,吾不能知其乘风云而上天。吾今日见老子,其犹龙邪!"

在这里孔子以受教者的姿态出现,未有一丝反驳。"世之学老子者则绌儒学,儒学亦绌老子"，庄子就是学老子的代表，"其学无所不闚，然其要本归于老子之言"，"作《渔父》《盗跖》《胠箧》，以诋訿孔子之徒，以明老子之术。"可以看出，《渔父》之旨在于剽剥儒家，渔父所持立场为道家。

《渔父》中，先有渔父和孔门弟子子贡、子路的对话，次有渔父和孔子的对话。作为道家的代表，渔父在思想上主张"法天贵真""不拘于俗"，故而当着子贡和子路的面质疑儒家的礼乐思想和人伦主张，认为孔子"性服忠信，身形仁义""饰礼乐，选人伦"，都是"苦心劳形，以危其真"，离"大道"太远，这样"恐不免其身"。大道，即道家的无为自然之道，清静自正，追求人性的真朴与自然。实际上，孔子以"仁义"挽救礼崩乐坏乱局，不曾想出现了"为之仁义而矫之，则并与仁义而窃之"（《庄子·胠箧》）的现象，古代许多统治者、阴谋家难以做到"少私寡欲"（《老子》十九章），他们往往以仁义之名为自己谋私利，这样，孔子的"礼法""仁义"被统治者所窃取、所利用，倒戈了装点门面的手段。这与孔子的初衷背道而驰。况且，仁义礼智信五常强调的是社会人伦秩序和规范，扼杀了个体的本真、自然的天性，就如渔父所言"礼者，世俗之所为也；真者，所以受于天也，自然不可易也。故圣人法天贵真，不拘于俗"，圣人的"真""受于天"，是"见素抱朴"（《老子》十九章）般的不加修饰的本真、质朴。以真处事的代表是东郭顺子，"其为人也真。人貌而天虚，缘而葆真，清而容物"（《庄子·田子方》）。

在与孔子的对话中，渔父批判孔子没有践行自己"不在位，不谋其政"（《论语·泰伯》）的箴言，"子既上无君侯有司之势而下无大臣职事之官，而擅饰礼乐，选人伦，以化齐民，不泰多事乎！"并说，人有不可不察的疵："非其事而事之，谓之摠；莫之顾而进之，谓之佞；希意道言，谓之谄；不择是非而言，谓之谀；好言人之恶，谓之谗；析交离亲，谓之贼；称誉诈伪以败恶人，谓之慝；不择善否，两容颊适，偷拔其所欲，谓之险。"有这八种毛病的人，外能迷乱他人，内可伤害自身，因而有道德修养的人不和他们交往，圣明的君主不以他们为臣。事有不可不知的患："好经大事，变更易常，以挂功名，谓之叨；专知擅事，侵人自用，谓之贪；见过不更，闻谏愈甚，谓之很；人同于己则可，不同于己，虽善不善，谓之矜。"能够清除八种毛病，不再推行四种祸患，方才可以教化人民。渔父的眼光独到，儒家学派确实或多或少有"八疵""四患"。愚人"擅饰礼乐，选人伦"（《庄子·渔父》），"不能法天而恤于人，不知贵真"（《庄子·渔父》），"屈折礼乐以匡天下之形，县跂仁义以慰天下之心"（《庄子·马蹄》），这归根结底是"明乎礼义而陋乎知人心"（《田子方》），"明乎礼仪"即是按照人伦关系规范个体生活，实现个体与社会的合拍，本体本来具有自然本真的天性，一旦"明乎礼仪"，就意味着压抑和摧残了"人心"，造成了"心死"。

"素朴而民性得矣"（《庄子·马蹄》），道家批判儒家礼法人伦提出的最高理想是"法天贵真""慎守其真"。这要求人们"见素抱朴"（《老子》十九章）、"复归于朴"（《老子》二十八章），如此，方可实现与道为一，才能"还以物与人，则无所累矣"（《庄子·渔父》）。

（二）《楚辞·渔父》对道家的漠视

屈原身上有儒家的影子，他对儒家思想有继承、有超越。儒家提倡"以修身为本"，从而"止于至善"（《大学》），屈原人格品性的形成，深受儒家修身养性、自我完善的影响，因而注重个人内在美德的修养，成了屈原内圣的重要方面，《离骚》中的"纷吾既有此内美兮，又重之以修能。扈江离与辟芷兮，纫秋兰以为佩"、"制芰荷以为衣兮，集芙蓉以为裳。不吾知其亦已兮，苟余情其信芳"等句皆其品行的描绘。司马迁《屈原贾生列传》"信而见疑，忠而被谤"云云，意在强调屈原忠信人格，"其文约，其辞微，其志絜，其行廉"突出其才华超群、操行高尚，屈原"濯淖汙泥之中，蝉蜕于浊秽，以浮游尘埃之外，不获世之滋垢，皭然泥而不滓者也。推此志也，虽与日月争光可也。"能得司马迁盛赞，这是何等的殊荣。

但与此同时也出现了别的呼声，扬雄对屈原的不能抽身远引而自沉湘流表示惋惜和不理解，认为"君子得时则大行，不得时则龙蛇，遇不遇命也，何必湛身哉？"（《汉书》卷八十七上《扬雄传上》），班固《离骚序》说屈原"露才扬己""怨刺其上""强非其人"，刘勰《文心雕龙·辨骚》说他"依彭咸之遗则，从子胥以自适，狷狭之志也"。扬雄、班固、刘勰皆以儒家的中庸理念做标准，对屈原的出处行藏、命运遭逢做评论。反过来看，这不正说明了屈原对儒家又有超越吗？儒家的中庸之道，强调情感表达要符合节度，做到"哀而不伤""怨而不怒"，温柔敦厚。儒家的中庸之道，强调为人处世要中正平和，做到"温良恭俭让"，"文质彬彬"像个谦谦君子。但屈原打破了儒家传统人格伦的束缚，从儒家理性王国中超越出来，敢爱敢恨、敢做敢当，勇于抒发真情实感。

《楚辞·渔父》展开争辩的有两个人物，一个是屈原，代表着儒家思想；一个是渔父，代表着道家思想。二人围绕屈原放逐问题展开争论。

屈原认为，"举世皆浊我独清，众人皆醉我独醒"，他十分自信，能够明辨是非，知道自己品行高洁，又不可同流合污，为世俗所不容，以至于被放逐在此。渔父是一位隐者，是道家思想的忠实信徒，其人生哲学和处世态度继承老庄。他说的话语与道家思想颇为符合，其"圣人不凝滞于物，而能与世推移"可追溯到老庄思想上。老子说："和其光，同其尘。"庄子有言："与时俱化"（《山木》）；"虚己以游世"（《山木》）；"虚而委蛇"（《应帝王》）；"无所于忤，虚之至也；不与物交，淡之至也；无所于逆，粹之至也"（《刻意》）；"物之生也，若骤若驰。无动而不变，无时而不移。何为乎，何不为乎？夫固将自化"（《秋水》）。渔父"世人皆浊，何不淈其泥而扬其波？众人皆醉，何不餔其糟而歠其醨？"与《庄子·人间世》中"乘物以游心"相类似。渔父的"'何故深思高举，自令放为？'不经意间却为'坐忘'作了诠释。"[①] 渔父的回答表明，人应顺其自然，不必拘泥于外物，人能无我、与世无争

---

① 殷光熹：《〈楚辞·渔父〉考论》，《楚雄师范学院学报》，2007年第5期。

地遨游于世,则可以免除祸害,实现精神的自由。

屈原的"吾闻之,新沐者必弹冠,新浴者必振衣",亦见于《荀子·不苟》篇"故新浴者振其衣,新沐者弹其冠,人之情也。其谁能以己之憔憔受人之域域者哉","吾闻之"是一句谚语,为时人所熟悉,意在说明屈原洁身自好,怎能与世俗同流合污,"安能以身之察察,受物之汶汶者乎""宁赴湘流,葬于江鱼之腹中",也不愿玷污自己清白之身。可见屈原奉行儒家"杀身成仁"(《论语·卫灵公》)、"舍生取义"(《孟子·告子上》)的人生信念,无视渔父的道家理论,面对直道而行、刚正不阿的屈原,渔父莞尔而笑,鼓枻而去,消失在一片歌声中。

儒道两家争辩,"犹水与火,相反实相成也"(《汉志》),有投身社会的孔子,故有《庄子》中回归自然的渔父;有执着追求的屈原,故有《楚辞》中超然洒脱的渔父,《庄子·渔父》为儒道两种思想的争辩,《楚辞·渔父》是自我两种思想的争辩,儒道争辩其实也是儒道互补。

三、《渔父》中的人物问答对赋体的启发

《楚辞·渔父》和《庄子·渔父》之间有着千丝万缕的关系:"屈原的《渔父》很可能是一篇受《庄子·渔父》启发而有意创作的作品,他借用了《庄子·渔父》中渔父的人物及形象、故事框架结构和渔父与主人公的对话形式,变换了其主要内容,改变了主题内涵,借此为自己的思想情感表达和人物形象塑造服务,从而完成了一篇与《庄子·渔父》同题却内涵完全不同的新作品。"[①] 可见,《庄子·渔父》影响了屈原《渔父》的构思和创作。所不同的是,《楚辞·渔父》假设问答,"假设问题以寄意"[②],渔父是屈原所设客人,"《屈赋》所称渔父、詹尹,本无其人,而入以屈子所自言,是彼无而屈子固有也"(《文史通义·匡谬》),是屈原思想的另一面,渔父的出现,是为了凸显屈原思想和形象。

屈原《渔父》对后世赋的创作有启发意义。《渔父》韵散结杂,介于诗文间,是名副其实的赋体。从文章结构上看,《渔父》采用了主客问答方式,在问答时抑客伸主,屈原是主,实有其人;渔父是客,本无其人,后来发展为虚设主客,而且文章结构模式可归为"序""正文""结尾"三大块,这影响了后来赋的形式,"自屈原词赋假为渔父、日者问答之后,后人作者悉相规仿。司马相如《子虚》《上林赋》以子虚、乌有先生、亡是公,扬子云《长杨赋》以翰林主人、子墨客卿,班孟坚《两都赋》以西都宾、东都主人;张平子《二京赋》凭虚公子、安处先生,左太冲《三都赋》以西蜀公子、东吴王孙、魏国先生,皆改名换字,

---

① 徐志啸:《〈庄子·渔父〉与〈楚辞·渔父〉》,《文学遗产》,2009 年第 4 期。
② 洪兴祖:《楚辞补注》,北京:中华书局,1983 年,第 179 页。

蹈袭一律,无复超然新意,稍出于法度规矩也。"① 洪迈只说了一部分赋,还不是很全面,此外还有宋玉的《对楚王问》、东方朔的《答客难》、扬雄的《解嘲》、班固的《答宾戏》、苏轼《赤壁赋》等。从文章内容看,《渔父》中有屈原的无限愤慨,是一种发泄牢骚的方式,有感于士人的不遇。这从内容上影响到了东方朔的《答客难》、扬雄的《解嘲》、董仲舒的《士不遇赋》以及司马迁的《悲士不遇赋》。

---

① 洪迈:《容斋随笔》,上海:上海古籍出版,1996年,第307页

历代屈原图像的人文寄托

南通大学 何继恒

战国时期伟大的爱国诗人屈原以其震古烁今的高尚人格及精彩卓绝的绚丽诗篇,为后世留下了宝贵的精神财富,其独特的气质形象和精神风格也成为历代画家反复摹写、描绘的对象。不同历史时期,不同画家笔下的屈原其形貌精神既有继承也有创新。图像直观展现了屈原的形象、性格,反映了楚辞文学对画家创作心理的影响,折射了时代的审美风尚。本文冀以通过分析历代画家在创作屈原图像时融入的思考和意图,发掘图像中所蕴含的人文寄托,从而寻求在不同时代精神下屈原的历史地位及其作为一种文化符号所体现的审美理想与人文追求。

历史上为屈原造像,目前可知最晚的上限年代为南朝宋。笔者根据历代艺苑笔记和前辈学人的著录,将现存及见之著录的中国古代屈原图像统计如下:

1.《屈原渔父图》,南朝宋,史艺(画家)绘
2.《屈原石本名臣像》,南朝梁,张僧繇(著名画家)绘
3.《屈原卜居图》,宋,李公麟(著名画家)绘
4.《屈原对渔父》,宋,李公麟(著名画家)绘
5.《屈原像》,元(1299年),赵孟頫(著名画家、宋宗室、元翰林承旨、荣禄大夫)绘,出自《九歌图》
6.《三闾大夫》,元(1305年),赵孟頫(著名画家、宋宗室、元翰林承旨、荣禄大夫)绘
7.《屈原餐菊图》,元,郑思肖(著名画家)绘
8.《屈原行吟图》,元,佚名绘
9.《屈原渔父图》,元,佚名绘
10.《楚屈原像》,元(1346年),张渥(著名画家)绘,出自《九歌图》
11.《屈原像》,元(1361年),张渥(著名画家)绘,出自《九歌图》
12.《屈原渔父问答图》,元,佚名绘
13.《屈原像》,明,朱约佶(明宗室)绘
14.《渔父问屈原图》,明,沈周(著名画家、昳四家之一)绘
15.《屈原问渡图》,明,吴伟(著名画家、画院待诏)绘

16.《屈原像》,明成化年间,出自《历代帝王名贤像》
17.《屈原像》,明(1498 年),出自《历代名人像赞》
18.《屈原像》,明隆庆年间,宋蒋之奇绘,出自隆庆本《楚辞集注》
19.《屈大夫像》,明(1593 年),出自《历代圣贤像赞》
20.《屈原像》,明(约 1600 年),出自《历代圣贤图像赞》
21.《楚屈原像》,明(1609 年),出自《三才图会》
22.《屈子行吟图》,明(1638 年)陈洪绶(著名画家)绘,出自崇祯版《楚辞述注》
23.《三闾大夫卜居渔父图》,明,萧云从(著名画家)绘,出自 1927 年武进陶氏涉园石印本《喜咏轩丛书》本《离骚图》
24.《屈原问渡图》,明,佚名绘
25.《屈原望江图》,明,佚名绘
26.《江畔屈原图》,明,佚名绘
27.《屈原卜居图》,清(1660 年),黄应谌(宫廷御用画师)绘
28.《屈原小像》,清,周璕(画家)绘
29.《屈原图》,清,陈撰(著名画家、扬州八怪之一)绘
30.《屈子行吟图》,清,张若霭(礼部尚书)绘
31.《屈原》,清,顾洛(著名画家)绘
32.《屈原像》,清,任熊(著名画家)绘
33.《屈大夫像》,清(1827 年),孔莲卿(著名画家)绘,出自《古圣贤像传略》
34.《屈原像》,清,出自南薰殿藏《历代圣贤名人像》
35.《屈原像》,清,出自南薰殿藏《历代圣贤像》
36.《屈原像》,清,出自南薰殿藏《圣君贤臣像》
37.《屈原像》,清,出自尤侗《读离骚》
38.《屈原像》,清,出自郑瑜《汨罗江》
39.《屈原像》,清,出自郑瑜《杂剧三篇》
40.《屈原像》,清,出自炼情子《纫兰佩》(《补天石传奇》,卷五《屈大夫魂返汨罗江》)

  从绘画数量看,中国古代屈原图像至少有 40 幅。其中,南朝 2 幅、宋代 2 幅、元代 8 幅、明代 14 幅、清代 14 幅。从画题看,这些图像大致可分为两种形式:一是肖像画,即屈原个人的画像,其中可分为有环境背景和无环境背景两类;二是故事画,即以楚辞文学为创作来源,画面内容围绕屈原展开,描绘了一定的故事情节。此类画题多出自《渔父》和《卜居》。从绘者身份看,凡能明确作者的,大多是著名艺术家、宗室子弟和文臣官僚。可见,历代画界对屈原的接受主要集中在文化精英阶层,且受众人数随着年代的发展增长趋势

明显,至明清蔚为大观。

屈原所处的时代太过遥远,其真实容貌渺不可求,画家唯有结合史料及屈赋,依人物品格和行事来绘写屈原,以尽纪念、寄托之意。历史中的屈原,在画家主观情感、时代风气和社会变迁的综合影响下,于图像中蕴含了意味深远的人文寄托。

一、忠君爱国的楷模

屈原对楚君抱有超乎寻常的忠诚,对楚国怀有"深固难徙"的眷恋。即使被谗见疏,遭祸放逐,他仍然希望存君兴国,丝毫没有改变对君国的深沉爱恋。在统治者和文人士大夫眼中,屈原是忠君爱国的楷模。绘屈原以存形,可令观者发性情之感,从而起到良好的劝诫激励作用。

出于劝诫教化目的为屈原造像,最早可追溯到南朝梁张僧繇。明代萧云从《离骚图·凡例》载:"屈子有石本名臣像,暨张僧繇图。俱丰下髭旁,不类枯槁憔悴之游江潭者也。"[①] 张氏屈原像尚未见他处著录,但萧氏记载较详,似为亲眼所见,不若杜撰。从画面描述来看,张僧繇所绘乃屈原肖像画。其人物形象丰肥饱满,极具特色,有别于后世所绘屈原行吟泽畔的憔悴瘦削之貌。据古画史载,张僧繇为南朝著名"写真"高手,是朝廷御用画师,专为佛像、帝王、贤士造像。其所绘人物丰肥饱满,许是受到佛教造像艺术的影响。张彦远《历代名画记》将张作列为"上品中"[②],述其能"乘传写貌"[③],使帝"对之如面色也"[④]。可见张氏在人物塑造上是极为生动形象的。此屈原像今虽无缘得见,然其创作目的与功用却是显而易见的。既为石本名臣像,便是刻于石壁,用于膜拜,起着皇室对臣子劝诫规范作用的。

伴随商品经济的日益繁荣,明代书籍出版逐渐兴盛。屈原图像的绘写形式从这一时期开始也产生了新的变化,除传统纸绢绘画外,其更多的是以版画形式出现在各类书籍中。版画,又称木刻画,是用刀子在木版上雕刻印刷出来的图画。版画艺术发展到明万历年间,已达到登峰造极的地步,成为社会各阶层人士所喜爱的美术品。在晚明社会好古尚奇风气的影响下,各种名人像本争相出现,成为统治阶级宣扬伦理道德的重要工具。据不完全统计,收录屈原像的名人像本明代有 5 种,清代有 4 种。由于年代久远,资料失传,其真实数目要远远超过我们的统计数据。

台北故宫博物院藏弘治戊午(1498)木刻《历代名人像赞》,一卷,纵 25.5 厘米,横 21.5 厘米,是现存最早收有屈原像的本子。自上古伏羲氏至北宋黄庭坚,该人物像集共辑刻

---

① 萧云从:《离骚图》,《楚辞文献集成》(第 29 册),扬州:广陵书社,2008 年,第 20584 页。
② 张彦远:《历代名画记》,杭州:浙江人民美术出版社,2011 年,第 119 页。
③ 张彦远:《历代名画记》,杭州:浙江人民美术出版社,2011 年,第 120 页。
④ 张彦远:《历代名画记》,杭州:浙江人民美术出版社,2011 年,第 120 页。

88 幅历代名人肖像,并系之以赞,不著绘者姓名。关于是书的成书情况,郑振铎《楚辞图》考之甚详,兹录如下:

《历代名人像赞》原有石刻本,后又有木刻拓本,来源甚古。但都是碑帖式的墨拓的本子。作为书册式的版刻,却当始于这个弘治本。朱天然序云:"遂取前图,各系以小赞四句。虽意浅辞荒,不足示人,亦一时好善恶恶真心也。一日,儒绅复请曰:'赞既成矣,不并图之,何以广示远近?'予乃然之。曰:'夫明镜所以察形,往古所以知今,又孔圣格言也。'遂寿之梓,与好事者共之。"朱天然是明的宗室,作此序时,年已七十。①

朱天然的宗室身份和儒绅的请言,均显示这幅屈原像是用于劝诫教化、宣扬道德的。此图右上方题写"屈原"二字,左上方赞曰:"深思高举洁白清忠,汨罗江上万古悲风",文字均为行楷。图绘屈原半身像,头系儒巾,身着披衣,面容苍老,神情庄重,颇具忠贤礼义之风。无论是赞辞内容还是画像风格,都透露出一股浓浓的儒家气息,完全符合绘者与辑刻者的儒教目的,令观者一眼明了其厚人伦、美教化的政教功用。

再看万历癸巳(1593)刻《历代圣贤像赞》之《屈原像》、万历(约 1600)彩绘《历代圣贤图像赞》之《屈原像》和万历己酉(1609)《三才图会》之《楚屈原像》,其人物造型、神态均本自上述弘治刻本,"是一脉相传之作"②。这种创作的承袭一直延续到清代。故宫南薰殿是皇室收藏画像的地方,其所藏《历代圣贤名人像》《历代圣贤像》《圣君贤臣像》均绘有《屈原像》。除《历代圣贤名人像》中屈原设色半身像与他本"所表现的均不相同,当别有所据"③外,他者都表现得大同小异,甚至连图像配文都完全一致,似有新瓶装陈酒之嫌。此外,道光七年(1827)刻《古圣贤像传略》之《屈大夫像》也与他本略有不同,但鲜见特色。

画像的承袭和书名中"圣贤"二字所透露的图像教化功能自不待言。其中一些书籍的辑刻者,诸如朱天然、胡文焕、王圻、顾沅等,除朱天然为宗室子弟外,他者均为当时著名的文学家、藏书家。他们在屈原版画史中的出席,加之故宫南薰殿的皇家地位,表明在明清两代,屈原作为忠君爱国的楷模,在皇家子弟和文人士子中具有极大的精神感召力,成为人们观照自我品格的一面镜子。

---

① 郑振铎:《楚辞图》,北京:人民文学出版社,1953 年,第 1 页。
② 郑振铎:《楚辞图》,北京:人民文学出版社,1953 年,第 2 页。
③ 郑振铎:《楚辞图》,北京:人民文学出版社,1953 年,第 2 页。

二、独立不迁的典范

当异族的铁骑踏破祖国的疆土,具有强烈社会责任感的画家绘写屈原不再是单纯的笔墨之玩。面对国家危亡,他们于创作中融入了对民族命运的深刻思考,强化了屈原精神品格中独立不迁的典范意义,表达了遗民坚贞不移的气节和悲郁哀愤的心声。

郑思肖(1241—1318),连江(今属福建)人,宋代著名遗民诗人兼画家,曾以太学上舍生应博学宏词科。南宋灭亡后,他耻食周粟,改名"思肖",以示对赵宋王朝的忠诚。其字忆翁,号所南,也是出于不忘宋室之意。作为南宋遗老的代表人物,郑氏反对元朝态度最为坚决。他善画兰,却不见根土,以此意寓宋土已被元人掠夺,表现出强烈的故国之思和浓郁的遗民情怀。

《屈原餐菊图》,画题出自《离骚》"朝饮木兰之坠露兮,夕餐秋菊之落英"句。王逸《楚辞章句》注云:"言己旦饮香木之坠露,吸正阳之津液;暮食芳菊之落华,吞正阴之精蕊。动以香净,自润泽也。"① 菊花之于屈原,是高洁品格的象征,恰与其崇高的德行相契合。郑思肖选择"餐菊"这一代表性动作来塑造屈原,正是对其人格的高度肯定与颂扬。是图自题:"谁念三闾久陆沉,饱霜犹是傲秋深。年年吞吐说不得,一见黄花一苦心。"② 作者身入其境,为屈原的坚贞操守做代言,悲其志,崇其行,表达了满腔的激愤之情。面对家国之变,郑思肖宁可孤身隐居,也坚决不忘故土,其精神、气节堪称屈原同调。他多次以楚辞入画,《屈原九歌图》《王孝伯痛饮读〈离骚〉图》,都表现了对屈原坚贞品质的颂扬。其所写诗句"不知今日月,但梦宋山川"③"宁可枝头抱香死,不曾吹落北风中"④ 等,也颇具屈子风味。后世评价郑思肖,常将他与屈原相提并论:"疏豪不作寻常醉,恰似三闾楚大夫""手种沅湘九畹春,所南心事似灵均"。⑤ 郑氏为屈原画像,显然寄托了他对故土的深切怀念,是自觉继承屈原独立不迁精神的一种表现。

陈洪绶《屈子行吟图》是历代屈原图像的经典之作。作品构图精巧,将屈原置于画面的中心位置,以大面积的留白和看似随意铺设的古木野花、顽石由径,渲染了凄凉荒芜、萧瑟幽寂的环境氛围,突出了人物庄严伟岸的形象。

陈洪绶(1599—1652),字章侯,号老莲,晚号老迟、悔迟。浙江绍兴府诸暨县(今浙江省诸暨市)人,明末清初著名书画家。《屈子行吟图》为陈十九岁时所绘,后作为独页版画与《九歌图》一起,在崇祯十一年(1638)来钦之《楚辞述注》刊诸枣梨时,以插图形式付梓

---

① 洪兴祖:《楚辞补注》,北京:中华书局,1983 年,第 12 页。
② 陈思:《两宋名贤小集》,清文渊阁四库全书本。
③ 程敏政:《宋遗民录》,明嘉靖刊本。
④ 程敏政:《宋遗民录》,明嘉靖刊本。
⑤ 张照:《石渠秘笈》,清文渊阁四库全书本。

于世。关于此图的创作缘起,陈洪绶在《陈章侯绣像楚辞》中有详细自述:

> 丙辰,洪绶与来风季学《骚》于松石居。高梧寒水,积雪霜风,拟李长吉体,为长短歌行,烧灯相咏。风季辄取琴作激楚声,每相视,四目莹莹然,耳畔有寥天孤鹤之感。便戏为此图,两日便就。①

虽为戏作,但研习之中,感怀颇深,故而老莲笔下的屈原神貌俱佳,极得《离骚》之精神。"余幼好此奇服兮,年既老而不衰。带长铗之陆离兮,冠切云之崔嵬。"(《九章·涉江》)"屈原既放,游于江潭。行吟泽畔,颜色憔悴,形容枯槁。"(《渔父》)画家紧扣楚辞文本,画中屈原头戴高冠,身着长衣,腰配长剑。其形容瘦削,愁眉锁目,满面憔悴。细劲方润的衣纹褶皱,古拙粗犷的顽石树木,更加衬托出屈原独立不迁的气质。

此图诞生之时,正处明朝危机四伏、民不聊生之际。强烈的爱国意识和社会责任感使陈洪绶心系国家安危、人民苦难,将悲愤的个人情感和深切的忧患意识注入笔端,一气呵成,塑造出深入人心的屈原形象。宋·陈郁《藏一话腴》云:

> 写照非画科比。盖写形不难,写心惟难,写之人尤其难也。……夫写屈原之形而肖矣,傥不能笔其行吟泽畔,怀忠不平之意,亦非灵均。……盖写其形,必传其神,传其神,必写其心。②

屈原形貌无以得见,故历代画家创作时,均按楚辞文意,结合自己理解想象进行绘写,其优劣当以"传其神""写其心"为评判标准。陈洪绶《屈子行吟图》之所以被历代观众广泛认可,成为后世画家临摹研习的对象,正是因为其体现了屈骚之精髓,诗人之灵魂,使屈原于文学之外,获得了持久的艺术生命意蕴。

萧云从(1596—1673),字尺木,号无闷道人,当涂(安徽芜湖)人。明末清初著名画家,姑孰画派创始人。《离骚图》创作之际,正值明末动乱之时。作为明代遗民,萧云从面对江山易主、国不复存,深感悲痛和愤懑。其借屈原以抒己怀,绘屈原以劝后世,"大约征形烁理,使后人翻覆玩绎,凄綦以想古人处乱托忧之难"③(《离骚图序》)。

《三闾大夫卜居渔父图》为萧云从《离骚图》系列版画中的第一幅。图绘屈原见郑詹尹和渔父之情景。图中屈原面目苍老,垂须髯髯。戴高冠,配长铗,阔袖长衣。双手托持

---

① 陈洪绶:《陈章侯绣像楚辞》,《楚辞文献集成》(第29册),扬州:广陵书社,2008年,第20543—20544页。
② 陈郁:《藏一话腴》,民国适园丛书本。
③ 萧云从:《离骚图》,《楚辞文献集成》(第29册),扬州:广陵书社,2008年,第20580页。

拭巾,面左而立,做询问状。渔父慈眉善目,盎鬈赤脚。左手持竿,右手持桨。肩背斗笠,腕挎鱼篓。与手持蓍龟之郑詹尹并立,面右对屈原。笔墨线条流畅、人物造型古朴,"雅有六朝人画意"①。

是图将《卜居》《渔父》所述之事合为一图,极具特色。萧氏在《离骚图·凡例》中详细说明了该创意之缘起:

  屈子有石本名臣像,暨张僧繇图。俱丰下髭旁,不类枯槁憔悴之游江潭者也。又见宋史艺作《渔父图》,李公麟作《郑詹尹图》,皆有三闾真仪,如沈亚之《外传》,戴截云之冠,高缨长铗拭巾,以明洁也。今合为一图矣。②

可见,萧云从在绘写屈原时对其衣着配饰作了严格考证,认为史艺、李公麟的画作正如沈亚之《外传》所写,皆存屈原真容,显示出其高洁的品质。故而他在创作中参考了史、李二人的作品,并将两图合二为一。此外,东汉王逸在编目楚辞时将《卜居》《渔父》两篇目次紧承,宋洪兴祖在《楚辞补注》有云:"《卜居》《渔父》,皆假设问答。"③说明萧云从将两篇合图而绘,也是有楚辞学依据的。《卜居》中屈原坚守己志,《渔父》里屈原不从流俗。无论是见詹尹,还是见渔父,其独立不迁之行忘都不为外界所移,直与"天地同寿""日月齐光"。此图可谓集表达屈原坚毅品格之大成。

三、怀才不遇的知己

怀才不遇是屈原悲剧人生的突出特征之一。后世画家在绘写屈原时,往往将自己的生不逢时与屈原相观照,借古人之不幸浇胸中之块垒,聊以慰藉内心的苦闷。

南京博物院藏朱约佶款《屈原像》轴,绢本,淡设色。纵153厘米,横78厘米。画幅左下方钤"皇十一子"朱文方印,右下方钤"废痊"白文方印。图写屈原迎风踞坐于山泽间,昂首仰望长空,作狂吟抒怀状。浓须,明眸,束发盘鬈,衣襟半敞。画幅右上方款题:

  末裔耻孤生,卓然启前哲。怀我三闾君,同门异曲辙。骚经褒圣流,图议自昭烈。勉赤非存心,名逾遭忌洁。周鼎爨鸱鹄,二鬻焚美玦。世故此同然,扪心常涕咽。云仙诗画书于弄丸深处。

后钤印二:"靖江仙吏"白文圆印、"云泉印记"朱文方印。此图绘屈原目含苍凉之意,

---

① 郑振铎:《劫中得书记》,桂林:广西师范大学出版社,2010年,第9页。
② 萧云从:《离骚图》,《楚辞文献集成》(第29册),扬州:广陵书社,2008年,第20584页。
③ 洪兴祖:《楚辞补注》,北京:中华书局,1983年,第179页。

面含悲怆之情。其题识道出了屈原遭人谗陷后抱负无以施展,内心孤独苦闷的悲愤情绪。

朱约佸(约公元15—16世纪)①,明宗室后裔,生卒年不详。其名不见画传,生平仅见于《四库全书总目·道教存目》之《观化集》著录条:

> 约佸号云仙,又号弄丸山人,靖江王守谦之裔,居于广西。集中所载诗,皆论内丹之旨,篇首有三图,亦内养之法。原序称其得僧古光之传,盖专以修炼为事者。前有刑部郎中袁福徵序,称其别有诗集行世,又精于绘素云。②

按:朱守谦,安徽凤阳人。明太祖朱元璋侄孙,父文正,朱元璋长兄兴隆子。洪武三年封靖江王,九年就藩桂林府。《明史·诸王世表一》载:

> 洪武中,太祖以子孙藩众,命名虑有重复,乃于东宫、亲王世系,各拟二十字,字为一世。子孙初生,宗人府依世次立双名,以上一字为据,其下一字则取五行偏旁者,以火、土、金、水、木为序,惟靖江王不拘。……靖江王曰:赞佐相规约,经邦任履亨,若依纯一行,远得袭芳名。③

可见,朱约佸为靖江王朱守谦之五世孙。虽为皇亲国戚,朱约佸却生不逢时,其所处时代恰逢诸侯衰微之际。明代藩封由建藩到削藩,都紧紧围绕皇权需要展开。15世纪后,为防止诸侯对皇权的威胁,统治者对诸侯权力进行了严厉的管束,诸侯几乎与权力绝缘。朱约佸政治抱负施展无门,内心忧愤难平,抑郁苦闷之情在其所作《感遇古诗十四首用答古光师》中随处可见。诗为有声画,画为无形诗,朱氏绘写《屈原像》显然是将其痛楚忧郁形之于画,借屈原来抒忧述志,颇有引屈原为同道之意。

天津艺术博物馆藏陈撰《屈原图》轴,纸本,墨笔,淡设色。图绘屈原侧身像,人物身姿丰肥饱满,别具一格。用笔奇趣古拙,线条简练流畅,风格近似当今漫画。图中屈原作昂首问天状,气韵生动。寥寥数笔,尽出郁郁不平之态。画幅左上方款题:"己酉午日玉几写"。按:"己酉"为公元1729年,"午日"即为端午,可知此图专为纪念屈原而写。

陈撰(1678—1758),字楞山,号玉几、玉几山人等,浙江鄞县(今宁波鄞州区)人,"扬州八怪"之一。清人杭世骏撰有《玉几山人小传》,择录如下:

> 玉几山人者,钱塘陈撰楞山也。自言鄞人,家世系出句甬,居杭非一世矣。性孤

---

① 穆益勤:《明代院体浙派史料》,上海:上海人民美术出版社,1985年,第84页。
② 永瑢:《四库全书总目》,北京:中华书局,1965年,第1264页。
③ 张廷玉:《明史》,北京:中华书局,1974年,第2504页。

洁,不肯因人以热,煦鲜荣而侪泠汰。诗有逸才,天然高澹,不琢自雕。……游道甚广,胸中无轩冕。……举鸿词不就。……灵秀钟于五指,书无师承,画绝摹仿。每一纸落,人间珍若珙璧。①

杭氏所述为我们研究陈撰提供了三个重要信息:一是清高孤洁的性格。陈撰性情古怪,不屑和光同尘,"微光聊自照,不假因人报"②(《萤》)便是其孤芳自傲、不与世谐的自我写照。二是怀才不遇的苦闷。陈撰读书应举,却屡试不第。"一日罢弹剑,十年空读书"③(《上春里居》)、"三年踏省门,直欲衔鱼目。依然砌儒酸,老作蛇蚓蹙"④(《岁晚杂述》)表露了其长年搏击科场,却始终与仕途无缘的苦涩心态。三是独树一帜的艺术格调。"书无师承,画绝摹仿",正是陈撰艺术创作不从流俗的表现。孤洁的脾性加之苦闷的经历,使陈撰对屈原特立独行的风格和怀才不遇的经历,产生了深厚的认同。他挥毫铸写屈原,于纪念之外,抒发了自己内心的愤懑之情。

历史中的屈原,被画家有意识地塑造成具有某种人格特质的榜样,于图像中呈现出忠君爱国、独立不迁、怀才不遇的人文风貌。历代画家通过对屈原的反复摹写,表达了对先贤的崇敬与缅怀,同时也寄寓了自己的情志。从画史发展来看,人物画确立于秦汉,成熟于魏晋南北朝,繁荣于隋唐五代,至宋元有所衰落,明清再度复兴。屈原图像的发展趋势与画史基本脉络并不同步,主要区别在两个阶段:一是人物画兴盛的隋唐五代,尚未见有著录屈原图像。二是人物画衰微的宋元时期,屈原图像却逐渐兴起。究其原因,与楚辞学的发展密不可分。学界周知,对屈原及楚辞的研究初兴于汉代,匿迹于唐代,渐盛于宋代,至清代蔚为大观。屈原图像的发展态势与楚辞学的发展轨迹多有重合之处:图像始见于南朝,随后在画坛沉寂良久,至宋元逐渐兴起,于明清兴盛繁荣,达到创作的高潮。虽然唐代人物画发展趋于顶峰,但由于政治环境、社会风气、学术氛围等多种原因,楚辞学在这一时期却悄无声息,前不如汉、后不及宋,故而影响到绘画领域不见屈原及楚辞题材的作品出现。反之,随着楚辞学的蓬勃发展,屈原图像的创作也渐趋活跃。由此可见,楚辞学的发展是推动画家接受屈原,带动绘画创作的重要因素,屈原图像是依附楚辞学的发展而发展的。《卜居》和《渔父》是画家创作屈原故事画最常采用的题材。"渔父""卜居""行吟""问渡"等画题中出现频率较高的词眼,明白无误地透露了画面的内容。《渔父》中"屈原既放,游于江潭,行吟泽畔,颜色憔悴,形容枯槁"的生动描述,为历代画家绘写屈原神貌提供了可靠依据。而《卜居》和《渔父》的对话式描写,更是清晰形

---

① 杭世骏:《道古堂全集》,清乾隆四十一年刻光绪十四年汪曾唯修本。
② 陈撰:《玉几山房吟卷》,清康熙刻本。
③ 陈撰:《玉几山房吟卷》,清康熙刻本。
④ 陈撰:《玉几山房吟卷》,清康熙刻本。

象地呈现出屈原的思想及性格。元代王铎《写像秘诀》有云:"彼方叫啸谈话之间,本真性情发见,我则静而求之"①,说明塑造人物应于动态中加以静心把握,方能得其本真。必须指出的是,画家依人物品质、精神绘写屈原,在服饰、环境等细节上却不加注意,完全按自己的生活经验和想象进行创作,从而导致了时代的失真。这种失真一直延续到清代:但凡屈原肖像,大多是头戴方形儒巾或圆形缁冠、身着大袯之衣的儒者形象。历代图像中的屈原,带着不同时代的特征,千古流传,获得了永恒的人文生命价值。屈原形象在文学与艺术的发展长河中,意蕴不断丰富,最终升华为人类崇高精神的典范,屹立于世界民族之林。

---

① 俞剑华:《中国古代画论类编》,北京:人民美术出版社,2000年,第485页。

论宋明遗民对屈原与《楚辞》接受之异同

陕西师范大学 毛 蕊

在中国的历史长河中,"遗民"一词有多重含义,正如方勇在《南宋遗民诗人群体研究》中所说:"它(遗民)或指后裔,或泛指百姓,或专指亡国之民,或特指怀恋故国而不愿与新朝合作者。"[①] 本文所述的遗民,即特指最后一类,即改朝换代之际,仍忠心于先朝而誓不与新朝合作的有气节的人。他们中的一些人曾在旧朝为官,朝代更替后便隐居山林,不再出仕;还有一些人在旧朝本无官职,甚至对旧朝有许多不满,但是入新朝后亦自视清高,不为新朝的威逼利诱所动,誓不为官;还有少数人坚守在恢复旧朝的战斗中,与新政权抗争,或战败死于非命,或被俘后遇害。遗民成为一种显著的社会现象、民族情结,遗民文学成为中国文学史上浓墨重彩的一笔,惟在宋末、明末。宋、明两朝,皆亡于异族之手,其遗民在面临国破家亡、天崩地坼的大变局时,多以忠义大节而受到后人推崇景仰。从文学角度看,宋元之际与明末清初的遗民文学亦前后辉映。南宋和明朝前后亡于蒙元和清朝,这对本为汉族政权统治的宋明遗民而言,无疑是很难接受的。新朝兴起的事实极大地刺激了遗民的爱国情怀,于是屈原和《楚辞》进入这些有气节士人的视线,屈原对于楚国的深沉的爱,屈原对楚国亡国的忧虑等,皆与宋明遗民产生了共鸣。尤其是屈原"忠君爱国""哀思故国"的形象,更是对宋明遗民产生了巨大的影响。如南宋遗民郑思肖、谢翱,明遗民李陈玉、黄文焕、陆时雍、周拱辰、王夫之、钱澄之等,他们或在诗文中吟咏屈原,表达自己对屈原的追慕之情,借咏怀古人抒发自己的感慨;或者抱亡国之痛注《楚辞》,借助《楚辞》抒其胸中之块垒,以寓其忠君爱国之志。但是,宋明遗民群体对屈原和《楚辞》接受是有同有异的,而造成这种现象的原因也非常复杂。

一、宋明遗民屈原与《楚辞》接受的相同点

如前所述,宋明遗民是中国历史上最典型的两大遗民群体,同时又因为他们的故国皆灭于北方少数民族之手,使得他们更容易站在民族的立场上,或是反抗异族统治,成为民族英雄;或是坚守士人的德行操守,忠君爱国。所以,自屈原《离骚》篇开启的忠君爱国的精神传统成为他们的首选。同样的选择,相同的坚守,使得在时间上相隔数百年的宋明遗民,在对屈原和《楚辞》的接受中呈现出以下两个相同点:

---

① 方勇:《南宋遗民诗人群体研究》,北京:人民文学出版社,2006年,第1页。

(一)所处地域相同

宋明遗民的屈原与《楚辞》接受者大都来自南方,呈现出地理位置的趋同性。南宋是中国文化中心南移的重要时代,从那时起,中国文化中心完成了由北方至东南的转移。当蒙古军队攻破临安、灭掉南宋后,东南地区崇尚理学、有气节的士大夫不与元廷合作,成为遗民。选择遗民道路的他们往往会有一个相同的信念支撑,那便是将"忠君爱国""贞操美节"之象征的屈原作为楷模和精神支柱。如谢枋得、郑思肖、谢翱等。谢枋得,字君直,号叠山,江西人。他一生都以扶植纲常为目标,对志士多有仰慕。早年面对阉宦林立的宋廷,他即赋诗说:"天地有心扶社稷,朝廷无意得英豪。早知骨鲠婴时恙,何似山林遁迹高。次第秋风到兰菊,归家痛饮读《离骚》"①,借屈原遭遇表明自己挂冠而去的原因,誓不向昏暗腐败的朝廷低头。在元兵入侵南宋时,谢氏不仅不和元廷合作,反而绝食等死,说:"惟愿速死,与周夷齐、汉龚胜同垂青史。"②郑思肖,字忆翁,号所南,福建人。他激励自己向"忠清节烈"的屈原学习,坚守自己的节操。他的名、字、号无不体现着其强烈的赵宋情结。"思肖"即"思赵","忆翁"意为永忆赵宋,"所南"一名,是郑氏在南宋灭亡后所改,意为以"南"为"所","南"即为"宋",《宋遗民录》亦载其"元氏位中国,坐必南向"③。谢翱,字皋羽,号晞发子,福建人。他亦将屈原视为精神楷模,是宋末著名的爱国志士。他早年跟随文天祥抗击元军,兵败后潜回祖籍浦城务农,后入浙江隐居于山林间,写下大量缅怀故国、悼念文天祥的诗文。到南明时,南方更是成为人文荟萃之地,以江、浙、赣为最盛。明遗民中的屈原与《楚辞》接受者也多集中在南方,如福建的黄文焕、江西的李陈玉、江苏的顾炎武、湖南的王夫之等。他们既经历了明朝的腐败,又面对着清廷残酷的民族压迫政策,这就使得他们在著书立说时有更多的诉求。他们一面表达对屈原遭小人陷害的感同身受,又一面效法屈原,坚守民族气节,表现出对清廷的强烈反抗意识。

(二)"屈原情结"相同

屈原是宋明遗民的楷模和精神支柱,他们都有相同的"屈原情结"。南宋遗民留下了大量的诗文作品,其中不乏景仰屈原和借《楚辞》抒发自己内心愁闷之作。郑思肖吟咏屈原的诗歌皆为题画诗,如《屈原餐菊图》《屈原九歌图》,皆是借缅怀屈原来表达自己的亡国之痛。郑氏画兰不画土,为"露根兰",自谓"一片中国地,为番人所得,吾忍画邪"④!他作《菊花》诗,谓"宁向枝头抱香死,何曾吹落北风中"⑤。宋亡,他"不顾产业,寄身僧舍。常面南哭泣,坐不向北"⑥。郑氏种种行径,与他以屈原的气节要求自己,并将屈原视

---

① 无名氏:《昭忠录》,守山阁丛书,清道光钱熙祚校刊本。
② 谢枋得:《与参政魏容斋书》,《叠山集》,清康熙张伯行编同治左宗棠增刊本,第9页。
③ 程敏政:《宋遗民录》,《吹剑录外集》,知不足斋丛书,古书流通处景印。
④ 程敏政:《宋遗民录》,《吹剑录外集》,知不足斋丛书,古书流通处景印。
⑤ 程敏政:《宋遗民录》,《吹剑录外集》,知不足斋丛书,古书流通处景印。
⑥ 程敏政:《宋遗民录》,《吹剑录外集》,知不足斋丛书,古书流通处景印。

为精神楷模是分不开的,甚至终其一生,也未曾改变。元末王冕作诗称其"疏壕不作寻常醉,却似三闾楚大夫",直将郑氏比作屈原。倪瓒曾作《题郑所南兰》,诗云:"秋风兰蕙化为茅,南国凄凉气已消。只有所南心不改,泪泉和墨写《离骚》"①,将郑氏的墨兰图比作绘画界的《离骚》。谢翱一介布衣,却心系天下,在文天祥发兵勤王之时,毅然倾家赀,率乡兵数百人参加文天祥的部队,任谘议参军。文天祥兵败后,他陷入极度的悲痛之中,常恸哭以怀文天祥。他心系宋廷,南宋灭亡后,常游荡于山林之间,用诗歌表达自己的亡国之痛、黍离之悲,以排遣自己的悲愤之情。他仰慕屈原忠君爱国之精神,常读《离骚》以追慕之,并撰《楚辞芳草谱》,借以抒发自己的故国之思。方凤《谢君皋羽行状》言其"慕屈原,怀郢都,二十五托兴远游,以晞发自命"②。他自号"晞发子",作品也以《晞发集》命名,"晞发"一词实取自屈原《九歌·少司命》中"与汝沐兮咸池,晞汝发兮阳之阿"。

　　明遗民也有"屈原情结",对《楚辞》情有独钟。他们借屈原之酒杯,消心中之块垒,抒发故国之思。这一时期出现了大量的《楚辞》研究专著,深刻反映出明遗民对屈原和《楚辞》的接受,不仅寄托着遗民对于屈原忠君爱国形象的仰慕,还渗透着他们的家国之痛和忠贞的爱国情怀。黄文焕,字维章,福建人,著有《楚辞听直》。是书作于黄氏因钩党之祸下狱之时,可谓满腹牢骚皆寄寓此书,借助《楚辞》以自悲。他说:"而余抱病狱中,憔悴枯槁,有倍于行吟泽畔者。著书自贻,用等'招魂'之法。其惧国运之将替,则尝与原同痛矣。"③他在书中褒扬屈原的忠君爱国精神,认为"千古忠臣,当推屈子为第一"④。对于历来诟病、诋毁屈原之忠的观点,黄氏进行了有力的反驳,他说:"未有如屈子之于故君既逝,新主复立,旷然十年外,竟终投水者,患不首屈又将谁首哉?"⑤李陈玉,字石守,号谦菴,江西人,著有《楚辞笺注》。李氏生逢末世,面对腐败的明廷,他内心充满了末世之悲。明亡之后,他归隐不仕,身遭亡国之乱,对屈原眷恋故国的伤痛可谓感同身受。他在注《离骚》时说:"故千古忠臣悲痛,未有如《离骚》者也。每读一过,可以立身,可以事君,可以解忧,可以忘年。"⑥又说屈原"满肚皮忠君爱国之怀,无处可挥泪"⑦。钱澄之,初名秉镫,

---

① 郑思肖著,陈福康校点:《郑思肖集》,上海:上海古籍出版社,1991年,第344页。
② 程敏政:《宋遗民录》,《吹剑录外集》,知不足斋丛书,古书流通处景印。
③ 黄文焕:《楚辞听直》,《续修四库全书·集部·楚辞类》第1301册,上海:上海古籍出版社,2003年,第506页。
④ 黄文焕:《楚辞听直》,《续修四库全书·集部·楚辞类》第1301册,上海:上海古籍出版社,2003年,第652页。
⑤ 黄文焕:《楚辞听直》,《续修四库全书·集部·楚辞类》第1301册,上海:上海古籍出版社,2003年,第652页。
⑥ 李陈玉:《楚辞笺注》,《续修四库全书·集部·楚辞类》第1302册,上海:上海古籍出版社,2003年,第9页。
⑦ 李陈玉:《楚辞笺注》,《续修四库全书·集部·楚辞类》第1302册,上海:上海古籍出版社,2003年,第23页。

字幼光,明亡后改名澄之,字饮光,安徽人,著有《屈诂》。钱澄之在南明时受到朝廷重用,他励精图治却遭受谗言,不得不辞官归家。因此,钱氏对屈原忠而被谤的愤恨深有体会,对屈原信而见疑的遭遇更是感同身受。《四库全书总目提要》评其书曰:"发愤著书,以《离骚》寓其幽忧",大意在此。除此之外,陆时雍《楚辞疏》、周拱辰《离骚草木史》、贺贻孙《骚筏》、王夫之《楚辞通释》等亦是这一时期屈原与《楚辞》接受的代表作,也都蕴涵着明遗民浓厚的"屈原情结"。

二、宋明遗民屈原与《楚辞》接受的不同点

宋明遗民屈原、《楚辞》接受虽说有着一定的相同之处,他们都来自相同的地理区域,他们都有着相同的"屈原情结",但是,事实上,他们对于屈原和《楚辞》的接受更多的还是不同,这主要表现在以下几个方面:

(一)对"忠君爱国"思想的理解不同

宋明遗民对屈原"忠君爱国"思想的理解不同,南宋遗民坚持"忠君"与"爱国"一体的理念,不可能认可或支持屈原的"怨君"思想。郑思肖在自题画上说:"不忠可诛,不孝可斩,敢悬此头于洪荒之表,以为天下不忠不孝之榜样。"① 这便是南宋遗民忠君思想浓厚的体现。郑思肖作有《一百二十图诗集》,这些诗作内容表面看来是咏怀古人,实则是抒发自己内心的忧愤之情。其中专门吟咏屈原的有《屈原餐菊图》《屈原九歌图》。《屈原餐菊图》诗云:"谁念三闾久陆沉?饱霜犹自傲秋深。年年吞吐说不得,一见黄花一苦心。"②"餐菊"一词取自屈原《离骚》"朝饮木兰之坠露兮,夕餐秋菊之落英",是诗借缅怀屈原以寄托自己对故国的哀思。屈原早已沉江离世,菊花却依旧年年傲立深秋。屈原对楚国的眷恋,屈原的爱国情怀,引发了作者的共鸣。郑思肖着眼于屈原的"忠",歌咏屈原实为己之情感投射,反照的依然是自己一颗忠于南宋朝廷的心。对于屈原的"怨",郑思肖亦有独到见解。在《心史·中兴集二卷·自序》中,郑思肖一方面引用其父"《离骚》亦不得其正,但以高古忠愤过之"③ 之言,并称自己所作之诗"时吐露真情,发为歌诗,决生死为国讨贼之志,心语心谋,万死必行,故气劲语烈,殊乏和平兴趣,实非诗之正道"④;一面又说"此为何时?出而言诗,为仁义辱甚矣!果欲为之,必知所立身乃可。"⑤ 称自己"乱后所作诗二百篇,固近于正"⑥。可见郑氏仍然将"温柔敦厚""怨而不怒"的格调看作

---

① 程敏政:《宋遗民录》,《吹剑录外集》,知不足斋丛书,古书流通处景印。
② 郑思肖:《一百二十图诗集》,知不足斋丛书,清乾隆鲍廷博校刊本,第4页。
③ 郑思肖著,陈福康校点:《郑思肖集》,上海:上海古籍出版社,1991年,第100页。
④ 郑思肖著,陈福康校点:《郑思肖集》,上海:上海古籍出版社,1991年,第100页。
⑤ 郑思肖著,陈福康校点:《郑思肖集》,上海:上海古籍出版社,1991年,第101页。
⑥ 郑思肖著,陈福康校点:《郑思肖集》,上海:上海古籍出版社,1991年,第101页。

"诗之正道"。他虽认可《离骚》风格,但仅将其看成特殊时期的"诗之正道"。郑氏有如此之认识,那么他对《离骚》中显露出的"怨君"思想就更不可能认同了。

明遗民则不同,他们认为"忠君""爱国"这二者是独立的。王夫之认为屈原是"爱国"与"怨君"。他在《哀郢后序》中说:"哀故都之弃捐,宗社之丘墟,人民之离散,顷襄之不能效死以拒秦,而亡可待也。原之被谗,盖以不欲亡都而见憎益甚。然且不自哀,而为楚之社稷人民哀。怨悱而不伤,忠臣之极致也。"① 又在《涉江》"余将董道而不豫兮,固将重昏而终身"两句下释曰:"人不足怨,而守正无疑。安于幽废,明己非以黜辱故而生怨。所怨者,君昏国危。"② 这一见解既显露了王夫之朴素的民主思想,也表明其对腐朽明廷的失望。顾炎武在《日知录》卷十九《直言》云"诗之为教,虽主于温柔敦厚,然亦有直斥其人而不讳者。如曰:'赫赫师尹,不平谓何。'如曰:'赫赫宗周,褒姒灭之'……则皆直斥其官族名字,古人不以为嫌也。《楚辞·离骚》:'余以兰为可恃兮,羌无实而容长',王逸《章句》:'谓怀王少弟司马子兰。''椒专佞以慢慆兮',《章句》:'谓楚大夫子椒。'"③ 顾氏以《诗经》中批评师尹、周幽王、周厉王,《离骚》中直斥楚怀王的少弟司马子兰和楚国大夫子椒等诗句为例,证明庶民议政,在下者批评在上者,自古有之。不仅如此,他还认为这是"古人风俗之厚"的表现。王夫之、顾炎武的议论可看作是明末清初民主思想在楚辞学领域中的体现,同时在某种程度上也可看成是对传统"忠君爱国"思想的一种反动。

(二)写作目的不同

宋明遗民接受屈原和《楚辞》作品的写作目的不同,宋遗民多是借屈原和《楚辞》抒发个人情感。如郑思肖作诗歌咏屈原,其目的在于借屈原明己志,抒发自己的亡国之痛,表达对故国的眷恋之情。谢翱亦是如此,他的屈原与《楚辞》接受也是为了直抒胸臆。他仿效屈原,作招魂词哀悼文天祥,宣泄内心的悲痛;他缅怀屈原,怀古伤今,追忆着逝去的大宋;他撰写《楚辞芳草谱》,以注疏芳草的形式寄寓哀伤之情。

明遗民则不同,他们除了抒发个人情感外,还蕴含着经世致用,教化人心、保存文化的思想。陆时雍在明亡之季作《楚辞疏》一书,借以寄托自己孤愤不平之气。他在《自序》中说:"《离骚》作而忠义明,楚国既挠,君臣相蒙。然小人愧,君子奋。仁人志士感愤而扼腕者,即千载如一日焉。嬴秦制帝,六国既靡,谓楚虽三户,亡秦必楚。国有遗劲,人有余烈,忠义之教,所砥世固甚远也。《离骚》存楚,是故矣也。"④ 陆氏于此既点明了《离

---

① 王夫之:《楚辞通释》,上海:上海人民出版社,1975年,第77页。
② 王夫之:《楚辞通释》,上海:上海人民出版社,1975年,第72页。
③ 顾炎武著,陈垣校注:《日知录校注》,合肥:安徽大学出版社,2007年,第1048页。
④ 陆时雍:《楚辞疏》,《续修四库全书·集部·楚辞类》第1302册,上海:上海古籍出版社,2003年,第359页。

骚》激励来者、保存楚文化的作用,同时也说明了自己注《离骚》是为了提倡气节,保存民族文化。与陆时雍同一时期的周拱辰也有同样的思想,其《离骚经草木史叙》认为《离骚》是"楚补亡之诗"①,他用儒家伦理肯定《离骚》,用"兴观群怨"理论评论《离骚》。这一方面说明了周氏对《离骚》的重视,另一方面也道出了他作《离骚草木史》的目的在于经世致用,教化人心。除了提倡经世致用、教化人心,明遗民的《楚辞》研究还体现出实学求证的学风,钱澄之的《屈诂》、王夫之的《楚辞通释》以及顾炎武对《楚辞》的考证就是这种学风的最好体现。明代遗民"亡国""亡天下"思想,使得其将文化的、伦理的保存看得比一姓政权的存亡更重要,这也是遗民们注解《楚辞》的巨大动力。

(三) 所呈精神面貌不同

宋明遗民在接受屈与《楚辞》时所呈的精神面貌大有不同。南宋遗民歌咏屈原,只为坚持节操,独善其身,其作品所呈的精神面貌是哀,是浓厚的绝望情调。如郑思肖画兰不着土,常"面南哭泣,坐不向北",宋亡后"不顾产业,寄身僧舍","时时望临安旧郡,野哭若狂,终身誓不见朝士"②,这些行为无不寄寓其无土亡国之悲哀。王宾《题郑所南宅》云:"自从宋鼎被迁移,此宅飘零弃与谁?人问先生垂泪答,国亡何用念家为"③,亦体现出郑所南面对宋亡时悲哀绝望的心情。他曾自题墨兰云:"一国之香,一国之殇,怀彼怀王,于楚有光",又于另一幅墨兰图题诗云:"钟得至清气,精神欲照人。抱香怀古意,恋国忆前身。空色微开晓,晴光淡弄春。凄凉如怨望,今日有遗民"④。郑氏画兰题诗,无异是屈原哀怨情感的重现。谢翱《芳草怨》诗云:"乡来青凤食花去,瞻望灵均涕零雨"⑤,是诗以楚地"芳草"自喻,表达了对屈原的悼念之情,同时也抒发了自己的亡国之痛。又如他的《五日观潇湘图》,借"端五"观赏《潇湘图》而缅怀屈原,然后由楚思宋,遂起兴亡之叹,不禁"泪承睫"。任士林《谢翱传》载谢氏"善哭如唐衢",谢氏曾三次恸哭,过姑胥望夫差之台,过勾越行禹穴间,哭;登候涛山,感夫子浮桴之叹,哭;晚登子陵西台,哭。傅藻《西台恸哭诗》言:"一生忠义薄云霄,恸哭西台赋楚骚。今日凄凉江上路,何人重为荐溪毛?"⑥谢氏有《西台哭所思》《西台恸哭记》等作品,都是声泪交并、感天动地的泣血之作,谢氏不仅为古人哭,也为南宋王朝哭,无不体现出对现实的哀伤。

明遗民则不同,他们崇拜歌颂屈原,借屈原写己,宣扬其政治宣言。他们诗文的格调除了"哀"还有"斗",这在明代遗民屈原与《楚辞》接受中也有明显体现。如王夫之在《九

---

① 周拱辰:《离骚草木史》,《续修四库全书·集部·楚辞类》第1302册,上海:上海古籍出版社,2003年,第74页。
② 万斯同:《宋季忠义录》,《四明丛书》,约园刊本,第36页。
③ 程敏政:《宋遗民录》,《吹剑录外集》,知不足斋丛书,古书流通处景印。
④ 郑思肖著,陈福康校点:《郑思肖集》,上海:上海古籍出版社,1991年,第27页。
⑤ 谢翱:《晞发集》,文渊阁《四库全书》第1188册,台北故宫博物院藏本,第289页。
⑥ 程敏政:《宋遗民录》,《吹剑录外集》,知不足斋丛书,古书流通处景印。

昭·申理》章自释中说:"达屈子未言之情而表著之,想其忠爱愤激之心,追沉湘之日,申念往事,必有如是者。清君侧之恶,虽非人臣所敢专,而宗臣之义,与国存亡,知无不为,言无不尽,故管蔡可诛,昌邑可废,况张仪、靳尚之区区者乎?"① 此处似在代屈原追悔昔日未能除掉张仪、靳尚之流,实际上是在告诉人们应拿出诛管蔡、废昌邑的勇气,除奸佞,抗强敌。在《九昭·荡愤》中,王夫之设想了一段兴师讨秦的经过,即"诛凤凰于西母,诘怀王不返之故,使自服罪。意秦人多诈,必伪请和以诱我。叱风伯使勿迟回,不听其甘言而决于致死",而后"以誓死之气,与秦争存亡。兵甫交而秦可破,夺武关,临渭水,秦且西溃。逮怀王之未死,迎之以归"。又云:"秦人积怨于天下,如秋霖之害良稼。诛其君、吊其民,息天下之祸,如涤阴翳而睹青天,迄于西极而后已。"② 在此章下注中王夫之说道:"楚之势不两立者,秦也。百相欺、百相夺者,秦也。怀王客死,不共戴天者,秦也。屈子……放窜之余,念大仇之未复、夙志之不舒,西望秦关,与争一旦之命,岂须臾忘哉!"③ 这里表面在说抗秦兴楚,实则在谈反清复明,充分表现了其积极的斗争精神。钱澄之曾作《感怀诗》云:"兰若生空山,离离缘阳坡。春风披拂之,争发丛中华。草木亦何意,贵饮天地和。如何芳未歇,遂有霜雪加?兰茝既枯死,椒椴还纷罗。俯视白日匿,忽在西山阿。我欲麾之反,愧无鲁阳戈。精卫思衔石,夸父空饮河。有志不得就,念之泪滂沱!"④ 诗中钱澄之取用《离骚》中的芳草意象,以芳草"兰茝"喻反清斗士,以恶草"椒极"喻卖国求荣、苟且偷生的小人,以"霜雪"喻残暴的清朝统治者,以"白日"喻日落西山的南明小朝廷,以鲁阳公、精卫、夸父等神话形象自喻,体现了其明知不可为而为之的抗清斗志。

(四)表现形式不同

宋明遗民接受屈原和《楚辞》时的表现形式不同,南宋遗民对屈原与《楚辞》的接受较为单一,基本属于情感式、文学式接受,散见于他们的诗文中,其中最典型的代表是谢翱。何梦桂《晞发道人诗序》曰:"晞发道人诗原本于骚,骚盖古诗变风变雅之遗也,骚深于怨,古诗怨而不伤,而骚近之。……道人诗,盖骚之墨守也。故其思远而悲,征而不讦,而辞称之。诗之所至,志亦至焉,于此可以观道人之所志矣。驾言晞发,将以浮游于世垢之外,濯之洧盘,晞之阳阿,适矣。抑知夫终朝采绿而余发之曲局否乎?"⑤ 的确如此,谢翱的诗歌无论是形式还是在内容皆受到屈原和《楚辞》的影响。《宋遗民录》载其持酒登子陵台,设文天祥牌位洒酒祭奠,"酹毕号而恸哭者三",即使这样,依旧不能使自己的悲思得以遏制。谢氏乃用竹如意击石,仿屈原作招魂歌,曰:"魂朝往兮何极,暮归来兮关水

---

① 王夫之:《楚辞通释》,上海:上海人民出版社,1975年,第177页。
② 王夫之:《楚辞通释》,上海:上海人民出版社,1975年,第182页。
③ 王夫之:《楚辞通释》,上海:上海人民出版社,1975年,第182页。
④ 钱澄之:《田间诗集》,合肥:黄山书社,1998年,第27页。
⑤ 何梦佳:《潜斋集》,文渊阁《四库全书》第1188册,台北故宫博物院藏本,第452页。

黑,化为朱鸟兮有味焉食。"①歌阕,竹石俱碎,闻者皆伤心不已。再如他的《广惜往日》《似飞庙迎神引》采用了楚辞体的形式,是对《离骚》的刻意模仿。他的《铁如意》写得迷离飘忽,与《离骚》的意境相似。他《莲叶舟》诗中的"湿云冉冉依芳芷,楚女神弦迎帝子"二句,完全脱胎于《九歌·湘夫人》。他《铁如意》诗中"一人独抚掌,身挂青薜萝"二句所描述的仙客,完全是屈原笔下"披薜荔兮带女萝"山鬼形象的复制。由此可见,屈原和《楚辞》对谢翱的影响是深入骨髓的。

明代遗民则不同,他们对屈原、《楚辞》的接受则显得更加全面,这主要体现在诗赋、戏曲和学术研究三个方面。诗赋方面的代表人物有王夫之、屈大均、李世熊。王夫之深受屈骚精神的熏陶,他的咏花诗就继承了《楚辞》香草美人体的传统,如《和梅花百咏诗》以咏叹梅花表达对忠贞不渝的高贵品格的赞扬,九十九首《落花诗》借咏落花抒发亡国之痛,《正落花诗十首》之一中的"香老但邀南国颂,青留长伴小山丛"二句更是直接脱胎于屈原《橘颂》中的"受命不迁,生南国兮"。王氏不但在诗歌创作中仿效楚骚,在辞赋创作中亦是如此。王夫之创作的楚辞,现今存留的作品有《九昭》《南岳赋》《鸿赋》《雪赋》《霜赋》《祓禊赋》《刈草辞》等,其中《九昭》是仿屈原《九章》而作,《祓禊赋》是模仿屈原《九歌》而作。这些作品发扬了屈原的爱国思想,具有极强的艺术感染力。屈大均以屈原后裔自居,其诗作在爱国情怀与奇思妙想诸方面受屈原的影响颇深。他在《读李耕客龚天石新词作》一诗中说:"南楚好辞宗屈子,学诗昔自《离骚》始。含《风》吐《雅》数千篇,美刺乃得《春秋》旨"②,表达了对屈子楚骚的崇仰之情。屈大均的诸多诗作皆运用了《离骚》以美人香草比兴讽喻的手法,如《有所思》云:"美人日已远,春草日空深。欲去潇湘隔,兼之雨雪阴。相思生白发,相寄只雕琴。安得飞龙马,随军入桂林。"③ 此诗将南明永历政权比作美人,以思念美人表达自己对南明政权的忠心。屈氏另有《古意》《美女篇有赠》等诗作,亦是表现此种情怀。龚自珍曾把屈大均与屈原相提并论,他说:"灵均出高阳,万古两苗裔。郁郁文词宗,芳馨闻上帝"④,对屈大均学屈原诗的成就做出极高的赞誉。李世熊也是一位传承并发展屈原爱国思想的遗民诗人,他喜欢楚骚,特别敬佩屈原忠君爱国的思想。明亡后,他坚决拒绝清朝官员的收买,"遁迹深山,四十年不入城市"⑤。他的诗歌险拔瑰丽,继承了楚辞的艺术风格,在《楚辞》艺术接受史上具有特殊的地位,值得重视。明代遗民创作了不少以屈原生平为题材的戏曲作品,如郑瑜创作的杂剧《汨

---

① 程敏政:《宋遗民录》,《吹剑录外集》,知不足斋丛书,古书流通处景印。
② 欧初、王贵忱主编:《屈大均全集》(第1册),北京:人民文学出版社,1996年,第129页。
③ 欧初、王贵忱主编:《屈大均全集》(第1册),北京:人民文学出版社,1996年,第648页。
④ 龚自珍:《夜读番禺集·书其尾》,《龚自珍全集》(第九辑),上海:上海人民出版社,1975年,第455页。
⑤ 曾曰瑛修,李绂纂:《汀州府志》,台北:成文出版社,1967年,第351页。

罗江》,讲屈原被放逐江泽,与渔父对饮,唱和《离骚》。再如尤侗创作的《读离骚》,根据《楚辞》中的《天问》《卜居》《九歌》《渔父》等篇敷演而成,以宋玉的《招魂》结尾,对屈原的爱国情怀和崇高的民族气节作了淋漓尽致的描写和热情的歌颂。再如丁耀亢创作的《化人游》一剧,该剧有鱼腹中访屈原之幻化情节,剧中的屈原认为:黑洞洞的鱼腹比人间"大胜",显然是说人间比鱼腹更黑暗。屈原在人间遭到迫害,入鱼腹却有"大乐",以此说明世道之黑暗。这些剧作所表达的内涵虽然不尽相同,但却都讴歌了屈原的精神。明末清初的楚辞学,是楚辞学史上一个十分重要的时期,出现了一大批有分量的楚辞学著作。其中陆时雍的《楚辞疏》、李陈玉的《楚辞笺注》、钱澄之的《屈诂》、王夫之的《楚辞通释》皆为遗民学者所著。明代遗民的楚辞学著作不但寄托了家国情怀,带有鲜明的时代烙印,也为楚辞学的发展做出了贡献。

三、宋明遗民屈原与《楚辞》接受异同的原因

综上所述,宋明遗民的屈原和《楚辞》接受有两点相同,即地理位置和"屈原情结"的趋同,而这种相同性的背后其实隐藏着深层的文化原因。其一是学术中心的南移。从唐末到北宋,全国的学术文化中心虽然仍在北方黄河流域,但南移的趋势已经显露。南宋时,以苏州—杭州为轴心的文化区域取代了以长安—洛阳—开封为中心的文化轴心地带。以理学而论,其在北宋时兴起,派别众多,而到了南宋时,理学大师基本都为南人。如朱熹,他生于福建,讲学于江西庐山白鹿洞;再如福建人胡安国,他授学于湖南岳麓书院,创湖湘学派;再如江西人陆九渊,他授学于象山书院,创立心学;再如浙江人吕祖谦,他讲学于浙江丽泽书院,创婺学学派。以文学而论,北宋前期,北方的文学家数量远多于南方。宋室南渡后,北方的文人数量急速下降,南方文人的数量和创作都远远超过北方。自南宋始,南强北弱的文化格局已成定局,到了明代亦是如此。就学术而言,根据《明儒学案》和《明史》的记载,明代学术南方学风比北方分布要盛要广,而南方又以江、浙、赣为盛,江苏地区全省学风分布之地不下十六处,浙江地区全省有学风分布之地多至二十处,江西地区则约有十五处学风分布。以文学而论,《中国文学家辞典》收录明代著名文学家共1401人,其中籍贯可考者1340人。① 以今所属省籍计,各省拥有著名文学家人数排次以江苏、浙江、江西、福建居前。据以上统计数据来看,今长江三角洲地区的文学家人数达958人,占明代籍贯可考著名文学家人数的71.3%。由此可见,长江三角洲地带的江南地区已然是明朝的文学中心。② 宋明遗民屈原与《楚辞》接受者多在南方这一现象,与宋代以来学术中心的南移密切相关。

---

① 谭正璧编:《中国文学家大辞典》,上海:上海书店,1931年。
② 梅新林:《中国文学地理形态与演变》,上海:上海人民出版社,2014年,第117页。

其二是屈原形象的变化。宋朝之前历史上对屈原人格的评价分成褒、贬两个阵营：褒扬者将屈原视为"忠""直""守志不移""忧国""讽谏"等品格的代表；贬损者谓屈原"露才扬己""显暴君过"，有亏"明哲保身"之义。到了宋朝，屈原被重新塑造成一个忠君爱国的圣贤形象。洪兴祖在《楚辞补注》中将屈原比作殷商忠烈比干，说："忠臣之用心，自尽其爱君之诚耳。"① 司马光称屈原"穷羞事令尹，疏不忘怀王"②，把屈原的一片赤诚之心恰如其分地表达了出来。朱熹在《九歌序》中说："因彼事神之心，以寄吾忠君爱国眷恋不忘之意"③，首次将"忠君爱国"引入对屈原的评价中。不但宋代学者褒扬屈原，宋朝廷也封屈原为"忠洁侯""清烈公"。所谓"清"即品行高洁无邪，所谓"烈"即清刚、忠直。自宋代后，屈原"忠清节烈"的形象逐渐成为主流，至明亦然。宋明遗民将屈原看作是节义的典范，这与屈原忠义形象自宋代以来的确立是分不开的。

而就宋明遗民屈原和《楚辞》接受作品所表现出的差异而言，若以深层原因而论，主要是思想氛围和社会、政治环境的不同造成的。

首先，宋明遗民所处的政治环境不同。宋代读书人的愿望是"得君行道"，欲与君王"同治天下"。他们希望君主"无为而治"，实际权力由士大夫掌控，变天下无道为天下有道。因此，他们将"君国"看作一体。忠君思想贯穿了南宋一朝，这一点在南宋遗民身上表现得十分突出。王鼎翁在文天祥被俘后曾写《生祭文丞相》一文，希望文天祥速速就义，以向世人明志。因此在南宋遗民涉及《楚辞》、屈原的诗文中更多表现的是对屈原忠君思想的认同，而不可能认可或支持其"怨君"思想。而就明朝来说，自洪武十三年废除宰相，士大夫在朝廷上便失去了一个权力的凝聚点。再加上明朝的"廷杖之刑"，朝臣随时可受刑。在这样的局面下，明朝的士大夫逐渐放弃了宋儒"得君行道"的理想而转向"得道觉民"，这一思想使得士大夫与朝廷的关系开始疏离。随着明末商品经济的发展，一些具有朴素民主思想的学者开始出现，如黄宗羲、顾炎武、王夫之、傅山、李颙、唐甄。他们深感君主专制是社会问题的主要根源，激烈地抨击君主专制，提出以"众治"取代"独治"，平衡君臣和地方权力。这种朴素的民主思想在明代遗民《楚辞》著作中，便体现为屈原"忠君""爱国"思想的分离，甚至表现为"怨君"。

其次，宋明遗民所处时代的思想氛围不同。南宋是理学盛行的时代，"存天理，灭人欲"是理学家们的口号，尚空谈、斥功利是理学家们的共同特征。朱熹批判浙东学派的经世之学，认为"浙学却专是功利……此意甚可忧"④，"若永嘉、永康之说，大不成学问"⑤。

---

① 洪兴祖撰：《楚辞补注》，北京：中华书局，1983年，第50页。
② 任继愈主编，吕祖谦编：《中华传世文选 宋文鉴》，长春：吉林人民出版社，1998年，第212页。
③ 朱熹：《楚辞集注》，上海：上海古籍出版社，1979年，第29页。
④ 黎靖德编：《朱子语类》，北京：中华书局，1986年，第2967页。
⑤ 黎靖德编：《朱子语类》，北京：中华书局，1986年，第2957页。

宋代哲学史上，儒家学者们曾围绕义利、理欲、事功和道义等问题展开过激烈的讨论。在这种思潮下，经世之学受到抑制，士大夫更注重的是个人的气节。南宋遗民的屈原和《楚辞》接受也带有这种色彩，多是抒发个人情感之作，且以诗文为主。明朝中后期，为了纠正心学空谈误国的弊端，一些学者开始钻研经世实用之学、提倡考察实证的学风。以李时珍、朱载堉、徐霞客、宋应星为代表的科学家在医药学、音律学、地理学、农业、水利等方面做出了巨大贡献；以杨慎、焦竑、陈第为代表的文史学者提倡考据训诂之学，开了清代考据学之先河；以陈子龙为领袖的复社编印了《皇明经世文编》，以发扬经世之学。明朝灭亡后，以天下为己任的儒家学者进一步拒斥空疏学风，以经世实用之学对抗心学。顾炎武的《日知录》《天下郡国利病书》和黄宗羲的《明夷待访录》等都是著名的经世之作。明遗民的屈原和《楚辞》接受也受到这种学术风气的影响，不再是单一抒情，还有经世致用、教化人心和保存文化的用意。他们的屈原和《楚辞》接受之著作便不再局限于诗文之内，还出现了一批学术著作。

最后，宋明遗民所处的社会环境不同。宋朝一直遭受北方少数民族的侵扰，统治者的主要精力都在抵御外族入侵的自卫战争，最后却以北宋徽、钦二帝被俘，南宋昺、昰二帝投海为结。宋帝投海殉国之后，赵宋宗庙倾覆，三百年来汉族统治者首次彻底丢掉了自己的政权。面对强大的蒙古，宋朝复国的可能性极小，亡国遗民对光复也丧失了信心，表现在其作品中的多是亡国之叹、故国之思，而激励复国斗志的作品鲜有。明朝则不同，明末的抗清运动，自1644年清军入关至1662年南明灭亡，历时近20年，若将郑氏父子在台湾的抗清斗争算上，将近40年。其间多次出现战争转机，如1646年春至1648年底，明将何腾蛟在大顺军余部和其他明军的配合下，开展了以湖广、湘桂为中心战场的抗清斗争。何腾蛟率领将士攻城略地，前后30余战，几乎收复了湖南的全部失地，掀起了全国性的抗清高潮。再如1659年，郑成功联合在浙江沿海抗清的张煌言进军长江，一路势如破竹，连克四府三州二十三县，直逼南京城，东南大震。此后，郑氏子孙一直在台湾沿用南明永历年号。轰轰烈烈的抗清运动使得明代遗民一直对复国抱有希望，表现在其作品中除了亡国之叹、黍离之悲，更多的是对复国之志的坚守。他们或积极参与抗清斗争，或隐逸后开馆讲学、著书立说，很少有如宋遗民凄凉愁绝、悲观失望的情绪。

总之，宋明遗民对屈原和《楚辞》的接受是十分复杂的。他们相隔数百年，却有着相同的"屈原情结"。他们都崇仰屈原，视屈原为楷模和精神支柱，但却对屈原的"忠君爱国"有不同的理解，甚至创作的屈原和《楚辞》接受作品的写作目的、精神面貌和表现方式也各有不同。这些看似无章可循的特点，背后却都有着明确的原因。如宋明遗民屈原和《楚辞》接受者多来自东南是因为南宋时文化中心的南移；再如他们共有的"屈原情结"是因为宋代确立了屈原"忠君爱国"的形象；再如他们作品或"哀"或"斗"的精神面貌取决于在抵抗外族时是否有复国的希望等等。克罗齐曾说"一切历史都是当代史",其实学术作品也是如此。它不仅是客观的研究,也是时代风气、思想变化的反映。它不仅是学术史的成果,也是思想史、社会史的注释。本文对宋明遗民屈原和《楚辞》接受异同及产生原因的研究,就是出于此意,意在以一个更广阔的视野考察此期的屈原和《楚辞》接受史,以获得更加深入的认识。

改写屈原:一代辞宗如何成为变形金刚

昆明学院 申 江

通常情况下,文学家的个人形象由其文学创作传递并发挥影响。然而即使对创作知之甚少,某些作家也可能以另一种面目,由于其他原因出现在文献与传说中,这在亦文亦官的中国古今作家身上表现得更加突出。至于那些主要以文学扬名的人物,情况变得相对单纯,我们只需通过阅读作品来了解作者的所思所想,及其所能达到的思想艺术高度。文学研究固然主要关注作品研究,作者的生平事迹亦非可有可无,尽管有时人们并不总是看重作品以外的作者情况,极端者如钱默存先生的"品蛋忘鸡"说,更多情况下,人们仍然愿意竭尽所能了解作者的个人情况,好奇他如何成为下蛋母鸡。

如果一位作者的生平资料非常有限或者失真,研究作品必然成为我们的首选,尽管在求真欲望驱使下,考证作者真相的工作一直不乏其人,谜一样的莎士比亚就是这方面的例子。如果一位作家不仅生平模糊,就连作品真相都很朦胧,我们面对的就是双重困难,无论通过还原作品来感知作者还是相反,都有一定的局限性,后者的风险系数更高,屈原与楚辞、华阳洞天主人与《西游记》、曹雪芹与《红楼梦》等,都是这方面的著例,而且都是中国古典文学重量级的作家与作品。

许多通过还原作者生平来帮助作品解读的学者,都对自己的工作意义深信不疑,因为作品是作者人格与精神形象的自然延伸,少数学者甚至认为打开作品大门、深入创作奥秘的关键钥匙非此莫属。特殊前提下,这种想法似乎不无道理,譬如在自传说影响下形成的曹学长期喧宾夺主,大有与作品研究平分秋色之势,极端者如周汝昌先生,竟然将红楼思想艺术的解读排斥于红学门外①。问题在于错误的前提必然导致荒谬的结论,要是小说并非所谓作者的"自叙"(取材于自己的人生体验另当别论),夸大曹学意义岂不成为买椟还珠! 面对风险,研究者应该具有明确的作品本体意识,不能本末倒置,任由作者研究取代作品研究,上升为首席文学话题。针对一代辞宗屈原及其作品的楚辞研究,

---

① 周汝昌认为只有曹学、版本学、探佚学、脂学才是真正的红学。其《红学辨义》云:"红学的真正'本体'是什么? 是讨寻曹雪芹的这部小说是写的谁家的事,用中国文学上传统的说法讲,就是'本事'。""讨寻本事的学问,才是红学的本义,才是红学的'正宗'。""至于一般的角度、方式、方法,去把《红楼梦》当成与一般小说无所不同(即没有它的独特性)的作品去研究一般的小说技巧、结构、语言等等,那其实还是一般小说学,而并非红学——或并非真正的红学、正宗红学。"参见其《献芹集》,太原:山西人民出版社,1985年。

亦须检讨自古以来因人辨骚的文学传统。

一

作为中国文学史上首位有名有姓,兼开楚辞创作先河的诗人,无论如何评价屈原的文学史地位与影响,似乎都不显得过分。然而如果对诗人的评说不是建立在坚实可靠的文本解读与事实分析基础上,而是基于各种误读与谬传,情况就会十分尴尬:给诗人定制的各种精神与文学冠冕未必完全符合历史事实,对创作成就与影响讲了半天,却连最有代表性的作品都还没有完全读懂,最有价值的创作成就都还有待发掘确认。某些忠实于作品的阅读研究不仅没有给屈原的传统文学与文化形象添砖加瓦,反而提出不同程度的挑战,从前那些我们长期轻信的结论,并未得到作品解读的有力佐证。重新考察屈原形象的历史形成过程,不难发现其症结所在:一个原本模糊的诗人形象,在一代代读骚者以己度人的主观解读下实现了变形的清晰,然后制造了进入文本真相的阅读障碍,让作品研究充斥着曲解与附会,成功屏蔽了屈原乃至楚辞的某些文学真实。

由于"去屈未远"(约一个世纪),临湘祭屈并撰写赋文的汉初长沙王太傅贾谊,成为迄今所知的第一位屈原评说者,只是其关注重点不在文学得失,而在同病相怜。"屈原,楚贤臣也。被谗放逐,作《离骚》赋,其终篇曰:'已矣哉!国无人兮,莫我知也。'遂自投汨罗而死。谊追伤之,因自喻,其辞曰:恭承嘉惠兮,俟罪长沙;侧闻屈原兮,自沉汨罗。造托湘流兮,敬吊先生;遭世罔极兮,乃殒厥身。呜呼哀哉!逢时不祥。"(贾谊《吊屈原赋》)屈原遭谗放逐、创作《离骚》、自沉江水等事迹传说,均由文中得到印证。联系贾生此时"既以谪去,意不自得"之处境,与放逐南楚的屈原产生强烈共鸣,以自己心怀"致君尧舜上"之志而不得其用作为共鸣点,均属情理之中。贾生以善恶颠倒、是非不辨为恨,同情屈原兼伤自己,以为屈原不该轻生,"凤漂漂其高逝兮,固自引而远去。袭九渊之神龙兮,沕深潜以自珍。……所贵圣人之神德兮,远浊世而自藏。……历九州而相其君兮,何必怀此都也"(同前)。随着一代代遭逐之士的出现,相似的命运遭际、共同的诗人情怀,使屈原成为他们心目中的逐士之宗,精神上多有共鸣,诗文纪念之余,更为自己"潜龙勿用"、忍辱待时提供遁词。贾谊对屈原命运的同情、对屈原之死的惋惜非关为文,唯一提到的屈原作品《离骚》也仅涉末句,客观上开创了以屈原为"放逐文人之宗"的先河,完全没有介入对屈原创作的深度评说。此种情形,大类陶渊明身后长期以"古今隐逸诗人之宗"(钟嵘《诗品》)闻名,其"质而实绮,癯而实腴,自曹、刘、鲍、谢、李、杜诸人,皆莫过也"(苏轼《与苏辙书》)之文学地位,直到六百年后才正式得到理解确认。

主编《淮南鸿烈》一书的刘安所撰《离骚传》今虽失传,却是屈原传播史上比较重要的文献,不仅为司马迁、班固、王逸、刘勰等同时与后世的解骚者所重,还对汉武帝阅读接受《离骚》有过影响,因为它原本就是"奉旨注骚"的结果。"(帝)使为《离骚传》,旦受诏,日食时上"(《汉书·淮南王传》),"昔汉武爱骚,而淮南作传"(《文心雕龙·辨骚》),身为一代帝王的汉武虽有《秋风辞》等诗传世,堪称"帝王诗人"之一,毕竟诗文非其所专,面对屈原的皇皇长篇,需让刘安作传以解疑释惑。上有所好,刘安作传时不可能不揣度逢迎圣意,放大拳拳臣子之心,曲解矫矫不群之情,塑造汉武乐于接受的骚人形象。于是从司马迁、班固等人引用后或臧或否的《离骚传》片言中,我们真的见识了"不一样的屈原"。

根据汤炳正先生考证,今本《史记》屈原传记中的两段文字,自"离骚者,犹离忧也"到"虽与日月争光可也",从"虽放流"到"岂足福哉",都是《离骚传》总叙的内容。① 班固不满刘安对屈原作品尤其人品的推崇与名物训解,"又说五子以失家巷,谓五子胥也。及至羿、浇、少康、二姚、有娀佚女,皆各以所识有所增损,然犹未得其正也。"(班固《离骚序》)可知其既有评说,也有对词句典故的注说。从司马迁的推重与班固的不满中,一位合乎儒家经义所载、价值所趋的屈原形象已经昭然。太史公与班固的分歧焦点不在共同的儒家立场,而在对作品本义的曲解与正视与否,为了将屈原形象改造得投合圣意,刘安、司马迁均不惜断章取义,选择性无视,活生生将一位并不完全合乎儒家为人为文规范,甚至比较离经叛道的屈原赞颂为秉承风骚传统且发扬光大的诗人,"屈平正道直行,竭忠尽智,以事其君,谗人间之,可谓穷矣。信而见疑,忠而被谤,能无怨乎?屈平之作《离骚》,盖自怨生也。《国风》好色而不淫,《小雅》怨诽而不乱。若《离骚》者,可谓兼之矣。上称帝喾,下道齐桓,中述汤、武,以刺世事。明道德之广崇,治乱之条贯,靡不毕见。其文约,其辞微,其志洁,其行廉。其称文小而其指极大,举类迩而见义远。其志洁,故其称物芳;其行廉,故死而不容。自疏濯淖污泥之中,蝉蜕于浊秽,以浮游尘埃之外,不获世之滋垢,皭然泥而不滓者也。推此志也,虽与日月争光可也。"(司马迁《史记·屈原贾生列传》),总之,淮南王与太史公笔下的屈原,都是儒家文化的忠实践行者,与作品中完整展示出来的诗人形象(即使仅以《离骚》为据)实有相当出入。

针对司马迁不加考辨,几乎全盘接受的刘安之辞,班固不以为然,"斯论似过其真",希望回归作品真相,正视屈原的真实面目:"今若屈原,露才扬己,竞乎危国群小之间,以离谗贼。然责数怀王,怨恶椒兰,愁神苦思,强非其人,忿怼不容,沉江而死,亦贬絜狂狷景行之士。多称昆仑冥婚宓妃虚无之语,皆非法度之政,经义所载。谓之兼诗风雅,而与日月争光,过矣!然其文弘博丽雅,为辞赋宗,后世莫不斟酌其英华,则象其从容。自宋玉、唐勒、景差之徒,汉兴,枚乘、司马相如、刘向、扬雄,骋极文辞,好而悲之,自谓不能及也。虽非明智之器,可谓妙才者也。"(班固《离骚序》)事实上,班固并未因人垢文,虽不赞同始自淮南的"兼诗风雅,而与日月争光"之说,认为这是公然歪曲事实,人为虚构拔高屈原的儒家人格形象,然而由于屈原文学创作的突出成就,自班固立场视之,为人黯淡

---

① 参见汤炳正:《屈赋新探》,济南:齐鲁书社,1984年,第9页。

并不影响为文出彩,"其文弘博丽雅,为辞赋宗,后世莫不斟酌其英华……虽非明智之器,可谓妙才者也。"这是一个非常值得寻味的现象:通过深入解读文本,正视并非议屈原为人者,反而首先从文学创作、艺术贡献角度初步发现并指出屈原的为文而非为人意义。当淮南、太史专注于利用道德与人格尺度塑造屈原形象时,仅仅将文学创作视作其人格形象的附庸存在,没有相对独立的文学思考与发现意识,缺失发掘屈原文学史意义的自觉。自然,我们可以用淮南王、太史公的关注与写作重点不在文学而在人物来提供解释,然而这正好证明一个事实:屈原身后的早期闻名,主要不是因为文学成就,而是因为命运形象与人格附会。后者相对而言更易操作实现,前者需要全面解读文本,深入屈原创作的文化背景,不可能由早期史家与学者来完成,只能留给后世甚至现代。

  在太史公笔下,这种针对屈原形象的曲解附会,已经发展到了以虚代实的地步。无论不加辨析抑或有意为之的照搬刘安观点,还是以部分文学虚构替代严谨的史实叙述,都使屈原成为司马迁用来倾吐发愤著书、忧世伤生之个人情怀的代言人,"信而见疑,忠而被谤,能无怨乎?"作为史著的《史记》从来声名卓著,开创性的纪传体例尤为著名,在这种注重细节刻画、展示具体言行的春秋体例中,天然潜伏着文史混同、虚实莫辨之基因,只是一直得不到必要正视。鲁迅以"史家之绝唱,无韵之离骚"(《汉文学史纲要》)评说太史公书,如果换一角度理解,也许暗指该书以文为史、主观虚构的部分内容与真正的春秋文字大异其趣。将神话传说附会成历史、用传奇故事弥补史料不足皆为其例,从鸿门宴影、垓下诀别到渔父对答靡不如此,后者中"披发行吟,颜色憔悴,形容枯槁"的文学笔法,提供了丰富的戏剧想象,也设置了屈原形象的汉代模式。东汉王逸甚至荒唐到将衍自其中的《渔父》视为屈原自己的作品,"《渔父》者,屈原之所作也",可谓一误再误。

  屈原的儒家人格形象既经西汉文人集体加工而成,围绕屈原的历史想象与文学造假必然大行其道。在此过程中,刘向所辑《楚辞》一书与其后王逸的《楚辞章句》,发挥了重要作用。《楚辞》共辑作品十六篇,除屈、宋作品外,另含淮南小山、东方朔、王褒作品与自己的《九怀》。《章句》如法操作,加入王逸自己的《九思》。当刘向与王逸分别以九自名己作,并且辑入楚辞时,已经透露出两汉文人对源出神话传说的《九辩》《九歌》名称真相完全无解①,只能望文生义释九为篇数的邯郸学步事实,更对以屈原名义出现在《楚辞》中的《九章》之由来提供了辅证:它是楚辞编辑者自作主张,模仿神话古名聚散为整凑成九篇的结果,其中部分篇章更不排除汉人假托屈原名义创作的可能。从《屈原贾生列传》里尚只提及《哀郢》而未及《九章》之名的现象里,不难发现这种作假的可能性有多大。因此洪兴祖眼中的《思美人》《惜往日》《橘颂》《悲回风》诸篇(洪兴祖《楚辞补注》),茅盾、

---

  ① 有关《九辩》《九歌》之九乃易学乾数之证,参见申江:《时间符号与神话仪式》,昆明:云南大学出版社,2012年,第225页。

郭沫若眼中的《远游》《卜居》《渔父》诸篇(茅盾《楚辞与中国神话》,郭沫若《屈原研究》),都有假托作伪嫌疑,真相可能尚不止此。

随着更多屈原作品以单篇或变形的组篇形式披露成辑,东汉以降,对屈原文学的解读研究正式提上议事日程,以王逸《楚辞章句》、班固《离骚序》为代表,屈原研究已经从西汉的人格形象塑造,转移到东汉的文学形象分析。王逸对屈原形象的改写加工不仅袭自西汉,对前儒推波助澜,更于文本解读多有发明,用前儒的屈原人格定位指导其作品定位,不良影响更大。王逸最大的楚辞研究"贡献",是针对自己无法确解、正解的屈作内容,喜欢标新立异提出"创造性"见解,用臆断猜测、以假乱真代替严谨的学术结论而又不加说明。典型例子之一,是解说《离骚》末句中并不见载于先秦其他书籍的"彭咸"为"殷贤大夫,谏其君不听,自投水而死"(《离骚章句》),千载以来几乎所有针对该句的理解注说,都在盲从其说,以《章句》为圭臬,全然置彭咸源出《山海经》神巫名称之实于不顾,直到南宋朱熹、明人汪瑗、今人姜亮夫等,才陆续报以迟来的学术质疑①;典型例子之二,是对源出夏歌的《九歌》来源的猜想臆说:"《九歌》者,屈原之所作也。昔楚国南郢之邑,沅湘之间,其俗信鬼而好祠。其祠必作歌乐鼓舞以乐诸神。屈原放逐,窜伏其域,怀忧苦毒,愁思沸郁。出见俗人祭祀之礼,歌舞之乐,其词鄙陋。因为作《九歌》之曲,上陈事神之敬,下见己之冤结,托之以讽谏。故其文意不同,章句杂错,而广异义焉。"(《九歌章句》)一部虽曰"天书"实则有本可溯的上古神话仪典,由于王逸的误导,距离真相越来越远。在排斥神话文明的儒学文化氛围下,王逸不仅未能指出刘向楚辞文集中的篇章误序②,反而根据古来流传的屈原放逐文人之宗事迹,将解读路径导往错误方向,影响十分深远,先误宋明,后乱今朝,误学非浅,从洪兴祖、朱熹以降无不受到其说影响。王逸注解楚辞的指鹿为马非止一二,针对《天问》《招魂》的创作想象亦然,本文仅仅是窥斑见豹。

南朝刘勰的《文心雕龙·辨骚》试图在以淮南王、王逸、汉宣帝、扬雄为代表的"兼之风雅""依经立义""皆合经术""体同诗雅"等说,与班固的"非经义所载"之间寻找调和点,讥讽各家"褒贬任声,抑扬过实,可谓鉴而弗精,玩而未核者也",提出"将核其论,必征言焉",回归作品真相的实证美学观点,并摘举了《离骚》中"同于风雅者"与"异乎经典者"各四事,证其"乃雅颂之博徒,而词赋之英杰",比诗不足而比赋有余,其"衣被词人,非一代也"实非虚妄,"虽取镕经意,亦自铸伟辞",在不违经义的大节下,其表现手法丰富了文

---

① 朱熹《楚辞辩证》:"彭咸,洪引颜师古,以为殷之介士,不得其志,而投江以死,与王逸异,然二说皆不知其所据也。"汪瑗《楚辞集解》:"刘向《九叹·灵怀篇》曰'年之中不吾反兮,思彭咸之水游',王逸之说或本之于刘向,而颜师古或本之王逸者,但不知刘向何所考据而云然也。"姜亮夫《楚辞今绎讲录》:"这完全是汉儒注经家造出来的。"

② 关于《九歌》篇章原序,参见申江:《时间符号与神话仪式》,昆明:云南大学出版社,2012年,第233页。

学手段,唯须"凭轼以倚雅颂,悬辔以驭楚篇,酌奇而不失其贞,玩华而不坠其实",也就是将风雅之正与离骚与奇结合起来,对其扬长避短。刘勰在儒家诗学原则基础上对屈原有保留的肯定,得再从部分作品内容、文本解读中导出结论,一定程度上回归了文学本体,失在回归得不够彻底,未能跳出以人度文、以正匡奇的预设立场,"不有屈原,岂见离骚",其"雅颂之博徒"论更谬不然,以经为本的思想无法超越前儒。总之,刘勰视野中的屈原及其创作形象,逊于风雅而高于汉赋,是在"兼之风雅"与"为辞赋宗"之间、道德形象与文学形象之间"允执其中"的结果,没有实质性突破。颜之推笔下的屈原,则因"轻薄为文"而有失厚重:"自古文人多陷轻薄:屈原露才扬己,显暴君过;宋玉体貌容冶,见遇俳优"(颜之推《颜氏家训》)。六朝文人对经过形象还原的屈原多有微词,此是楚文化浪漫气质、狂放性格与儒文化敦厚内敛风格的冲突,本质上属于鸡同鸭讲。整个中古时期的屈原研究,继续在儒学氛围中徘徊。

宋元以来,校注解读楚辞文本成为屈原研究的主旋律,借助对屈原的注说表达个人思想情怀的传统一直存在。如朱熹以为:"原之为人,其志行虽或过于中庸而不可以为法,然皆出于忠君爱国之诚心。原之为书,其辞旨虽或流于跌宕怪神,怨怼激发而不可以为训,然皆生于缱绻恻怛、不能自已之至意。"(朱熹《楚辞集注序》)这种解读继续扩张儒学立场,对屈原的为人为文均有微词,又都怀有"理解之同情",用出发点的积极均衡为人为文的消极。在儒家文化语境中,屈原已经无法摆脱"政治正确"而"行为失误"的双重形象,突出政治正确的标签则是忠君爱国的人格、一往情深的文格。又如明清之际通过注说屈原来寄托家国情怀的王夫之,"原之沉湘,虽在顷襄之世,迁窜之后,然知几自审,矢志已夙,于此见之。君子之进退生死,因时以决,若其要终自靖,则非一朝一夕之树立,惟极于死以为志,故可任性孤行,无可疑惧也。"(王夫之《楚辞通释》)从兹开始,民族矛盾背景将恋乡恋国的爱国情结正式渲染成屈原形象的主体色调,自洪兴祖、王夫之以降日渐兴盛。如果说在上古时代的"天下"意识下不太可能产生屈原研究的爱国热点,中古以来的夷夏矛盾让屈原作品的家国情怀得到放大的话,现代抗战更催生了屈原"伟大的爱国主义诗人"形象,由郭沫若的剧作《屈原》与解读《屈原赋今译》加以凝固,延及今日,已然成为屈原的文学史通行形象。郭是屈原"殉国"说的主要代表,与司马迁一样借助自己的诗人想象发挥了屈原的选择动机,"屈原是一位理智很强的人,而又热爱祖国……他的自杀必然有更严肃的动机。顷襄王二十一年的国难,情形是很严重的。那时,不仅郢都破灭了,还失掉了洞庭、五渚、江南。顷襄王君臣朝东北逃难,在陈城勉强维持了下来。故在当年,楚国几乎遭了灭亡。朝南方逃的屈原,接受着压迫,一定是看到国家的破碎已无可挽救,故才终于自杀了。"(郭沫若《屈原赋今译》)现代民族国家观念、民族主义意识再次改写了屈原,使之变形为国家意识、爱国意志的图腾柱,其洁身自好、牢骚抒情、反对投降乃至自溺而亡,都服务于爱国主义价值的宣传需要。救亡运动的特殊时代语境下,这种改写具有相当的必然性,然而时过境迁之后,当启蒙话题被重新提及,学术研究需要注入更多的理性关怀时,汉语语境下政体(state)、族体(nation)、寓体(country)混为一体的国家观念及其爱国思维是否需要得到理性区分?用人格形象统领、规范文学形象的骚学传统是否已经成为制约真相发掘的学术瓶颈?我们手持一张20世纪早中期发售的"屈原号"船票,能否心安理得地搭乘21世纪的楚辞研究动车。

二

贝尔纳曾云:学习的最大敌人不是未知而是已知。验之既往楚辞与屈原研究,宜乎醍醐灌顶。对存在真相的追问,是我们实现去蔽、走向无蔽、抵达澄明之境的唯一途径。当诗人的本体存在由于时间与人为的双重作用而变成虚妄时,诗人的精神存在却能借助文字的力量穿越时空,与追问者直接面对。文学存在之实与作者存在之虚的对比,足以提醒我们改变某些懒惰的思维习惯,从作品研究入手重新进入作者,而不是相反。屈原形象的不确定性、变化性,以及历史材料的模糊性不是孤立的文学史现象,具有一定的代表性。如果屈原的创作明白如话,形象通俗,意蕴透明,我们或许可以对此忽略不计,至少不会造成严重影响,偏偏真正的楚辞与屈原是那种脱离主流诗学传统,无法借助通常思维与手段得到全面诠释的对象,充满不确定性与模糊性的作者形象一旦被人主观定型,必然会让较真的读者与学者产生困惑怀疑,其程度有可能逸出想象。周建忠先生关于屈原的某些生平或文学事迹宜粗不宜细的看法[①]正是值得提倡的态度。20世纪中期一度流行于海内外的屈原否定论,已经敲响了因人辨骚、以实就虚的警钟。暂时搁置某些无法得到确证的作者问题,重点研究与创作相关的作品问题,方是当下楚辞研究的正题。

不少从事屈原研究的学人,都有可能经历过类似体验:从最早进入楚辞世界起,各种注本、解读都在由古今学人精心描述、打造出来的诗人形象笼罩下,围绕作者的生平、作品的思想情趣与楚辞艺术个性做文章,试图让复杂的问题简单化。随着研究的深入,作品的阅读体验与既成的诗人印象、楚辞知识之间开始出现矛盾错位,是用后者来校正前者还是用前者来匡正后者?多数人喜欢第一种选择,所以才会导致儒学化的屈原、风雅化的楚辞、贤臣化的彭咸、沅湘化的《九歌》等长期存在。笔者在对真正堪当屈原首席代表作品的《九歌》从事研究时,深感屈原身上尚有若干待解之谜,不光其第一神话诗人、早期戏剧作家的文学史地位完全没有得到揭示,就连他与水死的缘分,都有可能存在远比从前历史想象复杂得多的神话隐情[②]。当我们的阅读印象、研究结论与通识发生冲突时,恰恰证明用来指导作品阅读与研究的既往认识有若干靠不住,而这些主要建立在臆

---

① 参见周建忠:《楚辞考论》,北京:商务印书馆,2003年,第125页。
② 参见申江:《时间符号与神话仪式》,昆明:云南大学出版社,2012年。

测基础上的结论,却在漫长的时间里左右了相关研究,以之为据构建起来的学术殿堂,如何能够承受时间的检验?本文简单回溯屈原形象变形史的目的,正是为了证明由汉儒主导、历史层累叠加构建出来的屈原形象,基本是由儒家文化主导的真假参半、虚实莫辨形象,与真实的一代辞宗之间存在明显距离。当今楚辞研究有必要摆脱成见的约束,回归作品本体,还原更加真实的屈原。

俄国形式主义诗学视文学作品为独立自足体,与自身以外因素包含作者都无关系,去除其语言学本位的绝对化,是与因人论骚传统相反的另一种极端。与之相比,英美新批评斩断作家与作品的联系,主张从作品自身出发探索其真相,让作品成为独立自足的本体存在,相对更加合理。这些美学主张的产生背景,都是基于传统文学理论过分强调作家的重要性,干扰了对作品奥秘的揭示、对文学艺术的审美发现。我们既无必要完全否定作家存在对于作品存在的认识意义,也无必要过分突出作家存在的意义,更不应该夸张为先导存在。作家的存在对于文学研究远非必不可少,缺席只是遗憾而非危机,过分张扬、屏蔽作品的作家形象,反而值得高度警惕。长期的作者本体观念,正是导致扩张作家形象、虚构作家存在甚至以假乱真的根源,许多中国古典文学研究者对"本事"、作者情有独钟,严重匮乏作品本体意识,因人论诗、以人释文的传统根深蒂固,楚骚研究不过是其个例。笔者甚至怀疑汉儒最早面对的屈原不过是个作者符号,所有描写不过是自己阅读作品的逆推想象,而后又反作用于作品阅读。坐井观天的阅读必然导致有限的想象,才能解释屈原形象的变形现象。既然如此,重建作品本体的楚辞研究不仅合理(学理)而且合情(真相),意义更加突出。

以史为鉴并反思当今研究,以下几个问题尤其值得重视:

一是跳出儒家诗学话语的框架,建构真正属于楚辞与屈原的美学天地。

占据主流地位的儒家楚辞学不仅用中庸、爱国之类陈旧观念限制对屈原创作的理解,更对原本属于"怪力乱神"的屈原主体创作缺乏深究兴趣与解读热情,遑论提供进入其神话境界的手段。班固、刘勰等人仅将屈原作品中的神话想象理解成脱离儒学监控的文学出轨,完全没有意识到构成楚辞精髓、支撑屈原文学生命的神话基因的特殊重要性,今人重复那些忠君爱国、自我修洁、上下求索的原始辨骚话题,只可能对儒家楚辞学做出修订,不可能构建以神话学、人类学与艺术文化学为基础的现代楚辞学,翻新屈原研究与文学史研究的格局。迄今为止,中国文学的神话篇章还是最为薄弱的环节,与西方文学那些建立在史诗、戏剧创作基础上的广义神话文学相比,中国文学的神话篇章极度缺乏材料支撑,通常只能用几个出自《山海经》《淮南子》的零散神话叙事一笔带过。相应的结果便是从风雅正式展开正剧、继以史传与子书的上古经史文学格局,长期让文学史写作沦为儒家文学图景的说明书,极不正常。不是中国文学匮乏神话篇章,而是该篇章的主要辉煌缺乏学术支持,以庄周、屈原、宋玉为代表的楚国文人,正是支持该篇章的主体力量。然而在局限的文学分类、有限的文学发掘下,文学史写作目前为止尚无改变传统文学史图景的企图与条件,白白让三位最有代表性的神话作家分别沦为诸子、楚辞、赋体的文学代言人。与后世按照某种需要构建起来的爱国诗人、流放诗人或者楚辞作家相比,真正的屈原要复杂生动得多,其人生经验、精神创造里,有一个多数人无法进入的世界,一个属于夏楚文化与屈原自己的世界,这个世界由浪漫的幻想、神奇的角色、梦幻的旅程构成,由人神的交往、节日的庆典、灵魂的歌舞组建。让受过儒家文化洗脑的两汉文人与后世学者来发现并接受这个世界,解读它的审美与文化奥秘,有如让鱼虾领会翱翔天空的滋味,除非拥有庄子笔下鲲鹏的出色本领。当我们冲破传统文论的约束诱导,拥有属于屈原与楚辞的诗学话语时,一定是重写中国文学神话乐章的时候。

二是从文体的楚辞回归方言文学的楚辞,正视屈赋与两汉楚辞创作的本质差异。

汉儒解骚,主要以长诗《离骚》为据,得出新诗体结论可以理解,更方便从香草美人、雄鸠帝阍等形象中发掘出比兴传统的强大因子,替衣经立义提供证词,一旦介入屈原的其他作品,往往就会削足适履。至于汉儒那些邯郸学步的山寨楚辞作品,虽有楚辞之名而无楚辞之魂,实为干扰楚辞研究的杂音,何谓楚辞?自从汉人辑录《楚辞》一书起,将"楚辞"理解定义为新体诗歌的观点一直充当主流,然而认真比较屈原的主要作品,虽有共同的韵文特征,却包含了长诗《离骚》、歌剧《九歌》、巫歌《招魂》、简版史诗《天问》、韵赋《怀沙》《哀郢》《涉江》(司马迁在《屈原贾生列传》中引用其文,即称"乃作《怀沙》之赋",而不以歌名之)等性质各异、功能不一的作品,用"新诗体"来理解这些五花八门的创作,除了楚音的标志性存在"兮"或"些"、风格相对统一的格式与音韵多少能够提供证明外,没有其他更多依据,《天问》甚至没有楚音标志。这种以"楚辞"为诗体的传统观点,混淆了不同的文学体例,桎梏了学术思路,实有检讨修正之必要。楚辞本质上不是诗体而是方言文学概念,宋人黄伯思"盖屈宋诸骚,皆书楚语,作楚声,纪楚地,名楚物,故可谓之楚辞"(黄伯思《东观余论》)的理解,应该是最接近楚辞名物真相的说法。当今楚辞研究有必要审视此前对研究对象有欠科学精准的理解,让楚辞还原其方言文学真相,视其为如同吴音、粤辞一样的表述,否则既无助于诗歌艺术发现,更有碍于楚辞艺术发掘。在此之前,我们将屈原那些出于不同目的、用于不同时空的作品一律目为个人抒情诗作,不知屏蔽过多少文学真相,诱导过多少错误结论。

三是拥有作品本体之自觉,淡化由人入文之理念。

由于一直盲从汉儒对屈原形象的历史想象,我们自信已经比较了解那位报国无门、眷恋君主、披发行吟、捐躯殉国、政治正确而言行放纵的屈原,对其文学创作的阅读研究,都是从了解作者生平、跟踪思想轨迹入手,甚者不乏想象设计出屈原文学年表、勾画出屈原放逐路线者。一般文学史与文学现象的描述,都会从介绍作者入手,乃因对象是明确的,事迹是清楚的,证据是可靠的,然而这种思路并不适用于类似莎翁、屈原、华阳洞天主人、曹雪芹这类事迹模糊、外证乏力的符号式文学人物。理性的选择应该是搁置争议问题，发掘作品问题，让文学创作自己说话，只有将作家的创作成果解读清楚，理解到位，我们才能更加接近作者，推证出作家的所思所至，感受其心跳与力量。文学作品的生命力，远比创作者的生命强大悠久，通常情况下由作品暴露讲述的东西，远比第三者甚至作者自己讲述的东西生动可靠，作者想让世人了解的东西，已经通过自己的创作提供了信息。因此我们不必过分计较作者的虚实、事迹的有无，让鸡蛋味道说话，胜于倾听母鸡唱歌。然而这样的观念并未普及于研究者中，遑论形成气候，因袭历史悠久的辨骚思路，通过阅读并不可靠的历史文献，以想象作者、盲从臆断来进入作品研究的做法迄今不衰，不但颠倒了主次，更限制了阅读创造性，扼杀了研究想象力。有鉴于此，建立作品本体的研究理念，将重新解读屈原作品置于首要地位，理当成为屈原研究共识。

汉代的屈原自沉论

云南大学 杨 园

一、西汉的屈原自沉论

汉代自有评屈之论,即有关于屈原自沉的评价。文景之际,贾谊最早因《吊屈原文》评价屈原,他悲叹屈原的遭遇说:

> 遭世罔极兮,乃陨厥身,呜呼哀哉,逢时不祥。

正因叹惋,他提出疑问:既然生不逢时,为何不远离纷乱之地,而是困死楚国?故云:

> 所贵圣人之神德兮,远浊世而自藏。使骐骥可得系而羁兮,岂云异夫犬羊。般纷纷其离此尤兮,亦夫子之故也。瞻九州而相其君兮,何必怀此都也?①

贾谊认为屈原既然"遭世罔极""逢时不祥",自当"远浊世而自藏",或"历九州而相其君",如孔子一般周游列国,得其君而施展其抱负。生不逢时偏要秉性高洁,将自己逼上绝路,就是屈原自己的选择了。贾谊悲叹屈原,并非赞美屈原之所为,而是以为屈原分明有出路,或者隐逸,或者去国,而最终却选择自沉。所以他对于屈原之自沉,明显是不认同的。其实贾谊之论,也正是据《离骚》意而化出:

> 思九州之博大兮,岂唯是其有女?曰勉远逝而无狐疑兮,孰求美而释女?何所独无芳草兮,尔何怀乎故宇?②

是知贾谊并非悲叹屈原不明此理,其所悲者,乃悲屈原知其不可而为之也。
而贾谊之后,汉武之世的淮南王刘安为《离骚》作传,则极力抬高屈原其人。其文今不存,可据班固《离骚序》所引略窥其义:

---

① 萧统:《文选》卷六十,北京:中华书局,1977年,第832页。
② 洪兴祖:《楚辞补注》,北京:中华书局,1983年,第132页。

> 淮南王安叙《离骚传》,以《国风》好色而不淫,《小雅》怨诽而不乱,若《离骚》者,可谓兼之。蝉蜕浊秽之中,浮游尘埃之外,皭然泥而不滓;推此志,虽与日月争光可也。①

刘安赞美屈原志行高洁,不染尘杂,甚至可与日月争其光明,评价之高可谓后无来者。据《汉书·淮南王传》记载,淮南王刘安之作此文,是入朝受汉武帝旨而为之,所以《文心雕龙·辨骚》说"汉武爱骚,而淮南作传"。② 但是,刘安在武帝前赞美屈原之忠贞,他后来数年却谋反未遂而自杀,所为与其所赞判若两人。他既如此推崇屈原,时人必疑其虚伪。后来班固反对刘安此说,大概就是联系到他的生平而说的(详下文)。

试较贾谊与淮南王安二人评屈之观点,不难看出,贾谊对于屈原有褒有贬,刘安则纯为褒矣。贾谊所不认同者,即屈原之自沉,刘安既言屈原之志可与日月争光,自然是认同屈原之所为,以为虽死而不朽。刘安在贾谊后为《离骚》作《传》,此番誉美大概是对贾谊批评的回应。所以可说,自汉初以来,汉代士人关于屈原自沉的评价,即分裂为反对和赞同两种截然相反的论调,在评价的背后,隐然含有个人生死价值观的选择取舍,贾谊和刘安所论不过代表当时士人的两种观念而已。

汉代关于生死价值观的讨论之所以会集中到屈原评价上,大概因为屈原以自身遭遇反思天道赏善罚恶的天命观(或云天道观)。这种以德行为本的天命观自周代以来已成为普遍的观念,五经无不道及。正如《尚书·蔡仲之命》所说"皇天无亲,惟德之辅",《周易·文言》所说"积善之家,必有余庆。积不善之家,必有余殃"③ 等,此种天命观是以善恶报应为本,要之以为上天会根据人的善恶所为做出相应的赏罚,善有善报,恶有恶报,君王德行的好坏会受到上天相应的报应,凡人平民亦复如是。德行与天命相联系,在周代是具有统摄地位的价值观,但先秦诸子对此也多有怀疑和改造,屈原则以其自身遭遇,在辞赋中大胆提出质疑,如《天问》云:"天命反侧,何罚何佑?"④《九章·哀郢》开篇云:"皇天之不纯命兮,何百姓之震愆?"⑤ 由此可见屈原面对无常的天命,已开始怀疑德行与天命是否存在必然的联系,否则,何以好人没有好报,而百姓仍然受苦受难?

正所谓操斧伐柯,其则未远,汉代以来的骚体赋大多延续了屈原反思天命的思想传统,彼时辞人又以屈原为想象之对象,探讨和表达自身的生死价值观取向。如贾谊《惜誓》、东方朔《七谏》、严忌《哀时命》、王褒《九怀》、刘向《九叹》等,将自己想象为屈原,铺

---

① 洪兴祖:《楚辞补注》,北京:中华书局,1983年,第49页。
② 周振甫:《文心雕龙注释》,北京:人民文学出版社,1981年,第35页。
③ 王弼注、孔颖达疏:《周易正义》卷一,北京:北京大学出版社,1999年标点本,第31页。
④ 洪兴祖:《楚辞补注》,北京:中华书局,1983年,第111页。
⑤ 洪兴祖:《楚辞补注》,北京:中华书局,1983年,第132页。关于屈原的天命观,可参姜亮夫《屈子天道观》一文的具体分析,载姜亮夫:《楚辞学论文集》,上海:上海古籍出版社,1984年。

陈其遭遇,揣摩屈子的心理,欲与之感同身受。这些辞赋不只是为屈原代言而已,也是由对屈原的悲悯,表达自己的生死价值观,故而盛行一时。不过当时对屈原之死,在价值观上做出深层反思的,当属司马迁。

司马迁的《史记》,是汉代对赏善罚恶天命观大胆质疑的代表作。司马迁在《史记·屈原贾生列传》中,对屈原、贾谊的遭遇发出深沉的悲叹:

> 余读《离骚》《天问》《招魂》《哀郢》,悲其志。适长沙,观屈原所自沈渊,未尝不垂涕,想见其为人。及见贾生吊之,又怪屈原以彼其材,游诸侯,何国不容,而自令若是。读《鵩鸟赋》,同死生,轻去就,又爽然自失矣。①

在这段评论中,司马迁起先悲之,续而怪之,终而"爽然自失",看似前后无关的自抒自叹,其实有一条内在理路,是太史公根据屈原、贾谊的文章和行迹,对二人人生命运的精练概括。试顺文意分析其一唱三叹之内涵:起初司马迁悲叹屈原志不得伸而自沉汨罗,随后因贾谊《吊屈原文》,又对屈原何不另谋他就,而选择自沉提出质疑。但是,在《屈原贾生列传》有关贾谊的叙述中可以看到,贾谊虽明白时命不济的去就之理,同样无法把握自己的命运,三十三岁便失意离世,了此一生。贾谊《鵩鸟赋》讲到"同死生,轻去就"的人生态度,将生死穷达都归为自然,这实际上是贾谊以自身遭遇否定了自己先前《吊屈原文》的论断。《吊屈原文》以时命去就之理责备屈原不该自沉,但面对无常的天命,人生如此短暂,去和就又有何不同?此即"轻去就"是也。《鵩鸟赋》所阐发的人生观,是庄子"知其无可奈何而安之若命"的人生观——人生命运倘若无可奈何,选择去还是就又有何差别,不如安之罢了。由此看来,天命无常,未必是善有善报,恶有恶报,始终只能委时顺命,这就是司马迁"爽然自失"的原因。所以,在这段精短的评论中,太史公的意思是转了三层,后之论屈者多未察知。大概缘此之故,司马迁将屈原和贾谊合传,于贾谊只取《吊屈原文》和《鵩鸟赋》两赋(《汉书·贾谊传》则收录贾谊重要的政论文如《过秦论》《陈政事疏》等,而不及此二文),他用主要篇幅叙述二人失意的遭遇,是要阐发他对于个人命运的思考,让人反思天命天道。

司马迁对天道赏善罚恶的质疑贯穿《史记》全书,甚至可以说,这是太史公"究天人之际,成一家之言"的重要论旨。如在七十列传的头篇《伯夷列传》,他即因伯夷、叔齐之饿死,而对天命发出沉痛的追问:

> 或曰:"天道无亲,常与善人。"若伯夷、叔齐,可谓善人者非邪?积仁洁行如此而

---

① 司马迁:《史记》卷八四,北京:中华书局,1959 年,第 2503 页。

饿死！且七十子之徒，仲尼独荐颜渊为好学。然回也屡空，糟糠不厌，而卒蚤夭。天之报施善人，其何如哉？盗跖日杀不辜，肝人之肉，暴戾恣睢，聚众数千人横行天下，竟以寿终。是遵何德哉？此其尤大彰明较著者也。若至近世，操行不轨，专犯忌讳，而终身逸乐，富厚累世不绝。或择地而蹈之，时然后出言，行不由径，非公正不发愤，而遇祸灾者，不可胜数也。余甚惑焉，傥所谓天道，是邪非邪？①

司马迁在这篇列传中的评说，篇幅上甚至超过了对伯夷、叔齐史事本身的记述，可见他是借此集中阐发他的天命观。他对"天道无亲，常与善人"的说法提出质疑，历数历史上的人物，却是好人往往没有好报，而恶人却得善终，由此怀疑天道善恶报应，到底是对还是错？按"天道无亲，常与善人"之说出自《老子》，②《老子》虽主天道自然，但此处恰表现出赏善罚恶的天命观思想，这是《老子》的矛盾处。司马迁尽管"论大道则先黄老而后六经"（班彪语），但他并不盲从《老子》，对于与天道自然相矛盾的说法，同样提出质疑。须知"天道无亲，常与善人"所代表的正是赏善罚恶的天命观，这样的观念在儒家五经中有更多表述，司马迁所疑者乃在于此。

《史记》质疑赏善罚恶的天命观，其说在后世影响甚巨。如晋时葛洪《西京杂记》概说《史记》思想有云：

> 司马迁发愤作《史记》百三十篇，先达称为良史之才。其以伯夷居列传之首，以为善而无报也；为《项羽本纪》，以距高位者非关有德也。及其序屈原、贾谊，辞旨抑扬，悲而不伤，亦近代之伟才。③

"善而无报"正是太史公迷惑所在，故而"辞旨抑扬"，此真得《屈原贾生列传》情辞婉转之旨。司马迁既沉痛提出"善而无报"的问题，此疑问如何解释，便成为困扰后世学者的一大难题。因为好人如果没有好报，那么人何必要行善积德？天道如果不是赏善罚恶，作恶者何必担心冥冥中的惩罚？如此一来，世间的价值观如何维系，便成一大问题。这样的疑问，无疑会动摇儒家上承周代而建立的核心价值观。于是，如何消解这一危机，便成为司马迁之后学者的一大任务。

讨论的焦点仍集中在屈原身上。成、哀之际的扬雄接续太史公后，对屈原之自沉做出别样的解释回答。其撰《反离骚》云：

---

① 司马迁：《史记》卷六一，北京：中华书局，1959年，第2124—2125页。
② 王弼：《老子道德经注》第七十九章，载楼宇烈：《王弼集校释》，北京：中华书局，1980年，第189页。
③ 葛洪：《西京杂记》卷四，北京：中华书局，1985年，第25—26页。

雄怪屈原文过相如，至不容，作《离骚》，自没江而死，悲其文，读之未尝不流涕也。以为君子得时则大行，不得时则龙蛇，遇不遇，命也，何必湛身哉？乃作书，往往摭《离骚》文而反之，自岷山投诸江流，以吊屈原，名曰《反离骚》。

扬雄悲叹屈原的不幸，认为人生有命，如果命不逢时，虽为君子亦无可奈何，何必非保持高洁，与世抗争而不可？这样的观点，其实是近承贾谊而绍祖《渔父》，所以他责怪屈原选择自沉是错误的。《反离骚》结语云：

夫圣哲之不遭兮，固时命之所有。虽增欷以于邑兮，吾恐灵修之不累改。……终回复于旧都兮，何必湘渊与涛濑！溷渔父之鲭歠兮，洁沐浴之振衣。弃由聃之所珍兮，蹠彭咸之所遗！①

扬雄以为，时命不合，圣贤都难免，所以不必悲叹，不应赴水自沉，应该像《楚辞·渔父》中的渔父所说："圣人不凝滞于物，而能与世推移。世人皆浊，何不淈其泥而扬其波？众人皆醉，何不餔其糟而歠其醨？"②他认为要知命，知道自己命与时不合，就应该择身而退，而不必自寻短见。所谓许由、老聃之所珍者，就是重身爱命，即贾谊《吊屈原文》所说的"远浊世而自藏"。

扬雄通过评价屈原，宣扬重身爱命的人生价值观，以此作为合适的处世方式。他的《太玄赋》就清楚表达了这样的思想，其云：

观大《易》之损益兮，览老氏之倚伏。省忧喜之共门兮，察吉凶之同域。自夫物有盛衰兮，况人事之所极。奚贪婪于富贵兮，迄丧躬而危族。③

意谓万物都有盛衰之理，而人吉凶难料，所以不可贪图富贵，因为这会招致灭族丧身的危险。《太玄赋》最后说：

斯错位极，离大戮兮。屈子慕清，葬鱼腹兮。伯姬曜名，焚厥身兮。孤竹二子，饿首山兮。断迹属娄，何足称兮。辟此数子，骨若涧兮。我异于此，执太玄兮。荡然肆志，不拘挛兮。④

---

① 张震泽：《扬雄集校注》，北京：中华书局，1993年，第157页。
② 洪兴祖：《楚辞补注》，北京：中华书局，1983年，第179—180页。
③ 张震泽：《扬雄集校注》，北京：中华书局，1993年，第138页。
④ 张震泽：《扬雄集校注》，北京：中华书局，1993年，第157页。

《太玄赋》说到李斯、晁错、屈原、伯姬、伯益、叔齐、伍子胥诸人都是才智过人却不得善终，这无关他们各自的德行善恶，可见扬雄同样不相信天道善恶报应，无论智者贤人都难免灾凶。面对无常的人生，扬雄说自己可以"执太玄"而逍遥。何谓"执太玄"？此"太玄"与其《太玄经》有何关系？《太玄赋》并未道及。所以钱锺书先生说："(《太玄赋》)全文皆明潜身远祸之意，未尝'赋'其所谓'太玄'也。"① 既然《太玄赋》全文都是在阐发保身爱命的人生价值观，那么"执太玄"应当就是以保身全命作为人生最根本的宗旨。自身性命的重要，超过了富贵享乐，也超越了德行善恶的价值判断。换言之，扬雄是将重身爱命的观念当为价值观，以此评判个人行为的得失。由此看来，人生虽多苦难，世道虽昏乱不公，也不能像屈原一样激愤轻生。如其《法言·吾子》之论屈原云：

或问："屈原智乎？"曰："如玉如莹，爰变丹青。如其智！如其智！"

据晋代李轨注云：

夫智者达天命，审行废，如玉如莹，磨而不磷。今屈原放逐，感激爰变，虽有文彩，丹青之伦尔。②

可知扬雄认为屈原因为遭到放逐便激愤寻死，这是不知天命、不审时命进退的表现。他说真正的智者如玉晶莹，屈原文采高妙，也不过是像图画一样徒具形式的美，怎有玉一般的质地？所以扬雄是以屈原为例证，将重身爱命的信条推衍为人生价值观，如其《法言·问明》所云：

或问"活身"。曰："明哲。"或曰："童蒙则活，何乃明哲乎？"曰："君子所贵，亦越用明保慎其身也。如庸行翳路，冲冲而活，君子不贵也。"③

扬雄说懂得安身保命的人就是明哲，人问愚者都能苟活，这也是明哲吗？他说君子是明智地保身活命，如果在困境中不会通过选择判断主动保全自己，就非君子所为了。

---

① 钱锺书：《管锥编》第三册"'赤族'双关"条，北京：中华书局，1979年，第956页。
② 汪荣宝：《法言义疏》卷三，北京：中华书局，1987年，第57—58页。按汪荣宝疏解此段句意，以为扬雄是赞美屈原，李轨注显悖扬雄意。但据前引《反离骚》及《太玄赋》，可知李轨所言正符合扬雄意，汪疏误也。
③ 汪荣宝：《法言义疏》卷六，北京：中华书局，1987年，第198—199页。该条的解释翻译据汪荣宝所释。

又如《问明》同章云：

> 或问："人何尚？"曰："尚智。"曰："多以智杀身者，何其尚？"曰："昔乎，皋陶以其智为帝谟，杀身者远矣；箕子以其智为武王陈《洪范》，杀身者远矣。"①

所谓智者，不是以智引来杀身之祸，而是以智远离杀身之祸，古之皋陶、箕子即如此。由此可见，扬雄崇尚智，其所谓智即以明哲保身为本，所以他评价屈原，不论其德行高下，而是以明哲保身为标准，批评他自沉是为不智。

面对司马迁之问，扬雄之评屈是有所超越的。司马迁对于屈原的自沉，给出委时顺命的人生观作为回答，扬雄则以为智者当主动规避祸患，保全性命。他在《法言·问明》论天命即云：

> 或问"命"。曰："命者，天之命也，非人为也，人为不为命。"请问"人为"。曰："可以存亡，可以死生，非命也。命不可避也。"②

其意以为人力所不能改变者才是天命，而可规避者就不是天命。"可以死生，非命也"，意味屈原不是命该如此，而是自寻短见。所以人对待人生，应该尽量主动避免祸害，因为能够规避，就说明不是命中注定。命不过是无可奈何的结果，这就是扬雄的天命观。由此看来，扬雄自然不赞成司马迁的委时顺命观，而是认为人应该积极主动规避祸患。对于司马迁"善而无报"的疑问，扬雄既以明哲保身作为价值判断的标准，以善恶为本的价值观由此转化为以是非为本，那么人生的根本就在于保全自己的性命，德行的善恶尚在其次，"善而无报"的难题便可得缓解了。但是，换一种价值观尺度并不意味"善而无报"的难题最终可得解释说明。如何解决司马迁之问，只有留待东汉学者。

二、东汉的屈原自沉论

两汉之际，明哲保身逐渐发展成颇具影响的士风。《后汉书·党锢列传》云：

> 至王莽专伪，终于篡国，忠义之流，耻见缨绋，遂乃荣华丘壑，甘足枯槁。虽中兴在运，汉德重开，而保身怀方，弥相慕袭，去就之节，重于时矣。③

---

① 汪荣宝：《法言义疏》卷六，北京：中华书局，1987年，第186页。
② 汪荣宝：《法言义疏》卷六，北京：中华书局，1987年，第189页。
③ 范晔：《后汉书》，北京：中华书局，1965年，第2185页。

自王莽专政,很多名节之士纷纷逃遁不仕,直到东汉建立,"保身怀方"的士风仍然盛行。如《后汉书·逸民传》所载之严光,虽与刘秀同学,刘秀称帝后却宁愿隐遁而不受召。世风如此,扬雄所论必然影响日盛。所以东汉时期,受扬雄、桓谭诸人影响,探讨命理学说也逐渐成为思想上的新趋势。以下仍以屈原自沉论为中心,依时代先后,分述各家理路。

东汉评屈最著名者当推班固,欲明班固渊源所自,须先述其父班彪之观点。班彪之论屈原,今有《悼离骚》残句存焉:

> 夫华植之有零茂,故阴阳之度也。圣哲之有穷达,亦命之故也。惟达人进止得时,行以遂伸,否则诎而坏蠖,体龙蛇以幽潜。①

班彪感叹穷达虽有命,可根据时势的变迁适时调整出处去就,进止得时,自然无违。此说无疑同于贾谊、扬雄,仍是倡导依时进退、明哲保身。据此理推断班彪评屈,他应该是不认同屈原自沉的。班彪生活于两汉之际,学术思想上也受到扬雄的影响。《汉书》的《叙传》述班氏家学有云:

> (班)穉生彪,彪字叔皮,幼与从兄嗣共游学,家有赐书,内足于财,好古之士自远方至,父党扬子云以下莫不造门。②

扬雄既为班彪的"父党",自可想见扬雄的学术思想对班彪的影响。班彪的《王命论》宣扬天命有定,刘氏必将光复旧朝,他同时强调"穷达有命,吉凶由人"③,因为天命有定,所以个人应该根据天命积极做出选择,顺之则吉,逆之则凶,以此劝人归顺刘秀政权。他在其《北征赋》中也说:"彼何生之优渥,我独罹此百殃?故时会之变化兮,非天命之靡常",虽然遭遇不公和患难,他仍然相信天命有定,自己不过未遇其时,因此应该"行止屈申,与时息兮"④,因时势之变迁选择去就。班彪持这样的人生观,故其评价屈原也是依此而论。

班固承其父说而论屈原,既有继承也有发展。其《离骚序》云:

> 且君子道穷,命矣。故潜龙不见是而无闷。《关雎》哀周道而不伤。蘧瑗持可怀

---

① 严可均辑:《全后汉文》卷二三,北京:商务印书馆,1999年,第229页。原文收见《艺文类聚》卷五八。
② 班固:《汉书》卷一百上,北京:中华书局,1962年,第4205—4206页。
③ 萧统:《文选》卷五十二,北京:中华书局,1977年,第719页。
④ 萧统:《文选》卷九,北京:中华书局,1977年,第144页。

之智,宁武保如愚之性,咸以全命避害,不受世患。故《大雅》曰:既明且哲,以保其身。斯为贵矣。今若屈原,露才扬己,竞乎危国群小之间,以离谗贼。然责数怀王,怨恶椒、兰,愁神苦思,强非其人,忿怼不容,沈江而死,亦贬絜狂狷景行之士。多称昆仑、冥婚宓妃虚无之语,皆非法度之政,经义所载。谓之兼《诗》风雅,而与日月争光,过矣!①

上文论及刘安评价《离骚》,认为"《国风》好色而不淫,《小雅》怨诽而不乱,若《离骚》者,可谓兼之"。班固针对此说,提出《大雅》"既明且哲,以保其身"作为评价标准,指出屈原不能明哲保身,其辞即使兼有《国风》《小雅》的特色,其人也难免有违《大雅》的精神,说其与日月争光,无乃太过。此对刘安语含微讽,因刘安谋反被杀,何尝不是难懂明哲保身。所以,班固应该是因其家学而接受扬雄的价值论观,以明哲保身为标准评价屈原。

班固不仅据此评论屈原,而且将明哲保身的价值观确立为历史人物的一种评价标准,在其《汉书》中多有表述。如他以同样的理由评价司马迁,《汉书·司马迁传》赞曰:

呜呼!以迁之博物洽闻,而不能以知自全,既陷极刑,幽而发愤,书亦信矣。迹其所以自伤悼,《小雅》巷伯之伦。夫唯《大雅》"既明且哲,以保其身",难矣哉!②

班固感叹司马迁如此博学却受宫刑,毕竟是不智,所以明哲保身是不容易做到的。其观点和前述扬雄之论完全相同。《汉书》中这样的评论不少,以致后来范晔撰《后汉书》,在班固本传评云:

彪、固讥迁,以为是非颇谬于圣人。然其议论常排死节,否正直,而不叙杀身成仁之为美,则轻仁义,贱守节愈矣。固伤迁博物洽闻,不能以智免极刑;然亦身陷大戮,智及之而不能守之。呜呼,古人所以致论于目睫也!③

司马迁"善而无报"的质疑有违儒家的价值观,因此班彪、班固讥之。但班彪、班固自己评价历史人物,更是"排死节,否正直,而不叙杀身成仁之为美"。之所以如此,正是因班固是持明哲保身的价值观作为评价标准。范晔因此讥讽班固虽知明哲保身,"智及之而不能守之",自己仍不免系狱而死。但是,范晔如此评说,他自己在刘宋时却也是因

---

① 洪兴祖:《楚辞补注》,北京:中华书局,1983年,第49—50页。
② 班固:《汉书》卷六十二,北京:中华书局,1962年,第2738页。
③ 范晔:《后汉书》卷四十下,北京:中华书局,1965年,第1386页。

参加谋反而被诛。世人常言历史在悲剧中前行,实不知历史学家更在悲剧中前行。

班固据明哲保身的观念评价屈原,这不过是继承成说,但他更进一步指责屈原的过失,却是之前未曾有过的。根据扬雄的意见,屈原自寻短见,只是不智而已,上引班固《离骚序》却说:"今若屈原,露才扬己,竞乎危国群小之间,以离谗贼。然责数怀王,怨恶椒、兰,愁神苦思,强非其人,忿怼不容,沈江而死",整段话都是在说屈原的不是。屈原本是忠贞爱国之人,班固如此贬抑,千载之下,也难免令人错愕,更何况古人。所以,对于班固这样的评论,大都认为太过,但谁也不能解释班固何出此言。

笔者认为,班固如此评说,是他不得不为之的,今试分析之。班固在司马迁撰《史记》之后撰述《汉书》,深能体会司马迁所云好人无好报的难题。因为自古以来的史书都是以善恶评判作为标准,所谓"孔子作《春秋》而乱臣贼子惧",如果在历史人物评价上,不能确立是非善恶的评判标准,不能给出一定的褒贬评价,则历史何为便成难题,儒家的纲常名教便难维系。司马迁撰《史记》,志在"成一家之言",因此他提出"善而无报"的疑问,至班固欲承儒家圣人之业而修史,自当直面此难题,确立一定的价值观评判人物行为得失。所以他在是非评价上,取明哲保身之论,而在善恶评价上,则不得不惩恶扬善,但倘若"善而无报",则何扬之有? 因此,对于此难题,他唯一能做出的解释只有:指出善人的行为有过失,此过失造成了他没有得到好报。

由此来看班固评价屈原,不难理解他为何数落屈原的种种不是。所谓"露才扬己""竞于群小之间""责数怀王""强非其人,忿怼不容",都不过是要说明屈原因为性格行为上有这些过失,才把自己逼上绝境,最终选择了自沉。

而且班固之于天命,正信奉天道赏善罚恶的天命观。他的《幽通赋》即此天命观的集中表述,其中谈到他对天命有所迷惑,但最终还是明确了天道赏善罚恶,无有差失。班固在《幽通赋》中举古人事迹反复论说,得出这样一个结论:

> 道混成而自然兮,术同原而分流。神先心以定命兮,命随行以消息。斡流迁其不济兮,故遭罹而赢缩。三栾同于一体兮,虽移易而不忒。①

《幽通赋》有班固妹班昭(即曹大家)为之注,最能得班固本意。按"神先"句曹大家注云:

> 言人之行,各随其命,命者,神先定之,故为徵兆于前也。虽然,亦在人消息而行之。

---

① 萧统:《文选》卷一四,北京:中华书局,1977年,第211页。以下所引《幽通赋》注文皆出于此。

据曹大家注，班固认为个人的命虽由神先决定，但也有征兆表现于前，而且个人的行为也会影响其命。接下"斡流"句项岱注云："言人受先祖善恶之迹，转徙流行，故有遭遇福祸相及也。"意谓命既会受到行为的影响，那么先人的善恶之行也就会影响到自己命运的好坏。前引《周易·文言》说："积善之家，必有余庆。积不善之家，必有余殃"，班固所论正是此天道赏善罚恶之天命观的体现。又"三栾"句曹大家注云：

> 天命祐善灾恶，非有差也。然其道广大，虽父子百叶，犹若一体也。

班固秉"天命祐善灾恶"的天命观，论证自己祖上有善行，所以自己的命终会和他们一样能得善祐。由此可见，班固整段话的意思都是在论说天道惩恶扬善的天命观，自己先祖的善行将护佑自己，自己不必疑虑。班固生活的东汉是谶纬之学大盛的时代，谶纬学说宣扬天人感应和天道报应，班固难免受其影响。

班固这样的天命观在他的另一篇赋作中也有体现。《答宾戏》总结其人生观云：

> 故曰：慎修所志，守尔天符，委命供己，味道之腴。神之听之，名其舍诸！①

按李善《文选》注引项岱《答宾戏》注云：

> 有贤智君子，行之如此，神岂舍之乎？必将福禄之。

可见班固认为敬德修身必得神明佑报。这同《幽通赋》一样，都是赏善罚恶天命观的体现。班固既尊奉善有善报、恶有恶报的天命观，按班昭所言，即是"天命祐善灾恶，非有差也"，故他看待屈原之自沉，必得找出屈原的过失来说明善恶报应之不爽，否则就不能解释司马迁好人无好报的难题，安身立命的价值观就要动摇。

综合以上所论，我们认为，班固一方面直承扬雄之论，在是非评价上，以明哲保身的价值观否定屈原自沉；另一方面在善恶评价上，他又持天道赏善罚恶的天命观，认为屈原之所以自沉而无好报，就是因为他自己性格行为上有种种过失。如此解释，即不违背善恶报应之理。

但班固的评价存在一大问题，即屈原本是忠君爱国之人，指出他的种种过失，就意味着指出他德行的缺陷，如此不免贬损屈原这样一位高尚之人。而且以明哲保身的标准论人，难免陷入范晔所说"排死节，否正直"的窘境。这在同时代也必然会激起反对。

---

① 萧统：《文选》卷四十五，北京：中华书局，1977年，第535页。

从现存文献看，东汉时前有梁竦，后有王逸，二人评价屈原，都明确对扬雄、班固提出批评。《后汉书·梁统列传》李贤注引《东观汉记》所载梁竦《悼骚赋》残篇云：

> 彼仲尼之佐鲁兮，先严断而后弘衍。虽离谗以鸣邑兮，卒暴诛于两观。殷伊尹之协德兮，暨太甲而俱宁。岂齐量其几微兮，徒信己以荣名。虽吞刀以奉命兮，抉目眦于门闾。吴荒萌其已殖兮，可信颜于王庐？图往镜来兮，关北在篇。君名既泯灭兮，后辟亦然。屈平濯德兮，洁显芬香。勾践罪种兮，越嗣不长。重耳忽推兮，六卿卒强。赵陨鸣犊兮，秦人入疆。乐毅奔赵兮，燕亦是丧。武安赐命兮，昭以不王。蒙宗不幸兮，长平颠荒。范父乞身兮，楚项不昌。……祖圣道而垂典兮，褒忠孝以为珍。既匡救而不得兮，必陨命而后仁。惟贾傅其违指兮，何杨生之欺真。①

据《梁统列传》，梁氏为东汉的外戚世家，梁竦的外孙即汉和帝。梁竦在汉明帝永平年间因事遭贬，过沅、湘而作《悼骚赋》感悼屈原。此残篇举史事为证，从正反两面反复论说，欲证明善恶报应之无爽，仁智之人必有后报，而残害仁人者必遭后祸。所以可想见他认同屈原之所为，故云"屈平濯德兮，洁显芬香"。梁竦以为善恶必报，如云"重耳忽推兮，六卿卒强"，《左传》记载晋公子重耳经过流亡回国执政，赏功时忽略了随其流亡的功臣介子推，介子推遂死，此与春秋末晋国六卿强盛，韩赵魏三卿分晋之事相隔一百五十多年，二者之间并无实际的联系，梁竦不过是要说明报应迟早会到。他既认为善有善报、恶有恶报，因此直斥"贾傅"即贾谊是"违指"，而"杨生"即扬雄是"欺真"。梁竦批评贾谊、扬雄，可见他自不认同他们对屈原的评价，也不认同依时进退、明哲保身的人生价值观。梁竦之论屈原，正表现出他对赏善罚恶天道观的维护。

班固作《离骚序》后，安帝、顺帝时有王逸作《楚辞章句》，王逸在其《离骚序》中，针锋相对回击班固所论：

> 且人臣之义，以忠正为高，以伏节为贤。故有危言以存国，杀身以成仁。是以伍子胥不恨于浮江，比干不悔于剖心，然后忠立而行成，荣显而名著。若夫怀道以迷国，详愚而不言，颠则不能扶，危则不能安，婉娩以顺上，逡巡以避患，虽保黄耇，终寿百年，盖志士之所耻，愚夫之所贱也。今若屈原，膺忠贞之质，体清洁之性，直若砥矢，言若丹青，进不隐其谋，退不顾其命，此诚绝世之行，俊彦之英也。而班固谓之"露才扬己"，"竞于群小之中，怨恨怀王，讥刺椒、兰，苟欲求进，强非其人，不见容纳，忿恚

---

① 范晔：《后汉书》卷三十四，北京：中华书局，1965年，第1171页。

自沉",是亏其高明,而损其清洁者也。①

王逸据杀身成仁之义反驳班固,对班固明哲保身的思想猛烈抨击:"虽保黄耇,终寿百年,盖志士之所耻,愚夫之所贱也",以为人生若不为仁义,活得长又有何意义？他指责班固数落屈原,不过是自损高明,自贬人格。王逸词严义正,但所论却无甚高论。倘以杀身成仁为美,善人之无善报如何解释？难道善人就该死？所以王逸立意虽高,却不知班固何出此言,徒为说教而已。

综上所述,汉代关于屈原自沉的评价,鲜明地分为认同与不认同两大阵营。前者如淮南王刘安、梁竦、王逸等,后者如贾谊、司马迁、扬雄、班彪、班固等,他们争论的背后,实质是价值观的论争。他们根据自己的天命论思想解释和评价屈原,但无论如何都难以解决善人没有善报这一难题。班固持惩恶扬善的天道观,所以他将屈原的悲剧归因于"露才扬己"种种过失,但这又遭到了王逸的批评。而梁竦则试图说明杀身取义的人生价值符合善恶报应的道理,王逸干脆不谈善恶报应,只赞美杀身取义的道德品质,但他们可以就屈原的问题提供一种道德上的追求,却无法在更广泛的层面上为士之安身立命提供思想依据,如对司马迁"善人无报"的疑问,没有任何一种回答是可以令人满意的,但若不对此做出解释,儒家的纲常伦理就面临危机,人们对自己行仁义修善行的目的就要产生怀疑。这样的论争没有定论,但中国的悲剧精神,却在讨论中渐次展开了。

---

① 洪兴祖:《楚辞补注》卷一,北京:中华书局,1983年,第48页。

从《橘颂》看屈杜的人格理想与文类贡献

武汉大学 张思齐

一、青年屈原喜颂橘

屈原一生最爱橘树,尽管世界上的植物有千万种。《楚辞》中究竟提及了多少种植物?对此问题,古人和今人都有过研究。有人认为,《楚辞》中一共言及54种植物,其中为《离骚》所言及的植物为28种。笔者对这一判断持审慎态度。姜亮夫《楚辞通故·全书总叙目》:"博物之部,凡分草木、虫鱼、鸟兽及矿物四部,意蕴最为显白,毋庸分辨,惟马类有与车相系而入文物者,博物功能,亦时与他类相涉云。"① 在草木部中有词条146个,除去"草""树"一类通名、"扶桑""玉树""通衢"等神话中的花草树木名,以及限定和修饰它们的品质形容词,专指不同种类草木的词条多达146条。换言之,《楚辞》中所提及的植物有百余种。其中,树木有21种,详如下。

1. 木兰,落叶小乔木或灌木,见于《离骚》和《九章·惜诵》。

2. 辛夷,见于《九章·怀沙》。辛夷木兰科植物中的一种,其蓓蕾晒干后可入药。木兰科的植物有多种。虽然木兰和辛夷为同一科的树,但是它们并非同一种树。

3. 椒,落叶灌木或小乔木,即花椒树,见于《离骚》和《九歌·东皇太一》。

4. 桂,桂花树,常绿乔木,见于《九歌·湘夫人》《九歌·东君》《九歌·东皇太一》《九歌·湘君》和《大招》等。

5. 枫,枫香树,落叶大乔木,见于《招魂》。

6. 柚,果树名,见于东方朔《七谏·初放》。

7. 甘棠,落叶乔木,见于刘向《九叹·思古》。

8. 苦李,李子树的一种,果实绿色,味道酸苦,见于《七谏·乱曰》。

9. 苦桃,桃树的一种,未经品种改良的桃树,其果实苦涩,见于《七谏·初放》。

10. 棘,丛生小枣树。《楚辞通故》三辑博物部八:"《楚辞》棘字凡六建,三见于屈赋,三见于汉赋,见于屈赋者(一)作本义之小枣丛生者。"② 此据王逸的解释。《楚辞补注·天问第三》:"'何繁鸟萃棘,负子肆情。'言解居父聘吴,过陈之墓门,见妇人负其子,欲与之

---

① 姜亮夫:《楚辞通故》第一辑,济南:齐鲁书社,1985年,第9页。
② 姜亮夫:《楚辞通故》第三辑,济南:齐鲁书社,1985年,第654页。

淫泆,肆其情欲。妇人则引《诗》刺之曰:墓门有棘,有鸮萃止。故曰繁鸟萃棘也。言墓门有棘。虽无人。棘上犹有鸮。汝独不愧乎。"① 这是一条很有价值的材料。在《诗经·陈风》中有《墓门》篇,首章云:"墓门有棘,斧以斯之。夫也不良,国人知之。知而不已,谁昔然矣。"② 向熹《诗经词典》首版和修订版均将"棘"解释为:"酸枣树,一种落叶灌木或乔木,枝上多刺,初夏开红绿小花。果实比枣小,肉薄,味酸。"③ 笔者对这条解释持审慎态度。实际上,释"棘"为"丛生小枣"是对的,而释"棘"为酸枣则误。酸枣树为两三丈高的大乔木,酸枣是狸猫(果子狸)的爱物。笔者当年在重庆所辖的山区当过知识青年,村子里院坝旁有许多酸枣树。狸猫肉味鲜美,还带有鸭肉的清香。当地老百姓猎取狸猫有妙法。他们在火药枪管上绑缚三节电池的长手电筒,当光柱照射到狸猫的时候,就立即扣动扳机。一旦遭遇强光束,狸猫便一动不动,这是其习性。散弹一大束,必击中无疑。棘,丛生小枣[树]。此枣,即普通的枣树。枣树有丛生的习性,农舍旁,粪坑旁,田边,地头,每每多见。枣树长到两三尺高就开花结果了,而且还果实累累。农家的做法如下,从一丛中选留一个较大的植株,而将其余的植株砍掉,以便它长成大枣树。

11. 樿,即橉,一种大乔木,见于严忌《哀时命》。洪兴祖的补注,正确。以"樿"为动词,根据不足。

12. 梧,即梧桐,大乔木,见于《九辩·三》。

13、14. 松柏,见于《九歌·山鬼》。松柏为两种常见的常绿乔木,故多连在一起说。屈原已经开启了这种话语风气之先。

15. 榛,落叶小乔木 果实即榛子。《九思·悯上》:"丛林兮崯崯,株榛兮岳岳。"④ 榛,旧注无说。株,一作林。后来的注家将"株榛"作为一个双音节的形容词,表示树木丛生的样子。如果这样理解,那么两句便语义重复了,这是不符合经济思维的原则的。时代越往上溯,行文越精简,这是一条规律。在我国榛树主要生长在北部和东北部,不过在楚地也有榛子树。据《楚天都市报》报道,2016年11月12日在湖北大悟县发现了两百岁的榛子树。照片显示,这株榛子树的树身巨大,两人合抱不过来。《九思·悯上》的"榛"字,当用本义。这两句的含义当作:丛林茂密,榛树挺拔。由于在楚地榛子树毕竟不普遍,因而树林中有榛子树就显得很突出。

16. 楸,落叶乔木,见于《九章·思美人》和《九辩·三》。

17. 黄棘,见于《九章·悲回风》。《楚辞通故》三辑博物部八:"黄棘一木,即枸杞之黄

---

① 洪兴祖撰,白化文等点校:《楚辞补注》,北京:中华书局,1983年,第107页。
② 程俊英、蒋见元注译:《诗经》,长沙:岳麓书社,2000年,第127页。
③ 向熹编:《诗经词典》,成都:四川人民出版社,1997年,第271页。
④ 黄寿祺、梅桐生:《楚辞全译》,贵阳:贵州人民出版社,1984年,第294页。

花者,似较诸说为长,而屈子借喻之义,亦可明矣。"① 黄棘,即开黄色花的枸杞。枸杞,多年生灌木。

18. 紫,见于《九歌·湘夫人》。紫,紫葳,木本多年生攀援植物,即苕,其花叫凌霄花。《宋文鉴》卷十四种放《夏日山居》诗:"阴阴林木静,寂寂无人境。红绽紫葳香,岚沈玉膏冷。看云时独坐,慎事当中省。何客驭风来? 新篁动疏影?"② 种放(955—1015),字明逸,河南洛阳人,隐居终南山三十年,《宋史》卷四五七有传。紫葳是道家的爱物,屈原是道教前史上的著名人物,他性喜紫葳便十分自然。

19. 椴,即木本植物食茱萸,见于《离骚》。

20. 橘,果树橘子,见于《橘颂》。

收录在《楚辞》中的作品,并非尽皆为屈原所作,不过屈原的作品所占比重最大。《楚辞》中的屈原作品,即惯常所称之屈赋。以上树木,大多见于屈赋之中。尽管在屈赋中言及的树木如此之多,但是屈原只为橘树一种写作了颂歌。屈原赞颂橘树的作品是《九章》中的第八篇《橘颂》。屈原自幼喜爱橘树。《橘颂》是屈原青年时期的代表作。

二、屈原的人格理想

在屈赋中《九章》具有特殊的地位。

在《楚辞》中,以"九"名篇的作品,除了九章以外,还有《九歌》《九辩》《九怀》《九叹》和《九思》。《九怀》《九叹》和《九思》均为组歌,每歌各有标题。《九辩》也是组歌,只是每歌无标题,于是人们以数字顺序称之。《九歌》特殊,有歌十一篇,而非九篇。在这里,"九"表示多,而非确数。朱熹《楚辞集注》卷四:"《九章》者,屈原之所作也。屈原既放,思君念国,随事感触,辄形于声。后人辑之,得其九章,合为一卷。非必出于一时之言也。今考其词,大抵多直致无润色,而《惜往日》《悲回风》又其临绝之音,以故颠倒重复,倔强疏卤,尤愤懑而极悲哀,读之使人太息流涕而不能已。董子有言:为人君者,不可以不知《春秋》,前有谗而不见,后有贼而不知。呜呼,岂独《春秋》也哉!"③ 董子,即董仲舒。"为人君者……后有贼而不知",这一段话并不见于董仲舒《春秋繁露》,而出自司马迁的归纳,而朱熹引用时还有所缩略。《史记》卷一三〇《太史公自序》:"余闻董生曰:……故有国者不可以不知春秋,前有谗而弗见,后有贼而不知。为人臣者不可以不知春秋,守

---

① 姜亮夫:《楚辞通故》第三辑,济南:齐鲁书社,1985年,第665页。
② 吕祖谦编:《宋文鉴》(摛藻堂钦定四库全书荟要本)第一册,长春:吉林出版集团有限责任公司,2005年,第165页。
③ 朱熹撰,蒋立甫校点:《楚辞集注》,上海:上海古籍出版社/合肥:安徽教育出版社,2001年,第72页。

经事而不知其宜,遭变事而不知其权。"①《春秋》是孔子编写的一部编年体史书,叙事极为简略。西汉董仲舒撰《春秋繁露》十七卷,述说《春秋》的得失。实际上,董仲舒是通过评说《春秋》来阐发他自己的一套主张。宋代胡安国著《春秋胡氏传·述纲领》直接引用了司马迁所归纳的董仲舒的这一番话。接着,胡安国写道:"为人君父而不通《春秋》之义者,必蒙首恶之名;为人臣子而不通《春秋》之义者,必陷篡弑之罪。故《春秋》,礼义之大宗也。"②胡安国站在治国理政的高度上来看待董仲舒的春秋学。为什么朱熹在总评《九章》的时候言及董仲舒呢?笔者以为,这是因为在屈原和董仲舒之间存在着契合性:他们都是具有强烈的政治抱负的思想家,他们都希望在治国理政的舞台上有一番大的作为。董仲舒年轻的时候研究《春秋》,显然是企图通过阐发《春秋》的微言大义来表述自己的政治观点。屈原年轻的时候寄情橘树,无疑是企图通过描摹橘树的形象和特性以端呈自己的人格理想。

虽然《九章》包含九篇作品,但是它与《楚辞》中其他以九名篇的辞赋不同,九章中的各篇作品之间没有内容上的联系。换言之,《九章》具有组歌的形貌,但它并不是真正的组歌。人们之所以将《惜诵》《涉江》《哀郢》《愁思》《怀沙》《思美人》《惜往日》《橘颂》和《悲回风》这九篇辞赋统称为《九章》,乃是因为它们的声情相同。以声而论,它们大都是哀歌。但是,这里也有一个例外,那就是《橘颂》。《橘颂》不是哀歌,而是颂歌。以情而论,它们大都充溢着悲愤之情。但是,这里也有一个例外,那就是《橘颂》。《橘颂》不含悲愤,而是洋溢着欢快的情绪,充溢着青春的气息。王逸《楚辞章句》:"《九章》者,屈原之所作也。屈原放于江南之野,思君念国,忧心罔极,故复作《九章》。章者,著也,明也。言己所陈忠信之道,甚著明也。卒不见纳,委命自沉。楚人惜而哀之,世论其词,以相传也。"③《九章》之以九名篇,不是因为其中辞赋的篇数为九。其实,《九章》中含九篇辞赋,这只是一种碰巧罢了。如果在司马迁之后,人们没有搜集到更多的屈赋,那么也会有诸如《四章》《五章》《六章》等名目出现的。这是因为,司马迁在《史记》卷八四《屈原列传》里说:"余读《离骚》《天问》《招魂》《哀郢》,悲其志。适长沙,观屈原所自沈渊,未尝不垂涕,想见其为人。"④司马迁只见过《九章》中的《哀郢》一章。不过,这也带来了一个问题:《橘颂》与《九章》中的其他八篇作品所言之志,并不相同。

在《九章》中《橘颂》具有特殊的地位。《橘颂》

后皇嘉树,橘徕服兮。受命不迁,生南国兮。深固难徙,更壹志兮。绿叶素荣,

---

① 司马迁著:《史记》,北京:中华书局,2006年,第761页。
② 胡安国著,钱伟疆点校:《春秋胡氏传》,杭州:浙江古籍出版社,2010年,第9页。
③ 洪兴祖撰,白化文等点校:《楚辞补注》,北京:中华书局,1983年,第120页。
④ 司马迁著:《史记》,北京:中华书局,2006年,第509页。

纷其可喜兮。曾枝剡棘,圆果抟兮。青黄杂糅,文章烂兮。精色内白,类任道兮。纷缊宜修,姱而不丑兮。嗟尔幼志,有以异兮。独立不迁,岂不可喜兮?深固难徙,廓其无求兮。苏世独立,横而不流兮。闭心自慎,终不失过兮。秉德无私,参天地兮。愿岁并谢,与长友兮。淑离不淫,梗其有理兮。年岁虽少,可师长兮。行比伯夷,置以为像兮。①

广义的志,不仅指一个人的志向、理想和抱负等宏大的方面,它还包括情感、趣味和神态等细微的方面。《九章》中除《橘颂》以外的其他八篇辞赋所言之志,就是侧重于情感、趣味和神态等细微方面的志,而且多愤懑和悲哀。这八篇作品在叙事口吻大体相同,都在字里行间充塞着抑郁。与此恰成对照的是,《橘颂》所言之志,侧重于志向、理想和抱负等宏大的方面。《橘颂》一篇在叙事口吻上也相当特别,它在字里行间洋溢着欢快。"嗟尔幼志"和"年岁虽少"这两句话,明白地告诉我们,《橘颂》是屈原青年时代的习作,而不是他在政治上失意之后在流放江南途中的所见所思。"置以为像",置,立,即立为榜样。屈原置伯夷以为榜样,这是一种主动的行为。《史记》卷六一《伯夷列传》:"伯夷、叔齐,孤竹君之二子也。父欲立叔齐,及父卒,叔齐让伯夷。伯夷曰:'父命也。'遂逃去,叔齐亦不肯立而逃之。国人立其中子。于是伯夷、叔齐闻西伯昌善养老,盍往归焉。及至,西伯卒,武王载木主,号为文王,东伐纣。伯夷、叔齐叩马而谏曰:'父死不葬,爰及干戈,可谓孝乎?以臣弑君,可谓仁乎?'左右欲兵之。太公曰:'此义人也。'扶而去之。武王已平殷乱,天下宗周,而伯夷、叔齐耻之。义不食周粟,隐于首阳山,采薇而食之,及饿且死,作歌。其辞曰:'登彼西山兮,采其薇矣。以暴易暴兮,不知其非矣。神农、虞、夏忽焉没兮,我安适归矣。于嗟徂兮,命之衰矣!'遂饿死于首阳山。"②屈原不仅主动将伯夷立为榜样,而且还在行动上处处向伯夷靠拢。屈原在青年时期就确立了他的人生理想,他要做一个像伯夷那样的有益于社会的人。屈原的人生理想寄托在《橘颂》中。

《橘颂》是一篇在文类(genology)上具有独特性的作品,它不仅与《九章》中的其他八篇不同,而且也与整个《楚辞》有别。从总体上说楚辞具有哀歌性质,然而《橘颂》却与《楚辞》中的多数篇什都不同,它是一篇洋溢着青春气息的颂歌。作为嘉树的橘是屈原人格的表征,屈原的基本品质均可以橘而得到说明。简言之,《九章》,其含义为"九彰",即九篇彰显屈原志向的辞赋。由此而观之,对《九章》一名的辨析,已经超越了体裁的规范、语体的创造和风格的追求之范围。它向世界文艺学昭示,战国时期的中国文学具有独特性。战国文学是在轴心期的后半个时段里文学家与社会随机碰撞的产物,故而只能

---

① 黄寿祺、梅桐生:《楚辞全译》,贵阳:贵州人民出版社,1984年,第111页。
② 司马迁著:《史记》,北京:中华书局,2006年,第390页。

对之作具体的研究而难于将之整齐划一地予以统观。恩格斯《致敏·考茨基》(Ein Brief an Mina Kautsky): Jeder ist ein Typus, aber auch zugleich ein bestimmter Einzelmensch, ein "Dieser", wie der alte Hegel sich ausdrückt, und so nuβ es sein.① 意即:"每个都是典型,同时又是一定得单个人,正如老黑格尔所说的,是一个'这个'。"② 这里有一句文艺理论界的老话"一个'这个'"(Ein Dieser),它也译作"这一个"。作家须努力塑造典型环境中的典型性格,而不应该用某一种模式来塑造人物,否则就会千人一面,毫无特色可言。恩格斯的这段话也适用于战国文学的情形。战国文学是一个"这一个"。《橘颂》是楚辞中的"这一个"。《橘颂》是屈赋中的"这一个"。这就是《橘颂》的文类学意义。

三、杜甫的涉橘诗篇

作为嘉果的橘是屈赋的表征。两千多年以来屈赋一直在滋润着文学家们的心灵,为他们的创作提供范例。杜甫是中国最伟大的诗人,他从屈赋中获益甚多。屈原爱橘,杜甫亦爱橘,杜甫有二十首诗言及橘。

杜甫言橘的二十首诗包含以下五种情形。

第一,作为果品的橘子,三首。其一,《读诗详注》卷四《自京赴奉先县咏怀五百字》云:"劝客驼蹄羹,霜橙压香橘。朱门酒肉臭,路有冻死骨。"③ 在唐帝国北方的橘子是价格昂贵的果品。霜橙,色彩鲜艳的橙子。香橘,芳香的橘子。新鲜的橘子有清香味。有人将香橘当作"卢橘"或"给客橙",似求之过深。贵戚如杨国忠等人过着极其奢靡的生活,他们住在京城长安,而长安位于西北,那里并不出产橘子。尽管如此,在唐王室贵戚的餐桌上却堆放着大量的橘子。杨国忠是杨贵妃的从祖兄,杨贵妃本人喜食荔枝。荔枝由快马从南方传送,造成巨大的靡费。在唐朝时期当代的保鲜技术尚未发明。由于橘子是容易腐烂的水果,因而也须快马传送,这也造成巨大的靡费。杜甫此诗的下一联就是千古传诵的名句:朱门酒肉臭,路有冻死骨。事实上,运到长安的橘子,其价格远远高于各种肉。其二,《杜诗详注》卷八《寄彭州高三十五使君适、虢州岑二十七长史参三十韵》云:"乌麻蒸续晒,丹橘露应尝。岂异神仙宅,俱兼山水乡。"④ 彭州,今四川省彭州市。彭州盛产橘。丹橘,在霜露之后才采摘的橘子。这样的橘子,颜色特别红,故而称为丹橘。橘子采摘得越晚,其中的糖分就越多,果实的味道也就越美。其三,《杜诗详注》卷二十一《秋日荆南送石首薛明府辞满告别,奉寄薛尚书,颂德叙怀,裴然之作三十韵》篇末云:"应讶耽湖橘,

---

① Wilfried Bütow u. a.: Literatur7 Textauswahl (Berlin: Volk und Wissen Volkseigner Verlag, 1980), p.44.
② 北京大学中文系文艺理论教研室编:《马克思、恩格斯、列宁、斯大林论文艺》,北京:人民文学出版社,1999年,第155页。
③ 杜甫撰,仇兆鳌详注:《读诗详注》,上海:上海古籍出版社,1992年,第113页。
④ 杜甫撰,仇兆鳌详注:《读诗详注》,上海:上海古籍出版社,1992年,第255页。

常餐占野蔬。"① 湖橘,湖边土地上所产的橘子。杜甫长期过着漂泊流浪的生活,有时候还得靠吃野菜度日。当他看见湖橘的时候,便感到惊讶。

第二,用作比喻的橘子,一首。《杜诗详注》卷十九《驱竖子摘苍耳》云:"加点瓜蒌间,依稀橘奴迹。乱世诛求急,黎民糠籺窄。饱食复何心,荒哉膏粱客。富家厨肉臭,战地骸骨白。"② 橘子在这里用作比喻。杜甫在吃清汤寡水的蔬菜的时候,不由得联想到橘子。苍耳,又叫卷耳,野菜名,嫩叶可食,色如橘皮。此诗当作于大历二年(767),时杜甫居住夔州。那一年夔州久旱无雨,蔬菜枯死,于是杜甫派遣童仆,到山泉边的湿地上去采摘苍耳,以便充当蔬菜。《水经注》卷三七沅水:"沅水又东历龙阳县之氾洲,洲长二十里。吴丹杨太守李衡,植柑于其上,临死勅其子曰:'吾州里有木奴千头,不责衣食,岁绢千匹。'太史公曰:'江陵千树橘,可当封君。'此之谓矣。吴末,衡柑成,岁绢千匹,今洲上犹有陈根余枿,盖其遗也。"③ 橘奴,橘子。橘奴迹,橘子的气味。迹,本义踪迹,转指气味。

第三,涉及橘树的地名,五首。其一,《杜诗详注》卷二二《岳麓山道林二寺行》云:"桃源人家易制度,橘洲田土仍膏腴。"④ 橘洲,地名,即橘子洲,位于流经今湖南省长沙市的湘江中心。因此沙洲上产橘子,故名。橘子洲是面积较大的沙洲。在今日的橘子洲上有街道,有公园。其二,《杜诗详注》卷二二《酬郭十五受判官》云:"乔口橘洲风浪促,系帆何惜片时程。"⑤ 其三,《杜诗详注》卷二三《入衡州》云:"橘井旧地宅,仙山引舟航。"⑥ 橘井,古井名,故址在今湖南郴州市东面的苏仙岭下。苏仙岭原名牛脾山。西汉人苏耽,在山下凿井以解救乡民疾患,又在山下种橘以增加乡民收益。《太平御览》卷一八九引《桂阳列仙传》曰:"苏耽启母曰:'有宾客来会。耽受性当仙,今招耽去,违于供养。今年多疫。窃有此井水,饮之可得无恙,卖此水过于供养。'使宾客随去焉。"⑦ 苏耽后来得道登仙,人称苏仙。苏仙岭为道教福地之一,山上建有苏仙观。其四,《杜诗详注》卷十九《秋日夔府咏怀,奉寄郑监、李宾客一百韵》篇末:"炉峰生转盼,橘井尚高褰。"⑧ 其五,《杜诗详注》卷二三《奉送二十三舅录事之摄郴州》云:"郴州颇凉冷,橘井尚凄清。"⑨ 橘井在杜诗中凡三见,这是值得注意的。杜甫曾经前往郴州而未果。大历五年(770)四月,为了躲避发生在长沙的叛乱,杜甫乘船沿耒水逆行,前往郴州,欲投靠他的舅父崔伟,崔时任郴

---

① 杜甫撰,仇兆鳌详注:《读诗详注》,上海:上海古籍出版社,1992年,第758页。
② 杜甫撰,仇兆鳌详注:《读诗详注》,上海:上海古籍出版社,1992年,第660页。
③ 郦道元原注,陈桥驿注释:《水经注》,长沙:岳麓书社,2001年,第580页。
④ 杜甫撰,仇兆鳌详注:《读诗详注》,上海:上海古籍出版社,1992年,第789页。
⑤ 杜甫撰,仇兆鳌详注:《读诗详注》,上海:上海古籍出版社,1992年,第788页。
⑥ 杜甫撰,仇兆鳌详注:《读诗详注》,上海:上海古籍出版社,1992年,第822页。
⑦ 李昉编纂,夏剑农等点校:《太平御览》第2册,石家庄:河北教育出版社,2000年第2版,第775页。
⑧ 杜甫撰,仇兆鳌详注:《读诗详注》,上海:上海古籍出版社,1992年,第679页。
⑨ 杜甫撰,仇兆鳌详注:《读诗详注》,上海:上海古籍出版社,1992年,第817页。

州录事参军。行至耒水方田驿,洪水暴发,舟无法继续上行,杜甫只好返回潭州。换言之,杜甫并未到过郴州。橘井这个地名在杜诗中三次出现,这间接地暗示了杜甫深厚的道教情怀。

第四,生长在大地上的橘树,十首。

其一,《杜诗详注》卷十《病橘》首联:"群橘少生意,虽多亦奚为。"① 此诗作于上元二年(761),时杜甫在成都,年五十岁。对此诗的讨论详后。

其二,《杜诗详注》卷十二《章梓州橘亭饯成都窦少尹得凉字》:"秋日野亭千橘香,玉盘锦席高云凉。主人送客何所作,行酒赋诗殊未央。衰老应为难离别,贤声此去有辉光。预传籍籍新京尹,青史无劳数赵张。"② 此诗作于广德元年(763)秋,时杜甫在梓州,年五十二岁。诗题中的"橘亭",属于地名。诗歌的首句,描写大地上生长的橘树。

其三,《杜诗详注》卷十二《放船》:"送客苍溪县,山寒雨不开。直愁骑马滑,故作泛舟回。青惜峰峦过,黄知橘柚来。江流大自在,坐稳兴悠哉。"③ 题下原注:送客苍溪县。此诗作于广德元年秋末,时杜甫在阆州。

其四,《杜诗详注》卷十四《禹庙》:"禹庙空山里,秋风落日斜。荒庭垂橘柚,古屋画龙蛇。云气生虚壁,江声走白沙。早知乘四载,疏凿控三巴。"④ 题下原注:此忠州临江县禹祠也。此诗作于永泰元年(765),时杜甫在旅途中,由渝州出发,前往忠州。这一年杜甫五十四岁。忠州位于长江边,那里盛产柑橘,有许多橘树。

其五,《杜诗详注》卷十五《夔州歌十绝句》之四:"赤甲白盐俱刺天,闾阎缭绕接山巅。枫林橘树丹青合,复道重楼锦绣悬。"⑤ 这十首绝句均作于大历元年(766),时杜甫在夔州,年五十五岁。

其六,《杜诗详注》卷十八《暮春题瀼西新赁草屋五首》之二:"此邦千树橘,不见比封君。养拙干戈际,全生麋鹿群。畏人江北草,旅食瀼西云。万里巴渝曲,三年实饱闻。"⑥ 这五首时均作于大历二年(767),时杜甫在夔州,年五十六岁。赤甲,即赤甲山,位于今重庆市奉节县长江瞿塘峡的夔门北岸。瀼西,地名,梅溪河的西岸。这一年杜甫的住所由赤甲迁居瀼西。

其七,《杜诗详注》卷十九《峡隘》:"闻说江陵府,云沙静眇然。白鱼如切玉,朱橘不论钱。水有远湖树,人今何处船。青山各在眼,却望峡中天。"⑦ 此诗作于大历二年,时杜

---

① 杜甫撰,仇兆鳌详注:《读诗详注》,上海:上海古籍出版社,1992年,第337页。
② 杜甫撰,仇兆鳌详注:《读诗详注》,上海:上海古籍出版社,1992年,第405页。
③ 杜甫撰,仇兆鳌详注:《读诗详注》,上海:上海古籍出版社,1992年,第410页。
④ 杜甫撰,仇兆鳌详注:《读诗详注》,上海:上海古籍出版社,1992年,第483页。
⑤ 杜甫撰,仇兆鳌详注:《读诗详注》,上海:上海古籍出版社,1992年,第514页。
⑥ 杜甫撰,仇兆鳌详注:《读诗详注》,上海:上海古籍出版社,1992年,第638页。
⑦ 杜甫撰,仇兆鳌详注:《读诗详注》,上海:上海古籍出版社 1992年,第683页。

甫仍在夔州。不过,杜甫已经有了乘舟出三峡下江陵(今湖北荆州)的打算了。

其八,《杜诗详注》卷二十《十七夜对月》:"秋月仍圆夜,江村独老身。卷帘还照客,倚杖更随人。光射潜虬动,明翻宿鸟频。茅斋依橘柚,清切露华新。"① 此诗作于大历二年八月十七日夜晚,时杜甫居住夔州的瀼西。

其九,《杜诗详注》卷二十《从驿次草堂,复至东屯茅屋,二首》之一:"峡内归田客,江边借马骑。非寻戴安道,似向习家池。峡险风烟僻,天寒橘柚垂。筑场看敛积,一学楚人为。"② 东屯,地名,位于赤甲山之东,为东汉公孙述驻兵屯田之所。此诗作于大历二年秋天,时杜甫往来于夔州的瀼西与东屯之间。

其十,《杜诗详注》卷二十《寒雨朝行视园树》首联:"柴门杂树向千株,丹橘黄甘此地无。"③ 此诗作于大历二年秋冬之交,时杜甫居住在瀼西。

以上十首涉橘的杜诗,其创作的时间和地点有四个方面值得我们注意。

其一,这些诗篇均写作于南方。《周礼·冬官考工记第六》:"天有时,地有气,材有美,工有巧。合此四者,然后可以为良。材美工巧,然而不良,则不时、不得地气也。橘踰淮而北为枳,鸜鹆不踰济,貉踰汶则死,此地气然也。"④ 橘原产中国,种类甚多,然而各种橘树均喜欢温暖湿润的气候。有些种类的橘,虽然耐寒,但是在北方生长不茂盛,果实寡少,味道酸涩。《艺文类聚》卷八六引《异物志》曰:"橘,白华赤实,皮馨香有味。交趾有橘官长一人,秩二百石,主贡御橘。"⑤ 交趾,即今越南的中部和北部。在公元938年越南独立前的漫长岁月里,交趾为中国的一部分。交趾比长江流域更温暖潮湿,交趾所产的橘子品质更好,故而历来列为贡品,并设有官员专司管理。橘生长在南方,杜甫写作这些诗篇的时候也生活在南方,因此他对于橘树有具体而深入的了解。

其二,这些诗篇均为杜甫五十岁以后的作品。《论语·为政》:"子曰:吾十有五而志于学,三十而立,四十而不惑,五十而知天命。"⑥ 朱熹注:"天命,即天道之流行而赋于物者,乃事物所以当然之故也。知此则知极其精,而不惑又不足言矣。"⑦ 古人把天看作神,天的旨意不可违抗。所谓顺天者昌逆天者亡,就是这个道理。以历史唯物主义的观点来看,天命所指的实际上是自然界的必然性。虽然人的认识能力属于先天自然的禀赋,然而这种禀赋需要在实践的过程中检验和发展。就大多数人的情形而论,要到五十岁之后才能够获得足够的对自然界的必然性之认识。杜甫也把五十岁看作人生在认识能力上

---

① 杜甫撰,仇兆鳌详注:《读诗详注》,上海:上海古籍出版社,1992年,第694页。
② 杜甫撰,仇兆鳌详注:《读诗详注》,上海:上海古籍出版社,1992年,第702页。
③ 杜甫撰,仇兆鳌详注:《读诗详注》,上海:上海古籍出版社,1992年,第705页。
④ 陈戍国点校:《周礼 仪礼 礼记》,长沙:岳麓书社,1989年,第116页。
⑤ 欧阳询撰,汪绍楹校:《艺文类聚》下册,上海:上海古籍出版社,1995年,第1477页。
⑥ 朱熹撰:《四书章句集注》,北京:中华书局,1983年,第54页。
⑦ 朱熹撰:《四书章句集注》,北京:中华书局,1983年,第54页。

的一个重要节点。《杜诗详注》卷十《百忧集行》："即今倏忽已五十,坐卧只多少行立。"①意思是说,他在五十岁以后就大体上有了静观物事变化的能力。于是我们看到,杜甫五十岁以后的诗篇大都思想性很强。

其三,这些诗篇有一半写作于夔州(今重庆市奉节县)。大历元年暮春时节,杜甫从云安(今重庆云阳县)出发,沿长江乘舟东下,来到夔州。大历三年正月杜甫离开夔州,继续沿长江东下。杜甫在夔州居住将近两年,其间创作了诗歌四百六十余首。杜甫今存诗一千四百余首,夔州诗占据杜诗总量的将近三分之一。夔州时期是杜甫诗歌创作的巅峰。杜甫在夔州写下的咏橘诗章,其艺术水准极高。

其四,在夔州杜甫有经营管理橘子园的实际经验。夔州有水名瀼溪,分为东西两道,均为长江的支流。大历二年春,杜甫购得位于西瀼溪(即梅溪河)岸边的橘林四十亩,称为瀼西甘林。甘林,柑橘林。为了便于管理,杜甫在瀼西构筑草堂,并住在那里。

第五,直接言及《橘颂》的作品,一首。《杜诗详注》卷一《与李十二白同寻范十隐居》云:"向来吟《橘颂》,谁欲讨莼羹。"② 对此诗的讨论详后。

四、杜甫向来吟橘颂

杜甫自幼喜欢屈赋。《杜诗详注》卷十六《壮游》:"往者十四五,出游翰墨场。斯文崔魏徒,以我似班扬。七龄思即壮,开口咏凤凰。九龄书大字,有作成一囊。性豪业嗜酒,嫉恶怀刚肠。脱略小时辈,结交皆老苍。饮酣视八极,俗物都茫茫。"③ 大历元年,杜甫五十五岁,在夔州写下了自传体长诗《壮游》五言五十五韵。此诗的篇幅,即使作为一篇古文来看待也不算短。清·蒲起龙《读杜心解》卷一之五总评杜甫《壮游》曰:"一气读去,莽莽苍苍,宕往豪迈,刘克庄比之荆卿之歌,雍门之琴,信矣。"④ 荆卿之歌,即《易水歌》。《战国策》卷三一《燕策》三燕太子丹质于秦亡归:"太子及宾客知其事者,皆白衣冠以送之。至易水上,既祖,取道。高渐离击筑,荆轲和而歌,为变征之声。士皆垂泪涕泣,又前而为歌曰:'风萧萧兮易水寒,壮士一去兮不复还!'复为忼慨羽声,士皆瞋目,发尽上指冠。于是荆轲遂就车而去,终已不顾。"⑤ 荆轲唱的这首歌仅有两句十五字,比日本的俳句还少两个音节,可谓世界诗歌百花园中最短的诗篇。然而,《易水歌》不仅感动了为荆轲送行的人们,还使得荆轲的事迹千古流传。所以如此,全在于《易水歌》中所蕴含的精神力量。雍门之琴,一作雍门鼓琴。汉·刘向《说苑》卷十一《善说》十四:"雍门子周以

---

① 杜甫撰,仇兆鳌详注:《读诗详注》,上海:上海古籍出版社,1992年,第332页。
② 杜甫撰,仇兆鳌详注:《读诗详注》,上海:上海古籍出版社,1992年,第21页。
③ 杜甫撰,仇兆鳌详注:《读诗详注》,上海:上海古籍出版社,1992年,第566页。
④ 蒲起龙:《读杜心解》上册,北京:中华书局,1961年,第163页。
⑤ 刘向辑录:《战国策》下册,上海:上海古籍出版社,1985年,第1137页。

琴见乎孟尝君,孟尝君曰:'先生鼓琴,亦能令文悲乎?'……雍门子周引琴而鼓之,徐动宫徵,微挥羽角,切终而成曲。孟尝君涕浪汗增欷而就之,曰:'先生之鼓琴,令文立若破国亡邑之人也。'"① 战国时齐国有一位琴家,名周,人们尊称他为子周。子周居住在齐国都城的西门,此门又称为雍门。以居处连同人名一道称呼,这是古代的习惯,故而子周又叫雍门子周,或雍门子。雍门子周的琴声之所以能够打动孟尝君乃是因为琴声中蕴含着巨大的精神感动力,犹如西方人所谓 pathos 也。南宋批评家刘克庄(1187—1269)之所以将杜甫《壮游》与《易水歌》、雍门之琴相提并论,就是因为他看到了潜藏在《壮游》诗中的精神力量,那是志的端呈,心的搏动,灵的呼喊。

按照仇兆鳌《杜诗详注》本的划分,"往者十四五 …… 俗物都茫茫"是长诗《壮游》的第一段。杜甫的《壮游》诗与屈原的《离骚》类似,他在诗中回顾了自己的一生,并对自己在青少年时代的拼搏进取之精神感到自豪。十四五岁时,杜甫就进入文坛了。他也曾热心功名,希望自己也能够像崔尚和魏启心那样,成为名扬天下的进士。崔尚,齐州人,久视元年(700)进士及第,后来成为郑州刺史。魏启心,神龙二年(706)中进士,后来成为豫州刺史。杜甫年少时曾拜访过崔尚和魏启心,并得到了他们的称许。杜甫是个早慧的孩子,他七岁时就开始写诗了。杜甫的第一首诗以歌咏凤凰为主题。九岁时杜甫就能用毛笔书写大字了。由于有些习作还看得,于是他便收藏起来,久而久之居然积累了满满一大囊。用毛笔写字,大字较小字难写。字越大,越容易暴露毛病。杜甫青年时就喜欢饮酒,并结交了不少朋友。杜甫和他的朋友们都自视甚高,因为他们的能力和才华均超越了同龄人,堪与文坛宿儒相比。少年杜甫犹如原野上的一株大树,他根本瞧不起那些缺少理想的人们,讥讽他们为俗物。《杜诗详注》卷二四《进雕赋表》云:"臣幸赖先臣绪业,自七岁所缀诗笔,向四十载矣,约千有余篇。"② 天宝十三载(754)秋,杜甫久困长安,穷愁潦倒,贫病交加,在走投无路之际终于鼓起勇气向皇帝献上《雕赋》。《进雕赋表》交代了他献赋的缘由,希望皇上赏识他的才华,让他有机会像巨雕一样冲天而起,威猛勇进,干出一番宏大的事业。

值得注意的是杜甫《壮游》诗中的凤凰意象。凤凰出现在《壮游》的第一段中,这绝不是个偶然的现象。清·蒲起龙《读杜心解》:"第一段,写得目空一世,自少而然。"③ 杜甫的远大理想确立于少年时代。杜甫的可贵之处在于他终身坚守自己的信念:大有作为于国家,大有益处于时代。凤凰既是杜甫第一首诗描述的对象,又是诗人自身人格的表征。质言之,凤凰的意象是联系杜甫和屈原的桥梁。那么,究竟是什么样的东西变成了动力因呢?到底是什么促成杜甫一开始作诗就书写凤凰呢?或许有人会说,七岁的孩子

---

① 刘向撰,赵善诒疏证:《说苑疏证》,上海:华东师范大学出版社,1998年,第311页。
② 杜甫撰,仇兆鳌详注:《读诗详注》,上海:上海古籍出版社,1992年,第862页。
③ 蒲起龙:《读杜心解》上册,北京:中华书局,1961年,第162页。

哪里有什么动力因！其实不然,少年儿童不一定主动去追求什么,但是他们会受到内心的潜在意识的驱遣。杜甫生于世代书香之家。杜甫喜爱凤凰的种子,早就在祖辈和父辈的诗文吟哦中埋下了。一旦有触媒,这颗种子就会破土成长。毫无疑问,杜甫的祖辈和父辈都喜欢楚辞,喜欢屈赋。《楚辞》中的篇章不乏凤凰的意象,而在屈赋中凤凰的意象多次出现。下面是主要的例证。

其一,《离骚》第 197—200 句:"前望舒使先驱兮,后飞廉使奔属。鸾皇为余先戒兮,雷师告余以未具。"① 鸾,凤凰类的神鸟,羽毛赤色,有五彩纹。皇,同凰。凤凰,雄为凤,雌为凰。《离骚》第 243—236 句:"凤凰既受诒兮,恐高辛之先我。欲远集而无所止兮,聊浮游以逍遥。"② 凤凰是为帝喾做媒的神鸟,简狄因凤凰故媒而嫁给了帝喾。屈原通过凤凰的意象表现了道教前史时期的逍遥意识。与屈原同时代的思想家庄周提出了逍遥这一哲学概念。庄周撰写《庄子》将《逍遥游》置于全书之首。这种位置上的安排暗示了庄周的写作意图,逍遥是庄子哲学体系中最重要的概念。鲲鹏水击三千里,扶摇而上九万里。鲲鹏似乎自由,但这是有限制的自由,因为鲲鹏之飞翔有待于翅膀。列子御风而行。列子似乎自由,但这也是有限制的自由,因为列子之飞行有待于风。《南华真经注疏》卷一《逍遥游》:"若夫乘天地之正而御六气之辩,以游无穷者,彼且恶乎待哉！"③ 郭象注曰:"苟有待焉,则虽列子之轻妙,犹不能以无风而行,故必得其所待然后逍遥耳,而况大鹏乎！夫唯与物冥而循大变者,为能无待而常通,岂自通而已哉！"④ 待,依赖。有所待,即有所依赖。有所依赖便难于自由,而逍遥指的是精神的绝对自由。庄子提倡的逍遥,就是无所待而游于无穷。庄子和屈原分别代表了轴心期思想家的两个类型,前者在理论的维度上阐述逍遥,后者从文学的角度描述逍遥。《离骚》第 345—348 句:"朝发轫于天津兮,夕余至乎西极。凤凰翼其承旗兮,高翱翔之翼翼。"⑤ 天津,天河。西极,最远的西方。凤凰是翱翔在天宇的神鸟。凤凰在天河与西极之间往返翱翔,这说明了什么呢？这说明了凤凰具有天地通的功能。连居住在最遥远的西方的人们之心意,也能通过凤凰而上达最高的天神。总之,凤凰在《离骚》中为反复出现的意象(recurrent images)。

其二,《九章·涉江》第 49—60 句:"乱曰:鸾鸟凤凰,日以远兮。燕雀乌鹊,巢堂坛兮。露申辛夷,死林薄兮。腥臊并御,芳不得薄兮。阴阳易位,时不当兮。怀信侘傺,忽乎吾将行兮。"⑥ 乱,一首诗的多声部的尾声,犹如混声合唱。在乱中,诗的主旨得到重申。乱,

---

① 黄寿祺、梅桐生:《楚辞全译》,贵阳:贵州人民出版社,1984 年,第 16 页。
② 黄寿祺、梅桐生:《楚辞全译》,贵阳:贵州人民出版社,1984 年,第 19 页。
③ 郭象注,成玄英疏,曹础基、黄兰发整理:《庄子注疏》,北京:中华书局,2011 年,第 11 页。
④ 郭象注,成玄英疏,曹础基、黄兰发整理:《庄子注疏》,北京:中华书局,2011 年,第 11 页。
⑤ 黄寿祺、梅桐生:《楚辞全译》,贵阳:贵州人民出版社,1984 年,第 27 页。
⑥ 黄寿祺、梅桐生:《楚辞全译》,贵阳:贵州人民出版社,1984 年,第 88 页。

容易引起听众心灵的共鸣。在此起彼伏、抑扬交响的歌声中,听众的灵魂处于活跃的状态,能够敏锐地对诗歌的主旨做出回应。

其三,《九章·怀沙》第25—30句:"变白以为黑兮,倒上以为下。凤凰在笯兮,鸡鹜翔舞。同糅玉石兮,一概而相量。"① 在黑白颠倒、上下错置的现实社会中,凤凰竟然被关进了囚笼,而鸡和鸭子却到处扑腾地飞来飞去。美玉和顽石被混杂在一起,而且居然有人说它们一模一样。

其四,《大招》第147—154句:"孔雀盈园,畜鸾皇只!鹍鸿群晨,杂鹙鸧只!鸿鹄代游,曼鹔鹴只!魂乎归徕,凤凰翔只!"② 只,句末语气词,至今仍然保留在湘西民间的祭祀歌谣之中。这里有许多鸟的意象,在古人看来这些鸟都带有一定的神性,而其中以凤凰的神性为最强。道教认为,南方有朱雀,而朱雀的原型就是孔雀。在灿灿的阳光下,孔雀碧蓝的羽毛放射出泛红的光辉,故而被称为朱雀。从朱雀的意象出发,经过再度的升华,并赋予更多的想象,就得到凤凰的意象了。简言之,凤凰是从南方文化中产生出来的神鸟。

从对凤凰的热爱上,我们可以看出在杜甫与他所仰慕的先贤屈原之间,存在着相同的精神指向性。说凤凰是神鸟,那是因为凤凰的作用是交通人与神。说凤凰是灵鸟,那么,其灵所指为何呢?灵鸟之灵,指的是精神那充沛而自由的活动能力。精神不充沛,灵妙之诗思便难以流溢出来。思想不自由,便导致畏手畏脚,果敢之谋便无法施展。伟大的人物往往以世界为自己的表象,屈原如此,杜甫亦然。明了这一点,我们就不会误把那位指斥"俗物都茫茫"的大诗人杜甫当作狂徒了。杜甫只不过大胆地说出了他自己的心里话罢了。屈原和杜甫均好道。屈原笔下的神祇,大都为后来兴起的道教所吸收。从宗教倾向上看,杜甫既好佛,又好道。不过,若将两者相较,那么我们就会发现一个事实,即杜甫好道胜于好佛。这是因为,杜甫有修道的实践活动。凤凰以南方为归宿,而杜甫最终归宿于南方。杜甫一生漂泊,他几次下决心,欲返回河南巩义市老家,但是均未果。杜甫终老于楚地的湖南,此事看似偶然,然而在偶然中寓有必然。杜甫舟行,出三峡之后,他一直在往南方走。既然往南方走,那么他又怎么能够回到位于北方的河南老家呢?

在屈赋中,杜甫尤其喜欢《橘颂》。《杜诗详注》卷一《与李十二白同寻范十隐居》:

> 李侯有佳句,往往似阴铿。余亦东蒙客,怜君如弟兄。醉眠秋共被,携手日同行。更想幽期处,还寻北郭生。入门高兴发,侍立小童清。落景闻寒杵,屯云对古城。向来吟《橘颂》,谁欲讨莼羹。不愿论簪笏,悠悠沧海情。③

---

① 黄寿祺、梅桐生:《楚辞全译》,贵阳:贵州人民出版社,1984年,第99页。
② 黄寿祺、梅桐生:《楚辞全译》,贵阳:贵州人民出版社,1984年,第178页。
③ 杜甫撰,仇兆鳌详注:《读诗详注》,上海:上海古籍出版社,1992年,第21页。

此诗作于天宝四载(745),时杜甫在兖州,年三十四岁。在这首诗中,杜甫直接言及屈原《橘颂》。范十隐居,姓范而排行第十的某位隐士。范十显然是一位道教徒。这首诗有三个层次。其一,杜甫与李白的友谊。他们志趣相投,结伴走进山里,去拜访范十隐士。其二,隐士居处的清幽环境。门口有小童侍立,非经允许,任何人不得进屋打扰。其三,诗人遁迹沧海的志趣。李白好道,炼丹,向往神仙的生活。青年时代的杜甫也好道,并有修道的行为。道教前史上的著名人物屈原是杜甫心中的楷模。屈原既有深沉的好道倾向,而又在现实政治中奋力搏击。杜甫也想成为屈原那样的人,在精神上因慕道而享有充分的自由,在政治上因儒家的功底而卓有建树。这样的屈原,其象征是什么呢?不是别的,就是他笔下赞颂的橘树。杜甫说,他"向来吟《橘颂》"。那么,这个"向来"的起始点在何时呢? 就在杜甫七岁的时候,在那一年杜甫"开口咏凤凰"。其实,七岁的杜甫,本身就是一只小凤凰。他唱着歌儿飞向屈原的祠堂。李商隐《韩冬郎即席为诗相送,一座尽惊,他日余方追吟,连宵侍坐,徘徊久之,句有老成之风,因成二绝寄酬,兼呈畏之员外》之一:"十岁裁诗走马成,冷灰残烛动离情。桐花万里丹山路,雏凤清于老凤声。"① 少年杜甫就是一只雏凤! 诗歌史告诉我们,志向远大而又扎实用功的人,在儿童时代便有惊人的诗句。这是完全可能的。

五、两橘篇与文类学

屈原作《橘颂》,为橘赞颂。杜甫作《病橘》,为橘悲吟。屈原和杜甫均以橘为意象而创作了著名的诗篇。杜甫《病橘》是在文类学上具有重要意义的作品。

《杜诗详注》卷四《自京赴奉先县咏怀五百字》云:"许身一何愚,且比稷与契。"② 这两句话是杜甫对自己能力的评估。稷,后稷,相传为周民族的始祖。《诗经·大雅·生民》一章:"厥初生民,时维姜嫄。生民如何? 克禋克祀。以弗无子,履帝武敏。歆攸介攸止,载震载夙,载生载育,时维后稷。"③ 母亲姜嫄生下儿子后,曾将他弃之于郊外,故而人们称之为弃。弃长大后喜好农耕,帝尧举之为农官。帝舜封之于邰(今陕西武功),号后稷,姬姓。契,一作偰、禼,或称玄王,相传为商民族的始祖。《诗经·商颂·玄鸟》:"天命玄鸟,降而生商,宅殷土芒芒。古帝命武汤,正域彼四方。方命厥后,奄有九有。商之先后,受命不殆,在武丁孙子。武丁孙子,武王靡不胜。龙旗十乘,大糦是承。邦畿千里,维民所止。肇域彼四海,四海来假,来假祈祈。景员维河,殷受命咸宜,百禄是何。"④ 契的母亲是有娀氏的女儿简狄。简狄吞下玄鸟(燕子)的卵受孕生下契。契长大后辅佐夏禹治水有功,

---

① 李商隐著,冯浩笺注,蒋凡校点:《玉溪生诗集笺注》,上海:上海古籍出版社,1998年,第486页。
② 杜甫撰,仇兆鳌详注:《读诗详注》,上海:上海古籍出版社,1992年,第110页。
③ 程俊英、蒋见元注译:《诗经》,长沙:岳麓书社,2000年,第270页。
④ 程俊英、蒋见元注译:《诗经》,长沙:岳麓书社,2000年,第350页。

帝舜任命契为掌管教化的司徒,并封于商(今河南商丘),子姓。稷与契都是上古时代的贤臣,前者负责指导全国的农业生产,后者负责全国的教育和宗教工作。值得注意的是,稷与契的地位很高,相当于我们今日所说的国级领导干部。杜甫期许自己有朝一日能像稷与契那样直接为国君服务,这不仅体现了他的历史意识,也表明他具有强烈的淑世愿望。

《杜诗详注》卷一《奉赠韦左丞丈二十二韵》云:"致君尧舜上,再使风俗淳。"[①] 这两句话是杜甫的人生理想。然而,从杜甫一生的遭际来看,在杜甫的理想与现实之间,其差距实在是太大了。杜甫一直渴望有机会在皇帝的身边工作。他以为,唯有那样,才能最大限度地实现自己的人生价值。杜甫倒是在皇帝身边工作过一段时间,不过官位不高。至德二载(757),杜甫四十六岁。那年四月,杜甫冒死逃出为叛军所占据的长安,间道逃归凤翔,那里有肃宗的行在,杜甫谒见了肃宗。即位还不到一年的肃宗,见有诗人风尘仆仆前来投奔自己,心中不禁大喜。五月十六日,朝廷授杜甫以左拾遗的官职,其官衔为从八品上。正如德国汉学家傅海波(Herbert Franke,1914—2011)和陶德文(Rolf Trauzettel,1931—)在其合著的《中华帝国史》(Das Chinesische Kaiserreich)一书中所说:

Was bei T'ao Yüan-ming liebenswürdige und schlichte Bukolik ist, gewinnt bei Li Po groβartige Bildhaftigkeit und Tiefe. Ganz anderer Art war sein Zeitgenosse Tu Fu (712—770). Er war im Gegensatz zu Li Po ein sozial engagierter Dicter, auch und weil er im Staatsdienst erfolgreicher war als sein genialisch verkommener Rivale.[②]

在陶渊明那里秀美质朴的牧歌之一切,到李白那里呈现为壮丽的鲜明和深沉。他的同时代人杜甫,则完全属于另一个类型。与李白相反,他是一个热心于社会的诗人。而正因为如此,他才在担任国家公职方面,比那些善于钻营然而腐败的对手们,更有成效。(拙译)

尽管杜甫的工作卓有成效,然而他不谙为官之道。上任不久他就不顾生死上疏,以便营救因为打败仗而被免职的宰相房琯。房琯(697—763),字次律,唐河南(今河南洛阳)人。房琯自幼好学,风仪严整,为人稳重,官声颇佳。天宝十五载(756)正月,叛将安禄山自称雄武皇帝,占有河北大部分州县。这一年七月,玄宗仓皇奔蜀,房琯紧紧随行。玄宗一向看重房琯,并于此年七月任命房琯为宰相。此前业已分兵北上的太子李

---

① 杜甫撰,仇兆鳌详注:《读诗详注》,上海:上海古籍出版社,1992年,第34页。
② Herbert Franke und Rolf Trauzettel[hrsg.]*Fischer Weltgeschichte Band 19*: *Das Chinesische Kaiserreich* (Frankfurt am Mian: Fischer Bücherei GmbH, 1968), p.178.

亨,于同一月在灵武即位,称肃宗,改元至德。玄宗见大势已去,为顾全唐帝国大局,遂派房琯前往灵武,奉送传国玉玺及册命。唐肃宗同样器重房琯,房琯遂留在肃宗身边,并与参决机务。至德元年十月,宰相房琯自告奋勇,请求亲自将兵进攻盘踞在长安的安史叛军。二十一日,大唐官军与安史叛军激战于陈陶斜。当时叛军气盛,结果这一战役,大唐官军惨败,死伤四万余人。次年五月,房琯罢相。在杜甫看来,皇上对宰相的处分太重了,而他作为左拾遗必须尽职尽责提醒皇上纠正错误。就这一系列事件本身而论,房琯应当承担责任。冯至《杜甫传》:"肃宗回到长安后,许多凤翔时代的官吏或多或少地得到奖励,房琯也被命名为金紫光禄大夫,进封清河郡公。可是房琯依然是交接宾客,车马盈门,常常称病请假;他空疏而放肆的言论有时传入肃宗耳中,引起肃宗的不满。"① 初即位的肃宗想有一番作为,挽救大唐帝国的衰落之势。罢免宰相是非常重大的事情,肃宗对此经过了严肃的思考。的确,房琯缺少干练的管理才能,因而导致许多本来不该发生的事情事实上发生了。而且,杜甫也有看待问题不够全面的疏失。冯至《杜甫传》:"杜甫只看到房琯少年时享有盛名,晚年成为'淳儒',每每谈到国家的灾难,就义形于色,而没有看到房琯不切实际的工作态度,同时又觉得那些攻击房琯的人行径更为卑污,于是他就执行拾遗的职权,不顾生死,上疏援救房琯。"② 谁知这样一来,杜甫就直接违抗了皇帝的意旨。从此,肃宗对杜甫耿耿于怀。第二年六月,杜甫被贬为华州司空参军。从此,杜甫离开了皇帝,离开了朝廷,离开了都城。从此,杜甫年复一年,辗转各地,漂泊流浪。你看杜甫的处境!他与生病的橘树,简直没有什么两样。杜甫以病橘来概括自己的一生,这凸显了杜甫的人格理想与社会现实之间的矛盾。《杜诗详注》卷十《病橘》:

群橘少生意,虽多亦奚为。惜哉结实小,酸涩如棠梨。剖之尽蠹虫,采掇爽其宜。纷然不适口,岂只存其皮。萧萧半死叶,未忍别故枝。玄冬霜雪积,况乃回风吹。尝闻蓬莱殿,罗列潇湘姿。此物岁不稔,玉食失光辉。寇盗尚凭陵,当君减膳时。汝病是天意,吾诉罪有司。忆昔南海使,奔腾献荔支。百马死山谷,到今耆旧悲。③

杜甫《病橘》诗作于上元二年(761)秋。时杜甫居住在成都草堂,年五十一岁。

杜甫《病橘》是一首五言古诗,共十二韵。《病橘》一诗,结构严谨,分三层意思写作。前五韵,描写病橘,描写细致而生动。中五韵,议论现实,议论深刻而宏阔。后两韵,追述历史,略具史诗的意蕴。原野上的这株橘树结实细小,味道酸涩,乃是因为它病了。橘树

---

① 冯至著:《杜甫传》,天津:百花文艺出版社,2007年,第92页。
② 冯至著:《杜甫传》,天津:百花文艺出版社,2007年,第81页。
③ 杜甫撰,仇兆鳌详注:《读诗详注》,上海:上海古籍出版社,1992年,第337页。

生病,原因在于境况恶劣,北方吹来寒风,霜厚雪大,橘树实在受不了。

其实,人何尝不是如此呢!严酷的生存境况使得杜甫处于慢性病的折磨之中。《杜诗详注卷》十八《偶题》云:"缘情慰漂荡,抱疾屡迁移。经济惭长策,飞栖假一枝。"[①] 此诗作于大历元年(766)秋,时杜甫在夔州,年五十五岁。杜甫在《偶题》诗中回顾了自己的一生。杜甫之所以写诗,乃是为了安慰在漂泊流浪中度日的自己。在杜甫开始漂泊流浪之前,他已经身染多种慢性病。尽管如此,他还是只好拖着病恹恹的身躯,带着一家人从这里漂泊到那里,直至四年后死去。天宝十载(751),杜甫在长安,献《三大礼赋》,玄宗奇之,命待制集贤院,诏试文章,送隶有司,参列选序。这一年杜甫已经四十岁了,总算被朝廷列为考察的对象。至于杜甫获得官职,则在四年之后。天宝十四载(755),朝廷授杜甫西河县尉。课调征收是县尉的主要职责。贫苦农户拿不出钱粮,遭受县尉鞭打,那是常见的事情。杜甫深知县尉不好当,于是他未到西河就任。不久,朝廷改任杜甫为右卫率府兵曹参军,杜甫才有了正式的官职。因为杜甫得官太晚而经常处于困穷之中,所以他在中年时健康就已经出现了问题。杜甫患有风痹、肺病、糖尿病等多种疾病。杜甫做官之后,由于不善于打理生计,因而他经常处于窘迫之中。杜甫有不少诗篇写他如何向朋友请求接济。

杜甫《病橘》诗以树喻人,像病橘那样悲惨地勉强地生活的人不止他一个,因此这首诗的首句就说"群橘少生意"。皇帝生活奢靡,他在皇宫中摆出许多橘子。皇宫中有许多宫殿,蓬莱殿只不过是其中的一座。朝廷治理不善,叛乱时有发生,最后终于爆发了安史之乱,而唐帝国也因此而开始衰落。安史之乱,这只不过是长期积累的社会矛盾之总爆发。唐玄宗曾为满足杨贵妃的口福,而向南海索荔枝。南海每岁飞驰以进,有的快马,因奔腾过急,竟然倒毙在山谷之中。

杜甫同时还写了主题与《病橘》相同的三首诗,它们是《病柏》《枯棕》和《枯楠》。四季常青的柏树居然病了,杜甫见此情形写下《病柏》诗,以"病柏"的意象比喻唐朝的国势由盛而衰的情形。忠君爱国是杜甫突出的人格特征,因而他对于唐帝国国势之衰落深感悲伤。正是这种悲伤,把杜甫驱遣到了屈原的心境之中。棕榈是高大的常绿乔木,其皮可以制绳索、刷子、蓑衣、垫子等,所以年年遭到剥割。剥割过度,棕榈树就会枯死。杜甫见此情形写下《枯棕》诗,以枯棕的意象比喻遭受残酷剥削的黎民百姓。心忧黎元是杜甫又一突出的人格特征。虽然杜甫不在枯棕之列,但是悲惨若枯棕的黎民百姓从来就是杜甫关切的对象。楠是常绿大乔木,有树中贵族之称,具有旺盛的生命力。奇怪的是,居然连楠木树也枯萎了。杜甫见此情形,写下了《枯楠》诗,以"枯楠"的意象比喻那些因弃之不用而郁郁不得志的才俊。显然,杜甫感到他自己也在其列。杜甫《病橘》诗与以上

---

① 杜甫撰,仇兆鳌详注:《读诗详注》,上海:上海古籍出版社,1992年,第610页。

三首诗在主题思想上相同,然而其思想性更加深刻。这是因为,橘是屈原的表征,也是杜甫自幼认定的自己的表征。当杜甫见到病橘的时候,他心潮起伏,感慨万端,故而《病橘》一诗,其叙事口吻来得特别深沉。这样就造成了一种诗歌创作史上的对偶思维(antithetical thinking mode)现象。屈原以颂歌的形式写下了《橘颂》,而屈原的大多数作品具有哀歌性质;杜甫以悲哀的口吻写下了《病橘》诗,而杜甫的许多作品并不属于真正意义上的哀歌。

杜甫是一位现实主义的大诗人,杜甫的诗歌只是以客观的态度反映现实的社会。杜甫的创作态度与法国百科全书派的领袖狄德罗(Denis Diderot, 1713—1784)非常接近。狄德罗不仅是思想家,也是文学家,他尤其长于戏剧创作。狄德罗以严肃的态度创作了《私生子》(Le fils naturel, 1757)、《一家之主》(Le père de famille, 1758)等剧本。就世界范围而观之,在戏剧中既有悲剧又有喜剧,然而狄德罗所创作的戏剧,既不属于悲剧,又不属于喜剧。那么,它到底属于什么文类呢?狄德罗自己给它起了一个名字,叫作正剧。请看狄德罗《关于〈私生子〉的谈话·第三次谈话》:

> 一切精神都有中间和两极之分。一切戏剧活动都是精神事物,因此似乎也应该有个中间类型和两个极端类型。两极我们有了,就是喜剧和悲剧。但是人不至于永远不是痛苦便是快乐。因此喜剧和悲剧之间一定有个中间地带。……任何戏剧作品,只要题材重要,诗人格调严肃,剧情发展曲折,那么即使没有使人发噱的笑料和令人战栗的危险,也一定有引起兴趣的东西。而且,据我看来,由于这些行动是生活中最普遍的行动,所以以这些行动为对象的剧种应该是最有益、最具普遍性的剧种。我把这种戏剧称为严肃剧。①

1757 年狄德罗创作的第一部正剧《私生子》发表,随后他又发表了《关于〈私生子〉的谈话》(Entretien sur le fils naturel)。谈话一共三次,这一组谈话又称为《与多瓦尔的三次谈话》。多瓦尔(Dorval),剧本《私生子》中的人物。每一篇谈话的前面都有引言,然后是多瓦尔与"我"的问答。狄德罗以一问一答的方式,酣畅淋漓地阐述了他关于正剧的看法。正剧,长于理论思维的德国批评界又称之为市民正剧(drame bourgeois)。中心词"正剧"之前的限定语"市民"进一步将内容明晰化。这就启迪我们,考察文学创作当须注重内容,而对内容的关注则越具体越好。我们研究杜甫的诗歌创作,大都沿袭传统的方法从体裁上来分类。比如,蒲起龙《读杜心解》将全部杜诗分为以下八类,它们是五古、七古、

---

① [法]狄德罗著,张冠尧、桂裕芳等译:《狄德罗美学论文选》,北京:人民文学出版社,2008 年第 2 版,第 82 页。

五律、七律、五排、七排、五绝和七绝。这样的分类是从体裁上进行的分类,而不是从内容上做出的分类。须知,较之体裁,文学作品的内容才是更为本质的东西。狄德罗的戏剧理论启迪我们,研究杜诗,除了从体裁上来认识研究的对象,还可以从内容上来把握研究的对象。倘如此,那么我们就会看到,杜甫的诗歌创作,其最大的亮点在于,他以毕生主要的精力,开创了中国诗歌的一个宏大的种类。杜甫所开创的宏大诗类,倘若允许我们借用狄德罗的思维模式而观照之,那么它就是"正诗"。有趣的是,在中国文学批评史上诗人屈原、诗人杜甫,竟然与历史学家司马迁并列。傅海波与陶德文合著《中华帝国史》写道:

> Wenn die kaiserliche Bücherei die Literatur in Umgangsprache ausschloβ, so beraubte sie sich damit einiger der gröβten literarischeen Meisterwerke. Ein Nonkonformist wie der 1661 hingerichtete Chin Jen-jui (Chin Sheng-t'an), welcher den Roman Shui-hu chuan (deutsch bekanntgeworden unter dem Title Die Räuber vom Liang Schan Moor) und das Theaterstück Hsihsiang chi (Geschichte vom Westpavillion) ungescheut neben Chu'u Yuean, Chuang-tzu, Tu Fu und Ssu-ma Ch'ien stellte, zeigt, daβ auch die Literaturkritik sich weiterentwickelte.①

> 当帝国的图书馆将口语文学排除在外的时候,口语文学却随之而因祸得福,产生了自己最伟大的文学杰作。正如一位持不同见解者金仁瑞(金圣叹)所准备好了的一样,小说《水浒传》(德语世界熟知的题目是《梁山伯的强盗》)和剧本《西厢记》(《西亭的故事》)的作者,居然毫不羞涩地与屈原、庄子、杜甫和司马迁并列,这说明文学批评本身也在进一步发展。(拙译)

金仁瑞(1608—1661),字圣叹,明清之际的著名文学批评家。金仁瑞一生致力于评点历代名作。他把《庄子》《离骚》《史记》《杜诗》《水浒》和《西厢》并称为六才子书,著有《唱经堂外书》《唱经堂内书》《唱经堂杂篇》《杜诗解》等。金仁瑞将庄子、屈原、司马迁、杜甫等人并列,这是颇令人费解的。在傅海波和陶德文看来,造成这种现象的原因,在于文言体文学与口语体文学的混类。其实,傅海波和陶德文所谓口语文学就是白话文学。《西厢记》和《水浒传》都属白话文学的大范畴,然而其中的文言成分也俯拾即是。由此而观之,在人类精神活动的领域中,异质因素的交互混合具有多么重要的作用。比较文学所谓文类(genology),其研究的对象就是传统文论所讲的体裁(genre),而且表现它们的外文

---

① Herbert Franke und Rolf Trauzettel[hrsg.] *Fischer Weltgeschichte Band 19*: *Das Chinesische Kaiserreich* (Frankfurt am Mian: Fischer Bücherei GmbH, 1968), p.308.

单词也是同源词,但是文类学在关注的重点上与传统的文章学有所不同。当我们以文类来言说的时候,侧重考察以下三个方面。其一,一国文学中某种体裁在他国文学中的变异、在场和不在场。其二,一种体裁对另一种体裁的穿插、变容和夺位。其三,一个特别擅长于某一体裁的作家笔下所出现的其他体裁作品的畸零状态。此外,就方法论而言之,文类学属于比较文学的范畴,其主要的操作方法为:在比较中考察异同。文类学意义上的比较,尤其侧重夸语言、跨民族、跨文化和跨学科的比较。体裁论隶属于传统文章学的范畴,其主要的操作方法是:就某一体裁本身而论之。文类学意义上的比较研究是饶有趣味的,它是在一般中寻找特殊,是努力捕捉"一个这个",或曰"这一个"。说得直白一些,那些另类的东西往往值得研究,因为它是人的灵在自由状态下的自然的流溢。因为创作的主体流溢得自然,所以观照者看得真切。

杜甫的诗歌的确是正诗,这是杜甫被称为诗圣的根本原因。除了诗歌创作,杜甫还提出过不少诗学命题,其中有一个命题曰:"风骚共推激。"① 此命题出自《夜听许十一诵诗爱而有作》,载《杜诗详注》卷三。风,指《诗经》传统,因为在《诗经》的三个组成部分即风雅颂中,国风的篇数最多。骚,指《楚辞》传统,因为在《楚辞》中屈原的作品最多,而在屈原的作品中《离骚》的篇幅最长,成就最高,影响最大。1953年,世界和平理事会决定,将中国诗人屈原列为世界文化名人来加以纪念。1961年,世界和平理事会决定,将中国诗人杜甫列为世界文化名人来纪念。在中国文坛上先后出现了两位大诗人屈原和杜甫,而且他们均被并尊为世界文化名人。在世界文化史上,这样的现象不仅十分罕见,而且还很有启迪性。它暗示人们,在屈原和杜甫之间存在着内在的联系,而橘树则是这种联系的象征。屈原和杜甫为我们树立了崇高的人格典范。屈原赋开创了中国诗歌的骚体。杜甫诗映射出与欧洲正剧间的契合。文类的差异性反映了文化的多样性,而文化的多样性之所以能够得到理解,毕竟还是因为,在人类如繁花般灿烂的各民族、各种族和各族群之间,存在这根本的一致性。研究屈赋与杜诗有助于中华民族确立文化自信,有助于我们昂首阔步迈入以一带一路倡议为标志的新时代。

---

① 杜甫撰,仇兆鳌详注:《读诗详注》,上海:上海古籍出版社,1992年,第103页。

屈原文化遗迹时空分布的系统梳理*

湖南理工学院 龚红林

一、文化遗迹最早可上溯"秦末"

从时间角度看,目前可知的文献提及的最早的屈原纪念建筑是湖南常德"招屈亭"。宋祝穆撰《方舆胜览》卷三十"常德府":"招屈亭,在城南。相传三闾大夫以五月五日,由黔中投汨罗,土人以舟救之,为何由得渡湖之歌,其名咸呼云'何在?'"

又,楚霸王项羽曾在"招屈亭"前弑楚义帝①:"项羽遣英布弑义帝,武陵人哭于招屈亭下。高祖闻而义之,号其郡为义陵。"(明董斯张《广博物志》卷七②)这里提到故楚地的武陵人在"招屈亭"下哭悼被项羽所杀的楚义帝,可见,其建筑历史可以推到项羽后期。案,秦灭于公元前207年,项羽卒于公元前202年,武陵(今湖南常德市)"招屈亭"的建筑时间应该在公元前202年前。

而现存"屈原庙"中,文字记载年代较早的,位于汨罗、鲁山、高安三县。一是汉前期楚人始建的汨罗屈原庙。魏郦道元《水经注》卷三十八载:"汨水又西为屈潭,即汨罗渊也。屈原怀沙,自沈于此,故渊潭以屈为名。昔贾谊、史迁,皆尝迳之,弭楫江波,投吊于渊。渊北有屈原庙,庙前有碑。又有《汉南太守程坚碑》,寄在原庙。"③晋王嘉《拾遗记》卷十亦载:"屈原以忠见斥,隐于沅湘。……被王逼逐,乃赴清冷之渊。楚人思慕,谓之水仙。其神游于天河,精灵时降湘浦。楚人为之立祠,汉末犹在。"④二是河南南阳市鲁山县史载东汉桓帝永康元年(167)以前已有屈原庙。《后汉书·延笃传》:"延笃,字叔坚。南阳犨人也。……永康元年卒于家,乡里图其形于屈原之庙。"(《后汉书》卷六十四⑤)即汉代清官延笃(字叔坚)死后,乡里人把他画像放在屈原庙里配享祭祀。延笃的家乡在哪呢?"犨",唐李贤注:"犨,音昌犹反。故城在汝州鲁山县东南也。"(《后汉书》卷六十四⑥)汝州鲁山县,按,今河南平顶山市鲁山县,其地理位置在南阳市的东北方。这

---

* 此文系湖南省教育厅重点项目(编号17A090)阶段性成果。
① 名熊心,楚怀王熊槐之孙。
② 董斯张:《广博物志》,上海:上海古籍出版社,1992年,第141页。
③ 郦道元撰,陈桥驿点校:《水经注》,杭州:浙江古籍出版社,2001年,第593—594页。
④ 王嘉撰、孟庆祥、商微姝译注:《拾遗记译注》,哈尔滨:黑龙江人民出版社,1989年,第287页。
⑤ 范晔撰,李贤等注:《后汉书》,北京:中华书局,1965年,第2103页。
⑥ 范晔撰,李贤等注:《后汉书》,北京:中华书局,1965年,第2103页。

表明汉桓帝永康元年(167)以前,当地就有屈原庙。此外,文献明确记载,西汉元鼎二年(前115)左右,建成侯刘拾建瑞州府(今江西省高安市)"三闾大夫庙"。《江西通志》卷一百八《祠庙》"瑞州府":"三闾大夫庙,在高安县东金沙台,祀楚屈原。汉长沙王子拾封建成侯后,免爵徙家台上,立庙祀之。"① 案,西汉元朔二年(前127),汉武帝封长沙定王刘发之子刘拾为建成侯;元鼎二年(前115),刘拾免,建成侯国除。可见,江西省高安三闾大夫庙建于元鼎二年(前115)左右,今不存。

此后历代各地屈原庙建设情况初步统计如下:

唐代所建屈原庙有唐元和年间王茂元所建称曰"三闾大夫祠":"元和十五年,余刺建平之首岁也,考验图籍,则州之东偏十里,而近先生旧宅之址存焉。爰立小祠,凭神土偶,用表忠贞之所诞,卓荦之不泯也。"(唐王茂元《楚三闾大夫屈先生祠堂铭并序》②)唐何德龄建临江府(在今江西省樟树市临江镇)屈原庙:"屈原庙,在清江蛟湖之滨,唐通判何德龄建。"(清《江西通志》卷一百八《祠庙》"临江府")等。

其他各地屈原祠(庙)的建立的时间一般在清代之前。以湖南为例,清《湖广通志》记载湖南域内屈原祠庙就有:长沙县:"屈贾二公祠,在大西门内,祀楚大夫屈原、汉太傅贾谊。即谊故宅,明李东阳有记。"湘阴县:"汨罗庙,在汨罗江上,祀楚屈原。"益阳县:"五贤祠,在县城南,祀楚屈原、汉诸葛亮、宋张咏、张栻、胡寅。"东安县:"三闾大夫庙,在县斜溪源。"巴陵县:"三闾大夫庙,在城南。"平江县:"三贤祠,在县治右,祀屈原、王旦、唐介。""屈原庙,在县城南。"武陵县:"三闾祠,在县东二里。""四贤祠,在府学前,祀屈原、马援、唐介、岳飞。"沅州:"昭灵庙,在州南五里,祀三闾大夫,宋嘉定中赐额。"黔阳县:"三忠祠,在县北,祀屈原、马援、关帝。"桂东县:"三闾祠,在县城南。"(《湖广通志》卷二十五③)

从修建屈原纪念建筑数目的时间分布秦汉、宋代、清代、当代处于"峰值"。由于清代文献记载屈原纪念建筑最多,但部分建筑未明确其建筑年代,所以,只能依据文献记载时间将它们统计在清代,这是清代的峰值数目最高的一个原因,另一方面清代地方官员对屈原故里、屈原遗迹的关注也是导致这一时期屈原纪念建筑实际数目偏高的一个原因。秦汉时期出现峰值的原因,应和楚文化的繁盛、汉代楚辞学兴盛、民间百姓对屈原的记忆有密切关系,这也证明了屈原存在的真实性。宋代出现一个峰值,与唐五代后屈原受到官方封崇有密切关系。当代屈原纪念建筑峰值的出现,一方面与文化遗产保存角度的迁建和重建较多有关,另一方面与地方官员重视名人效应促进旅游文化产业有关。

---

① 《江西通志》,文渊阁四库全书本。下文所引此书均用此版本。
② 王茂元撰:《三闾大夫屈先生祠堂铭并序》,李昉等编《文苑英华》卷七百八十六"塔庙下"引录。又载,湖北省秭归县地方志编纂委员会编《秭归县志》,北京:中国大百科全书出版社,1991年,第562页。
③ 《湖广通志》,文渊阁四库全书本。下文所引此书均用此版本。

二、文化遗迹分布集中于洞庭湖、鄱阳湖流域远至台湾海峡

从屈原作品和蒋骥楚辞图①,我们可以大致推知屈原生前的活动范围主要集中在汉水、鄱阳湖、洞庭湖流域。相当于今天的湖北、湖南大部,安徽南部、江西北部及四川东部。这些地域正是屈原庙今日分布的主要地域,全国大部分祭祀屈原庙(祠)、屈原主题公园、屈原遗迹都分布在此。

湖南现有屈原庙祠遗址有:汨罗屈子祠,益阳凤凰神庙、溆浦县屈原庙、澧县三闾大夫祠、三闾祠,桃江县凤凰庙,辰溪县乡贤祠遗址,黔阳县三闾大夫庙,芷江县昭灵庙遗址,长沙市三闾大夫祠遗址、屈贾二先生祠、屈子祠,湘潭县三闾祠遗址,零陵县屈原庙遗址,祁阳县昭灵庙,道县三闾大夫祠,桂东县三闾大夫祠,岳阳县三闾故宅、三闾庙,湘阴县三闾祠,平江县三贤祠等。②笔者结合历史文献考察发现湖南屈原祠庙遗迹还有:常德武陵区"四贤祠"、常德市澧县"三贤祠"、怀化市黔阳县"三忠祠"、怀化市溆浦县"涉江楼"等。

湖北地域内现存屈原祠有:秭归屈原镇屈原庙、秭归凤凰山屈原故里风景区屈原祠、秭归县归州镇万古寺村"屈氏祠堂"、武汉东湖听涛区"行吟阁"屈原纪念馆、荆州市沙市区"江渎宫"、荆州市九龙渊屈原雕像、监利县荒湖区屈子祠、监利县黄歇口镇濯缨台等。文献记载的屈原庙有:秭归新滩镇小青滩"屈大夫庙"、秭归水田坝凉风垭独醒亭、兴山县"独清亭"、兴山县北"三闾大夫祠"、武昌县"三闾大夫祠"、咸宁市通山县"三闾大夫祠"、监利县白螺镇屈原涉江处"望郢亭",等。

重庆市、四川省域屈原遗址:重庆市忠县屈原塔、重庆市忠县屈原碑、四川广安岳池县齐福乡莲花屋基村"三闾遗风"匾额、四川省三台县"名世堂",等。江西省域内现存景德镇三闾庙(忠洁侯庙);文献记载江西临江府清江、瑞州府高安县、南昌府武宁县均建有屈原庙。河南南阳市西峡县屈原岗现存"屈原祠"遗址。安徽省池州东至荆桥现存"屈公祠"遗址。福建厦门金山区现有"屈子文化园"、佛昙镇"屈原岛"现建"忠烈亭"。台湾地区彰化宝部里屈家村现存"泰和宫"、洲美北投有"屈原宫"、台南有水仙宫。

两千多年的历史、大半个中国,文化遗迹分布集中于洞庭湖、鄱阳湖流域远至台湾海峡。

三、文化遗迹与屈原精神的传承

各地屈原文化遗迹修建和复修时,往往会作记刻石,这些文字较为可信地传达了不同时代、不同地域人们对屈原精神的理解层面。"神灵肇祀,靡国不有。翳功与德,称两

---

① 蒋骥撰:《山带阁注楚辞》卷首,依屈原《抽思》《思美人》《涉江》《哀郢》《渔父》《怀沙》所作的屈原流放地图。
② 徐蔚明:《高扬屈原应成为湖南文化强省战略的重要举措》,《云梦学刊》,2010年第5期,第54—59页。

不朽。德立于身,望重山斗。功及于人,泽流远久。庙貌维新,典礼由旧。或专以享,或配而侑。俾几俾筵,陟降左右。式瞻榱桷,如向斯受。邦家之光,报称之厚。是曰崇贤,载笔非偶。"可见,古人祭祀祠庙,庄重严肃,作祠庙志记述前后经过及祭祀原因是一项重要而神圣的程序。各地屈原庙以汨罗和秭归最著,唐代至今多次复修,现存庙记亦最多。

汨罗现存最早的庙记,唐蒋防《汨罗庙记》①赞屈子大忠。文中以倡导君臣至理为主线,赞美三代及唐代的君明臣忠,惋惜范蠡、鲁连及屈原等人不遇明君。称屈原为"大忠者":"三闾者,以大忠而揭大文,沉吟楚泽,哀郁自赞,爱兴衰贬,六经同风。"意思是说,屈原抱天地之正气,忠君忧国不顾性命而有贤能,其诗文中反复强调自爱,讽谏君王,与儒家经典六经义理相同,是贤臣的楷模,故而千载之后,有感屈原"孤魂"无人理解,应太守之邀请,欣然作文"以广忠贤之业",宣屈原之精神。

与此几乎同时,秭归现存最早的庙记,唐王茂元《楚三闾大夫屈先生祠堂铭并序》②赞屈原忠可激俗、清可厉贪:"先生义特百夫,文雄千古,其忠可以激俗,其清可以厉贪。"修建三闾大夫屈先生祠堂,主要是当地还没有供奉屈原神貌的庙宇,为向世人旌表屈原忠贞之质、卓荦之才,故考图索迹,在屈原故居遗址屈原沱建立庙祠。庙记中突出强调了屈原的忠君忧国和清醒浊世这两种品行,认为屈原精神之忠、清是对世俗和官场社会最好的激励和鞭挞。这是他建祠的主要意图,他在铭文中说:"耸忠来者,载陈清酤。乞灵臧事,非愚所取。"建立三闾大夫祠,是为了让后来之人对国对君忠诚如屈原,对己能清洁自爱。至于祈求神灵护佑的迷信则非自己所取。可以看到王茂元是一位忧国忧民的文武全才的大将,处在晚唐藩镇割据,牛李党争之间,他希望世俗之人忘却自己的私人得失,学习屈原的忠与清。

此后历代庙记几乎都不约而同突出屈原"忠""清"之精神。后梁萧振《楚三闾大夫昭灵侯庙记》③赞屈原"怀忠履洁,忧国爱君";元刘行荣《重建忠洁(按,应为"节")清烈公庙记》④思"大夫之忠"馨诸金石;元黄清老《清烈公后记》⑤赞屈原事君尽忠、修词明仁:"坚贞雄壮,文理芳洁""事君尽忠,死而不二""其所述作,托物以寓讽谏,修词以明仁义";明戴嘉猷《重修汨罗庙记》⑥赞屈原"忠洁清烈"之高风;明余自怡《重建三闾祠碑

---

① 周绍良主编:《全唐文新编》卷七一九,吉林:吉林文史出版社,2000年,第3部 第4册,第8245—8246页。
② 王茂元撰:《三闾大夫屈先生祠堂铭并序》,李昉等编《文苑英华》卷七百八十六"塔庙下"引录。又载,湖北省秭归县地方志编纂委员会编:《秭归县志》,北京:中国大百科全书出版社,1991年,第562页。
③ 湖南省地方志编纂委员会编:《湖南省志·28·文物志》,长沙:湖南出版社,1995年,第511—512页。
④ 湖南省地方志编纂委员会编:《湖南省志·28·文物志》,长沙:湖南出版社,1995年,第531页。
⑤ 清《湖广通志》卷一百七《艺文志·记》,文渊阁四库全书本。
⑥ 湖南省地方志编纂委员会编:《湖南省志·28·文物志》,长沙:湖南出版社,1995年,第532页。

记》① 赞屈原万世臣鹄以申忠训:"先生之忠,故万世臣鹄也""先生忧谗畏讥而忠不衰";清陈钟理《重修汨罗三闾大夫祠记》② 称祭祀屈原乃"忠贞之祀,风化之源";清康熙九年(1670)王景阳《重修屈公祠记》③ 赞屈原忠君爱国、励世磨俗:"忠义之气,日在人心,历千万年而不泯""励世磨俗,令人过庙思敬"。

除却庙记,从文献记载和实地考察看,屈原庙还会通过楹联、碑廊、画像等文物陈列来传承屈原精神。如长沙、汨罗、秭归、武汉等地屈原祠(纪念馆)等地的楹联:

> 哀郢矢孤忠三百篇中独宗变雅开新格;
> 怀沙沉此地二千年后唯有滩声似旧时。(汨罗　屈子祠)
> 万顷重湖悲去国;
> 一江千古属斯人。(汨罗　屈子祠)
> 何处招魂香草还生三户地;
> 当年呵壁湘流应识九歌心。(长沙岳麓山　屈子祠)
> 千古名胜又重新是谁润色江山应追思屈子文章贾生才调;
> 四面烽烟都扫尽到此安排樽酒好携来洞庭秋月衡岳春云。(长沙屈贾祠)
> 亲不负楚疏不负梁爱国忠君真气节;
> 骚可为经策可为史经天纬地大文章。(长沙屈贾祠)
> 大节仰忠贞,气吐虹霓,天问九章歌浩荡;
> 修能明治乱,志存社稷,泽遗万世颂离骚。(秭归　屈原祠)
> 泽畔行吟,五月孤忠沉夜月;
> 离骚寿世,三闾遗恨泣秋风。(兴化　三闾遗庙)
> 千古忠贞千古仰;
> 一生清醒一生忧。(兴化　三闾遗庙)

楹联以简洁鲜明的语词,传承了屈原忠贞清醒的品格和志存社稷的理想,字里行间寄托了人们对屈原文章人品的景仰之情。

此外,诗歌碑廊刻录了大量文人墨客的咏屈诗文,也展示着屈原忠贞爱国的精神与

---

① 湖南省地方志编纂委员会编:《湖南省志·28·文物志》,长沙:湖南出版社,1995年,第535—536页。
② 原载《湘阴县图志·艺文志》,转引自刘石林《汨罗江畔屈子祠》长沙:湖南人民出版社,2003年,第136页。
③ 湖北省秭归县地方志编纂委员会编:《秭归县志》,北京:中国大百科全书出版社,1991年,第563—564页。

日月同光。"兹楼今是望乡台,乡信全稀晓雁哀。……南涧花残客未回。欲吊灵均能赋否,秋风还有木兰开。"①自从唐玄宗朝将祭祀山川名胜古迹纳入官方祭祀典制后,唐代路过屈原沉身之地或屈子祠的诗人,往往赋诗吊屈,并延续到当代。如唐李嘉佑②《夜闻江南人家赛神因题即事》:"听此迎神送神曲,携觞欲吊屈原祠。"(《全唐诗》卷二百六)刘禹锡《游桃源一百韵》:"北渚吊灵均,长岑思亭伯。"(《全唐诗》卷三百五十五)诗僧齐已《吊汨罗》:"落日倚阑干,徘徊汨罗曲。冤魂如可吊,烟浪声以哭。"等等。

"其忠可以激俗,其清可以厉贪。"(唐王茂元《楚三闾大夫屈先生祠堂铭并序》)的确,从贾谊至今,中外作家一路凭吊屈原,题诗屈原庙,或者引用、化用屈原的诗句,甚或认为自己就是"屈原",他们汲取着屈原精神,完成着自己心灵的铸造。

---

① 许浑:《晨起白云楼寄龙兴江准上人兼呈窦秀才》,《全唐诗》卷五百三十五,郑州:中州古籍出版社,2008年。
② "李嘉佑,字从一,赵州人。天宝七年擢第,授秘书正字。坐事谪鄱江令,调江阴入为中郎。上元中,出为台州刺史,大历中,复为袁州刺史,与严维、刘长卿、冷朝阳诸人友善,为诗丽婉,有齐梁风集一卷,今编诗二卷。"(《全唐诗》卷二百六)

神圣空间：屈原、杜甫湖湘之游的诗学同构

西安交通大学 刘 祥

论者每谓杜诗不法屈赋①，多从诗歌技法、意境着眼，而非精神。关于屈、杜关系，当以黄庭坚所论为优："子美诗妙处乃在无意为文，夫无意而意已至，非广之以《国风》《雅》《颂》，深之以《离骚》《九歌》，安能咀嚼其意味，闯然入其门耶！"②杜甫取法屈原不在其形，而在其神③。黄生评《湘夫人祠》曰："公诗发源楚辞，波澜故自老成。"④杜诗发源楚辞，自成一家。黄庭坚、黄生虽指出屈赋、杜诗之间渊承关系，却并未揭示杜诗具体如何取法。杜甫学习屈赋，不只简单典故、名物运用，而有深层次诗学呈现与空间重叠。杜诗受屈赋影响最著者，莫过于湖湘诗。大历三年（768）冬，杜甫至岳阳，开始人生最后一个阶段——湖湘漫游时期。自《泊岳阳城下》以下，《杜诗详注》所载第二十二、二十三卷皆为湖湘诗。"湖湘"指以洞庭湖与湘水流域为中心的"神圣空间"，也是屈原、杜甫命终之所，对二人而言意义非凡。

湖湘神圣空间形成经过三重扮演，第一次是巫祝扮演求爱者，鼓舞祭祀，以求神降；第二次是屈原扮演祀神者，求而不得，暗寓君臣暌违；第三次是杜甫扮演屈原与湘妃，通过屈原遭际与男女离别喻托君臣难合。从长江、洞庭，溯源湘江，以至于九疑，这一条自然水路，同时也是屈原、杜甫构造的神圣空间之核心。由屈原到杜甫，湖湘神圣空间书写内容由神氛渐趋人事，追求治世的政治理想却始终未变。以湖湘大地上的"神圣空间"为媒介，分析屈赋、杜诗中相通的空间构建，不仅能把握屈赋、杜诗之间深刻的内在联系，而且有助于研究文学经典如何通过地理空间影响后世创作。将研究对象置于具体空间内讨论，也可避免文学影响研究的概念化，可以更为生动地把握异世诗人于同一神圣空间内的诗学同构。

一、巫术与人文：屈原对湖湘神圣空间的构建

"神圣空间"是具有特殊意义的地理空间。它与世俗空间相对，"不是自然存在的，而

---

① 曾季狸：《艇斋诗话》："虽老杜亦无似《骚》者。"胡应麟《诗薮》内编卷二："少陵……不仿《离骚》。"
② 《大雅堂记》，黄庭坚：《豫章黄先生文集》卷一七，《四部丛刊初编》本。
③ 现代学者多从爱国主义、忠君情怀等角度论杜甫对屈原的继承，如程千帆、莫砺锋《忧患感：从屈原、贾谊到杜甫》指出"深沉的忧世精神"是其核心。
④ 杜甫著，仇兆鳌注：《杜诗详注》，北京：中华书局，1979年，第1956页。

是人通过其文化、经验和欲求,在界定、限制和描画它时赋予其神圣性的。"① 神圣空间的关键不在于空间,而在于空间中的意义。最为典型的神圣空间属于巫术与宗教,"对于宗教徒来说,空间并不是均质(homogeneous)的。教徒能够体验到空间的中断,并且能够走进这种中断之中。空间的某些部分与其他部分彼此间有着内在品质上的不同。"② 宗教徒可以敏锐地体察到空间的断裂,寻觅某部分空间与众不同的神圣性。除了宗教意义的神圣空间之外,世俗空间也能引起类似宗教体验的非均质的神圣体验。正如伊利亚德所说:"世俗空间的体验仍然包含有能够唤起空间的宗教体验所特有的非均质(nonhomogeneity)的价值。"③ 龙迪勇在论述俄罗斯作家蒲宁《故园》时,便将"故园"作为这类神圣空间的代表④。上述两种神圣空间可以概括为"巫术—宗教意义的神圣空间"与"人文意义的神圣空间"⑤,皆可于屈原作品中得到印证。

"巫术—宗教意义的神圣空间。"楚辞中的神性叙事渊源有自,"湖湘"在春秋战国是楚国的南疆⑥,而"荆人畏鬼"(《吕氏春秋》),"信巫鬼,重淫祀。"(《汉书·地理志下》)楚地普遍信奉巫鬼、重视祭祀。《湖南风土记》也说:"长沙下湿,丈夫多夭折。俗信鬼,好淫祀。"⑦ 屈原《九歌》记载大量祀神活动,王逸《九歌章句》:"沅、湘之间,其俗信鬼而好祠。其祠,必作歌乐鼓舞以乐诸神。屈原放逐,窜伏其域,怀忧苦毒,愁思沸郁,出见俗人祭祀之礼,歌舞之乐,其词鄙陋。因为作《九歌》之曲。"⑧ 无论王逸这段记载是否完全符合《九歌》的创作情境,从内容来看,《九歌》确实充满"歌乐鼓舞"场景,求神、媚神倾向明显。

《九歌》有迎神、送神之曲,涉及东皇太一、云中君、湘君、湘夫人、大司命、少司命、东君、河伯、山鬼、国殇等多位神灵,可以确认为湖湘特有之神为二湘、山鬼与为国捐躯的亡魂。山鬼是一位美丽的女神,她居住在深山幽篁之中,以香草为衣,"既含睇兮又宜笑",乘坐红色的豹子,携带满身花纹的狸猫,与凡俗女性形象迥异。在屈原的其他作品中,神话描写也特别丰富,如《离骚》周游天下以求女、《天问》对神话传说的理性审视等。据《史记》记载,题为屈原所做的《招魂》,更是详细描述了巫术场景,与当下湖南农村丧葬招魂

---

① 译文转引自张俊:《神圣空间与信仰》,《福建论坛·人文社会科学版》,2010 年第 7 期。R. H. Jackson and R. Henrie, "Perception of Sacred Space", *Journal of Cultural Geography* 3(1983): 94—107.
② [罗马尼亚]伊利亚德著,王建光译:《神圣与世俗》,北京:华夏出版社,2002 年,第 1 页。
③ [罗马尼亚]伊利亚德著,王建光译:《神圣与世俗》,北京:华夏出版社,2002 年,第 3 页。
④ 龙迪勇:《空间叙事学》,北京:三联书店,2015 年,第 114、115 页。
⑤ 张俊:《神圣空间与信仰》,《福建论坛·人文社会科学版》,2010 年第 7 期。
⑥ 刘向集录:《战国策·楚策一》:"楚,天下之强国也。……南有洞庭、苍梧。"上海:上海古籍出版社,1999 年,第 500 页。
⑦ 乐史:《太平寰宇记》卷一百十四"潭州·风俗"下引,北京:中华书局,2007 年,第 2317 页。
⑧ 洪兴祖:《楚辞补注》,北京:中华书局,1983 年,第 55 页。

习俗可相参证。经由楚地先民营造与屈原辞赋书写,湖湘成为典型的"巫术—宗教意义的神圣空间"。

时至唐代,湖湘民间祭祀之风未衰,李嘉祐《夜闻江南人家赛神因题即事》云:"南方淫祀古风俗,楚妪解唱迎神曲。……帝女凌空下湘岸,番君隔浦向尧山。……逐客临江空自悲,月明流水无已时。听此迎神送神曲,携觞欲吊屈原祠。"①李诗描绘湖湘赛神之事,列举各种神灵,其中就有湘妃,而迎神、送神之曲也让诗人想起屈原。李诗从神灵描写转向写过祭神之曲的屈原,关键在于"逐客"身份的自陈。《九歌章句》曰:"上陈事神之敬,下见己之冤结,托之以讽谏。"②"事神"只是屈赋中的一面,另一面则是陈述无罪遭逐之冤、忠君爱国之意,因此,湖湘也是带有强烈屈原印迹的"人文意义的神圣空间",以逐客之悲为情感基调、忠君爱国为陈述模式、君明臣贤为理想政治。

"人文意义的神圣空间"。屈原并非有意识地在构建一个"人文意义的神圣空间",而是通过在湖湘的活动,而使这个空间充满带有屈原痕迹的精神价值。他第二次流放活跃于此地,《涉江》曰:

> 哀南夷之莫吾知兮,旦余济乎江湘。乘鄂渚而反顾兮,欸秋冬之绪风。……乘舲船余上沅兮,齐吴榜以击汰。……朝发枉陼兮,夕宿辰阳。苟余心其端直兮,虽僻远之何伤。入溆浦余儃佪兮,迷不知吾所如。

江水、鄂渚在湖湘北界,湘水、沅水、枉陼、辰阳、溆浦都是湖湘地理名物。屈原勾勒出一道由南向北的行进路线,这条路线在《离骚》中叫作"济沅湘而南征",目的地是象征政治清明的虞舜之苍梧。《怀沙》曰:"滔滔孟夏兮,草木莽莽。伤怀永哀兮,汩徂南土。"他流离南方,最终投汨罗而死。屈原及其作品所具有的浓郁忠君爱国情怀与怀才不遇的愤懑,通过地理空间内的行迹得以保留,并在后世被不断重述,最终固定为人文湖湘的核心内涵。

屈原去世百余年后,贾谊被贬长沙,途经湘江,作《吊屈原赋》,曰:"共承嘉惠兮,俟罪长沙。侧闻屈原兮,自沈汨罗。造讬湘流兮,敬吊先生。遭世罔极兮,乃陨厥身。"此为最早过湖湘而吊屈原之作,一个延绵不断的人文传统在此后逐渐形成。司马迁曾专门追寻屈原足迹,"窥九疑,浮于沅、湘"(《史记·太史公自序》),实地考察过湖湘,最早有意识地将地理纳入楚辞的文学阐释之中,构筑文学、地理相结合的意义空间③。东汉梁竦被贬

---

① 黄仁生,罗建伦校点:《唐宋人寓湘诗文集》,长沙:岳麓书社,2013年,第162页。
② 洪兴祖:《楚辞补注》,北京:中华书局,1983年,第55页。
③ 《史记·屈原贾谊列传》:"余读《离骚》《天问》《招魂》《哀郢》,悲其志。适长沙,观屈原所自沈渊,未尝不垂涕,想见其为人。"

九真,路经湖湘,作《悼骚赋》,也感叹屈原沉身。从屈原到杜甫,无数重临此地的迁客文人总是通过凭吊屈原,纾解内心的迁客之悲、思君之意,并且不断加入新的内涵与感受,使得湖湘人文空间更为丰满。

杜甫湖湘诗与屈赋在对湖湘神圣空间的营造上一脉相承,"巫术—宗教意义的神圣空间""人文意义的神圣空间"在屈、杜作品中凝合到一起,"事神之敬"与"冤结讽谏"并存,实现了诗学同构。杜甫继承屈原,对湖湘神圣空间的构建,集中体现于湘妃、虞舜神话之中,包含两重内涵。第一重以湘妃神话为中心,是由男女遇合不及,进而讨论君臣难合的政治比兴;另外一重,则是以虞舜神话为中心,暗含着君明臣贤的政治伦理。

二、神女与爱情:屈、杜对湘妃神话的塑造

湘妃神话是湖湘神圣空间生成的重要因素。周勋初将之分为三个阶段,第一阶段是《山海经》所载帝之二女时期①,与舜妃无关;第二阶段是虞舜神话流行之后,舜妃开始与湘妃神话融合,屈原创作在此时;第三阶段是湘妃成为舜妃,身份得以确定②。我们遵从周先生之说,认为二湘皆为女神,而非配偶神,且"屈原在《九歌》中反映的是湘水流域的水神恋爱故事,与舜的关系还处在若即若离之中"③。

与周先生湘妃神话三期划分相应,这一神话的文学化经历了三次角色扮演。第一次扮演是巫祝扮演求爱者,鼓舞祭祀,以求神降,在楚地先民非均质的宗教体验中,湘水两岸形成"一个激动人心的、意义深远的空间"④。湖湘巫风盛行,祭祀山川河流,场面热烈宏大,祭祀者百般媚神,以致倾慕。《九歌章句》:"沅、湘之间……其祠,必作歌乐鼓舞以乐诸神。"早期巫祝祭祀湘水之神,需要歌唱,这种歌唱从属于宗教活动,拥有超越世俗的神圣意味。

第二次扮演是屈原扮演祀神者,迷离惝恍,求而不得。《湘君》:"采薜荔兮水中,搴芙蓉兮木末。心不同兮媒劳,恩不甚兮轻绝。……交不忠兮怨长,期不信兮告余以不闲。"薜荔生陆上、芙蓉在水中,祭祀者反其道求之,象征佳偶难成。"心不同""恩不甚"两句是对神女的控诉,屈原将爱情无果的原因归为神灵之"不信"。《湘夫人》中有对"期不信"的详细注解:"闻佳人兮召予,将腾驾兮偕逝。"人、神相约已成,即将相偕归去。"筑

---

① 《山海经》云:"洞庭之山,帝之二女居焉。沅、澧之风,交潇、湘之浦,出入多飘风暴雨。"
② 司马迁:《史记·秦始皇本纪》:"(始皇)乃西南渡淮水,之衡山、南郡。浮江,至湘山祠。逢大风,几不得渡。上问博士曰:'湘君何神?'博士对曰:'闻之,尧女,舜之妻,而葬此。'"北京:中华书局,2013年,第314页。
③ 周勋初:《九歌新考》,上海:上海古籍出版社,1986年,第98页。
④ [罗马尼亚]伊利亚德著,王建光译:《神圣与世俗》,北京:华夏出版社,2002年,第1页。

室兮水中,葺之兮荷盖。……合百草兮实庭,建芳馨兮庑门。"诗人建造了一个充满香草、美丽芬芳的屋宇,准备迎接女神到来。"九疑缤兮并迎,灵之来兮如云。捐余袂兮江中,遗余褋兮澧浦。搴汀洲兮杜若,将以遗兮远者。时不可兮骤得,聊逍遥兮容与。"然而,九疑众神前来,人、神恋爱中断,诗人惆怅哀怨,独自徘徊。此处描绘可参照《离骚》第二次求女:"望瑶台之偃蹇兮,见有娀之佚女。……凤凰既受诒兮,恐高辛之先我。欲远集而无所止兮,聊浮游以逍遥。"都是被人抢先而失败。王逸注《湘夫人》曰:"屈原托与湘夫人共邻而处,舜复迎之而去……将适九夷也。"① 所言大体不谬,只是将恋爱情节美化成共邻。

屈赋的角色扮演与情节设计,为后世楚辞阐释带来两个重要影响:其一,九疑众神的登场,将湘妃身份确定化,湘妃——虞舜相对的人物关系模式、洞庭——九疑相对的空间叙述模式形成。《离骚》求有娀之佚女,被高辛(帝喾)所阻;求有虞之二姚,为少康(夏王)所阻。高辛、少康皆为古帝王,至《湘夫人》云九疑众神,与高辛之"凤凰"类似,皆为帝王之使,在此语境中便代表虞舜②。周先生说:"舜之二妃已与湘水二女神叠合起来,只是《湘君》《湘夫人》中还保留着野男人追求二女神的情节,所以我们又说其中还保留着原始宗教的残余痕迹。"③ 屈赋将人文精神带入湘妃神话之中,开始改变这一神话的原始形态。自此之后,湘妃与虞舜的配偶关系基本确定,秦博士、刘向等人皆持此说。

其二,从原始祭祀求神、乞神,到屈原怨神,中间涵纳了楚辞阐释中之"忠君说"。祀神者求而不得的哀怨,是阐释者将二湘解读为忠君之诗的出发点。王逸《楚辞章句》说屈原"托之以讽谏",朱熹《楚辞集注》明确提出"而又因彼事神之心,以寄吾忠君爱国眷恋不忘之意"④。解《湘君》曰:"此篇盖为男主事阴神之词,故其情意曲折尤多,皆以阴寓忠爱于君之意。"⑤ 奠定二湘阐释基调。戴震《屈原赋注》:"致怨慕,作湘君、湘夫人,以己之弃于人世,犹巫之致神而神不顾也。"⑥ 则将这层比附关系具体化。

第三次扮演则是杜甫在创作上承袭屈原吊古,心理上扮演湘妃,以人神难以遇合,寓示政治理想无法实现。杜甫吟咏湘妃神话最有代表性的是《湘夫人祠》《祠南夕望》两诗,分别代表了杜甫角色扮演的两个维度。

---

① 洪兴祖:《楚辞补注》,北京:中华书局,1983年,第68页。
② 王逸:《楚辞章句》:"言舜使九嶷之山神,缤然来迎二女,则百神侍送,众多如云也。"(《楚辞补注》,第68页)《离骚》:"巫咸将夕降兮,怀椒糈而要之。百神翳其备降兮,九疑缤其并迎。皇剡剡其扬灵兮,告余以吉故。"此处九疑众神亦为虞舜使者,众神所言君、臣相得之事,与《离骚》前文所载苍梧陈辞内容遥相呼应。
③ 周勋初:《九歌新考》,上海:上海古籍出版社,1986年,第96页。
④ 朱熹:《楚辞集注》,上海:上海古籍出版社·安徽:安徽教育出版社,2001年,第31页。
⑤ 朱熹:《楚辞集注》,上海:上海古籍出版社·安徽:安徽教育出版社,2001年,第36页。
⑥ 戴震:《屈原赋注》卷二《九歌序》,《戴震文集》,北京:中华书局,1980年,第156页。

其一,杜甫扮演湘妃,通过描写湘妃与虞舜的隔绝,表达自己对唐帝的遗憾。《湘夫人祠》:"肃肃湘妃庙,空墙碧水春。……苍梧恨不尽,染泪在丛筠。""苍梧"指舜,末句则是湘妃从舜不及、洒泪成斑竹之传说。黄生曰:"七、八倒叙,因泪筠而知妃恨耳。苍梧何恨?恨不得从舜也。因本色作收,而自喻之旨已露。"①所谓自喻之旨,便是自比湘妃,以湘妃从舜不及比喻君臣难以遇合。王嗣奭《杜臆》将这层意思显豁化:"臣之望君,犹妻之望夫,苍梧之恨,不为夫人发也。"浦起龙《读杜心解》:"盖妃之'恨',犹我之'恨'。"②杜甫与湘妃合二为一,同思共感。黄、王等人在忠君爱国上,与朱熹二湘阐释相统一③。

其二,杜甫扮演屈原,通过对吊屈抒发心中抑郁。《祠南夕望》:"百丈牵江色,孤舟泛日斜。兴来犹杖屦,目断更云沙。山鬼迷春竹,湘娥倚暮花。湖南清绝地,万古一长嗟。"此诗前四句写目中所见,后四句则是对湖湘神圣空间的表述。尾联以"清绝"二字浓缩湖湘的精神内涵,甚为精当。构成"清绝"的因素是什么呢?杜甫提及山鬼与"湘娥",山鬼独处幽篁与湘妃思念虞舜所体现的情感便是"清绝"。而"万古一长嗟"则将屈原与杜甫的紧密联系起来,千载前后屈原、杜甫在情感体验与诗性表达上取得高度一致,黄生说:"此近体中吊屈原赋也,结亦自喻。日夕望祠,仿佛山鬼湘娥,如见灵均所赋者。因叹地虽清绝,而俯仰兴怀,万古共一长嗟,此借酒杯以浇块垒。山鬼湘娥,即屈原也。屈原,即少陵也。"④湘娥、屈原、杜甫三个情感主体中,屈原是关键,他朝前吟咏湘娥,将湖湘大地构建成带有人文意义的神圣空间;朝后通过空间同处,跨越时间传输于后世香草美人传统。浦起龙《读杜心解》:"盖'山鬼'、'湘娥',皆屈赋寓言,今于'夕望'、'清绝'之余,恍然遇之。此日之含情,即当年之托兴。"⑤浦氏所言更为清晰明了,指出屈原、杜甫之间存在相通的诗意表达。

以上通过对三次扮演的分析,我们不难发现:湖湘大地逐渐由"巫术神圣空间"向"人文神圣空间"转变,湘妃神话的神圣性淡退,世俗性增强。这种变化通过屈原、杜甫对湘妃神话不同侧重而实现。屈原在二湘中化身求爱者,求而不得、因生怅惘,以比求君不得,诗中叙述明显脱胎于原始宗教祭祀场景;而杜甫《湘夫人祠》则是化身二妃,以湘妃思慕虞舜比喻思念君王。此时二妃是行动受制的历史人物,而非来去自由的仙女,杜甫的湘妃描写更具有理性精神与人文意义。更深入地讲,前者是自我主动融入诗歌叙述之中;

---

① 杜甫著,仇兆鳌注:《杜诗详注》,北京:中华书局,1979年,第1956页。
② 浦起龙:《读杜心解》,北京:中华书局,1961年,第586页。
③ 参见曾亚兰:《屈原〈湘夫人〉与杜甫〈湘夫人祠〉抒同一情怀说》,《杜甫研究学刊》,2007年第3期。
④ 杜甫著,仇兆鳌注:《杜诗详注》,北京:中华书局,1979年,第1956页。
⑤ 浦起龙:《读杜心解》,北京:中华书局,1961年,第587页。

而后者则处于相对客观的位置,是从旁观者的角度叙述,进而代入自身感触。美人比兴的基本表达模式未变,而侧重点已然不同。

为何会发生这种转变呢？王逸《楚辞章句》基本能够按照屈原意旨阐释,为何到了唐代,杜甫的侧重点会如此不同呢？ 上文提及湘妃神话的转变是最为重要的原因,它借助屈原二湘发展起来,经由司马迁、刘向、郭璞、张华等学者的宣扬①,逐渐脱离楚辞文本,成为一则独立丰富的神话故事,专门的诗歌题咏随之出现。据刘长卿《湘妃诗序》载:"《琴操》有《湘妃怨》,又有《湘夫人曲》。"② 如此说可信,早在汉末就有专门吟咏湘妃之作。南朝有沈约、王僧孺同题《湘夫人》,用辞造意尚且继承屈原,如沈约《湘夫人》:"潇湘风已息,沅澧复安流。扬蛾一含睇,便娟好且修。捐玦置澧浦,解佩寄中洲。"③ 纯粹将屈赋改为五言诗体。时至唐初承之未改,李颀《湘夫人》也与沈、张二诗立意相同,不过他将九疑放置诗首,似乎透露出一点变化④。真正在诗歌中明确将吟咏中心转为湘妃、虞舜爱情的是杜甫《湘夫人祠》,从根本上改变了题咏湘妃之作的创作重心。

三、神帝与圣王:屈、杜对虞舜的神性叙事

屈原之后,几乎所有的湘妃传说、题咏都有虞舜作为陪衬,而虞舜神话却不常有湘妃。《山海经》三载虞舜葬于苍梧的说法⑤,《礼记·檀弓上》《史记·五帝本纪》亦有类似记载。"苍梧"是除洞庭湖之外,湖湘之地意义最为密集的一个神圣空间。蔡邕《九疑山铭》:"岩岩九疑……逮于虞舜,圣德光明。克谐顽傲,以孝蒸蒸。……泰阶以平,人以有终,遂葬九疑,解体而升。登此崔嵬,托灵神仙。"⑥ 虞舜成为神仙世界的一员,九疑山也拥有了虞舜的德行。

屈赋提及虞舜主要有三处,分别在《天问》《离骚》《涉江》。《天问》从史学角度怀疑虞舜传说,暗含对行善履正不得福报,邪枉奸诈却得善终的愤懑。《涉江》将虞舜作为政治理想代表:"驾青虬兮骖白螭,吾与重华游兮瑶之圃。登昆仑兮食玉英。与天地兮比寿,

---

① 张华:《博物志·史补》:"尧之二女,舜之二妃,曰湘夫人,舜崩,二妃啼,以涕挥竹,竹尽斑。"斑竹成为虞舜与湘妃恋爱的新道具。
② 郭茂倩:《乐府诗集》,北京:中华书局,1979年,第826页。
③ 郭茂倩:《乐府诗集》,北京:中华书局,1979年,第827页。
④ 刘长卿《湘妃》"帝子不可见"云云与屈原意同。《斑竹》《湘妃庙》《斑竹岩》诸诗涉及湘妃、虞舜爱情,作于大历六年(771),稍后于杜甫。见储仲君《刘长卿编年校注》,北京:中华书局,1996年,第340—362页。
⑤ 《山海经·海内南经》:"苍梧之山,帝舜葬于阳,帝丹朱葬于阴。"《大荒南经》:"赤水之东,有苍梧之野,舜与叔均之所葬也。"《海内经》:"南方苍梧之丘,苍梧之渊,其中有九疑山,舜之所葬,在长沙零陵界中。"
⑥ 邓安生:《蔡邕集编年校注》,河北:河北教育出版社,2002年,第204页。

与日月兮齐光。"《楚辞章句》:"言己想侍虞舜,游玉圆,犹言遇圣帝升清朝也。"① 与虞舜同游,象征着遇见圣明帝王;而游瑶圃、登昆仑,则是天下大治的隐喻。《涉江》又详细描绘了屈原现实行游路线,从鄂渚上溯沅江,过汪渚、辰阳,入溆浦。这次南行的目的地在何处呢?联系到上文屈原与虞舜一同游历天界的幻想,可以确定屈原的人间游历终点指向苍梧,只是他选择了从沅水上溯,而非湘水,以至于入溆浦迷路而返。李觏《二妃庙送裴侍御使桂阳》可资佐证:"沅上秋草晚,苍苍尧女祠。……回云迎赤豹,骤雨飒文狸。受命出炎海,焚香征楚辞。乘骢感遗迹,一吊清川湄。"② 湘妃离开了洞庭湖,南至沅水,最终目的地便是苍梧。

屈原现实游历并未抵达苍梧,不过这一理想早于《离骚》中以神游的方式实现:"济沅、湘以南征兮,就重华而陈词。"屈原陈词抒发历史兴亡之感慨,历数夏启、后羿、寒浞、浇、夏桀、商纣等君主倒行逆施,从而导致国家衰落或者败亡,接着提出理想政治模式:"汤、禹俨而祗敬兮,周论道而莫差。举贤才而授能兮,循绳墨而不颇。……跪敷衽以陈辞兮,耿吾既得此中正。……朝发轫于苍梧兮,夕余至乎县圃。"屈原期待的政治理想是"君明臣贤","圣哲"为王,选贤授能,爱惜百姓。他在陈词之后,能够重获勇气,"得此中正"是关键。虞舜与"中"关系密切,《论语》:"尧曰:'咨,尔舜!天之历数在尔躬,允执其中。四海困穷,天禄永终。'舜亦以命禹。'"尧以传舜,舜以传禹统治天下的核心理念与治国法宝就是"中"。屈原得"中"而行,隐然以传承尧舜禹一线道统自许。

杜甫的虞舜书写深受屈原影响,主要体现在两个方面:第一个方面是杜甫模拟屈赋,将"苍梧"作为精神圣地,反复在呼唤理想政治与伤悼现实政治时涉及。早在《同诸公登慈恩寺塔》中,杜甫便说:"回首叫虞舜,苍梧云正愁。惜哉瑶池饮,日晏昆仑丘。""瑶池饮""昆仑丘"化用《涉江》"吾与重华游兮瑶之圃,登昆仑兮食玉英",杜甫用此典感叹国势衰颓、圣王日远。钱谦益说:"高标烈风,登兹百忧,岌岌乎有飘摇析崩之惧,正起兴也。焉能辨皇州,恐长安之不可知,所以回首而叫虞舜。"③ 杜甫感慨时事,因而呼唤虞舜。天宝十一年(753),杜甫与高适、岑参、储光羲等人同登长安慈恩寺塔作此诗④,直指隐藏在大唐帝国繁盛假象之下的危机。程千帆、莫砺峰《忧患感:从屈原、贾谊到杜甫》说:"(杜诗)在预见及预感当时尚未而即将发生的历史进程时,也具有惊人的准确性。"⑤ 杜甫的忧患意识与危机感与屈原如出一辙。值得注意的是,杜诗十次提及苍梧⑥,此处不仅是第一

---

① 洪兴祖:《楚辞补注》,北京:中华书局,1983年,第128页。
② 黄仁生、罗建伦校点:《唐宋人寓湘诗文集》,长沙:岳麓书社,2013年,第41页。
③ 杜甫著,钱谦益笺注:《钱注杜诗》,上海:上海古籍出版社,1989年,第105、106页。
④ 宋开玉:《杜诗释地》,上海:上海古籍出版社,2004年 第677页。
⑤ 程千帆、莫砺峰:《忧患感:从屈原、贾谊到杜甫》,《文艺理论研究》,1986年第5期。
⑥ 宋开玉:《杜诗释地》,上海:上海古籍出版社,2004年,第688页。

次,也是现存最早明确涉及屈赋者。可以说正是大唐帝国的危机,使杜甫在精神层面靠近屈原,也让杜诗与屈赋取得了技法之外的深层联系。

　　进入湖南之后,杜诗涉及虞舜者比比皆是。因为"舜之所以为舜,在于举贤而使天下治。杜公正处于天下大乱之时,而己又如稷契挺出之才,竟被弃置于万里之外,故漂泊潇湘时,思舜之心益切。"其中,最具典型性的是《朱凤行》,许永璋一改前人注释,而以"朱凤"为虞舜。诗中将潇湘与衡山并提,与二妃、虞舜在杜诗中并举相一致。又,杜甫同年所作《望岳》将朱鸟与虞舜相联系,而朱鸟为南方七宿总称,据《鹖冠子》:"凤,鹑火之禽,阳之精也。"则朱鸟即朱凤。因此,《朱凤行》"乃杜公晚年最有战斗性之杰作。其致君尧舜理想之破灭,爱国忧民热血之沸腾,皆寓于此短歌之中"①。

　　虞舜在杜诗中拥有特定的政治伦理内涵,与杜甫"致君尧舜"的政治理想密切相关。《咏怀》之二:"邦危坏法则,圣远益愁慕。飘飘桂水游,怅望苍梧暮。"仇兆鳌曰:"法制既坏,则太平难见矣。故有圣远愁慕之叹。涉桂水而望苍梧,伤去圣年远也。"② 苍梧拥有了虞舜的政治品格,而成为清明政治的象征。《暮冬送苏四郎徯兵曹适桂州》:"飘飘苏季子,六印佩何迟。……岁阳初盛动,王化久磷缁。为入苍梧庙,看云哭九疑。"杜甫感叹苏徯身负奇才,却始终不得重用,只能进入供奉虞舜的庙宇,对着逝去的圣王失声痛哭。仇兆鳌说:"磷缁,叹朝令不行。哭庙:伤圣王不作。"入苍梧庙就虞舜哭,至少有两层意义。一是悲不遇明主;二是杜甫继承屈原"就重华而陈辞",自比屈原。"苍梧"成为文人建功理想不遂的疗伤地。

　　这里涉及屈赋影响杜诗的另一个方面:杜甫模仿屈原南征陈辞,将湘江水路神圣化,使其湖南之行,在投亲靠友的现实层面之外,带有了精神上的慰藉与认同。杜甫《过岳,南入洞庭湖》③是老杜追随屈原南行典型例证。诗曰:

　　　　洪波忽争道,岸转异江湖。鄂渚分云树,衡山引舳舻。……悠悠回赤壁,浩浩略苍梧。帝子留遗恨,曹公屈壮图。圣朝光御极,残孽驻艰虞。

　　这首诗是杜甫初入洞庭湖时所作,他从湖北出发,经由岳阳,进入洞庭。此时杜甫实际所处的空间为湘妃神话集中区域,而精神漫游却远远超越现实空间的束缚。他由北面

---

① 许永璋:《取雅去俗 推腐出新——略评〈钱注杜诗〉》,见许炯编:《许永璋唐诗论文选》,南京:南京出版社,1993年,第148—150页。
② 杜甫著,仇兆鳌注:《杜诗详注》,北京:中华书局,1979年,第1979页。
③ 仇兆鳌《杜诗详注》"过岳,南入洞庭湖"作"过南岳入洞庭湖",实误。此诗为杜甫南下入洞庭湖时作,南岳更在洞庭湖南,方位不合。"岳"应指"岳阳",经过岳阳城,而南入洞庭。详见拙文《杜甫〈过南岳入洞庭湖〉诗题地理考》(未刊)。

"鄂渚"而来,向南方衡山而去。"鄂渚"是屈原《涉江》中南征实际出发地,而"衡山"在杜甫《望岳》诗中与"苍梧"几乎合而为一,正是屈原实际南征未曾到达,而精神远游曾经抵达的地方。《涉江》中的"鄂渚"与《离骚》中的"苍梧"同时出现,代表着杜甫对屈原现实游历与精神远游的双重致敬。早在湘妃的领地洞庭,他就已经化身帝子,越过神圣河流湘水,呼唤虞舜;将视线落到云雾缭绕的苍梧,企图在行为与精神上效法屈原,毫无保留地向圣王虞舜剖白心迹。①

杜甫追寻屈原足迹沿着神圣水路"就苍梧而陈辞",启发我们对杜甫南征的深层次思考:杜甫南游虽有现实目的,在心理上却是对屈原南游的现实印证,以诗歌悼骚,从而释放内心的幽愤与痛苦。虞舜南巡、屈原南游、贾谊南迁,一直到杜甫沿湘水而南,这一行进路线,逐渐形成一个文人心中的人文神圣空间。在此空间内,不仅安放着虞舜为代表的君圣臣贤的儒家政治理想,也包含屈原为代表的忠君孤愤的崇高精神内涵。

屈原笔下的虞舜具有双重身份,既是古代帝王,同时也是可以沟通的神灵。他居住在九疑山,控制着整个湘水流域,在水域北面的二妃神话中也占据主导:帝子降落在北渚,是面向南方九疑山的降落。屈原在与虞舜对话过程中所得"中正",虽然已经抽象为道德品质,却仍然带有原始宗教意味。它在上古时期几位巫王的手中传递,在这一传递过程中,九疑众神之主虞舜总是处于中心位置。屈原得到"中正"品质,便是通神的结果,使他重新获得了上下求索的勇气。

而在唐代,虞舜祭祀虽然仍受士人重视,但是在每一次重视者的记录中,总是对破败神庙的挽救。在民间信仰中没落的虞舜,逐渐官方化。杜甫《朝享太庙赋》:"薄清辉于鼎湖之山,静余响于苍梧之野。"②将虞舜与黄帝祭祀相提并论。《望岳》诗中又说:"南岳配朱鸟,秩礼自百王。欻吸领地灵,鸿洞半炎方。邦家用祀典,在德非馨香。巡守何寂寥,有虞今则亡。泪吾隘世网,行迈越潇湘。"仇兆鳌注:"祀岳之典,其来已久,因思帝舜南巡之事。"③杜甫将虞舜信仰与南岳祭祀结合起来,企图将传说中的虞舜神话纳入王朝祭祀体系之内。这种叙述的宏大与庄严,是对虞舜古代帝王身份的肯定。由屈原而杜甫,随着理性思维的盛行,虞舜的神性被隐藏在与湘妃的爱情面纱之下,完成了由神帝到圣王的转变,正如薛爱华所说:"在唐代……舜早已从很容易使人觉得其形如大象的原始神,被改造成一个令人尊敬的、人形圣王的典型。"④

---

① 杜甫《陪裴使君登岳阳楼》:"敢违渔父问,从此更南征。""渔父问"出自《渔父》中渔父与屈原的问答,效法屈原南游甚明。而《南征》曰:"春岸桃花水,云帆枫树林。……百年歌自苦,未见有知音。"未见有知音,南征求合可知。杜甫著,仇兆鳌注:《杜诗详注》,北京:中华书局,1979年,第1950页。
② 杜甫著,仇兆鳌注:《杜诗详注》,北京:中华书局,1979年,第2131、2132页。
③ 杜甫著,仇兆鳌注:《杜诗详注》,北京:中华书局,1979年,第1983页。
④ [美]薛爱华著,程章灿译:《神女:唐代文学中的龙女与神女》,北京:三联书店,2014年,第94页。

四、故园与潇湘：杜诗对湖湘神圣性的祛魅

杜甫与屈原围绕洞庭、九疑、湘水，在湖湘共同构筑了一个庞大的神圣空间，使诗中地名笼罩神性光辉，充满人文关怀。然而，湖湘在杜诗中并非只是引起读者无限联想的圣地，而更多地是现实地名。在书写洞庭、湘水之时，杜甫常将之与故国对举。故国长安是杜甫一生游历身心所系，而隐隐高过其他神性或者人文的神圣空间构造。

"故国"在杜诗中有特定含义。"国"是国都①，杜甫的"故国"指唐都长安。《逃难》："五十头白翁，南北逃世难。……故国莽丘墟，邻里各分散。归路从此迷，涕尽湘江岸。"②杜甫言及安史大乱，长安沦陷，四海沸腾，故都长安化为丘墟。故国之远与湖湘之近形成明显对比，沉浸在思乡情绪中的杜甫，淡化了对湘妃的悼念，甚至借湘妃以喻思君的艺术手法都被强烈、直接的情感表达所遮蔽。

"故国"与潇湘的强烈对比出现在《风疾舟中伏枕书怀三十六韵奉呈湖南亲友》："轩辕休制律，虞舜罢弹琴。……故国悲寒望，群云惨岁阴。水乡霾白屋，枫岸叠青岑。郁郁冬炎瘴，蒙蒙雨滞淫。鼓迎非祭鬼，弹落似鸮禽。兴尽才无闷，愁来遽不禁。"诗歌开头两句，一用黄帝制律事，一用虞舜制琴事。传说中黄帝曾奏乐于洞庭之野，而虞舜则葬于九疑之山，暗含着从洞庭至九疑的神圣空间格局。不过神圣空间也无法安慰诗人老病、流落他乡的境遇，"故国"在凄凉水乡的环绕中隆重登场。它不是清晰的具象，而是存在于诗人凝望之中，被冬天的阴云层层阻隔。遥望故国不得，唯见青山枫林、炎瘴淫雨。屈原《九歌》里的迎神之鼓，失去了祭祀鬼神的神秘意味，一切都被故国阔远、干戈未息的哀伤所掩盖。除"故国"外，杜甫《燕子来舟中作》一诗借助燕子提及"故园"，他将燕子处处营巢，比作自己流落他乡不断经营托身之所。燕子对新环境的不适应，隐喻诗人身世的飘零与心理上的强烈不安定感。

杜甫回望故国最为典型、强烈的情感便是"思归"。"思归"是具有空间意义的范畴，涉及诗人现实所处的地理空间与期望抵达的神圣空间，有三点需要注意：

一、如何思归？杜甫常用飞鸟跨越地理空间的自由，反衬被特定空间拘束、欲归不得的苦闷。如上文提及的燕子，《铜官渚守风》中的"双白鹤"，《晚秋长沙蔡五侍御饮筵送殷六参军归澧州觐省》中的"高鸟"，《宿青草湖》《归雁二首》中的"雁"。其中，《归雁二首》最为典型，其一曰："万里衡阳雁，今年又北归。……系书元浪语，愁寂故山薇。"仇兆鳌曰：

---

① 《周礼·冬官·考工记》："匠人营国，旁三门，国中 九经九纬，经涂九轨，左祖右社，面朝后市。"匠人所营之"国"，祖、社、朝皆备，明显是国都的规制。段玉裁《说文解字注》："邦也。……周礼注曰：大曰邦，小曰国。邦之所居亦曰国。"

② 杜甫著，仇兆鳌注：《杜诗详注》，北京：中华书局，1979 年，第 2073 页。

"首章,见归雁而切故乡之思。"① 鸿雁北归与杜甫南征形成鲜明对比,见征雁而思归,"故国"便是杜甫想象中的目的地。所以他在《归雁》其二中说:"欲雪违胡地,先花别楚云。却过清渭影,高起洞庭群。塞北春阴暮,江南日色曛。伤弓流落羽,行断不堪闻。"② 在这首诗中出现了六处地名,大体可分为两组,一组是归雁的秋天来处与春日去处,一组是鸿雁与杜甫现实所在地。胡地、塞北只是陪衬,真正决定全诗基调的是流经长安的"清渭";现实所在地楚地、洞庭、江南是一组相互重叠的地域概念,其中又以"洞庭"为中心。"清渭"所隐含的故园长安成为杜甫心中圣地,反观神灵云集的"洞庭"与楚、江南都成为故国相对的空间维度。

二、归于何处?杜甫故乡在河南巩义市,祖籍长安杜陵,一生游历大江南北,居所不只一处,那么,他思归是指向哪个地理空间呢?纵观杜甫湖湘诗,可以发现几乎所有的"归"都指向长安。《暮秋将归秦留别湖南幕府亲友》:"北归冲雨雪,谁悯敝貂裘。"从诗题便明确显示他北归之地为关中。《入乔口》:"漠漠旧京远,迟迟归路赊。""旧京"是"故国"的别样表述。杜甫想念长安,首先是心恋朝廷。《酬韦韶州见寄》曰:"养拙江湖外,朝廷记忆疏。"朝廷既指君主,也指朝中朋辈,害怕被朝中众人遗忘,是杜甫的一个心结。《楼上》曰:"皇舆三极北,身事五湖南。恋阙劳肝肺,论材愧杞楠。"诗中杜甫将"思归"浓缩为"恋阙"二字,他一再表达与"皇舆"指代的故都、君王的暌违,剖白恋阙求用的心态。除恋阙外,杜甫还想念长安故里,如《赠韦七赞善》曰:"乡里衣冠不乏贤,杜陵韦曲未央前。"故国与故园合一的"长安"才是杜甫内心的归属之地。

三、现实所处。杜甫在自陈"恋阙""思乡",悬置一个遥远、难以到达的神圣空间时,总是将之与现实所处地对举。他一方面点出湘潭之地与旧京之间的遥远,另一方面则通过"魏阙"与"江湖"这一古老的仕、隐话题,揭示自己垂老不用的处境。湖湘这片泽国水域,就是杜甫现实所处之地,总是作为与神圣故国的陪衬彰显诗人内心的痛苦。如《入乔口》在描述旧京阔远之后,落笔云:"贾生骨已朽,凄恻近长沙。"③ 浦起龙:"结裁,胡夏客曰:贾生没后,又有'近长沙'而'凄恻'者,非叹贾也。"④ 行近长沙的是贾生,更是垂老的诗人自己。从现实地理层面涉及湖湘时,难免会涉及对屈赋的处理,《归梦》曰:"道路时通塞,江山日寂寥。偷生唯一老,伐叛已三朝。雨急青枫暮,云深黑水遥。梦归未得,不用楚辞招。"颔联偷生、伐叛皆指向北方故国,而颈联与《梦李白》"魂来枫林青,魂返关塞黑"相类,皆化用《招魂》,"青枫"是湖湘之地典型物象,成为沟通杜诗与《楚辞》的媒介。《杜臆》:"梦归未得,魂仍在楚,故不用招。归,指长安。"归去的目的地

---

① 杜甫著,仇兆鳌注:《杜诗详注》,北京:中华书局,1979年,第2059页。
② 杜甫著,仇兆鳌注:《杜诗详注》,北京:中华书局,1979年,第2060页。
③ 杜甫著,仇兆鳌注:《杜诗详注》,北京:中华书局,1979年,第1974页。
④ 浦起龙:《读杜心解》,北京:中华书局,1961年,第586页。

是长安,而不用招魂的所在地则是楚地。杜甫化用楚辞诗意,而与楚辞中的神氛产生一定距离。

　　杜甫通过故国与潇湘的对举,驱散湖湘神圣空间之神氛,露出潇湘作为遣谪之地世俗性的一面。不过,是否可以说杜甫已经远离了屈原构建的湖湘世界?事实并非如此。首先,屈原湖湘之游,也有其现实的一面,《涉江》提及的溯沅而上诸地名如枉渚、溆浦等真实存在,而非带有神秘色彩的圣地。其次,屈原构筑的湖湘世界,本来就有"巫术——宗教意义的神圣空间"与"人文意义的神圣空间"两重,"故国"稀释或者祛魅的是前一重神圣空间,至于后一层空间并未受到影响。再次,杜甫对故国的深沉思念,与屈赋之中抒情主人公抛弃种种神圣之地,重新回归对故乡的思念相合。《离骚》中屈原陈辞苍梧,得到中正之美德,又得到楚地大巫的指点,神游各地以求际遇。"陟升皇之赫戏兮,忽临睨夫旧乡。仆夫悲余马怀兮,蜷局顾而不行。"屈原在即将登上神境之时,忽然看到了故乡,于是中断神游、重回故国。《哀郢》:"乱曰:曼余目以流观兮,冀一反之何时?鸟飞反故乡兮,狐死必首丘。"屈原即便是被远逐,仍对故国无时或忘。杜甫一饭未曾忘君,流离异乡心念故国,而最终与屈原一样死于湖湘茫茫水域,二人际遇有着高度相似性。因此,杜甫的故国描写非但没有推倒屈原典范,反而以更为直接的方式与屈原达到深层次的心理共鸣,而属于湖湘"人文神圣空间"的范畴。

结语

　　一个神圣空间往往拥有相对稳固的核心精神,并且通过空间进行传递。这种精神会对生活于此的人们带来多重影响,人们在这种影响下的行为反过来又会丰富空间内在含义。唐代僧人清江《湘洲怀古》曰:"潇湘连汨罗,复对九疑河。浪势屈原冢,竹声渔父歌。地荒征骑少,天暖浴禽多。脉脉东流去,古今同奈何。"①诗中潇湘、汨罗、九疑均为湖湘神圣空间的关键地点,且皆指向屈原,与"屈原冢"与"渔父歌"相呼应。"东流去"则构筑了一个稳固的空间结构,古、今两种时间序列于此空间出现,异世而处的诗人产生通感。屈原其人其作将湖湘神圣空间的内涵相对固定化,使后世重游此地之人,在心理惯性的支配下,出现类似的感触与创作,杜甫便是受屈原影响最大的诗人之一。

　　在同一神圣空间内,异世而处,会带来一定的文化基因的变异,从而产生新的文化典范,转而影响后世诗人的创作。杜甫接受屈原,并非全盘照搬,而是应时而变,如对虞舜、湘妃神话的叙述,杜诗比之屈赋人文意识增强,而巫术色彩淡退。屈赋以男巫求神女不得,暗喻君臣不相得;杜甫则将之改为以湘妃随虞舜不得,寓托明主难遇。美人比兴的手法一致,然而具体喻象却发生变化。杜甫之后,这种写法遂成为吟咏湘妃神话诗歌的

---

① 黄仁生、罗建伦校点:《唐宋人寓湘诗文集》,长沙:岳麓书社,2013年,第173页。

主流,如孟郊《湘妃怨》、郎士元《湘夫人》、李贺《湘妃》、王贞白《湘妃怨》、邹绍先《湘夫人》等等①,莫不延续老杜专门题咏湘妃故事,或单纯怀古,或浇心中块垒,皆不出杜诗园囿。此后,屈、杜皆成为湖湘神圣空间的标志性人物,如晚唐诗人罗隐既有《湘妃庙》,又有《经耒阳杜工部墓》。二人通过诗学建构赋予湖湘神圣空间的核心价值,是眷恋君主、热爱故国,也是理想不灭、上下求索。

---

① 孟郊《湘妃怨》:"南巡竟不返,帝子怨逾积。"郎士元《湘夫人》:"娥眉对湘水,遥哭苍梧间。"皆效法杜诗,以二妃与虞舜的隔离为中心。

宋玉研究

文士主体性研究视域下的宋玉《神女赋》真伪问题

广州大学　陈咏红

　　本文从《神女赋》文士主体性表现的角度,考察其真伪问题。本文的"文士"指新兴文士群体。春秋战国之际,士阶层分化,新兴士群体形成。由于当政者大力提倡学文,"学士则多赏"(《韩非子》卷19《显学篇》),故文士数量日渐增多,"士竞于教"(襄九年《左传》)。此处的"文士",泛指那些掌握了较高文化知识,并对内试图寻求"仕"本位意识之外的新的人生价值标准,对外代表一定社会道义的人文知识阶层的成员。[①] 新兴士群体形成的标志是文士主体性的生成。所谓文士的主体性,是文士作为主体所特有的属性,指文士在追求理想、与外界相互作用中所表现的自主性、能动性和创造性。[②] 新兴士群体的主体性包含两个方面:一是主体意识(含群体主体意识和群体成员的个体主体意识)。文人(士)开始重新定义自己的身份,"志于道"者方可称得上士。《论语·里仁篇》云:"士志于道。"后来《说苑》卷19《修文篇》亦云"辨然否,通古今之道,谓之士"。可见,文士皆有"志于道"的主体意识。而文士个人的"志于道"的具体方式,则为这一群体成员的个体主体意识。二是主体意识的表达方式。文人力求以知识(立言)表达自我的思想、感情,并获得社会地位和生存资料。春秋晚期,"立言"与"立德""立功"被相提并论,被定为文人人生价值追求之一。[③] 至春秋末年和战国时期,文士掀起了立言之高潮。在众多新兴文士群体成员之中,宋玉是新兴文士群体"立言"事业的重要开创性人物之一,其作品《神女赋》首创了文士主体性实现需求的表达方式之一——通过塑造具有以礼自持观念的女性形象,强调文士的超越性,以表达其主体性实现的需求。

---

　　① 此处的"文士"即后世的"文人"。参见陈咏红:《"文人"概念起源考释》,《广州大学学报》,2014年第5期。

　　② 商、西周时期,宗法分封制保证了士等级的稳定,但严格的等级制度又使士的知识和技能无法充分施展,缺乏知识主体的自主性。他们不是独立的知识群体,其知识还没有形成理论学说,没有达到以知识为资本与社会进行交换的程度。在春秋战国,士摆脱了宗教等级的束缚,获得了较多的人身自由。参见孙立群:《中国古代的士人生活》,北京:商务印书馆,2003年,第2页。

　　③ 杜预注,孔颖达疏:《春秋左传正义》,北京:中华书局影印阮刻十三经注疏本,1980年,第1979页。

一、以礼自持的神女形象象喻文士的现实应对策略——超越性

神女是宋玉《神女赋》刻意塑造的女性形象。作者用了大量笔墨描写了神女的容貌、体态、品行、性情等各个侧面,塑造了一个可望而不可即的、以礼自防的神女形象,用以象喻文士的现实应对策略——超越性。①

此处,文士的"超越性"指人生境界的精神超越性,即文人对外在因素无所待、不计较环境、追求心灵自由的人生境界。超越性是文人主体性体现的可靠途径,因为只有拥有超越性,文人才能不受任何具体事物的掣肘。而本体"道"由于具有终极超越性,因此先秦道家、儒家都不仅有"道"的本体论范畴,并且从一开始就有鲜明价值指向。借助"道",先秦道家主要完成了对社会的超越②,即避世;先秦儒家主要完成了对贫富的超越。③

文士的超越性与上文所提及的文士主体性"两个方面"密切相关:一是源于对"志于道"理想的实现可能性的忧虑。由于皇帝中央集权政治制度建设与思想文化多样化发展的冲突,士人的思想遭到钳制,文士心中的"道"难有实现的机会。如,宋玉《对问》的内容主要就是文士的"志于道"方面的危机感的抒发:

> 故鸟有凤而鱼有鲲。凤皇上击九千里,绝云霓,负苍天,足乱浮云,翱翔乎杳冥之上。夫蕃篱之鷃,岂能与之料天地之高哉?鲲鱼朝发昆仑之墟,暴鬐于碣石,暮宿于孟诸。夫尺泽之鲵,岂能与之量江海之大哉?故非独鸟有凤而鱼有鲲,士亦有之。夫圣人瑰意琦行,超然独处,世俗之民,又安知臣之所为哉?(宋玉《对问》④)

宋玉意谓,文士所追求之"道"使得"圣人瑰意琦行";相对于"世俗之民","士"具有"超然"的特性。而社会"又安知臣之所为哉"。宋玉《九辩》亦以"凤"为喻,描述了文士的持"道"而"超然"的特性:"凫雁皆唼夫梁藻兮,凤愈飘翔而高举。……众鸟皆有所登栖兮,凤独遑遑而无所集。"(《九辩》⑤)如果文士难以实现求道的理想,那么其自我的

---

① 《神女赋》剔除了《高唐赋》神女的自荐枕席的行为。
② 先秦道家称其人生境界为"无碍",指无碍本性。如《庄子》"解衣盘礴",借宋元君称赞一个"解衣盘礴"而裸体在家作画的史臣"是真画者"的故事来论述其"无碍"的思想。《庄子·外篇·刻意》有"无江海而闲"(庄周撰,郭庆藩集释:《庄子集释》卷6上《刻意篇》,北京:中华书局,1961年新编诸子集成点校长沙思贤讲舍刊本,第1版,王孝鱼点校,第537页)句,这是后代隐于朝市的观念的萌芽。
③ 原始儒家称其人生境界为"乐"。有了"仁"的境界,就可以丝毫不为外界条件所动,保持"乐"的心态。如,孔子《论语·述而》云:"饭疏食饮水,曲肱而枕之,乐亦在其中矣。"
④ 宋玉《对问》,即《对楚王问》,载《文选》卷45。参见萧统编,李善注:《文选》,北京:中华书局影印清胡克家重刻宋尤袤刊本,1977年,第627—628页。
⑤ 洪兴祖:《楚辞补注》,北京:中华书局点校明毛晋汲古阁刊本,白化文等点校,1983年,第189页。

社会价值也自然难以实现了。

二是源于文士被雇佣的可能性方面的危机感,即对"以知识(立言)表达自我的思想、感情,并获得社会地位和生存资料"的实现可能性的忧虑。如,宋玉忧虑文士失去其主体性实现的主要途径——入仕:"贫士失职而志不平"(《九辩》)[①]。宋玉认为,贫士"失职"的主要原因有二:(1)世上重要人物(君主、友人)不知道其存在价值。宋玉既忧虑君不知己,"君不知兮可奈何"(《九辩》),"愿一见兮道余意,君之心兮与余异"(《九辩》[②]),亦忧虑友不知己,"廓落兮羁旅而无友生"(《九辩》[③])。这是上述"知己"意识的内涵。(2)遭小人谗毁。宋玉"无衣裘以御冬"(《九辩》),出身贫寒卑微而才华秀逸,楚襄王时曾为"小臣",后因"不见察"及同僚的妒忌而失职。

而宋玉所处的战国时期的社会特征直接引发了文士的这种危机感。战国时期的社会特征(含对文士的影响)主要表现为两点:

一是社会失序,民失信仰,群雄以力争胜。这一社会特征使得各国统治者重视文士的作用,新兴文士主体性由此高扬。

战国的"士"尤其是"文士"的主体性具有极大的实现可能性。"春秋时犹尊礼重信,而七国则绝不言礼与信矣;春秋时犹宗周王,而七国则绝不言王矣;春秋时,犹严祭祀,重聘享,而七国则无其事矣;……邦无定交,士无定主……"(顾炎武《日知录》[④])于是,战国时期的诸侯国君为了获得人才,提高军事和经济实力,常常礼贤下士,主动礼遇文士。如,费惠公说:

> 吾于子思,则师之矣;吾于颜般,则友之矣。(《孟子》卷10上《万章下》[⑤])

这是典型的君主以文士为师为友的尊敬态度。

可以说,战国诸侯礼遇文士的态度,实质上是想加强自己的"势"的一种方法。而战国时期的社会环境有利于文士的生存,也导致文士主体性高扬。于是,为君主提供治世方略的诸子(文士)百家产生,并与后来的皇帝集权制所造成的思想钳制形成巨大落差。

二是战国中后期,诸侯国渐少,"大一统"趋势逐渐明朗。这一社会特征使得诸子借以寄身的权力中心减少,随着"势"的威力加强,"道"与势对峙的态势形成,文士(诸子)

---

① 洪兴祖:《楚辞补注》,北京:中华书局点校明毛晋汲古阁刊本,白化文等点校,1983年,第183页。
② 洪兴祖:《楚辞补注》,北京:中华书局点校明毛晋汲古阁刊本,白化文等点校,1983年,第184页。
③ 洪兴祖:《楚辞补注》,北京:中华书局点校明毛晋汲古阁刊本,白化文等点校,1983年,第183页。
④ 顾炎武撰,陈垣校注:《日知录校注》中册,合肥:安徽大学出版社,2007年,第715—716页。
李若晖:《"德""位"分合——孔孟复礼与华夏德性政制之奠定》,《清华大学学报》(哲学社会科学版),2012年第5期,第101—106页。
⑤ 赵岐注,孙奭疏:《孟子注疏》,北京:中华书局1980年影印阮刻十三经注疏本,第2742页。

主体性的实现途径逐渐阻塞。

取代世族世卿世官制的帝王专制政治制度的建设始于战国时代(滥觞于春秋晚期)。战国时代各国国君及诸子都总结历史教训,大力研究如何加强君主的权威。大力加强君主的权威的需要,来自历史的启示。历史上有不少世卿专权、逼主危国的经验教训。如,春秋时期许多卿大夫采用借功邀赏、兼并其他卿大夫、以施舍笼络民心等各种手段,扩大封邑领地和增强军事实力。

春秋时期,诸侯国逐渐将夺得的领地变成了君主的直辖之地。由于这些新得领地处于边地,而且处于交战前线,所以国君把这些地区设立为"县"来进行管理。如,春秋时期,楚县的长官称为县尹,他们是由楚的大族担任,有时甚至还会出现世代承袭为县尹的情况,但县辖之地是国君的直辖地。为了避免这些担任县尹的贵族因此而坐大,国君尽可能避免世家大族长期出任县尹。① 在春秋战国之际,县的管治者基本是国君任命的官僚,这表明,地方基层政权的管理方法的转变基本完成。这奠定了秦汉以后的县制的基础。综之,战国时代各国国君大力加强君主的权威,具体表现为氏族制变为区域制。郡县制属于区域制,这一制度对分封制的取代,有利于中央对地方权力的控制,促进了中央集权制度的建立。这种变革打破了以血缘关系为纽带的宗法制,使文士由战国时期的君主之客,变成了被雇佣者,雇主是君主。这种政治格局虽然为出身微贱的知识者打开了仕进之路,但同时也降低了他们的社会地位和社会价值实现(求道、谋生自由)的可能性。②

要之,在上述两个社会特征的影响下,战国时期高扬的文士主体性遭遇到中央集权政治制度建设的极大掣肘,文士的人生之路前景黯淡。质言之,文士的危机感是战国时期开始向后延伸的中央集权政治制度建设所引发的人文知识者的危机感;而《神女赋》神女形象的超越性则是新兴文士对自我主体性的实现需求未能满足的社会现实的应对策略(即超越性)的文学表现。

二、《神女赋》神女形象的超越性特征的具体表现

《神女赋》神女形象的超越性特征具体表现为作者对"神女"形象的"守高"(坚持追求终极理想)行为的唯美性铺写。

这种对"守高"行为的铺写,在屈原作品中已有表现。如,《离骚》通过"虽九死其犹未悔"的追求,体现了其对终极理想的坚守;在《九歌》中,作者通过对湘夫人、湘君等神的神态、居室、装饰、景物等的描写,表现了作者的高洁情怀。而在《九辩》中,宋玉以被君所弃的美人口吻,写她不被所思恋之君理睬,独自飘零远方的悲哀:"有美一人兮心不

---

① 杨宽:《春秋时代楚国县制的性质问题》,见《杨宽古史论文选集》,上海:上海人民出版社,2003年,第61页。

② 陈咏红:《宋玉作品的时间意识考论》,《信阳师范学院学报》,2017年第3期。

绎,去乡离家兮徕远客,超逍遥兮今焉薄"(《九辩》①)。作者还写她求爱不遂的悲苦:"猛犬狺狺而迎吠兮,关梁闭而不通。"(《九辩》②)大门闭关,猛犬狂吠,心意难达。无奈之下,作者只好"块独守此无泽兮,仰浮云而永叹"(《九辩》③)。但是,他还是保持个人的尊严和高洁:"骥不骤进而求服兮,凤亦不贪馁而妄食。"(《九辩》④)

在《神女赋》中,宋玉则通过对神女进行了全方位的铺陈描写,表达自己对"守高"行为的向往之意:作者对女神的总体印象是"茂矣,美矣""盛矣,丽矣","上古既无,世所未见";女神的服饰是"绣衣""桂裳","罗纨绮绩盛文章","被华藻之可好兮,若翡翠之奋翼","嫮被服,悦薄装。沐兰泽,含若芳";女神的容貌是"朱唇的其若丹","眉联娟以蛾扬兮","毛嫱鄣袂,不足程式。西施掩面,比之无色";女神的步态是"动雾縠以徐步兮,拂墀声之珊珊";女神的目光是"望余帷而延视兮,若流波之将澜";女神的姿仪是"奋长袖以正衽兮,立踯躅而不安","婉若游龙乘云翔";女神的话语是"陈嘉辞而云对兮,吐芬芳其若兰";女神的性情是"澹清静其愔嫕兮,性沉详而不烦","晔兮如华,温乎如莹","其始来也,耀乎若白日初出照屋梁;其少进也,皎若明月舒其光","似逝未行,中若相首;目略微眄"。在《神女赋》中,作者通过吟唱神女的多情气质("目略微眄")、美丽容貌和贞刚品性("怀贞亮之絜清""不可乎犯干"),表达了自己的对只可仰止、不可亵渎的"守高"行为的嘉许,流露出唯美的审美倾向。

从文士主体性发展角度看,宋玉不再像屈原那样专注于"出",而有了自身的对历史的思考和主观抉择。宋玉的历史观有二:一是不相信中央集权社会制度的短时间的改变。虽然,《离骚》曾云"哀朕时之不当",但是,这还带有对未来"时之当"时期到来的希望。而宋玉则不相信"时"会到来:"悼余生之不时兮,逢此世之俇攘。"(《九辩》⑤)二是借助传统,宋玉预见了文士主体性在未来实现的可能途径——"守高",他希望"闵奇思之不通兮,将去君而高翔"(《九辩》⑥)。宋玉在《九辩》中云,自己并不会因穷贱而贪恋仕途:"愿沈滞而不见兮,尚欲布名乎天下。"(《九辩》⑦)他在进退徘徊的思虑中,触及了解决文士主体性实现需求的途径:"处浊世而显荣兮,非余心之所乐。与其无义而有名兮,宁穷处而守高。"(《九辩》⑧)由上可推知,持"道"以"守高",保持文士的"超越"性是文

---

① 洪兴祖:《楚辞补注》,北京:中华书局点校明毛晋汲古阁刊本,白化文等点校,1983年,第184页。
② 洪兴祖:《楚辞补注》,北京:中华书局点校明毛晋汲古阁刊本,白化文等点校,1983年,第188页。
③ 洪兴祖:《楚辞补注》,北京:中华书局点校明毛晋汲古阁刊本,白化文等点校,1983年,第188页。
④ 洪兴祖:《楚辞补注》,北京:中华书局点校明毛晋汲古阁刊本,白化文等点校,1983年,第190页。
⑤ 洪兴祖:《楚辞补注》,北京:中华书局点校明毛晋汲古阁刊本,白化文等点校,1983年,第187页。
⑥ 洪兴祖:《楚辞补注》,北京:中华书局点校明毛晋汲古阁刊本,白化文等点校,1983年,第188页。
⑦ 洪兴祖:《楚辞补注》,北京:中华书局点校明毛晋汲古阁刊本,白化文等点校,1983年,第195页。
⑧ 洪兴祖:《楚辞补注》,北京:中华书局点校明毛晋汲古阁刊本,白化文等点校,1983年,第191页。东汉王逸《注》:"思从(伯)夷、(叔)齐于首阳也。"

士与"势"抗衡,实现自我主体性的重要途径。至于在哪里守高,怎样守高,这有待于以后文人的探索。

三、神女形象对后世文人文学的重要影响

宋玉的神女形象对后世文人文学产生了重要影响。《离骚》的"哀朕时之不当"是关于某个"事件"的激烈反应;宋玉则明确表示焦虑功业无成而生命消逝:"岁忽忽而遒尽兮,恐余寿之弗将"(《九辩》①);"岁忽忽而遒尽兮,老冉冉而愈弛"(《九辩》②)。这表达了普通文士在中央集权政治制度到来时的心声。在汉代,神女形象没有获得长足发展;而在建安时期则由兴盛达至鼎盛状态,在西晋留有余音。

在汉代,皇帝中央集权政治制度的建设得到发展。与神女题材相比,与文士主体性的成长相关的叹惜"时命"失落的不遇主题及题材更能吸引文士的注意力。例如,在骚体赋方面,贾谊疾呼:"惜余年老而日衰兮,岁忽忽而不反"(贾谊《惜誓》);东方朔哀叹:"哀时命之不合兮,伤楚国之多忧"(东方朔《七谏·哀命》);"年滔滔而自远兮,寿冉冉而愈衰"(东方朔《七谏·谬谏》);刘向、严忌行吟:"欲容与以竢时兮,惧年岁之既晏"(刘向《九叹》);"哀时命之不及古人兮。夫何予生之不遘时。往者不可扳援兮,来者不可与期。……白日晼晚其将入兮,哀余寿之弗将"(严忌《哀时命》)。

对文人主体性的实现途径的探寻,成为"不遇"文人写作的重要主题之一。如,汉人多不赞同屈原沉江之举。如:

> (扬雄)以为君子得时则大行,不得则龙蛇,遇不遇命也,何必湛身哉!(《汉书》卷 87 上《扬雄传》③)

严忌《哀时命》认为,屈原应该选择隐逸之路:

> 莺凤翔于苍云兮,故矰缴而不能加。蛟龙潜于旋渊兮,身不挂于罔罗。知贪饵而近死兮,不如下游乎清波。宁幽隐以远祸兮,孰侵辱之可为……时猒饫而不用兮,且隐伏而远身。聊窜端而匿迹兮,嗼寂默而无声。(《楚辞补注》卷 14《哀时命》④)

---

① 洪兴祖:《楚辞补注》,北京:中华书局点校明毛晋汲古阁刊本,白化文等点校,1983 年,第 187 页。
② 洪兴祖:《楚辞补注》,北京:中华书局点校明毛晋汲古阁刊本,白化文等点校,1983 年,第 192 页。
③ 班固撰,颜师古注:《汉书》,中华书局 1962 年校点颜注本,傅东华等点校,第 3515 页。
④ 洪兴祖:《楚辞补注》,中华书局 1983 年点校明毛晋汲古阁刊本,白化文等点校,第 259 页。

作者认为,对于不用于时者,"隐伏而远身"是较好的选择。不过,这种隐逸观念是不成熟的文人隐逸观念。东晋南北朝时期成熟的文人隐逸观念主张将生活审美化,而非严忌的"聊窜端而匿迹兮,嗼寂默而无声"这般寂寥的隐逸生活。

一些文人还提出了全身远害的养生观点。如,《哀时命》云:

> 孰魁摧之可久兮,愿退身而穷处。凿山楹而为室兮,下被衣于水渚。雾露蒙蒙其晨降兮,云依斐而承宇。虹霓纷其朝霞兮,夕淫淫而淋雨。怊茫茫而无归兮,怅远望此旷野。下垂钓于溪谷兮,上要求于仙者。与赤松而结友兮,比王侨而为耦。使枭杨先导兮,白虎为之前后。浮云雾而入冥兮,骑白鹿而容与。(《楚辞补注》卷14《哀时命》①)

显然,《哀时命》的山水描写虽然还没有生活感,但已不再令人恐惧,反而具有养生的功能。其实,汉初黄老的养生生活,也是部分文士寻找主体性实现途径的表现之一。

从文人主体性发展角度看,宋玉预见了文人山水田园生活方式的发展方向。在此先说明一下,一般山水文学与文人山水(田园)文学应该是有性质区别的两个概念。一般山水文学指对山水景象的一般性描写;文人山水(田园)文学指具有"体道性"的山水(田园)文学。文学的体道性指文学传达对道的认识、以道为价值本体引出治世思想以抗衡社会不平现象的特性。春秋战国之际,文士主体性形成,文士的属性之一就是"志于道";战国秦汉文士的"不遇"文学多为体道之作,以道为价值取向,但是,体道方式尚未成熟;东汉末期,随着文士田园疏离生活方式的逐渐产生,文士山水田园文学对"道"的表现方式开始走向成熟,其最终成熟的标志是东晋以降,以"淡远"风格表现田园及周围的山水的文人田园山水文学的出现。回顾文人山水田园文学的发生过程,可以说,宋玉预见了文人山水田园生活方式的发展方向。

宋玉发现,文士有理想和自我价值取向(主体性)而要仰仗君主的心意和强权去实施,处于个体精神自由与个体社会进取欲念之间的深刻矛盾之中。这迫使他产生以"守高"的方式来应对专制集权政治制度、体现个人主体性的倾向。《离骚》虽曾言及遁隐之念:"何离心之可同兮,吾将远逝以自疏。""悔相道之未察兮,延伫乎吾将反,回朕车以复路兮,及行迷之未远。"但是,屈原没有指出遁隐生活方式的发展路径。而且,屈原对遁隐的生活方式颇感寥落。屈原云"苟余心其端直兮,虽僻远之何伤"(屈原《涉江》),无奈中又只能"哀吾生之无乐兮,幽独处乎山中"(屈原《涉江》)。而在《九辩》中,宋玉则表示甘于"穷处""守高":"处浊世而显荣兮,非余心之所乐;与其无义而有名兮,宁穷处而守

---

① 洪兴祖:《楚辞补注》,中华书局1983年点校明毛晋汲古阁刊本,白化文等点校,第259页。

高。"(《九辩》)① 王逸《注》:"思从夷、齐于首阳也。"此处,宋玉流露出不贪恋仕途、寻求新的生活方式之超越精神。

东汉中期,张衡《归田赋》云"与世事乎长辞",流露出与时不合、归田隐居的念头,但仍未有寻找疏离生活方式的具体想法;在汉末专制主义政治制度渐趋成熟、土地私有制度得到发展的情况下,仲长统(180—220)顺应时代经济条件的变化,设计、描绘出疏离文人庄园生活方式的蓝图,在疏离文人探索高扬主体性的生活方式的征途上迈出了第一步。仲长统《乐志论》将庄园经济与老庄思想结合起来,设计出疏离文人生活方式理想的蓝图②:"常以为凡游帝王者,欲以立身扬名耳,而名不常存,人生易灭,优游偃仰可以自娱,欲卜居清旷,以乐其志,论之曰:'使居有良田广宅,背山临流……蹰躇畦苑,游戏平林,濯清水,追凉风,钓游鲤,弋高鸿。讽于舞雩之下,咏归高堂之上。安神闺房,思老氏之玄虚;呼吸精和,求至人之仿佛。与达者数子,论道讲书,俯仰三仪,错综人物。弹《南风》之雅操,发清商之妙曲。逍遥一世之上,睥睨天地之间。不受当时之责,永保性命之期。如是,则可以陵霄汉,出宇宙之外。岂羡夫入帝王之门哉!'"(《后汉书》卷49《仲长统传》③)代表士(文)人普遍心态的仲长统的闲适逍遥的庄园生活理想和高雅旷达的性情志趣,源于汉代庄园经济这个社会现实,远接老庄无为、逍遥的人生哲学及宋玉的思想倾向,成了疏离文人向往的生活目标,"体现了士人与政权的疏离、国家意识的淡薄和个人意识的强化"④。由于宋玉已流露出寻找可以观察"物候变迁的自然现象"和"穷处""守高"的生活方式的意向了;在晋宋之间,陶渊明、谢灵运等文人又找到了新的传达其"守高"情志的表达方式——日常山水田园生活的审美化描写,因此,宋玉的神女形象也完成了其文学使命。

综之,根据《神女赋》的内容,它应为战国末期的作品。宋玉的神女形象为中国文人文学提供了母题和经典的文学意象,是中国文人生命的栖息之所和精神家园之一。

---

① 洪兴祖:《楚辞补注》,北京:中华书局点校明毛晋汲古阁刊本,白化文等点校,1983年,第191页。
② 参见:陈咏红:《唐前文人田园生活方式形成的四因素》,《学术研究》,2015年第7期,第146—152页。
③ 范晔撰,李贤等注:《后汉书》,北京:中华书局,1965年点校南宋绍兴本,宋云彬等点校,第1644页。
④ 章培恒、骆玉明:《中国文学史》,上海:复旦大学出版社,1996年,第264页。

宋玉《九辩》寒蝉意象研究

周口师范学院 赵永子

意象是诗歌创作的最基本单位,是被作者心灵化并有着自己不同于客观物象而独立存在的艺术符号。抒情作品特别是诗歌,往往以意象或者意境来传达感情,营造氛围[①]。宋玉《九辩》亦是如此,《九辩》作为一首抒情长诗,多达250多句,其中仅名词性意象就包含上百个。"独照之匠,窥意象而运斤"[②],宋玉用一系列悲秋意象铺陈出钻心刺骨的秋之凄怆,正如陆侃如谈宋玉《九辩》时说道:"'悲秋'的几段,王夫之称之为'千载绝唱',那种悲歌可以当泣的气概,真是千载绝唱。在秋天的自然界里,他找到了自己,他了解了自己的命运。蟋蟀的哀鸣,鹍鸡的啁哳,变成了他的葬歌;草木的摇落,明月的销毁,变成了死神的启示。这是他最成功的作品,而'宋玉悲秋'也成了文坛上的典故。"[③] 宋玉悲秋的几段中,有一部分选择一系列动物意象来营造悲景,这些动物意象或南归迁徙,或啁哳悲鸣,唯独寂寞的秋蝉沉默不语。面对或迁徙或悲鸣的动态景象,寒蝉的寂寞无声更加衬托出这秋景的死寂。它无声无息地独处于这萧瑟的秋之悲景里,在一片凄怆中等待着死亡的到来。它是深秋时节的象征,也是死亡降临的预告,更是社会衰亡的暗示。

一、宋玉《九辩》寒蝉意象表达的思想

《九辩》是继《离骚》之后又一首长篇抒情诗,宋玉以诗抒情志,叙述自己的经历,感叹自己的遭遇。他悲秋、叹己、思君、忧国,将萧条的自然之景与自己的悲戚人生际遇相结合,从中折射出社会的衰败,显现了强烈的时代感。含蓄性是中国传统文学艺术的重要特征之一,创作者总是能够将创作的深层含义深藏于作品之中,使读者自己去摸索探寻。比如《诗经》中的比兴手法,或是用彼物比此物,借他物委婉表达思想感情,或是先言他物以引所咏之词,而"他物"总能或多或少含蓄地与作者表达的思想感情有着某种联系。正是这种含蓄委婉的表达方法使中国古典文学达到情与景的交融、物与我的融合之优美境界。同时,如若想达到此种境界,诗歌创作必不可少的要素便是——意象。

意象,附意于象。陈植锷《诗歌意象论》中道:"就诗人的艺术思维来说,象,即客观

---

① 金翠:《宋玉《九辩》之悲秋意象》,《鞍山师范学院学报》,2011年第3期。
② 周振甫:《文心雕龙今译》,北京:中华书局,1992年,第247页。
③ 陆侃如:《古典文学论文集》,上海:上海古籍出版社,1987年,第434页。

物象,包括自然界以及人身以外的其他社会联系的客体,是思维的材料;意,即作者主观方面的思想、观念、意识,是思维的内容;言,即以语词为基本单位的人类语言的记录,是思维的直接结果和书面表现形式……物质世界的'象'一旦根据作家的'意'反映到一定的语言组合之中并且用书面文字固定下来之后,便成为一种心灵化了的意象。"① 这也就说,自然界中的风雨雷电、蝉虫鱼鸟和人类社会中的每一个个体等客观存在都可以称为"象",而"意"则是意识层面的东西,即作者心中所感、所知、所识。创作者利用语言这个中介将客观存在的"象"与思维层面的"意"相融合,并以书面形式固定下来,形成意象。因此,当欣赏者在欣赏一首诗的时候,诗中那些以文字的形式所呈现的"心灵化的意象",不仅仅是客观存在的"象",而是存在着创作者主观意识的"象"。

"诗人们借助蝉和蝉声来寄托自己的思想感情,使之成为具有深情浓意是意象。"② 蝉意象早在《诗经》中就已经出现,《豳风·七月》"四月秀葽,五月鸣蜩",此句中"蜩"即蝉,作者用"鸣蜩"与"秀葽"起兴,引出后文写狩猎情况。《小雅·小弁》"菀彼柳丝,鸣蜩嘒嘒",此句同样以"蜩"释"蝉","蜩"与"柳""萑""苇"等意象组合成一幅欣欣向荣的景象,而作者意图却在于以乐景写哀情,反衬出主人公飘飘无所依的苦闷与忧伤。《大雅·荡》"如蜩如螗,如沸如羹",此句中"螗"即"蝉",这里的"蜩"是一个比喻型意象,百姓悲叹的声音如蝉鸣一般悲戚,这里用蝉声来刺厉王。《卫风·硕人》"螓首蛾眉,巧笑倩兮,美目盼兮",此句中"螓"为"蝉","螓"在这里也是一个比喻型意象,以"螓"喻庄姜之首,表现其前额丰满开阔,体现庄姜的美貌。"每一个原始意象中都有着人类精神和人类命运的一块碎片,都有着在我们祖先的历史中重复了无数次的欢乐和悲哀的一点残余。"③ 在《诗经》中,蝉声可以是生机盎然的象征,也可以是凄转哀叹的代表,而蝉形还可以是女子美貌的代言词。蝉意象发展到《九辩》,其体现的意蕴又对前人的创作有多少继承多少发展呢?

每一个个体都处于社会这个大范围之中,而社会中的每一个人又都是彼此独立的,有着各自鲜明的个性。诗人在创作中进行意象经营时,因为共性,所以都有可能选择"蝉"这一意象,但因为个性,彼此笔下的蝉意象却有着千差万别。《新华字典》中这样解释"蝉":"蝉:昆虫,种类很多,雄的腹面有发声器,叫的声音很大。"《新华字典》中的"蝉"有着现实生活中任何地方任何一只蝉都有的共性,这里的"蝉",只是一个普普通通的"象","昆虫""雄的腹面有发声器""叫的声音很大",这是所有的"蝉"都具有的共性,在日常生活中,我们看到"蝉"这个字符时,联想到的便仅仅是蝉的这些特征,然而,当"蝉"入诗入文

---

① 陈植锷:《诗歌意象论》,北京:中国社会科学出版社,1992年,第15、36、148页。
② 苏韶熊:《诗意地栖息的蝉》,《黄石教育学院学报》,2001年第1期。
③ [瑞士]荣格,冯川、苏克译:《心理学与文学》,北京:生活·读书·新知三联书店,1987年,第121页。

后,所展现的'蝉'便不再是普通的字符,而是一种艺术符号,这个艺术符号也就是我们前面提到的"心灵化的意象"的符号化。在不同的创作者心中,"蝉"这个"心灵化的意象"体现的不再是蝉的共性,而是体现了赋予"蝉"不同感情的个性。因此,"蝉"这个"象"变成"心灵化的意象"后,无论是在《诗经》里还是在《九辩》中,甚至在《诗经》内部不同的诗歌之间,都有自己的独特意义。宋玉在《九辩》创作中对"蝉"的意象经营经历了以下过程:由象到意,再由意到意象。首先,蝉这种客观存在的"象"进入创作者的大脑后,融入作者在脑海中的创作意图,这种"象"与"意"的结合便生成了"蝉寂寞而无声"中"蝉"意象。这里的蝉,是无声的秋蝉;是垂老的寒蝉;是告别了盛夏的喧嚣静默等待死亡降临的孤寂之蝉,真可谓悲哉,秋蝉之无声也!

中国古代诗歌注重言志,强调抒情,诗人笔下的意象是自然之"象"与心中之"意"的融合,这个"意"是诗人的主观感情,因此,被心灵化的意象即包含着创作者个人感受的意象。我们知道,宋玉所处的时代是楚国正走向衰亡的时代,楚王昏庸,弃远不察;小人得政,毁誉昧昧;纯纯忠者,被离而障。面对风雨飘摇的国家,宋玉的内心是惆怅的,是悲忧的,是愤懑的,是哀叹的,是孤独的,也是纠结难耐的。贫士且失职,他独申旦而不寐;思君君不知,他心烦憺忘食事;岁月遒尽,他恐余寿弗将;忠心耿耿,他妒被离而障;登山临水,他廓落而无友生;弃君高翔,他又计专专之不可化……国家危亡,他伤;报国无门,他叹;小人离障,他悲;别离又思君,他乱……彼时的宋玉,内心有着千般苦楚,万般无奈。宋玉将自己的心中所感融入了《九辩》萧瑟秋景中,这种情与景的交融而形成的寒蝉意象,所蕴含的不仅仅是悲凉的自然秋景,更是悲凉的人生秋心。因悲景而生悲情,因悲情而又使悲景更悲,更深的悲景又触发心中更深的悲情,宋玉将自己怀才不遇的愤懑与忧国忧民的情思融入这只弱小无声的寒蝉中,这蝉,是寂寥的自然秋景化身,是凄凉的人生秋心化身,也是衰败的社会秋态化身。

二、宋玉《九辩》寒蝉意象的建构

(一)从意象的组合与分类看《九辩》蝉意象

"悲哉,秋之为气也!"《九辩》开篇便将悲怆和凄凉奠定为全诗的基调。随后诗人自叙远行,悲身世,叹失意,紧接着用"燕、蝉、雁、鹍鸡、蟋蟀"等彼此独立的意象构成一幅含天括地的悲景图:"燕翩翩而辞归兮,蝉寂寞而无声。雁雍雍而南游兮,鹍鸡啁哳而悲鸣。独申旦而不寐兮,哀蟋蟀之宵征。"[1] 王昌龄《诗格》中讲道诗格之三"取思":"搜求于象,心入于境,神会于物,因心而得。"《九辩》中,诗人在"搜求于象"时,首先抓住的是彼此孤立的几个动物意象,即"燕、蝉、雁、鹍鸡、蟋蟀"等;当"心入于境"的时候,找到

---

[1] 袁枚:《宋玉辞赋今读》,济南:齐鲁书社,1986年,第5页。

这些独立意象的联系——由"燕"到"蝉",再由"雁"到"鹍鸡",是由天入地的两个来回,蓝天浩瀚,厚土广袤,读者在看到这样的意象组合的时候,那种由天入地的空间广阔感营造了一种融汇天地的悲凉意境;于是"神会于物","辞归""无声""南游""悲鸣",把"燕""蝉""雁""鹍鸡""蟋蟀"等意象串联成一个有动有静、有声有影的秋景图。这种燕辞归的匆匆、蝉无声的寂静、雁南飞的悠扬与鹍鸡啁哳的悲凉所构成的晚秋萧条意境连同个人贫士失职的不平也就"因心而得",使读者与作者产生情感上的共鸣。

诗人在创作时,找到了象并将其赋予自己的情感之后,进行"神会于物"的过程也是一个意象组合的过程。比如《诗经·君子于役》"鸡栖于埘,日之夕矣,牛羊下来。"① "鸡""牛""羊"几个描述性意象,一栖一归,一动一静,可以说是一幅普通祥和的农家场景图,它本无思君的含义在里面。但在中间加入"日之夕矣"这个表时间的意象之后,整个画面表达的情景就要另当别论了。鸡栖于窝中,是因为太阳下山了,而太阳下山,不仅是鸡栖窝中,连牛羊都归家了。"鸡""日""牛羊"这样的意象排列,形成一种紧密的内在联系——夕阳西下,鸡牛羊都知道回家了,而此刻服役的丈夫啊,你在何处?思念之情也就自然而然生发。

宋玉《九辩》在渲染秋景之悲时,也运用了意象组合的方法。从整体上看,由"燕"到"蝉",由"雁"到"鹍鸡",这样的并置顺接的意象组合确实给人由天入地的广阔的远景视觉感,但是燕翩翩的轻逮、蝉无声的安详、雁雍雍的悠扬,还有鹍鸡啁哳的生命力,本可以是一幅柔美而不乏活泼的景象,可是,作者对"燕""蝉""雁""鹍鸡"等动物意象进行"辞归""寂寞""南游""悲鸣"的消极描述之后,不仅将原本优美的景象转化为悲凉的景象,而且把这种"悲"在消极的描述中反复加深印象,使秋景悲中加悲,悲中更悲。

从单句的意象组合来看,"蝉寂寞而无声"一句中,"蝉"是一个动物意象,"无声"是一个听觉意象,"寂寞"原本是用来表达人的感情,此处却用来表达寒蝉的情思,蝉本无情,此处用人的寂寞感情诉说蝉无声的静默与空寂。这种对寒蝉产生的错觉,是夹杂着诗人悲秋悲己的主观感受而产生的错觉。蝉高鸣,是夏的象征,蝉无声,是秋的代表。四季交替,自然使之,本无悲喜的情感因素,但在"蝉"与"无声"中加入"寂寞"这一错觉的心理感受,使本象征秋季来临的无声之蝉,变成万物萧条的代表之一。像"燕翩翩而辞归兮"等句中的意象组合也是如此。

(二)从意象的主观象喻性看《九辩》蝉意象

主观象喻性,是意象理论的重要艺术特征之一。它是说诗人在"搜求于象"的过程中,伴随着人的主观想象。人们常说触景生情,也就是某种景物引发了人们心中的某种情思。我们可以把这种情思理解为创作的灵感。灵感来了之后,脑海中展现的象并非对

---

① 朱东润:《中国历代文学作品选》第1卷,上海:上海古籍出版社,2014年,第15页。

"触景生情"中"景"的复写。"景",只是一个导火索,当眼前的"景"点燃心中的情之后,脑海中萌发出无数由此景辐射出的无数个象。这个"象"就并非一时一地的象了。正如《韩非子·解老篇》所说:"人希见生象也,而得死象之骨,案其图以想其生也。故诸人之所以意想者,皆为之'象'也。"由此可知,人们对自然界之物在人头脑中复现时,是加入了人的主观想象的。

宋玉《九辩》在意象经营中,特别是在第一段体现的主观象喻性非常明显。无论是燕辞归还是雁南游,都是白天可以看到的景象,而后面的"哀蟋蟀之宵征"又是黑夜中的景象。这种由白天到黑夜的时间跨越,可谓是非一时之景也。更令人奇怪的是"蝉寂寞而无声",小小的蝉,隐于树林之中,既无声又无影,诗人如何看见它又将其搜为象的呢?显然,当"悲哉!秋之为气也。"这种悲秋的情思在诗人心中萌发之后,其在脑海中联想到具体的物象——蝉,随后进行"寂寞无声"的心灵化,蝉便成了悲秋图画中的特指意象之一。所以说,宋玉在进行蝉意象经营的时候,并非真正地看到了蝉,而是脑海中联想所得的具有强烈主观色彩的蝉意象。

三、宋玉《九辩》寒蝉意象与《九辩》风格关系

宋玉《九辩》在艺术风格上虽有模仿屈原《离骚》之处,但其中也有自己独特的风格。正如司马迁对二人的评价:"屈原既死之后,楚有宋玉、唐勒、景差之徒者,皆好辞以赋见称。然皆祖屈原之从容辞令,终莫敢直谏。"[①] 可见,屈原为宋玉的老师,宋玉《九辩》对屈原《离骚》有继承之处,二者都是带自传性质的抒情长诗,且二人遭遇相似,都面临楚国的腐,楚王的昏,小人的奸,自己的失职。这些内容在《离骚》和《九辩》中是一脉相承的,但宋玉在对屈原的继承中也有自己的发展。"古人谁不知秋呢?宋玉却是第一个有意识而非偶然地把它揭示出来,它是属于整个诗坛的,也是属于宋玉个人的。"[②] 宋玉所开启的悲秋模式,是将自己的审美真心与大自然交糅在一起,从而创造一系列情与景交融的心灵化意象。这些心灵化的抒情意象创造了《九辩》诗中有画的意象美;意象并置的立体美和意象组合的音乐美。

善于铺排描摹,在意象群的铺陈下营造悲秋的意境是《九辩》的独特之处。《九辩》开篇,宋玉先用"草木摇落""登山临水""天高气清"等泛指意象的铺陈,构造一幅模糊的秋景图。这里的草木,没有指什么草什么木,这里的山水也没有指什么山什么水,这些泛称的山山水水复现在读者脑中时,本就是模模糊糊,朦朦胧胧。并且,在这绵延群山的巨大轮廓之中,诗人独立山顶,俯瞰的那草那木那流水,更如遥远处的一方幻影一般。山

---

① 司马迁:《史记·屈原贾生列传》第8册,北京:中华书局,1959年,第2491页。
② 林庚:《中华学术论文集》,北京:中华书局,1981年,第429页。

本威严,但当诗人位于山顶仰望比山更浩瀚的天空时,无论是那种视觉的距离感还是心理上的距离感都能够在脑海中展现。广阔、空洞、浩大、遥不可及,这是诗人通过意象展现的第一幅看似缥缈的秋景画卷。

随后,作者穷其笔墨铺陈了一系列象征季节性的特指意象,如"燕""蝉""雁""鹍鸡""蟋蟀"等。前面我们谈到这些特指意象含天活地,能给人们视觉上的广阔感,但这种广阔的视觉感与之前那幅如梦如幻的视觉感的图画又有所不同。特指意象与泛指意象相比较而言,特指意象能够让读者产生更近更真实的感觉。如果说第一幅画面是远处的虚景,那么这些特指意象构成的便是近处的实景画面。在这幅实景画面中,特指意象如同一个个彼此孤立的点,但在诗人的意象经营下,将这些孤立的点并置为密集度极高的意象群,使其在孤立中有着联系,构成一幅清晰可见的秋景图。

这两幅秋景图,一远一近,由块到点。现在,我们在脑海中设想一下,把这两幅秋景图复叠在一起,会是什么效果呢?空中有飞鸟、树中有寒蝉、林中有鹍鸡、草中有蟋蟀。这些意象的并置构成了动与静的视觉感,声与影的听觉感,外加上天高气清的触觉感和寒蝉寂寞与鹍鸡悲鸣的错觉感,让读者从不同的心理感官上体味秋景之悲。此外,两幅画面远与近的交融,块与点的组合,使整个秋景的"悲"不仅仅体现在诗中有画的意境中,更体现在意象并置组成的远近高低的立体美感上。

"蝉寂寞而无声"一句,我们前面谈到单独从这一句来看,诗人在意象组合上造成"无声"听觉上的错觉感。听觉上的无声,错觉上的寂寞创造了秋之寒蝉寂寞无声的悲戚与衰没。那么,是无声的寒蝉给了作者"寂寞"的错觉,为什么该句不是"蝉无声而寂寞"呢?这里需要谈到宋玉比于屈原,他自己的另一个特色便是在造语用词上,长短不拘,参差变化,韵散结合,注重文字美和语言的音乐美。"蝉寂寞而无声"一句中,从押韵角度讲,"声"字属于平声韵庚部,且上下句中"鸣""征"等字都属于平声韵庚部。因此,在意象组合的过程中,这样的意象经营读起来朗朗上口,一气呵成,顶流直下,构成了一种音乐的美感。而"寞"字不属于庚部,如若将其放在句尾,在整体朗读的过程中,倒是感觉格外突兀,破坏了语言的音乐美感。

四、宋玉《九辩》寒蝉意象在后世文学创作中的流变

(一)后世创作对宋玉《九辩》寒蝉意象的继承

宋玉《九辩》中"寂寞无声"的寒蝉在后世创作中逐渐形成了寒蝉悲秋的"现成思路",寒蝉也因此成为一个递相沿袭性的悲秋意象。对《九辩》寒蝉意象继承最明显的便是唐代的韩愈《秋怀十一首·其二》,该诗在秋景的描写过程中,首句"白露下百草"化用《九辩》中"白露既下百草兮"一句,"白露"与"百草"的意象并置,构成了秋天特有的秋寒景象。其次,"寒蝉暂寂寞,蟋蟀鸣自恣"一句与《九辩》中"蝉寂寞而无声"和"哀蟋蟀之宵

征"有异曲同工之妙。二者都采用"蝉"与"蟋蟀"的意象并置,并且都是一个寂寞,一个哀鸣,一静一动,成为秋景之悲的特定组合。从韩愈这首诗中,我们很明显地看见了他对宋玉《九辩》寒蝉意象的继承。

宋玉《九辩》笔下的寒蝉,不仅仅是一个悲秋意象,它还融入了作者对自己的悲叹和对社会的失望之情。后世创作继承了宋玉《九辩》寒蝉悲秋的意象经营,但在寒蝉中融入的个人感情却大不相同。汉代《古诗十九首》中有一首写道:"秋蝉鸣树间",这一句使用了寒蝉这一象征秋天的季节性意象。这首诗前半部分用"明月""促织""众星""白霞""秋蝉""玄鸟"等特指意象并置承接,形成一幅特写的秋景月夜图。下半部分由景到情的描写,表达的是友人振翅高飞、弃我而去的世态炎凉。魏晋时期曹植《赠白马王彪》"秋风发微凉,寒蝉鸣我侧"一句中,"秋风"与"寒蝉"的意象并置,一个是"微凉"的触觉感,一个是"鸣侧"的听觉感,让我们从心理上的感官体会秋景的悲凉。这首诗创作的背景是曹植与白马王曹彪和任城王曹彰同去朝见曹丕,结果任城王死于京城,曹植与白马王返回藩地的路上又被迫分道而驰。结合曹植当时的处境,我们能够感觉到《赠白马王彪》中秋景触发的感情不再是宋玉《九辩》中的叹己叹社会,而是对手足兄弟生离死别的悲痛与激愤。宋代朱敦儒《念奴娇》中首句"晚凉可爱"本是表达对秋天的喜爱之情,但接着一句"谁做秋声穿细柳?初听寒蝉凄切"却将原本凉风习习的舒适之感转变为冷清凄切之感。这寒蝉引发的悲凄进而转变到尾句的"画楼残角呜咽"。由寒蝉之声的凄切,到词人自身的呜咽,正是对亡妻"可惜良人不见"的悼亡而生发。这秋之悲景所触发的个人之情又转变为对已故妻子的思念。

以秋蝉写秋景,融情入于景,已成历代创作的特定模式。蝉还是那寒蝉,景还是那悲景,而由这悲秋之景引发的情却千差万别。除了上述借"寒蝉"表世态炎凉的冷、生离死别的悲、思念亡妻的痛之外,还有陆机《拟明月何皎皎诗》"寒蝉鸣高柳""离思难常守"中的久客思归、柳永《雨霖铃》"寒蝉凄切,对长亭晚"中的离别之伤、关汉卿《大德歌》"秋蝉儿噪罢寒蛩儿叫"中的念远懊恼……这些都是继承《九辩》寒蝉悲秋的模式而表达不同之情的代表。

(二)后世创作对宋玉《九辩》寒蝉意象的发展

每一个意象都具有内涵上的多样性,寒蝉悲秋只是寒蝉意象表现的多种内涵之一。后世创作对寒蝉悲秋这一"现成思路"的运用各有千秋,与此同时,后代作家也在用寒蝉悲秋中"寒蝉"之象而变其"悲秋"之意,为寒蝉意象增添新的内涵。比如宋代杨万里《听蝉八绝句》"蝉声无一些烦恼,自是愁人枉断肠"一句,反寒蝉悲秋之意而用之,和刘禹锡"自古逢秋悲寂寥,我言秋日胜春朝"中反悲秋模式而行的构思技巧甚是相同。

后世在对寒蝉意象的发展中,许多作品对寒蝉意象赋予了新的内涵,这种以故为新的创作手法能够给人耳目一新的感觉。方干《听段处士弹琴》用"竹上寒蝉尽散时"一句来描写段处士的琴音。该诗以琴音为中心,向外辐射出一系列意象:"泉进幽音""松含细韵""窗中顾兔""竹上寒蝉",这样的意象组合化无形之琴声为有形之物象,将琴音表现得淋漓尽致,用寒蝉表琴音正是一种新颖的意象经营。孟郊《北郭贫居》中有"欲识贞静操,秋蝉饮清虚"一句,诗人不仅不以蝉为悲,倒是以秋蝉自比,认为秋蝉清高且脱俗。这也展现着寒蝉意象的新变——在后世创作的发展中,寒蝉逐渐成为被赞扬与同情的意象。

　　后世在用寒蝉之象而改悲秋之意的同时,还不断对寒蝉之象进行扩象。或是对寒蝉意象进行铺写,又或是直接扩寒蝉之象为一首诗。骆宾王《在狱咏蝉》中,"西陆蝉声唱"描写蝉音,"不堪玄鬓影"描写蝉翼,"露重飞难进"描写蝉飞,最后一句"无人信高洁,谁为表余心"以蝉自喻,表现蝉之高洁。在骆宾王《在狱咏蝉》中我们看到的是表达对寒蝉高洁的赞扬,但到了李商隐《蝉》中,却处处体现着对蝉的同情。"本以高难饱,徒劳恨费声",蝉虽高洁却终究难以饱餐,纵使其声鸣鸣也是徒劳而无所获。"五更疏欲断,一树碧无情",面对寒蝉的声嘶力竭,满树碧青却冷漠相待,使得诗人不由联想到自己的遭遇,因而对这寒蝉有着无尽的同情。从悲秋到赞扬,从赞扬到同情,寒蝉意象的内涵不断有着新的发展。

　　小小的一枚寒蝉,在宋玉的意象经营下,既有着自己"寂寞无声"的个体美,又有着作为点缀式意象和其他悲秋意象共同组成的复叠美。在后世创作中,对宋玉《九辩》寒蝉意象既有继承又有发展。在继承中不断用寒蝉悲秋的模式表达不同的感情,在发展中不断给寒蝉意象注入新的内涵。在诗歌意象的星空中,寒蝉意象是万千颗意象之星的一粒,闪烁着自己独特而耀眼的光芒。

楚辞学者及楚辞学著作研究

《屈原贾生列传》与司马迁的政治主张

淮北师范大学 郭全芝

《史记》与屈原作品的关系,论者多从文学角度看待,鲁迅有关"无韵之《离骚》"的说法也引起广泛的共鸣。但屈原具有贤臣身份及其特殊政治经历,其作品对此又有反映,因此自古就有将屈原作品从政治角度进行解读的情况。早在王逸所作《楚辞章句》里,已经有了这种解读和认识。王逸认为《离骚》是"依托五经以立义"[①],故视屈原作品为"经之亚"。更早出现的《史记》对于屈原作品的看法其实也包含了文学和政治两个方面,而且以后者为重。《史记·屈原贾生列传》明确阐述了君王须借力贤臣治国的政治主张,这一主张也是司马迁所要强调的看法,因此它在整部《史记》里或明或暗地被反复提及。

一、贤臣形象

屈原,在司马迁心目中是形象完美的贤臣。他具有博学的特点和杰出的政治外交才华:"博闻强志,明于治乱,娴于辞令。入则与王图议国事,以出号令;出则接遇宾客,应对诸侯。王甚任之。"更难为可贵的是,他还具有正直行事和忠诚爱国的优秀品格:"屈平正道直行,竭忠尽智以事其君。"[②]

司马迁也就以忠诚与才华作为条件来衡量人臣是否完美。

君主选拔大臣,才华是一大条件。《史记》著录了很多富于才华的人臣,记载了他们卓越的表现。有善于文治的。《陈丞相世家》记载陈平多出奇计,帮助刘邦在楚汉相争的紧要关头占得上风、汉朝建立后巩固地位,他自己也因此有丞相之位。《梁孝王世家》记载梁孝王有反逆表现,景帝有心惩治,太后因之绝食,这时田叔、吕季主奉命处理。两人深谙景帝困惑,遂将梁王谋反证据烧掉,回报景帝说只是梁王手下人谋反,已伏诛,梁王并不知晓。于是皆大欢喜。司马迁为此评论说:"不通经术知古今之大礼,不可以为三公及左右近臣。"[③] 更有大量武功突出的,白起、廉颇、乐毅、韩信……

但司马迁又借写史说明,为人臣者首先要忠诚。刘邦两大重臣韩信与张良结局不同,

---

① 王逸:《楚辞章句》,见(宋)洪兴祖:《楚辞补注》,北京:中华书局,1983年,第49页。
② 司马迁:《史记》,见《二十五史(百衲本)》,杭州:浙江古籍出版社,1998年,第215页。
③ 司马迁:《史记》,见《二十五史(百衲本)》,杭州:浙江古籍出版社,1998年,第178页。

与刘邦对他们的看法有直接关系。只要性忠,即使在才华方面稍逊,人臣也能为主所用,且保全自己。司马迁在《惠景间侯者年表》记载"昔高祖定天下,功臣非同姓疆土而王者八国。至孝惠帝时,唯独长沙全,禅五世,以无嗣绝,竟无过,为藩守职,信矣。故其泽流枝庶,毋功而侯者数人。"① 刘邦所封异姓侯王有八,至孝惠帝时仅存长沙一国,原因就是"为藩守职",可靠,故能"禅五世",并且"毋功而侯者数人"。而萧何之所以长居相国之位,显然是刘邦、吕雉看上他的忠诚。《萧相国世家》论及萧何功绩,竟显得无可称道:"太史公曰:萧相国何于秦时为刀笔吏,录录未有奇节。及汉兴,依日月之末光,何谨守管籥,因民之疾法,顺流与之更始。淮阴、黥布等皆以诛灭,而何之勋烂焉。位冠群臣,声施后世,与闳夭、散宜生等争烈矣。"② 虽平庸但只要忠心为主,也能"位冠群臣,声施后世"。前述萧何何以为刘邦重用,一是"以文无害为沛主吏掾"。二是"高祖为布衣时,何数以吏事护高祖。高祖为亭长,常左右之。高祖以吏繇咸阳,吏皆送奉钱三,何独以五。"三是"及高祖起为沛公,何常为丞督事。"于是,刘邦为汉王之时,就以萧何为丞相了。而到萧何死后才接替相位的曹参,论功绩要大大超过萧何,《曹相国世家》专门有一段文字记曹参之功:"参功:凡下二国,县一百二十二;得王二人,相三人,将军六人,大莫敖、郡守、司马、候、御史各一人。"③ 二人才华相较之下立显高低。但刘邦长期以曹参为长子侯国的相国(达九年)。以至于曹参有了机会做皇帝的相国,仅仅三年即去世了。但与韩信相较,曹参已经是非常幸运的人。

同时具备两种条件的人其实不少,但若要达到屈原那样完美的程度就非常少见了。司马迁刻画了很多良臣形象,但类似对屈原那样做出完美的评价,《史记》里极其罕见。如乐毅,可说是很难得的人才,《乐毅列传》对他杰出的才干与高尚坦荡的品格做了充分肯定。但受时代风气影响,乐毅自己对忠诚二字有独特理解。作为燕国重臣的他在感到自身遭受危险之时就立即离开燕国,转而投奔赵国,但仍然以忠臣自居。他认为受到冤屈的人臣不得已逃往他国,只要不洗雪自己从而避免原主陷入不义之名,就称得上是忠臣了:"忠臣去国,不絜其名。"④ 在忠诚度上,乐毅显然与宁死不弃楚国的屈原存有差距。因而司马迁无论是在乐毅本传正文之中还是《太史公自序》里,对于乐毅的"忠诚"都无评论。《太史公自序》只是强调乐毅的功绩:"率行其谋,连五国兵,为弱燕报强秦之仇,雪其先君之耻。"⑤ 又如蒙恬兄弟形象。两兄弟对于秦的强盛做出了巨大的努力而且功勋卓著,并且有"忠信之名"。《蒙恬列传》:"恬任外事而毅常为内谋,名为忠信。"虽然

---

① 司马迁:《史记》,见《二十五史(百衲本)》,杭州:浙江古籍出版社,1998年,第82页。
② 司马迁:《史记》,见《二十五史(百衲本)》,杭州:浙江古籍出版社,1998年,第171页。
③ 司马迁:《史记》,见《二十五史(百衲本)》,杭州:浙江古籍出版社,1998年,第172页。
④ 司马迁:《史记》,见《二十五史(百衲本)》,杭州:浙江古籍出版社,1998年,第211页。
⑤ 司马迁:《史记》,见《二十五史(百衲本)》,杭州:浙江古籍出版社,1998年,第297页。

如此,司马迁认为他们仍有缺陷,这就是"夫秦之初灭诸侯,天下之心未定,痍伤者未瘳,而恬为名将,不以此时彊谏,振百姓之急,养老存孤,务修众庶之和,而阿意兴功"。在秦初步统一天下,百姓饱受战乱之苦的时候,蒙恬作为名将,不是利用自己的身份劝谏修筑长城,反而一味迎合君主。"因此兄弟遇诛,不亦宜乎!"①对蒙氏兄弟遇难没有表示出太多的同情,因为如蒙恬对国家的忠诚显然是不够的。在司马迁笔下的各色人臣,大多是这类富于才华但又有缺陷的形象。《曹相国世家》篇末揭示了曹参之所以多有功勋的原因竟然是靠了韩信,曹参则是贪天功为己有:"太史公曰:曹相国参攻城野战之功所以能多若此者,以与淮阴侯俱。及信已灭,而列侯成功,唯独参擅其名。"②他如《管晏列传》中管子的形象、《商君列传》中商鞅的形象、《吴起列传》中吴起的形象,这些政治家在道德品格方面也都各自存在一些问题。《范雎蔡泽传》之两位传主,一方面辩才智谋出众,另一方面长期因厄而不气馁,但在位极人臣之后,一个睚眦必报,一个不思进取,在司马迁看来更是难与屈原比肩。

相较之下,司马迁笔下的贤臣形象屈原更显其完美。

被司马迁全力赞誉的贤臣,除屈原之外,大概也就是司马穰苴、蔺相如等少数几位了(就连张良,追随刘邦征战,尽职尽忠,但天下初定,面临朝廷内部错综复杂的矛盾,他还是为自己考虑而抽身隐退)。《司马穰苴列传》写田穰苴具文武雄才,"文能附众,武能威敌"③,且对君主忠心耿耿。在他的努力之下,齐国收回全部沦陷之地。《廉颇蔺相如列传》末尾,司马迁评论蔺相如之为人说:"知死必勇,非死者难也,处死者难。方蔺相如引璧睨柱,及叱秦王左右,势不过诛,然士或怯懦而不敢发。相如一奋其气,威信敌国,退而让颇,名重太山,其处智勇,可谓兼之矣!"④对蔺相如的大智大勇及"先国家之急而后私仇"的品格不吝辞藻大加赞誉。而从正文所介绍的事迹上看,蔺相如才智作为与屈原也颇相一致。可以说,屈原是司马迁心目中理想的贤臣形象。

二、君主人臣关系

司马迁之所以对人臣有如此高标准的要求,是因为人君或愚或智,或贤或不肖,因即位的特殊有时难以事先明确。所以《屈原贾生列传》谈到君主个人条件时,基本持无所谓态度,但是无论什么样的君主,都须要知人善任:"人君无愚智贤不肖,莫不欲求忠以自为,举贤以自佐。"要有忠良贤臣辅佐,否则就会亡国。

这一观点在《屈原贾生列传》中得到措辞鲜明的论述:

---

① 司马迁:《史记》,见《二十五史(百衲本)》,杭州:浙江古籍出版社,1998年,第224页。
② 司马迁:《史记》,见《二十五史(百衲本)》,杭州:浙江古籍出版社,1998年,第172页。
③ 司马迁:《史记》,见《二十五史(百衲本)》,杭州:浙江古籍出版社,1998年,第184页。
④ 司马迁:《史记》,见《二十五史(百衲本)》,杭州:浙江古籍出版社,1998年,第213页。

人君无愚智贤不肖,莫不欲求忠以自为,举贤以自佐,然亡国破家相随属,而圣君治国累世而不见者,其所谓忠者不忠,而所谓贤者不贤也。怀王以不知忠臣之分,故内惑于郑袖,外欺于张仪,疏屈平而信上官大夫、令尹子兰。兵挫地削,亡其六郡,身客死于秦,为天下笑。此不知人之祸也。易曰:"井泄不食,为我心恻,可以汲。王明,并受其福。"王之不明,岂足福哉!①

屈原被君主疏离,楚国最终灭亡。这样的君臣关系及其引发的后果,受到司马迁的重视,他借此集中论述了明君贤臣遇合与国家兴亡的关系,认为贤臣难遇明君,不仅是贤臣个人的悲哀,更是君主的悲哀,是国家的悲哀。政治想要清明,国家想要安治,需要君主重视人才。

《史记》撰作的一个重要动机是为百王立法。作者在《屈原贾生列传》屈原事迹的介绍里凸显的明君贤臣关系正是想引起"百王"重视的问题,因此它不仅在《史记》这一篇传文里得到反复申明,也在其他很多传记篇章里被作者有意呈现且加以说明。如《越王勾践世家》记勾践在极其危险艰苦的处境中得力于范蠡等良臣,终于使越国强大,灭亡吴国,得以报仇雪恨,突出了明主贤臣遇合产生的巨大效能。其后,尽管勾践"可与共患难,不可与共乐"的形象缺陷导致两位重臣一个离去,一个被逼自杀,司马迁还是认为对周王室来说,勾践可谓忠臣:"……勾践,苦身焦思,终灭彊吴,北观兵中国,以尊周室,号称霸王。勾践可不谓贤哉,盖有禹之遗烈焉。范蠡三迁皆有荣名,名垂后世。臣主若此,欲毋显,得乎!"②肯定了良好的君臣关系。又如《高祖本纪》在突出刘邦的历史功绩之时,强调了他宽以待人、善于用人的特点,《淮阴侯列传》更是借韩信之口说出刘邦虽然带兵打仗不行,却是最能"将将"的政治家。所以韩信将刘邦的成功和自己的失利也归于这一原因。这些都是读者耳熟能详的例子。《留侯世家》中主述张良对刘邦的重要性,且在篇末"太史公曰"里明确提到:"高祖离困者数矣,而留侯常有功力焉。"③《陈丞相世家》篇末"太史公曰"亦明确提到陈平作为人臣的重要性:"……卒归高帝。常出奇计,救纷纠之难,振国家之患。"④例子正是不胜枚举。

司马迁不仅列出了明君借力贤臣的许多正面事例,也列出了不少相反的事例,而且后者从数量上看更多一些。《屈原贾生列传》中对屈原生平的介绍主要就是着眼于楚王对屈原的"用"与"不用"。屈原一度受到怀王的信任,以其"明于治乱,娴于辞令"的杰出政治才华为楚君所用,后来又因被谗而遭到疏远乃至放逐。与此相关,楚国由盛而衰。

---

① 司马迁:《史记》,见《二十五史(百衲本)》,杭州:浙江古籍出版社,1998年,第216页。
② 司马迁:《史记》,见《二十五史(百衲本)》,杭州:浙江古籍出版社,1998年,第146页。
③ 司马迁:《史记》,见《二十五史(百衲本)》,杭州:浙江古籍出版社,1998年,第174页。
④ 司马迁:《史记》,见《二十五史(百衲本)》,杭州:浙江古籍出版社,1998年,第175页。

屈原既不得为用,楚国的危局难以挽回,由是悲愤不已而自沉,"楚日以削,数十年竟为秦所灭"①。此篇之前的《伍子胥列传》里写有:"吴王既诛伍子胥,后九年,越王勾践遂灭吴,杀王夫差。"② 讲到伍子胥被杀引发吴国的灭亡。《廉颇蔺相如列传》则谈到廉颇、蔺相如及李牧等人臣对于赵国的重要性,如李牧为赵所弃,赵国亦随之而亡:"赵使人微捕得李牧,斩之。废司马尚。后三月,王翦因急击赵,打破杀赵葱,虏赵王迁及其将颜聚,遂灭赵。"③ 司马迁在记载楚汉相争一段历史时,也写下很多事例。如《项羽本纪》里,总结项羽失败的重要原因就有"(项羽)奋其私智而不思古"一条,在描述项羽走向失败的过程中也将其刚愎自用而不善用人的缺陷清楚地表现出来。这些都说明作者对这一问题的重视。

事实上,司马迁还在其《太史公自序》中对自己的这一重要主张作了清楚明晰的阐述,以此强调这是他撰写《史记》的一个重要原因。

《太史公自序》在介绍父亲时,完整引出了司马谈的《论六家要旨》。这篇文章开宗明义,上来就引述《周易·系辞传》:"天下一致而百虑,同归而殊涂。"并加以说明:"夫阴阳、儒、墨、名、法、道德,此务为治者也,直所从言之异路,有省不省耳。"④ 谓六家都是以治平天下为务,只不过各自遵循的途径不同而已。即天下学术,以政治为要务。司马谈认为作为史官修史,也应以记录"明主贤君忠臣死义之士"为要务。司马迁在这方面深受父亲影响,因此他在接下来的文字里借阐述《春秋》主旨说明自己修史的宗旨:"夫《春秋》,上明三王之道,下辨人事之纪,别嫌疑,明是非,定犹豫,善善恶恶,贤贤贱不肖,存亡国,继绝世,补弊起废,王道之大者也。"并特别指出与其他儒家经典相比,《春秋》的特殊性:"《春秋》辨是非,故长于治人。"它虽然是史书,但无疑与政治的关系非常密切:"拨乱世反之正,莫近于《春秋》。"故人君臣僚不可不读《春秋》:"故有国者不可以不知《春秋》,前有谗而弗见,后有贼而不知。为人臣者不可以不知《春秋》,守经事而不知其宜,遭变事而不知其权。"否则必陷不测:"为人君父而不通于《春秋》之义者,必蒙首恶之名。为人臣子而不通于《春秋》之义者,必陷篡弑之诛,死罪之名。"这些论述显然谈的都是君臣问题。有关两者的关系,司马迁下文又花费大量文墨加以论述。"壶遂说:'孔子之时,上无明君,下不得任用,故作《春秋》,垂空文以断礼义,当一王之法。'"《春秋》之撰是因为"上无明君,(孔子)下不得任用",故借此"当一王之法"。司马迁认为自己生活于明君贤臣之世,更有责任将这种情况正面著录下来:"主上明圣而德不布闻,有司之过也。且余尝掌

---

① 司马迁:《史记》,见《二十五史(百衲本)》,杭州:浙江古籍出版社,1998年,第216页。
② 司马迁:《史记》,见《二十五史(百衲本)》,杭州:浙江古籍出版社,1998年,第186页。
③ 司马迁:《史记》,见《二十五史(百衲本)》,杭州:浙江古籍出版社,1998年,第213页。
④ 司马迁:《史记》,见《二十五史(百衲本)》,杭州:浙江古籍出版社,1998年,第294页。

其官,废明圣盛德不载,灭功臣世家贤大夫之业不述,堕先人所言,罪莫大焉。"① 从司马迁的论述看,他认为之所以要知《春秋》,也主要是因为《春秋》能帮助人君辨明忠奸以便合理用人,而他自己之所以要写史,也正在于要将明君贤臣的事迹记录下来。

《太史公自序》在谈到《史记》各篇写作宗旨时,也时时对这一主张进行关照。例如他说编撰《五帝本纪》和《夏本纪》是为了记录历史上的几位明君,而论第三篇《殷本纪》之撰则谓有君主圣明与否关系到自身性命及社稷安危,并提到"武丁得说,乃有高宗"。(武丁有傅说辅佐,才有高宗的称号。)说明圣君离不开贤臣。其下各篇本纪大率也以明君与否为叙事主旨。论"世家",则记贤臣辅佐的意味更其明显:

  二十八宿环北辰,三十辐共一毂,运行无穷,辅拂股肱之臣配焉,忠信行道,以奉主上,作三十世家。②

论"书",也有对这一内容的照应。例如《史记·乐书》开首就是:"太史公曰:余每读虞书,至于君臣相敕,维是几安,而股肱不良,万事堕坏,未尝不流涕也。"③ 明显谈的是明君贤臣关系对于国家的重要。

此外,《太史公自序》还述及作者本人也因"遭李陵之祸,幽于缧绁",但他想得最多的是因此不得为用:"乃喟然而叹曰:'是余之罪也夫!是余之罪也夫!身毁不用矣!'"④ 屈原创作辞赋之所以为司马迁看重,是因为其人在不能直接为君主所用的情况下,"作辞以讽谏,连类以争义",继续努力为君主效力,尽忠尽职地负担起人臣的责任。

对这一政治观点,《史记》不少篇章不仅多方印证,还做出了详备完整的说明。除了对人臣的要求外,在什么样的君主算得上圣君明主的问题上,司马迁也给出了自己的回答。他以为作为君主,黄帝最为完美,所以《史记》以记述黄帝事迹开篇。对圣君还须依靠忠臣贤人方有作为问题上,如前所述,司马迁不仅在《屈原贾生列传》里集中表达了自己的看法,还借助于著录历史人物提供了很多证明材料。

司马迁对这一问题的重视还体现在有时采取特殊的结构安排和写法。《史记》既以黄帝事迹为开篇,黄帝也被公认为是司马迁理想中的君主,但首传《五帝本纪》在具体写法上,却不以黄帝为中心,而是以尧、舜知人善任、从谏如流为主要内容。这种写法体现出理想的政治状态即明君贤臣结合的观点。司马迁在《管晏列传》里还通过鲍叔和晏子知贤、荐贤和让贤的故事,刻意探索和说明了如何对待贤才的问题。《三王世家》的写法

---

① 司马迁:《史记》,见《二十五史(百衲本)》,杭州:浙江古籍出版社,1998年,第295页。
② 司马迁:《史记》,见《二十五史(百衲本)》,杭州:浙江古籍出版社,1998年,第298页。
③ 司马迁:《史记》,见《二十五史(百衲本)》,杭州:浙江古籍出版社,1998年,第95页。
④ 司马迁:《史记》,见《二十五史(百衲本)》,杭州:浙江古籍出版社,1998年,第296页。

又另有特点,其文字主要由武帝与大臣的诏、疏、策文构成,武帝本来想封三个儿子为侯,但霍去病等大臣数番上疏劝谏,终于使武帝改变主意,立子为王。司马迁之所以采取不同一般的行文内容,是因为"燕齐之事,无足采者。然封立三王,天子恭让,群臣守义,文辞烂然,甚可观也,是以附之世家"。显然,作者采用这种特殊的内容安排,是想要突出一种美好的君臣关系。

至于《屈原贾生列传》的写法更有助于司马迁正面表达他的主张。这篇传记,叙事少,议论多。叙事主要写出屈原是忠臣贤人,可惜怀王及顷襄王不是圣君,君臣不能有效结合,最终导致楚国灭亡。叙事部分写屈原的文字数量上不及屈原被疏之后楚国日趋衰亡的文字多。此外,司马迁认为屈原作品尤其是《离骚》《怀沙》等篇的创作与此相关,所以对它们也做了介绍。《离骚》反复述及了对现实之中君主不善用人的失望与作者自己的不遇。由是,司马迁指出屈原创作多系作者忠贞爱国而不被理解、难以施展其政治才华,于是发愤抒情,所谓:"信而见疑,忠而被谤,能无怨乎?屈平之作《离骚》,盖自怨生也。"他还具体地说明了屈原之怨:

(上官大夫谗言屈原,于是)王怒而疏屈平。屈平疾王听之不聪也,谗谄之蔽明也,邪曲之害公也,方正之不容也,故忧愁幽思而作《离骚》。

屈平既嫉之,虽放流,眷顾楚国,系心怀王,不忘欲反,冀幸君之一悟,俗之一改也。其存君兴国而欲反复之,一篇之中三致志焉。然终无可奈何,故不可以反,卒以此见怀王之终不悟也。①

这种对屈原心理的剖析一方面突出了传主个人的性情与品格,另一方面又特别着眼于君臣关系,选材上体现出司马迁的有意为之。

《屈原贾生列传》就屈原部分来说,写法上主要采取的是夹叙夹议的方式。叙事部分,作者主要从楚国内部政治形势方面交代了屈原被疏远的原因即"……王听之不聪也,谗谄之蔽明也,邪曲之害公也,方正之不容也",以及既疏之后的屈原不改爱国初衷的情形,还有明君贤臣不遇引发的"兵挫地削,亡其六郡,(怀王)身客死于秦"的情况。感慨议论文字,涉及的主要就是屈原之贤、怀王之不明不知。司马迁借用议论感慨表达了有关圣君须借力贤臣才能兴国的重要政治观点,即所谓"人君无愚智贤不肖,莫不欲求忠以自为,举贤以自佐"。并且以楚怀王为反例对此进行了有力的论证。他指出,屈原是爱国贤臣,"虽放流,眷顾楚国,系心怀王",而"怀王以不知忠臣之分,故内惑于郑袖,外欺于张仪,疏屈平而信上官大夫、令尹子兰。兵挫地削,亡其六郡,身客死于秦,为天下笑。此不

---

① 司马迁:《史记》,见《二十五史(百衲本)》,杭州:浙江古籍出版社,1998年,第215页。

知人之祸也。"末尾又借助于《周易》的话总结说:"井泄不食,为我心恻,可以汲。王明,并受其福。"并以为该文意犹未尽,于是为之补充说:"王之不明,岂足福哉!"不厌其烦地述说了明君贤臣关系的重要。

造成《屈原贾生列传》议论多、叙事少的原因或可按吕思勉的说法,是由于司马迁所能查找到的传主事迹有限。的确,就现有文献来看,有关屈原事迹的记载,除了屈原作品本身,司马迁此传算得上是最早的记录文字了。但这一说法也存在问题。就《史记》叙事体例看,叙事中较少出现作者直接议论感慨的文字,尤其是大段文字。为弥补传主事迹材料之不足(或作者主观上不愿过多叙事),《史记》实际上也采取过其他方法。例如《三王世家》的主体是君臣的诏书奏文,叙事几可忽略不计。就《屈原贾生列传》这一篇来看,司马迁完整引述了屈原的《怀沙》,所以若为凑篇幅计,也可以多引几篇,例如《离骚》既然被司马迁推崇备至就完全可以著录其全文。其实,《屈原贾生列传》里有关屈原这一部分的篇幅已然不小,如果算上贾谊那部分,文字就更多了。因此由于事迹偏少就在叙事中羼入大段议论,这种看法恐怕不符合作者原意。

众所周知,《史记》人物传记有其较固定的章法体例,分叙事和议论评价两部分。叙事部分一般较为客观,主观看法及感慨等一般在"太史公曰"即议论评价部分展示,像《伯夷叔齐列传》和上引屈原传中在叙事部分出现的夹叙夹议现象属于例外。因此这种情况的产生,除去材料偏少,还应有另外的原因,而且可能还是重要原因。相较于生平事迹的叙述,议论文字更能体现《史记》作者的心声,所以采取特殊写法的缘由还应从司马迁议论文字本身寻找。而显然,屈原传中的这段议论感慨文字内容上是反复说明君主未能明辨是非,所以不能借力贤臣而最终导致亡国。由此可见出作者真正关注的问题。

三、人君贤臣难遇的原因

贤臣须为主上所用,才能得尽其才,但历史上却有太多人空有施展才华的愿望但却抱恨终老。司马迁之所以悲惋屈原,就在于后者作为完美形象的贤臣却因他人进谗而不能尽忠于君主和国家。

类似屈原因谗被疏这类事例,《史记》还记载了很多。《屈原贾生列传》对此也有所体现。两位传主在司马迁看来都是不遇之贤臣,"难遇"原因同为群臣嫉贤。类似的事例也正不少。《司马穰苴列传》写司马穰苴忠心为国,才华突出,功勋无双,但最后无辜被免,冤屈身死:"大夫鲍氏、高、国之属害之,谮于景公。景公退穰苴,苴发疾而死。"[①]《孙子吴起列传》叙述吴起前后效力于鲁、魏、楚,所到之国都能在对外斗争中取胜。就是这样一位杰出的政治家却被楚国乱臣射杀,不能再显身手。《商君列传》写商鞅深得秦孝公信任,

---

① 司马迁:《史记》,见《二十五史(百衲本)》,杭州:浙江古籍出版社,1998年,第215页。

顺利推行新法,但却因此得罪太子。后者继位后即将商鞅杀害,罪名是谋反。《樗里子甘茂列传》里樗里子与甘茂都担任秦国三代君主的重臣,但樗里子因是惠王兄弟,始终受到信任;甘茂没有这层关系,终因谗言而被迫逃离。即使是君主的亲属,但只要被怀疑有威胁,也会因此被疏。《穰侯列传》末段,司马迁对功劳至巨、曾权倾一时而终被罢免的传主评论说:"穰侯,昭王亲舅也。而秦所以东益地,弱诸侯,尝称帝于天下,天下皆西乡稽首者,穰侯之功也。及其贵极富溢,一夫开说,身折势夺而以忧死,况于羁旅之臣乎!"①《廉颇蔺相如传》里李牧、司马尚等事例也大率如此。《绛侯周勃世家》更是有意识地突出周勃、周亚夫父子氏父子多次为汉朝救亡的功绩,后来却因被人诬告而被捕入狱的遭遇,故此有学者以为此篇就是为了写功臣名将受辱。

除此之外,还有其他原因。如君主对人臣的才华没有认识充分。《冯唐列传》里文帝最初对冯唐和魏尚就未能识其才。也有认识充分却故意不用的,《李将军列传》里汉武帝对于李广仅因怀疑其命数不好就不重用。更有甚者,有时是由于君主忌讳英才。这种情况往往是在征战天下之后发生,而所谓贤臣往往是功臣良将身份。著名的如刘邦手下"功高无二"的韩信。《项羽本纪》里借陈馀给章邯的书信也谈到类似例子:"白起为秦将,南征鄢郢,北阬马服,攻城略地,不可胜计,而竟赐死。蒙恬为秦将,北逐戎人,开榆中地数千里,竟斩阳周。何者?功多,秦不能尽封,因以法诛之。"②

历史人物之外,司马迁也为自己的"不遇"而喟叹不已,他的原因是主上没有理解其欲为主上分忧的良苦用心,以致作者"身毁不用"。《史记》之外,司马迁仍然念念不忘君臣难遇问题,也说明它在司马迁心中的分量。

种种"难遇"尽管具体原因不同,但都跟人君的态度相关。《管晏列传》写管仲生前为齐相:"管仲富拟于公室,有三归、反坫,齐人不以为侈。"显然齐王对管仲之富可敌国及"越礼"也丝毫没有疑虑。而且管仲去世,齐国仍然沿用他制定的方针政策:"齐国遵其政,常强于诸侯。"③人君的态度又取决于对人臣的看法。于是,更进一步,司马迁还对臣僚如何为主上所用进行了思考。《史记》有一些篇章对此有反映。颇为明显的就是《老子韩非列传》④。此篇涉及四位传主——老子、庄子、韩非子和申不害。由于四人分属两个非常不同的学术派别,因此司马迁的安排引发了后人持续不断的解释和争论。但这些解释和争论多是从道、法两家的政治主张出发,或认为两家虽然学术主张不同但都是"君人南面之术",或认为这种合传暗含着汉代先黄老后法家的治国变化。但结合司马迁写《史记》的主旨,再细读该篇文字,或可得出新的结论。本篇有一明显的不同寻常之处,即作者将

---

① 司马迁:《史记》,见《二十五史(百衲本)》,杭州:浙江古籍出版社,1998年,第215页。
② 司马迁:《史记》,见《二十五史(百衲本)》,杭州:浙江古籍出版社,1998年,第34页。
③ 司马迁:《史记》,见《二十五史(百衲本)》,杭州:浙江古籍出版社,1998年,第183页。
④ 此从中华本《史记》。百衲本《史记》,老子、庄子、伯夷合传,申不害与韩非合传。

笔墨主要集中于韩非子,而且重点介绍的是韩非子所论君主不善用人的种种表现,以及人才怎样游说君主使之接受自己;其生平事迹只是简要交代。至于其他三人,则侧重于人物事迹的介绍而不引述他们的著作文字。这样的处理,对于"论大道则先黄老而后六经"的作者来说,无疑是很奇怪的。显然,此篇内容侧重于探讨君主如何合理用人、人才如何能为人所用的问题,仍然与君臣关系密切相关。此外,司马迁对韩非子著述的介绍也值得玩味。作者提到传主《孤愤》《五蠹》《内储》《外储》《说林》篇章名称,显然就数量来看,这些文章中'说'(即游说)居于首位。之后,作者引述了韩非子的《说难》。并且还申明说:"申子、韩子皆著书,传于后世,学者多有。余独悲韩子为说难而不能自脱耳。"①《说难》一文多方面探讨了与君主交接的难处并提出对策,可见贤者难遇明君是当时普遍的情况。屈原也是这种情况。他的才华,楚王是欣赏的,但楚王并不因此而无条件信任他,事实恰恰相反。尽管屈原在恶劣的政治环境下转而作辞讽谏,欲以此发挥一己之力,但其实起到的只是徒自抒发愤懑的作用。楚王的态度决定了屈原的悲剧。

君臣难遇有时带给人臣的是性命攸关的严重问题。司马迁对此也有解决方案。他指出,人臣若想尽忠又要保全自己,就得根据具体情况选择不同的方式。《管晏列传》介绍管仲之功绩时对孔子"小之"的看法不认同:"管仲,世所谓贤臣,然孔子小之。岂以为周道衰微,桓公既贤,而不勉之至王,乃称霸哉?语曰:'将顺其美,匡救其恶,故上下能相亲也。'岂管仲之谓乎?"介绍晏子相齐时评云:"其在朝,君语及之,即危言;语不及之,即危行。国有道,即顺命;无道,即衡命。以此三世显名于诸侯。""至其谏说,犯君之颜,此所谓'进思尽忠,退思补过'者哉!"②

《史记》所展示的传主多为人君与人臣,他们形象形形色色,众多人臣与各自君主的关系也不相同,但司马迁有着自己理想的贤臣标准和他满意的君主形象。《屈原贾生列传》描述了屈原作为人臣的完美,并说明了君主知人善任对国家的重要性,这与整部《史记》体现的重要政治主张相一致,因而具有一定的代表性。其语言明晰直截,集中阐述了明主贤臣遇合对于国家的重要性问题,表明作者撰写此篇有更深沉的动机。

---

① 司马迁:《史记》,见《二十五史(百衲本)》,杭州:浙江古籍出版社,1998年,第184页。
② 司马迁:《史记》,见《二十五史(百衲本)》,杭州:浙江古籍出版社,1998年,第183页。

王逸《楚辞章句》中的齐国文献

山东理工大学 郭 丽

王逸,字叔师,南郡宜城(今属湖北)人,东汉文学家。汉安帝时为校书郎,汉顺帝时官至侍中。所着《楚辞章句》是第一部《楚辞》全注本。《后汉书·文苑传》记载:"元初中,举上计吏,为校书郎。顺帝时,为侍中。着《楚辞章句》行于世。其赋、诔、书、论及杂文凡二十一篇。又作《汉诗》百二十三篇。"① 《四库全书总目》对《楚辞章句》做出书录,评价甚高,云:"初刘向裒集屈原《离骚》《九歌》《天问》《九章》《远游》《卜居》《渔父》,宋玉《九辩》《招魂》,景差《大招》,而以贾谊《惜誓》,淮南小山《招隐士》,东方朔《七谏》,严忌《哀时命》,王褒《九怀》,及向所作《九叹》共为《楚辞》十六篇,是为总集之祖。逸又益以己作《九思》与班固《二叙》为十七卷,而各为之注。"又云:"逸注虽不甚详赅,而去古未远,多传先儒之训诂,故李善注《文选》全用其文。"②

一

王逸在疏通《楚辞》文句的时候,注重篇内文句隐含的历史事件解释,他对与齐国有关的历史文献的引用,就可看出此点。今将《楚辞章句》王逸征引的齐国文献进行钩沉,以作考察。所用版本为《四部丛刊》本③。

《离骚》:"宁戚之讴歌兮,齐桓闻以该辅。"王逸《章句》云:"宁戚修德不用,退而商贾。宿齐东门外,桓公夜出,宁戚方饭牛叩角而高歌。桓公闻之,知其贤,举用为客卿,备辅佐也。"言宁戚有高尚的品德,但是却不能为上所用,乃做商贾,来到齐国。宁戚候齐桓公夜间外出,在喂牛的时候,扣牛角而高歌,齐桓公听到宁戚的歌声,知道其才能,乃任命宁戚为卿大夫,辅助齐桓公,治理国家④。《太平御览》有比较详细的记载,《御览》引《史记》曰:"宁戚,卫人也。欲仕于齐,家贫无以自资,乃赁为人推车。至齐国,桓公出,戚望见车驾,乃于车下饭牛,扣牛角而歌。桓公闻之,抚手曰:'异哉,此人乃非常人也!'命管仲迎之,以为上卿。"⑤ 说明了此事的原委。《管子·小称》云:"桓公、管仲、鲍叔牙、宁戚四人

---

① 范晔:《后汉书》,北京:中华书局,1965 年,第 2618 页。
② 永瑢等撰:《四库全书总目》,北京:中华书局影印本,1965 年,第 1267 页。
③ 《四部丛刊》本《楚辞》,上海涵芬楼借江南图书馆藏明翻宋本景印。
④ 李金玲:《齐桓公时期之卿大夫宁戚考》,《兰台世界》,2012 年第 3 期。
⑤ 李昉等:《太平御览·人事部·贫上》第四卷,石家庄:河北教育出版社,2000 年,第 987 页。

饮。饮酣,桓公谓鲍叔牙曰:'阖不起为寡人寿乎?'鲍叔牙奉杯而起曰:'使公毋忘出如莒时也,使管子毋忘束缚在鲁也,使宁戚毋忘饭牛车下也。'桓公辟席再拜曰:'寡人与二大夫能无忘夫子之言,则国之社稷必不危矣。'"①则通过齐桓公、管仲、鲍叔牙、宁戚的对话,说出宁戚当初饭牛车下的历史。

《天问》:"齐桓九会,卒然身杀。"王逸《章句》云:"言齐桓公任管仲,九合诸侯,一匡天下。任竖刁、易牙,子孙相杀,虫流出户。"言齐桓公任用管仲的时候,能够多次使诸侯会盟,匡正天下将倾的颓势。《章句》:"齐桓公任管仲,九合诸侯,一匡天下",出自《管子·小匡》:"兵车之会六,乘车之会三,九合诸侯,一匡天下,甲不解垒,兵不解翳。"②王逸用较为详细的记述,对《天问》中"齐桓九会,卒然身杀"的内涵做出解释,云:"任竖刁、易牙,子孙相杀,虫流出户。"概言管仲去世之后,齐桓公任用竖刁、易牙,导致齐国内政混乱,齐桓公死不得其所;他的子孙卷入君位的争夺中,导致齐桓公久死不葬;桓公遗体生的虫,都爬出了户外③。《史记·齐太公世家》记载:"管仲卒,五公子皆求立。冬十月乙亥,齐桓公卒。易牙入,与竖刀因内宠杀群吏,而立公子无诡为君。太子昭奔宋。桓公病,五公子各树党争立。及桓公卒,遂相攻,以故宫中空,莫敢棺。桓公尸在床上六十七日,尸虫出于户。"④

《七谏·沉江》:"齐桓失于专任兮,夷吾忠而名彰。"《七谏》为东方朔所撰。王逸注云:"《七谏》者,东方朔之所作也。谏者,正也。谓陈法度以谏正君也。古者人臣三谏不从,退而待放。屈原与楚同姓,无去之义,故加为七谏。殷勤之意,忠厚之节也。或曰《七谏》者法天子,有争臣七人也。东方朔追悯屈原,故作此辞,以述其志,所以昭忠信,矫曲朝也。"王逸对"齐桓失于专任兮,夷吾忠而名彰",这样解释:"管仲将死,戒桓公曰:竖刁自割,易牙烹子,此二臣不爱其身,不慈其子,不可任也。桓公不从,使专国政。桓公卒,二子各欲立其所傅公子,诸公子并争,国乱无主,而桓公尸不棺,积六十日虫流出户,故曰:失于专任。夷吾忠而名著也。"王逸在注释的时候,再次提到竖刁、易牙。历史典籍中,《管子·戒》详细记载了管仲去世之前,劝说齐桓公驱逐竖刁、易牙,齐桓公答应。之后因驱逐竖刁而宫中乱,驱逐易牙而味不至,故复返竖刁、易牙。易牙、卫公子开方与竖刁杀很多官吏,而立公子无亏。《戒》云:"管仲又言曰:'东郭有狗嘷嘷,旦暮欲啮我。猳而不使也。今夫易牙,子之不能爱,将安能爱君?君必去之。'公曰:'诺。'管子又言曰:'北郭有狗嘷嘷,旦暮欲啮我,猳而不使也。今夫竖刁,其身之不爱,焉能爱君?君必去之。'公

---

① 黎翔凤:《管子校注》,北京:中华书局新编诸子集成本,2004年,第613页。
② 黎翔凤:《管子校注》,北京:中华书局新编诸子集成本,2004年,第425页。《史记·齐太公世家》则云:"兵车之会三,乘车之会六,九合诸侯,一匡天下。"文字有不同。
③ 郭丽:《简帛文献与管子研究》,北京:方志出版社,2015年,第167—172页。
④ 司马迁:《史记》,北京:中华书局,1959年,第1494页。

曰：'诺。'……管子遂卒。卒十月，隰朋亦卒。桓公去易牙、竖刁、卫公子开方。五味不至，于是乎复反易牙。宫中乱复，反竖刁。利言卑辞不在侧，复反卫公子开方。桓公内不量力，外不量交，而力伐四邻。公薨。六子皆求立。易牙与卫公子内与竖刁，因共杀群吏，而立公子无亏。故公死七日不敛，九月不葬。"① 因之造成齐国混乱，桓公诸子争夺王位，齐桓公尸体已生虫，还没能安葬。这件事《管子·小称》有比较详细的记载。管仲去世之前，告诫齐桓公说："臣愿君之远易牙、竖刁。"管仲请齐桓公远离易牙、竖刁。因为"夫易牙以调和事公，公曰：惟烝婴儿之未尝。于是烝其首子而献之公。人情非不爱其子也，于子之不爱，将何有于公。公喜宫而妒，竖刁自刑而为公治。内人情非不爱其身也，于身之不爱，将何有于公？"易牙为讨好齐桓公，把自己的孩子煮了给齐桓公吃②。竖刁为获得利益，投齐桓公所好，自宫为桓公管理后宫。仲谏议桓公，易牙、竖刁的行为不符合人性，必须去逐他们。齐桓公在管仲去世之后，乃废了易牙、竖刁的官职。但是，齐桓公很快发现，"逐易牙而味不至，逐竖刁而宫中乱，逐公子开方而朝不治。桓公曰：'嗟！圣人固有悖乎？'乃复四子者。处朞年，四子作难，围公一室不得出。有一妇人遂从窦入得至公所，公曰：'吾饥而欲食，渴而欲饮，不可得，其故何也？'妇人对曰：'易牙、竖刁、堂巫、公子开方四人分齐国，涂十日不通矣。公子开方以书社七百下卫矣，食将不得矣。'公曰：'嗟兹乎！圣人之言长乎哉。死者无知则已，若有知，吾何面目以见仲父于地下！'乃援素幭以裹首而绝。死十一日，虫出于户，乃知桓公之死也。葬以杨门之扇。桓公之所以身死十一日，虫出户而不收者，以不终用贤也。"③《小称》所言，为齐桓公去世十一日，没有安葬。《史记·齐太公世家》则云："桓公尸在床上六十七日，尸虫出于户。"④ 言齐桓公去世六十七日而没有安葬，尸虫处于户的状况，所记日期与王逸所言"积六十日虫流出户"比较接近，故王逸此处《章句》可能是对《史记》的概括。

《七谏·怨世》："宁戚饭牛而商歌兮，桓公闻而弗置。"王逸《章句》云："皆解于《离骚经》。弗一作不。"王逸所言《离骚经》之解，见前文第一条。《七谏》云："宁戚饭牛而商歌兮，桓公闻而弗置。"言宁戚贩牛车下，以商歌自干齐桓公，"桓公闻而弗置"。置，废弃，舍弃。《国语·周语中》："今以小忿弃之，是以小怨置大德也。"韦昭注："置，废也。"《楚辞今注》："弗置：不被弃置。"⑤ 根据王逸《离骚章句》的解释："宁戚方饭牛叩角而高歌。桓公闻之，知其贤，举用为客卿"，说明齐桓公因歌而被任用，说明《楚辞今注》的解释符合原意。吴广平老师说："宁戚喂牛时唱着悲歌，齐桓公听到贵宾相待。"⑥ 甚是。

---

① 黎翔凤：《管子校注》，北京：中华书局，2004年，第521—527页。
② 郭丽：《易牙考》，《兰台世界》，2016年第23期。
③ 黎翔凤：《管子校注》，北京：中华书局，2004年，第608—609页。
④ 司马迁：《史记》，北京：中华书局，1959年，第1494页。
⑤ 汤炳正、李大明、李诚：《楚辞今注》，上海：上海古籍出版社，2012年，第282页。
⑥ 吴广平：《白话楚辞》，长沙：岳麓书社，1996年，第348页。

二

　　根据《楚辞章句》,可发现王逸注释有四条与齐文献有关。《楚辞》中两次提到宁戚饭牛。第一次在《离骚》中,云:"宁戚之讴歌兮,齐桓闻以该辅。"《章句》对宁戚的生平事迹做出概要说明。根据《太平御览》,则出自《史记》佚篇的可能性较大。东方朔《七谏·怨世》再次出现宁戚饭牛的典故,王逸注释用了互见的手法。《天问》"齐桓九会,卒然身杀",概言齐桓公的功业与悲剧。王逸《章句》内容有较大拓展,云齐桓公"九合诸侯,一匡天下",是因任用管仲。"卒然身杀",则是因偏信竖刁、易牙。竖刁、易牙为求个人利益的最大化,拥立新的君主,导致齐桓公的诸子争夺君位,桓公死不得其所。此节内容的注释,与《史记·齐太公世家》的记载比较接近,当是从《史记》中概括而来。《七谏·沉江》云:"齐桓失于专任兮,夷吾忠而名彰。"《章句》则用了相当长的篇幅,解释管仲在去世之前对齐桓公的劝谏。管仲劝谏桓公远离竖刁、易牙,齐桓公没有彻底采纳管仲的谏议,造成齐国内政的混乱,导致齐桓公死后,齐国混乱、衰败的局面。王逸此处的注释,《管子》的《戒》与《小称》均有相关记载,但是齐桓公去世之后,虫出尸体的时间记载与《管子》不符,而与《史记·齐太公世家》最为接近,亦当是从《齐太公世家》而来。王逸注释上述内容的时,虽然概说历史事实,但并没有言及文献出处。根据现有的资料分析,有内容出自《史记·齐太公世家》,亦当参考了《管子》。

　　王逸注释《离骚》,在征引较短的文句的时候,常说明引文来源。《章句》明确说出引文的典籍,包括《诗经》《尚书》《周礼》《仪礼》《礼记》《春秋》《左传》《孝经》《论语》《淮南子》《山海经》《列仙传》,而用历史事件对篇文进行解释概说的时候,并不言明出自何处。

王逸《楚辞章句》《卜居》注的押韵

[日]东北大学　田岛花野

一、绪言

《四库全书总目提要·集部一楚辞类》指出《九章·抽思》中,注中有韵[①],其后小南一郎[②]、施盈佑[③]等提到王逸注有散文、韵文两种形式。下面简单介绍一下小南一郎的主张。

Ⅰ形式:以四字句押韵,并早于王逸注释。

Ⅰa形式:正文一句,附四字句的注两句。

Ⅰb形式:正文一句,附四字句的注一句。

Ⅱ形式:基本上不押韵,也没有严格按照四字句的形式。是王逸自己的注释。

如果把正文和Ⅰb形式的注释一起朗诵,就会变成与Ⅰa形式注释同样形态的韵文。例如:

(正文)屈原既放,(注)身斥逐也。(正文)游于江潭,(注)戏水侧也。(正文)行吟泽畔,(注)履荆棘也。(正文)颜色憔悴,(注)肝黴黑也。(正文)形容枯槁,(注)癯瘦瘠也。

"这样的注文恐怕是被安排和原文一起朗诵的吧!"Ⅰb形式注释只附《远游》《卜居》《渔父》《招隐士》四篇。这四篇跟道家、神仙思想有着密切的关系,同时这四篇注释也在强烈地宣传道家、神仙思想。以上就是小南的主张。

---

① 《武英殿本四库全书总目提要》(台湾商务印书馆,1973年影印)"《抽思》以下诸篇注中,往往隔句用韵,如"哀愤结薇,虑烦冤也。""哀悲太息,损肺肝也。""心中结屈,如连环也。"之类。不一而足。盖仿《周易·象传》之体,亦足以考证汉人之韵。"

② [日]小南一郎著,张超然译:《王逸〈楚辞章句〉研究——汉代章句学的一个面向》,《中国文哲研究通讯》,2001年第11卷第4期。初次发表是:《关于王逸楚辞章句——汉代章句学的一侧面》,《东方学报》,1995年。再收入《楚辞与其注释者》,朋友书店,2003年。

③ 施盈佑:《再探王逸〈楚辞章句〉之注释形态》,《淡江人文社会学刊》,2009年第38期。

而本文要考察的是《楚辞章句》①卷六《卜居》正文和注释的押韵。

二、判定押韵的方法

作为楚辞正文押韵的先行研究，本文参照了王力的《楚辞韵读》②。《楚辞韵读》收录了从卷一《离骚》到卷十《大招》的内容，一共十篇，虽然包括《卜居》，但没有收录汉代作者的作品。王逸把《卜居》正文看作是屈原的作品，其实它的成立时期很可能要晚到汉初③。本文利用罗常培、周祖谟《汉魏晋南北朝韵部演变研究》④的《两汉诗文韵谱》（以下略称《两汉韵谱》）来判定押韵。《两汉韵谱》把汉代韵分为以下二十七部。

阴声类：之、幽、宵、鱼*、歌*、支*、脂、祭
阳声类：蒸、冬、东、阳*、耕*、真、元、谈、侵
入声类：职、沃、药、屋、铎、锡、质、月、盍、缉

*号韵部表示西汉和东汉有所不同，并且韵字表也分成西汉和东汉。

平、上、去三声基本上不押韵。《楚辞章句》收录了从贾谊《惜誓》（卷十一）到王逸《九思》（卷十七）的汉代人作品七篇。

《楚辞章句》中《远游》《卜居》《渔父》《招隐士》四篇在内容方面可能与淮南王刘安的宫廷有关。《汉魏晋南北朝韵部演变研究》中把《淮南子》看作"当时江淮一带的楚音"，没有收录到《两汉韵谱》，而是别立《淮南子韵谱》。因此也需把《卜居》与《淮南子》的音韵体系进行比较，这点将作为今后的课题继续探讨分析。

三、押韵状况

黑体字表示考察的对象。"●"表示在《两汉韵谱》记载中不能确认而无法确定韵部的字。"A"等表示正文和正文的押韵。"a"等表示注释和注释的押韵。"○"表示无韵。下划线表示跨过正文和注释的押韵。

第一段

01 屈原既放三年，（平声真部○）（泣）远出郢都，（平声鱼部○）处山林也。（平

---

① 《楚辞》正文及王逸注，以王逸《楚辞章句》（明正德十三年（1518年）、黄省曾校、[日]大阪大学藏）为底本。参见洪兴祖撰·黄灵庚点校：《楚辞补注》，上海：上海古籍出版社，2015年。
② 王力：《诗经韵读 楚辞韵读》，山东：山东教育出版社，1986年；北京：中国人民大学出版社，2004年，第458—460页。
③ 金开诚、董洪利、高路明：《屈原集校注》，北京：中华书局，1996年。关于《卜居》《渔父》说"我们认为这两篇很可能是西汉初年黄老思想盛行时作品"（740页）。
④ 罗常培、周祖谟：《汉魏晋南北朝韵部演变研究》第1册，北京：科学出版社，1958年；北京：中华书局，第2007年。

声侵部 a ①)
  02 不得复见。 （去声元部○）（注）道路僻远,（上声元部 b ②) 所在险也。
（上声谈部 b）
  03 竭知尽忠, （<u>平声冬部○</u>）③（注）建立策谋,（平声之部○） 披心胸也。（平声东部 a）
  04 而蔽鄣於谗。 （平声谈部 A ④）（注）遇谄佞也。（去声耕部 c ⑤）
  05 心烦虑乱, （去声元部○） （注）虑愤闷也。（去声真部●c）
  06 不知所从。 （平声东部 A） （注）迷所著也。（入声铎部 f ⑥）⑦
  07 往见太卜, （<u>入声屋部○</u>） （注）稽神明也。（平声耕部/阳部 d ⑧）
  08 郑詹尹,   （上声真部○） （注）其姓名也。（平声耕部 d）
  09 曰余有所疑、 （平声之部 B） （注）意遑惑也。（<u>入声职部 f</u>）
  10 愿因先生决之。（平声之部 B） （注）断吉凶也。（平声东部 e e´⑨）⑩
  11 詹尹乃端策拂龟,（<u>平声幽部 C ⑪</u>）（注）整仪容也。（平声东部 e e´）
  12 曰君将何以教之。（之平声之部 C）（注）愿闻其要。（平声宵部○）
（教平声宵部/去声宵部）

---

① 上揭罗著：东部和侵部的合韵,西汉有 2 例,东汉有 1 例。西汉有东侵合韵 1 例(平声:180 页),侵东合韵 1 例(平声:216 页),东汉有东侵合韵 1 例(平声:180 页)。

② 元部和谈部的合韵,西汉有 0 例,东汉有 3 例。东汉有元谈合韵 2 例(平声 1 例、去声 1 例：212 页)、谈元合韵 1 例(上声：214 页)。

③ 冬部和东部的合韵,西汉有 14 例,东汉有 19 例。西汉有冬东合韵 3 例(平声：176 页)、东冬合韵 11 例(平声：179 页),东汉有冬东合韵 3 例(平声：176 页)、东冬合韵 16 例(平声：180 页)。

④ 东部和谈部的合韵,西汉有 1 例,东汉没有例子。西汉有谈东合韵,刘向《九叹·逢纷》的"容(平声东部)"、"谗(平声谈部)"(214 页)。

⑤ 耕部和真部的合韵,西汉有 11 例,东汉有 12 例。西汉有耕真合韵 7 例(平声：196—197 页)、真耕合韵 4 例(平声：204 页),东汉有耕真合韵 5 例(平声：197 页)、真耕合韵 7 例(平声 6 例、去声 1 例：206 页)。

⑥ 职部和铎部的合韵,西汉有 2 例,东汉有 4 例。西汉有职铎合韵(221 页),东汉有 4 例铎职合韵(231 页)。

⑦ 铎部和屋部的合韵,西汉有 4 例,东汉有 3 例。西汉有铎屋合韵 4 例(230 页),东汉有铎屋合韵 3 例(230 页)。

⑧ "明"西汉属于平声阳部,东汉属于耕部。"d"在西汉为阳耕合韵。在西汉,阳部和耕部的合韵有 13 例,其中阳耕合韵 5 例(平声：188 页)、耕阳合韵 8 例(平声 5 例、去声 3 例：196 页)。"d"在东汉为耕部和耕部的押韵。

⑨ "e´"第二段提及。

⑩ 东部和幽部的合韵,西汉有 1 例,东汉没有例子。西汉的 1 例是东幽合韵,东方朔"七谏 谬谏"的"同(平声东部)"、"调(平声幽部)"(180 页)。

⑪ 之部和幽部的合韵,西汉有 11 例,东汉有 26 例。西汉有之幽合韵 8 例(130 页)、幽之合韵 3 例(136 页),东汉有之幽合韵 14 例(131 页)、幽之合韵 12 例(137 页)。

【王力】01—06无韵、09"疑(之部)"和10"之(之部)"押韵、11·12无韵。

【正文和正文的押韵】

王力没有指出的押韵部分。04"谗"和06"从"是谈东合韵。03—06是隔句韵"○A○A"。谈东合韵在西汉有《楚辞》刘向《九叹》1例，而在东汉无例。至少这部分在西汉时很可能就已成立。11"龟"和12"之"是幽之合韵。跟09"疑"、10"之"合在一起为连续四韵的幽之合韵。

【注释和注释的押韵】

句末虚字的问题。02上句"远"和02下句"险"，上句中押韵字位于句末，而下句中押韵字位于句末"也"字的前面，形式不同。话虽如此，由于《楚辞》中有类似的押韵形式，因此可以看作押韵。同样的事例在后述的跨过正文和注释的押韵中随处可见。

注释和注释的押韵起止，未必与正文和正文的押韵保持一致。比如正文03—06、09—10连续，而注释04—06、07—09连续。04—09是"c c f d d f"形式。04以下的Ⅰb形式，基本上每句押韵，但12"要"无韵，Ⅰb形式的押韵并不完全。这种现象意味着什么呢？

【跨过正文和注释的押韵】

注释和注释基本上押韵，即便正文无韵，也会成为隔句押韵。

例如:07·08"往见太卜(○)、稽神明(d)也。郑詹尹(○)、其姓名(d)也。"

与正文无韵，而与注释押韵的正文中的字。03"忠"、07"卜"。相比正文和正文的押韵，其押韵既频繁又复杂。

与注释无韵，与正文押韵的注释中的字。12"要"。这一字如果押韵，则使Ⅰb形式的注每一句都押韵。这个现象可以证实上揭小南的主张"这样的注文恐怕是被安排和原文一起朗诵的吧！"

第二段

  13 屈原曰、 (入声月部●○)① (注)吐词情也。(平声耕部e´②)
  14 吾宁悃悃、 (上声真部●○) (注)志纯一也。(入声质部○)
  15 朴以忠乎。 (平声冬部A) (注)竭诚信也。(去声真部○)

---

① 质部和月部的合韵，西汉有9例，东汉有13例。西汉有质月合韵8例(235页)、月质合韵1例(238页)，东汉有质月合韵5例(236页)、月质合韵8例(238页)。

② 13"情"跟第一段10注"凶(平声东部)"、11注"容(平声东部)"可能构成东耕合韵。东部和耕部的合韵，西汉有0例，东汉1例。东汉1例是耕东合韵，班固《白雉诗》(平声：197页)。

16 将送往劳来，	（平声之部〇）	（注）追俗人也。	（平声真部 a ①）
17 斯无穷乎。	（平声冬部 A）	（注）不困贫也。	（平声真部 a）
18 宁诛锄草茅，	（平声幽部〇）	（注）刈蒿菅也。	（平声元部 ● a）
19 以力耕乎。	（平声耕部 B）	（注）种稼穑也。	（入声职部 ● b ② r ③）④
20 将游大人，	（平声真部〇）	（注）事贵戚也。	（入声沃部 b）
21 以成名乎。	（平声耕部 B）	（注）荣誉立也。	（入声缉部 c ⑤ r）
22 宁正言不讳，	（去声脂部 C）	（注）谏君恶也。	（入声铎部 c d ⑥ q ⑦）
23 以危身乎。	（平声真部 D）	（注）被刑戮也。	（入声沃部 f ⑧ d）
24 将从俗富贵，	（去声脂部 C）	（注）食重禄也。	（入声屋部 f h ⑨ q）
25 以媮生乎。	（平声耕部 D）	（注）身安乐也。	（入声药部 g h k ⑩）
26 宁超然高举，	（上声/去声鱼部〇）	（注）让官爵也。	（入声药部 g h k）
27 以保真乎。	（平声真部 E）	（注）守玄默也。	（入声职部 i m ⑪ k）
28 将哫訾栗斯，	（平声支部 F）	（注）承颜色也。	（入声职部 i m k）
29 喔咿儒儿，	（平声支部 F）	（注）强笑噱也。	（入声铎部 ● s m q /药部 ● k p ⑫）
30 以事妇人乎。	（平声真部 E）	（注）詘蜷局也。	（<u>入声屋部</u> n q p）⑬
31 宁廉洁正直，	（<u>入声职部</u>〇）	（注）志如玉也。	（<u>入声屋部</u> n q p）

---

① 真部和元部的合韵，西汉有 51 例，东汉有 102 例。西汉有真元合韵 39 例（平声 34 例、上声 2 例、去声 3 例：203—204 页）、元真合韵 12 例（平声 10 例、去声 2 例：211 页），东汉有真元合韵 63 例（平声 60 例、上声 1 例、去声 2 例：203—204 页）、元真合韵 39 例（平声 35 例、去声 4 例：212 页）。

② 职部和沃部的合韵，西汉有 4 例，东汉有 3 例。西汉有职沃合韵 2 例（220 页）、沃职合韵 2 例（223 页），东汉有职沃合韵 2 例（221 页）、沃职合韵 1 例（221 页）。

③ 职部和缉部的合韵，西汉有 6 例，东汉有 8 例。西汉有职缉合韵 5 例（220 页）、缉职合韵 1 例（241 页），东汉 8 例是职缉合韵（221 页）。

④ 19 "穑"—35 "泽"计十七字是屋职沃药铎缉合韵（计六部）。参见东汉有阙名《费凤碑》的职沃屋缉药月质合韵（计七部）十八字（222 页）、王逸《九思·悯上》的屋沃药铎鱼合韵（计五部）十二字（228 页）。

⑤ 缉部和铎部的合韵，西汉没有例子，东汉有 2 例。东汉 2 例是铎缉合韵（231 页）。

⑥ 铎部和沃部的合韵，西汉没有例子，东汉有 1 例。东汉 1 例是铎沃合韵（231 页）。

⑦ 铎部和屋部的合韵，参照第一段 06 注与 07 正文的押韵的注。

⑧ 沃部和屋部的合韵，西汉有 6 例，东汉有 7 例。西汉 6 例是屋沃合韵（227 页），东汉 7 例是屋沃合韵（227—228 页）。

⑨ 药部和屋部的合韵，西汉有 2 例，东汉没有例子。西汉 2 例是屋药合韵（227 页）。

⑩ 药部和职部的合韵，西汉有 1 例，东汉有 2 例。西汉 1 例是药职合韵（225 页），东汉 2 例是药职合韵（225 页）。

⑪ 职部和铎部的合韵，参照 06 注 "著" 的注。

⑫ 药部和屋部的合韵，只有西汉 2 例。参照 24 注 "禄" 的注。

⑬ 职部和铎部的合韵，参照 06 注 "著" 的注。

32 以自清乎。	（平声耕部B）	（注）修洁白也。	（入声铎部 s q）
33 将突梯滑稽，	（平声脂部C）	（注）转随俗也。	（入声屋部 n q）
34 如脂如韦，	（平声脂部C）	（注）柔弱曲也。	（入声屋部 n q）
35 以洁楹乎。	（平声耕部B）	（注）顺滑泽也。	（入声铎部 s q）

【王力】15"忠(冬部)"与17"穷(冬部)"押韵。19"耕(耕部)"、21"名(耕部)"、23"身(真部)"、25"生(耕部)"、27"真(真部)"、30"人(真部)"、32"清(耕部)"、35"楹(耕部)"是耕真合韵。

【正文和正文的押韵】

王力没有指出的押韵部分。22"讳"与24"贵"。28"斯"与29"儿"。33"稽"与34"韦"。

相似形的反复。14—17"○A○A"与18—21"○B○B"。22—25"CDCD"。26—30"○EFFE"与31—35"○BCCB"。

押韵字多，且紧密而复杂的押韵形式。"CDCD"、"○EFFE"、"○BCCB"。

【注释和注释的押韵】

13注"情"，在东汉与10注"凶"、11注"容"一起可成为东耕合韵。

无韵字。14"一"、15"信"。15"信"如果不问声词，则与16"人"、17"贫"同部，并可以构成押韵。

19—35计十七句，为连续的入声韵，构成屋职沃药铎缉合韵。屋职沃药铎缉合韵中，25"乐"和26"爵"、27"默"和28"色"、30"局"和31"玉"、33"俗"和34"曲"分别同部，且保持紧密的关系。30—35是"nnsnns"形式。

【跨过正文和注释的押韵】

与正文无韵，而与注释押韵的正文中的字。13"曰"。

与注释无韵，与正文押韵的注释中的字。14"一"。

正文中可见如26—30"○EFFE"这样复杂的押韵形式。一般来说，正文的押韵，只在朗诵正文的时感觉很明显，但是与注释一起连续朗诵时，正文的押韵感觉就会变弱，而注释的押韵感觉则会加强。正文"○EFFE"本身有复杂的押韵形式，而相应的注释押韵起止跟正文押韵起止又不一样，所以与注释一起连续朗诵的时候，押韵的感觉并不是十分明显。

可是看一下31—35，对于正文"○BCCB"，在注释"nsnns"中，采取了注释与正文基本同一步调的押韵形式，可以说注释的押韵辅助了正文的押韵。

第三段

36 宁昂昂，	（平声阳部○）	（注）志行高也。	（平声宵部 a ①）
37 若千里之驹乎。	（平声鱼部 A）	（注）才绝殊也。	（平声鱼部 a）
38 将泛泛，	（<u>平声侵部</u>●○）	（注）普爱众也。	（<u>平声冬部</u>○）②
39 若水中之凫乎。	（平声鱼部 A）	（注）群戏游也。	（平声幽部 b）③
40 与波上下，	（上声鱼部/歌部○）	（注）随众卑高。	（平声宵部 b）
41 偷以全吾躯乎。	（平声鱼部 A）	（注）身免忧患。	（平声元部○）
42 宁与骐骥亢轭乎。	（入声锡部 B）	（注）冲天区也。	（平声鱼部 c）
43 将随驽马之迹乎。	（入声锡部 B）	（注）安徐步也。	（去声鱼部○）
44 宁与黄鹄比翼乎。	（入声职部 C）	（注）飞云岡也。	（平声鱼部 c）
45 将与鸡鹜争食乎。	（入声职部 C）	（注）啄糠糟也。	（<u>平声幽部</u>●d）④
46 此孰吉孰凶。	（<u>平声东部</u> D）	（注）谁喜忧也。	（<u>平声幽部</u> d）
47 何去何从。	（<u>平声东部</u> D）	（注）安所由也。	（<u>平声幽部</u> d）
48 世溷浊而不清。	（平声耕部 E）	（注）货赂行也。	（平声阳部/耕部 f ⑤）
49 蝉翼为重，	（平声东部 D）	（注）近佞谗也。	（<u>平声谈部</u>○）⑥
50 千钧为轻。	（平声耕部 E）	（注）远忠良也。	（<u>平声阳部</u> f）
51 黄钟毁弃，	（去声脂部○）	（注）贤者匿也。	（入声职部○）
52 瓦釜雷鸣。	（平声耕部 E）	（注）群言获进。	（去声真部 g）
53 谗人高张，	（平声阳部 F）⑦	（注）居朝堂也。	（平声阳部○）
54 贤士无名。	（平声耕部 E）	（注）身穷困也。	（去声真部 g）
55 吁嗟默默兮，	（入声职部○）	（注）世莫论也。	（平声真部 h）
56 谁知吾之廉贞。」	（平声耕部 E）	（注）不别贤也。	（平声真部 h）

---

① 宵部和鱼部的合韵是，西汉有 7 例，东汉有 14 例。西汉有宵鱼合韵 2 例（平声：140 页）、鱼宵合韵 5 例（平声 4 例、去声 1 例：149 页），东汉有宵鱼合韵 5 例（平声：140—141 页）、鱼宵合韵 9 例（平声 5 例、上声 4 例：151 页）。

② 冬部和侵部的合韵，西汉有 1 例，东汉有 3 例。西汉 1 例是冬侵合韵（平声：176 页），东汉有冬侵合韵 1 例（平声：176 页）、侵冬合韵 2 例（平声：216 页）。

③ 幽部和宵部的合韵，参照 12 正文"教"的注。

④ 幽部和东部的合韵，只有西汉 1 例。参见第一段 10 注"凶"与 11 正文"龟"的注。

⑤ "行"西汉属于平声阳部，跟 50"良"同部押韵。东汉属于耕部，跟 50"良"耕阳合韵。阳部和耕部的合韵，参见第一段 07 注"明"的注。

⑥ 东部和谈部的合韵，只有西汉 1 例。参见第一段 04 正文"谗"的注。

⑦ 53—56 是阳部和耕部的合韵。参见第一段 07 注"明"的注。

【王力】37"驹(侯部)"与41"躯(侯部)"押韵。42"轭(锡部)"与43"迹(锡部)"押韵。44"翼(职部)"与45"食(职部)"押韵。46"凶(东部)"与47"从(东部)"押韵。48"清(耕部)"、50"轻(耕部)"、52"鸣(耕部)"、54"名(耕部)"、56"贞(耕部)"押韵。

【正文和正文的押韵】

王力没有指出的押韵部分。39"凫",49"重",53"张"。

有复杂的押韵形式,相似形的反复。49—52"D E ○ E"和53—56耕阳合韵"F E ○ E"。

49—52"D E ○ E"在西汉不构成耕东合韵,是同样属于阳声类的字"D"和"E"的连续。在东汉则构成耕东合韵。在东汉,46—52也可以看作耕东合韵的连续押韵"D D E D E ○ E"。

【注释和注释的押韵】

无韵字。41"患",43"步",49"谗",51"匿",53"堂"。如果不问声调,43"步"与42"区"、44"岖"鱼部构成押韵。

【跨过正文和注释的押韵】

与正文无韵,而与注释押韵的正文中的字。38"氾"。

与注释无韵,与正文押韵的注释中的字。38"众",49"谗",53"堂"。49"谗",在西汉与49正文"重"一起可成为东谈合韵。

与注释无韵,与正文无韵的注释中的字。41"患",51"匿"。

第四段

57 詹尹乃释策而谢,（去声铎部●○）　　（注）愚不能明也。（平声阳部/耕部 a①）

58 曰夫尺有所短,（上声元部●○）　　（注）骐骥不骤中庭者也。（平声耕部 a）

59 寸有所长。　　（平声阳部 A②）　　（注）鸡鹤知时而鸣。（平声耕部 a）

60 物有所不足,　　（入声屋部○）　　（注）地毁东南。　　（平声侵部 b③）

61 智有所不明。　　（平声阳部/耕部 A）（注）孔子厄于陈也。（平声真部 b）

---

① "明"西汉属于平声阳部,东汉属于耕部。"a"在西汉为阳耕合韵。"a"在东汉为耕部和耕部的押韵。参见07注"明"的注。

② "A"在西汉为阳东合韵。东部和阳部的合韵,西汉有11例,东汉有16例。西汉有阳东合韵10例(平声:187—188页)、东阳合韵1例(平声:180页),东汉有阳东合韵15例(平声:189页)、东阳合韵1例(平声:180页)。"A"在东汉为阳耕东合韵。阳部和耕部的合韵,参见07注"明"。东部和耕部的合韵,参见第二段13注"情"的注。东部、阳部、耕部的合韵,只有东汉阳耕东合韵3列(平声:190页)。

③ 真部和侵部的合韵,西汉有2例,东汉有4例。西汉2列是真侵合韵(平声:204页),东汉有真侵合韵2例(平声:206页)、侵真合韵2例(平声:217页)。

62 数有所不逮,	（去声脂部○）	（注）天不可计量也。	（平声阳部 c）①
63 神有所不通。	（平声东部 A）	（注）日不能夜光也。	（平声阳部 c）
64 用君之心,	（平声侵部○）	（注）所念虑也。	（去声鱼部 d）②
65 行君之意,	（去声之部 B）	（注）遂本志也。	（去声之部 d）
66 龟策诚不能知此事。	（去声之部 B）	（注）不能决君之志也。	（去声之部 d）

【王力】59"长（阳部）"、61"明（阳部）"、63"通（东部）"是阳东合韵。65"意（职部）"与66"事（之部）"是职之通韵。

【正文和正文的押韵】

王力指出的押韵部分以外,没有押韵。

【注释和注释的押韵】

没有无韵字。

【跨过正文和注释的押韵】

以下三种字都没有。与正文无韵,而与注释押韵的正文中的字。与注释无韵,与正文无押的注释中的字。与注释无韵,与正文无韵的注释中的字。

四、结语

本稿利用"两汉韵谱"调查《卜居》正文和注,明确了以下几点。

【正文和正文的押韵】

有王力没有指出的押韵部分。04"逸"和06"从"；11"龟"和12"之"；22"讳"与24"贵"；28"斯"与29"儿"；33"稽"与34"辇"；39"凫",49"重",53"张"。

押韵的部分比以往认为的押韵范围要宽阔。多半是以韵文构成的作品。

04"逸"和06"从"是谈东合韵。谈东合韵在西汉有《楚辞》刘向《九叹》1例、而在东汉无例。至少这部分在西汉时很可能就已成立。

可见紧密又复杂的押韵形式、相似形反复。而这种形式与《楚辞》中《离骚》等认为早期成立的作品有以四句二韵为基调的押韵形式又十分不同。

【注释和注释的押韵】

注释和注释的押韵起止,未必与正文和正文的押韵保持一致。可能是正文成立之后,再经过一定的时间,注释才成立。

---

① 东部和阳部的合韵,参见 59 正文"长"的注。

② 之部和鱼部的合韵,西汉有 5 例,东汉 12 例。西汉有之鱼合韵 2 例（上声：130 页）、鱼之合韵 3 例（平声 2 例、上声 1 例、去声 1 例）,东汉有之鱼合韵 4 例（平声 1 例、上声 3 例：131 页）、鱼之合韵 8 例（平声 1 例、上声 7 例：152 页）。

有无韵字。12"要"。14"一"、15"信"。41"患"、43"步",49"谗",51"匿",53"堂"。其中几个字,与别的字同部,如果不问声调,可以押韵。15"信"、43"步"。

【跨过正文和注释的押韵】

有与正文无韵,而与注释押韵的正文中的字。03"忠"、07"卜";13"曰";38"氾"。

押韵字增加,并且押韵紧密化而复杂化。

有与注释无韵,与正文无押的注释中的字。12"要";14"一";38"众",49"谗",53"堂"。此现象可以证实,注释跟正文一起连续朗诵这一假说。

有与注释无韵,与正文无韵的注释中的字。41"患",51"匿"。这些字即使不问声调也不押韵。因之,注释押韵有一部分并不完整。

注释的押韵中,有的部分使正文的押韵变弱,有的部分辅助了正文的押韵。

【其他】

13注"情"与10注"凶"、11注"容"一起在东汉可成为东耕合韵,而在西汉无韵。49"谗"与49正文"重"一起在西汉可成为东谈合韵,而在西汉无韵。注释中有上述的"与注释无韵,与正文无韵"及"即使不问声调也不押韵"的字,因为有此两例,所以也不能否定13"情"和49"谗"无韵的可能性,很难明确判断其成立年代。

刘勰的辞赋观

淮海工学院 袁 丁

辞与赋的关系问题是文体关系研究中的重要论题。汉魏六朝一些学者已经予以较充分研究,在这些研究者中刘勰是最重要的一位。关于刘勰独特的辞赋观,现代学者也已经有所关注[①],但是多考察其中辞或赋中一体在刘勰理论体系中的地位,或是在论述辞赋分合的历史演变中有所提及,对刘勰关于辞与赋关系的独特思考还有深入研究的必要。因此,笔者打算在前人研究的基础上,对刘勰辞与赋关系内涵进行解读,通过与汉魏六朝其他学者比较以期发掘刘勰对辞赋关系认识的独特性,并对其形成原因与理论价值进行探析。

一、刘勰对辞赋关系的认识

辞赋在刘勰《文心雕龙》的理论架构中起着十分重要的作用,这一点我们可以从《辨骚》《诠赋》《杂文》等文体专论与其他对辞赋的大量引证中看出来。同时我们还应该看到,在刘勰看文论体系中,辞与赋之间既有渊源关系,又在功能、地位方面有所不同。

关于赋的源头,在齐梁以前最为流行的说法是"诗源说",即赋是由《诗经》而来。班固《两都赋序》:"或曰:赋者,古诗之流也。"[②] 并且班固还对赋源于《诗经》的原因做了解释,即它们在义理方面的相通性("其义一也"),赋所具有的润色鸿业、宣扬汉德的功能,与"皋陶歌虞,奚斯颂鲁"在思想上是前后相承的,因此在地位上也可以说是"雅颂之亚"。晋代挚虞也称:"赋者,敷陈之称,古诗之流也。"[③] 亦是对汉代赋源于《诗经》说的继承。刘勰对赋源的考察,基本综合了前人的说法,在其论述中首先还是突出《诗经》对于赋产生的作用:"诗有六义,其二曰赋。赋者,铺也,铺采摛文,体物写志也。"[④] 但是刘勰同时也看到了《楚辞》在赋形成中的作用,所以他说:"及灵均唱骚,始广声貌。然赋也者,受命于诗人,拓宇于《楚辞》也。于是荀况礼智,宋玉风钓,爰锡名号,与诗画境,六义

---

① 如程章灿:《魏晋南北朝赋史》第七章第三节中《赋论在刘勰的文论中的地位》,南京:江苏古籍出版社,1992 年,第 291—296 页。何新文《从"辞赋不分"到"以赋论赋"》,《文学遗产》,2015 年第 2 期。
② 萧统编,李善注《文选》卷一,上海:上海古籍出版社,1986 年,第 1—3 页。
③ 严可均辑:《全上古三代秦汉三国六朝文·全晋文》卷七十七,北京:中华书局,1958 年,第 1905 页。
④ 刘勰著,范文澜注:《文心雕龙注》卷二,北京:人民文学出版社,1958 年,第 134 页。

附庸,蔚为大国。遂客主以首引,极声貌以穷文,斯盖别诗之原始,命赋之厥初也。"① 刘勰对赋的认识之所以能超越前人,正在于此。前人主要追寻赋的源头,而刘勰不仅叩问赋的起源,还将赋独立出来的原因与表现进行了合理的解读。而赋之所以能够从诗中而来,又能与诗划境,其主要原因就在于《楚辞》的出现。赋从《楚辞》中获得更加丰富的艺术表现手段,从而形成了与《诗经》短篇大相径庭的赋体。从赋的"诗源说",到同时重视《楚辞》在赋形成中的作用,也反映了刘勰思维方式与前人的不同。前人以思想为前提判断赋的源头,刘勰虽然也受到这种认识的约束,但是已经开始从艺术的角度探索赋的产生原因了。

刘勰认为《楚辞》对赋的形成与发展有很大影响,如《诠赋》:"讨其源流,信兴楚而盛汉矣。"②《时序》:"爰自汉室,迄至成哀,虽世渐百龄,辞人九变,而大抵所归,祖述《楚辞》,灵均余影,于是乎在。"③《通变》:"暨楚之骚文,矩式周人;汉之赋颂,影写楚世。"④ 刘勰认为汉代文学,其中以赋为主,都是对《楚辞》的影写与继承。《才略》:"相如好书,师范屈宋,洞入夸艳,致名辞宗,然覆取精意,理不胜辞,故扬子以为文丽用寡者长卿,诚哉是言也。"⑤《辨骚》:"是以枚贾追风以入丽,马扬沿波而得奇,其衣被词人,非一代也。"⑥ 枚乘、贾谊、司马相如与扬雄都是汉代最为著名的赋家,刘勰认为他们的"丽"与"奇"的品格都是继承屈原而来。《声律》:"又诗人综韵,率多清切,《楚辞》辞楚,故讹韵实繁。及张华论韵,谓士衡多楚,文赋亦称知楚不易,可谓衔灵均之声余,失黄钟之正响也。"⑦ 这是从声律的角度说明陆机与屈原的关系。

刘勰对《楚辞》与赋之间关系的论定,理清了从战国到秦汉文学发展的逻辑线索。但是在刘勰文论体系中,从功能方面来看,辞与赋又分别担当着不同的功能角色。从《辨骚》《诠赋》来看,刘勰认为骚(即《楚辞》)、赋地位还是不同的。从刘勰《文心雕龙》的架构来看,《辨骚》与《原道》《宗经》《征圣》《变纬》同为文之枢,而《诠赋》则属于文体论的范畴,前者是后者的基本规范与要求。从《文心雕龙》前五篇的内容来看,《辨骚》与前四篇差别较大,似从逻辑上难以说通。因为前四篇皆属于经学范畴,而《楚辞》则更似文体学范畴。如果将《辨骚》归入文体论未尝不可,但是这样的安排就难以突出刘勰的别具匠心了。从齐梁之前的文学观点来看,存在着两种相互对立的文学评判类型:一种是以经学为评判标准的,这在以《毛诗序》为代表的汉魏晋的文论中都可以看到;一种是审

---

① 刘勰著,范文澜注:《文心雕龙注》卷二,北京:人民文学出版社,1958年,第134页。
② 刘勰著,范文澜注:《文心雕龙注》卷二,北京:人民文学出版社,1958年,第135页。
③ 刘勰著,范文澜注:《文心雕龙注》卷九,北京:人民文学出版社,1958年,第672页。
④ 刘勰著,范文澜注:《文心雕龙注》卷六,北京:人民文学出版社,1958年,第520页。
⑤ 刘勰著,范文澜注:《文心雕龙注》卷十,北京:人民文学出版社,1958年,第698页。
⑥ 刘勰著,范文澜注:《文心雕龙注》卷一,北京:人民文学出版社,1958年,第47页。
⑦ 刘勰著,范文澜注:《文心雕龙注》卷七,北京:人民文学出版社,1958年,第553页。

美评判,这从曹丕的"诗赋欲丽"、陆机的"诗缘情而绮靡,赋体物而浏亮"可以看出来。这两种评价标准,皆有所限。到齐梁之际,文学已经十分发达,尤其是在文辞的修饰方面得到了极大的发展,如果以经学约之,很多文学作品就会得不到客观的评价。而如果文辞过于雕琢,情感表达就会被削弱,也会影响文学作品的审美质量。因此,以任何单一的评判标准来看待前人的文学遗产,都可能失当。于是刘勰在突出经学本位的同时,也吸纳了审美评价原则,从而将前人的创作都纳入其评价范围,并从多个层次给予它们合理的文学定位。《辨骚》从与经典对比、情辞的分析入手,得出既符合经学要求,又符合审美要求的折中原则。刘勰从符合"典诰之体"特点,含有"规讽"功能特点,"比兴"手法的运用与"忠怨"情感的表达四个方面,肯定了《离骚》符合经义的地方。同时,刘勰也列举了《离骚》中不符合经义的四个方面:"至于托云龙,说迂怪,丰隆求宓妃,鸩鸟媒娀女,诡异之辞也;康回倾地,夷羿彃日,木夫九首,土伯三目,谲怪之谈也;依彭咸之遗则,从子胥以自适,狷狭之志也;士女杂坐,乱而不分,指以为乐,娱酒不废,沉湎日夜,举以为欢,荒淫之意也:摘此四事,异乎经典者也。"① 虽然在刘勰看来《离骚》并不完全符合经义,对其"夸诞"的品格也不赞同,但是刘勰对其情与辞还是十分赞赏的:"观其骨鲠所树,肌肤所附,虽取熔经旨,亦自铸伟辞。故骚经九章,朗丽以哀志;九歌九辩,绮靡以伤情;远游天问,瑰诡而惠巧;招魂大招,耀艳而采深华;卜居标放言之致;渔父寄独往之才。故能气往轹古,辞来切今,惊采绝艳,难与并能矣。"② 最后刘勰根据《楚辞》的缺点与优点,作了折中的总结:"若能凭轼以倚雅颂,悬辔以驭楚篇,酌奇而不失其真,玩华而不坠其实,则顾盼可以驱辞力,欬唾可以穷文致,亦不复乞灵于长卿,假宠于子渊矣。"③ 也就是说,作文应该以《诗经》纯正的思想为基础,再参以《楚辞》之"奇"与辞,这样就能以正驭奇,华实相得。从"亦不复乞灵于长卿,假宠于子渊矣",也可以看出刘勰认为《楚辞》与汉赋之间地位是不同的。

  赋在刘勰《文心雕龙》整体构思中所担当的功能,与《楚辞》不同。赋的艺术性得到刘勰的充分重视,并在其整体结构中起到很重要的作用。《楚辞》也偶尔会作为刘勰立论的依据,如《颂赞》:"及三闾橘颂,情采芬芳,比类寓意,又覃及细物矣。"④《祝盟》:"若夫楚辞招魂,可谓祝辞之组纚也。"⑤ 把《楚辞》中的某些篇目作为其他文体发展中的一个环节,从而理清文体发展的脉络。又如《比兴》:"楚襄信谗,而三闾忠烈,依诗制骚,讽兼比兴。炎汉虽盛,而辞人夸毗,诗刺道丧,故兴义销亡。于是赋颂先鸣,故比体云构,纷纭杂

---

① 刘勰著,范文澜注:《文心雕龙注》卷二,北京:人民文学出版社,1958年,第46—47页。
② 刘勰著,范文澜注:《文心雕龙注》卷二,北京:人民文学出版社,1958年,第47页。
③ 刘勰著,范文澜注:《文心雕龙注》卷二,北京:人民文学出版社,1958年,第48页。
④ 刘勰著,范文澜注:《文心雕龙注》卷二,北京:人民文学出版社,1958年,第157页。
⑤ 刘勰著,范文澜注:《文心雕龙注》卷二,北京:人民文学出版社,1958年,第176页。

沓,信旧章矣。"① 把《楚辞》作为比兴艺术的源头,与赋颂比较,梳理由比兴到比艺术变化的过程。但是以《楚辞》为理论依据的总体较少。在刘勰论述中,赋家、赋体、赋作常常是其立论的主要证据,在文体论、创作论与鉴赏论中广泛存在:

其一,赋体成为论述其他文体的参考,如《哀吊》在论述哀吊两种文体时,就参照赋体对这两种文体特征进行论述:"自贾谊浮湘,发愤吊屈,体同而事核,辞清而理哀,盖首出之作也。及相如之吊二世,全为赋体,桓谭以为其言恻怆,读者叹息。"②"夫吊虽古义,而华辞未造;华过韵缓,则化而为赋。"③ 又如《颂赞》:"马融之广成上林,雅而似赋,何弄文而失质乎!"④ "原夫颂惟典雅,辞必清铄;敷写似赋,而不入华侈之区;敬慎如铭,而异乎规戒之域。汪洋以树义,唯纤曲巧致,与情而变,其大体所底,如斯而已。"⑤ 通过赋体与其他文体比较,可以看出文体间或是某种文体的发展变化。

其二,赋家成为刘勰论证观点的主要群体。有学者统计,在《文心雕龙》中,从先秦到晋共计 25 个赋家,41 篇作品,被征引 59 次。特别是在艺术论中,赋家常常为刘勰借以论证自己观点的主要选择,如《神思》:"人之禀才,迟速异分;文之制体,大小殊功:相如含笔而腐毫,扬雄辍翰而惊梦,桓谭疾感于苦思,王充气竭于思虑,张衡研京以十年,左思练都以一纪,虽有巨文,亦思之缓也。淮南崇朝而赋骚,枚皋应诏而成赋,子建援牍如口诵,仲宣举笔似宿构,阮瑀据案而制书,祢衡当食而草奏,虽有短篇,亦思之速也。"⑥ 这里涉及的作家中除了王充是以子书《论衡》著称,淮南王刘安为《离骚》作传,其他作家司马相如、扬雄、桓谭、张衡、左思、枚皋、曹植都是著名的赋家。《体性》:"是以贾生俊发,故文洁而体清;长卿傲诞,故理侈而辞溢;子云沉寂,故志隐而味深;子政简易,故趣昭而事博;孟坚雅懿,故才密而思靡;平子淹通,故虑周而藻密;仲宣躁锐,故颖出而才果……"⑦ 这里论述作家的个性与文体风格的关系,也是以贾谊、司马相如、扬雄、张衡、王粲等主要赋家为主要参考。

其三,在论述文学的艺术、修辞时,赋是最常被提及的文体。如在论述艺术前后传承与创新,《通变》篇云:"夫夸张声貌,则汉初已极。自兹厥后,循环相因:虽轩翥出辙,而终入笼内。枚乘七发云:通望兮东海,虹洞兮苍天。相如上林云:视之无端,察之无涯,日出东沼,月生西陂。马融广成云:天地虹洞,固无端涯,大明出东,月生西陂。扬雄校猎云:出入日月,天与地沓。张衡西京云:日月于是乎出入,象扶桑于濛汜。此并广寓极状,而

---

① 刘勰著,范文澜注:《文心雕龙注》卷八,北京:人民文学出版社,1958 年,第 602 页。
② 刘勰著,范文澜注:《文心雕龙注》卷三,北京:人民文学出版社,1958 年,第 240 页。
③ 刘勰著,范文澜注:《文心雕龙注》卷三,北京:人民文学出版社,1958 年,第 240 页。
④ 刘勰著,范文澜注:《文心雕龙注》卷二,北京:人民文学出版社,1958 年,第 157 页。
⑤ 刘勰著,范文澜注:《文心雕龙注》卷二,北京:人民文学出版社,1958 年,第 158 页。
⑥ 刘勰著,范文澜注:《文心雕龙注》卷六,北京:人民文学出版社,1958 年,第 494 页。
⑦ 刘勰著,范文澜注:《文心雕龙注》卷六,北京:人民文学出版社,1958 年,第 506 页。

五家如一。诸如此类,莫不相循,参伍因革,通变之数也。"① 从司马相如、马融、扬雄、张衡赋中所用相似句子的列举,说明文学家在进行创作的时候,可以从前人的创作中吸取营养,并创造出与前人不同的作品。又比如在论述夸饰这种文学艺术时,赋体又成为主要参考的文体:"自宋玉景差,夸饰始盛。相如凭风,诡滥愈甚。故上林之馆,奔星与宛虹入轩;从禽之盛,飞廉与鹪鹩俱获。及扬雄甘泉,酌其余波,语瑰奇,则假珍于玉树,言峻极,则颠坠于鬼神。至东都之比目,西京之海若,验理则理无不验,穷饰则饰犹未穷矣。又子云羽猎,鞭宓妃以饟屈原;张衡羽猎,困玄冥于朔野。娈彼洛神,既非罔两;惟此水师,亦非魑魅:而虚用滥形,不其疏乎!此欲夸其威而饰其事,义睽剌也。至如气貌山海,体势宫殿,嵯峨揭业,熠耀焜煌之状,光采炜炜而欲然,声貌岌岌其将动矣。莫不因夸以成状,沿饰而得奇也。于是后进之才,奖气挟声,轩翥而欲奋飞,腾掷而羞局步。辞人炜烨,春藻不能程其艳;言在萎绝,寒谷未足成其凋。谈欢则字与笑并,论戚则声共泣偕,信可以发蕴而飞滞,披瞽而骇聋矣。"② 这里所列举的作家作品全部与赋相关。又如论及文辞的偶对特点,赋也是主要的参考对象,《丽辞》:"至于诗人偶章,大夫联辞,奇偶适变,不劳经营。自扬马张蔡,崇盛丽辞,如宋画吴冶,刻形镂法,丽句与深采并流,偶意共逸韵俱发。至魏晋群才,析句弥密,联字合趣,剖毫析厘。然契机者入巧,浮假者无功。"③ "长卿上林赋云:修容乎礼园,翱翔乎书圃。此言对之类也。宋玉神女赋云:毛嫱鄣袂,不足程序;西施掩面,比之无色。此事对之类也。仲宣登楼云:锺仪幽而楚奏,庄舄显而越吟。此反对之类也。……"④ 甚至论述音律也往往与赋相关,《章句》:"若乃改韵从调,所以节文辞气:贾谊枚乘,两韵辄易;刘歆桓谭,百句不迁:亦各有其志也。昔魏武论赋,嫌于积韵,而善于资代。陆云亦称四言转句,以四句为佳。观彼制韵,志同枚贾,然两韵辄易,则声韵微躁;百句不迁,则唇吻告劳;妙才激扬,虽触思利贞,曷若折之中和,庶保无咎。"⑤ 在描写方面,赋也是最为擅长的文体,《比兴》:"炎汉虽盛,而辞人夸毗,诗刺道丧,故兴义消亡。于是赋颂先鸣,故比体云构,纷纭杂沓,信旧章矣。""夫比之为义,取类不常:或喻于声,或方于貌,或拟于心,或譬于事。宋玉高唐云:纤条悲鸣,声似竽籁。此比声之类也。枚乘菟园云:焱焱纷纷,若尘埃之间白云。此比貌之类也。贾生鵩赋云:祸之与福,何异糺纆。此以物比理者也;王褒洞箫云:优柔温润,如慈父之畜子也。此以声之比心者也。马融长笛云:繁缛络绎,范蔡之说也。此以响比辩者也。张衡南都云:起郑舞,茧曳绪。此以容比物者也。若斯之类,辞赋所先,日用乎比,月忘乎兴,习小而弃大,所以文谢于周人也。

---

① 刘勰著,范文澜注:《文心雕龙注》卷六,北京:人民文学出版社,1958年,第520页。
② 刘勰著,范文澜注:《文心雕龙注》卷八,北京:人民文学出版社,1958年,第608页。
③ 刘勰著,范文澜注:《文心雕龙注》卷七,北京:人民文学出版社,1958年,第588页。
④ 刘勰著,范文澜注:《文心雕龙注》卷七,北京:人民文学出版社,1958年,第589页。
⑤ 刘勰著,范文澜注:《文心雕龙注》卷七,北京:人民文学出版社,1958年,第571页。

至于扬班之伦,曹刘以下,图状山川,影写云物,莫不纤综比义,以敷其华,惊听回视,资此效绩。又安仁萤赋云流金在沙,季鹰杂诗云轻条若总翠,皆其意者也。"① 文学的知识化也与赋体相关,《事类》:"观夫屈宋属篇,号依诗人,岂引古事而莫取旧辞。唯贾谊鵩赋,始用鹖冠之说;相如上林,撮引李斯之书:此万分之一会也。及扬雄百官箴,颇酌于诗书;刘歆遂初赋,历叙于纪传:渐渐综采矣。至于崔班张蔡,遂捃摭经史,华实布濩,因书立功,皆后人之范式也。"②

从上面论述可以看出,刘勰关于辞与赋关系的认识是十分辩证的,他既突破了前人所持的赋源于诗的传统看法,看到了由《诗经》发展到汉赋过程中《楚辞》所起的关键作用;同时又看到了《楚辞》与赋之间的不同特点,尤其突出了赋在文学艺术发展中的独特意义。

二、刘勰辞赋观对前人的继承与突破

在刘勰之前,辞与赋的关系一直都是人们关注的问题。在汉魏六朝,辞赋常常并称,如《史记·司马相如列传》:"会景帝不好辞赋"③。司马迁称屈原"乃作《怀沙》之赋"④。《汉书·扬雄传》载扬雄"尝好辞赋"⑤。《后汉书·章帝八王列传》:"小娥善《史书》,喜辞赋。"⑥《后汉书·卢植传》:"性刚毅有大节,常怀济世志,不好辞赋,能饮酒一石。"⑦ 但是辞与赋之间的关系在这种模糊的界定中,又有其不同,并且这种差异性逐渐形成了两种不同的审美观念。

司马迁虽然较少将辞、赋关系进行直接论述,但在他的《史记》屈原、司马相如等人的传记中间接表达了对辞与赋的看法。《屈原贾生列传》中司马迁对屈原的人生经历进行了详细的叙述,并对其人品、文品给予了高度评价:"屈平之作《离骚》,盖自怨生也。国风好色而不淫,小雅怨诽而不乱。若离骚者,可谓兼之矣。上称帝喾,下道齐桓,中述汤武,以刺世事。明道德之广崇,治乱之条贯,靡不毕见。其文约,其辞微,其志絜,其行廉,其称文小而其指极大,举类迩而见义远。其志絜,故其称物芳。其行廉,故死而不容。自疏濯淖污泥之中,蝉蜕于浊秽,以浮游尘埃之外,不获世之滋垢,皭然泥而不滓者也。推此志也,虽与日月争光可也。"⑧ 又称:"余读《离骚》《天问》《招魂》《哀郢》,悲其志。适长沙,

---

① 刘勰著,范文澜注《文心雕龙注》卷八,北京:人民文学出版社,1958年,第602页。
② 刘勰著,范文澜注《文心雕龙注》卷八,北京:人民文学出版社,1958年,第614页。
③ 司马迁:《史记》卷一百一十七,北京:中华书局,1959年,第2999页。
④ 司马迁:《史记》卷八十四,北京:中华书局,1959年,第2486页。
⑤ 班固:《汉书》卷八十七上,北京:中华书局,1962年,第3514页。
⑥ 范晔:《后汉书》卷五十五,北京:中华书局,1965年,第1803页。
⑦ 范晔:《后汉书》卷六十四,北京:中华书局,1965年,第2113页。
⑧ 司马迁:《史记》卷八十四,北京:中华书局,1959年,第2482页。

观屈原所自沈渊,未尝不垂涕,想见其为人。及见贾生吊之,又怪屈原以彼其材,游诸侯,何国不容,而自令若是。读《鵩鸟赋》,同死生,轻去就,又爽然自失矣。"① 同时,司马迁还提到了屈原之后作家的创作情况:"屈原既死之后,楚有宋玉、唐勒、景差之徒者,皆好辞而以赋见称;然皆祖屈原之从容辞令,终莫敢直谏。其后楚日以削,数十年竟为秦所灭。"② 司马迁指出了宋玉等人与屈原之间的关系,从司马迁行文的逻辑来看,前面"辞"应指屈原的作品,而后一个"辞"则是屈原作品的修辞。而"赋"则是区别于"辞"的另一种文体,从形式来看"赋"也继承屈原善于修辞的特点,但是往往通过委婉的话语达到劝谏的效果,所以司马迁说宋玉等人"终莫敢直谏",最后导致楚国的灭亡。宋玉等人的赋作,正是汉赋的滥觞,汉赋基本继承了宋玉等人的写作传统,对于君主的做法往往采用讽谏的方式,并且加强了颂美的效果。

司马迁也给司马相如这样的汉赋大家立传,并且从文献上第一次对他们的作品进行载录,说明司马迁对于司马相如之赋是比较欣赏的,然而与屈原相比又有一定差异,因此在最后评价司马相如赋作时称:"春秋推见至隐,易本隐之以显,《大雅》言王公大人而德逮黎庶,《小雅》讥小己之得失,其流及上。所以言虽外殊,其合德一也。相如虽多虚辞滥说,然其要归引之节俭,此与诗之风谏何异。"③ 从总体来看,司马迁肯定了司马相如的赋卒章显志,最终引导君主归于节俭,但对其"多虚辞滥说"还是有批判的。所以从《史记》的记载来看,司马迁对以屈原为代表的《楚辞》与以司马相如为代表的汉赋都是十分欣赏的但评价又有差别。司马迁对《楚辞》的文辞、思想、情感都十分肯定,而对司马相如的文辞的过分夸饰则不以为然,而只是肯定了他赋末归之节俭的做法。

对辞、赋关系的认识最有影响的当是扬雄。扬雄对于辞、赋的认识经历了两个不同阶段,早年扬雄对司马相如的赋十分崇拜,《汉书·扬雄传》:"先是时,蜀有司马相如,作赋甚弘丽温雅,雄心壮之,每作赋,常拟之以为式。"④ 从扬雄现存的《长杨赋》《羽猎赋》《河东赋》《甘泉赋》瑰丽的辞藻,铺陈排比的句式,雄壮的场景描写,尚奇的品格中,我们确实能够感受到扬雄对于司马相如的模拟与传承。同时扬雄对屈原之文也十分欣赏,认为屈原之文超过司马相如,并为其遭遇与幽情所打动,而且还模拟屈原《离骚》写了很多作品,表达对屈原同情,所以《汉书·扬雄传》载:"又怪屈原文过相如,至不容,作《离骚》,自投江而死,悲其文,读之未尝不流涕也。以为君子得时则大行,不得时则龙蛇,遇不遇命也,何必湛身哉!乃作书,往往摭《离骚》文而反之,自岷山投诸江流以吊屈原,名曰《反离骚》;又旁《离骚》作重一篇,名曰《广骚》;又旁《惜诵》以下至《怀沙》一卷,名曰《畔

---

① 司马迁:《史记》卷八十四,北京:中华书局,1959年,第2503页。
② 司马迁:《史记》卷八十四,北京:中华书局,1959年,第2491页。
③ 司马迁:《史记》卷一百一十七,北京:中华书局,1959年,第3073页。
④ 班固:《汉书》卷八十七上,北京:中华书局,1962年,第3515页。

牢愁》。"① 这说明扬雄早年虽然醉心于对司马相如的散体大赋的雄壮风格的欣赏,但对屈原《楚辞》的文辞与情感也十分佩服,而且认为屈原之文在司马相如之上。但后来大概在西汉末年社会现实与经学思想的影响下,扬雄逐渐对辞、赋的认识发生了变化。扬雄早年模拟司马相如赋作时,已经表现出了较强的讽刺意识,比起司马相如赋末归正,扬雄在赋的序中更明确地表现出自己写赋的劝谏目的。到了晚年,扬雄经学意识表现得更加明显,对于《诗经》的雅正品格十分欣赏:"或问:'交五声十二律也,或雅,或郑,何也?'曰:'中正则雅,多哇则郑。'请问'本'。曰:'黄钟以生之,中正以平之,确乎郑卫不能入也!'"② 对"淫辞"进行批判:"或曰:'女有色,书亦有色乎?'曰:'有。女恶华丹之乱窈窕也,书恶淫辞之淈法度也。'"③ 对于"经"与"赋"的不同品格通过事与辞的二元关系予以评定:"或曰:'君子尚辞乎?'曰:'君子事之为尚。事胜辞则伉,辞胜事则赋,事、辞称则经,足言足容,德之藻矣。"④ 扬雄对赋与辞的关系也进行了新的思考,表现出更强烈的尊经意识。这一时期杨雄对屈原人格与文格都予以高度的评价:"或问:屈原智乎?曰:如玉如莹,爰变丹青,如其智,如其智。"⑤ 对于赋也由早年对司马相如赋之富丽品格的膜拜转向了缺少讽谏品格的批判,他在《法言》中表达了这种观点,他评价司马相如为"文丽用寡",并对辞与赋之差别进行了较详细的说明:"或问:'吾子少而好赋?'曰:'然。童子雕虫篆刻。'俄而,曰:'壮夫不为也。'或曰:'赋可以讽乎?'曰:'讽乎!讽则已,不已,吾恐不免于劝也。'或曰:'雾縠之组丽。'曰:'女工之蠹矣'"⑥ "或问:'景差、唐勒、宋玉、枚乘之赋也,益乎?'曰:'必也淫。''淫、则奈何?'曰:'诗人之赋丽以则,辞人之赋丽以淫。如孔氏之门用赋也,则贾谊升堂,相如入室矣。如其不用何?'"⑦ 扬雄的评价标准主要在于讽,像景差、唐勒、宋玉、司马相如的赋往往重辞藻,从而落入"劝"的效果。最后他提出的"诗人之赋丽以则,辞人之赋丽以淫"的观点,更为精练地概括了赋与《楚辞》之间的不同点:诗人之赋(屈赋)虽然从文辞来看具有"丽"的品格,但是坚守了儒家的"则"(讽谏的传统);而辞人之赋则只重其辞,从而忽视了儒家文学应有益于政教的传统。但是扬雄对文体的评判并非简单的肯定与否定,即便认为自宋玉以来的赋作缺乏儒家讽谏的效果,但依然认为它们都有一定功用,所以他对继承屈原屈骚精神的贾谊与司马相如都予以肯定,最后又称贾谊升堂,相如入室,均达到很高的水平。"如其不用何"则是对它们不同功能的肯定。

---

① 班固:《汉书》卷八十七上,北京:中华书局,1962年,第3515页。
② 汪荣宝:《法言义疏》,北京:中华书局,1987年,第53页。
③ 汪荣宝:《法言义疏》,北京:中华书局,1987年,第57页。
④ 汪荣宝:《法言义疏》,北京:中华书局,1987年,第60页。
⑤ 汪荣宝:《法言义疏》,北京:中华书局,1987年,第57页。
⑥ 汪荣宝:《法言义疏》,北京:中华书局,1987年,第45页。
⑦ 汪荣宝:《法言义疏》,北京:中华书局,1987年,第49页。

扬雄这种辞赋观,对后代影响很大,与其时代较为接近的刘向、刘歆父子就接受了他这一思想。《汉书·艺文志》:"春秋之后,周道寖坏,聘问歌咏不行于列国,学《诗》之士逸在布衣,而贤人失志之赋作矣。大儒孙卿及楚臣屈原离谗忧国,皆作赋以风,咸有恻隐古诗之义。其后宋玉、唐勒,汉兴枚乘、司马相如,下及扬子云,竞为侈丽宏衍之词,没其讽谕之义。是以扬子云悔之,曰:'诗人之赋丽以则,辞人之赋丽以淫。如孔氏之门用赋也,则贾谊登堂,相如入室矣,如其不用何!'"① 从刘歆的叙述模式与评价标准来看,与扬雄观点十分相似。刘歆也将屈原与宋玉、唐勒、枚乘、司马相如分为两个不同文人集团进行叙述,也认为屈原"恻隐古诗之义",与扬雄"丽以则"观念相似;而宋玉到司马相如则是竞相制作"侈丽宏衍之词",而"没其讽谕之义",也就是扬雄说的"丽以淫"。最后刘歆以扬雄的话作结,也说明了刘歆对扬雄辞赋观的认同。

东汉班固对辞赋的定位表现出与前人不同的看法。班固对辞赋的看法有明显继承司马迁与扬雄的痕迹,最为明显的是《汉书·司马相如传赞》,前半部分与司马迁相同,而后则加入了扬雄的看法("扬雄以为靡丽之赋,劝百而风一,犹骋郑、卫之声,曲终而奏雅,不已戏乎!")。但是从班固现存的作品来看,他对辞、赋的看法与前人还是有很大不同的。前人评论辞赋的优劣,是以儒家传统的诗学观,即是否具有讽谏的政教功能为标准。班固是具有浓烈儒家思想的学者,但是他对辞赋的评价更加强调尊君、颂德思想。在此思想指引下,他对能够反映大汉文德盛况的汉代散体大赋十分推崇,他在《两都赋序》称:"或曰:赋者,古诗之流也。昔成、康没而颂声寝,王泽竭而诗不作。大汉初定,日不暇给。至于武、宣之世,乃崇礼官,考文章,内设金马石渠之署,外兴乐府协律之事。以兴废继绝,润色鸿业。是以众庶悦豫,福应尤盛,《白麟》《赤雁》《芝房》《宝鼎》之歌,荐于郊庙。神雀五凤甘露黄龙之瑞,以为年纪。故言语侍从之臣,若司马相如、虞丘寿王、东方朔、枚皋、王褒、刘向之属,朝夕论思,日月献纳;而公卿大臣,御史大夫倪宽、太常孔臧、太中大夫董仲舒、宗正刘德、太子太傅萧望之等,时时间作。或抒下情以通讽谕,或以宣上德而尽忠孝,雍容揄扬,著于后嗣,抑雅颂之亚也。故孝成之世,论而录之。盖奏御者千有余篇,而后大汉之文章,炳焉与三代同风。且夫道有夷隆,学有粗密,因时而建德者,不以远近易则,故皋陶歌虞,奚斯颂鲁,同见采于孔氏,列于《诗》《书》,其义一也。稽之上古则如彼,考之汉室又如此。斯事虽细,然先臣之旧式,国家之遗美,不可阙也。"② 从班固的叙述来看,主要将笔墨集中于汉代最为繁盛的汉武帝、汉宣帝时期,这一时期随着帝国的蒸蒸日上,开始尊崇"礼官",通过"文章"来宣扬汉德。这里的"文章"主要是乐府与赋体,乐府承载的是"润色鸿业"的功能,所以才有了祭祀宗庙的、展现祥瑞的"白麟、赤雁、芝房、

---

① 班固:《汉书》卷三十,北京:中华书局,1962年,第1756页。
② 萧统编,李善注:《文选》卷一,上海:上海古籍出版社,1986年,第1—3页。

宝鼎之歌"。赋体与乐府应用环境不同,但是它们在功能方面有相似点,即皆为颂美汉朝服务,而且通过赋体夸张的笔法,更能展现汉代当下的盛况,所以班固列举了当时众多赋家,并展现了他们当时竞相献赋的热烈场面,称赞他们雍容揄扬的品格,可以称得上"雅颂之亚"。

与对赋的赞美相比,班固对《楚辞》的看法颇有微词。汉武帝时淮南王刘安作《离骚传》称:"《国风》好色而不淫,《小雅》怨悱而不乱,若《离骚》可谓兼之。蝉蜕浊秽之中,浮游尘埃之外,皭然泥而不滓,推其志,与日月争光可也。"司马迁在评价屈原时,直接引此。而班固则认为这种评价"似过其真",并指出屈原作品中不合经义的内容:"又说'五子以失家巷',谓五(伍)子胥也。及至羿、浇、少康、二姚、有娀佚女,皆各以所识有所增损,然犹未得其正也。""多称昆仑,冥婚宓妃,虚无之语,皆非法度之政,经义所载。谓之兼《诗》《风》《雅》,而与日月争光,过矣!"①尤其是对屈原的人格与行为方式给予批评,与前人称赞屈原正道直行的优秀品格相比,班固则认为屈原"露才扬己,竞乎危国群小之间,以离谗贼,然责数怀王,怨恶椒、兰,愁神苦思,强非其人,忿怼不容,沉江而死,亦贬洁狂狷景行之士"②。不过,班固对屈原的文辞则是十分肯定的:"然其文弘博丽雅,为词赋宗。后世莫不斟酌其英华,则象其从容。自宋玉、唐勒、景差之徒,汉兴,枚乘、司马相如、刘向、扬雄,骋极文辞,好而悲之,自谓不能及也。虽非明智之器,可谓妙才者也。"③

从司马迁到班固,他们对辞与赋的关系的认识,代表了汉代文人的辞赋观。总体来看,汉代评论家受到儒家思想的影响很大,在这一共同观念的制约下,由于着眼点有一定差异,他们对辞与赋地位、价值评价也各异。魏晋宋三朝辞、赋关系的探讨,发生了一定变化。其中最主要的特点就是摆脱了儒家的评判标准,不再以是否讽谏或是政治功能为评价依据,而是更加关注两种文体的艺术性。曹丕不仅提出了"诗赋欲丽"这样的著名观点,他对屈原与司马相如创作的艺术进行了比较:"或问'屈原、相如之赋,孰愈?'曰:'优游案衍,屈原之尚也;穷侈极妙,相如之长也。然原据托譬喻,其意周旋,绰有余度矣。长卿、子云,意未能及已。'"④所谓"优游案衍"指出了屈原行文的特点,善于将情感通过委婉曲折的方式表达出来的风格;"穷侈极妙"则是指司马相如喜欢罗列物象,穷形尽相地刻画物象,展示场面,文辞富丽的特点。这中肯地说明了屈原与司马相如的不同特点。同时曹丕还认为屈原善于譬喻,从而造成意思周旋、含蓄的美感。这说明曹丕虽然欣赏司马相如的文辞富丽的特点,但更强调文学应像屈原那样具有情感性、含蓄性的特点。

---

① 黄灵庚:《楚辞章句疏证》,北京:中华书局,2007年,第2965页。
② 黄灵庚:《楚辞章句疏证》,北京:中华书局,2007年,第2965页。
③ 黄灵庚:《楚辞章句疏证》,北京:中华书局,2007年,第2965页。
④ 严可均辑:《全上古三代秦汉三国六朝文·全三国文》卷八,北京:中华书局,1958年,第1098页。

晋代挚虞对辞、赋关系的认识既继承了汉代人的认识,同时又有所拓展。挚虞对赋的起源的认识,继承汉代文人的《诗》源说:"赋者,敷陈之称,古诗之流也。古之作诗者,发乎情,止乎礼义。情之发,因辞以形之;礼义之旨,须事以明之。故有赋焉,所以假象尽辞,敷陈其志。"①"赋者,古诗之流"的话语在班固《西都赋》序中已经提及。而挚虞更加自觉地将这种认识与《毛诗序》联系在一起,作为赋源于《诗经》的依据。对于屈原、荀子的赋,挚虞表达了与刘歆相似的看法,并融入了扬雄的有关认识:"前世为赋者,有孙卿、屈原,尚颇有古诗之义,至宋玉则多淫浮之病矣。《楚辞》之赋,赋之善者也。故扬子称赋莫深于《离骚》。贾谊之作,则屈原之俦也。"②挚虞对辞、赋关系的创见,主要在于他对两种文体的不同特点作了更细致的归纳,从总体来看,屈原作品(辞)"以情义为主,以事类为佐",而"今之赋"③则"以事形为本,以义正为助"。这样就导致了"今之赋"与屈原作品相比,呈现出四个缺点,即"假象过大,则与类相远""逸辞过壮,则与事相违""辨言过理,则与义相失""丽靡过美,则与情相悖"。从意与类、辞与事、言与理、辞藻与情感的对比,进行这样细致分析,这是前人所没有的。

从以上著名学者对于辞赋两种文体的认识来看,从汉代到魏晋其中有一定关联性,因为魏晋学者的认识并未能完全走出前人的限制。同时,由于政治变迁、学术思想与文学思想的变迁,人们对辞赋之间关系的认识又表现出一定变化。最主要的变化就是,魏晋文人开始注意对两种文体艺术的比较,从审美角度看二者之间的不同。

刘勰之前关于辞赋关系的认识为刘勰文论思想提供了背景与基础。刘勰十分重视对前人文学遗产的继承与发展,这从《文心雕龙》中《通变》篇可以看出来,他说:"是以规略文统,宜宏大体:先博览以精阅,总纲纪而摄契;然后拓衢路,置关键,长辔远驭,从容按节,凭情以会通,负气以适变,采如宛虹之奋髻,光若长离之振翼,乃颖脱之文矣。"④他对辞赋两种文体关系的认识也正是在前人认识的基础上,进行新的拓展,从而为其整个文论体系的建立服务。具体来说,前人对辞赋两种文体认识多从其不同点入手,无论是从思想性还是艺术性方面的认识,也多集中于它们在讽谏程度或是行文、文辞的不同特点的分析。这些不同点的认识,也为刘勰沟通辞与赋之间的关系,突破赋源于《诗经》的看法提供了线索。从《诗经》到赋的形成过程经历了从西周到汉代漫长的发展过程,由于赋源于《诗经》观念的束缚,《楚辞》在这一过程中的地位没有得到足够的重视,而刘勰则从艺术发展的角度提出"灵均唱骚,始广声貌"的看法,从而沟通了《诗经》到赋的中间环节。

---

① 严可均辑:《全上古三代秦汉三国六朝文·全晋文》卷七十七,北京:中华书局,1958年,第1905页。
② 严可均辑:《全上古三代秦汉三国六朝文·全晋文》卷七十七,北京:中华书局,1958年,第1905页。
③ 挚虞所说的此类赋,从其语义来看应是指晋代赋作,但从其所描述文体特点来看,则是对自宋玉、枚乘、司马相如等赋家以来赋作特点的总结。
④ 刘勰著,范文澜注:《文心雕龙注》卷六,北京:人民文学出版社,1958年,第521页。

前人对辞赋两种文体从思想性与艺术性两个角度的比较,也形成了刘勰在《文心雕龙》中对二者的不同定位。关于《楚辞》的思想性问题,从前人的论述来看,除了班固《离骚序》对其不合经义之处进行指责之外,多数是肯定的。其艺术性从淮南王刘安开始就予以称赞。班固虽对屈原人格颇有微词,然在艺术方面依然给予充分肯定。从《辨骚》篇来看,刘勰对《楚辞》思想性的认识正是建立在对前人研究的基础上的,他的立论方式可能受到班固的启发,刘勰对其中合于经义的方面予以发掘,对不合经义之处予以批驳,看待问题更加全面。而对屈原文辞的肯定,称其为辞赋之英杰;对于后代赋家影响的叙述,则明显是受到班固认识的启发。"虬龙以喻君子,云蜺以譬谗邪,比兴之义也",则是受到王逸《楚辞章句序》的影响。正是因为《楚辞》在思想方面可以与《诗经》联系在一起,而其艺术性又可以为其艺术论展开提供依据,所以《楚辞》成为文论体系展开的枢纽。赋思想性争议颇大,司马迁对司马相如赋的思想性予以一定肯定,但多数学者认为赋多没有讽谏之意。但是赋在艺术方面,对《楚辞》进行了大胆的尝试与开拓。到了刘勰时代,文学的艺术性成为文人关注的焦点,赋的修辞、声律、隶事等方面的贡献,被刘勰充分利用,成为刘勰艺术论的重要组成部分。

综上所述,辞、赋之间的关系是文体研究中的重要论题,虽在刘勰之前对这一论题的研究就已经展开,但二者关系的论定并不明晰,常常发生纠葛。不过,对辞、赋两种文体艺术、思想两个方面做了比较研究,所取得的成果为刘勰所吸收,并成为其辞赋观建立的重要基础。赋的起源最为流行的说法是源自《诗经》,刘勰继承了这一观点,但是突出了《楚辞》在赋体形成中的重要地位,这样的认识更加科学而具体。同时,刘勰还注意到了辞、赋两种文体在文学史发展中的不同地位。从刘勰的相关引证中,我们可以看到赋在文学的艺术开拓方面有着更深远的影响。

论先唐所传王逸《楚辞》著作之名实为《楚辞注》
——兼谈其传播时间

贵州大学 王 伟

王逸所撰《楚辞章句》之说法自《后汉书·文苑传》以来而为学者常所称引而无疑焉。但事实上,自汉以来迄于初唐相关典籍其引述《楚辞》注或王逸注时皆无王逸撰《楚辞章句》之说法而是径谓王逸《楚辞注》而已。也就是说,直至唐初世所流行的王逸《楚辞》著作其名当是《楚辞注》而非《楚辞章句》也。今不揣简陋,试述如次以见其实。

一、《隋书·艺文志》等目录所载皆无《楚辞章句》之名

关于王逸著《楚辞章句》的记载较早并为大家所熟知的当属范晔《后汉书》"王逸字叔师,南郡宜城人也。元初中,举上计吏,为校书郎。顺帝时,为侍中。著《楚辞章句》行于世。其赋、诔、书、论及杂文凡二十一篇。又作《汉诗》百二十三篇"之相关记载。其后学界称引王逸《楚辞章句》者即本于此。此外,张政烺先生《文史丛考》之"《王逸集》牙签考证"篇谓江夏黄氏《衡斋金石识小录》卷下有与王逸相关之"象牙书签"一枚,其文为:"初元中,王公逸为校书郎,著《楚辞章句》及诔书、杂文二十一篇。(以上正面)又作《汉书》一百二十三篇。子延寿,有俊才,作《灵光殿赋》。(以上背面)"张先生谓其"体势在隶楷之间,当属魏晋或北朝时物,不得早至汉代"。① 这是目前上揭《后汉书》所载相关材料外唯一所见时代与范晔相近之另外关于王逸撰《楚辞章句》之所载,但诚如张先生所言其时代最多也仅是魏晋之间而非汉人之所载。而此以外,与王逸或范晔时代相近之典籍皆罕言王逸撰《楚辞章句》者。且张政烺先生虽也谓"至若《楚辞章句》乃王逸为校书郎时校注之官书,已'行于世'",但张先生同时也指出范晔所撰《后汉书·王逸传》"其义或不深解处"。② 是范晔所谓王逸撰《楚辞章句》的说法或也可置之于此。且检之王逸以来各家目录,其大致情况如下:

1.《隋书·经籍志》:《楚辞》十二卷,并目录。后汉校书郎王逸注。……"后汉

---

① 张政烺:《文史丛考》,北京:中华书局,2012年,第175页。
② 张政烺:《文史丛考》,北京:中华书局,2012年,第180、178页。

校书郎王逸,集屈原已下迄于刘向,逸文自为一篇,并叙而注之,今行于世。"①

2.《旧唐书·艺文志》:《楚辞》十六卷,王逸注。②

3.《新唐书·艺文志》:王逸注《楚辞》十六卷。③

4. 郑樵《通志》:《楚辞》,十七卷。后汉校书郎王逸注。《楚辞》,十一卷。宋何偃删王逸注。④

5. 晁公武《郡斋读书志》:《楚辞》十七卷,后汉校书郎王逸叔师注。⑤

以上是较早且为学界所公认之权威目录,也皆无王逸撰《楚辞章句》的记载。此外,余嘉锡先生《四库提要辩证》还指出:"唐无名氏《文选集注》卷六十三引陆善经曰'逸字叔师,南郡宜城人,后汉校书郎中,注《楚词》,后为豫章太守也。'范书本传不言逸为豫章太守。善经之说,疑出谢承、司马彪诸家书,可补本传之阙。"⑥是据余先生说,陆善经虽或见过谢承、司马彪诸家《后汉书》,但也仅谓注《楚辞》而已。而此从另一侧面也证其较范晔时代略早之史学家如谢承等也皆无此说法。且据余先生"范书本传不言逸为豫章太守"以及上揭张政烺先生所言范晔所撰"其义或不深解处"云云,是《后汉书·王逸传》虽为研究王逸之最有价值之原始史料,但也并非完璧无瑕。

此外,据崔富章先生所撰《楚辞书录解题》,其所著录《楚辞》以及《楚辞章句》等亦未见唐宋本直接称之为《楚辞章句》者。如其《楚辞章句》部分著录"明正德十三年(1518)黄省曾、高第刻本,十七卷"本,但崔先生所载谓清袁廷寿"嘉庆十一年初秋,借黄尧翁新得宋刊王逸注《楚辞》校此本"。⑦是亦仅谓"王逸注《楚辞》"而已,而此与隋唐以来目录亦合,是也皆无王逸撰《楚辞章句》之直接记载。

而另一方面,与上揭《隋书》等不载王逸《楚辞章句》形成鲜明对比的是《隋书》于其他著述而谓之《章句》者则屡见之,如《隋书·经籍志》载"《月令章句》十二卷,汉左中郎将蔡邕撰"等。且有《章句》与某注并而载之者,如其《志》二十七"易类"载:"《周易》十卷,汉魏郡太守京房章句。《周易》八卷,汉曲台长孟喜章句,残缺。梁十卷。又有汉单父长费直注周易四卷,亡。《周易》九卷,后汉大司农郑玄注。梁又有汉南郡太守马融注《周易》一卷,亡。《周易》五卷,汉荆州牧刘表章句。梁有汉荆州五业从事宋忠注《周易》十

---

① 魏徵、令狐德棻:《隋书》,北京:中华书局,1973年,第1055页、1066页。
② 刘昫等:《旧唐书》,北京:中华书局,1975年,第2051页。
③ 欧阳修、宋祁:《新唐书》,北京:中华书局,1975年,第1575页。
④ 郑樵:《通志》,北京:中华书局,1995年,第1735页。
⑤ 晁公武撰,孙猛校证:《郡斋读书志校证》,上海:上海古籍出版社,2005年,第803页。
⑥ 余嘉锡:《四库提要辩证》,昆明:云南人民出版社,2004年,第1040页。
⑦ 崔富章:《楚辞书录解题》,北京:高等教育出版社,2010年,第16页。

卷,亡。《周易》十一卷,汉司空荀爽注"等。① 从上可见,其言章句者与言某某注者是截然分开而并不混淆的。此外如《旧唐书》卷四六"易类一"所载也如此,如其所载"《归藏》十三卷殷易,司马膺撰。《周易》二卷卜商传。《周易》十卷孟喜章句。又十卷京房章句。又四卷费直章句。又十卷马融章句。又九卷郑玄注。又十卷荀爽章句。又五卷刘表注。又十卷王肃注"等皆是。② 且如"郑玄注"在"马融章句"与"荀爽章句"之间其谓为"郑玄注"者也毫不混淆。是上揭诸家目录其言"《章句》"者与言"某注"者是截然有别的。故《隋书》《旧唐书》等不载王逸《楚辞章句》而皆仅言王逸《楚辞注》者当非偶然,此或其所见王逸著作即《楚辞注》而非《楚辞章句》也。

二、先唐旧注称引《楚辞》者也未见王逸著《楚辞章句》之证

《隋志》等皆不见《楚辞章句》之所载外,而后于王逸之汉魏学人于此时期虽也多有引述《楚辞》者,但也未见称引王逸《楚辞章句》之例。如下所示可窥一斑:

1.《礼记·檀弓》:"舜葬于苍梧之野,盖三妃未之从也。"郑玄注:"《离骚》所歌湘夫人,舜妃也。"

2.《尚书·五子之歌》:"五子咸怨,述大禹之戒以作歌。"孔颖达《正义》谓:"贾逵云……《楚辞·天问》云'羿焉彃日乌解羽'。"

3.《史记·司马相如列传》:"出乎椒丘之阙。"司马贞《索隐》引服虔云"丘名,《楚辞》曰'驰椒丘且焉止息'"。

4.《史记·司马相如列传》:"洞出鬼谷。"裴骃《集解》引西晋臣瓒《汉书音义》曰"鬼谷在北辰下,众鬼之所聚也。《楚辞》曰'赘鬼谷于北辰'也"。

5.《史记·司马相如列传》:"巴俞宋蔡,淮南于",司马贞《索隐》引张揖谓"《楚辞》云'吴谣蔡讴'"。

6.《史记·司马相如列传》:"江离麋芜。"司马贞《索隐》引东吴张勃《吴录》"临海县开水中生江离,正青似乱发,即《离骚》所云者是也"。

7.《汉书·扬雄传》:"素初贮厥丽服兮,何文肆而质箸。"(魏)如淳注:"文肆者,《楚辞》远游乘龙之言也。"

8.《世说新语·豪爽》:"王司州在谢公坐,咏'入不言兮出不辞,乘回风兮载云旗'。"刘孝标注:"《离骚·九歌·少司命》之辞。"

9.《世说新语·上古》:"昂昂若千里之驹? 泛泛若水中之凫。"刘孝标注:"出《离骚》。"

---

① 魏徵、令狐德棻:《隋书》,北京:中华书局,1973年,第922、909页。
② 刘昫等:《旧唐书》,北京:中华书局,1975年,第1966、1967页。

10.《水经注·澧水》:"又东过作唐县北。"郦道元注:"澧水又东南注于沅水,曰澧口。……《离骚》曰:沅有芷兮澧有兰。"

11.《水经注·若水》:"若水出蜀郡旄牛徼外。"郦道元注:"故屈原《离骚·天问》曰:羲和未阳,若华何光是也。"

12.《颜氏家训·文章》:"屈原露才扬己,显暴君过。"

13.《颜氏家训·音辞》:自《春秋》标齐言之传,《离骚》目楚辞之经,此盖其较明之初也。"

据上可见,汉魏以来郑玄、贾逵等也或有称引屈原与《楚辞》者,但也皆无称引王逸《楚辞章句》之例。而此时期最值得注意的是郭璞注《山海经》也多称引《楚辞》,过去学者一般皆认为郭璞《楚辞注》即为王逸注之遗存。如《山海经》"其草有萯荔"句,郭璞注谓"萯荔,香草也"。而郝懿行即谓"郭注本王逸为说之";而"其草多芍药、芎䓖"句,郭注谓"芍药一名辛夷,亦香草属"。而郝懿行已谓"郭注本《广雅》及《楚辞》"。①此外如胡小石先生《〈楚辞〉郭注义徵》一文也认为郭氏"其注全释义旨者,体例亦与王氏章句不甚相远","彼之与此,当无大异""案校诸说,往往同王'。②但我们通过仔细比较郭璞注《山海经》所援引《楚辞》内容而与王逸注《楚辞》相比较,发现不但郭璞与郑玄等同样未见称引王逸,更遑论其所谓《楚辞章句》者,且郭璞注《楚辞》与王逸注《楚辞》两者之间的差别其实很大,这一事实或许意味着郭璞本就未见所谓王逸《楚辞章句》者,如下诸例之比较即可窥一斑:

1. 郭注《南山经》"其华四照"谓"言有光焰也。若木华赤其光照地亦此类也,见《离骚经》";而今本王逸注《离骚》"折若木以拂日兮"句谓"若木在昆仑西极,其华照下地"。

2. 郭注《西山经》"乃取峚山之玉荣"句"谓玉华也。《离骚》曰'怀琬琰之华英',又曰'登昆仑兮食玉英'。《汲冢书》所谓茖华之玉。"而今本王逸注《远游》"怀琬琰之华英"句谓"咀嚼玉英,以养神也";注《涉江》"登昆仑兮食玉英"句谓"犹言坐明堂,受爵位"。

3. 郭注《西山经》"曰崦嵫之山"谓"日没所入山也,见《离骚》";而今本王逸注《离骚》"望崦嵫而勿迫"句谓"崦嵫,日所入山也"。

4. 郭注《北山经》谓"朴牛见《离骚·天问》,所未详";而今本王逸注《天问》"焉

---

① 郝懿行:《山海经笺疏》,《续修四库全书》第1264册,上海:上海古籍出版社,2002年。
② 胡小石:《〈楚辞〉郭注义徵》,载《胡小石论文集》,上海:上海古籍出版社,1982年,第27页、29页。

得夫朴牛"句谓"朴,大也。言汤常能秉持契之末德,脩而弘之,天嘉其志,出田猎,得大牛之瑞也"。

5. 郭注《中山经》"其枝五衢"谓"言树枝交错,相重五出,有象衢路也。《离骚》曰'靡萍九衢'"。而今本王逸注《天问》"靡萍九衢"谓"九交道曰衢"。

6. 郭注《中山经》"帝之二女居之"谓"天帝之二女而处江为神,即《列仙传》江妃二女也。《离骚·九歌》所谓《湘夫人》称帝子者是也。而《河图玉版》曰:湘夫人者,帝尧女也。秦始皇浮江至湘山,逢大风而问博士:湘君何神? 博士曰:闻之尧二女,舜妃也,死而葬此。《列女传》曰:二女死于江湘之间,俗谓为湘君。郑司农亦以舜妃为湘君。说者皆以舜陟方而死,二妃从之,俱溺死于湘江,遂号为湘夫人。按《九歌》,湘君湘夫人自是二神,江湘之有夫人,犹河洛之有宓妃也。此之为灵,与天地并矣,安得谓之尧女,且既谓之尧女,安得复总云湘君哉"。而今本王逸注《湘夫人》"帝子降兮北渚"句则谓"帝子,谓尧女也。降,下也。言尧二女娥皇、女英,随舜不反,没于湘水之渚,因为湘夫人";注"帝子降兮北渚"句谓"言尧二女仪德美好,眇然绝异,又配帝舜,而乃没命水中。屈原自伤,不遭值尧、舜,而遇暗君,亦将沉身湘流,故曰愁我也"。

7. 郭璞注《海外西经》"周之"句谓"周,犹绕也。《离骚》曰'水周于堂下也'"。而今本王逸注《湘夫人》"水周兮堂下"句则谓"周,旋也"。

8. 郭璞注《海外东经》"一日居上枝"句谓"庄周云,昔者十日并出,草木焦枯。《淮南子》亦云,尧乃令羿射十日,中其九日,日中乌尽死。《离骚》所谓'羿焉毕日,乌焉落羽者也'。而今本王逸注《天问》"羿焉彃日? 乌焉解羽"句谓"《淮南》言尧时十日并出,草木焦枯,尧命羿仰射十日,中其九日,日中九乌皆死,堕其羽翼,故留其一日也"。

9. 郭注《海内西经》"巴蛇食象"句谓"今南方蚺蛇吞鹿,鹿亦烂,自绞于树,腹中骨皆穿鳞甲间出,此其类也。《楚辞》曰:有蛇吞象,其大何如。说者云长千寻"。而今本王逸注《天问》"一蛇吞象,厥大何如"句则谓《山海经》云:"南方有灵蛇,吞象,三年然后出其骨"。

10. 郭注《海内西经》"开明东有巫彭"句谓"皆神医也。《世本》曰巫彭作医。《楚辞》曰'帝告巫阳'";而今本王逸注《招魂》"帝告巫阳"句谓"帝,谓天帝也。女曰巫,阳其名也"。

11. 郭注《海内北经》"其状如蛾"句谓"蛾,蚍蜉也。《楚辞》曰'玄蜂如壶,赤蚁如象',谓此也";而今本王逸注《招魂》"赤螘若象"句谓"螘,蚍蜉也。小者为螘,大者谓之蚍蜉也"。

12. 郭注《大荒东经》"东海之外大壑"句谓"《诗含神雾》曰'东注无底之谷'。谓此壑也。《离骚》曰'降望大壑'";而今本王逸注《远游》"降望大壑"句谓"视海广狭"。

13. 郭注《大荒北经》"是谓烛龙"句谓"离骚曰'日安不到？烛龙何燿？'《诗含神雾》曰'天不足西北，无有阴阳消息，故有龙衔精以往照天门中'云。《淮南子》曰'蔽于委羽之山，不见天日也'。"而今本王逸注《天问》"日安不到，烛龙何照"句谓"言天之西北，有幽冥无日之国，有龙衔烛而照之也"。

14. 郭注《海内经》"有都广之野，后稷葬焉"句谓"其城方三百里，盖天下之中，素女所出也。《离骚》曰'绝都广野而直指号'"。而今本王逸注《九叹·远游》"绝都广以直指兮"句谓"都广，野名也。《山海经》曰：都广在西南，其城方三百里，盖天地之中也。"

15. 郭注《海内经》"名曰鹥鸟"句谓"凤属也。《离骚》曰'驷玉虬而乘鹥'"；而今本王逸注《离骚》本句谓"有角曰龙，无角曰虬。鹥，凤凰别名也。《山海经》云：鹥身有五采，而文如凤。凤类也，以为车饰。"

从上可见，郭璞注称引《楚辞》及其注释皆未称引王逸者外，且事实上郭璞注多不同于今本王逸注，两者之间互有详略，但两者之间完全相同的几乎没有。此外，《山海经》一书其内容多有与《楚辞》相同者，但检之郭璞注则仍与王逸注略有区别，如下诸例即为明证：

1. 郭注《海外南经》"不死民，在其东，其为人黑色，寿不死"句谓"有员丘山，上有不死树，食之乃寿，亦有赤泉，饮之不老"。而今本王逸注《远游》"仍羽人于丹丘兮，留不死之旧乡"句谓"《山海经》言有羽人之国，不死之民"。

2. 郭注《大荒南经》"有蜮山者，有蜮民之国"之"蜮"字郭注谓"音惑"。而今本王逸注《大招》"蜮伤躬只"句谓"蜮，短狐也。《诗》云'为鬼为蜮'。言魂乎无敢南行，水中多蜮鬼，必伤害于尔躬也"。

3. 郭注《大荒南经》"有神十人，名曰女娲之肠"句谓"女娲，古神女而帝者，人面蛇身，一日中七十变，其腹化为此神。……娲，音瓜"。而今本王逸注《天问》"女娲有体"句谓"传言女娲人头蛇身，一日七十化，其体如此，谁所制匠而图之乎"？

4. 郭注《大荒北经》"名曰若木"句谓"生昆仑西附西极，其华光赤下照地"。而今本王逸注《离骚》"折若木以拂日兮"句谓"若木在昆仑西极，其华照下地"。

5. 郭注《海内经》"有封豕"句谓"大猪也，羿射杀之"。而今本王逸注《天问》"封豨是射"句谓"封豨，神兽也。言羿不修道德，而夹弓射鞲，猎捕神兽，以快其情也"。

6. 郭注《海内经》"其中有九嶷山"句谓"山今在零陵营道县南，其山九溪皆相似，故云'九疑'；古者总名其地为苍梧也"。而今本王逸注《湘夫人》"九嶷缤兮并迎"句谓"九嶷，山名，舜所葬也"。

据以上诸例看，郭璞注《山海经》与王逸注《楚辞》虽有相近之内容，但郭璞注与王逸注确实是异大于同，如郭注"女娲""九疑"实较王逸注更详。此外如《史记·司马相如列传》"出乎椒丘之阙，行乎洲淤之浦"句，裴骃《集解》谓郭璞曰："椒丘，丘名。言有岩阙也，见《楚辞》。"而王逸注则谓"土高四堕曰椒丘"。是两者之间仍有区别。故我们可以大胆揣测，郭璞注引《山海经》其所称引之《楚辞》及其注其所依据当非王逸本。此外如稍晚于郭璞之西晋臣瓒注《汉书·王褒传》"虽伯牙操递钟"句谓"《楚辞》云'奏伯牙之号钟'。号钟，琴名也"。臣瓒所引为《九叹·愍命》之内容，而其谓"号钟，琴名也"与今本王逸注"号钟"同。但臣瓒同样并未称引王逸之名或也可为其未见王逸注之证，而其与王逸皆释"号钟，琴名"之说法或皆源于共同之学术认识，也或皆本于王逸前之学者如刘向、班固、贾逵等。另外，郦道元注《水经·夏水》"夏水出江津于江陵县东南"句谓"屈原所谓过夏首而西浮，顾龙门而不见也。龙门，即郢城之东门也"。其释"龙门"与王逸释《哀郢》"顾龙门而不见"谓"龙门，楚东门也"意思近，但郦注也未提及王逸。也就是说，所谓王逸《楚辞章句》当此之时尚未广泛流行于世或尚未获得学界之普遍认可。

此外，尚可为此说旁证的是郭璞后之裴骃其注《史记》则也仅谓"王逸云"，如《史记·屈原贾生列传》之裴骃《集解》凡所称引皆谓"王逸曰"而无例外者外。此外如《日者列传》："夫卜而有不审，不见夺糈。"裴骃《集解》谓"《离骚经》曰'怀椒糈而要之'，王逸云'糈，精米，所以享神'"等也皆如此。但裴骃《集解》也有称引《章句》者，如《宋微子世家》"殷所以兴，作《商颂》"句及《三王世家》"虚御府之藏以赏元戎"句，《集解》即皆称引韩婴《章句》是也。而据现存文献看，裴骃是范晔外同时代人中较早的明确称引王逸《楚辞》著作的学者，但其屡言韩婴《章句》等而不言王逸《楚辞章句》者当也非偶然。其后，顾野王《玉篇》征引《楚辞》者逾百处，而征引王逸之说法者也逾百处且较裴骃《集解》更为丰富，其所征引王逸注所涉篇名已及今本《楚辞》十七卷篇目（大题），但凡所称引也仅是谓"王逸曰"，如《离骚》"纷吾既有此内美兮"句，顾野王谓"王逸曰'纷，盛貌也'"；"纫秋兰以为佩"句，顾野王谓"王逸曰'纫，索也'"；《九歌·湘君》"隐思君兮陫侧"句，顾野王谓"王逸曰'陫，陋也'"等皆是如此而无一例外。① 据此来看，王逸关于《楚辞》的著作其始为人知当大致在范晔之时，而其初步与广泛流传则已是裴骃及顾野王时了。

三、从《文选注》等论其所见也为《楚辞注》

我们认为，上揭著述其未称引《楚辞章句》者，其实是汉魏以来大家所见王逸《楚辞》著作之名并非《楚辞章句》而乃《楚辞注》之故。上揭汉魏晋南北朝文献所载各家皆称"王逸注"者可为佐证外，甚至至唐初也皆如此。如《后汉书》李贤注其所称引王逸者逾二十

---

① 顾野王：《玉篇》，《续修四库全书》第228册，上海：上海古籍出版社，2002年，第630、625、506页。

次,但也仅谓如"王逸注云'伤己怀德不用,故高冠长佩'",或"王逸注《楚辞》曰'轫,止轮木也'"等等。① 此外,略早于李贤之李善注《文选》也可为明证。李善注《文选》其所称引王逸者近五百次,但同样皆不见其称引《楚辞章句》者,而其所引称"楚辞注"者则逾两百次。如"王逸《楚辞注》曰'偃蹇,高貌也'","王逸《楚辞注》曰'洋洋,无所归貌'""王逸《楚辞注》曰'屯,陈也'"等皆是。此外,或谓"王逸曰"者近一百九十次,如"王逸曰'缤纷,盛貌也'";"王逸曰'翘,羽名'"也等皆是。② 但同样也无称引王逸《楚辞章句》者。而其言"王逸注"者与《隋书》等所载也合,但与《文选》不言王逸《楚辞章句》情况迥异的是《文选》李善注于其他典籍则多有称引《章句》者,如下所示即为此类:

1. 薛君《韩诗章句》曰:幹,正也。
2. 蔡邕《月令章句》曰:疏,镂也。
3. 薛君《韩诗章句》曰:介,界也。
4. 赵岐《孟子章句》曰:眸,目童子。
5. 薛君《韩诗章句》曰:腾,乘也。
6. 薛君《韩诗章句》曰:绎绎,盛貌。
7. 蔡邕《月令章句》曰:谷藏曰仓,米藏曰廪。
8. 薛君《韩诗章句》曰:辟,除也。
9. 蔡邕《月令章句》曰:玄,黑也,其堂尚玄。
10. 薛君《韩诗章句》曰:惟,辞也。
11. 薛君《章句》曰:四平曰陵。
12. 薛君《韩诗章句》曰:青,静也。
13. 薛君《韩诗章句》曰:骋,施也。
14. 薛君《韩诗章句》曰:聿,辞也。
15. 赵岐《孟子章句》曰:各崇所尚,则义不亏矣。③

而且除上揭现象外尚有同时出现王逸《楚辞注》与其某《章句》之情况,如扬雄《羽猎赋》"贵正与天乎比崇"句,李善注:"蔡邕《月令章句》曰";而"峤高举而大兴"句,李善注"王逸《楚辞注》曰";而潘岳《关中诗》"愧无献纳,尸素以甚"句,李善注"薛君《韩诗章句》曰";而"亲奉成规,棱威遐厉"句,李善注"王逸《楚辞注》曰";而颜延年《秋胡

---

① 范晔:《后汉书》,北京:中华书局,2005年,第672、683页。
② 萧统:《文选》,上海:上海古籍出版社,1987年,第16、17、13、14、42页。
③ 萧统:《文选》,上海:上海古籍出版社,1987年,第51、112、264、274、323、324、376、378、390、390、410、415、421、557、1029页。

诗》"佳人从此务,窈窕援高柯"句,李善注"《楚辞》曰:闻佳人兮召予。薛君《韩诗章句》曰:窈窕,贞专貌。"谢惠连《秋怀》"皎皎天月明,弈弈河宿烂"句,李善注"薛君《韩诗章句》句曰";而"萧瑟含风蝉,寥唳度云鴈"句,李善注"王逸《楚辞注》曰"等。此外如枚乘《七发》"陶阳气,荡春心"句,李善注"薛君《韩诗章句》曰:陶,畅也。阳气,春也。《神农本草》曰:春夏为阳。《楚辞》曰:目极千里伤春心。王逸曰:荡春心。荡,涤也"等所举诸句及李善注其位置都非常接近①,是其注"某某《章句》"与"王逸《楚辞注》"之内容于注者而言显然是截然有别的。

此外,《文选》多有称引"王逸序"者,如"王逸《楚辞序》曰:宋玉,屈原弟子";"王逸《楚辞序》曰:渔父避世隐身,钓鱼江湖,欣然而乐";"王逸《楚辞序》曰:义多乖异,事不妥帖";"王逸《楚辞序》曰:屈原放逐在沅湘之间";"王逸《楚辞序》曰:屈原与楚同姓,仕于怀王,为三闾大夫";"王逸《楚辞序》曰:同列大夫上官靳尚妒害其能,共谮毁之";"王逸《楚辞序》曰:善鸟香草,以配忠贞;虬龙鸾凤,以托君子"等。其所称引皆谓王逸《楚辞序》,而非今本所谓某某章句者。此外,今本《楚辞章句·离骚》篇谓"屈原与楚同姓,仕于怀王,为三闾大夫",而李善注《文选·拟东城一何高》"三闾结飞辔"句谓"《离骚引》曰'屈原者,为三闾大夫'"②,是亦不谓《楚辞章句》。因此,我们有理由相信李善所据王逸《楚辞》著作之名实为《楚辞注》而非《楚辞章句》。

另外,略早于李善的欧阳询其《艺文类聚》徵引《楚辞》内容亦多达几百次,但同样不仅未见《楚辞章句》之名外,甚至未见有称引王逸者,如其"愁"字条谓"《楚辞》曰。天问者。屈原所作也。屈原放逐。忧心愁悴。彷徨山泽。经历陵陆。嗟号旻闻。仰天叹息。楚有先王之庙。及公卿祠堂。图画天地山川。神灵奇伟。及古贤圣怪物行事。周流罢倦。休息其下。仰见图画。因书其壁。呵而问之。以泄愤懑。舒写愁思。又曰。渔父者。屈原所作也。屈原驰逐江湘之间。忧愁吟叹。而渔父避世隐身。钓鱼江滨。欣然自乐。时遇屈原川泽之域。怪而问之。遂相应答"。③ 其所引内容为今本《楚辞章句》所载,但欧阳询等也并未言王逸及其《章句》也。而稍晚于李善之徐坚所撰《初学记》④也较多的徵引了《楚辞》及王逸注内容,但其称引同样也仅是谓"王逸注"而不言《章句》者,是凡此也可为唐人未见《楚辞章句》书名之一证。而究其原因,或王逸所撰书名本就非《楚辞章句》,因为正如蒋天枢先生虽也认为王逸所撰为《楚辞章句》,但蒋先生也指出王逸"'章

---

① 萧统:《文选》,上海:上海古籍出版社,1987年,第390页、939页、1004页、1078页、1567页。
② 萧统:《文选》,上海:上海古籍出版社,1987年,第581页、692页、764页、1295页、2606页、2606页、2607页、1429页。
③ 欧阳询:《艺文类聚》,上海:上海古籍出版社,1982年,第618页。
④ 徐坚:《初学记》,北京:中华书局,1962年。

句'之名亦沿用前人旧题。叔师非经生,其所作《章句》亦不尽符合当时注经式"①。是据蒋先生说,世所认为王逸所撰的《楚辞章句》其实并非标准的章句体。而且据上所述,王逸及其《楚辞》著述较早为人所知已是南朝范晔时候的事了,其间相距两三百年,范晔未必亲眼所见王逸《楚辞》著作。且如范晔谓"王逸,字叔师"之说历来学者引用之际多无异议,然《史记·孔子世家》"中国言《六艺》者折中于夫子",唐司马贞《史记索隐》谓"《离骚》云'明五帝以折中'。王师叔云'折中,王也'";此外,《史记·屈原贾生列传》载《怀沙》"伤怀永哀兮,汩徂南土"句,《索隐》也谓"王师叔曰'汩,行貌也'";而"羌不知吾所臧"句,司马贞《索隐》"按语"同样谓"王师叔云'羌,楚人语辞'。言卿何为也"。②是司马贞所谓"王师叔"之说与范晔等异,而我们目前虽无从判断司马贞所据文献是否范晔《后汉书》或是所见其他文献,但至少从另一角度说明王逸生平之晦涩虽至唐人也未能完全弄明白。同样,虽然我们也还不能证明范晔所载王逸之生平是否本身有误还是其流传过程中产生错误,但至少从与范晔接近之裴骃以及稍晚于范晔之顾野王等所称引皆不谓《楚辞章句》者当确实是其所见书名并非如此。而从另一方面言,王逸《楚辞章句》多有后人羼杂与篡改者已为学界共识。因此,我们认为今日所见唐后刻本《楚辞章句》书名当是后人依据范晔《后汉书·王逸传》所载而为之。当然,即使我们的揣测有误,或其王逸注内容确实存有"章句"一词,但也无损于先唐时人所见王逸《楚辞》著作之名实为《楚辞注》之判断。

综上所述,先唐所见王逸《楚辞》著作事实上其名为《楚辞注》,而至于唐初,李善等所见尚为《楚辞注》之名而不误。而王逸关于《楚辞》的著述其始为人知当大致在范晔之时,而其初步流传则在裴骃之时,至于其具有较大的影响而被广泛传播则已是南朝顾野王之时,至于唐初则取得权威之地位。

---

① 蒋天枢:《〈后汉书·王逸传〉考释》,载中国历史文献研究会编《中国历史文献研究集刊》第2集,长沙:湖南人民出版社,1981年,第108页。
② 司马迁:《史记》,北京:中华书局,2011年,第1741页、2185页、2190页。

洪兴祖《楚辞补注·离骚》暗引书考

云南大学 黄 丽

暗引可以分为四种情况：一是引书只作"某人云"，不云所据"某人"何书。二是仅云所引书名，并将书名作略称，故不知具体何指。三是指仅作"一曰""或曰"，不明为谁曰。四是干脆不语引自他语的情况，读者见了，就像是洪兴祖自述己意。

在文中将引书分为"实引""连引""节引""并引""述引""合引"，附于考辨的条目之下。实引是指一字不变地引用某书；连引是指连续引用同一书目，而引用内容分处该书不同卷数、篇章；节引是指节取一段内容的前句、后句或几句；并引是指引用某书某一篇内容，但是不连贯引用，前后数处各选取一段或数段连缀成引文；述引是指在引用书籍原文时，加入了自己的论述，或对原文的部分用词、叙述结构等进行了修改；合引是指从不同的书籍中分别引出内容组成新的内容。

文中考辨所用底本为中华书局1983年出版点校（2015年重印）本。格式按《楚辞补注·离骚》的卷帙顺序及各条目所出现先后一一条列。每条句首列卷数与页码，以阿拉伯数字顶格书之，中以正斜杠"/"隔开。空一个字节，列篇名与原文，中以冒号"："隔开。次列洪兴祖《楚辞补注·离骚》引他书之文，空两格书之。再次行附以按语，空两格书之。

一、逐条考证

1/2 王逸《〈离骚章句第一〉解题》：言己放逐离别，中心愁思，犹依道径，以风谏君也。

太史公曰：离骚者，犹离忧也。班孟坚曰：离，犹遭也，明己遭忧作辞也。颜师古云：忧动曰骚。

按：前句出自司马迁《史记·屈原列传》："离骚者，犹离忧也。"中句出自班固《离骚赞序》："离，犹遭也，明己遭忧作辞也。"后句出自颜师古《汉书·贾谊传注》"被谗放逐，作《离骚》赋"句下注："师古曰：'离，遭也。忧动曰骚。遭忧而作此辞。'"皆实引。

1/3 王逸《〈离骚章句第一〉解题》：凡百君子，莫不慕其清高，嘉其文采，哀其不遇，而愍其志焉。

宋子京云：《离骚》为词赋，后人为之，如至方不能加矩，至圆不能过规矣。

按：此出宋祁《宋景文笔记·考古》："老子《道德篇》为玄言之祖，屈宋《离骚》为词赋之祖，司马迁《史记》为纪传之祖。后人为之，如至方不能加矩，至圆不能过规矣。"节引。

1/3《离骚》:帝高阳之苗裔兮

皇甫谧曰:高阳都帝丘,今东郡濮阳是也。张晏曰:高阳,所兴之地名也。

按:裴骃《史记·五帝本纪集解》"帝颛顼高阳者"句下注云:"皇甫谧曰:'都帝丘,今东郡濮阳是也。'"与之类似,少"高阳"二字。《隋书·经籍志》著录"《帝王世纪》十卷",下注云:"皇甫谧撰。起三皇,尽汉、魏。"《太平御览》卷七十九云:"《帝王世纪》曰:'帝颛顼高阳氏,黄帝之孙,昌意之子,姬姓也。……始都穷桑,后徙商丘。'"《太平御览》卷百五十五引《帝王世纪》曰:"商契始封于商,在《禹贡》太华之阳,上洛商是也。《世本》:'契居蕃,相土徙商丘。'本颛顼之墟,故陶唐氏之火正阏伯之所居也。故《春秋传》曰:'阏伯居商丘,祀大火,相因之,故商主大火。'谓之辰,故辰为商星,今濮阳是也。"郦道元《水经注》瓠子河下注云:"河水东决,径濮阳城东北,故卫也,地颛顼之虚;……号曰商丘,或谓之帝丘,本陶唐氏火正阏伯之所居,亦昆吾之都,殷相土又都之。……濮水经其南,故曰濮阳也。"知帝丘又谓商丘,以商之先祖相土徙帝丘之故也,非今之商丘也。《太平御览》卷百五十五又引《帝王世纪》云:"颛顼氏自穷桑徙商丘,于周为卫,在《禹贡》冀州太行之东北,逾常山及兖州桑土之野,营室东壁之分,豕韦之次,故《春秋传》曰:'卫,颛顼之墟也,谓之帝丘。'今东郡濮阳是也"。与《史记集解》及洪兴祖所引都不相似。又《太平御览》既引《帝王世纪》,《宋史·艺文志》以著录有《帝王世纪》九卷。则洪兴祖或袭取自裴骃《史记集解》,其原始出处应视为皇甫谧《帝王世纪》。后句今见于裴骃《史记·五帝本纪集解》,为"帝喾高辛者"句下注:"张晏曰:'少昊之前,天下之号象其德。颛顼以来,天下之号引其名。高阳、高辛皆所兴之地名;颛顼与喾皆以字为号:上古质故也。'"节引。颜师古《汉书叙例》著录参考著注家姓名有张晏,云:"张晏,字子博,中山人。"姚振宗《三国艺文志》著录张晏《汉书注》,即以此为契据之一。姚振宗又云:"汪师韩《文选理学权舆》曰:'《选》注所引群书有张晏《汉书注》。'洪亮吉《晓读书斋杂录》曰:'张晏《汉书注》于地理最详。'"是以此为著录该书之另两条证据,以《汉书》亦云"高阳""颛顼",则后句原始出处或出张晏《汉书注》。又姚振宗《三国艺文志》著录张晏《地理记》一书,以"高阳""高辛"为地名,或又当出此。然宋时张晏《汉书注》及《地理记》已佚,此应视为洪兴祖引《史记集解》。

1/3《离骚》:朕皇考曰伯庸

蔡邕云:朕,我也。古者上下共之,咎繇与帝舜言称朕,屈原曰"朕皇考"。至秦独以为尊称,汉遂因之。

按:此出蔡邕《独断》:"朕,我也。古者尊卑共之,贵贱不嫌,则可同号之义也。尧曰'朕在位七十载',皋陶与帝舜言曰'朕言惠可底行',屈原曰'朕皇考',此其义也。至秦,天子独以为称,汉因而不改也。"述引。

1/4《离骚》:扈江离与辟芷兮

①然司马相如赋云:被以江离,糅以蘪芜。

②郭璞云：江离似水荠。张勃云：江离出海水中，正青，似乱发。郭恭义云：赤叶，未知孰是。

按：①洪兴祖引司马相如《上林赋》。②颜师古《汉书·司马相如传注》"穹穷昌蒲，江离蘼芜"句下注云："郭璞曰：'江离似水荠，而《药对》曰：蘼芜一名江离。张勃又云江离出临海县海水中，正青，似乱发。郭义恭云江离赤叶。诸说不同，未知孰是。今无识之者，然非蘼芜也，《药对》误耳。'"颜师古《汉书叙例》罗列所引注家名姓云："郭璞，字景纯，河东人，晋赠弘农太守。止注《相如传序》及游猎诗赋。"游猎诗赋即《天子游猎赋》，分为《上林赋》和《子虚赋》。清文廷式《补晋书艺文志》，吴士鉴《补晋书经籍志》皆据此称郭璞有《汉书注》一书，清秦荣光则以李善《文选注》中有"《汉书音义》郭璞曰"（卷十八《琴赋注》），于其《补晋书艺文志》著录郭璞《汉书音义》。然无论郭璞是否有注释《汉书》之著作，其注《司马相如传序》及《上林赋》确然无疑。又《隋书·经籍志》著录《楚辞》三卷，下云"郭璞注"，是知郭璞有《楚辞注》一书。《史记索隐》、颜师古《汉书注》以及李善《文选注》中皆引郭璞注"将离"之说，胡小石《楚辞郭注义征》于"扈江离与辟芷兮"句下将之一一列举，然并未明言即出自郭璞《楚辞注》，仅提供一种可能。因为郭璞注《楚辞》和《上林赋》时可能注文相同，此句出于《上林赋注》和《楚辞注》。此或可言为郭璞《楚辞注》佚文，然言洪兴祖引自郭璞《楚辞注》则不可，以此书宋时早佚故。唐司马贞《史记·司马相如传索隐》释"江离"曰："《吴录》曰：'临海县开水中生江离，正青，似乱发。即离骚所云者是也。'《广志》为'赤叶红华'，则与张勃所说又别。按今芎藭苗曰江离，绿叶白华者，又不同。"《隋书·经籍志》著录《吴纪》九卷，下注云："晋有张勃《吴录》三十卷，亡。"又著录《广志》二卷，下注云"郭义恭撰"，则中句及后句之原始出处分别为《吴录》与《广志》。马国翰《玉函山房辑佚书》辑有《广志》二卷，即将"赤叶红华"以句收入。郭璞《上林赋注》《楚辞注》《汉书音义》，张勃《吴录》、郭义恭《广志》宋代皆不见存，应归于洪兴祖引颜师古《汉书注》，节引。洪兴祖此将郭义恭误作郭恭义。

1/5《离骚》：纫秋兰以为佩

相如赋云：蕙圃衡兰。颜师古云：兰，即今泽兰也。

按：前句出自司马相如《子虚赋》："其东侧有蕙圃：衡兰芷若，芎藭昌蒲，江蓠蘼芜，诸柘巴苴。"述引。后句出自颜师古《汉书·司马相如传注》，即《子虚赋》"其东侧有蕙圃：衡兰芷若"句下注："师古曰：兰，即今泽兰也。"实引。

1/7《离骚》：岂维纫夫蕙茝

①陶隐居云：俗人呼䕡草，状如茅而香，为熏草，人家颇种之。
②陈藏器云：此即是零陵香，生零陵山谷。

按：①出陶弘景《本草经集注·熏草》："世人呼䕡草，状如茅而香者为熏草，人家颇种之。"述引。②出陈藏器《本草拾遗·零陵香》："生零陵山谷，叶如罗勒。《南越志》名蕳草，又名熏草，即香草也。《山海经》云：'熏草，麻叶方茎，气如蘼芜可以止疠。'即零陵香也。地名零陵，故以地为名"。又《嘉祐本草》引陈藏器云："熏草，即蕙根，叶如麻，两两相对，此即零陵香。"述引。

1/9《离骚》：荃不察余之中情兮

陶隐居云：东间溪侧有名溪荪者，根形气色机似石上菖蒲，而叶正如蒲，无脊，诗咏多云兰荪，正谓此也。

按：此出陶弘景《本草经集注·菖蒲》："东间溪侧又有名溪荪者，根形气色机似石上菖蒲，而叶正如蒲，无脊。世人多呼此为石上菖蒲者，谬矣。此止着欬逆，亦断蚤虱尔，不入服御用。《诗》咏：'多云兰荪'，正谓此也。"节引。

1/9《离骚》：忍而不能舍也

颜师古云：舍，尸夜切，训止息，人之屋舍，及星辰次舍，其义皆同。《论语》曰：不舍昼夜。谓晓夕不息耳。

按：此出颜师古《匡谬正俗》卷八："'舍'字训止，训息也。人合屋及星辰次舍，其义皆同。《论语》云：逝者如斯夫，不舍昼夜。谓晓夕不止息耳。"述引。

1/10《离骚》：畦留夷与揭车兮

相如赋云：杂以留夷。张揖曰：留夷，新夷。颜师古曰：留夷，香草，非新夷，新夷乃树耳。一云：留夷，药名。

按：相如赋出《上林赋》。裴骃《史记·司马相如列传集释》"杂以留夷"句下注："《汉书音义》曰：留夷，新夷也。"颜师古《汉书·司马相如传注》云："张揖曰：'留夷，新夷。'师古曰：'留夷，香草，非新夷，新夷乃树耳。'"颜师古《汉书叙例》云："张揖，字稚让，清河人，一云河间人。魏太和中为博士。止解《司马相如传》一卷。"清侯康《补三国艺文志》据此著录张揖《汉书注》。姚振宗《三国艺文志》亦据此著录张揖《汉书注》，且云："宋高似孙《史略》曰：'司马相如一传最难注，张揖曾作《博雅通》于名物，所以止注此传。'汪师韩《文选理学权与》曰：'《选》注所引群书，有张揖《汉书注》。'又曰：《文选》旧注中有张揖《子虚赋注》《上林赋注》。"然无论张揖是否有注释汉书之著作，其注《司马相如传》当确然无疑。中句应出自张揖《司马相如传注》，河北省文化厅文化志编辑办公室编写之《河北历代文化名人录》亦称张揖曾著《汉司马相如传注》一卷。李善《文选注》云"《汉书音义》张揖曰"，应《汉书音义》辑录有张揖注，而非张揖作有《汉书音义》。以洪兴祖云"张揖曰"，又与颜师古《汉书注》内容全同，且张揖注宋时不存，仍应归于引颜师古《汉书注》。实引。后句"一云"不知所出何处。

1/11《离骚》：冀枝叶之峻茂兮

相如赋云：实叶葰楙。

按：此出司马相如《上林赋》："夸条直畅，实叶葰楙"，实引。

1/12《离骚》:恐脩名之不立

孔子曰:伯夷、叔齐饿于首阳之下,民到于今称之。

按:此出《论语·季氏》:"子曰:伯夷、叔齐饿于首阳之下,民到于今称之。"实引。

1/12《离骚》:夕餐秋菊之落英

魏文帝云:芳菊含乾坤之纯和,体芬芳之淑气。故屈原悲冉冉之将老,思飡秋菊之落英,辅体延年,莫斯之贵。

按:此出曹丕《与钟繇九日送菊书》:"惟芳菊芬然独荣,非夫含乾坤之纯和,体芬芳之淑气,孰能如此?故屈原悲冉冉之将老,思飡秋菊之落英。辅体延年,莫斯之贵。"节引。

1/12《离骚》:长顑颔亦何伤

或曰:有道者,虽贫贱,而容貌不枯,屈原何为其顑颔也?曰:当是时,国削而君辱,原独得不忧乎?

按:此洪兴祖所引"或曰"之人不详,然"或曰"所言,当化用《荀子·修身》:"君子贫穷而志广,富贵而体恭,安燕而血气不惰。劳倦而容貌不枯,怒不过夺,喜不过予。"述引。

1/13《离骚》:愿依彭咸之遗则

颜师古云:彭咸,殷之介士,不得其志,投江而死。

按:此出颜师古《汉书·扬雄传注》,为"弃由聃之所珍兮,跖彭咸之所遗"句下注:"彭咸,殷之介士也,不得其志,投江而死。"实引。

1/14《离骚》:怨灵脩之浩荡兮

孔子曰:《诗》可以怨。孟子曰:《小弁》之怨,亲亲也。亲之过大而不怨,是愈疏也。

按:前句出自《论语·阳货》:"子曰:'小子何莫学夫诗?诗可以兴,可以观,可以群,可以怨。迩之事父,远之事君,多识于鸟兽草木之名。'"节引。后句出自《孟子·告子下》:"'《小弁》之怨,亲亲也。亲亲,仁也。固矣夫,高叟之为诗也!'曰:'《凯风》何以不怨?'曰:'《凯风》,亲之过小者也;《小弁》,亲之过大者也。亲之过大而不怨,是愈疏也;亲之过小而怨,是不可矶也。'"节引。

1/14《离骚》:众女嫉余之蛾眉兮

师古云:蛾眉,形若蚕蛾眉也。

按:此出颜师古《汉书·扬雄传注》,为"知众嫭之嫉妒兮,何必扬累之蛾眉"句下注:"师古曰:蛾眉,形若蚕蛾眉也。"实引。

1/15《离骚》:偭规矩而改错

贾谊云:偭枭獭以隐处。

按:此出贾谊《吊屈原赋》:"偭枭獭以隐处兮,夫岂从虾与蛭螾。"实引。

1/16《离骚》:伏清白以死直兮,固前圣之所厚。

比干谏而死,孔子称仁焉,厚之也。

按：此为述引《论语·微子》："微子去之，箕子为之怒，比干谏而死。孔子曰：'殷有三仁焉。'"

1/16《离骚》：步余马于兰皋兮

一云：泽中水溢出为坎。

按：此出郑玄《〈毛诗传〉笺》，孔颖达《毛诗正义》卷十八云："《笺》云：'皋，泽中水溢出所为坎，自外数至九，喻深远也。'"《御定佩文韵府》卷十九之二亦云："《郑笺》：'皋，泽中水溢出为坎，自外数至九，喻深远也。'"实引。

1/17《离骚》：驰椒丘且焉止息

司马相如赋云：椒丘之阙。服虔云：丘名。如淳云：丘多椒也。

按：前句出自《上林赋》："出乎椒丘之阙，行乎洲淤之浦，经乎桂林之中，过乎泱漭之野。"节引。司马贞《史记·司马相如列传索隐》"出乎椒丘之阙"句下注云："服虔云：丘名，楚辞曰'驰椒丘且焉止息'也。按：两山俱起，象双阙。如淳云'丘多椒也'。"清顾櫰三《补后汉书艺文志》著录服虔《史记音义》一卷，云"见司马贞《史记索隐序》"，考司马贞《史记索隐序》云："逮至晋末，有中散大夫东莞徐广，始考异同，作《音义》十三卷。宋外兵参军裴骃，又取经传训释作集解，合为八十卷，虽粗见微意。而未穷讨论。南齐轻车录事邹诞生，亦作《音义》三卷，音则微殊，义乃更略。而后其学中废。贞观中，谏议大夫崇贤馆学士刘伯庄，达学宏才，钩深探赜，又作《音义》二十卷，比于徐、邹，音则具矣，残文错节，异音微义，虽知独善，不见旁通。"顾氏或误。《隋书·经籍二》著录服虔《汉书音训》一卷，姚振宗《后汉艺文志》、钱大昭《补续汉书艺文志》、侯康《补后汉书艺文志》皆从隋书，仅云服虔《汉书音训》一卷，不见《史记音义》之著录。又此句为司马相如《上林赋》句下注，《汉书·司马相如传》亦引《上林赋》，颜师古注云："服虔曰：丘名也，两山俱起，象双阙者。"或本出服虔《汉书音训》，司马贞引而注之。服虔《汉书音训》宋时不存，又颜师古早于司马贞，中句应归于引颜师古《汉书注》。"如淳云"原始出处当为如淳《汉书注》，颜师古《汉书叙例》列所引注家姓名云："如淳，冯翊人，魏陈郡丞。"王先谦补曰："王鸣盛曰：《广韵》引晋《中经薄》云，魏有陈郡丞冯翊如淳注《汉书》。'"侯康《补三国艺文志》著录如淳《汉书注》，姚振宗《三国艺文志》亦著录如淳《汉书注》，且云："汪师韩《文选理学权与》曰：'《选》注所引群书有如淳《汉书注》。'"如淳《汉书注》宋时不存，后句应视作洪兴祖引《史记索隐》。

1/17《离骚》：长余佩之陆离

许慎云：陆离，美好貌。颜师古云：陆离，分散也。

按：前句见今本高诱注《淮南子》（即《淮南鸿烈解》）卷八《本经训》，为"五采争胜，流漫陆离"句下注。而今《淮南子》高诱注本中高诱注与许慎注相杂，清代孙冯翼辑《许慎淮南子注》一卷，未辨清此注原始作者，后刘文典作《淮南鸿烈集解》、何宁作《淮南子集释》亦未辨此条。四库馆臣提要《淮南鸿烈解》云:"其注或题许慎,或题高诱。《隋志》《唐志》《宋志》皆二注并列,陆德明《庄子释文》引《淮南子注》称许慎,李善《文选注》、殷敬顺《列子释文》引《淮南子注》或称高诱,或称许慎。是原有二注之明证。后慎注散佚,传刻者误以诱注题慎名,致歧误耳。观书中称景古影字,而慎《说文》无影字,其不出于慎审矣。今故订正题诱名焉。"又云"晁公武《读书志》称:'《崇文总目》亡三篇,李淑《邯郸图书志》亡二篇,其家本惟存十七篇、亡其四篇。高似孙《子略》称读《淮南》二十篇,是在宋已鲜完本。'洪迈《容斋随笔》称'今所存者二十一卷',与今本同。"洪迈与洪兴祖同时之人,则洪兴祖所见当确为四库馆臣所据之本。然清侯康《补后汉书艺文志》著录许慎《淮南子注》二十一卷称:"洪亮吉曰:'许君注《淮南王书》今不传,惟《道藏》中《淮南鸿烈篇》三十八卷,尚题汉南阁祭酒许慎注,或当有据。然世所盛行之本则题汉涿郡高诱注。今考许君之注,有淆入诱注重者,或本诱采用许君之说,后人遂误以为诱也。今略论之。《淮南王书》:斮其肘。高诱注:斮读近茸,急察言之。又:眾者扣舟。高诱注:今沇州人积柴水中,博鱼为眾。皆与《说文》之说同。此类尚多,以是知许君之注有淆入诱者矣。'"考《淮南鸿烈解》一书,此句不云何人注,似不能断定洪兴祖所据引文确为"许慎云",然《宋史·艺文志》仍著录有许慎注《淮南子》二十一卷,又王明春指出:"注文的详略与使用术语的多少或许能从一个侧面反映注释者的习惯、个人修养等方面的差别,因此我们或许正好可以从这一角度分析两注的区别,从而将混杂的注文在一定程度上区分开来。"① 且其通过对陶方琦、刘文典所断定的确为许慎注的 8 篇(不含《本经训》)进行注文术语的研究,发现许注注文简略,且使用术语少得多,且许注最大的特点正在多用"某,某(也)"等直接训释形式。结合此引文原文中"舟,船也"一句,《宋志》之记载,以及四库馆臣与洪亮吉之论证,洪兴祖所引当确为许慎注,其原始出处应为许慎《淮南子注》。此可补入许慎注《淮南子》。后句出颜师古《汉书·司马相如传注》,为"先后陆离,离散别追"句下注,实引。

1/18《离骚》:将往观乎四荒

礼失而求诸野,当是时国无人莫我知者,故欲观乎四荒,以求同志,此孔子浮海居夷之意。

按:《汉书·艺文志·诸子略》云:"仲尼有言:'礼失而求诸野。'"实引。班固此言,当本《论语》中"道不行,乘桴浮于海"(《公冶长》)、"子欲居九夷"(《子罕》)、"樊迟问仁,子曰:'居处恭,执事敬,与人忠。虽之夷狄,不可弃也'"而发,是对夫子言论的提炼,然仍应看作实引《汉书·艺文志》。(《子路》)"孔子浮海居夷","浮海"出《论语·公冶长》:"道

---

① 王明春:《〈淮南子〉高诱注与许慎注的区分》,《赤峰学院学报》(汉文哲学社会科学版),2006年第 3 期,第 25 页。

不行,乘桴浮于海,从我者其由与?""居夷"出《论语·子罕》:"子欲居九夷。或曰:'陋,如之何?'子曰:'君子居之,何陋之有?'"述引。

1/19《离骚》:曰鲧婞直以亡身兮

东坡曰:《史记》:殛鲧于羽山,以变东夷。《楚辞》:鲧婞直以亡身。则鲧盖刚而犯上者耳。若小人也,安能以变四夷之俗哉?如左氏之言,皆后世流传之过。

按:此出苏轼史评《尧不诛四凶》:"《史记·舜本纪》:'舜归而言于帝,请流共工于幽陵,以变北狄;放驩兜于崇山,以变南蛮;迁三苗于三危,以变西戎;殛鲧于羽山,以变东夷。'太史公多见先秦古书,故其言时有可考,以正自汉以来儒者之失。四族者,若皆穷奸极恶,则必见诛于尧之世,不待舜而后诛,明矣。屈原有云:'鲧婞直以亡身。'则鲧盖刚而犯上者耳。若四族者,诚皆小人也,则安能用之以变四夷之俗哉?由此观之,则四族之诛,皆非诛死,亦不废弃,但迁之远方为要荒之君长耳。如左氏之言,皆后世流传之过。若尧之世有大奸在朝而不能去,则尧不足为尧矣。"节引。

1/20《离骚》:众不可户说兮,孰云察余之中情。

管子曰:圣人之治于世,不人告也,不户说也。

按:此出《管子·水地》:"是以圣人之治于世也,不人告也,不户说也。"实引。

1/21《离骚》:羿淫游以佚畋兮

《说文》云:帝喾,射官也,夏少康灭之。贾逵云:羿之先祖也,为先王射官。帝喾时有羿,尧时亦有羿,羿是善射之号。

按:孔颖达《尚书·夏书正义》:"《说文》云:'羿,帝喾射官也。'贾逵云:'羿之先祖,世为先王射官,故帝赐羿弓矢使司射。'……帝喾时有羿,尧时亦有羿,则羿是善射之号。"或"贾逵云"为许慎《说文》中内容,然考今本《说文》不见此句。马国瀚《玉函山房辑佚书》称贾逵有《尚书古文训》一书,然未能辑出收录。王仁俊《玉函山房辑佚书续编》收录贾逵《尚书贾氏义》及《尚书古文训》二书,皆不见此句。又据《隋书·经籍志》贾逵有《春秋左氏解诂》三十卷,马国瀚《玉函山房辑佚书》辑有此书,其襄公二十二年下佚文云:"羿之先祖也,为先王射官。故帝喾赐羿弓矢,使司射。""帝喾时有羿,舜时亦有羿,羿是善射之号"数句为孔颖达语。故"贾逵云"原始出处当为其《春秋左传解诂》。贾逵《春秋左传解诂》宋时不存,当视作洪兴祖引《尚书正义》。节引。

1/22《离骚》:浞又贪夫厥家

传曰:以德和民,不闻以乱;以乱易乱,其流鲜终。

按:此合引《左传》与《文选》五臣注,"以德和民,不闻以乱"出《左传·隐公四年》:"公问于众仲曰:'卫州吁其成乎?'对曰:'臣闻以德和民,不闻以乱。以乱,犹治丝而棼之也。'"《文选》刘良注"浞又贪夫厥家"称:"贪取其妻,以乱易乱,故其鲜终。"《谷梁传·昭公四年》称:"《春秋》之义,用贵治贱,用贤治不肖,不以乱治乱也。"刘良言"以乱易乱",

或源出《谷梁传》"以乱治乱",然洪兴祖此处非仅言"以乱治乱",而是为了阐释王逸的"故言鲜终"。因此应归于洪兴祖引刘良注。

1/23《离骚》:后辛之菹醢兮

一曰麋鹿为菹。

按:《礼记·则》云:"或曰麋鹿为菹。"《礼记·少仪》云:"麋鹿为菹。"以《内则》云"或曰",故洪兴祖云"一曰",洪兴祖此当引《礼记·内则》,实引。

1/26《离骚》:朝发轫于苍梧兮

如淳曰:舜葬九嶷。九嶷在苍梧冯乘县,故或曰:舜葬苍梧也。

按:颜师古《汉书·武帝纪注》"望祀虞舜于九嶷"句下注云:"如淳曰:舜葬九嶷。九嶷在苍梧冯乘县,故或云:'舜葬苍梧也。'"原始出处当为如淳《汉书注》,详前《离骚》部分"驰椒丘且焉止息"条。如淳书宋时不存,仍应归于引颜师古《汉书注》。实引。

1/28《离骚》:前望舒使先驱兮

颜师古云:先驱,导路也。李善云:先驱,前驱也。

按:前句出颜师古《汉书·周勃传注》,为"天子先驱至,不得入"句下注:"师古曰:先驱,导驾者也,若今之武侯队矣。"述引。后句出李善《文选·东都赋注》,为"先驱复路,属车按节"句下注:"先驱,则前驱也。"实引。

1/28《离骚》:后飞廉使奔属

应劭曰:飞廉,神禽,能致风气。晋灼曰:飞廉,鹿身,头如雀,有角,而蛇尾豹文。

按:裴骃《史记·五帝本纪集解》"长安则作飞廉桂观"句下注云:"应劭曰:'飞廉,神禽,能致风气。'晋灼曰:'身如鹿,头如雀,有角,而蛇尾文如豹文也。'"实引。颜师古《汉书·武帝纪注》"作甘泉通天台、长安非廉馆"句下注云:"应劭曰:'飞廉,神禽,能致风气。'……晋灼曰:'身似鹿,头如爵,有角而蛇尾,文如豹文。'"颜师古《汉书叙例》著录所引注家,应劭即在其列。据《隋书·经籍志》,应劭著有《汉书集解音义》二十四卷。李贤《后汉书·班彪列传注》云:"《前书音义》曰:'飞廉,神禽,能致风气。身似鹿,头如雀,有角而蛇尾,文如豹。'""应劭曰"原始出处当为其《汉书集解音义》。《隋书·经籍志》著录晋灼《汉书集注》十三卷,清丁国均《补晋书艺文志》著录晋灼《汉书音义》,则"晋灼曰"原始出处当为其《汉书音义》。应劭《汉书集解音义》及晋灼《汉书音义》宋时皆不存,以裴骃早于颜师古,故应视为裴骃《史记集解》。

1/28《离骚》:雷师告余以未具

一曰:雷师,丰隆也。

按:王逸《章句》注"吾令丰隆乘云兮"句云:"丰隆,云师,一曰雷师。"又《六臣注文选》注张景阳《杂诗十首》"飞廉应南箕,丰隆迎号屏"句云:"丰隆,雷神。"此述引王逸《楚辞章句》。

1/29《离骚》:帅云霓而来御

①司马温公示:约赋但取声律便美,非霓不可读为平声也。

②郭氏云:雄曰虹,谓明盛者;雌曰蜺,谓暗微者。虹者,阴阳交会之气,云薄漏日,日照雨滴,则虹生也。

按:①出司马光《范景仁传》:"约赋但取声律便美,非霓不可读为平声也。"为实引。②《列子·天瑞》曰:"虹双出,色鲜盛者为雄,曰虹;暗者为雌,曰蜺。"郭璞《尔雅注》亦作此。原始出处应为《列子》。胡小石《楚辞郭注义征》亦列此条,视其有于《尔雅注》及《楚辞注》两出的可能。然《楚辞注》宋时不见,《尔雅注》今尚存,若断言引自郭璞《楚辞注》恐非。孔颖达《礼记正义》曰:"郭氏云:雄者曰虹,雌者曰蜺。雄谓明盛者,雌谓暗微者。虹是阴阳交会之气,纯阴纯阳则虹不见,若云薄漏日,日照雨滴,则虹生。"以行文看,洪兴祖或袭取孔颖达《礼记正义》,然洪氏此云"郭氏云",应将之归于引郭璞《而言注》。洪兴祖与孔颖达皆未能辨明真正出处,亦为其失。后凡涉可能于《楚辞注》及他书中两出的"郭璞曰"内容,若他书宋时存,则视为引自他书。若他在书宋时亦不存,则视为转引存此说之书。

1/30《离骚》:结幽兰而延伫

刘次庄云:兰喻君子,言其处于深林幽涧之中,而芬芳郁烈之不可掩,故《楚辞》云云。

按:前洪兴祖注"纫秋兰以为佩"句时云:"近时刘次庄《乐府集》云:《离骚》曰:纫秋兰以为佩。又曰:秋兰兮青青,绿叶兮紫茎。今沅、沣所生,花在春则黄,在秋则紫,然而春黄不若秋紫之芬馥也。由是知屈原真所谓多识草木鸟兽,而能尽究其所以情状者欤。"考《宋史·艺文志》知刘次庄确有《乐府集》,《直斋书录解题》云:"乐府集十卷,题解一卷。题刘次庄。《中兴书目》直云次庄撰。取前代乐府,分类为十九门,而各释其命题之意。按《唐志》乐类有《乐府歌诗》十卷者二,有吴兢《乐府古题要解》一卷。今此集所载,止于陈、隋人,则当是唐集之旧。而序文及其中颇及杜甫、韩愈、元、白诸人,意者次庄因旧而增广之欤。然《馆阁数目》又自有吴兢《题解》及别出《古乐府》十卷,《解题》一卷,未可考也。"考郭茂倩《乐府诗集》中多"幽兰"之诗句,刘次庄《乐府集》既取前代乐府,或亦收此类诗作,故有"兰喻君子"云云。洪兴祖则引以注《楚辞》。

1/30《离骚》:登阆风而緤马

道书云:阆野者,阆风之府是也。昆仑上有九府,是为九宫。

按:此出南朝梁陶弘景《真诰》第五卷的《甄命授第一》:"君曰:'阆野者,阆风之府是也。昆仑上有九府,是为九宫,太极为太宫也。'"节引。

1/30《离骚》:折琼枝以继佩

传曰:南方有鸟,其名为凤,天为生树,名曰琼枝,高百二十仞,大三十围,以琳琅为宝。

按：《艺文类聚·鸟部》曰："庄子曰：'老子见孔子，从弟子五人，问曰：为谁？对曰：子路为勇，其次子贡为智，曾子为孝。颜回为仁。子张为式。老子叹曰：吾闻南方有鸟，其名为凤，所居积石千里，天为生食其树，名琼枝，高百仞，以璆琳琅玕为实。'"今本《庄子》不见，马叙伦《庄子义证》辑录此条作《庄子》佚文。晋时郭象曾删定《庄子》，当以此亡佚。或欧阳询编集《艺文类聚》时据有古本《庄子》，不同于今本，故较今本多此句。又《太平御览》亦引此，则宋时可能尚存古本，或照录《艺文类聚》。胡应麟《少室山房笔丛正集》卷十九云："《太平御览》引用书一千六百九十余种，非必宋初尽存，大率晋、宋以前得之《修文御览》，齐以后得之《文思博要》，而唐人事迹则得之本书者也。"已足证《太平御览》所录并非全部亲见或本之原书。或洪兴祖见《艺文类聚》和《太平御览》有此条而传本《庄子》无此条而生疑，故仅谓"传曰"。以《庄子》流传至今，并未全部亡佚又重新辑佚成书，不论洪兴祖是否亲见古本《庄子》，仍应归于引《庄子》。

1/31《离骚》：吾令丰隆乘云兮

郭璞云：丰隆筮师，御云得大壮卦，遂为雷师。

按：郭璞《穆天子传注》卷二"而□隆之葬"句下注云："隆上字疑作丰，丰隆筮，御云得大壮卦，遂为雷师。亦犹黄帝桥山，有墓封谓增高其上土也，以标显之耳。"胡小石《楚辞郭注义征》亦列此句。惠栋《易汉学》卷二云："郭璞注《穆天子》引《归藏易》曰：'丰隆筮，御云得《大壮》卦，遂为云师也。'"知原始出处为《归藏》。考马国翰《玉函山房辑佚书》所辑出《归藏》无此句，可补入。洪兴祖此出云"郭璞云"，应视为引郭璞说。以《穆天子传注》于今尚存，郭璞《楚辞注》宋时即不存，当视为节引《穆天子传注》。"云师"疑为惠栋误。

1/32《离骚》：虽信美而无礼兮，来违弃而改求。

此孔子所谓隐者，子路所谓洁身乱伦。

按：此述引《论语·微子》："子路从而后，遇丈人，以杖荷蓧。子路问曰：'子见夫子乎？'丈人曰：'四体不勤，五谷不分，孰为夫子？'植其杖而芸。子路拱而立。止子路宿，杀鸡为黍而食之，见其二子焉。明日，子路行以告。子曰：'隐者也。'使子路反见之。至，则行矣。子路曰：'不仕无义。长幼之节，不可废也；君臣之义，如之何其废之？欲洁其身，而乱大伦。君子之仕也。行其义也。道之不行，已知之矣。'"

1/34《离骚》：恐高辛之先我

皇甫谧云：高辛都亳，今河南偃师是。张晏云：高辛，所兴之地名也。

按：前句引皇甫谧《帝王世纪》。《太平御览》卷八十云："《帝王世纪》曰：'帝喾，高辛氏，姬姓也。……年十五而佐颛顼，三十登帝位。都亳，以人事纪官。'"节引。卷一五五又云："《帝王世纪》曰：'宓羲为太子，都陈。……帝喾氏都亳，今河南偃师是也。'"节引。裴骃《史记·五帝本纪集解》"帝喾高辛者"句下注："张晏曰：'少昊之前，天下之号象其德。颛顼以来,天下之号因其名。高阳、高辛皆所兴之地名;颛顼与喾皆以字为号;上古质故也。'""张晏曰"之原始出处当为其《汉书注》或《地理记》,详前文"帝高阳之苗裔兮"条。张晏二书宋时皆不存,应归于引裴骃《史记集解》。节引。

1/34《离骚》:少康之未家兮,留有虞之二姚。

皇甫谧云:今河东大阳西山上有虞城。

按:裴骃《史记·五帝本纪集解》"帝舜为有虞"句下注:"皇甫谧曰:'舜嫔于虞,因以为氏。今河东大阳西山上虞城是也。'"孔颖达《左传·哀公元年正义》亦云:"皇甫谧云:'嫔于虞,因以虞为氏。虞,今河东大阳县西山上虞城是也。'"为"为之庖正,以除其害"句下疏。徐宗元《帝王世纪辑存》以此为《帝王世纪》佚文,即从孔颖达《春秋左传正义》辑出。以《宋史·艺文志》著录《帝王世纪》九卷,洪兴祖此当引自《帝王世纪》,非转引裴骃或孔颖达。述引。

1/36《离骚》:巫咸将夕降兮

《前汉·郊祀志》云:巫咸之兴自此始。说者曰:巫咸,殷贤臣。以云名咸,殷之巫也。

按:前句当出《史记·封禅书》,而非《前汉·郊祀志》,洪兴祖不审致误,实引。颜师古《汉书·郊祀志》"伊陟赞巫咸"句下注云:"孟康曰:'巫咸,殷贤臣。赞,说也,谓伊陟说其意也。'"王先谦《汉书补注》中《前汉书叙例》云:"朱一新曰:'《新唐书·艺文志》有孟康《汉书音义》九卷。'洪颐煊曰:'《史记正义》云《汉书音义》中有全无姓名者。裴注《史记》直云《汉书音义》今有六卷,题曰孟康,或曰服虔。'按:《邹阳传》:'申徒狄自沉于河',《集解》骃案:'《汉书音义》曰:瑕蛤,孟氏皆兽名'。《文选》为注引作'孟康'。"则句中原始出处或为孟康《汉书音义》,以宋时孟康次书不存,仍归之引颜师古《汉书注》,实引。陆德明《尚书音义》释"巫咸"云:"马云:'巫,男巫也。名咸,殷之巫也。'"据《隋书·经籍志》,《尚书》有马融注本十一卷,后句原始出处当为马融《尚书注》。以马融注宋时不存,应归之于引陆德明《经典释文·尚书音义》,实引。

1/37《离骚》:怀椒糈而要之

孟康曰:椒糈,以椒香米馓也。

按:颜师古《汉书·扬雄传注》"费椒糈以要神兮,又勤索彼琼茅"句下注云:"孟康曰:'椒糈,以椒香米馈也。'《离骚》云:怀椒糈而要之。'""糈""稰"皆指祀神用之精米,可通。孟康此句原始出处为其《汉书音义》。详上条。然孟康书宋时不存,应归之引颜师古《汉书注》。实引。

1/37《离骚》:百神翳其备降兮,九疑缤其并迎。

张揖曰:九嶷在零陵营道县。文颖曰:九嶷半在苍梧,半在零陵。颜师古云:疑,似也,山有九峰,其形相似。

按:颜师古《汉书·司马相如传注》"历唐尧于崇山兮,过虞舜于九疑"句下注云:"张揖曰：崇山，狄山也。《海外经》曰狄山，帝尧葬于其阳。九嶷山在零陵营道县，舜所葬也。师古曰：疑，似也。山有九峰，其形相似，故曰九疑。"颜师古《汉书·武帝纪注》"望祀虞舜于九嶷"句下注云："文颖曰：'九嶷山半在苍梧，半在零陵。'"前句"张揖曰"原始出处为其《司马相如传注》，详前文"畦留夷与揭车兮"条，中句按颜师古《汉书叙例》云其《汉书注》尝引文颖之注，考姚振宗《三国艺文志》知文颖有《汉书注》一书，中句原始出处当自此。张揖《司马相如传注》与文颖《汉书注》宋时皆不存，当视为引颜师古《汉书注》。三句为连引。

1/38《离骚》：武丁用而不疑

徐广曰：《尸子》云：傅岩在北海之洲。孔安国曰：傅氏之岩，在虞虢之界，通道所经，有涧水坏道，常使胥靡刑人筑护此道。说贤而隐，代胥靡筑之，以供食也。

按：裴骃《史记·殷本纪集解》"乃使百工营求之野，得说于傅险中"句下注云："徐广曰：'《尸子》云：傅岩在北海之洲。'""是时说为胥靡，筑于傅险"句下注云："孔安国曰：'傅氏之岩，在虞虢之界，通道所经，有涧水坏道，常使胥靡刑人筑护此道。说贤而隐，代胥靡筑之，以供食也。'"按此句本紧接洪兴祖所引《史记》内容之后，当袭取《史记集解》无疑。《隋书·经籍志》著录有徐广《史记音义》十二卷，裴骃《史记集解序》亦称："故中散大夫东莞徐广，研核众本，为作音义。具列异同，兼述训解，粗有所发明。而殊恨省略。聊以愚管增演徐氏。采经传百家，并先儒之说，豫是有益，悉皆抄内，删其游辞，取其要实。或义在可疑，则数家兼列。"足见裴骃注《史记》多采徐广《史记音义》，则前句原始出处当为其《史记音义》。以叙广书宋时不存，仍归之引《史记集解》，后句原始出处为孔安国《尚书传》商书部分，应归之为引《尚书传》，两句为并引。

1/39《离骚》：恐鹈鴂之先鸣兮

①颜师古云：鹈鴂，一名买鵙，一名子规，一名杜鹃，常以立夏鸣，鸣则众芳皆歇。鴂与鸠同。鵙音诡。

②服虔云：鹈鴂，一名鵙，伯劳也，顺阴阳气而生。

③说者云：五月阴气生于下，伯劳夏至，应阴而鸣。

按：①出颜师古《汉书·扬雄传注》，为"徒恐鹈鴂之将鸣兮，顾先百草为不芳"句下注："《离骚》云'鹈鴂之先鸣兮，使夫百草为不芳'。雄言终以自沉，何惜芳草而忧鹈鴂也？鴂，鸠字也。鹈鴂鸟一名买鵙，一名子规，一名杜鹃，常以立夏鸣，鸣则众芳皆歇。鹈音大系反。鴂音桂。鹈字或作鶗，亦音题。鴂又音决，鵙音诡。"节引。②李善于《文选·思玄赋》"恃已知而华予兮，鶗鸠鸣而不芳"句下注云："服虔曰：鶗鸠，一名鵙，伯劳也。顺阴阳气而生。"原始出处或为服虔《汉书音训》注《扬雄传》部分，颜师古注《汉书》未引，详前文"驰椒丘且焉止息"条。以服虔书宋时不存，当归之于引李善《文选注》。实引。③出高诱《淮南鸿烈·时则训解》，为"鵙始鸣，反舌无声"句下注："鵙，博劳鸟也。五月阴气于下，博劳夏至,应阴而鸣。"实引。又前文"长余佩之陆离"条尝辨"许慎注"与"高诱注"之区别,以此云"某,某也",或为许慎《淮南子注》内容。清孙冯冀曾辑《许慎淮南子注》一卷,不收此句。此仍应归于引高诱《淮南鸿烈解》,实引。

1/42《离骚》:历吉日乎吾将行

张揖曰:历,筭也。

按:颜师古《汉书·司马相如传注》"于是历吉日以斋戒"句下注云:"张揖曰:历,犹算也。"原始出处当为张揖《司马相如传注》,详前文"畦留夷与揭车兮"条。张揖注宋时不存,仍归于引颜师古《汉书注》。节引。

1/42《离骚》:折琼枝以为羞兮

张揖曰:琼树生昆仑西,流沙滨,大三百围,高万仞,其华食之长生。

按:颜师古《汉书·司马相如传注》"咀噍芝英叽琼华"句下注云:"张揖曰:'芝,草蒻也。荣而不实谓之英。叽,食也。琼树生昆仑西流沙滨,大三百围,高万仞。华,蕊也,食之长生。'"原始出处当为张揖《司马相如传注》,详前文"畦留夷与揭车兮"条。张揖注宋时不存,仍归于引颜师古《汉书注》。述引。

1/42《离骚》:精琼靡以为粻

应劭曰:精,细也。琼,玉之华也。

按:颜师古《汉书·扬雄传注》"精琼靡与秋菊兮,将以延夫天年"句下注云:"应劭曰:精,细;靡,屑也。琼,玉之华也。"原始出处当为应劭《汉书集解音义》,详前文"后飞廉使奔属"条。应劭《汉书集解音义》宋时不存,仍归于引颜师古《汉书注》。节引。

1/42《离骚》:为余驾飞龙兮,杂瑶象以为车。

许慎云:飞龙有翼。瑶,美玉也。

按:《淮南子·坠形训》云:"羽嘉生飞龙。"高诱《淮南鸿烈解》下注云:"飞龙、羽嘉,飞虫之先。飞龙有翼。"以高诱《淮南鸿烈解》混杂有许慎《淮南子注》内容,前句当出许慎《淮南子注》,详前文'长余佩之陆离"条。节引。后句出《毛诗传·卫风·木瓜》:"瑶,美玉也。"实引。

1/43《离骚》:遵吾道夫昆仑兮

又一说云:大吾岳者,中岳昆仑,在九海中,为天地心,神仙所居,五帝所理。

按:此当出唐末杜光庭《洞天福地岳渎名山记·岳渎众山》:"右十洲、三岛、五岳诸山,皆在昆仑之四方,巨海之中,神仙所居,五帝所理,非世人之所到也。"述引。

1/44《离骚》:忽吾行此流沙兮

张揖云:流沙,沙与水流行也。颜师古曰:流沙但有沙流,本无水也。

按:颜师古《汉书·司马相如传注》"杭绝浮渚涉流沙"句下注云:"张揖曰:'杭,船也。绝,度也。浮渚,流沙中渚。流沙,沙与水流行。'师古曰:弱水谓西域绝远之水,乘毛车以度者耳,非张掖弱水也。又流沙但有沙流,本无水也。言绝度浮渚,乃涉流沙也。杭,音下郎反。'""张揖曰"原始出处当为其《司马相如传注》,详前文"畦留夷与揭车兮"条。张揖注宋时不存,仍归于引颜师古《汉书注》。节引。

1/45《离骚》:麾蛟龙使梁津兮

郭璞曰:蛟似蛇,四足,小头,细颈,卵生,子如三斛瓮,能吞人,龙属也。

按:郭璞《山海经注》云"似蛇而四脚,小头细颈,有白瘿,大者十数围,卵如一二瓮,能吞人。"胡小石《楚辞郭注以征》亦列此条,以《山海经注》于今尚存,郭璞《楚辞注》已不存,仍归于引郭璞《山海经注》。述引。

1/45《离骚》:路不周以左转兮

张揖曰:不周山在昆仑东南二千三百里。

按:裴骃《史记·司马相如列传集解》"回车揭来兮,绝道不周"句下注云:"《汉书音义》曰:'不周山在昆仑东南。'"颜师古《汉书·司马相如传注》"回车揭来兮,绝道不周"句下注云:"张揖曰:不周山在昆仑东南二千三百里也。"原始出处当为张揖《司马相如传注》,详前文"畦留夷与揭车兮"条。李善《文选注》云"《汉书音义》张揖曰",应《汉书音义》辑录有张揖注,而非张揖作有《汉书音义》。以洪兴祖云"张揖曰",又与颜师古《汉书注》内容全同,且张揖注宋时不存,仍应归于引颜师古《汉书注》。实引。

1/46《离骚》:聊假日以婾乐

颜师古云:此言遭遇幽厄,中心愁闷,假延日月,苟为娱乐耳。

按:此出颜师古《匡谬正俗》卷七:"假,楚辞云:'聊假日以婾乐,此言遭遇幽厄,中心愁闷,假延日月,苟为娱耳。"节引。

1/47《离骚》:已矣哉,国无人莫我知兮

孔安国:已矣,发端叹辞。

按:此出孔安国《尚书·周书·大诰传》:"已,发端叹辞也。"述引。

二、列表分析

为了更清楚地显示《楚辞补注·离骚》部分的暗引书情况,特将《楚辞补注·离骚》暗引条目按书名出现先后顺序,一一归类,列成《〈楚辞补注·离骚〉暗引书一览表》如下。

表 1 洪兴祖《楚辞补注·离骚》暗引书一览表

书名	部类	条目
1. 班固《汉书》	史部	(1)1/18《离骚》:将往观乎四荒
2.《史记》	史部	(1)1/2 王逸《〈离骚章句第一〉解题》: 言己放逐离别,中心愁思,犹依道径,以风谏君也。 (2)1/36《离骚》:巫咸将夕降兮
3. 班固《离骚赞序》	集部	(1)1/2 王逸《〈离骚章句第一〉解题》: 言己放逐离别,中心愁思,犹依道径,以风谏君也。
4. 颜师古《汉书注》	史部	(1)1/2 王逸《〈离骚章句第一〉解题》: 言己放逐离别,中心愁思,犹依道径,以风谏君也。 (2)1/4《离骚》:扈江离与辟芷兮 (3)1/5《离骚》:纫秋兰以为佩 (4)1/10《离骚》:畦留夷与揭车兮 (5)1/13《离骚》:愿依彭咸之遗则 (6)1/14《离骚》:众女嫉余之蛾眉兮 (7)1/17《离骚》:驰椒丘且焉止息 (8)1/17《离骚》:长余佩之陆离 (9)1/26《离骚》:朝发轫于苍梧兮 (10)1/28《离骚》:前望舒使先驱兮 (11)1/36《离骚》:巫咸将夕降兮 (12)1/37《离骚》:怀椒糈而要之 (13)1/37《离骚》:百神翳其备降兮,九疑缤其迎 (14)1/39《离骚》:恐鹈鴂之先鸣兮 (15)1/42《离骚》:历吉日乎吾将行 (16)1/42《离骚》:折琼枝以为羞兮 (17)1/42《离骚》:精琼靡以为粮 (18)1/44《离骚》:忽吾行此流沙兮 1/45《离骚》:路不周以左转兮
5. 宋祁《宋景文笔记》	子部	(1)1/3 王逸《〈离骚章句第一〉解题》: 凡百君子,莫不慕其清高,嘉其文采,哀其不遇,而愍其志焉。
6. 皇甫谧《帝王世纪》	史部	(1)1/3《离骚》:帝高阳之苗裔兮 (2)1/34《离骚》:恐高辛之先我 (3)1/34《离骚》:少康之未家兮。留有虞之二姚。
7. 裴骃《史记集解》	史部	(1)1/3《离骚》:帝高阳之苗裔兮 (2)1/28《离骚》:后飞廉使奔属 (3)1/34《离骚》:恐高辛之先我 (4)1/38《离骚》:武丁用而不疑
8. 蔡邕《独断》	子部	(1)1/3《离骚》:朕皇考曰伯庸

续表

书名	部类	条目
9. 司马相如《上林赋》	集部	(1)1/4《离骚》：扈江离与辟芷兮 (2)1/10《离骚》：畦留夷与揭车兮 (3)1/11《离骚》：冀枝叶之峻茂兮 (4)1/17《离骚》：驰椒丘且焉止息
10. 司马相如《子虚赋》	集部	(1)1/5《离骚》：纫秋兰以为佩
11. 陶弘景《本草经集注》	子部	(1)1/7《离骚》：岂维纫夫蕙茝 (2)1/9《离骚》：荃不察余之中情兮
12. 陈藏器《本草拾遗》	子部	(1)1/7《离骚》：岂维纫夫蕙茝
13. 颜师古《匡谬正俗》	经部	(1)1/9《离骚》：忍而不能舍也 (2)1/46《离骚》：聊假日以媮乐
14.《论语》	经部	(1)1/12《离骚》：恐脩名之不立 (2)1/14《离骚》：怨灵修之浩荡兮 (3)1/16《离骚》：伏清白以死直兮，固前圣之所厚。 (4)1/18《离骚》：将往观乎四荒 (5)1/32《离骚》：虽信美而无礼兮，来违弃而改求。
15. 曹丕《与钟繇九日送菊书》	集部	(1)1/12《离骚》：夕飡秋菊之落英
16.《荀子》	子部	(1)1/12《离骚》：长顑颔亦何伤
17.《孟子》	经部	(1)1/14《离骚》：怨灵修之浩荡兮
18. 贾谊《吊屈原赋》	集部	(1)1/15《离骚》：偭规矩而改错
19. 郑玄《〈毛诗传〉笺》	经部	(1)1/16《离骚》：步余马于兰皋兮
20. 司马贞《史记索隐》	史部	(1)1/17《离骚》：驰椒丘且焉止息
21. 许慎《淮南子注》	子部	(1)1/17《离骚》：长余佩之陆离 (2)1/42《离骚》：为余驾飞龙兮，杂瑶象以为车。
22. 苏轼《尧不诛四凶》	集部	(1)1/19《离骚》：曰鲧婞直以亡身兮
23.《管子》	子部	(1)1/20《离骚》：众不可户说兮，孰云察余之中情。
24. 孔颖达《尚书正义》	经部	(1)1/21《离骚》：羿淫游以佚畋兮

续表

书名	部类	条目
25.《左传》	经部	(1)1/22《离骚》:浞又贪夫厥家
26.《文选》五臣注	集部	(1)1/22《离骚》:浞又贪夫厥家
27.《礼记》	经部	(1)1/23《离骚》:言辛之菹醢兮
28. 李善《文选注》	集部	(1)1/28《离骚》:前望舒使先驱兮 (2)1/39《离骚》:恐鹈鴂之先鸣兮
29. 王逸《楚辞章句》	集部	(1)1/28《离骚》:吾师告余以未具
30. 司马光《范景仁传》	集部	(1)1/29《离骚》:卬云霓而来御
31. 郭璞《尔雅注》	经部	(1)1/29《离骚》:帅云霓而来御
32. 刘次庄《乐府集》	集部	(1)1/30《离骚》:结幽兰而延伫
33. 陶弘景《真诰》	子部	(1)1/30《离骚》:登阆风而緤马
34.《庄子》	子部	(1)1/30《离骚》:折琼枝以继佩
35. 郭璞《穆天子传注》	子部	(1)1/31《离骚》:吾令丰隆乘云兮
36. 陆德明《经典释文》	经部	(1)1/36《离骚》:巫咸将夕降兮
37. 孔安国《尚书传》	经部	(1)1/38《离骚》:武丁用而不疑 1/47《离骚》:已矣哉,国无人莫我知兮
38. 高诱《淮南鸿烈解》	子部	(1)1/39《离骚》:恐鹈鴂之先鸣兮
39.《毛诗传》	经部	(1)1/42《离骚》:为余驾飞龙兮,杂瑶象以为车。
40. 杜光庭《洞天福地岳渎名山记》	子部	1/43《离骚》:遭吾道兮昆仑兮
41. 许慎《说文解字》	经部	(1)1/44《离骚》:鸣玉鸾之啾啾
42. 郭璞《山海经注》	子部	(1)1/45《离骚》:麾蛟龙使梁津兮

根据前文条辨内容和上表来看,关于洪兴祖《楚辞补注·离骚》的暗引书情况可得出以下结论:1. 洪兴祖的引书有两个优点:(1)大量引用典籍,对《离骚》阐释可谓详尽;(2)对于某些代又传本的书籍佚文引用,则多闻阙疑,抱有审慎的态度,如"折琼枝以继佩"条,虽显为《庄子》《广雅》佚文,却仅称"传曰"。2. 洪兴祖的引书也还有一些不足:(1)某

些引文,看似分引了基本书籍,很可能只是转引袭取了某一本书的注文,而非亲自查证每一本书。(2)很多书在宋代是早已经亡佚的,却出现在洪兴祖的注文中,实际上只是转引了他书的注文,容易造成洪兴祖亲见该书的假象。

  总之,我们可以看到在《楚辞补注·离骚》中,洪兴祖的引书确实较为赅博,但大多数内容仍然集中在少数的几本常见辞书、字书、史书、文学总集注等。因此我们在看到洪兴祖引书的优点之时,也应该看到他在引书中存在的问题。

"以意逆志"解屈辞

廊坊师范学院　赵　静

汪瑗的《楚辞集解》打破了汉宋以来王逸、朱熹诸家为代表的注解模式,为《楚辞》研究注入了一股清新的空气。他在《楚辞》注疏方面的突破得益于"以意逆志"方法的运用。虽然他在以己意揣摩屈子的行为方式时偶有偏颇,但还是成功地依据他所理解的"以意逆志"与"以《楚辞》注《楚辞》"的方法取得了可观的成就,对后世的《楚辞》研究产生了很大的影响。

"以意逆志"是儒家亚圣孟子提出来的一种读诗方法,或者也可以说是一种对诗歌的阐释原则,其文曰:"不以文害辞,不以辞害志。以意逆志,是为得之。"赵岐注云:"以己之意逆诗人之志。"孟子圣人化与《孟子》经典化地位的确立,使得"以意逆志"被赋予了新的内涵,成为一种诠释经典的读书法。汉代赵岐用之阐释《孟子》,宋代朱熹则以之解说《论语》《诗经》等经学范畴,至明代嘉靖学者汪瑗则援以解读《楚辞》、杜诗。他试图运用"以意逆志"观本来所具有的诗道内涵来更好地诠释《楚辞》所蕴含的深意,是汉宋"以意逆志"解诗传统的延续,扩展了"以意逆志"读书颂诗的适用范围。

一、"以意逆志"解屈辞的成果

"孟子本意不在探讨文学阐释的规律,而只是将之作为理解《诗经》作品的一种方式,但经过后人不断探讨、总结,'以意逆志'说已经上升为中国古代文学阐释的主要法则。"[①]汪瑗在撰述《楚辞集解》一书时,多次提到"以意逆志"的解诗方法,汪瑗运用"以意逆志"的注疏方法时,往往与孟子"知人论世"的理论相结合,"不以文害词,不以词害志",注重对《楚辞》内涵的准确理解和把握,而其中对《楚辞》中的神话的解读更是汪瑗这一方法取得的突出贡献之一。

(一)主张"以意逆志"与"知人论世"相结合以解诗

"以意逆志"与"知人论世"都是《孟子》中著名的解诗方法。"但后人有鉴于'以意逆志'容易流于主观臆测,就使二者互为补充,结合成更加完整的理论。"[②]顾镇《虞东诗

---

① 尚永亮、王蕾:《论"以意逆志"说之内涵、价值及其对接受主体的遮蔽》,《文艺研究》,2004年第6期,第42页。
② 黄保真、蔡钟翔:《中国文学理论史》,北京:北京出版社,1987年,第36页。

学》曰:"夫不论其世,欲知其人,不得也。不知其人,欲逆其志,亦不得也。……故必论世知人,而后逆志之说可用也。"①因此,要准确把握屈辞的内涵和寄意,除了"以意逆志"的方法之外,还需要了解屈子所生活的社会时代背景,也就是说,"知人论世"是"以意逆志"的前提条件。

汪瑗在诠释屈原名与字的时候,就注意将"知人论世"与"以意逆志"的方法结合起来解诗,将其纳入屈子所生活的大的社会背景中进行解读,以更接近屈子的本意。《离骚》云:"摄提贞于孟陬兮,惟庚寅吾以降。皇览揆余于初度兮,肇锡余以嘉名。名余曰正则兮,字余曰灵均。"汪氏曰:

> 《士冠礼》宾字之词曰:"昭告尔字,爰字孔嘉。"则嘉名之尚,其来久矣。然子生三月,父亲名之,此可谓之初度也。若字则至既冠而后有。屈子乃曰:"皇览揆余初度,肇锡余以嘉名。"而下文并字言之,可见读书者以意逆志可也,以词害意不可也。②

可见汪氏认为,屈原的"名"是出生三月之后其父所赐,而"字"则为其成年后举行冠礼之时所赐。《士冠礼》选自《仪礼》,而《仪礼》为春秋战国时期的礼制汇编,汪瑗还曾引吴幼清之言曰:"至周而弥文,于是乎有名焉,有字焉。"③汪瑗解"名"与"字"之时,将其纳入屈子所生活的大的社会背景中进行解读,将"知人论世"与"以意逆志"相结合,阎若璩指出"以意逆志,须的知某诗出于何世与所作者何等人,方可施吾逆之之法"④。因此,依据周代礼仪,"名"是孩生三月后才得,而"字"则须待到行冠礼之后才有。周绚隆《中国古代的冠礼》中说:"所以屈原《离骚》中说:'摄提贞于孟陬兮,惟庚寅吾以降。皇览揆余于初度兮,肇锡以嘉名。'小孩在未成人之前,因为不能参与社会活动,是不必有字的。行完冠礼之后,他就是成人了,人们应对他以礼相待,故由宾客为其取字。"⑤《礼记·檀弓上》说:"幼名,冠字。"《疏》云:"始生三月而始加名,故云幼名,年二十有为父之道,朋友等类不可复呼其名,故冠而加字。"《礼记·曲礼上》亦曰:"男子二十,冠而字。"男子举行冠礼之时虽已成年,但年龄尚小,故也称"弱冠",王勃《滕王阁序》说"无路请缨,等终军之弱冠"即此意。另外,也有男子在十八岁举行冠礼的记载,《汉书·东方朔传》曰:"至年十八而冠,出则执辔,入侍内。"通过以上分析,汪瑗将屈子的"名"与"字"的分析是将"以意逆志"与"知人论世"相结合的体现。

---

① 顾镇:《虞东学诗》,《文渊阁四库全书》,台北:(台湾)商务印书馆,1986年,第20页。
② 汪瑗集解,董洪利点校:《楚辞集解》,北京:北京古籍出版社,1994年,第301—302页。
③ 汪瑗集解,董洪利点校:《楚辞集解》,北京:北京古籍出版社,1994年,第302页。
④ 阎若璩:《尚书古文疏证》卷五下。
⑤ 周绚隆:《中国古代的冠礼》,《民俗研究》,1994年第1期。

"以意逆志"中的"逆"的含义,《周礼·地官·乡师》中郑玄注曰:"逆,犹钩考也。"①汪瑗通过《仪礼》等方面的相关考证及"冠而字"的记载来论证"若字至既冠而后有"的结论,王国维曾说:"顾意逆在我,志在古人,果何修而能使我之所意,不失古人之志乎?其术,孟子亦言之曰:'诵其诗读其书不知其人可乎?是以论其世也。'是故由其世以知其人,由其人以逆其志,则古人之诗虽有不能解者,寡矣。"汪瑗通过《仪礼》与《礼记》"冠而加字"等记载来论证"若字至既冠而后有"的结论,既溯其源,亦明其流,详细阐述了《离骚》中"名余曰正则兮,字余曰灵均"中的"名"及"字"产生过程,分析十分合理,深谙屈子本意。这正体现了"以意逆志"和"知人论世"两种方法在汪瑗《楚辞》注疏中所发挥的作用。

(二)反对以文害词,以词害意

"以意逆志"方法的正确运用是建立在深入理解作品的词句乃至篇章的基础之上,如果拘泥于文辞的表面含义就会误解或曲解作者的本意,造成"以文害词,以词害意"的不良后果。因此,《孟子》云:

> 咸丘蒙曰:"诗云:'普天之下,莫非王土,率土之滨,莫非王臣。'而舜既为天子矣,敢问瞽瞍之非臣,如何?"曰:"'是诗也,非是之谓也;劳于王事而不得养父母也。曰:'此莫非王事,我独贤劳也。'"②

咸丘蒙是孟子弟子,他在理解《诗经·北山》时断章取义,没有联系背景推论诗歌旨意,而认为《北山》所云瞽瞍为舜臣,与世谓瞽瞍非臣的观点相矛盾;于是孟子教导他解诗时应当做到"不以文害辞,不以辞害志",要从"我独贤劳"的角度来认识舜。汪瑗的老师归有光继承孟子解释的思想,他在《与沈敬甫十八首》说:"文字殊有精义,然使读者不能不以文害辞,以辞害志也。"王阳明也曾提倡用"以意逆志"的方法解读诗歌,他在《答陆原静书》中说:"凡观古人言语,在以意逆志而得其大旨。若必拘滞于文义,则'靡有孑遗'者,是周果无遗民也。"③或是受到老师的影响,或是受时代的影响,汪瑗在解《楚辞》时,亦反复强调"不以文害辞,不以辞害志"的观点,并通过考证、对比等手法来探求"作者之志"。这种方法在字词训诂与名物考释等方面运用得尤为显著。

如汪瑗在注解"落英"一词时,引用了《尔雅翼》的解释,其文曰:"菊花终不飘落,故说者疑《离骚》落英之语,或以为《尔雅》落始也。然与坠露相配为文,不当为始,灵均盖

---

① 阮元校刻:《十三经注疏·周礼注疏·地官·乡师》,北京:中华书局,1980年,第713页。
② 杨伯峻译注:《孟子译注》,北京:中华书局,1960年,第198—199页。
③ 王阳明:《传习录》,引自陈荣捷著《王阳明传习录详注集评》,台北:台湾学生书局,1983年,第220页。

自有意。"《尔雅翼》只是指出菊花不会飘落的事实,并没有加以详细地考证;而汪瑗不仅肯定了罗鄂州将"落英"与"坠露"相结合的阐释方法,并且将这种方法上升到"不以文害词""不以词害意"的高度,其释曰:

  夫落者不必自落而后谓之落,采而取之,脱于其枝,即可谓之落,如取露于木兰之上,亦可谓之坠也,若果谓坠之于地,则露岂可饮乎? 故曰,说诗者,不可以文害词,不可以词害意也。①

  关于"菊花"是否飘落的问题,曾经引起宋朝王安石与欧阳修的激烈辩论。汪瑗既没有一味去考证"落"字的本意,也没有拘泥于"落英"的文辞,而是将"落英"放到整句诗中结合具体语境来理解,而不是断章取义。他认为,"朝饮木兰之坠露兮,夕餐秋菊之落英"两句反映了屈子饮露餐花,以香草自修为喻的高洁品质,用意在于以美好事物来砥砺自己的坚贞的品格。汪瑗揆情度理,将"落英"与"坠露"搭配起来解释,露水要采而饮之,"落英"自当为采菊花于枝头.使之落下,而并非真正指已"落"之菊花花瓣。这既符合《尔雅》所记载的菊花不会飘落的事实,也符合中国文人历来"采菊东篱下"的习俗。游国恩认为汪瑗之论平正通达,具有片言折狱的效果。才华横溢的纪昀也曾强调在解释"落英"与"坠露"之时应当持论公允,不能依据诗文的表面词意来理解,他说:"上句'木兰之坠露',坠字又作何解乎? 英落不可餐,岂露坠尚可饮乎? 此所谓以文害词者也。"②如若将"落英"坐实为"落之于地的菊花瓣",既有悖文人"采菊"的事理,又不符合屈子诗文的本意。因此,总观《离骚》所述"落英""坠露"云云,旨在表现屈子高洁的人格品性,与"众皆竞进以贪婪兮,凭不厌乎求索"所描述的贪婪的人格形象形成鲜明的对比。

  另外,《远游》篇曰"轩辕不可攀援兮,吾将从王乔而娱戏",汪瑗释曰:"二句非谓轩辕不可攀援,而王乔真可从游也。盖谓高阳邈以远矣,轩辕不可攀矣,而王乔庶几或将遇之而从之娱戏也。盖不得于彼,或得于此之意耳,读者不以词害意可也。"③"攀援"不能作实解,而有向上追溯之意,因此这两句话的意思是:轩辕黄帝离我们时代已经十分久远,不可攀附,故将跟随王乔一起娱乐游戏。汪氏这种"不以词害意"的注疏方式在各章中都有体现。

  汪瑗在注解《楚辞》时多次强调"不以文害词,不以词害意",他没有拘泥于字词的表面意义来推求诗句的含义,而是联系诗句上下文,揆情度理,以意逆志地推求屈子之意。汪瑗以后,蒋骥也积极地运用以意逆志的方法疏解《楚辞》。如《哀郢》一篇有"过夏首而

---

① 汪瑗集解,董洪利点校:《楚辞集解》,北京:北京古籍出版社,1994年,第326页。
② 崔富章:《楚辞集校集释》,武汉:湖北教育出版社,2003年,第202页。
③ 汪瑗集解,董洪利点校:《楚辞集解》,北京:北京古籍出版社,1994年,第262页。

西浮"之句,蒋骥曰:"此舟行之径。小有曲折,而西面郢城。故感叹于龙门之不得见耳。孟子曰:'说诗者不以文害辞',又可执是而疑其自东徂西耶。"① 可见,蒋氏也同意汪瑗反对以文害词,以词害意的注疏方法。汪瑗以"不以文害词,不以词害意"的方法结合自身的知识积淀、情感体验去深入钩考屈子的本意,深求《楚辞》的内容本意及其情感诉求,为《楚辞》研究提供了新的思路和方法。

(三)汪瑗主张用"以意逆志"的方法来解读神话

茅盾在其《茅盾说神话》中说:"文学家采用神话,不能不推屈原为首。"②《楚辞》中保存了很多神话、传说,自汉代以来,楚辞学界对这些神话的态度就褒贬不一。以儒家经典为圭臬的班固对此颇有微词,指斥屈原"多称昆仑、冥婚、宓妃、虚无之语,皆非法度之政,经义所载"③,尚雅崇实的班固用"宗经"的标准审视《离骚》中出现的神话,认为《离骚》多用虚无之语,不合经义;王逸则认为《楚辞》"依五经以立意",博远多才。而汪瑗曰:"屈子之所用昆仑、阆风、悬圃等山,即如《列子》之所谓蓬莱、方丈、员峤、方壶诸山耳,盖虽有是名,而本无是山。假设其号以为神仙清净高远之居也,又岂真有所谓昆仑山者哉?"④

汪氏指出"昆仑"乃"神仙清净高远之居",又曰"岂真有所谓昆仑山者哉",将《离骚》中出现的诸多意象归之于神话。这就是汪瑗运用"以意逆志"方法的结果。他说:"曰天帝,曰宓妃,曰佚女,曰二姚,其所访求之人,乃蹇修、鸩鹉之媒,望舒、飞廉、丰隆、雷师、鸾凤、皇鸟之使等类,亦或虚或实,或有或无,而并陈之矣。惜乎旧注不能以意逆志而解之,多牵强也。"⑤《离骚》中的许多意象都是虚实并陈,其中有的是真实存在的事物,有的则无法在现实中找到其对应事物,如"朝发轫于苍梧兮","苍梧"是实有其名矣;而"吾令羲和弭节兮"中之"羲和"则为神话人物。这说明汪瑗已经充分认识到屈子《离骚》的文学性。如朱熹《楚辞集注》释"羲和"为"尧时主四时之官,宾日、饯日者也"⑥,汪瑗则针对朱熹的观点提出:"此所用羲和,当如望舒、飞廉等号同看,朱子以为尧主四时之官名,非是。"⑦ 朱熹将神话等同于历史,用"历史化"的眼光来注解《楚辞》,固然有助于提升《楚辞》的文学地位,但是以实就虚,难免解释牵强。但在汪瑗看来,"吾令羲和弭节兮,望崦嵫而勿迫"是借神话表达屈子惜阴爱日、欲及时进德修业的含义。汪瑗以"以意逆志"的方法来鉴赏和理解《楚辞》,对于《楚辞》注疏无疑是一种进步,也为后人学习《楚辞》提

---

① 蒋骥:《山带阁注楚辞》,上海:上海古籍出版社,1984年,第222页。
② 茅盾:《茅盾说神话》,上海:上海古籍出版社,1999年,第5页。
③ 汪瑗集解,董洪利点校:《楚辞集解》,北京:北京古籍出版社,1994年,第9页。
④ 汪瑗集解,董洪利点校:《楚辞集解》,北京:北京古籍出版社,1994年,第426页。
⑤ 汪瑗集解,董洪利点校:《楚辞集解》,北京:北京古籍出版社,1994年,第430页。
⑥ 朱熹集注,李庆甲校点:《楚辞集注》,上海:上海古籍出版社,1979年,第15页。
⑦ 汪瑗集解,董洪利点校:《楚辞集解》,北京:北京古籍出版社,1994年,第71页。

供了一种正确的态度和方法。再如,汪瑗释"宓妃"曰:

> 故又以宓妃为伏羲氏之女,遂以下寒修为伏羲氏之臣也。孔子删述六经,唐虞以上盖已不得其详矣,又安所考宓妃为伏羲氏之女乎?此亦不足信也。王逸以神女释之,似矣。①

《集解》对"宓妃"进行了多方考证,认为上古流传下来的材料不足,已不得详其历史,因此无法确认宓妃是否为伏羲氏之女,故曰不足信;而王逸以神女的身份来阐释"宓妃",则与文意相合,因此游国恩评曰:"宓妃,《章句》以为神女,良是。……盖此节求女,但喻求通君侧之人耳。其意不重在实事,不妨人神杂举。姚氏泥于下文有娀、二姚皆实有其事。"②可见汪瑗观点的正确性。后之注《楚辞》者如游国恩就受到汪瑗的影响,关于"路不周以左转兮,指西海以为期"的地名,游国恩指出:"总之此等处但会古人幻想所存,不必强索其实义,斯为得之。"③熊良智亦指出:"提倡'以意逆志'的方法去理解《楚辞》中的神话,正是一种文学的阅读方法,表明汪瑗正是把神话作为文学作品,主张正确地理解诗人利用神话所进行的艺术创作。"④

汪瑗以意逆志,以己之意去钩考诗人之志,又结合《离骚》语境,知人论世,强调"不以文害词,不以词害意"的解诗方法,新见迭出,正反映了他以自身的切身体验去推测屈子的本意,取得了丰硕的成果。汪瑗运用"以意逆志"的方法解读《楚辞》,无疑为《楚辞》研究提供了一种新思路。

二、"以意逆志"解屈辞的局限

汪瑗继承孟子"以意逆志"的解诗方法注疏《楚辞》取得了很多成就,汪瑗在注解《楚辞》时由于本身的观念、阅历、时代等影响,并没有能够完全突破时代及自身的局限,因此有时难免曲解屈子本意,甚至以"明哲保身"的思想观点加以附会,认为屈原在辞赋中多次表达了隐遁归隐的想法。这说明《集解》注疏并没有完全做到"知人论世"与"以意逆志"相结合,"不论世知人,不了解诗的作者的时代和思想、生平,所谓'以意逆志'容易陷入主观臆断。"⑤汪瑗在疏解《楚辞》时没有完全做到突破时间的限制与情境的变迁来探求作者的情感,因此也提出了许多妄论,如他说:"平心易气而观之,要其指趣之所归,求其立言之本意,以意逆志,不以词害意,则屈子果去乎?果不去乎?果投水死乎?果不投

---

① 汪瑗集解,董洪利点校:《楚辞集解》,北京:北京古籍出版社,1994年,第381页。
② 游国恩:《游国恩楚辞论著集》第1卷,北京:中华书局,2008年,第304—305页。
③ 游国恩:《游国恩楚辞论著集》第1卷,北京:中华书局,2008年,第480页。
④ 熊良智:《楚辞文化研究》,成都:巴蜀书社,2002年,第313页。
⑤ 李泽厚、刘纲纪主编:《中国美学史》第1卷,北京:中国社会科学出版社,1984年,第196页。

水死乎？若泥口耳相传之言,执先人之说以为主,则吾亦莫如之何矣。"①

否定"屈原投水死"的说法并非肇端于汪瑗,宋朝李壁在解读王安石的诗歌时就曾讨论过这个问题:"予尝谓屈原自投汨罗,此乃祖传之误。"至汪瑗,他不仅认为"屈原投水"这一观点没有价值和意义,甚至称其为"苟死",他说:"临渊自沉,身没名绝,是苟死也,孰谓屈子为之哉？"这无疑是宋明以来否定"屈原投水"论思想的一种极端体现。汪瑗仅从自身的认知出发,而没有经过严格的逻辑论证或者可靠的证据,包括文献材料的支持,就简单加以臆测,否定"屈原投水自沉"说,这无疑是汪瑗用"以意逆志"的方法解诗的不足之处。

汪瑗在运用"以意逆志"法注解《楚辞》时,不能准确把握屈原所生活的时代背景,甚至臆断出屈原归隐的结论,这既是明代学术氛围的体现,也是汪瑗自身思想认识局限的反映。当然,汪瑗吸收孟子"知人论世"与"以意逆志"的读书方法,将二者结合起来以注《楚辞》,其成就仍然是主要的。明代张孚敬在《杜律训解·再识》中亦曰:"夫生于千百载之下,而欲得作者之志于千百载之上,不亦难哉。"因此,在《楚辞》的注解过程中要想准确无误地把握诗人本意并非易事,汉人董仲舒曾说过"诗无达诂"之语,德国哲学家伽达默尔在谈到文本释义时曾说:"一段文本或一件艺术品的真正意义的发现永远不会结束;事实上它是一个无限的过程。"② 汪瑗于其注疏的过程中就出现了一些附会和偏颇的观点,后之注《楚辞》者当以此为鉴,在注解《楚辞》时尽量避免臆测之见,逐步臻于屈辞本意。

---

① 汪瑗集解,董洪利点校:《楚辞集解》,北京:北京古籍出版社,1994年,第437页。
② 转引自刘放桐等编:《现代西方哲学》,北京:人民出版社,1990年,第765页。

《楚辞疏·离骚》异文研究*

南通大学 邓杨婷

《楚辞》是继《诗经》以后,对我国文学具有深远影响的一部诗歌总集,它开创了我国浪漫主义诗歌传统。自汉朝以来,就不断有学者对《楚辞》进行研究,明朝的陆时雍就是其中的一位。

一、《楚辞疏》简介

(一)陆时雍及其著作

1. 陆时雍简介

陆时雍,桐乡(今属浙江省)人。根据陆氏好友周拱辰《陆征君仲昭先生传》中的记载可知,陆时雍祖籍吴兴,后迁至桐乡。

陆时雍的生卒年史料无明确记载。赵逵夫认为陆氏生于万历中期,卒于崇祯末年。而徐小利在《陆时雍〈楚辞疏〉研究》中利用相关资料给出了更为精确的时间,即1589—1640年。①

据《陆征君仲昭先生传》,陆氏天资聪颖,为人豁达、慷慨,但又较为孤傲,不善与人交往。陆氏一生仕途不顺,多次科举却只考中贡生,后受戴澳事件牵连入狱,最后死于牢狱之中。

陆时雍是明代末年的学者和诗论家,当时的明朝社会黑暗、宦官专权,因此,他在诗文中多有表达对社会的愤恨。陆氏家境贫寒,一生怀才不遇,"不断受到科举制度的揶揄,一生狼狈,故逐渐形成对科举制度的反抗情绪和对当时重复古、重格调文风的反感。"②再加上明朝中后期新思想的兴起,所以其诗歌理论强调"真素",重视"神韵"与"意象",对我国诗歌理论的发展具有重要作用。

2. 陆时雍的著作

由于仕途不得意,陆时雍及其著作一直未受到重视。其作品只有《古诗镜》三十六卷和《唐诗镜》五十四卷被收录于《四库全书总目提要》。

除此之外,陆时雍还著有《法言新注》《楚辞疏》《韩子注》《扬子注》《淮南子注》和《陆

---

* 本文对于《汉语大字典》《说文解字》等常见字书均直接引用,不再另行列出参考文献。
① 徐小利:《陆时雍〈楚辞疏〉研究》,西北师范大学硕士学位论文,2011年。
② 赵逵夫:《陆时雍与〈楚辞疏〉》,《文献》,2002年第3期。

昭仲诗集》八卷等。其中《楚辞疏》率先提出不少异于前人的观点,多体现真、情、韵三大主张,与明代前期的楚辞研究著作大有不同。同时,《楚辞疏》罗列了陆氏当时所能见到的《楚辞》异文,有助于读者阅读和研究《楚辞》,是该书的一大特色。

(二)《楚辞疏》的版本

现能见到的《楚辞疏》版本主要有:

1. 明缉柳斋刻本,浙江图书馆、上海图书馆、武汉图书馆、福建图书馆、复旦大学图书馆、中央党校、上海辞书出版社藏。

2. 缉柳斋原刻学山堂重印本,山东图书馆藏。

3. 缉柳斋原刻天章阁重刻本,福建师范大学、湖南省图书馆藏。

4. 缉柳斋原刻康熙四十四年有文堂重印本,内蒙古师范大学、河南师范大学、上海图书馆藏。

本文所依据的《楚辞疏》版本是明缉柳斋刻本。该版本正文每页九行,每篇分段注疏。原文高注一格,字号略大于注,线条较粗。每段正文之后是注音和校文,以双行小字的形式排列。每卷第二行末刻:"古檇李陆时雍疏。"有白口,其所载内容较为丰富:上为书名;中为卷数,若是单数页,则卷数之下有篇名;下为页码,每卷第一页,页码之下另有"缉柳斋藏板"字样。整部书排版整齐,字迹清晰。

(三)《楚辞疏》的体例与注疏特色

由前文可知,陆时雍是一位性格鲜明的学者和诗论家,因此,他的注疏多体现出与前人的不同,有许多创新之处。现结合《楚辞疏》的体例和注疏特色,具体分析如下。

首先,每篇文章的正文之前,都有一段以"陆时雍叙曰"开头的文字,这是陆时雍对该篇文章作的一个小序,主要是点明文章主旨。小序简洁明了,内容丰富。既有大家之言,又有自己对这篇文章的见解。例如《卜居》之小序:

> 天不可问,问之筮龟,颠厥玄黄,其谁与归。呜呼!嘻嘻! ①

此段小序仅二十字,但它与上篇《天问》紧密衔接,又巧妙地引出了《卜居》。问天实为徒劳之举,心中疑惑无处可解,又见人世昏暗,无人理解自己,甚是凄凉与孤寂。一句"呜呼!嘻嘻!"道不尽心中无限苦楚。这段小序,陆时雍融入了自己强烈的感情,看似在说屈原,实际上也表达了自己内心的苦闷,体现出鲜明的个性色彩。

其次,陆时雍对正文进行分小节注疏。每一小节首先列出《楚辞》原文,句子的数量没有严格规定,多则十八九句,少则四五句。

---

① 陆时雍:《楚辞疏》,见吴平、回达强:《楚辞文献集成》,扬州:广陵书社,2008年,第4377页。

再次便是注音与校文。例如：

鹈，一作鹏，音题。鳩，音决，一音桂。薆，音爱。蔽，叶音鳖。①

其中"鹈""鳩""薆"都是不常见的字，往往会给读者造成阅读阻碍。通过常见的"题""决""桂""爱"等字来注音，读者便能知道这些生僻字的读音，从而省去了查阅资料的步骤。

又如：

桀，一作乘。驼，一作驰。②

这是"桀骐骥以驼骋兮"的校文，由于"桀"字较为生僻，"驼骋"一词也比较少见，许多读者不能理解二者的意义，因而难以把握整句话的内涵。陆时雍通过罗列"桀—乘""驼—驰"两组异文，可以方便读者在"乘""驰"两个常用字的基础上理解"桀""驼"二字，从而更好地把握文本内容。

再如"浇身被服强圉兮"一句的校文：

浇，作奡。③

根据常见的释义，人们往往会将此处的"浇"字误解为动词。然而根据上下文内容，在这一段中屈原罗列了大量的人物，如"启""夏康""五子""羿""浞"等，其中"夏康"为"启"之子，"五子"即"夏康"的五个儿子，"浞"为"羿"的臣子，所以此处"浇"字应作名词，专指寒浞之子。只是这个义项对于大多数人来说比较陌生，所以通常会被曲解。通过罗列"浇——奡"这组异文，读者可以根据"奡"字的含义把握"浇"的词性和意义，从而理解文意，领悟文章内涵。

此后，每段罗列"旧诂"，主要是解释字词和阐发大意，因此，句子结构比较自由。陆氏所引旧诂，并非照搬原文，亦非专主一家，主要参考王逸《楚辞章句》、洪兴祖《楚辞补注》以及朱熹《楚辞集注》，通过对多家解说的分析进行取舍，使内容更加全面和准确。

"旧诂"之后，即为新注，也就是陆时雍注疏的部分，以"陆时雍曰"四字开头。陆氏的注疏有许多特色，分而论之，主要有以下几点：

---

① 陆时雍：《楚辞疏》，见吴平、回达强：《楚辞文献集成》，扬州：广陵书社，2008年，第4167页。
② 陆时雍：《楚辞疏》，见吴平、回达强：《楚辞文献集成》，扬州：广陵书社，2008年，第4131页。
③ 陆时雍：《楚辞疏》，见吴平、回达强：《楚辞文献集成》，扬州：广陵书社，2008年，第4149页。

1. 陆时雍不再沿用前人字义—词义—句义的套路,而是把重点放在疏上。
2. 陆氏的注疏,简洁明了,四六句较多,句子相对整齐。
3. 陆时雍的注疏有主有次,对于拟骚作品,陆氏只将其收录于《楚辞疏》中,不做具体分析,可见陆氏对于《离骚》之根本的强调。

以上几点特色,彼此交织,对读者阅读楚辞有很大的帮助。因此,对《楚辞疏》进行研究是很有价值的。

二、《楚辞疏·离骚》异文辩证

正如上文所述,《楚辞疏》的一大特色就是陆氏罗列了当时他所能见到的众多异文。罗列异文体现了陆氏在《楚辞》文本甄别上的审慎态度。今天我们科学地审查陆氏所罗列的异文,具有文献学、训诂学、音韵学的意义。限于篇幅,本文主要针对陆时雍《楚辞疏》中《离骚》篇的异文进行研究,该篇共有异文24组。

(一)异文界定

什么是异文?王彦坤在《古籍异文研究》中指出,"异文"一词有狭义与广义之分:狭义的"异文"是相对于正字而言,主要包括通假字和异体字。广义的异文则是指"凡同一书的不同版本,或不同的书记载同一事物,字句互异,都叫异文。"① 其中也包括通假字和异体字。本文所研究的对象是广义的异文。

(二)《楚辞疏·离骚》异文辩证

王彦坤在《古籍异文研究》中按照异文产生的原因对其进行了分类,主要有各记所闻、引用书意、不解而改、字有异体、但记词音、方言差别、避讳改省、辗转讹误以及修辞变化九大类。

据统计,《楚辞疏·离骚》共有异文24组。具体到本文对这些异文的分类,为了使分析更为明了准确,本文无法严格按照王彦坤的分类进行处理,于是划分为以下六类:异体字形成的异文、正俗字形成的异文、古今字形成的异文、通假字形成的异文、但记词音形成的异文以及衍脱形成的异文,现分类考证如下。

1. 异体字形成的异文

异体字分为狭义和广义两种。狭义的异体字是指同一时期音义相同而字形不同的一组字,两者在任何情况下都可以互换。广义的异体字指的是音义相同而笔画字体不同的字,它既包括狭义异体字,也包括那些由于地理因素、时间因素、社会因素等造成的只有某些部分用法相同的字,例如正俗字、古今字等。为了使分析更为明确,本文将正俗字、古今字等另作分类,此处只针对狭义的异体字进行辩证。

---

① 王彦坤:《古籍异文研究》,广州:广东高等教育出版社,1993年,第1页。

(1) 擥——揽

《楚辞疏·离骚》："夕擥洲之宿莽。"擥，一作揽。

《文选音决》、唐《文选集注》本、《文选》五臣本、朱熹、钱杲之作"擥"。《文选》尤本、《文选》六臣本、洪兴祖、黄省曾、明翻宋本、朱多煃、汪瑗、毛晋并作"揽"。《文选》陈本作"擎"。

"擥"，《说文》："擥，撮持也。"《广韵·谈部》："擥，擥持。"《玉篇·手部》："擥，持也。"《广雅·释诂一》："擥，取也。"

"揽"，指以手引取。《慧琳音义》卷二十七"承揽"注曰："揽，手取也。"《释名·释姿容》："揽，敛也，敛置手中也。"《广雅·释诂三》："揽，持也。"《文选·扬雄〈甘泉赋〉》："方揽道德之精刚兮。"李善注引《说文》曰："揽，撮持也。"《慧琳音义》卷七十二"不揽"注曰："揽，或作擥。"

综上，"擥"与"揽"意义相同，仅字形有异，则"擥"与"揽"为异体字关系。故黄灵庚在《楚辞异文辩证》中曰："擎、擥，皆揽字异体文。"①

(2) 欙——集

《楚辞疏·离骚》："欙芙蓉以为裳。"欙，古集字。

洪兴祖、朱熹、钱杲之、黄省曾、朱多煃、毛晋、明翻宋本作"欙"。唐《文选集注》本、《文选》陈本、《文选》尤本、《文选》六臣本、汪瑗作"集"。

"欙"，《说文》："欙，群鸟在木上也。"

现将"欙"字字形演变情况罗列如下②：

表1 "欙"字字形演变情况

出处与帮助	字　形
小集母乙觯	(字形)
作父癸卣	(字形)
父癸爵	(字形)

---

① 黄灵庚：《楚辞异文辩证》，郑州：中州古籍出版社，2000年，第9页。
② 容庚：《金文编》，北京：中华书局，1985年，第264页。
古文字诂林编纂委员会：《古文字诂林》(第4册)，上海：上海教育出版社，2004年，第201页。
滕壬生：《楚系简帛文字编》，武汉：湖北教育出版社，1995年，第314页。
汤余惠：《战国文字编》，福州：福建人民出版社，2001年，第240页。
汉语大字典字形组：《秦汉魏晋篆隶字形表》，成都：四川辞书出版社，1985年，第246页。

续表

出处与帮助	字　形
集**偖**篇	
毛公**屠**鼎	
包 164	
包 226	
包 228	
包 232	
包 234	
郭·缁 37	
睡虎地简卌二·一九三	
居延简甲六三〇	
新嘉量	
华山庙碑	
西狭颂	

　　根据表格可以发现，"雧"与"集"两字在古文字中并存，二者可以互相替换，因此它们是异体字异文。但通过以上字例可以看出，由于战国时期楚文字里均写作"集"字，尚未见"雧"，所以我们怀疑屈原在创作《楚辞》时写作"集"。

　　2. 正俗字形成的异文

　　正俗字，即一个字有正写和俗写之分。正字为通用写法，更符合造字原意。俗字是民间为了书写方便而减去或改变部分笔画形成的。两者音义相同，仅字形有别。

　　(1) 椉——乘

　　《楚辞疏·离骚》："椉骐骥以驰骋兮。"椉，一作乘。

朱熹、毛晋作"槃"。《文选》陈本作"乘"。唐《文选集注》本、《文选》尤本、《文选》六臣本、洪兴祖、钱杲之、黄省曾、明翻宋本、朱多煃、汪瑗并作"乘"。《文选》五臣本作"策"。

"槃",《说文》:"槃,覆也。"段玉裁注:"加其上曰槃。"

"乘",《说文》:"乘,覆也。"

现将"乘"字字形演变情况罗列如下:

表2 "乘"字字形演变情况

出处与帮助	字　形
虢季子白盘	槃
公貿鼎	槃
克钟	槃
格伯簋	槃·槃
禹鼎	槃
晏公匜	槃
睡虎地简一〇·一一	乘
春秋事语四二	槃

由上表可知,从西周开始,"槃"与"乘"并存于同一时期,可以互相替换,二者为异体字。

又《敦煌俗字典》指出,"乘"是"乘"的一个俗体,见于《太上洞玄灵宝妙经众篇序章》:"并乘五色穷轮。"① 又《正字通·丿部》曰:"乘,《说文》作槃……俗作乘。"故,"槃"与"乘"应为正俗字。

此外,根据"乘"字字形变化情况来看,从西周到秦汉时期,"槃"字盛行,因此,屈原在创作《楚辞》时很有可能写作"槃"。

3. 古今字形成的异文

古今字是汉字在发展过程中产生的古今异字现象,一般包含三种情况,一种是由于词义的引申,原有的字承担的义项较多,因此就在其基础上增加或改变偏旁,另造新字表

---

① 黄征:《敦煌俗字典》,上海:上海教育出版社,2005年,第50页。

示其中的一个义项。一种是古字通过假借表示新词,当其稳定后,原来的意义就需要根据假借字的字形另造新字来表示。还有一类古今字在形体上已经没较大联系,主要是通过音义相承。本文所研究的古今字是从广义上来说的,具体情况如下。

(1) 駝——馳

《楚辞疏·离骚》:"乘骐骥以駝骋兮。"駝,一作馳。

朱熹、黄省曾、朱多煃作"駝"。唐《文选集注》本、《文选》陈本、《文选》尤本、《文选》六臣本、洪兴祖、钱杲之、明翻宋本、汪瑗、毛晋并作"馳"。

"駝",《玉篇》:"駝,骆驼也。"又《正字通·马部》:"凡以畜负物曰駝。"

"馳",《说文》:"馳,大驱也。"《广雅·释宫》:"馳,犇也。"

"馳"字字形演变情况如下①:

表3 "馳"字字形演变情况

出处与帮助	字 形
包二·一八七	駝
睡虎地秦简杂二八	馳
居延简甲一七二	馳
唐公房碑	馳

从表格可以看出,战国时期,"馳"写作"駝",后盖因隶变而作"馳"。此外,孙海波在《甲骨金文研究》中指出,"它",金文作𠂉,即后"也"字之所从出。古从"也"之字多从"它",如"匜"金文作𠂉,"池"金文作𠂉,可证"它""也"一字。②因此,"駝"为古"馳"字。

(2) 晦——亩

《楚辞疏·离骚》:"又树蕙之百晦。"晦,古亩字。

朱熹、黄省曾、朱多煃、毛晋作"晦"。洪兴祖作"亩"。唐《文选集注》本、《文选》尤本作"畮"。《文选》陈本、钱杲之、明翻宋本作"畮"。《文选》六臣本、汪瑗作"畆"。

"晦",《说文》:"六尺为步,步百为晦。"

"亩",王筠《说文句读》:"亩,《司马法》:'六尺为步,步百为亩。'是古之制也。"

---

① 滕壬生:《楚系简帛文字编》,武汉:湖北教育出版社,1995年,第761页。
古文字诂林编纂委员会:《古文字诂林》(第4册),上海:上海教育出版社,2004年,第487页。
② 孙海波:《甲骨金文研究》,《中国大学讲义》(内刊),见古文字诂林编纂委员会:《古文字诂林》(第10册),上海:上海教育出版社,2004年,第29页。

"晦"字字形演变情况如下①：

表4　"晦"字字形演变情况

出处与帮助	字　形
贤簋	
师衮簋	
兮甲盘	
秦三八	
尚书	
义云章	

根据表格可知，"晦"字在西周时期就已出现，最早从田，每声，逐渐演变成后来的"亩"，则二者为古今字。

(3) 敶——陈

《楚辞疏·离骚》："就重华而敶词。"敶，古陈字。

洪兴祖、朱熹、钱杲之、黄省曾、朱多煃、毛晋、明翻宋本作"敶"。唐《文选集注》本、《文选》陈本、《文选》尤本、《文选》六臣本、汪瑗作"陈"。

"敶"，《说文》："敶，列也。"

"陈"，《广雅·释诂一》："陈，列也。"

现将"陈"字字形演变情况罗列如下②：

表5　"陈"字字形演变情况

出处与帮助	字　形
陈公子甗	
九年卫鼎	

---

① 容庚：《金文编》，北京：中华书局，1985年，第892页。
古文字诂林编纂委员会：《古文字诂林》（第10册），上海：上海教育出版社，2004年，第365页。
② 古文字诂林编纂委员会：《古文字诂林》（第10册），上海：上海教育出版社，2004年，第829页。
汤余惠：《战国文字编》，福州：福建人民出版社，2001年，第948页。

续表

出处与帮助	字形
陈𫝀子戈	
C 廿九年高都令戈	
C 玺汇 1455	
D 陈丽子戈	
D 陈逆簠	
老子乙前五上	陳
孙膑二四	陳
武威简·有司四	陳
熹·春秋·僖廿三年	陳
礼器碑阴	陳

从上表可以看出,"陈"字古作"敶"。但由于战国时期"陈"字盛行,几乎不见"敶"的踪迹,因此,我们怀疑屈原创作时写作"陈"。

(4) 要——腰

《楚辞疏·离骚》:"户服艾以盈要兮。要,古腰字。

《文选》陈本、《文选》尤本、《文选》六臣本、洪兴祖、朱熹、钱杲之、黄省曾、明翻宋本、朱多煃、毛晋并作"要"。汪瑗作"腰"。

"要",《说文》:"要,身中也。"

"腰",《玉篇·肉部》:"腰,骼也。"《急就篇》卷三"尻髋脊膂腰背吕。"王应麟补注曰:"腰,身中也。"

"要"字字形演变情况如下①:

---

① 容庚:《金文编》,北京:中华书局,1985 年,第 167 页。
大字典字形组:《秦汉魏晋篆隶字形表》,成都:四川辞书出版社,1985 年,第 184—185 页。

表6 "要"字字形演变情况

出处与帮助	字　形
要篡	〔字形〕
老子乙前一二三上	〔字形〕
老子甲一四七	〔字形〕
老子甲后四五二	〔字形〕
孙子五三	〔字形〕
流沙简·屯戍一四·一三	〔字形〕
曹全碑	〔字形〕
熹·仪礼·既夕	〔字形〕

根据"要"字字形演变可知,"要"最早指人的腰部,后来由于词义引申,专门造出"腰"字表示这个意义。所以,"要"为古"腰"字。

(5) 㠯——以

《楚辞疏·离骚》:"苏粪壤㠯充帏兮。"㠯,古以字。

洪兴祖、朱熹、钱杲之、黄省曾、朱多煃、明翻宋本作"㠯"。《文选》陈本、《文选》尤本、《文选》六臣本、汪瑗、毛晋作"以"。

"㠯",《说文》:"㠯,用也。"《玉篇·巳部》:"㠯,今作以。"

"以",《说文·巳部》:"以,用也。"《玉篇·人部》同上。

《说文解字注》:"㠯,又按今字皆作以。由隶变加人于右也。"邵瑛群经正字:"《诗·何人斯》释文:㠯,古以字。《汉书》以皆作㠯……"则"㠯"、"以"为古今字。

4. 通假字形成的异文

所谓通假,亦有狭义与广义之分。狭义的通假是指"在已有本字的情况下,利用汉字间的音义关系,出现临时替代本字的现象"[①]。广义的通假既包括狭义的通假,也包括假借字和古今字。本文主要研究的是前者,即狭义的通假,这类通假字使得汉字音义脱离,让

---

① 杨冰郁:《唐诗异文研究——以李白诗歌异文为例》,陕西师范大学博士学位论文,2009年。

读者难以根据字形凭空猜想其含义,因此需要通过大量的材料来证明其关系。

(1) 賷——齌

《楚辞疏·离骚》:"反信谗而齌怒。"齌,一作齌。

洪兴祖、朱熹、钱杲之、黄省曾、明翻宋本、朱多煃、汪瑗、陈第、毛晋并作"齌"。唐《文选集注》本作"齍"。《文选》陈本、《文选》尤本、《文选》六臣本、李昉作"齐"。

"賷",《说文》:"賷,持遗也。"《玉篇·贝部》:"賷,给与也。"

"齌",《说文》:"齌,炊餔疾也。"段玉裁注曰:"引申为凡疾之偁。"

根据《古字通假会典》可知,"齐"与"賷"通,"亝"与"齌"通。① 则"賷"与"齌"上古读音相同或相近,二者应为通假字,义为"疾,暴",言怒气之盛。例如:明袁宏道《叙小修诗》:"不揆中情,信谗齌怒。"

(2) 謇——蹇

《楚辞疏·离骚》:"謇吾法夫前修兮。"謇,一作蹇。

唐《文选集注》本、《文选》尤本、《文选》六臣本、洪兴祖、朱熹、钱杲之、黄省曾、明翻宋本、朱多煃、毛晋并作"謇"。《文选》陈本、《文选》五臣本、汪瑗作"蹇"。

"謇",《玉篇·言部》:"吃也。"《广韵·狝韵》:"謇,止言。"《正字通·言部》:"直言貌。"

"蹇",《说文·足部》:"蹇,跛也。"《易》:"蹇,难也。"《广雅·释诂三》同上。《方言》卷六:"蹇,扰也。"

"謇"与"蹇"的上古读音均属见纽,元部。② 则二者为通假字。故《古字通假会典》将二者收录其中,并罗列了大量用例,如:《易·蹇》,《五经文字·言部》云:"蹇亦作謇。"汉《张耒碑》作"謇",《众经音义》十引作"謇"。《易·蹇·六二》:"王臣蹇蹇。"《楚辞·离骚》王注、《三国志·魏志·陈羣传》裴注引"蹇蹇"作"謇謇",汉《衡方碑》作"謇謇"。③

(3) 圜——圆

《楚辞疏·离骚》:"何方圜之能周兮。"圜,一作圆。

唐《文选集注》本、洪兴祖、朱熹、钱杲之、黄省曾、翻宋本、朱多煃、毛晋并作"圜"。《文选》陈本、《文选》尤本、《文选》六臣本、汪瑗作"圆"。

"圜",《说文》:"圜,天体也。"

"圆",《说文》:"圆,圜全也。"《玉篇·囗部》:"圆,周也。"

"圜"的上古读音属于匣纽,元部。"圆"的上古读音属于匣纽,文部。④ 二者读音相似,应为通假字。在古书中,"圜"与"圆"作为通假字出现的情况比较常见。例如,《易·系辞上》:

---

① 高亨:《古字通假会典》,济南:齐鲁书社,1989年,第577—578页。
② 郭锡良:《汉字古音手册》,北京:北京大学出版社,1986年,第203页。
③ 高亨:《古字通假会典》,济南:齐鲁书社,1989年,第182页。
④ 郭锡良:《汉字古音手册》,北京:北京大学出版社,1986年,第222页。

"着之德圆而神。"《仪礼·少牢馈食礼》郑注引"圆"作"圜"。《周礼·春官·大司乐》:"冬日至,于地上之圜丘奏之。"《通典·礼二》《初学记·礼部》并引"圜"作"圆"。《礼记·经解》:"规矩之于方圜也。"《初学记·礼部上》引"圜"作"圆"。

(4) 鲧——鯀

《楚辞疏·离骚》:"鲧婞直以亡身兮。"鲧,与鯀同。

唐《文选集注》本、《文选》尤本、《文选》六臣本、洪兴祖、朱熹、钱杲之、黄省曾、朱多煃、明翻宋本、汪瑗、毛晋并作"鲧"。《文选》陈本、《文选》五臣本作"鯀"。

"鲧",《玉篇·鱼部》:"鲧,鱼名。"

"鯀",《说文》:"鯀,鱼也。"《玉篇·鱼部》:"鯀,大鱼也。"《史记·夏本纪》:"禹之父曰鯀。"

姜亮夫指出,古籍"鲧""鯀"混用,盖一字。又金开诚认为,"鲧"与"鯀"同,古书多并用。但根据本文对异文的分类标准来看,"鲧"与"鯀"并非异体字关系,因"鲧"字没有"禹之父"之义,二者不能在任何情况下替换。而"鲧"与"鯀"的上古读音均属于见纽,文部。① 则两字为通假字关系。《书·尧典》:"鯀。"《国语·吴语》作"鲧",《汉书·古今人表》亦作"鲧"。《书·洪范》:"鯀陻洪水。"《说文·土部》引作"鯀垔鸿水。"柳宗元《永州龙兴寺息壤记》:"鲧窃帝之息壤。"蒋之翘辑注曰:"鲧,与鯀同。"

(5) 婞——㚔

《楚辞疏·离骚》:"鲧婞直以亡身兮。"婞,一作㚔。

唐《文选集注》本、《文选》陈本、《文选》尤本、《文选》六臣本、洪兴祖、朱熹、黄省曾、朱多煃、明翻宋本、毛晋并作"婞"。朱注一引作"㚔"。汪瑗作"悻"。

"婞",《说文·女部》:"婞,很也。"段玉裁注:"很者,不听从也。"

"㚔",《玉篇·人部》:"㚔,徼幸。"

"婞"与"㚔"的上古读音均属于匣纽,耕部。② 二者读音相似,而其本义并无较多关联,因此,"婞"与"㚔"为通假字。

(6) 浇——奡

《楚辞疏·离骚》:"浇身被服强圉兮。"浇,作奡。

唐《文选集注》本、《文选》陈本、《文选》尤本、《文选》六臣本、洪兴祖、朱熹、钱杲之、黄省曾、明翻宋本、朱多煃、汪瑗、毛晋并作"浇"。其中洪兴祖、朱熹、钱杲之、汪瑗一引作"奡"。

"浇",《说文·水部》:"浇,沃也。"《玉篇·水部》:"浇,沃也。"

---

① 郭锡良:《汉字古音手册》,北京:北京大学出版社,1986年,第241页。
② 郭锡良:《汉字古音手册》,北京:北京大学出版社,1986年,第278页。

"㚯",《说文·夯部》:"㚯,嫚也。"《玉篇·夯部》:"㚯,慢也。"

黄灵庚认为"浇""㚯"为一字,此观点有待商榷。"㚯"的上古读音属于疑纽,宵部。①"浇"有两个上古读音,一个属于见纽,宵部;一个属于疑纽,宵部。②后者与"㚯"的上古读音完全相同,此时"浇"作人名,专指夏代有穷氏国君寒浞之子,也作"㚯"。如《广韵·啸韵》:"浇,韩浞子名。"洪兴祖指出,《论语》"㚯荡舟","㚯"即"浇"。姜亮夫同上。综上所述,当"浇"作人名时,"浇"与"㚯"为通假字。

(7) 待——持

《楚辞疏·离骚》:"腾众车使径待。"待,一作持。

《文选》陈本、《文选》尤本、《文选》六臣本、洪兴祖、朱熹、钱杲之、黄省曾、明翻宋本、朱多煃、汪瑗、毛晋并作"待"。其中朱熹、汪瑗一引作"持",洪兴祖、钱杲之引一本作"侍"。

"待",《说文·彳部》:"待,竢也。"

"持",《说文·手部》:"持,握也。"《释名·释姿容》:"持,跱也,跱之于手中也。"

"待"与"持"上古读音均属于定纽,之部。③二者读音相同,应为通假字。故《古字通假会典》收录了"持与待",并罗列了大量用例,如:《周礼·夏官·服不氏》:"以旌居乏而待获。"郑注:"杜子春云:'待当为持。'书亦或为寺。"《仪礼·公食大夫礼》:"左人待载。"郑注:"古文待为持。"《战国策·西周策》:"秦欲待周之得。"鲍本改"待"为"持"。《荀子·礼论》:"两者相持而长。"《史记·礼书》"持"作"待"。④

(8) 假——暇

《楚辞疏·离骚》:"聊假日以偷乐。"假,一作暇。

《文选》陈本、《文选》尤本、《文选》六臣本、洪兴祖、朱熹、钱杲之、明翻宋本、汪瑗、毛晋并作"假"。黄省曾、朱多煃作"暇"。

"假",《说文·人部》:"假,非真也。"《广韵·祃韵》:"假,借也。"

"暇",《说文·日部》:"暇,闲也。"

"假"的上古读音属于见纽,鱼部。"暇"字上古读音属于匣纽,鱼部。⑤"假"与"暇"读音相近,二者应为通假字关系。《晏子春秋·内篇·谏二》:"孰暇患死。"《列子·力命》"暇"作"假"。《列子·黄帝》:"试语之有暇矣。"《释文》:"暇本又作假。"《列子·力命》:"行假念死乎?"《韩诗外传》"行假"作"何暇"。《文选·登楼赋》:"聊暇日以销忧。"李注:"暇或为假。"

---

① 郭锡良:《汉字古音手册》,北京:北京大学出版社,1986年,第150页。
② 郭锡良:《汉字古音手册》,北京:北京大学出版社,1986年,第150、162页。
③ 郭锡良:《汉字古音手册》,北京:北京大学出版社,1986年,第125、53页。
④ 高亨:《古字通假会典》,济南:齐鲁书社,1989年,第406页。
⑤ 郭锡良:《汉字古音手册》,北京:北京大学出版社,1985年,第8—9页。

5. 但记词音形成的异文

汉字是表意文字,绝大多数汉字都是形、音、义的结合体,因此人们通常可以通过字形来区别同音词。但如果有些词的书写形式不考虑字的本义,仅仅利用其读音来标写,那么一个词就会有多种不同的写法,这样产生的异文多分布于连绵词、象声词、译音词等。根据统计,此小节的异文多产生于连绵词和特定名词,现逐一疏证如下。

(1)昌被——昌披

《楚辞疏·离骚》:"何桀纣之昌被兮。"被,一作披。

《文选音决》、朱熹、黄省曾、朱多煃、毛晋作"被"。唐《文选集注》本、《文选》陈本、《文选》尤本、《文选》六臣本、洪兴祖、钱杲之、明翻宋本、汪瑗、陈第作"披"。

《易林·观之大壮》:"心志无良,昌披妄行。"姜亮夫认为,是古只作"昌披",指人性行狂乱言,故后人以训诂字书之,《释文》作"倡"者最近,作"猖"者,益见其乱耳。朱季海亦曰:"'被'今作'披'者,后人依音改字耳。"另有黄灵庚指出:"猖披、昌被、昌披、昌峍,皆连语一字之变体,言行不正貌,不必泥其字义训诂。"则此为连绵词无定字。

(2)相羊——穰佯

《楚辞疏·离骚》:"聊逍遥以相羊。"相羊,穰佯同。

唐《文选集注》本、《文选》陈本、《文选》尤本、《文选》六臣本、洪兴祖、朱熹、钱杲之、黄省曾、朱多煃、毛晋、明翻宋本、汪瑗作"相羊"。其中朱熹一引"羊"作"徉",洪兴祖、钱杲之、汪瑗一引作"佯",又汪瑗引"相羊"作"穰佯"。

"相羊""穰佯",皆义从声起,为一词之变体,即连绵词无定字,写法多变。

(3)鹈鴂——鶗鴂

《楚辞疏·离骚》:"恐鹈鴂之先鸣兮。"鹈,一作鶗。

洪兴祖、朱熹、钱杲之、黄省曾、朱多煃、毛晋、明翻宋本、汪瑗作"鹈"。《文选》陈本、《文选》尤本、《文选》五臣本、《文选》六臣本作"鶗"。

"鶗",《广韵》十二齐:"鶗,鶗鴂鸟。"《反离骚》云:"徒恐鶗鴂之将鸣兮。"颜师古云:"鶗鴂,一名买𪃹,一名子规,一名杜鹃。"

"鹈",水鸟名。

金开诚指出,"鹈鴂、鶗鴂、鶗鴃、鷤鴂、题鴂,并字异而义同。"则"鹈鴂"与"鶗鴂"应为一种鸟类名称的不同写法。

(4)委蛇——逶迤

《楚辞疏·离骚》:"载云旗之委蛇。"委蛇,一作逶迤。

洪兴祖、朱熹、钱杲之、黄省曾、朱多煃、明翻宋本、汪瑗、毛晋并作"委蛇"。《文选》陈本、《文选》五臣本作"逶迤"。《文选》尤本、《文选》六臣本作"委移"。

金开诚曰:"委蛇、委移、逶迤为同一联绵词,字异而音义同。"姜亮夫指出,《文选谢灵运九日从宋公戏马台集送九令诗》注引作"逶迤",《咏怀诗》注引作"逶迤",皆连绵词以音为衍,字无定体。

(5)郁邑——郁悒

《楚辞疏·离骚》:"忳郁邑余侘傺兮。"邑,一作悒。

唐《文选集注》本、《文选》陈本、《文选》尤本、洪兴祖、朱熹、钱杲之、黄省曾、朱多煃、明翻宋本、毛晋并作"邑"。《文选》六臣本、汪瑗、陈第作"悒"。

郁邑,连绵词,字无定体。故姜亮夫、黄灵庚均指出,"悒"者,是"以训诂字易之。"

(6)崦嵫——奄兹

《楚辞疏·离骚》:"望崦嵫而勿迫。"崦,音奄。嵫,音兹。古但作奄兹。

唐《文选集注》本、《文选》陈本、《文选》尤本、《文选》六臣本、朱熹、钱杲之、黄省曾、明翻宋本、朱多煃、汪瑗、毛晋并作"崦嵫"。其中朱熹指出"古但作奄兹。"洪兴祖作"崦嵫"。

"崦嵫",山名。在甘肃省天水县西。《山海经》:"西南三百六十里曰崦嵫之山。"此为地名,不同写法皆以音为衍。

6.衍脱形成的异文

衍脱致异是指在古籍传抄、刊刻的过程中因疏忽而误增或者误漏文字的现象,由此产生的异文叫作衍文和脱文。

(1)余不难夫离别兮——余既不难夫离别兮

《楚辞疏·离骚》:"余不难夫离别兮。"一本"余不难""余"下有"既"字。

唐《文选集注》本、《文选》陈本、《文选》六臣本"余"下有"既"字。《文选》尤本、洪兴祖、朱熹、钱杲之、黄省曾、明翻宋本、朱多煃、汪瑗、毛晋"余"下作"既"字。

"既",《说文》:"既,小食也。"

黄灵庚曰:"无既者。辞气不畅。"此观点有待商榷。"余不难夫离别兮"大意为"我"不害怕离别,"既"字之意与该诗句无甚关联。而上句"初既与余成言兮"以及下节"余既滋兰之九畹兮",两句中"既"字均有实际意义,即作表示动态的副词,相当于"已经",对辞气畅与否并未有较大作用。综上,此处"既"字大概是因上下句中的"初既"与"余既"误衍而得。

(2)椒又充夫佩帏——椒又欲充夫佩帏

《楚辞疏·离骚》:"椒又充夫佩帏。"又下有欲字。

《文选》陈本、《文选》尤本、《文选》六臣本、洪兴祖、朱熹、钱杲之、黄省曾、朱多煃、毛晋、明翻宋本、汪瑗等"又"下皆有"欲"字。

"欲",《说文》:"欲,贪欲也。"《玉篇》:"欲,愿也。"根据文本内容,"欲"字在句中的作用不可或缺。将"欲"字加入诗句中,更能体现"茱萸"想要挤进"香囊"的迫切心情,从而可以将屈原的情感态度体现得更为准确。因此,《楚辞疏》"椒又充夫佩帏"一句中缺少的"欲"字应该是传抄过程中形成的脱文。

三、结语

本文以《楚辞疏·离骚》中的 24 组异文为研究对象,结合文字学、文献学等方面的知识对其进行整理、归纳并逐字辩证,尽可能地探索《离骚》文本的原貌。

通过对上述 24 组异文的具体分析,我们可以看出异文产生的原因多种多样,有异体字形成的、古今字形成的、正俗字形成的等等,有的甚至是毫无规律可循,例如在传抄过程中形成的脱文、衍文、讹误等,这些给后人阅读文本造成了极大的阻碍。本文的研究在文献学、训诂学、音韵学等方面具有一定的意义,能够帮助解决这些问题。例如文中的"雧——集"、"敶——陈"两组异文,通过对各自字形发展演变的考证,我们发现在战国时期,"集"字与"陈"字盛行,可以进一步推断屈原当年创作《楚辞》时应该使用的是楚国通行的"集"与"陈",而不会是"雧"与"敶"。因此,我们怀疑《楚辞》原文应写作"集"与"陈"。又如"余既不难夫离别兮"中的"既","椒又欲充夫佩帏"中的"欲",通过分析两字的含义与用法,结合上下文内容,我们认为二者分别为衍文和脱文。再如文中的八组通假字,通过对每组字的上古读音进行考证、比较,搜集通假用例予以佐证,确定其通假关系,可以方便读者理解。这些分析能够帮助我们尽可能地探索《离骚》原貌,更好地理解文本内容。总之,异文研究是非常重要的。

囿于本人学识,本文在分类、辩证等方面还存在浅显、疏漏等问题,文章的具体分析不够透彻,仍需深入挖掘。

《楚辞听直·听天问》探析

云南大学 何传雯

屈原是中国文学史上第一位伟大的诗人,同时也是楚辞的开创者和主要代表作家,对后世影响深远。此外,他忠君爱国、矢志不渝、高洁敖岸的人格品质和其悲剧性的命运深深打动了后人。特别在他们同样遭受到政治挫折之后,屈原以及他的作品遥隔漫长的历史长河给予失意的文人以慰藉。因而在历代注解楚辞的人们看来,《楚辞》不仅仅是一部伟大的文学作品,同时也在注解的过程中寄寓了自己的遭遇感叹,他们以自己的独特人生感悟给《楚辞》注解增添了不一样的色彩,《楚辞听直》便是其中一部明显带有个人色彩的论著。

《楚辞听直》是明代中后期较为重要且有特色的一部《楚辞》注本,其作者黄文焕乃是因冤入狱而评注《楚辞》,正可谓是借他人之酒杯,浇心中之块垒。因此该书与其他《楚辞》注本不同,并不重在对具体的字词做出考释,而是以对诗歌做申引阐释为主要内容。尽管其解读并不一定精确,甚至某些解释带有牵强之感,但由于黄文焕遭遇坎坷,屈原的悲剧命运引起他的深切共鸣,因此其评注往往带有一股不平之气,荡漾着慷慨悲壮的情感,这与屈原的作品气质相符。同时其注解大都能够品读出作品中微妙隐曲的心理变化,多有可取之处。但可惜的是目前对《楚辞听直》一书并没有深入的研究,本文借对《楚辞听直》其中《听天问》一诗的解读一窥该书的特色和价值。

一、作者及成书背景

黄文焕,字维章,号坤五,又号瓠庵、恕斋,永福(今福建省永泰县)人。其生卒年具体不详,据学者考证,大致在万历二十三年(1595)至康熙三年(1664)之间。[①] 天启五年(1625)进士,历任海阳、番禺、山阳县知县,颇有政绩,随后官至翰林院编修。

崇祯十三年(1640),"江西巡抚解学龙荐所部官,推奖道周备至。故事,但下所司,帝亦不覆阅。而大学士魏照乘恶道周甚,则拟旨责学龙滥荐。帝遂发怒,立削二人籍,逮下刑部狱,责以党邪乱政,并杖八十,究党与。词连编修黄文焕、吏部主事陈天定、工部司务董养河、中书舍人文震亨,并系狱。"[②] 黄道周曾因杨嗣昌和清廷议和一事与之当庭论辩

---

① 个厂:《黄文焕生卒小考》,《文学遗产》,2009 年第 1 期,第 41 页。
② 张廷玉等撰,中华书局编辑部点校:《明史·卷二百五十五·列传第一百四十三·黄道周》,北京:中华书局,1974 年,第 6592 页。

而惹恼了崇祯皇帝,随后又因魏照乘恶意中伤而被贬入狱,黄文焕亦因此次事件而受牵连下狱,自称为"钩党之祸"。也正是在蒙冤入狱的这段时间里,黄文焕产生了与屈原同病相怜之感,开始著《楚辞听直》。

又据记载,"辛巳十二月,戍辰州卫。一日上御经筵,叹讲官不学,宜兴进曰:'惟黄道周,识虽偏而学则长。'次辅蒋八公因言道周贫且病,乞移近戍。宜兴曰:'皇上无我之心,有同天地,既道周有学,便可径用,何言移戍?'上笑而不言。既退,即御书原官起用。"① 辛巳即 1641 年,黄道周于此年十二月获释,黄文焕亦应约在此时或不久后出狱。出狱不久黄文焕便辞官归家,专注于著述中。黄文焕著述颇丰,而其中最为重要的便是《楚辞听直》一书。

该书不仅著于黄文焕身陷囹圄之时,同时也是创作于晚明这一大的时代背景下。虽然关于黄文焕的生平资料甚少,其师承和思想源流没有相关记载,但从《楚辞听直》一书的内容来看,明显受到晚明思潮的影响。明代中期王阳明心学打破了程朱理学对人性的禁锢,突出和强调了个体在道德实践中的主观能动性。随后的泰州学派和李贽等人则进一步突破了传统儒家思想的束缚,追求个性,张扬自我的主体意识愈加明显。黄文焕借评注《楚辞》一书以表现自己之冤屈和不平,甚至不惜引申发挥、曲解原意以符合自己所要表达的观点。该书之名则是出自《楚辞·九章·惜诵》:"所作忠而言之兮,指苍天以为正。令五帝以析中兮,戒六神与向服。俾山川以备御兮,命咎繇使听直。"② 以"听直"命名不仅是听屈原之怀抱与冤屈,也是听黄文焕之怀抱与冤屈。书中自我个性的突出展现以及其对贤先圣王的猛烈批评等违背儒家温柔敦厚思想的表述,则应当是受到晚明思潮潜移默化的影响。此外,晚明时期各种社会矛盾展现出来,朝廷上如黄道周等许多忠贞之士惨遭贬谪,更有甚者惨死政治斗争之中;明末天灾人祸不断,农民起义屡禁不止;清廷更是对中原虎视眈眈,在如此内忧外患的背景下,悲愤不平之情自然也流露在《楚辞听直》一书中。

因此四库馆臣评曰"大抵借抒牢骚,不必尽屈原之本意。其词气傲睨恣肆,亦不出明末佻薄之习也。"③ 尽管"不必尽屈原之本意"这一点不足取,但黄文焕这种重视张扬主体的思想在一定程度上契合屈原作品的精神气质,同时也猛烈攻击了《楚辞》注解经学化这一倾向。

---

① 黄宗羲著,沈芝盈点校:《明儒学案·卷五十六·诸儒学案下四·忠烈黄石斋先生道周》,北京:中华书局,2008 年,第 1331 页。
② 洪兴祖撰,白化文等点校:《楚辞补注·九章·惜诵》,北京:中华书局,1983 年,第 121 页。
③ 永瑢等撰:《四库全书总目·卷一百四十八·集部一·楚辞类存目·楚辞听直八卷、合论一卷》,北京:中华书局,1965 年,第 1270 页。

二、《听天问》解析

屈原《天问》一诗被认为是千古至奇之作,该诗从天文地理一直追问到传说历史,一共提出了一百七十多个问题,不仅展现了屈原惊人的想象能力和艺术才华,而且表现了他对传统历史以及现实政治的大胆质疑甚至是尖锐的批评。王逸言屈原创作该诗乃因"见楚有先王之庙及公卿祠堂,图画天地山川神灵,琦玮僪佹,及古贤圣怪物行事。周流罢倦,休息其下,仰见图画,因书其壁,何而问之,以渫愤懑,舒泻愁思"①。屈原作《天问》以述其内心愤懑之情,而黄文焕的《听天问》同样也是对天地乃至远圣先贤毫不犹豫地加以斥责,其激烈程度和批判锋芒较之屈原更甚。

首先,黄文焕对《天问》之名做出独特的解释。王逸认为"《天问》者,屈原之所作也。何不言问天?天尊不可问,故曰天问也"②。洪兴祖同样也以为"天固不可问,聊以寄吾之意耳。"③"天不可问"的态度明显受儒家思想的影响,敬畏天地是儒者的态度,但《天问》一篇对天地发出质问,放言无悼,"天不可问"显然与屈原本意不符,带有经学化的色彩。黄文焕在解释篇名时更首先否定了王逸等人的说法,认为:

> 不曰问天,而曰天问,立题甚奥。王逸曰天尊不可问,故曰天问。非也!原盖曰天当自问耳,犹之乎诏西皇使涉余,依阊阖使望余之旨也。世间一切治乱、倚伏、颠倒,及诸怪诞之事物,皆天所为,非天自问其何故,人之识岂能解之?人之力岂能尸之哉?人无由问天,天不肯自问,一时千古只共昏迷愤极,亦哑板矣。④

"天当自问"与"天不可问"态度截然相反,无异于石破天惊之语,充满了大胆反叛的色彩,他认为人世间的一切灾难荒诞之事皆全由天之所为,故此当天自问其责,若天不肯自视其责,则千古不得光明,黄文焕此语不仅是对屈原所处时代的感慨,更是对自己的遭遇以及国家处境的悲叹。

黄文焕不仅将批判的锋芒指向苍天,而且同样强烈质疑历来被人们所称颂的远圣先贤。"鸱龟曳衔,鲧何听焉?顺欲成功,帝何刑焉?永遏在羽山,夫何三年不施?伯禹愎鲧,夫何以变化?"⑤黄文焕在此节下笺曰:

> "顺欲成功"者,不违高卑之势而从水之性也,则顺功自可成,刑何所加?而鲧顾

---

① 洪兴祖撰,白化文等点校:《楚辞补注·天问》,北京:中华书局,1983年,第85页。
② 洪兴祖撰,白化文等点校:《楚辞补注·天问》,北京:中华书局,1983年,第85页。
③ 洪兴祖撰,白化文等点校:《楚辞补注·天问》,北京:中华书局,1983年,第85页。
④ 黄文焕撰:《听直合论·听天问》,复旦大学藏明崇祯十六年刻,清顺治十六年增修本,第681页。
⑤ 洪兴祖撰,白化文等点校:《楚辞补注·天问》,北京:中华书局,1983年,第89页。

昧之也。"三年不施者"，鲧之治水，九载弗成，尧乃行殛焉。当其三载考绩，成败足以立知，用逆不用顺，必无成理矣，何不立施羽山之法，而又迟之九载方责其无成也，是尧之于鲧既未能知之于初举之日，而又未能知之于三载之际也。①

黄文焕于此认为鲧之治水不成功的原因当然在于其不识水从高处流到低处的自然规律，但是尧也应当负有责任。鲧花费九年来治理洪水，在这相当长的一段时间内，每三年一次的考核鲧都没有达成治理目标，而尧却不加以制止，反而在九年后才施以惩罚。尧既在任用之初不能辨别鲧治水之才能，又在三年后未达成考核目标时不加以制止，反而拖延至九年后才惩罚鲧治水不利一事。显而易见，尧须为洪水泛滥的灾难负责，而非将罪责全归咎于鲧身上。

除了对尧的指责之外，黄文焕对另一位被称为圣王的禹则批判更加激烈。"禹之力献功，降省下土四方，焉得彼涂山女，而通之于台桑？闵妃匹合，厥身是继。胡维嗜不同味，而快鼌饱？"② 黄文焕下笺曰：

> 盖被谮之愤怀，借千古之帝王以遍问而致疑也。苟可以谤，无一人而不可谤者。焉得涂山者，禹既勤力图功，急为下土计划，则何不径弗娶而行，乃又通之台桑。如非治水之顺途而将归娶，则枉道既稽帝命。即因治水之顺途而归娶，则亦以娶妻而缓治水之期矣。虽曰四日无几，而到底娶妻以图继嗣，谋身较急也。闵妃者，禹以治水为闵民者也。先娶而后出，是闵民不如闵妃也，闵妃之匹合，倍于闵民之陷溺也。鼌饱者，禹娶四日而即行，固与常人恋家嗜欲不同，然总之不能不以身家为先，譬之众人之嗜欲则求饫于三餐，禹则求快于朝饱者也，虽与三餐殊，而务求一饱之意。犹然未忘情于妻未忘情于继嗣矣。③

禹本是奉尧之命治理洪水，面对已经拖延了九年的问题本该全身心投入，然而禹却在此危急之时与涂山女于台桑私通。如果禹不是在治水途中遇见涂山女并与其成婚，那么禹则是违背了尧之命令；若是在治水途中顺便迎娶涂山女，尽管未违背治水的命令，但也贻误了治水的时机。不管是以上何种原因，黄文焕认为禹做出此举之因乃在于禹将个人的私情看得比国家之利益更为重要，同时也指出和常人一样也溺于情欲和续嗣之中，比屈原更进一步揭示儒家所谓的圣王之面目，指责鲜明，批判激烈。

黄文焕处于晚明时期，内忧外患的背景下使其不得不思考国家兴亡的问题。"桀伐

---

① 黄文焕撰：《楚辞听直》，复旦大学藏明崇祯十六年刻，清顺治十六年增修本，第549页。
② 洪兴祖撰，白化文等点校：《楚辞补注·天问》，北京：中华书局，1983年，第97页。
③ 黄文焕撰：《楚辞听直》，复旦大学藏明崇祯十六年刻，清顺治十六年增修本，第549页。

蒙山,何所得焉,妺嬉何肆,汤何殛焉?"① 下笺曰:

  见夫少康之道,若子孙世受不失,汤未能厚之取之也。然后归罪于桀,冷言之曰:"伐蒙何得一妺嬉以亡其国。是为有得乎? 无得乎? 伐人乎? 自伐乎?"于是又庄言之曰:"美色害政,惑者自惑。桀实失德,非复一端,纵肆之罪,岂但一妇人?"②

  美色误国之论已是常谈之事,妺嬉、褒姒、妲己等人常被指责为红颜祸水,但黄文焕认为区区一个女子焉能倾覆朝政,国家灭亡的根本原因在于君主失德,而非女子乱政。
  黄文焕因蒙冤入狱而在评注《楚辞》,因此常常借此来抒发自己的感慨。如"不任汩鸿,师何以尚之? 佥曰何忧,何不课而行之?"③ 下感叹:"曰何以尚之,何不课而行之,盖曰误信之嗟自帝世而已然矣,何独今哉?"④ 尧因误信众臣所言而命鲧治水,而"何独今哉"的感慨不仅指涉屈原之不被信任,也是对自己处境的感慨,尧尚偏听偏信,更何况不如他的君王? 又如"黑水玄趾,三危安在? 延年不死,寿何所止?"⑤ 下笺曰:"沧桑迁变,安知今古之同否哉?"⑥ 沧桑变迁引起黄文焕古今之叹,这种感慨在《楚辞听直》一书中数见不鲜,蒙冤的悲愤和对历史的思考贯穿全书,使得其在注解《楚辞》诸书中别具一格。

三、结语

  《四库全书总目》对明代楚辞研究情况并不满意,对《楚辞听直》一书也颇有微词。但受明代特别是晚明思潮影响,明代的楚辞研究在一定程度上突破了儒家经学化的束缚,更多地从文学角度来评判作品价值。《楚辞听直》一书便是明代楚辞研究的重要代表,同时由于黄文焕以自身的遭遇丰富了其评注内容,因此该书愈发展现其个人色彩。他进一步突破温柔敦厚的束缚,使得屈原的个性得到彰显,大胆创新,为注解《楚辞》注入新的活力,指出楚辞研究的另一发展可能。尽管其考证并不严谨,阐释也有牵强附会之处,但《楚辞听直》一书对后世产生了较大的影响,存在一定的研究价值。

---

① 洪兴祖撰,白化文等点校:《楚辞补注·天问》,北京:中华书局,1983年,第103页。
② 黄文焕撰:《楚辞听直》,复旦大学藏明崇祯十六年刻 清顺治十六年增修本,第556页。
③ 洪兴祖撰,白化文等点校:《楚辞补注·天问》,北京:中华书局,1983年,第89页。
④ 黄文焕撰:《楚辞听直》,复旦大学藏明崇祯十六年刻 清顺治十六年增修本,第548页。
⑤ 洪兴祖撰,白化文等点校:《楚辞补注·天问》,北京:中华书局,1983年,第96页。
⑥ 黄文焕撰:《楚辞听直》,复旦大学藏明崇祯十六年刻 清顺治十六年增修本,第552页。

《骚筏》的特点与贡献

金陵科技学院 刘树胜

贺贻孙(1605—1688),字子翼,明末清初江西永新人。明末动乱,隐居深山,结第水田居,因号水田居士,以古文名世。《清史稿·文苑列传一·胡承诺传·附贺贻孙传》记载,贺氏九岁能著文,时有神童之目。明季盛行文人结社,贺氏与万茂先、陈士业、徐巨源、曾尧臣等人结社豫章郡。明亡不出。顺治初年,学使者仰慕其文名,荐而不就。后巡按御史笪重光欲举应博学鸿词科,贺氏愀然曰:"吾逃世而不逃名,名之累人实甚!吾将从此逝矣!"① 于是剪发衣缁,结茅深山,断绝与人往来。著有《易触》《诗触》《诗筏》《骚筏》,又著《水田居激书》。

《骚筏》是贺贻孙楚辞研究的代表作品,其书只选取屈原和宋玉的作品作为评述对象,而内容重在阐发作品大意、评价其艺术成就、梳理其章法结构,间有对其风格特征、著作常识如作者作时作地的分析,基本上遵循了文学批评与欣赏的原则。其书的特色明显,对楚辞研究有不小的贡献。

一、《骚筏》的评注特点

第一,紧紧围绕"骚"这一中心,体现了明人"尊经"的《楚辞》观。

《楚辞章句》《楚辞集注》等一遵刘向所辑《楚辞》,兼采后人模拟之作,所收作品时间上已不属同一时代,地域上也并非楚地,情感和思想也远离了屈宋风骨,艺术上又难望屈宋项背,所以,历代注《骚》评《骚》者所持的选择标准也不同。贺贻孙《骚筏》所取评述对象只有屈宋的创作,其篇次为:屈原《离骚经》《天问》《九歌》《九章》《远游》《卜居》《渔父》,宋玉的《九辩》《招魂》《大招》,共二十八篇。在《骚筏·总评》中,贺贻孙说:"自《离骚经》至《大招》,皆《楚辞》也。"② 贺氏认为,楚辞指的是战国时代楚人的创作,不包括汉代人的拟作,这种观点无疑是有一定道理的。其选录范畴大致反映了明人对楚辞内涵的界定。

明代楚辞著述的选录标准是怎样的呢?通观现存明代(包括由明入清的遗民)的数十种楚辞著述,我们对只选录屈原及宋玉作品的著述予以统计,不难发现其中存在的规

---

① 赵尔巽:《清史稿》,北京:中华书局,1977年,第1530页。
② 贺贻孙:《骚筏》,四库未收书辑刊第10辑13册第1部,北京:北京出版社,1997年,第22页。

律。在辑注类二十三种中,有周用的《楚辞注略》、赵南星的《离骚经订注》、郭维贤的《楚辞》、林兆珂的《楚辞述注》、汪瑗的《楚辞集解》、来钦之的《楚辞述注》、戈汕毛晋的《楚辞参疑》、张京元的《删注楚辞》、黄文焕的《楚辞听直》、李陈玉的《楚辞笺注》、钱澄之的《屈诂》、刘永澄的《离骚经纂注》、毛奇龄《天问补注》、周拱辰《离骚草木史》《离骚拾细》《天问别注》、陆时雍《楚辞疏》(自《离骚》至《大招》均有小序,有旧诂,有新注,以下多有文无注,殆同只注屈宋,故附于此)、汤骏公的《离骚经贯》、贺宽《饮骚》、杨金声的《楚辞笺注定本》、林云铭的《楚辞灯》等21种,接近此类的全部;在音义类五种里,有陈第《屈宋古音义》(不录《天问》,兼录宋玉四篇赋作)、屠本畯的《楚辞协韵》、张学礼胡文英的《离骚直音》、戈汕毛晋《楚辞译韵译字》,已接近此类的全部;在论评类十六种中,有归有光的《玉虚子》(录屈原作十三篇)《鹿溪子》(录宋玉作两篇)、陈第的《屈宋古音义篇题》、冯梦祯的《读楚辞语》(部分)、屠本畯的《读骚大旨》、来钦之的《楚辞述注集评》、黄文焕的《楚辞合论》、陆时雍的《楚辞杂论》、沈云翔的《楚辞评林》、贺贻孙的《骚筏》等十种,选录范围确定为屈宋的也占了大多数。在以上三类中,其著述选录屈原作二十五篇和宋玉作三篇的,有周用的《楚辞注略》、屠本畯的《楚辞协韵》《读骚大旨》、林兆珂的《楚辞述注》、张京元的《删注楚辞》(认为《大招》为景差作)、李陈玉的《楚辞笺注》、周拱辰的《离骚草木史》《离骚拾细》、贺宽的《饮骚》、杨金声的《楚辞笺注定本》、林云铭的《楚辞灯》、陈第的《屈宋古音义》(不录《天问》,兼录宋玉四篇赋作)《屈宋古音义篇题》、张学礼胡文英的《离骚直音》、戈汕毛晋的《楚辞译韵译字》、沈云翔的《楚辞评林》、贺贻孙的《骚筏》等十七种;其著述全录原书而只注屈原宋玉之作的,只有陆时雍的《楚辞疏》《楚辞杂论》两种;其著述仅选录屈原之作二十五篇的,有汪瑗的《楚辞集解》、来钦之的《楚辞述注》《楚辞述注集评》、钱澄之的《屈诂》等四种;其著述选录屈原传统二十五篇兼有争议作品的,只有黄文焕的《楚辞听直》《楚辞合论》两种;其著述选注仅屈原宋玉部分作品的,有归有光的《玉虚子》(录屈原作十三篇)《鹿溪子》(录宋玉作两篇)、赵南星的《离骚经订注》、郭维贤的《楚辞》、戈汕毛晋的《楚辞参疑》、刘永澄的《离骚经纂注》、毛奇龄《天问补注》、周拱辰的《天问别注》、汤骏公的《离骚经贯》、冯梦祯的《读楚辞语》(部分)十种。这五种选录情况的著述总数为三十五种,与整个明代楚辞著述总和44种相比(其中"考证类"七种不易分辨,未在统计之列),数量极为可观,这一现象充分说明了明人"尊经"的楚辞观。

  为什么明人有这样的选录标准呢?明代的文学思潮对《骚筏》以文学批评和欣赏为主脑的研究方法影响深刻。明初文学创作上的狂妄自负、追求艰涩、矫揉粉饰的流弊,激起了宋濂、李梦阳、王廷相、王世贞等有识之士的强烈反对,他们高举"师古""复古""仿古"的大旗,把古代优秀的文艺作品奉为学习典范。如宋濂便提出"取法乎上"①"以圣人为宗"②"学古之道"③的师古主张,同时指出了亦步亦趋、丧失自我、缺失独创精神的"好模拟"的弊端。宋濂以其文学界的领袖地位,起到了开风气的作用;作为"前七子"的领袖,李梦阳在倡导"宣志""贵情"的基础上提倡严守古法,旨在"以我之情述今之事",而"尺寸古法,罔袭其辞"④。而其倡效古法,并非唯古是学,而是有所选择,"山人于是则又究心赋骚于唐汉之上"⑤,提倡骚体学楚,赋体学汉,诗体学唐,以各种文体最高水平的创作为学习榜样;而作为"后七子"复古运动的领袖,王世贞却竭力反对拟古。他提倡复古,崇尚古典诗文,却不迷信经典,颇能做到取其精华指摘瑕疵;明人孙鑛在《与吕甥玉绳论诗文书》说:"诗以《三百篇》为主,兼之楚《骚》《风雅广逸》《汉魏诗乘》。"⑥其中专言楚《骚》,而不言《楚辞》这一广义概念,足见明代人对《离骚经》的尊崇。总之,这些文学思潮的复古倾向,不仅左右了明代的诗文创作,也影响到了文学批评,对明代文学评点风气的形成起到了决定性的作用。他们主张"宗经",并由宗儒家之经拓展到宗一切文学经典。

楚辞研究史上传统的"尊经"风气,对明人著述的选录标准影响至巨。楚辞有经有传,《离骚》题目旧有"经"字附其后,《九歌》以下诸作皆作《离骚经传》,《楚辞章句》《楚辞集注》莫不如此。王逸解释《离骚经》说:"离,别也。骚,愁也。经,径也。言己放逐离别,中心愁思,以讽谏也。"⑦释经为径,显然是把《离骚经》的命名权归于屈原,不免显得牵强。对此,洪兴祖《楚辞补注序》说:"古人引《离骚》,未有言经者。盖后世之士,祖述其词,尊之耳,非屈子意也。"⑧因为汉人"当日重辞赋之学,自宜综骚尊骚,特以经名之"⑨。对《离骚》的推尊,将其比作儒家的经典,这才是《离骚》称经的原因。这种风习,一直延续到宋代。虽然后世尤其是明代如黄文焕、林云铭等人力辟其非,并付诸实践,去掉了"经"字,但"祖述其词""综骚尊骚"的传统却保留了下来。陈子觐在为李陈玉的《楚辞笺注》所做的《后序》中说:"《楚辞》之为书也,推尊之者谓其及孔圣时,当录之经。夫经之于否,非后人能知。要其书盖性情之书也。"⑩而杨金声《楚辞笺注定本·序》引彭而述《序》曰:"《离骚》之不列六经,又不列十三经,骚之不幸也,然而经矣。其文字实赓六经而作也。"⑪

---

① 吴莱:《渊颖集》,文渊阁四库全书本1209册,台北:台湾商务印书馆,1986年,第115页。
② 宋濂:《文宪集》,文渊阁四库全书本1223册,台北:台湾商务印书馆,1986年,第401页。
③ 宋濂:《文宪集》,文渊阁四库全书本1223册,台北:台湾商务印书馆,1986年,第591页。
④ 李梦阳:《空同集》,文渊阁四库全书本1262册,台北:台湾商务印书馆,1986年,第566页。
⑤ 李梦阳:《空同集》,文渊阁四库全书本1262册,台北:台湾商务印书馆,1986年,第446页。
⑥ 孙鑛,月峰先生居业次编:禁毁四库书目集部第126册。
⑦ 王逸:《楚辞章句》,文渊阁四库全书第1062册,台北:台湾商务印书馆,1986年,第3页。
⑧ 洪兴祖:《楚辞补注》,北京:中华书局,1958年,第2页。
⑨ 黄文焕:《楚辞听直》,续修四库全书本第1301册,上海:上海古籍出版社,2002年,第505页。
⑩ 李陈玉:《楚辞笺注》,续修四库全书本第1302册,上海:上海古籍出版社,2002年,第4页。
⑪ 杨金声:《楚辞笺注定本》,顺治三年丙戌刊本。

将《离骚》与六经相提并论,为其不列六经鸣冤叫屈,并为其称经而欢欣鼓舞,足见明人的尊骚情怀。

作为中国文学史上的高标,屈宋的楚辞创作自然成为明人推尊的榜样;而作为明人的偶像,屈宋及其作品所展示出的人格魅力及艺术魅力,才是其得以被推尊的主要原因。来钦之在《楚辞述注序》中笼统地交代了所以选、所以删两方面的原因:"今止录其前五卷,而于最后之续者,俱不一及。则是何故?是特以著屈原之所为文而已矣。……虽然,详体乎屈原之言之志,则朱子所为予之夺之者,可类推也。"① 黄文焕在《楚辞听直·凡例》中表现出来的态度更为坚决,他先是详细列举了原本《楚辞》的卷帙与篇目,把刘向编订的屈子七题为七卷,把宋玉之《九辩》《招魂》、景差之《大招》、贾谊之《惜誓》、淮南小山之《招隐士》、东方朔之《七谏》、庄忌之《哀时命》、王褒之《九怀》、刘向之《九叹》和王逸之《九思》,每一题各自编为一卷,共为十七卷。之言声明:对那些"其词之与原无涉者""词为原作,而其意其法,未能与原并驱",甚至像"为从来所共赏""然词在涉不涉之间,意与法在欲并未能并之际,抄袭句多,曲折味少"之《九辩》,一并加以"严汰"。而对于有争议的二《招》,认为"未尝以专属景差",非但"词义高古,非原莫能及",其"本领深厚,更非原莫能及"并据司马迁'读《离骚》《天问》《招魂》《哀郢》,悲其志"的话,定为屈原自作②。它不仅涉及了对屈原作品思想和艺术成就的评价,还涉及有争议作品的归属问题,这些问题都体现了明人"尊经""尊骚"的风气,反映了其选择的标准。《四库提要·楚辞听直提要》指出,其篇次"与旧本皆异"③。

先来看明人对屈原人格魅力的评价。周用在《楚辞注略序》里称:"其心忠,故终始以贞信自许,而不敢少忘其君;其情哀,故每作则纠缠郁塞,往复再四,而不可离;其志穷,故周旋迫切而无所容其身。"④ 细致准确地描述了屈原"心忠、情哀、志穷"的精神世界和创作心态,发掘了屈原人格中"义无所逃于天地之间"的创作原动力;李陈玉《楚辞笺注》谓其乃"千古奇才",而其作品皆"纯忠至孝之言,出于性情",不仅才高,而且性情至忠至孝,"非寻常可及"⑤;钱澄之《屈诂自引》在解释他为什么为本书定名为《楚辞屈诂》时说:"观王逸小序,则屈原所作原委分明,与诸作不相淆也。……吾盖深恶夫牵强穿凿,以求其前后之贯通,故以诂名,而所诂亦止于屈子诸作。因谓之《楚辞屈诂》。"⑥ 所谓原委,即屈原作品的创作动机,这个动机实际上就是屈原的特殊经历及其精神世界,这正是汉人

---

① 来钦之:《楚辞述注》,四库未收书本第5辑16册第1部,北京:北京出版社,1997年。
② 黄文焕:《楚辞听直》,续修四库全书本第1301册,上海:上海古籍出版社,2002年,第506页。
③ 永瑢纪昀等:《四库全书总目》第1062册,台北:商务印书馆,1986年,第8页。
④ 周用:《楚辞注略》,上海图书馆藏周之冕刊本。
⑤ 李陈玉:《楚辞笺注》,续修四库全书本第1302册,上海:上海古籍出版社,2002年,第2页。
⑥ 钱澄之:《屈诂》,四库全书存目丛书子部第164册,济南:齐鲁书社,1997年。

拟作与屈原作品的本质区别所在。所以，作为遗民的钱澄之对那些忸怩作态、无病呻吟的拟作深恶痛绝，在注释训诂时只选取了屈原的作品。至于其所以如此的原因，《四库提要·屈诂提要》予以了精要的判断："盖澄之丁明末造，发愤著书，以《离骚》寓其幽忧，而以《庄子》寓其解脱。不欲明言，托于翼经焉耳。"① 实在是切中肯綮之语。陆时雍《楚辞疏》一书虽兼收后人拟作，但感情倾向明显，其《楚辞条例》云："《离骚》续集，无甚深情，不必细为分解。"② 他认为，屈宋之后的拟作所以不受重视，原因在于它们"无甚深情"，而陆氏所说的"深情"，就是屈原发自内心的忠爱怨愤之情。

再来看明人对屈宋艺术成就的认同。赵南星在《离骚经订注自序》里高度赞美了屈原的神妙殊绝之才在被压抑下所作的"骋志荡怀，出入古今，翱翔云雾，恍惚杳茫，变化无端"的绝妙文章，称之为"实剖判以来，所未有之文"③，赞美了《离骚》激情澎湃、想象超凡、风格神奇浪漫、章法多变的艺术特色；焦竑《(汪瑗)楚辞集解序》称："《离骚》惊采绝艳，独步古今，其奥雅洪深，有难邃测。"④ 肯定了屈原创作的独创性，深情赞美了其语言上惊采绝艳、意蕴上奥雅洪深的艺术成就；张京元《删注楚辞引首》认为，《骚》之所以成为《骚》，是前此未有的，之所以称其为前所未有，一是"体由独创"，二是"语出新裁"，正像刘勰所称"轩翥诗人之后，奋飞辞家之前"那样，是一种继往开来的新诗体⑤；陈第《屈宋古音义》全面地分析了屈原作品的艺术特点，道出了其只选屈宋作品的个中原委："夫《楚辞》莫妙于屈宋也。屈原之作，变动无常，溯沛不滞，体既独造，文亦赴之，盖千古绝唱也。宋玉之作，纤丽而新，悲痛而婉，体制颇沿于其师，风谏有补于其国，亦屈原之流亚也。"⑥ 一是屈宋之作乃楚辞中的绝品，非其他所能拟；二是屈原作品体制独造、感情充沛、辞采惊绝，为千古之绝唱。而宋玉之作感情哀婉、辞采纤丽新颖，且具有其师风范。纵观以上明人的观点，不难看出他们对屈宋艺术成就的高度认同。

再来看明人对后世拟作的评价。至于为什么明人对屈宋之后的拟作多不认可，对此，明代的楚辞研究者也有自己的是非判断。大致情况，一是因为拟作者缺乏屈原那样的志趣和追求，其创作自然也就失去了"发愤抒情"的意旨；二是拟作中有佻口狂诋、诃佛骂祖的狂悖之作，有损屈原的形象；三是艺术水平太低，不值得染指。周用《楚辞注略序》认为：后世拟作尤其是拟游仙之作，目的在其"骋浩荡之怀"，并以为这一手法"本于《离骚》"，致使"屈子之志荒矣"！即使像宋玉以下那样的当世人，也"以轻举放志为乐"，失去

---

① 永瑢纪昀等：《四库全书总目》，台北：商务印书馆，1986年。
② 陆时雍：《楚辞疏》，续修四库全书本第1301册，上海：上海古籍出版社，2002年，第374页。
③ 赵南星：《离骚经订注》，楚辞要籍选刊本，北京：燕山出版社，2008年，第368页。
④ 汪瑗：《楚辞集解》，续修四库全书本第1301册，上海：上海古籍出版社，2002年，第13页。
⑤ 张京元：《删注楚辞》，浙江图书馆藏万历四十六年刊本。
⑥ 陈第：《屈宋古音义》，北京：中华书局，1985年，第5页。

了屈原以神游象征求索的本旨①；《四库提要·楚辞集解提要》云："《集解》八卷，惟注屈原诸赋，而宋玉景差以下诸篇弗与。"②却没有给出理由。焦竑《(汪瑗)楚辞集解序》认为，那些"溯风而入味，沿波而得奇"的拟作者，虽间有拟《骚》之作，仍不能窥其藩篱，遑论其登堂入室！③指出了后世模拟之作难以追步的现状，给出了令人信服的答案；张京元《删注楚辞引首》认为："彼汉人自为汉语，冒楚于汉，其义何居？……汉诸君沿波袭流，情不肖貌。效颦增丑，代哭不悲，总属葛藤，自当削去。非云陋汉，亦自张楚云尔。"④一是汉人拟楚，属于冒名，本质是还是汉人创作，不是楚辞。二是汉人拟作，只是效颦代哭，情貌乖离。三是其目的就是要"张楚"；陈子覯在为李陈玉的《楚辞笺注》所做的《后序》中指出，"仿规者"因"学识才之尔殊"，造成了拟作形似神不似的结果⑤；而杨金声依照李陈玉的《楚辞笺注》所著的《楚辞笺注定本·序》，则更为直白地指出"宋玉而外，照样葫芦，未免衣冠是而神骨非"的缺点，并明确了《笺注定本》在选择上"螺纹分寸，不可杂泛"的原因⑥；林云铭的《楚辞灯》不仅只录了屈宋之作，在《凡例》中更明确地说："《楚辞》原本，皆有《续离骚》诸作，缀附末卷。大约无屈子之志而袭其文，犹不哀而哭，不病而吟，词虽工，非其质矣。甚至以莽大夫之《反离骚》佞口狂诋，亦列于内，岂非辱极？余止知注屈，不知屈之外尚有人能续，尚有人敢续者。况"变风""变雅"，实起于创，即有学步邯郸，断无后来居上。今一概从删，即前此注《庄》，痛斥《拟庄》诸篇之意也。"⑦则旗帜鲜明地提出了摒弃拟骚之作的理由，一是缺乏内在质量的继承，只流于形式的抄袭模拟，虚伪做作，辱没先贤；再是有些如扬雄《反离骚》之类的拟作有诋毁屈原的倾向，唐突了圣贤。纵观以上观点与做法，不难看出，明人楚辞著述范畴的选定标准不外以下两点：一是在思想和体式上的独创性，二是艺术上难以企及的成就。这实际上也反映了明代文学批评注重文学本位的思想，它不仅便于对真正意义上的楚辞创作进行相对集中的评价，也利于后学在文学创作上找到一个值得学习的真正意义上的高标。

贺贻孙的《骚筏》体现了他对楚《骚》的认同。通过以上论述不难发现，明人"尊经""尊骚"的文学观对当时的楚辞研究产生了重大影响，贺贻孙的《骚筏》也不例外。那么，他是如何看待屈宋创作的呢？贺贻孙在《诗筏》中曾借评述杜甫云："诗以《骚》为祖，以赋为祢，以汉魏诸古诗、苏李、十九首、陶谢庾鲍诸人为嫡裔。子美诗中沉郁顿挫，皆出屈宋，

---

① 周用：《楚辞注略》，上海图书馆藏周之彝刊本。
② 永瑢纪昀等：《四库全书总目》，台北：商务印书馆，1986年，第7页。
③ 汪瑗：《楚辞集解》，续修四库全书本第1301册，上海：上海古籍出版社，2002年，第13页。
④ 张京元：《删注楚辞》，浙江图书馆藏万历四十六年刊本。
⑤ 李陈玉：《楚辞笺注》，续修四库全书本第1302册，上海：上海古籍出版社，2002年，第13页。
⑥ 杨金声：《楚辞笺注定本》，顺治三年丙戌刊本。
⑦ 林云铭注，刘树胜校勘：《楚辞灯校勘》，保定：河北大学出版社，2011年，第5页。

而助以汉魏六朝诗赋之波澜。"① 由此可见,《骚》在贺氏心中的地位。在《骚筏·楚辞总叙》里,他相对集中地阐述了他个人的楚辞观:"自《离骚》至《大招》,皆楚辞也。楚诗不列于国风,今观楚辞,则楚之为风大矣。……意其与风人之诗虽有异名,其本于至性,可歌可咏,则一也。后人尊《离骚》为经,或疑为过。经者,常也。骚者,变也。变固未可为经,然《离骚》为古今第一篇忠爱至文。忠爱者,臣子之常。屈子履变而不失其常。"变风""变雅",皆列于经,则尊《离骚》为经,虽圣人复起,宁有异辞?"② 其中有三层含义:其选择范围为屈宋之作;《楚辞》与《诗经》均属"本于至性,可歌可咏"的风诗;尊《骚》为经的根据是"屈子履变而不失其常"。其中"本于至性,可歌可咏"即是对前人的继承,"屈子履变而不失其常"又是自己的新见。

第二,以文学批评与欣赏而非经学批判的眼光看待楚辞。

从写作学的角度全方位地评析作品,涉及了文学欣赏方法方面的涵咏和咀嚼,涉及了内容评述方面的人物刻画、谋篇布局和语言运用,涉及了评点形式方面的通论、总评、分评、后评和单句分析。

明代的文学思潮,影响到了当时的文学创作,并影响到了为文学创作提供范式的文学评点。在评点选材、评点形式、评点角度、评点语言上,无不打上了时代文学思潮的印记。纵观明代的文学批评与盛极一时的文学评点风气,如李卓吾批评本《忠义水浒传》、金圣叹批评本《水浒传》、贯华堂批评第五才子书《西厢记》等等,均遵循了把文学作品当作文学进行批评欣赏的原则。茅坤就是这一理论的实践者,其《茅鹿门文集》以评选见长,其所得原只在文之转折波澜,对于古人的精神命脉全未理会;孙鑛《与吕甥玉绳论诗文书》云:"世人皆谈汉文唐诗,王元美亦自谓诗知大历以前,文知西汉以上。愚今更欲进之古,诗则建安以前,文则七雄而上。文则以《易》《书》《周礼》《礼记》三《春秋》《论语》为主,两之《语》《策》,参之《老》《庄》《管》;诗以《三百篇》为主,兼之楚《骚》《风雅广逸》《汉魏诗乘》。"③ 其中专言楚《骚》,而不言《楚辞》这一广义概念,足见明代人对屈原创作的尊崇。在盛极一时的评点风气的背景下,雌黄及于楚《骚》也就成为容易理解的事情。孙鑛在《与李于田论文书》中又称:"宋人云:'三代无文人,六经无文法。'弟则谓惟三代乃有文人,惟六经乃有文法。周尚文,周末文胜,万古文章,总之无过周者……庄列荀屈韩吕诸家,变态极矣。"④ 在《与余君房论文书》中也称:"文章之法,尽于经矣,皆千锤百炼而出者。"⑤ 其持论主于法古,其理由是其千锤百炼,精腴简奥,得时人所谓法。其所谓法

---

① 徐中玉:《中国古代文艺理论专题资料丛刊》,北京:中国社会科学出版社,2013年,第780页。
② 贺贻孙:《骚筏》,四库未收书辑刊第10辑13册第1部,北京:北京出版社,1997年,第22页。
③ 孙鑛,月峰先生居业次编:禁毁四库书目集部第126册,
④ 孙鑛,月峰先生居业次编:禁毁四库书目集部第126册,
⑤ 孙鑛,月峰先生居业次编:禁毁四库书目集部第126册,

者，或语句组织上的色泽气象，或文章组织上的开合顿挫变化，或绳墨布置之法。这其中包括了从词语到语言的风神摇曳，从谋篇布局上的开合顺逆、抑扬顿挫，总之是涉及文学创作和批评技巧的方方面面。这两则文献明确讲到了"文法""变态"，已基本上剥离了文学作品只重内容的老路，显然是针对文学创作的艺术手段而言。这种重视"文章之法"的评点风气，对贺氏《骚筏》的影响也是显而易见的。

在谈到创作《骚筏》的目的时，贺氏明确指出了《骚筏》的文学模范意义："《国风》曲折深于《三百篇》者能言之，而《离骚》则鲜有疏其曲折者。余故将《离骚》及诸楚辞一并拈出，倘由吾言以学《诗》，则知屈宋与汉唐诗人相去不远也。"① 其所谓作诗之"曲折"，概指作诗之方法，由此可见此书的重心所在。因此，作者要疏解楚辞的"曲折"，剖析其创作方法，并自命其书为将读者渡向彼岸的宝筏，其用意与林云铭《楚辞灯》一样，要成为疏解楚辞文章"曲折"的第一人。由此可见，《骚筏》是把屈宋的楚辞作品当作文学作品进行研究的，这无疑是《骚筏》在内容上最显著的特点。

关于《骚筏》的研究方法，贺贻孙并没有作过明确说明，后世也缺少评说。但《四库提要·诗触提要》中的一段话，对我们了解《骚筏》的研究方法，有一定的启发：(贺氏)"发挥诗意，主《孟子》'以意逆志'之说，每曲求言外之旨，故颇胜诸儒之拘腐。"② 以"以意逆志"的解诗方法"发挥诗意"，就是以读者的心灵去迎合作者的心灵，并与之沟通，产生共鸣，进而理解作品内涵。这种解读方法无疑是合理合情的。明徐师曾《文体明辨序说》云："大明皇甫汸曰：'评诗者，须玩理于趣中，逆志于言外。若谓谏草非献君之物，鸣钟非夜半之时，则是明月不独照乎巴川，而周民诚无遗种于云汉矣。'"③ 虽然《骚筏》没有明确讲到曾使用过这种方法，但贺氏确实用得非常娴熟。其《骚筏·离骚》"党人偷乐"对"小人非有意误君"的论述，就是这一理论的创造性运用："盖小人亦非有意误君，但其识量不远，惟知目前快意，后日皇舆败绩，祸国祸身，所不及计。不独'幽昧险隘'从偷乐而生，而'恕己量人'亦偷乐之所必至也。盖偷乐则必恕己，谓吾所为者苟如是斯可矣，吾何以异于人哉？偷乐则必量人，谓人所为者不过如是斯已矣，人何以异于吾哉？"④ 小人偷乐不是出于有意误君，乃因其识量、自私所致。从人性角度出发，由小人到人再到自身，逐层推求比附，论证可信，结论振聋发聩。又如"变与不变"对"小人未尝不慕为君子"的论述："盖小人未尝不慕为君子，但以偷乐，故畏祸畏死，渐度变易，至于为小人而不自觉耳！"⑤ 认为小人也慕君子，不过因畏死而不自觉。因偷乐而畏死，因畏死而善变，因善变

---

① 贺贻孙：《骚筏》，四库未收书辑刊第10辑13册第1部，北京：北京出版社，1997年，第2页。
② 永瑢、纪昀等：《四库全书总目》，台北：商务印书馆，1986年，第376页。
③ 徐师曾：《文体明辨序说》，四库全书存目丛书集部第310册，济南：齐鲁书社，1997年。
④ 贺贻孙：《骚筏》，四库未收书辑刊第10辑13册第1部，北京：北京出版社，1997年，第3页。
⑤ 贺贻孙：《骚筏》，四库未收书辑刊第10辑13册第1部，北京：北京出版社，1997年，第3页。

而背规矩。以意逆志,切近人情。

至于诗歌的欣赏和批评,贺氏力主"涵咏"之法。这是一种传统的读诗解诗方法,读者通过反复吟咏,在字句的斟酌、音韵的回味中,体味和领悟诗文的精妙之处。贺贻孙在《骚筏自序》中有这样一段话:"东坡教人作诗,云:'熟读《毛诗·国风》与《离骚》,曲折尽在是矣!'此语甚妙。"① 这句话虽是针对作诗而言,对立足于欣赏批评的读诗解诗是一样的,懂得了作诗的"曲折",自然也就抓住了欣赏和批评的角度。但这种"曲折"的获得途径是"熟读",也就是传统的"涵咏"。至于这个"曲折"包括什么内容,下面将列专题讨论,此处不赘。贺氏认为,读楚辞、汉诗之法,不应寻章摘句,这是对汉代经师墨守训诂师法的彻底否定。诚如陶渊明所谓"好读书,不求甚解。每有会意,辄欣然命笔"②,即读书百遍其义自见的"涵咏"之法。《骚筏》在对诗的解读中多次提到这一方法,如《九辩》第二辩云:"楚骚、汉诗,皆不可以训诂求。读《骚》者,须尽弃旧注,止录白文一册,日携于高山流水之上,朗诵多遍,口颊流涎,则真味自出矣。"③ 具体描述了"读《骚》者,须尽弃旧注,止录白文一册"的"涵咏"准备工作,生动地描摹了"日携于高山流水之上,朗诵多遍,口颊流涎"的读书忘情状态;至于为什么要多遍"涵咏",贺氏在《九歌后评》中作了解释:"读《九歌》者,涵咏既久,意味自深。一经注破,便似说梦。余所评者,又梦中解梦也。"④《九歌》之妙,意味在于"涵咏",此亦其委婉含蓄的别样说法。所谓"涵咏既久,意味自深",包含了时间和频率两个方面的意思,正如孔子学琴于师襄,一遍有一遍的收获,一遍比一遍接近真醇;这种涵咏所得,非训诂所能得,这就是寻常所说的只可意会不可言传之意,也就是严羽所标榜的"羚羊挂角,无迹可求"的"妙悟"。在《涉江》的评述中,贺氏借对"哀南夷之莫吾知"的解读,指出了因不能"涵咏"造成的对屈子的误解:"贾大傅伤长沙卑湿,三闾大夫不伤南夷僻远,亦各有其意也。每叹注《骚》者不涵泳文意,乃诬忠良为诽谤。嗟乎!冤哉!吾不可不辨也。"⑤ 在《抽思》的评述中,贺氏云:"'回极浮浮'等语,当阙而勿解。凡古诗文不可解处,俱不必解。陶元亮'不求甚解',真不落学究气。读《骚》者当具此法,盖《骚》非学究可读也。"⑥ 阙而勿解,是阙证不解,乃不可解,非不必解。"不求甚解"是可解而不必深求解,寻章摘句,动辄千言,以其易淹没主旨。故也可视为"涵咏"的别样说法。由此可见贺氏对文学"涵咏"之法的青睐。

此书重点在阐发作品大意、章法结构和艺术特点。其评点内容主要表现为:一是对

---

① 贺贻孙:《骚筏》,四库未收书辑刊第10辑13册第1部,北京:北京出版社,1997年,第2页。
② 陶渊明:《陶渊明诗文集》,郑州:中州古籍出版社,2012年,第275页。
③ 贺贻孙:《骚筏》,四库未收书辑刊第10辑13册第1部,北京:北京出版社,1997年,第18页。
④ 贺贻孙:《骚筏》,四库未收书辑刊第10辑13册第1部,北京:北京出版社,1997年,第11页。
⑤ 贺贻孙:《骚筏》,四库未收书辑刊第10辑13册第1部,北京:北京出版社,1997年,第12页。
⑥ 贺贻孙:《骚筏》,四库未收书辑刊第10辑13册第1部,北京:北京出版社,1997年,第13页。

作品主旨的把握。这种把握往往以简洁的语言予以概括,绝不拖泥带水。如评《远游》云:"《远遊》亦愤世语,非真有仙可学也。然叔夜学仙,未免愤世;灵均愤世,乃欲学仙,岂皆有托而然?"①指出了《远游》的写作目的就是愤世疾俗,并指出同一愤世,嵇康与屈原境界的差距。二是对作品章法的分析。这是《骚筏》最为突出的内容。《骚筏》从文学欣赏的角度,对屈宋的多数作品的谋篇布局、篇章结构和层次安排进行了入情入理的分析和爬梳,使作品的脉络清晰了然。如评《九章·涉江》云:"《涉江》篇首句云:'余幼好此奇服兮,年既老而不衰',已具《骚经》前数行大意矣。世莫余知,高驰不顾,非劲骨人无此傲气。'吾与天地兮比寿,与日月兮争光',屈子何尝死!唯上官大夫、令尹子兰二人独死耳!'哀南夷之莫吾知兮,且余将济乎江湘',屈子生平以忠厚自处,不应称楚国为南夷。……盖屈子自郢涉江,及于湘沅。三楚以湘江为南楚,以其夷蛮杂居,故曰南夷。下文所谓宿辰阳、入溆浦、深林杳冥、猿狄同居、山高蔽日、幽晦多雨、霰雪无垠、云气霏霏,皆极言南夷非人境可居。朝廷既逐我矣,岂南夷有知我者? 不我知而旦犹济此,哀孰甚焉!然第哀其不知我耳,岂伤其僻远乎? 故又曰'苟余心之端直兮,虽僻远其何伤'。……'吾不能变心以从俗兮,固将愁苦而终身',不变心,不从俗,是屈子一生得力处,故反复言之。结云'余将董道而不豫兮,固将重昏以终身',则守此董正之道于僻远南夷之地,虽终身不见日月,亦无所恨,又何变心从俗可言哉!"②从头至尾,将整首诗的起承转合做了详细的解读,使读者对《涉江》的脉络了然于心。三是对作品艺术特点的分析。从文学创作的角度,以文学欣赏的眼光评价文学作品的艺术特点,涉及诸如心理分析、性格刻画、语言描写等各个方面。如评《惜诵》,既有对思想内容的评述,如,"'张辟以娱君',则娱君者皆机辟也,此语令人惕然。'欲儃回以干傺兮'八句,设四路而终不可自处,则惟有死而已矣。……末二语,欲举生平所爱之名节以自处,且再思而远身,非欲死而何"③,是对奸佞之害的揭露,是对屈原无路可走的处境描述;又有对人物心理的分析,如"'退静嘿而莫余知兮,进号呼而又莫余闻',二语沉冤已极"……'君可思而不可恃'七字,一字一血,古今至言也。'惩热羹者而吹齑兮,何不变此态也? 欲释阶而登天兮,犹有曩之态也',四句四折,愈折愈妙。以忠见罪者,终身不敢为忠,犹啜热羹者见冷齑且吹之,快喻解颐。释阶登天,以喻快捷方式,尤有趣。既变而欲释阶矣,而犹有曩之态,则崛强犹昔也。语愤而谑,遂令读者忽破笑为涕,又忽破涕为笑"④,分析了屈原进退两难的处境和矛盾心理;还有对文章结构的分析,如"'昔余梦祭天兮'四句,无端说梦,无端占梦,惝恍变幻,笔神

---

① 贺贻孙:《骚筏》,四库未收书辑刊第10辑13册第1部,北京:北京出版社,1997年,第16页。
② 贺贻孙:《骚筏》,四库未收书辑刊第10辑13册第1部,北京:北京出版社,1997年,第12—13页。
③ 贺贻孙:《骚筏》,四库未收书辑刊第10辑13册第1部,北京:北京出版社,1997年,第12页。
④ 贺贻孙:《骚筏》,四库未收书辑刊第10辑13册第1部,北京:北京出版社,1997年,第12页。

不测。……'恐情质之不信兮,故重着以自明',与首二语呼应,忿可怜"①,分析了梦境的作用,指出了首尾呼应的结构技巧,一唱三叹,回环往复;更多的则是对语言技巧的赞誉,如"'竭忠诚以事君兮,反离群而赘肬',盖满朝皆小人,遂视忠臣为悬肬之余物也。'赘肬'二字奇矣。众仇众雠,尤奇。……'忽忘身之贱贫','忽'字妙。平日贫贱自安,至此遂不复揣分矣。'迷不知宠之门',所谓其愚不可及也。'忠何辜而遇罚兮,亦非余之所志也'二语似悔似怨,缠绵有味。'众咍'更妙。以忠臣为仇雠者,不令之颠越不止,盖至此始得志而笑矣。最难堪在此一笑,较仇雠更为可恨!……'九折臂而成医兮,吾至今乃知其信然',屈子至此,又欲学佞矣。无聊中每作谐语,趣甚!苦甚!……篇或反言之,或复言之,缠绵到底,不能竟读。"②既有对人物情态(诚悫)的分析,又有语言风格(精警、谐谑)的评价,还有对语言技巧(巧喻妙譬)的分析。四是有时还涉及作品对后世创作的影响,包括了从题材内容到艺术特点等若干方面的影响。如《卜居》《渔父》"此二篇,凭空设端,实为《客难》《解嘲》滥觞,不独唐宋小赋之鼻祖也"③。这种解释实在具有启发意义!

第三,针对不同作品的特点,采取不同的评述方法。

《骚筏》所选取的屈宋作品,无论是在内容上,还是在形式上,都有自己不同的特点。屈原的作品,从思想到艺术,从内容到形式,已经五彩纷呈:《离骚》是屈原自叙性质的长篇政治抒情诗,《九章》是屈原在不同时地创作的纪行诗,《九歌》是屈原根据楚国当地的民间祭祀歌谣加工再创作的祭祀诗,《天问》是一首风格独特的长篇神话诗,《远游》近于游仙,《卜居》《渔父》近于隐逸;宋玉名下的楚辞作品,虽然只有《九辩》《招魂》《大招》三篇,也是各有千秋:《九辩》是宋玉"悯惜"屈原的代言之作,《招魂》《大招》都是带有神秘文化色彩的招魂之作。在这些作品里,《远游》《卜居》《渔父》《招魂》《大招》的作者问题、内容问题、文体问题还有许多争议。所以,在解读和评述这些作品的时候,有的要根据作品内容,有的要根据作品形式,有的要根据篇幅的长短,需要采用不同的方法,贺氏的《骚筏》就是这样做的。兹据作品类型予以分析:

《离骚》的评述类型。《离骚》是屈原的自叙诗,人物形象是重心,兼之结构庞大而复杂,采用逐层梳理的评述方式会显得拖沓冗长,且不易使读者抓住关键一目了然,所以,贺氏抓住极为关键的几个问题,并对这几个问题进行了纵向疏解。由"离骚开首""余弗及""变与不变""忍与不忍""屈子不畏死而畏老""党人偷乐"六节,把握了屈原与党人的人格与性格和全篇的结构问题;由"女媭""论驷玉虬至结兰延伫二十八句""索藑茅至暇日娱乐二十八句"三节,解决了后半篇思想斗争与前半片现实斗争的关系问题;由"芳草不幸"一节疏解了《离骚》以鲜花香草恶草臭木喻忠奸的技术问题。这些纲举目张

---

① 贺贻孙:《骚筏》,四库未收书辑刊第10辑13册第1部,北京:北京出版社,1997年,第12页。
② 贺贻孙:《骚筏》,四库未收书辑刊第10辑13册第1部,北京:北京出版社,1997年,第12页。
③ 贺贻孙:《骚筏》,四库未收书辑刊第10辑13册第1部,北京:北京出版社,1997年,第17页。

的疏解，皆拈出要点，发恢作意。例如：

> "惟党人之偷乐兮，路幽昧以险隘"，"偷乐"二字，写尽小人情状。盖小人亦非有意误君，但其识量不远，惟知目前快意，后日皇舆败绩，祸国祸身，所不及计。不独"幽昧险隘"从偷乐而生，而"恕己量人"亦偷乐之所必至也。盖偷乐则必恕己，谓吾所为者苟如是斯可矣，吾何以异于人哉？偷乐则必量人，谓人所为者不过如是斯已矣，人何以异于吾哉？千古小人，皆从不好名不立异，那班庸人做去，被屈子无意描出，不觉失笑。后面"固世俗之工巧兮，偭绳墨而改错"，世俗之人，即庸人，所谓党人也。党人无远识，而有小慧，初不过偷乐而已。偷乐既久，工巧遂出。谣诼善淫，险绝亦复巧绝！淫女以贞女为淫，邪人以正人为邪。偏是淫邪人有此伎俩，能令听谗者易疑又易信，能令受谗者不敢辩又不能辞，此其所以为工巧也。下文"委厥美以从俗，既干进而务入"，"从俗"是中士病根。"务入"二字，形容奔兢人尤刻毒。然此种变态，无非为偷乐所误。可见当时贤者，皆为偷乐丧其生平，又不独小人也。篇中穿插呼应，如草线灰蛇，令读者不测。①

此处总结的"偷乐"，在诗中也成为一条暗线，与"香草美人"君子相呼应。从人性角度出发，分析了"偷乐"即党人小人的病根，而"恕己量人""工巧""从俗""务入"都是"偷乐"的必然结果；其"偷乐"不是出于有意误君，而是其识量与自私所致。观点振聋发聩，作用纲举目张。

《九歌》的评述类型。《九歌》是屈原根据楚国当地的民间祭歌加工再创作而成的一组新的祭祀诗。它首先是组诗，既可单独成篇，又可看作一个整体。有首有尾，有系统，有组织；再是祭祀诗，有人物，有故事，有寄托，富浪漫色彩。所以，评述这样的组诗就不能与评述《离骚》一样。考虑到它的组诗性质，《骚筏·九歌》开头先是两段总评：一段介绍《九歌》的篇目问题，提出了合篇说；一段评述了《九歌》对后世诗歌的影响及其风格。例如：

> 《九歌》中兼有今古。如"穆将愉兮上皇"，"灵之来兮如云"，汉人《郊祀歌》也；"疏缓节兮安歌"，"传芭兮代舞"，"芳菲菲兮满堂"，"五音纷兮繁会，君欣欣兮安康"，晋人拂翔《白纻辞》也；"揽冀州兮有余，横四海兮焉穷"，《大风歌》也；"令沅湘兮无波，使江水兮安流"，《瓠子篇》也；"心不同兮媒劳，恩不甚兮轻绝。交不忠兮怨长"，"君思我兮不得闲"，《子夜读曲·捉搦歌》也；"悲莫悲兮生别离，乐莫乐兮新相知"，《东飞

---

① 贺贻孙：《骚筏》，四库未收书辑刊第 10 辑 13 册第 1 部，北京：北京出版社，1997 年，第 3 页。

伯劳歌》也;"满堂兮美人,忽独与余兮目成","思公子兮未敢言",《定情篇》《同心歌》也;"举长矢兮射天狼,操余弧兮反沦降","首虽离兮心不惩,魂魄毅兮为鬼雄",唐人《从军行》也;"东风飘兮神灵雨","雷填填兮雨冥冥,猿啾啾兮狖夜鸣",大白《蜀道难》《梦游天姥吟》也;"山中人兮芳杜若,饮石泉兮荫松柏",刘安《招隐》也;"既含睇兮又宜笑,子慕余兮善窈窕","折芳馨兮遗所思","君思我兮然疑作",《古艳歌行》也;"老冉冉兮既极,不浸近兮愈疏","愁人兮奈何,愿若今兮无亏。固人命兮有当,孰离合兮可为",韩退之《琴操》也。然其中又各有所近,有近《国风》者,有近《雅》《颂》者,有近赋者,有近宋人诗余及元人歌曲者。至其"沉郁悲壮",则杜少陵"古风"独得其全。读其词者,如取光于日月,酌水于沧海,愈用愈无穷,真奇文也。《九歌》总评①

高度评价《九歌》对后世文学的深刻影响,将其比作光与日月、水与沧海。这是从《九歌》对历代文学思想内容、风格体式、情感意蕴等方面影响的角度做出的评价。文中所列,正是抓住了后世文学作品与《九歌》在情感类型上的相似之处,探讨了文学的源流问题。《郊祀歌》得《东皇太一》之肃穆;《白纻词》得《东皇太一》《云中君》《礼魂》之祀神之敬;《大风歌》得《大司命》挥斥万有君临天下之威赫;《瓠子歌》得《湘君》之神力;《捉搦歌》得《湘君》《山鬼》之幽怨;《伯劳歌》得《少司命》之哀怨;《定情》《同心》得《少司命》《山鬼》之委婉细腻;《从军行》得《东君》《国殇》之勇毅;《蜀道难》《天姥吟》得《山鬼》之清幽深邃等。这是对《九歌》风格的评价。《国风》的"饥者歌其食,劳者歌其事""怨而不怒,哀而不伤",雅颂的典丽宏肆,赋的铺张扬厉,宋词的婉约抒情,元曲的本色自然,老杜之沉郁悲壮,《九歌》兼而有之,成为万世文学之源泉。

中间的主体部分对《九歌》逐章评述,其评述方式也随文就式,不尽相同。如《二湘》《山鬼》故事情节相对曲折而完整,故采取了逐层顺序讲述的欣赏方式;《东皇太一》《云中君》《二司命》人物性格神秘,故采取了重点分析人物性格的方法;《东君》《河伯》《国殇》似与君臣关系较近,故重点评述其寓意寄托。以《云中君》的评述为例:

各章俱有觖望惆怅,惟恐神不来之意。独《云中君》不恨其不来,而恨其易去。盖云之去来甚疾,不若诸神之难降,但降而不留耳。"翱翔""周章"四字,画出云之情状。"云皇皇兮既降,焱远举兮云中",出没无端,俊甚快甚。"览冀州兮有余,横四海兮焉穷",有俯视天下、沧海一粟之意。高人快士,相见时不令人亲,去后尝令人思。"劳心忡忡",亦云神去后之思也。右《云中君》②

---

① 贺贻孙:《骚筏》,四库未收书辑刊第10辑13册第1部,北京:北京出版社,1997年,第7页。
② 贺贻孙:《骚筏》,四库未收书辑刊第10辑13册第1部,北京:北京出版社,1997年,第8页。

总评《九歌》"觖望惆怅"的感情基调,并指出了"惟恐神不来"是造成这一感情基调的原因,确是抓住了《九歌》的关键,也就是抓住了神的特点。本篇从神的行为描写角度,抓住了云神的特点,指出《云中君》之所以独特的原因是"恨其易去"。

最后还有一段《九歌》后评。"后评"是对"总评"的补充,是对各篇评述的总结。这一段文字,既不是篇目问题,也不是艺术影响问题,只是贺氏自己评述《九歌》甚或《楚辞》的体会,是一种阅读欣赏文学作品的方法问题,所以单列。

> 读《九歌》者,涵咏既久,意味自深。一经注破,便似说梦。余所评者,又梦中解梦也。然为初学者说,不得不尔。想屈子有知,亦当发一笑也。右《九歌》后评①

《九歌》之妙,意味在于"涵咏",此亦其委婉含蓄的别样说法,即只可意会不可言传之意,与严羽标榜的"妙悟"异曲同工。为初学作诗者讲写作,不得已也。

《九章》的评述类型。除《橘颂》为少年抒情之作外,《九章》的其余八篇都是在疏放之后不同时段的创作,记述了自身的经历和当时的心情,具有明显的写实性质。在写法上,与《离骚》上半篇相似。《九章》各篇作品都可以独立成篇,可以独立解读和评述,不似《九歌》那样具有明显的整体性和系统性。《骚筏·九章》的评述,大致上沿用了《九歌》的评述形式,既顾及了《九章》的组诗形式,在卷首冠以"总评";其后是对各篇所做的评述。例如卷首的"《九章》总评",提纲挈领,总揽全局,云:

> 《九章》文字,明白疏畅,不如《九歌》之苍郁。妪昭明抑之,独选《涉江》一首。但文以达情为至。《九歌》于放逐之暇,点缀乐章,以寄忠爱,故其辞工妙独绝;若《九章》多绝命词,满腹烦冤,含泪疾书,情至之语,不知所云,岂区区从辞句论工拙乎?《九章》总评②

《九章》皆因其为自叙性质的写实纪行诗,手法平铺直叙,所以明白疏畅;《九歌》因其为祭祀诗,语言古朴苍劲华赡,所以苍郁而空灵玄妙。贺氏认为"文以达情为至",以此为标准,解释了《九歌》工妙独绝、《九章》直抒胸臆的原因。

《九章》的主体部分是对各篇的评述。九篇作品的评述有一个明显的共同点,就是在各篇的开头都有一句对本篇最显著特点的概括,如:"'惜诵'二字甚奇,中有不平,必诵言之"③"《涉江》篇首句云:'余幼好此奇服兮,年既老而不衰',已具《骚经》前数行大

---

① 贺贻孙:《骚筏》,四库未收书辑刊第 10 辑 13 册第 1 部,北京:北京出版社,1997 年,第 11 页。
② 贺贻孙:《骚筏》,四库未收书辑刊第 10 辑 13 册第 1 部,北京:北京出版社,1997 年,第 11 页。
③ 贺贻孙:《骚筏》,四库未收书辑刊第 10 辑 13 册第 1 部,北京:北京出版社,1997 年,第 11 页。

意矣"①"《哀郢》作于涉江之后,盖既涉江,犹不忍忘郢,忠厚极矣"②"《抽思》摘篇中'少歌'首句二字命题,隽甚"③"人皆谓《骚》始于屈,赋始于宋,而不知屈子《骚》中已开赋之先"《思美人》篇虽云思君,然皆自写情愫,盖至此愈无望君之一悟矣"④"《思往昔》者,从放逐之后,思宠任之时也"⑤"《橘颂》独用四言,盖《颂》体也"⑥"《悲回风》,字字气结,不忍竟读,是屈子自诔文也"等⑦,涉及作品内容的概括、人物情感的描述、创作时地的判断、文体的归属、艺术特点的评价和绝命词的认定等。《骚筏》顾及到九篇作品的独立性质和多数作品的纪实性质,曲畅旁通,颇有会心。通观九篇评述,形式不尽相同:《惜诵》《涉江》《抽思》《哀郢》《思往日》《橘颂》《悲回风》,均按层次先后,依次摘举原文,而以意发恢,是一个类型。其具体做法是,每篇作品按前后顺序,选择其中情感色彩较浓的句子,予以批评欣赏;《怀沙》则以论赋祖为主,兼及屈子两处愤激之词的评述;《思美人》则是采用《离骚》评述之法重点评述屈子的"变与不变"。可见,《九章》这一评述类型带有综合性质,情况较为复杂。

关于为何称为《九辩》,论者有九篇之说,这种说法显然是靠不住的,《骚筏·九辩》评述实际上就是继承了这种说法,将其视为组诗来看待的。《九辩》评述也是开头先有一段总评,主题部分分"辩"(篇)评述。并且在每段评述前也有一句对内容的高度概括,之后也均按照层次先后,依次摘举原文,而以意发恢,类似《九章》评述,故归于一类。

至于《骚筏》对《远游》《卜居》《渔父》《招魂》《大招》的评述,可以看成一个类型。虽然《远游》风格殆同《九章》,而评述重在语言;《卜居》《渔父》均为对话而以一个人物的话语为主,所以重在评述语言技巧;《招魂》《大招》竟为合评,且只涉及作者、招谁、目的、声色描写和屈子梦中潜意识诸问题,已经脱离了将其作为文学作品解读的初衷,似乎强弩之末,有敷衍之嫌。以上诸作,与前此诸作不可同日语。故列于此,以备一体。

第四,《骚筏》所涉及的内容非常全面,而评述内容却有所侧重。

前面说过,书中涉及了作品主旨、屈原形象塑造、人物性格刻画、文章章法结构、语言技巧、情景关系、比兴象征、风格特征、后世影响、辞赋区别、作品真伪等若干文本内外的问题,在这些林林总总的问题里,对人物形象塑造和文章章法结构的评述尤为突出。如对屈原及与之对立的小人集团的性格刻画,以及与之相对应的芳草美人之喻和党人险佞之状的描述,往往不惜施以浓墨重彩,钩稽比勘,得全文全书旨意,可谓善用心者。

---

① 贺贻孙:《骚筏》,四库未收书辑刊第10辑13册第1部,北京:北京出版社,1997年,第12页。
② 贺贻孙:《骚筏》,四库未收书辑刊第10辑13册第1部,北京:北京出版社,1997年,第13页。
③ 贺贻孙:《骚筏》,四库未收书辑刊第10辑13册第1部,北京:北京出版社,1997年,第13页。
④ 贺贻孙:《骚筏》,四库未收书辑刊第10辑13册第1部,北京:北京出版社,1997年,第14页。
⑤ 贺贻孙:《骚筏》,四库未收书辑刊第10辑13册第1部,北京:北京出版社,1997年,第15页。
⑥ 贺贻孙:《骚筏》,四库未收书辑刊第10辑13册第1部,北京:北京出版社,1997年,第15页。
⑦ 贺贻孙:《骚筏》,四库未收书辑刊第10辑13册第1部,北京:北京出版社,1997年,第16页。

先来看对屈原形象的评述。《骚筏》在对《离骚》《九章》《远游》《卜居》《渔父》《九辩》等纪实性作品的评述中,始终是把抒情主人公屈原作为评述重点的。无论是人物的性格分析、心理描写还是语言欣赏,其着力点始终都在屈原一人身上。以《离骚》评述为例:贺氏对屈原的忠爱思想有极高的评价,认为《离骚》开头"数行真实语,是《离骚》一篇本领,是屈子一生本领"①,"离骚开首"便评述了屈原的竭智尽忠皆出于对有血缘关系的皇考的负责,"余弗及"一节评述了"香草美人"的隐喻手法体现了屈原对君王的爱慕,"变与不变""佩规矩""芳草不幸"三节评述了屈原好修而不变的倔强性格和宁死不屈的斗志,"屈子不畏死而畏老"一节评述了屈原"不伤无年而伤无名"的好修品格,"女嬃"一节以女嬃的劝告反衬了屈原不变的性格,"论驷玉虬至结兰延伫二十八句"和"索藑茅至暇日娱乐二十八句"两节评述了屈原精神的苦闷与无路可走;《骚筏》对其他作品的评述,对屈原也多有关注,如《九歌·湘夫人》"时不可骤得"与"不可再得"的比较体现了"顾望忠爱之情",《大司命》"老冉冉兮即极,不侵近兮愈疏"体现的"忠爱深挚,本是《骚》中正意",《东君》中的忠君爱国及"颂而不谄"的性格,《河伯》"可为吊汨罗诗文粉本"的"灵何为兮水中"六字,隐然把屈原的身世打并入了《九歌》;又如《九章·涉江》篇"余幼好此奇服兮,年既老而不衰""已具《骚经》前数行大意",而"世莫予知,高驰不顾""非劲骨人无此傲气","吾与天地兮比寿,与日月兮争光"正所谓"屈平辞赋悬日月,楚王台榭空山丘""虽与日月争光可也"。甚至在对通篇象征的《橘颂》评述里,将"受命不迁""独立不迁""深固难徙""廓其无求"的橘树比作屈原一样的忠臣孝子,并明确指出"不迁不徙,是屈子学问最得力者"②。至于宋玉《九辩》中"愿沉滞而不见兮,尚欲布名于天下"之标举"修名","还及君之无恙"之缱绻,均体现了宋玉对屈原"不害为朋友亲爱"的同情。③

再来看对党人险恶之状的评述。《骚筏》对党人的评述也非常精彩,贺氏认为,党人与小人属于一类。《离骚》《九章》《九辩》等作品中的党人小人形象,均是作为屈原的陪衬出现的,其塑造也非常成功。《骚筏》在充分评价屈原的同时,对这一阶层的人物也进行了公正的评价。例如,《骚筏·离骚》"党人偷乐"谓"偷乐"写尽小人"恕己量人""工巧""谣诼""从俗""务入"的情状,"变与不变"指出"小人所以成其为小人"的根源不过"偷乐"而畏祸畏死,"佩绳墨"指出无论贤愚因畏祸畏死遂变而改错追曲,"芳草不幸"揭示了小人摈斥、讥笑和腐蚀芳草险恶用心,均从人性的角度深刻地剖析了党人小人的丑恶心灵与无耻嘴脸。至于《骚筏》在其他作品中对小人的关注,也为数不少,从而使得这一形象的血肉更为丰满。如《惜诵》"竭忠诚以事君兮,反离群而赘肬"刻画满朝小人孤立忠臣为附赘悬疣而幸灾乐祸之态,《哀郢》"憎愠之修美兮,好夫人之慷慨"勾勒当权

---

① 贺贻孙:《骚筏》,四库未收书辑刊第 10 辑 13 册第 1 部,北京:北京出版社,1997 年,第 2 页。
② 贺贻孙:《骚筏》,四库未收书辑刊第 10 辑 13 册第 1 部,北京:北京出版社,1997 年,第 15 页。
③ 贺贻孙:《骚筏》,四库未收书辑刊第 10 辑 13 册第 1 部,北京:北京出版社,1997 年,第 17 页。

者及小人爱憎失当,《怀沙》"玄文处幽兮,蒙瞍谓之不章""夫惟党人之鄙固""诽俊疑杰兮,固庸态也"骂尽小人之有目无睹、之鄙固、之庸态,《思美人》"情与质信可保兮,羌居蔽而闻章"评述了小人不能见君子亦不能蔽君子之狭隘,《思往日》"君含怒以待臣兮"评述了小人利用君王之喜怒颠倒是非、颠覆国家之罪恶用心,亦均从各个角度完成了对小人形象的评述。此外,宋玉《九辩》第八辩的评述"为满朝小人说法",揭露了小人如浮云蔽月谗害忠良的恶行,而希望小人改恶从善的愿望,正像天上的浮云流星难以捉摸。像这样,把小人与屈原一并作为重点对象予以评述的,在楚辞学史上恐怕还是第一次。

关于楚辞的"香草美人"传统,早已引起了人们的重视,这也是《骚筏》评述内容的一个侧重点。贺氏并非简单重复前人的成果,而是独辟蹊径,有自己的发现和创获。首先是以鲜花香草自称和他称的问题。在《骚筏·离骚》"旧余弗及"一节中,贺氏有精到的分析论述:"其自拟曰兰,曰蕙,曰椒,曰桂,曰芙蓉,曰木兰,曰秋菊,曰薜荔,曰胡绳,非所谓'其志洁,其称物芳'者耶?而曰'荃不揆予之中情',则又以芳草况怀王矣。既以芳草自况,又以芳草况君者,爱慕之至也。反复缠绵,颠之倒之,无往不妙。"①这段文字阐述了两个观点,一是即以芳草自比又比君王,不是僭越,而是尔汝彼我的"爱慕之至";二是"反复缠绵,颠之倒之",极尽感情表达的缠绵。在《骚筏·离骚》"芳草不幸"一节中,芳草又用来比喻"始则为小人所摈;摈而不已,则为小人所笑;笑而不已,则遂为小人所用矣。至为小人所用"的屈原培养的"国士",并分三层分析了君子变为小人的原因,抒发了"君子与其为小人所用,宁为小人所摈;与其为小人所喜,宁为小人所笑"的悲慨。其次是将屈宋对待兰蕙的态度进行了比较。《骚筏·九辩》第一辩借古人贵兰甚于贵蕙,挖掘了屈子爱兰、宋玉爱蕙的深意,显示了二者本质上的差异:"兰无实,蕙亦无实;兰苟列乎众芳,蕙无异于众芳。兰蕙尚且如此,则椒樧又何论哉?然屈子咎兰,而宋玉咎服蕙者。屈子爱兰,故惜其自弃;宋玉爱蕙,故惜其为人所弃,又各有深意矣。"②

重视对章法结构的梳理。这是分析理解原文、学习古人写作方法的重要内容。贺氏在《骚筏自序》中讲道:"但《国风》曲折深于《三百篇》者能言之,而《离骚》则鲜有疏其曲折者。余故将《离骚》及诸楚辞一并拈出,倘由吾言以学《诗》,则知屈宋与汉唐诗人相去不远也。"③他所说的"曲折",指的就是古人作诗的方法。他要通过解读楚辞教人学诗,教人作诗的方法,而这个方法主要就是章法布局。由此可见此书的重心所在。因此,作者要疏解楚辞的曲折,指出其创作方法,并自命其书为将读者渡向彼岸的宝筏,其用意与林云铭《楚辞灯》一样,要成为疏解楚辞文章"曲折"的第一人。关于文章脉络,《骚筏·离

---

① 贺贻孙:《骚筏》,四库未收书辑刊第 10 辑 13 册第 1 部,北京:北京出版社,1997 年,第 3 页。
② 贺贻孙:《骚筏》,四库未收书辑刊第 10 辑 13 册第 1 部,北京:北京出版社,1997 年,第 18 页。
③ 贺贻孙:《骚筏》,四库未收书辑刊第 10 辑 13 册第 1 部,北京:北京出版社,1997 年,第 2 页。

骚》"偷乐"一节谓"篇中穿插呼应,如草蛇灰线,令读者不测"①,评述小人"偷乐"在诗中成为一条暗线,与"香草美人"相呼应;"变与不变"一节中谓"变与不变二意,是通篇柱子"②,所谓"通篇柱子",指的是全诗的主体框架。不变的是君子,善变的是小人,二者并行相生,成为全篇的主要框架,这与明暗两条线是一致的。"佃规矩"也讲到了"不变":"至于君子,则始终好修而已。……反复言之,无非比'不变'二字。'不变'是屈子一生把柄,亦是千古忠臣把柄。不变,则好修之事毕矣。"⑤可见贺氏对作为"通篇柱子"的"变与不变"的高度关切,对统摄诗文全篇的文章脉络的关切。关于行文安排,《骚筏·离骚》"佃规矩"一节又谓:"宽一步,愈紧一步,文情甚裕,文气甚厚。……若其行文,断如复断,乱如复乱,愈断愈续,愈乱愈整,方续方断,方整方乱。惟汉人五言古能得其法。魏晋以下,知者鲜矣。"④这是针对《离骚》前半篇与党人的矛盾和斗争及思想上的进退内容而言的,此段内容忽而此忽而彼,断断续续,而结构上似断实连,造成了行文断续无端,而内在之脉络井然的艺术效果;"驷玉虬"一节谓"行文低徊反复,愈读而味愈无穷"⑤,这是从行文的角度总结思想斗争部分的两个环节,针对忽而天上、忽而人间、忽而求女、忽而问卜、忽而远行的复杂活动而言的。这种神游与求女相互对应,而心烦虑乱,作此幻想,与映射现实的用意正复相同。贺氏还特别关注文势的跌宕,如评述《河伯》云:"作《河伯》水神之歌,其文荡漾,亦犹作《云中君》云神之歌,其辞轻矫也。"⑥荡漾轻娇,是从文势的跌宕起伏和空灵娟秀处着眼的。又如评述《九辩》"闵奇思"以下十四句"无数折转,愈转愈紧,愈不堪读"⑦,也是从行文的气势处着眼的。

  看重风格特征。风格特征是成熟的作家所创作的优秀的文学作品体现出来的区别于他人的艺术表现。贺氏对屈原作品风格特征的关注,是《骚筏》较为显著的内容。如《骚筏·离骚》谓"驷玉虬以桀鹥"二十八句"凭空设想,惝恍变幻,迥出常情。……愈缠绵,愈凄恻",风格惝恍缠绵;谓《九歌》风格多样,"有近《国风》者,有近《雅》《颂》者,有近赋者,有近宋人诗余及元人歌曲者。"《国风》的怨而不怒哀而不伤,《雅》《颂》的典丽宏肆,赋的铺张扬厉,宋词的婉约抒情,元曲的本色自然,《九歌》则兼而有之。《九歌》"各章俱有觖望惆怅",具体到一些篇什,如《东皇太乙》"词意庄重",《少司命》"其词亦稍昵",《东君》"词气严重",《国殇》"雄毅",异彩纷呈;谓《九章·惜诵》"缠绵到底",可谓一言居要。对作品风格的把握,有益于对内容及情感的理解。

---

① 贺贻孙:《骚筏》,四库未收书辑刊第 10 辑 13 册第 1 部,北京:北京出版社,1997 年,第 3 页。
② 贺贻孙:《骚筏》,四库未收书辑刊第 10 辑 13 册第 1 部,北京:北京出版社,1997 年,第 3 页。
③ 贺贻孙:《骚筏》,四库未收书辑刊第 10 辑 13 册第 1 部,北京:北京出版社,1997 年,第 4 页。
④ 贺贻孙:《骚筏》,四库未收书辑刊第 10 辑 13 册第 1 部,北京:北京出版社,1997 年,第 4 页。
⑤ 贺贻孙:《骚筏》,四库未收书辑刊第 10 辑 13 册第 1 部,北京:北京出版社,1997 年,第 6 页。
⑥ 贺贻孙:《骚筏》,四库未收书辑刊第 10 辑 13 册第 1 部,北京:北京出版社,1997 年,第 10 页。
⑦ 贺贻孙:《骚筏》,四库未收书辑刊第 10 辑 13 册第 1 部,北京:北京出版社,1997 年,第 19 页。

第五,评述语言精彩纷呈,生动活泼。

《骚筏》属倾向批评欣赏的研究类专著,但并不追求逻辑推理,不板起面孔说话,其语言生动活泼,使人读之不忍释卷,这是它的一个显著特点。其评述语言按所评内容的不同,又各有特色。

对作品词语的评价语言,不做学究式的旁征博引,或直接道出个人感受,或直接指出精妙所在,往往画龙点睛,一语道破。如,"'翱翔''周章'四字,画出云之情状"①,虽未加描述,而情状可想;"'夷犹'二字,摹想湘君欲降不降之状,又自妩媚,较东皇'偃蹇'不同"②,"妩媚"两字生动传神;"'目渺渺而愁予','渺'字纤妙。盖凝眸之极,有似于'渺'也"③,"纤妙"形容凝眸,情貌如见;"盖满朝皆小人,遂视忠臣为悬附之余物也。'嚻肶'二字奇矣"④,"奇"字喻形容之独特;"'忽忘身之贱贫','忽'字妙。平日贫贱自安,至此遂不复揣分矣"⑤,妙在"不复揣分"之突然;"'忧与忧其相接',两'忧'字迭用,妙甚"⑥,妙在形容旧愁甫去,新愁又添之况,活灵活现;"'盖为余而造怒','造'字尤妙。……古人下字,千年犹新"⑦,妙在形容欲加之罪何患无辞;"'众患'二字,较'众仇''众雠''众咍'更为入情"⑧,妙在"众"表范围之广,突出了自己的孤独;"'霜露惨凄而交下兮,心尚幸其弗济。霰雪纷糅其增如兮,乃知遭命之将至。''尚幸''乃知'四字,故作迂想,妙绝"⑨,妙在二词增其委婉,温柔敦厚,怨而不怒,哀而不伤!

对作品诗句的评价语言,绝无字斟句酌,无原文句意讲解,或直申感受,或透过一层,揭示内蕴。读来如醍醐灌顶,豁然开朗。如"'汨余若将弗及兮'六句,自伤易老,读之惕然。忽接以'惟草木之零落兮,恐美人之迟暮',以草木自喻,以美人指怀王。盖自伤未既,忽伤美人,谓吾老,君亦将老矣。不独情意凄恻,而转折映带之妙,不啻骏马蓦涧"⑩,"惕然"是年岁不与带来的感受,"情意凄恻"是与君王俱老带来的感受,而"转折映带之妙,不啻骏马蓦涧"则不只涉及到内蕴,还关系到了章法;又如"'灵皇皇兮既降,猋远举兮云中',出没无端,俊甚快甚。'览冀州兮有余,横四海兮焉穷',有俯视天下. 沧海一粟之意。高人快士,相见时不令人亲,去后常令人思"⑪,分解云神之来去,性情毕见,而"高

---

① 贺贻孙:《骚筏》,四库未收书辑刊第 10 辑 13 册第 1 部,北京:北京出版社,1997 年,第 8 页。
② 贺贻孙:《骚筏》,四库未收书辑刊第 10 辑 13 册第 1 部,北京:北京出版社,1997 年,第 8 页。
③ 贺贻孙:《骚筏》,四库未收书辑刊第 10 辑 13 册第 1 部,北京:北京出版社,1997 年,第 9 页。
④ 贺贻孙:《骚筏》,四库未收书辑刊第 10 辑 13 册第 1 部,北京:北京出版社,1997 年,第 11 页。
⑤ 贺贻孙:《骚筏》,四库未收书辑刊第 10 辑 13 册第 1 部,北京:北京出版社,1997 年,第 11 页。
⑥ 贺贻孙:《骚筏》,四库未收书辑刊第 10 辑 13 册第 1 部,北京:北京出版社,1997 年,第 13 页。
⑦ 贺贻孙:《骚筏》,四库未收书辑刊第 10 辑 13 册第 1 部,北京:北京出版社,1997 年,第 13 页。
⑧ 贺贻孙:《骚筏》,四库未收书辑刊第 10 辑 13 册第 1 部,北京:北京出版社,1997 年,第 13 页。
⑨ 贺贻孙:《骚筏》,四库未收书辑刊第 10 辑 13 册第 1 部,北京:北京出版社,1997 年,第 20 页。
⑩ 贺贻孙:《骚筏》,四库未收书辑刊第 10 辑 13 册第 1 部,北京:北京出版社,1997 年,第 3 页。
⑪ 贺贻孙:《骚筏》,四库未收书辑刊第 10 辑 13 册第 1 部,北京:北京出版社,1997 年,第 8 页。

人快士"之喻直透肺腑;又如"开口云'帝子降兮北渚',翻从神降说起,凭空想象,无限送痴,妙极!……'洞庭波兮木叶下'七字,可敌宋玉《悲秋》一篇"①,前句评述湘君想象夫人情景,点出诗从对面来之妙。下句极写此句景物描写的好处,给人留下想象空间;再如"'一阴兮一阳,众莫知兮余所为',读此二语,令人大梦忽醒。阴阳不测如此,邀福者胡为哉"②,解读的又是人生况味;如"'君可思而不可恃'七字,一字一血,古今至言也"③,评述伴君如伴虎的内心苦衷,一语中的;如"'哀见君而不再得',七字酸鼻。见且不得,况召用乎?'顾龙门而不见'一语,尤为伤心。龙门且不得见,无论见君矣"④,读出言外之意;如"'数惟荪之多怒',形容庸主心情无恒,极像。一颦可爱,怒岂可多乎"⑤,剖析细腻入理;如"'玄文处幽兮,蒙瞍谓之不章',骂尽盲人有目无睹,大快!六快!'夫惟党人之鄙固兮',鄙固,二者缺一,不成党人。《史记》作'鄙妒',亦佳。愈鄙愈妒,犹妇人愈丑愈妒也"⑥,指出语句用意及精妙所在,痛快淋漓;如"'澹容与而独倚兮,蟋蟀鸣此西堂',读上句,满身秋气,令人栗然;下句之苦,全在上句"⑦ 指出其独到的艺术感染力,目光如炬。总之,对诗句语言的评述是《骚筏》用力最多的部分,它起到的不只是解读和欣赏某些精彩诗句的作用,有时也有阐释章法层次的效果。如"'若有人兮山之阿',无端说鬼,徜恍幻妙。'被薜荔兮带女萝',鬼中安得有此高士?'既含睇兮又宜笑',鬼中安得有此美人?'子慕予兮善窈窕',鬼趣也。'折芳馨兮遗所思',鬼韵也。'乘赤豹兮从文狸',鬼马也。'辛夷车兮结桂旗',鬼舆从也。凭空点缀,字字奇绝"⑧,从塑造手法落笔,句句落实,而句与句之间的层次关系也涵盖其中。

对艺术手法的评述语言,如对写作技巧、结构布局的评述,多述出曲折,甚至指出关联,说出感受。如"'惩热羹者而吹齑兮,何不变此态乜?欲释阶而登天兮,犹有曩之态也',四句四折,愈折愈妙。以忌见罪者,终身不敢为忠,犹啜热羹者见冷齑且吹之,快喻解颐。释阶登天,以喻快捷方式,尤有趣。既变而欲释阶矣,而犹有曩之态,则崛强犹昔也。语愤而谑,遂令读者忽破笑为涕,又忽破涕为笑"⑨,述出层次,道出特点,明白流畅;如"'邑犬群吠兮,吠所怪也。诽俊疑杰兮,固庸态也'四句,是屈子极轻薄语。犬以人为怪,庸人以俊杰为怪,此犬与庸人之常态耳。若不足恨,乃所以深恨之也。最可恨莫

---

① 贺贻孙:《骚筏》,四库未收书辑刊第 10 辑 13 册第 1 部,北京:北京出版社,1997 年,第 9 页。
② 贺贻孙:《骚筏》,四库未收书辑刊第 10 辑 13 册第 1 部,北京:北京出版社,1997 年,第 9 页。
③ 贺贻孙:《骚筏》,四库未收书辑刊第 10 辑 13 册第 1 部,北京:北京出版社,1997 年,第 12 页。
④ 贺贻孙:《骚筏》,四库未收书辑刊第 10 辑 13 册第 1 部,北京:北京出版社,1997 年,第 13 页。
⑤ 贺贻孙:《骚筏》,四库未收书辑刊第 10 辑 13 册第 1 部,北京:北京出版社,1997 年,第 13 页。
⑥ 贺贻孙:《骚筏》,四库未收书辑刊第 10 辑 13 册第 1 部,北京:北京出版社,1997 年,第 14 页。
⑦ 贺贻孙:《骚筏》,四库未收书辑刊第 10 辑 13 册第 1 部,北京:北京出版社,1997 年,第 18 页。
⑧ 贺贻孙:《骚筏》,四库未收书辑刊第 10 辑 13 册第 1 部,北京:北京出版社,1997 年,第 10 页。
⑨ 贺贻孙:《骚筏》,四库未收书辑刊第 10 辑 13 册第 1 部,北京:北京出版社,1997 年,第 12 页。

如庸人,误国卖君,何一不从庸态酿成?不独妒贤害能而已"①,以一"轻薄语"指出其滑稽玩世的语言特点、愤激不平的复杂心态,一语中的;如"'悲回风之摇蕙兮,心冤结而内伤。物有微而陨性兮,声有隐而先倡。'只此四句,写得秋意淋漓。宋玉悲秋,屈子已先之矣"②,以"秋意淋漓"高度概括四句诗里丰富的悲秋况味,并指出此为宋玉先声,简洁明了;如"至'涉青云以泛滥游兮,忽临睨夫旧乡。仆夫怀予心悲兮,边马顾而不行。思旧故以想象兮,长大息而掩涕。泛容与而遐举兮,聊抑志以自弭'一段,笔先闪烁,忽尔不测"③,八字总括游仙境界,以少总多;如"通篇答处即在问处,盖屈子所从者在'宁'字,所去者在'将'字也"④,以选择去取指出设为问答之妙;又如"'悲哉!秋之为气也'七字,遂开无限文心。后人言秋声、秋色、秋梦、秋光、秋水、秋江、秋叶、秋砧、秋蛩、秋云、秋月、秋烟、秋灯,种种秋意,皆从'气'字内指其一种以为秋耳"⑤,指出《九辩》所以为悲秋之祖的原因。而"'憭栗兮,若在远行。登山临水兮,送将归',此句有七重悲:一远也,二行也,三登山也,四临水也,五送也,六将,七归也。'将'谓欲归而犹未归,故此一字更悲"⑥,从写作和欣赏角度分析了用语之妙,而这种分析在《九辩》的评述中运用得非常娴熟。

总之,《骚筏》所涉及的内容是极其广泛的,而其作为评述类的研究专著,特点也是十分显著的,通过以上论述,我们不难看到它的优长。

二、《骚筏》的贡献与缺陷

第一,《骚筏》的贡献。

《骚筏》秉承明人"尊经"的传统,把屈原宋玉的作品作为楚辞的最高典范进行解读和评述,对引领楚辞研究者和文学创作者阅读元典、取法乎上的风气,有重要的指导意义。贺贻孙在《诗筏》里讲到过学习大家的原因:"非大家不能无病,非大家亦不能有病,盖其才无所不有,其学无所不有,故于深浅浓淡,洪纤高下,种种皆备,而其瑕颣亦复不免。"⑦器大声闳,器狭识卑,这是贺氏给我们的启示。

《骚筏》贵在创新,以新的思想、新的形式、新的视角破除旧闷。《骚筏》得以流传,贵在有所创新!其创新之处就是"言人所不能言,与人所不及言"。康熙甲子其族弟贺云黼在《诗骚二筏序》里,专门提到了《骚筏》的创新问题:"家子翼先生……皆非言人所已

---

① 贺贻孙:《骚筏》,四库未收书辑刊第 10 辑 13 册第 1 部,北京:北京出版社,1997 年,第 14 页。
② 贺贻孙:《骚筏》,四库未收书辑刊第 10 辑 13 册第 1 部,北京:北京出版社,1997 年,第 16 页。
③ 贺贻孙:《骚筏》,四库未收书辑刊第 10 辑 13 册第 1 部,北京:北京出版社,1997 年,第 16 页。
④ 贺贻孙:《骚筏》,四库未收书辑刊第 10 辑 13 册第 1 部,北京:北京出版社,1997 年,第 17 页。
⑤ 贺贻孙:《骚筏》,四库未收书辑刊第 10 辑 13 册第 1 部,北京:北京出版社,1997 年,第 18 页。
⑥ 贺贻孙:《骚筏》,四库未收书辑刊第 10 辑 13 册第 1 部,北京:北京出版社,1997 年,第 18 页。
⑦ 徐中玉:《中国古代文艺理论专题资料丛刊》,北京:中国社会科学出版社,2013 年,第 162 页。

言,与言人所共言所能言者也。及读《诗骚二筏》,见其取古人而升降之,取古人之说而意度之,以此言诗,诗其登岸矣!"①取古人而升降之,对古人的优劣进行认定需要眼光和识度,就《骚筏》讲,这种去取标准体现了贺氏教人作诗取法乎上的指导思想;取古人之说而意度之,就是对古人的创作不做人云亦云、师法严苛的解说,而是从文本出发,结合自己的经验,以意逆志。这两种做法就是《骚筏》创新的具体步骤。贺继升"辟诸家之藩篱,抒一己之才识"和贺珏《骚筏跋》"自抒一家之言"的评价,指的就是这些。

《骚筏》以文学眼光解读楚辞的方法,对陈陈相因的反复训诂旧习是一次彻底的反动。它以文学欣赏和文学批评的方式,对屈宋作品的文字技巧、诗句内蕴、人物性格、结构章法和诗歌风格所做的精到评述,更具可读性,使人们对楚辞和屈宋的接受变得更为可能。

《骚筏》对人物的剖析不再是简单的阶层化,而是从人性出发,深入挖掘其所以成为小人的心理因素,这在当时应该是非常先进的。如《离骚·偭规矩》分析一般贤人的"变":"未尝不知有绳墨规矩也,因畏祸畏死,遂变而改错追曲耳。又有一辈贤者,初入朝端,风裁可观。一经惩创,遂尔委蛇,于是'兰芷变而不芳'矣,'荃蕙化而为茅'矣。兰既难恃,椒亦专佞,以至揭车江蓠,尽沫芬菲;萧艾芳草,无不斯靡。平日慷慨自命,至此尽逐臭矣。然岂贤者初心哉?"②可谓设身处地,鞭辟入里。

对楚辞初学者来讲,《骚筏》注重章法结构,直视起承转合,重视人物心理分析的析读方式,对引领学习者走近楚辞并泛舟这一海洋,真正起到了一定的"渡人"作用。关于《骚筏》的"筏"字,贺贻孙曾在《诗筏自序》里谦虚地说:当《诗筏》创作之时,"以为如涉之口筏",而今看来,竟不知是谁的言语,这大概是自己放弃了这种认识的缘故。所以希望别人仍把它视为宝筏,就没有必要了。但"君其涉于江而浮于海,望之而不见所极,送君者自涯而返,君自此远矣,是为用筏耶?为舍筏耶?为不用之用,不舍之舍耶?夫苟如是,而后吾书可传也,亦可烧也",则又指出了这一宝筏的"渡人"作用,于此也可以想见贺氏对《骚筏》的自赏。贺继升《跋》云:"盖先生生平穷困,忧愁之日多,故二书之论,发前人之未发,不啻举作者之经营惨淡,揭以示人,故其命名直以渡迷之宝筏自许也。"③所谓"举作者之惨淡经营",实际上就是将自己的身世之感与作者的身世之感结合起来,把屈宋的创作背景、心态、目的揭示给读者。因比,他的解读就像是给读者提供的一条渡过楚辞迷津的宝筏。"筏"的重要作用,体现了贺氏的强烈自信!他认为这一"舟筏"是帮助学者渡过诗骚江河的重要工具,不止具有一定的指导作用,更是帮助学者达到彼岸快捷方式。这是贺氏不同于以往著述者的地方。

---

① 姜亮夫:《楚辞书目五种》,上海:上海古籍出版社,1993年,第328页。
② 贺贻孙:《骚筏》,四库未收书辑刊第10辑13册第1部,北京:北京出版社,1997年,第3页。
③ 姜亮夫:《楚辞书目五种》,上海:上海古籍出版社,1993年,第329页。

第二，存在的问题。

对屈原存在某些误解，是《骚筏》的一处败笔。其一，在《离骚》评述里，贺氏称"（屈原）竭智尽忠，不过求无愧于皇考而已"①，因为"人知有君必知有父"，这种说法似乎出于《孝经》。诚然，一个人事亲孝不至于犯上作乱，但未必就是成为忠臣的充要条件，因此，将其作为忠臣尽忠的理论根据就有了问题！在这种错误的理论基础上得出的屈原尽忠不过为了尽孝的结论显然就是错误的了。而以"朕皇考曰伯庸"为《离骚》诗眼，就成了错误判断。这个错误的判断，削弱了屈原的忠君爱国形象，使其"夫唯灵修之故""恐皇舆之败绩"的拳拳爱国之心大打折扣；其二，在《思往日》的评述里，贺氏谓："史称屈原'入则与王图议国事，以出号令；出则接遇宾客，应对诸侯。怀王甚任之'，故此篇多追述之词，亦犹逐妇而回思合欢之初也。"②将此篇对往事的追述，比喻为弃妇对蜜月期幸福生活的回顾，显然也有失唐突，使屈原的忠臣形象蒙受污垢。楚辞学史上，曾有人紧紧抓住《离骚》中"初既与余成言兮，后悔遁而有他""曰黄昏以为期兮，羌中道而改路"这两句话，全然不顾其象征的笔法及全诗的主旨，做皮相的理解，信口雌黄，让人疑心有嗜痂之癖。

对《天问》的判断失于武断。其一，认为《天问》缺乏章法，类同"碎金"，"无首无尾，无伦无次，无断无案"，而不成璎珞，缺乏"诸篇之曲折变化"，无益于"学诗"，这是贺氏对《天问》不做深层分析评述的主要原因；其二，认为《天问》在内容上毫无系统，"倏而问此，倏而问彼，倏而问可解，倏而问不可解"③，缺乏主脑，不知所云；其三，以《天问》中"摊书满案，即可成篇"，为罗列典故的哈希之作，所以不及诸篇。实际上，《天文》有完整的结构体系，内容上包括了天上、地下和人间三个层次，并非《艺文类聚》式的知识汇编，而所问体现了屈原的怀疑精神和内心的苦闷，是一首"一气到底，序次甚明，未尝重复，未尝倒置"的作品④，是有史以来最为奇异的一首诗。

对《九歌》篇目的问题，认为《九歌》之"九"为实数，应是九篇，主张合篇说中的合二《湘》为一篇，合《国殇》《礼魂》为一篇。其说法存在明显的漏洞，如《礼魂》中无祀主，为祭祀终结曲，应当独立为一节。其问题出在将"魂"与"殇"等而视之了。

就全书而言，后期处理草率，所论零乱，不成系统，有强弩之末之嫌。如对《远游》《渔父》《招魂》《大招》的评述，既无章法分析，又少重点诗句点评，仓促而为，缺乏滋味；二《招》各有侧重，成就不同，宜独立评述。合评已属不类，而其后总评，忽而"些"字，忽而《招魂》之招北简洁原因，忽而《大招》之对治（合评中已涉及），忽而《大招》之作时作者，

---

① 贺贻孙:《骚筏》,四库未收书辑刊第10辑13册第1部,北京:北京出版社,1997年,第2页。
② 贺贻孙:《骚筏》,四库未收书辑刊第10辑13册第1部,北京:北京出版社,1997年,第15页。
③ 贺贻孙:《骚筏》,四库未收书辑刊第10辑13册第1部,北京:北京出版社,1997年,第7页。
④ 林云铭著,刘树胜校勘:《楚辞灯校勘》,保定:河北大学出版社,2011年,第74页。

东拉西扯,茫无头绪。

　　总之,《骚筏》以文学批评与欣赏的眼光,对屈原和宋玉的作品进行了卓有成效的解读,不唯把楚辞中最优秀的创作做了经典的评述,更将屈原这一光辉皎洁的人物形象作了富有创新意义的分析,还对屈宋作品的艺术手段、层次章法进行了形象而生动的阐释,多方面、多视角地评价了它们高超的成就。虽然书中还存在着个别问题,但瑕不掩瑜,《骚筏》仍不失为一部研究屈宋楚辞创作的力作,正像它的名字一样,在楚辞的大海里起到了宝筏渡人的作用。

王夫之屈原论之寄托

包头师范学院　丁海玲　　衡阳师范学院　陈　杨

　　王夫之(1619—1692),字而农,号姜斋,别号夕堂,湖南衡阳人,明末清初与顾炎武、黄宗羲齐名的三大思想家之一,同时又是一位富有创见的史学家、文学理论批评家。王夫之与屈原有着相同人格原型的先天条件:他们都是生长在南北文化融合的时代。屈原的精神气质是春秋战国时期南北文化融合的结果,王夫之的精神气质也充分体现出宋明时期的南北文化融合特点。王夫之对屈原人格精神推崇备至,深研《离骚》,晚年作《楚辞通释》十四卷。其子王敔《行述》回忆道:"又以文章之变化,莫妙于南华,辞赋之源,莫高于屈宋,《南华》去其外篇、杂篇诃斥对门之诐妄,屈子以哀怨沉湘,抱今古忠贞之恸,其隐情莫有传者,因俱为之注,名曰《庄子衍》《楚辞通释》。"[1] 王夫之作《楚辞通释》的动机是为屈原的精神做注,继承其"哀怨沉湘"的"今古忠贞"之哀情,而大大超越了"辞赋之源"的文本解读。近人张可惕在《楚辞通释·序》中指出:"船山先生旷世同情,深山嗣响,赓着九昭,以族幽志。"[2] 所谓旷世同情者,乃指王夫之怀有屈原的忠君爱国之志节,遭遇着与屈子一样的离忧被谗放逐,也身遭与屈原一样的天崩地裂之国难,这一切使王夫之与屈原的情感更加靠近,并非常敬佩这位伟大的骚魂。在《楚辞通释·序例》中反复感叹:"希达屈子之情于言义相嘱之际""蔽屈子以一言曰忠";[3]《九歌·题辞》曰:"令读者泳洓以遇于意言之表,得其低徊沉郁之心焉。"[4] 王夫之在注释《楚辞》的字里行间中释放自我沉郁的忠愤之情。王夫之因生于屈子之乡而感到骄傲,《楚辞通释·九昭》:"有明王夫之,生于屈子之乡,而构闵戢志,有过于屈者。"[5] 王夫之之所以与屈原有着同样的精神气质,他过对屈骚作品有着深刻理解与诠释,与他受后天的地域文化的影响有着直接原因。

　　屈原是我国第一位爱国主义诗人,自他而始形成了中国文学的爱国主义传统。但在历史上对屈原的认识和评价有一个过程,不少人对屈原有所误解,还有些人将屈原的为文和为人割裂开来。如同王夫之所言:"忠贞之士,处无可如何之世,置心淡定,以隐伏自

---

[1]　王敔:《在行府君行述》,《船山全书》,第16册,长沙:岳麓书社,1996年,第89页。
[2]　王夫之:《楚辞通释》,上海:上海人民出版社,1975年,第1页。
[3]　王夫之:《楚辞通释》,上海:上海人民出版社,1975年,第3页。
[4]　王夫之:《楚辞通释》,上海:上海人民出版社,1975年,第25页。
[5]　王夫之:《楚辞通释》,上海:上海人民出版社,1975年,第174页。

处,而一念忽从中起,思古悲今,孤愤不能自已。"①屈原的孤忠本性以及《离骚》中忧国忧君的反复陈词,也就是清初明遗民的以屈原为异代的知己,见贤思齐的古人。王夫之的诗词被称为"字字楚骚心""真屈子《离骚》之嗣响"②,其《九昭》仿《九章》而作,更是代屈子立言,他的《拔禊赋》也有《九歌》之神韵;而《章灵赋》简直就是王夫之版的《离骚》,而王夫之对屈原这种极致的推崇,不仅是因为对屈原及其作品具有魅力吸引,而且也是因为王夫之与屈原有着"旷世同情",一样的忠贞之性格,他们都经历过孤独、斗争、失落、坚持与放逐。如此相同的强烈的情感共鸣和精神契合,使王夫之为屈原深深的折服,使之跨越了两千年的时空而成为精神上的知音。

一、《楚辞通释》中的兴怀寄托

王夫之在注释《楚辞》的过程中,他不免将个人的情感与经验投射在屈原身上,使之"借他人之酒杯,浇自己之块垒"之感。例如《楚辞通释·序文》所言:

> 船山王先生旷世同情,深山嗣响,广着《九昭》,以旌幽志。更为《通释》,用达微言。攻坚透曲,刮璞通珠,啸谷凌虚,搏风揭日,盖才与性俱全于天,故古视今藉论其世。③

序文中提到的"以旌幽志""用达微言",这两句点明了王夫之的注释《楚辞》的动机。《楚辞通释·序例》又云:"悉达屈子之情于意言相属之际。"更加明确了王夫之因明亡而抒发愤满之情。所以他的寄托之情可见于对《楚辞》的评注之中。如《离骚》:"余既滋兰之九畹兮,又树蕙之百亩。畦留夷与揭车兮,杂杜衡与芳芷。冀枝叶之峻茂兮,愿竢时乎吾将刈。虽萎绝其亦何伤兮,哀众芳之芜秽。"王夫之注曰:

> 言己欲匡君立政,博求贤才,置君之侧,冀其大用,竢时之可为,以张大楚国。己既不得于君,谗人指为朋党,驱逐皆尽,使众芳萎废;在己之萎绝何伤,而群贤坐绌,此周公鸱鸮取子之悲所不能已。李、杜戮而党锢兴,赵、朱斥而道学禁,盖古今之通恨也。④

从此段注解中我们可知王夫之认为屈原竭忠尽志处处为楚国着想,博求贤才而希望

---

① 王夫之:《楚辞通释》,上海:上海人民出版社,1978年,第10页。
② 龙榆生:《近三百年名家词选》,上海:上海古籍出版社,1979年,第23—24页。
③ 王夫之:《楚辞通释》,上海:上海人民出版社,1978年。
④ 王夫之:《楚辞通释》,上海:上海人民出版社,1978年,第5—6页。

日后为楚国大用,但是因朝廷奸佞小人的排斥而疏,屈原的美政思想落空。面对"群贤坐绌"的局面,王夫之以"党锢兴"与"道学禁"等历朝各代的政治斗争事例,来感同身受屈原所处的境况,确实是"周公鸱鸮取子之悲所不能已"。

在王夫之的早年经历中,他也有曾经类似的党争经历。在顺治六年、七年时,他在湖南衡山抗清,失败后转赴广西投靠桂王,供职于永历朝廷。尤其是在永历小朝廷内的斗争,实在是令王夫之感到无望,因而有感而发作诗而舒愁:

> 昔我游汉水,遥与神女期,琅玕非所欢,玉佩空相贻。
> 愿托双凤鸟,当时听者谁。不惜蘼芜死,将为蔓草欺。
> 沟水自东下,繁星已西驰,幽谷反椒裳,琴心终自用。①

王夫之借用《离骚》中的典故"遥与神女期"、"将为蔓草欺"来比喻自己与屈原一样的遭遇:自许报国却有志难伸,遂以一首诗以"湘累客"来自比屈原。诗云:

> 千古英雄此赤方,漓江南下正汤汤。情深北阙多艰后,兴寄东皋信美乡。
> 进酒自吹松粒曲,裁诗恰赋芰荷裳。萧森天放湘累客,得依商歌待羽觞。②

从这两首诗中可见当时的王夫之之心情,他一方面借屈原怀忠见谗而遭"蔓草欺",来影射自己类似的处境;另一方面则以忠而见放的屈原来自喻自己是"湘累客"。因此,他在评注《离骚》:"长太息以掩涕兮,哀民生之多艰。余虽好修姱以鞿羁兮,謇朝谇而夕替。既替余以蕙纕兮,又申之以揽茝。亦余心之所善兮,虽九死其犹未悔。"由于与屈原有相似的经历与遭遇,王夫之不免为此多加以评论:

> 此言小人艰险,朝问已与同谋义,夕及谤毁。虽清操孤尚,在浊世而不能伸,若良马受贱工之衔勒。然亦至倏变迁。执我仇仇。而反予来赫。其中经之酷哉。虽然。此背憎鬼蜮之党态,君子不幸与奸佞同朝,必逢其害,固势所必然。素料其然而自信无悔,则虽死而固不足为已伤也。③

此段文字看似是在论述屈原的忠贞志行,实际上也是王夫之个人忠节的自我表述。所以在王夫之看来,屈原并不是汉人拟骚作品中所论,是在抒发个人怀才不遇愤满之情,

---

① 王夫之:《船山全书》第15册,《姜斋诗集·五十自订稿》卷十,长沙:岳麓书社,1996年,第259页。
② 王夫之:《船山全书》,第15册,第298页。
③ 王夫之:《楚辞通释》,上海:上海人民出版社,1978年,第8页。

而他是出于忠贞人格的坚持,不屈从于现实,这正是屈原《离骚》中一再自陈的意旨:"岂余身之惮殃兮,恐皇舆之败绩!"这也是王夫之《楚辞通释》不断阐释的宗旨。

最后,关于屈原坚持的"九死未悔"的精神,我们反照与王夫之历险归来、寄居林泉的遗民志节,王夫之又何尝不是这样去做的呢?如同他晚年所作诗云:"负罪孤臣拜烈皇",作为明遗民的王夫之晚年仍旧坚持志节不肯屈服,正如他的绝笔之作《船山记》的表白:

> 船山,山之岑有石如船,顽石也,而以之名。……夫如是,船山者即吾山也。无可名之于四远,无可名之于末世,偶然为之,欻然忘之,老且死,而船山者还其顽石。

王夫之自号为'船山'先生,船山的得名于有石有船,是一顽石,王夫之自比为顽石,以顽石隐喻为个人志节。王夫之的忠于故国的信念,终其一生都没有改变,由此得以见之。

二、以《九昭》为代言

王夫之在注释《楚辞》的过程中,有许多不同于前代的个人见解,他能够以独特视角来解读屈原。所以说王夫之是在以个人的忧患意识来反观屈原的志行,反映出一位明朝遗民对这易代世变的内心苦楚,以及对于忠节的缅怀与寄托。因此王夫之除了在《楚辞通释》中抒发己意之外,并以宋玉的《九辩》为例,另作《九昭》来寄托他个人的情志。

王夫之注释《楚辞》的目的是纠正旧说,"希达屈子之情于意言相属之际",但王夫之所做《九昭》的动机则是"时地相疑,孤心尚佛"。他在《楚辞通释·九昭》曰:

> 有明王夫之,生于屈子之乡,而遘闵戢志,有过于屈者,爰作《九昭》而叙之曰:仆以为抱独心者,岂复存于形埒之知哉!故言以莫声,声以出意,相逮而各有体。……故以宋三亲承音旨,刘向之旷世同情,而可绍者言,难述者意。意有疆畛,则声有判合。相勤以貌悲,而幽乡之情不宣。无病之讥,所为空群于千古也。聊为《九昭》,以旌三闾之志。①

王夫之身遭经历与屈原有相似之处,他认为文章的意旨在于表达自己的情感与心声,要有其形体风格。他认为汉代以来诸多的拟骚之作,都是借助屈骚怀忠不遇的意象,来表达自己个人仕不遇的失落情感,这样就会使屈原所要表达的情感主旨遭到了曲解。因此,他在选篇时没有把这些作品选入其中。王夫之作《九昭》的动机是发扬"三闾之志",

---

① 王夫之:《楚辞通释》,上海:上海人民出版社,1978年 第174页。

以还原屈原存君兴国的忠忱之志。因为"孤心尚佛"的异代同悲,更使得王夫之将自己视为屈原的代言人,来为屈原申怨辩诬。

《九昭》包含了《汨征》《申理》《违郢》《引怀》《扃志》《荡愤》《悼子》《惩悔》《遗愍》九个小篇,王夫之对于屈原的内心情感的理解进行了细致的讲解与诠释。就各篇的内容主旨而论,《汨征》是在叙述"屈子始迁于江南,览河山之异而兴悲"。《申理》讲述了屈原放逐之时,沉江之日,悔当初未能"攻发谗佞",而忠谏于君上,也许可挽回君主的悔悟。《违郢》叙述的是屈原回望郢都,遥想先王的雄志伟业,希望顷襄王能奋志图强。《引怀》叙述屈原怀念宗国,想念君王,想象出与君王冥会的情景,志笃情坚。《扃志》抒发了屈原"孤情自怵",而"举国无同心之侣,缄闭幽贞之志",是代屈原抒发扃闭之志。《荡愤》是抒发屈原虽窜放,仍耿耿于"蹀血咸阳,饮马泾渭",希望破秦雪耻,"以荡其愤"。《悼子》抒发屈原虽然迁窜,怀念君王的情怀仍旧耿耿昭明。《惩悔》抒发屈原因得罪权奸小人而死,从没有后悔。《遗愍》则是描写的是"绝命之遗音也,自言即死以后,其神爽如此者,故安死自靖,怨诽而不伤"①。

王夫之所作《九昭》就是为历代学者对屈骚所受的误会曲解一一作其辩解。如在《悼子》一篇,王夫之再度驳斥汉代学者的一些拟骚之作,他批评道:

  悼君侧之无人也。虽被迁窜,而所隐省者惟君。《七谏》以下忿怀才不试而诋君者,固不足以知屈子之心矣;若夺禄位,瞿厄穷,而悻悻自沉于渊,则岂非好勇疾贫之乱人哉!②

王夫之接连在《楚辞通释》与《九昭》中驳斥汉代的拟骚旧说的同时,力图还原屈原"眷顾楚国"的忠贞情志,在《惩悔》中说:"则爱身全道之说,固非心所安也。"③他重新塑造屈原的"兴国存君"形象。可见王夫之以不同的视角对屈原形象进行解读与阐释时,而由此引发出个人的想象。例如《申理》中,王夫之认为"清君侧之恶,虽非人臣所敢专"然而基于"宗臣之义,兴国存亡,知无不为,言无不尽"④,屈原应主动与朝中的奸佞小人进行周旋而坚持到底。所以,王夫之以抗争的口吻来描述:

  所谏者,括天下得失之几,尽古今兴亡之理,规恢而条悉之,非不至也。然及今

---

① 周建忠、汤漳平主编:《楚辞学通典》,收于崔富章总主编:《楚辞学文库》,武汉:湖北教育出版社,2003年,第4卷,第136页。
② 王夫之:《楚辞通释》,上海:上海人民出版社,1978年,第184页。
③ 王夫之:《楚辞通释》,上海:上海人民出版社,1978年,第187页。
④ 王夫之:《楚辞通释》,上海:上海人民出版社,1978年,第176页。

思之,未即追厥祸本,以攻发谗佞,不能无悔。盖均之取怨于人,不如直揭其奸匿。①

与此类似的描述屡屡见于《申理》之注中,如"悔未直攻之""不即执奸佞而愿诛之""早念及此,谁上予而姑容之,能无追悔乎?"这样的"追悔",反映了王夫之对屈原悲愤心情的感同身受:"想屈子沉湘之日,必怀此遗憾。"②通过这样的描述,王夫之"隐身"于屈原形象背后的个人的激愤之情则完完全全地展现出来了,甚至完全将个人的情感容入屈原的论述之中,在《荡愤》中有这样一段描述"复仇"的情结,希望为屈原来伸张正义:"以誓死之气,与秦争存亡,兵甫交而秦可破。夺武关,临渭水,秦且西溃。逮怀王之未死,迎之以归";"秦人移怨于天下,如秋霖之害良稼。诛其君,吊其民,息天下之祸。"正如篇句"荡愤"一样,"聊为违其志,以荡其愤焉。"王夫之通过对擎秦迎王的描述,借屈原之口,将自己内心所期待的报仇雪恨的愤懑之情呈现出来。正所谓"念大仇之未复,夙志之不舒,西望秦关,与一旦之命,岂须臾忘哉!"③

通过对《九昭》的想象,注释《楚辞》,王夫之借屈原之口,将内心无法宣泄的激情与怨满一并抒发出来,来表达个人的忠贞之情。由此看来,在他的《楚辞通释》与《九昭》中不只是要旌"三闾之忠",同时也寄托了王夫之的个人情怀于其中。因此在重构解读屈原形象的论述过程,也反映了王夫之将个人情感完全融入于《楚辞》的注疏之中,使得《楚辞通释》一书的内容,无形中隐含着作者的寄托之情。

---

① 王夫之:《楚辞通释》,上海:上海人民出版社,1978年,第176页。
② 王夫之:《楚辞通释》,上海:上海人民出版社,1978年,第177页。
③ 王夫之:《楚辞通释》,上海:上海人民出版社,1978年,第184页。

评朱骏声《离骚赋补注》

浙江师范大学　李凤立

  《离骚赋补注》,为清朱骏声所作。骏声以《离骚》王师叔注"有不溉于心者","辄为补订"①,而成《补注》。是书先录《离骚》原文,次列王氏《章句》,系以"补曰",旁绍远引,以补王注之所未备,仿宋洪氏《补注》之法式也。称"离骚赋",而不以"经"目之,盖尊西京遗意。

  骏声字丰芑,号允倩,晚号石隐,江苏元和县人。乾隆五十三年生,三岁识字数百,四岁能解四声,吴中目为神童。年十五为诸生,从钱大昕受业于紫阳书院。嘉庆二十三年举于乡,七赴礼部试,皆不第,迭主江阴、吴江、荆溪、嵊、萧山书院。道光十六年,官黟县训导,与俞正燮、程鸿诏及门人程朝钰、朝仪等讲学,成《经史答问》,黟之学者宗之。咸丰元年,以截取知县入京,呈礼部奏进所著《说文通训定声》《古今韵准》《说雅》等。文宗诏嘉其赅洽,以为"引正尚为赅洽,颇于小学有裨",加赏国子监博士衔。寻迁扬州府教授,引疾,未之官。侨居黟县石村,唯以著述为业,八年卒,年七十一。②

  朱氏精于小学,钻研许书,用力最深,其《说文通训定声》与段玉裁《说文解字注》、王友箓《说文句读》、桂馥《说文解字义证》并称为"《说文》四大家"也。又于群经皆有撰述,有《周易汇通》八卷、《易郑氏爻辰广义》二卷、《易经互卦卮言》一卷、《易章句异同》一卷、《逸周书集训校释增校》一卷、《诗集传改错》四卷、《诗地理今释》四卷、《左传旁通》十卷、《左传识小录》三卷、《夏小正补传》一卷、《春秋平议》一卷、《传经表》一卷、《小学识余》四卷、《天算琐记》四卷、《传经堂文集》十卷、《诗集》四卷、《临啸阁诗余》四卷等。《新修黟县三志》谓其"著书凡九十三种"。今人刘跃进考朱氏著作有一百十一种,多为未刊本,已刊者二三十种。③

  是书为其晚年闲居黟县石村所作,其时国是维艰,危机四起,洪、杨之乱亦将在即。朱氏心志抑郁,无所施展,是以注《骚》以寓其意。《续修四库全书提要》有"《离骚赋补注》

---

  ①　朱骏声:《离骚赋补注》,《楚辞文献丛刊》第65册,北京:国家图书馆出版社,2014年,第352页。
  ②　生平事迹详见朱氏自撰《石隐山人自定义年谱》《说文通训定声》后所附朱孔彰《朱骏声行述》、《清史稿》卷四百八十一《儒林传》、《清史列传》卷六十九《儒林传》、徐世昌《清儒学案》卷一百四十九《丰芑学案》、《吴县志》卷六十八下、《碑传集补》卷四十孙治让《朱博士事略》。
  ③　刘跃进:《朱骏声著目述略》,《清华大学学报》(哲学社会科学版),1987年,第2卷第1期,第68—78页。

一卷,道光末年刊本"①,盖始刻于道光末年。同治《江苏府志》、朱师辙《吴郡朱氏两代遗着书目》《清史稿·艺文志》《清史列传》并见著录②,此为清光绪八年临啸阁刻《朱氏群书》本。

是书以《文选》汲古阁本为底本。李善标言"王逸注",然《文选》本于王注多所删芟,盖以《章句》繁芜,故删而约之,多非其足文。如"长顑颔亦何伤"下王注,宋洪兴祖《楚辞补注》(以下简称洪本)作:"言己饮食清洁,诚欲使我形貌信而美好,中心简练而合于道要。虽长顑颔,饥而不饱,亦何所伤病也。何者?众人苟欲饱于财利,己独欲饱于仁义也。"③《章句》单行本文字上略有不同。《文选》本"言"以下"伤病"以上,作"言己饮食好美,中心简练而合道要",又删"何者"以下十四字。④朱氏《补注》亦如是删改。

朱氏所引《章句》原文,与《文选》汲古阁本大致相同,略有差异。一是篇题作"离骚赋",《文选》汲古本作"离骚经"。又,篇题下所引王氏《序》文:"离,别也。骚,愁也。"⑤李善引《序》节约其要,《文选》各本详略不一,但均无录此句。二是脱误衍文倒句者,偶见书中,或为手民之误,如,"又重之以修能",王注:"有重有绝远之能,与众异也。"⑥是书"异"前衍"原自"二字。三是朱氏避清世宗讳,"胤"作"允"。又订正《文选》本所避唐讳字,《自序》言:"《文选》汲古本,'世'字.'民'字多以'时'字.'人'字易之,盖依唐本避讳也。"⑦朱氏于此多加订正。如,"终不察夫民心",汲古阁本"民"作"人",是书订为"民";"自前世而固然",汲古阁本原作"时",是书订为"世"。然朱氏于此考订不全,多有遗漏,如:"固世俗之工巧兮",王注:"言今时之工,才智强巧,背去规矩……必乱政化,危君国也。"⑧"时"洪本作"世",《文选》本避唐太宗李世民讳;"化",洪本作"治",《文选》本避唐高宗李治讳。是书均未改。

观其补注《骚赋》,大略三事:

一为校正文字。一则以《文选》汲古阁本与俗本相校,朱氏于"初既与余成言兮,后悔遁而有他"下补曰:"俗本此二句上有'曰黄昏以为期兮,羌中道而改路'两语。按:《离骚》通篇无用五韵者,下文'羌内恕己',王逸始注:'羌,楚人语辞。'则此为后人窜入无

---

① 中国科学院图书馆整理:《续修四库全书总目提要(稿本)》第19册,山东:齐鲁书社,1996年,第494页。
② 刘跃进:《朱骏声著目述略》,《清华大学学报》(哲学社会科学版),1987年第2卷第1期,第68—78页。
③ 洪兴祖:《楚辞补注》,上海:上海古籍出版社,2015年,第19页。
④ 萧统编,李善注:《文选》,上海:上海古籍出版社,2008年,第1491页。
⑤ 朱骏声:《离骚赋补注》,《楚辞文献丛刊》第65册,北京:国家图书馆出版社,2014年,第291页。
⑥ 萧统编,李善注:《文选》,上海:上海古籍出版社,2008年,第1488页。
⑦ 朱骏声:《离骚赋补注》,《楚辞文献丛刊》第65册,北京:国家图书馆出版社,2014年,第352页。
⑧ 萧统编,李善注:《文选》,上海:上海古籍出版社,2008年,第1492页。

疑。今删。"① 二则考之《说文》,求其本字。如"相下女之可诒"之"诒",云:"当作诒,读为遗,实为馈。诒,遗双声。"② 案:《说文·言部》:"诒,相欺诒也。一曰遗也。从言,台声。"③"诒"未见《说文》,俗多假诒为诒。诒,诒古今字。三则求之协韵,考辨文字。如"纷独有此姱节"下云:"节,当作饰,方合古韵,亦与前后文义一贯。"④ 案:其说是也。"节","饰"之讹。"姱饰",总上"衣芰荷""裳芙蓉""高余冠""长余佩"诸事。若作"姱节",节字出韵。又如,"余独好修以为常"之"常",云:"当作恒,汉人避讳改耳,如田常、常山之比。"⑤ 案:《郭店楚墓竹简》凡"恒常"义皆作"恒"。《老子》(甲本)"知足之为足,此恒足矣"⑥;"是故圣人能辅万物之自然,而弗能为,道恒亡为也"⑦;"道恒亡名,朴虽微,天地不敢臣"。⑧ 恒,长沙马王堆汉墓帛书甲、乙二本《老子》亦同,其为汉初本,在文帝前,而今诸通行本《老子》皆改作"常"。此出土文字可以证其说也。四则据王注校《骚》。如,"哲王又不寤",王注:"言君处宫殿之中,其闱邃远,忠言难通,指语不达,自明智之主尚不觉善恶之情,高宗杀孝己是也,何况不智之君? 而以暗蔽,固其宜也。"补曰:"寻叔师此注,是'又'字,当作'犹'也。"⑨ 或借注《骚》以校正经籍者。如,"及荣华之未落",补曰:"木谓之荣。草谓之华。《尔雅·释草》二句,传写误倒。"⑩ 五则订正《文选》本避讳字,已见前文,此处不加赘述。

二是释《骚》词义。一则破假借以求本字本义,谓《离骚》乃先秦古文,且多假借字,必以本字求之,其义方白。"恐年岁之不吾与",补曰:"与,读为与,赐予也。"⑪《舁部》"舁,党与也。从舁从与。"⑫《勺部》:"与,赐予也。一勺为与。此与舁同。"⑬ 段注:"舁,党与也。从舁,义取共举,不同'与'也。今俗以舁代与,舁行而与废矣。"⑭ 二则考辨字音。如,"惟庚寅吾以降"之"降",云:"读若洪。"⑮ 案:降音洪,与庸协东韵也。又,"謇朝谇而夕替"之"替",云:"读若腆。陈第《屈宋古音义》以为'簪'字,读若'侵'。误也。侵,艰尤乖古

---

① 朱骏声:《离骚赋补注》,《楚辞文献丛刊》第 65 册,北京:国家图书馆出版社,2014 年,第 300 页。
② 朱骏声:《离骚赋补注》,《楚辞文献丛刊》第 65 册,北京:国家图书馆出版社,2014 年,第 327 页。
③ 许慎撰,徐铉校订:《说文解字》,北京:中华书局,2015 年,第 49 页。
④ 朱骏声:《离骚赋补注》,《楚辞文献丛刊》第 65 册,北京:国家图书馆出版社,2014 年,第 313 页。
⑤ 朱骏声:《离骚赋补注》,《楚辞文献丛刊》第 65 册,北京:国家图书馆出版社,2014 年,第 311 页。
⑥ 荆门市博物馆编:《郭店楚墓竹简》,北京:文物出版社,1998 年,第 111 页。
⑦ 荆门市博物馆编:《郭店楚墓竹简》,北京:文物出版社,1998 年,第 112 页。
⑧ 荆门市博物馆编:《郭店楚墓竹简》,北京:文物出版社,1998 年,第 112 页。
⑨ 朱骏声:《离骚赋补注》,《楚辞文献丛刊》第 65 册,北京:国家图书馆出版社,2014 年,第 332 页。
⑩ 朱骏声:《离骚赋补注》,《楚辞文献丛刊》第 65 册,北京:国家图书馆出版社,2014 年,第 327 页。
⑪ 朱骏声:《离骚赋补注》,《楚辞文献丛刊》第 65 册,北京:国家图书馆出版社,2014 年,第 294 页。
⑫ 许慎撰,徐铉校订:《说文解字》,北京:中华书局,2015 年,第 54 页。
⑬ 许慎撰,徐铉校订:《说文解字》,北京:中华书局,2015 年,第 300 页。
⑭ 段玉裁:《说文解字注》,上海:上海古籍出版社,1988 年,第 715 页。
⑮ 朱骏声:《离骚赋补注》,《楚辞文献丛刊》第 65 册,北京:国家图书馆出版社,2014 年,第 292 页。

韵。"① 案:其说是也。替音睮,转文韵,与艰字同入文韵也。又,"惟昭质其犹未亏"之"亏",云:"读若柯。"② 案:亏、柯同入歌韵。三则阐述意旨。如,释"初度"为"言始生时器度也,即下文'不改此度''周容为度''和调度'及《怀沙》'常度'之度,犹今云'意度''态度''度量'也。与《橘颂篇》'嗟尔幼志,有以异兮'同意"③。四则援引他书,以发微古之恒语者。如,"周论道而莫差",补引"《考工记》曰:'坐而论道谓之王公。'"④ 五则考辨地理历史。"苍梧",补曰:"苍梧在今湖南永州府宁远县之南,桂阳州蓝山县之西。《礼记·檀弓》:'舜葬于苍梧之野。'"⑤ 案:《容成氏》:"达(去)之苍梧之埜(野)"⑥,为桀之最后驻跸之地也。

　　三是推寻文意 分析篇章。朱氏分《离骚》为三段:自"帝高阳之苗裔"至"岂余心之可惩"为第一段,"女媭之婵媛"至"余焉能忍与此终古"为第二段,"索藑茅与筳篿"至篇末为第三段,则与王邦采之说悉同,可谓不期而遇者也。又,"'滋兰'以下八句言已先培植众贤,冀可同心辅治;已一人不用尚不足悲,而悲众贤必至从俗浮沉,如下文所言'兰芷不芳''荃蕙化茅'也。忠君爱国,蔼如仁人之言。"⑦ 又,书前《自序》于《离骚》词句形式变化尤为所重,乃称《离骚》一百八十韵,金相玉式,艳溢锱毫,后为词章之祖。荀卿赋篇,瞠乎莫逮。所谓智者创物也"。则有"复句",如"纷总总其离合""心犹豫而狐疑"之类是也,有"复调",如"愿俟时乎吾将刈""延伫乎吾将反"之类是也,有"复字",或六见、五见、四见、三见、二见者不等,如"朝夕""好修""修远""前修"之类是也。⑧ 盖谓《离骚》一篇,句法参差错落,用语虽复而有韵致,音律起伏变化,未有定式,而莫不臻至精妙,为千世不祧辞章之祖也。

　　然则反复是书,虽出于训诂大家,犹有诸多失误。

　　一是所据底本《文选》汲古阁本并非善本,讹、脱、衍及窜乱之文存其中,然朱氏未加反复详审,校之未精而遽读,读恐有误。如,"苟中情其好修兮,又何必用夫行媒。"王注:"言诚能中心常好善,则精感神明,贤君自举用之,不必须左右荐达之。"⑨ 朱氏所引王注作"言臣能中心苟好善",补曰:"言君诚能中心好善,则特达之知,不必左右为之先容也。"⑩

---

① 朱骏声:《离骚赋补注》,《楚辞文献丛刊》第65册,北京:国家图书馆出版社,2014年,第305页。
② 朱骏声:《离骚赋补注》,《楚辞文献丛刊》第65册,北京:国家图书馆出版社,2014年,第311页。
③ 朱骏声:《离骚赋补注》,《楚辞文献丛刊》第65册,北京:国家图书馆出版社,2014年,第292页。
④ 朱骏声:《离骚赋补注》,《楚辞文献丛刊》第65册,北京:国家图书馆出版社,2014年,第319页。
⑤ 朱骏声:《离骚赋补注》,《楚辞文献丛刊》第65册,北京:国家图书馆出版社,2014年,第322页。
⑥ 马承源主编,《上海博物馆藏战国楚竹书(二)》,上海:上海古籍出版社,2002年,第282页。
⑦ 朱骏声:《离骚赋补注》,《楚辞文献丛刊》第65册,北京:国家图书馆出版社,2014年,第301页。
⑧ 朱骏声:《离骚赋补注》,《楚辞文献丛刊》第65册,北京:国家图书馆出版社,2014年,第351—352页。
⑨ 洪兴祖:《楚辞补注》,上海:上海古籍出版社,2015年,第57页。
⑩ 朱骏声:《离骚赋补注》,《楚辞文献丛刊》第65册,北京:国家图书馆出版社,2014年,第337页。

案：洪本及单行本皆作"言诚能中心常好善"。据义，王氏此处以"诚"释"苟"。"诚"音讹作"臣"，朱氏此处未校，补注增一"君"字，实乃画蛇添足。又，其"当作"之例，欲求本字，然仅以《说文》为凭，多有臆断。如，《离骚》："诏西皇使涉予"，朱氏补曰："诏，当作诰，读为告，秦时始造诏字以当诰，为上告下之义。"① 案：诏字，《说文解字注》无此字，段氏以为："秦造诏字，惟天子独称之。《文选注》卅五引独断曰：'诏犹告也，三代无其文，秦汉有也。'据此可证秦已前无诏字，至《仓颉篇》乃有'幼子承诏'之语，故许书不录诏字。铉补之。非也。"②"诏"字已见楚简遗文，段氏未见而误删，朱氏注《骚》以讹传讹。

二是释字滥用通假。或以古今字误为假借字。如，"肇锡余以嘉名"之锡，"读为赐"。案：《金部》："锡，银铅之间也，从金易声。"③《贝部》："赐，予也。从贝易声。"④ 朱氏以《说文》本义求之，锡不解"赐予"义，而以锡通赐。然金文赐，但作"锡"。锡古字，赐今字也。或其义皆本通，毋需改易以他字，而徒滋歧纷耳。如，"日月忽其不淹兮"之"淹"，朱氏云："读为俺，安也。"⑤ 案：《水部》："淹水，出越巂徼外，东入若水。从水奄声。"⑥ 淹本为水名，从奄得声，《大部》："奄，覆也，大有余也。又，欠也。从大申。申，展也。"⑦ 淹，留也。古书或者"淹留"连用，《尔雅·释诂》："淹、留，久也。"⑧ 此不必读俺。类此不胜枚举。朱氏以许书解字之义，生搬于《离骚》之文，多有舛误。

三是于字之审音辨形之疏。如，以"芬至今犹未沫"之"沫"，"香将已而渐少也。或曰：读为弭，止也。弭、沫双声"。⑨ 案：《离骚》作沫，古入月韵。若作沫，未声，古入微韵。非一字也。又，"侘傺，当作'咤瘵'，与'郁邑'同，为双声连语，失志之貌，不当又以'立住'为训。"⑩ 案：既以"侘傺"为双声连语，其义存乎其声，不在其形，则亦不必改字作"咤瘵"也。

四是阐述文词意旨有误。如，"夫惟灵修之故也"下云："灵，读为令，实为良，善也。修，治也。犹'乱曰'之'美政'。言诚欲辅君于善治，以效厥忠。"⑪ 案：屈子通篇以灵修喻君，朱氏解为善治美政，与屈意龃龉不合。下文"怨灵修之浩荡兮"补曰："灵修，善治也。言

---

① 朱骏声：《离骚赋补注》，《楚辞文献丛刊》第65册，北京：国家图书馆出版社，2014年，第346页。
② 段玉裁：《说文解字注》，上海：上海古籍出版社，1988年，第92页。
③ 许慎撰，徐铉校订：《说文解字》，北京：中华书局，2015年，第295页。
④ 许慎撰，徐铉校订：《说文解字》，北京：中华书局，2015年，第126页。
⑤ 朱骏声：《离骚赋补注》，《楚辞文献丛刊》第65册，北京：国家图书馆出版社，2014年，第295页。
⑥ 许慎撰，徐铉校订：《说文解字》，北京：中华书局，2015年，第224页。
⑦ 许慎撰，徐铉校订：《说文解字》，北京：中华书局，2015年，第212页。
⑧ 十三经注疏整理委员会：《尔雅注疏》（十三经注疏），北京：北京大学出版社，2000年，第49页。
⑨ 朱骏声：《离骚赋补注》，《楚辞文献丛刊》第65册，北京：国家图书馆出版社，2014年，第342页。
⑩ 许慎撰，徐铉校订：《说文解字》，北京：中华书局，2015年，第307页。
⑪ 许慎撰，徐铉校订：《说文解字》，北京：中华书局，2015年，第299页。

己欲辅君以善治,逯于浩荡之大道,而君不悟,能无怨乎。"① 案:《章句》解"浩荡"为"无思虑貌",甚得屈子本心。浩荡,不分貌,为训诂字或作溷沌,《离骚》作溷浊,或鱼、阳对转作胡涂。朱氏以浩荡为褒义,以灵修为善治,不得不增字解骚,差之毫厘,谬以千里。

然朱氏《补注》征引宏富,考辨典核,亦有补王注之未备者。或者申引旧注之义。如,"陟余身"之"陟",王注:"陟,犹危也。"补曰:"陟,临危也。临于危而未倾也。"② 或者补旧注之所未备者。如,"哀朕时之不当",王注未释"当"字之义。补曰:"当,相值也。"或者纠正旧注之讹。如,"余以兰为可恃兮",王注:"兰,怀王少弟,司马子兰也。"补曰:"兰只是香草,非有指斥。子兰正是上官大夫,靳尚一流人,岂当在众芳之列?"③ 又,"归次",王注训"归舍",补曰:"归,读为馈。次,髪髢也。《周礼·追师》'为副编次'之'次',如今俗花髻,盘有结发髢子也。"④ 如"乃遂焉而逢殃",王注:"乃遂以逢殃咎",朱氏补曰:"遂,聆遂也。地名。《周语》:'其亡也,回禄信于聆遂。'《竹书纪年》:'聆隧灾。'聆作聆,误。隧,即遂之俗。《墨子·非攻篇》:'天使阴暴毁有夏之城,命融隆火于夏之城间。'按据《竹书》,是汤征昆吾之年也。明年,桀出奔三朡,获之焦门,放之南巢。"⑤ 案:上博简《容成氏》云:"〔桀〕述(遂)迷,而不量其力之不足,……桀乃逃之鬲山氏。汤又从而攻之,降自鸣攸(条)之述(遂),以伐高神之门。"⑥ 遂,犹简书"鸣攸(条)之述(遂)"也。朱氏之说,可与出土文献相参证。又其精于音韵训诂之学,从其"当作""读为"之例,可见其于许书用力之深。又如谓"偃蹇""浮游""逍遥"为叠韵连语,"犹豫""容与"为双声连语之类,间于古人声音通转之理。

其所训诂,未必尽得骚人之旨,然其所诠释,不拘王注,于读音、语源、名物考释等,发前人所未闻,亦多有创见。

---

① 朱骏声:《离骚赋补注》,《楚辞文献丛刊》第65册,北京:国家图书馆出版社,2014年,第306页。
② 朱骏声:《离骚赋补注》,《楚辞文献丛刊》第65册,北京:国家图书馆出版社,2014年,第320页。
③ 朱骏声:《离骚赋补注》,《楚辞文献丛刊》第65册,北京:国家图书馆出版社,2014年,第340页。
④ 朱骏声:《离骚赋补注》,《楚辞文献丛刊》第65册,北京:国家图书馆出版社,2014年,第328页。
⑤ 朱骏声:《离骚赋补注》,《楚辞文献丛刊》第65册,北京:国家图书馆出版社,2014年,第318页。
⑥ 马承源主编:《上海博物馆藏战国楚竹书(二)》,上海:上海古籍出版社,2002年,第279—281页。

李光地读楚辞

福建师范大学 郭 丹

一

李光地(1642—1718),字晋卿,号厚庵,别号榕村。清康熙朝著名大臣和大学者。福建泉州安溪人。明崇祯十五年(1642)生。父李兆庆,明朝生员,藏有程朱之书甚丰,以教李光地。李光地自幼聪颖好学,13岁读完群经。其后,科举之路顺遂,康熙五年(1666)中举人,九年进士,选庶吉士,十一年散馆,授编修。以省亲乞归,遇靖南王耿精忠在福州叛乱,李光地置疏蜡丸间,献陈破敌之策。后又荐施琅,言其习海上形势,顺利收复台湾。李光地更受康熙宠信。累官吏部尚书、直隶巡抚,拜文渊阁大学士。卒谥"文贞"。

李光地生平著作丰富,主要有《周易通论》四卷、《周易观象》十二卷、《诗所》八卷、《大学古本说》一卷、《中庸章段》一卷、《中庸余论》一卷、《读论语札记》二卷、《读孟子杂记》二卷、《古乐经传》五卷、《阴符经注》一卷、《参同契章句》一卷、《注解正蒙》二卷、《朱子礼纂》五卷、《榕村语录》三十卷、《榕村文集》四十卷、《榕村别集》五卷等。

李光地非以楚辞名家,其读楚辞的著作主要为二种:《离骚经注》和《九歌注》。刊本有康熙五十八年《安溪李文贞公解义三种》("解义三种",包括《参同契解义》《阴符经解义》和《离骚经九歌解义》)。就此刊本看,"解义三种"的第一种即《离骚经》,而将《九歌》作为附录(写作《九歌附》)。《四库全书存目丛书》收录,名曰《离骚经注》和《九歌注》。(《四库全书总目提要》列入楚辞类存目)此两种今收录于福建人民出版社所出的《榕村全集》第四册中,亦名《离骚经注》《九歌注》。《离骚经注》后有李光地作《后叙》和《附记》各一篇。《九歌注》后有《后叙》一篇。

李光地在《离骚经注》的《后叙》中说:"余九岁,季父授以《离骚》,故至今上口,不落一字。"说明他自幼熟读楚辞。按照其弟子汪㴑为李光地《安溪李文贞公解义三种》所作的序中所说:李光地在康熙十四年为耿精忠所虏,囚拘时,"恒默背以遣日,无虑千周万遍云者,故于微词隐义,悉能贯彻而得作者之心。常患注家之庞,有所不通而辄割裂其章句,颠倒其前后,乃援朱子之例解经,余暇悉为疏通笺释,于是三书之本义始出矣。"① 自幼熟诵楚辞,陷贼被囚时又日日默诵,由此可知李光地注《离骚》《九歌》二书,是深思熟虑且

---

① 清康熙五十八年《安溪李文贞公解义三种》序。

自有体会的。

二

李光地读楚辞,对《离骚》的结构分析有所创见。

洪湛侯主编的《楚辞要籍解题》之《离骚经九歌解义》题解说:"善于分析作品的章次,是本书的特点之一。"① 我们以康熙五十八年刊本《安溪李文贞公解义三种》中的《离骚经》解义来看,第一节从开头到"字余曰灵均",最后一节从"灵氛既告余以吉占兮"至全文结束,李光地是将《离骚》分十七节来注解。古人对作品的分节注解,并非随意而为,多是视文意的段落而划的。李光地划分《离骚》《九歌》也是如此。

李光地在《离骚经注》的《附记》中说:"《离骚》前半篇自皇考命名,以至女嬃训诫,直述己事。后半篇自陈辞重华,以至问占远逝,托意寓言。直述己事者,身之已经而伤其时,道其志行,以抒其忧郁。托意寓言者,意之未已,而决其时之无可为,断之以志行之所不屑为者,以矢其坚贞。书之大致也。"这就是将《离骚》全诗分为前半篇和后半篇。前半篇是"直述己事",后半篇是"托意寓言"。这样的归纳概括,的确"比较新颖"②。其实在前后两段的中间,李光地也注意对各个段落的归纳。如在"固前圣之所厚"之后的注析中,就注意对前面文意的阐发,说:"(此段)又申上两段之意也。"在分析这两段之大意后,概括说"此段如上两段之意,而加深切。盖叙其被谗之后,忠告不已,而重遭谮害之辞也。"后半段,"闺中既邃远兮"至"余焉能忍而与此终古"一节仅四句,但李光地把它们划为一段,其注说:"群女深藏,是闺中邃远也。帝阍不开,是哲王不寤也。总上两段之意,盖至是原始绝望于本国,而有下文问卜之云。"既揭示屈原绝望的心情,又揭示其承上启下的作用,亦看出李氏之诗心独具。再如"众不可户说兮"到"夫和荣独而不余听"四句,历代除了王逸、朱熹外,皆以为是女嬃之言。李光地在此段注释中说:"旧解后四句谓非姊言,不是。"亦体现了李氏自己的见解。

《楚辞要籍解题》指出,李光地对《离骚》文义的阐发比较圆通,间或还有些精辟的见解。举了两个例子,如"余既滋兰之九畹兮"至"哀众芳之芜秽"一段,李注曰:"我昔者有志于为国培植,冀其及时收用。今则不伤其萎绝,而哀其芜秽。虽萎绝,芳性犹在也。芜秽,则将化而萧艾,是乃重可哀已。"这比王逸旧注的矛盾迂曲,说得相当精到。又如,最后"远逝"一节,李注:"远逝自疏,将以周流天下,然一曰至乎西极,再曰西皇涉予,三曰西海为期,何哉?是时山东诸国,政之昏乱,无异南荆。惟秦强于刑政,收纳列国贤士,一言投合,俯仰卿相。士之欲急功名,舍是莫适归者。是以览观大势,属意于斯,所过山川,悉表西

---

① 洪湛侯主编:《楚辞要籍解题》,武汉:湖北人民出版社,1984年,第114页。
② 洪湛侯主编:《楚辞要籍解题》,武汉:湖北人民出版社,1984年,第114页。

路。然父母之邦可去,而仇雠之国不可依。中途回望,仆马悲鸣,况贵戚之卿,义与国共者哉?卒之死而靡他,为乱章以自矢。呜呼!淮南所谓日月争光者,此也。"这显示屈原预料楚之困于秦,将来必为秦所吞并,揭示形势之发展,非常明晰。①

  其实,李光地注释《离骚》,在释词方面也时有己见和创见。如释《离骚》之"初度",旧注多谓之"初生""初时",或为"时节""初年之器度"等②。黄灵庚《楚辞章句疏证》概括为"唐宋而下遂以'初度'为生日之通称尔。"③李光地释"初度"谓:"摄提,寅岁也。孟陬,寅月也。日又庚寅。是年月日皆为支首,故曰初度也。"这是把"时节"的含义说得更透彻。关于"平",他取"绳直准平,故平曰正则。高原广阔,故原曰灵均"之义,虽用王逸之说,但将"平"和"原"分而析之,也更显豁。其注"上下求索"说:"上下求索者,多方遇合之意。"这样的注解,恐更合屈原原意。再如"依前圣以节中兮"到"固前修以菹醢"一节,李光地认为向重华"所陈之辞止此"。而后面"曾歔欷余郁邑兮"四句,为屈原陈词后自述:"又言其陈词之时,歔欷郁邑,自悲不遇,涕出沾襟,不能自止也。"这样的理解,更为通达,后人多予以赞同。④《四库全书总目·集部·离骚经注九歌注提要》认为"所注皆推寻文意,以疏通其旨,亦颇简要",评价还是公允的。

三

  大概因为李光地自己朝廷重臣身份的原因,他总以君臣关系来看待《离骚》《九歌》。并且将《离骚》《九歌》视为一个整体。

  且看他在《九歌注·后叙》所说:

> 旧说楚国南郢之邑,沅湘之间,其俗信鬼而好祠,其祠必作乐歌舞以乐诸神。屈原既放,窜伏其域,怀抱忧思,出见俗人祭祀之礼,歌舞之乐,盖有鄙俚媟亵而无文者,因作《九歌》之曲。王逸之《序》云尔。然其所释原意,参错傅会,言不中伦者多矣。《辩证》一一正之。
>
> 自《太乙》以下,皆以事神之恭,况已事君之敬,以神人之接之阔,喻君臣之交之难。惟《山鬼》一章,乃以鬼自比,而人则君也。以此意读之,大义则得矣。
>
> 愚观屈子,盖蛮荆之一人,北方学者,未能或之先也。《离骚》之篇,陈古义,剀治道,三代名臣,何以加兹?至所托言取类,上自象曜、风霆、云雨,下迄地域山川,中错人伦族氏,草木禽鸟之芬芳灵鸷,与《易象》称名,《风》《雅》兴物无异。自说文者乖

---

① 洪湛侯主编:《楚辞要籍解题》,湖北人民出版社,1984年,第115、116页。
② 游国恩:《离骚纂义》,北京:中华书局1980年,第18、19页。
③ 黄灵庚:《楚辞章句疏证》,北京:中华书局2007年,第38页。
④ 游国恩概括认为"李光地说是",见《离骚纂义》,中华书局,1980年,第240页。

舛,于是有引喻失义,放言无章者,非屈氏意也。推是以类《九歌》,则《离骚》外篇尔。故天神尊上,则以喻君,司命为太乙之佐,湘君、河伯非天神之伦,则以喻臣。玩其辞,潜其义,凡庄重严肃,礼乐威仪备者,君之族也。凡投赠亲昵,游从欢宴者,臣之族也。中寓怨悱之离忧,而亦不失其尊卑之体,轻重、浅深、久近之序。呜呼! 以意逆志,斯为得之矣。《骚》言高女、下女、佚女,卒乃寓意于少康者,尤于湘神、东君见之。是时襄既继位,谗佞高张,无改于昔。原之拳拳恻怛如此,盖无日不幸其君臣之一悟,邦家之再兴也。若言言而以为怨旧君,怀昔恝。原方悲其西羁之不暇,怨怼奚施焉?①

在李光地看来,王逸对《九歌》的阐释是"参错傅会""言不中伦",只有从君臣关系去理解,才能得其大义。《离骚》是屈原忧时伤世之作,陈古义,剀治道,种种托言取类,皆言君臣遇合之事。所以,《九歌》仍是这种兴托与情感的继续。背离了这个理解的路径,那就是"引喻失义,放言无章","非屈氏意"了。既如此,"推是以类《九歌》,则《离骚》外篇尔"。(其实王逸始终《离骚》称"经",而《九歌》《九章》加"传"。经、传一体,李光地又是受到王逸影响的。在康熙五十八年"解义三种"中,《九歌》是被称作为"附录"的。)因此,东皇太一是上皇,是君,其余皆是臣了。君之辞严肃,臣之辞亲昵,即使有怨诽离忧,也都合符君臣礼义。这就是李光地的理解。

在《九歌》各篇的训释时,李光地基本上把握这个原则。如在《湘君》注中说到"鸟次屋上""水周堂下"时说:"故已将弃遗玦珮,不自修饰以见于世。然犹采杜若,将遗下女者,犹《离骚》'哀高丘之无女',相下女之可诒。"洪兴祖《补注》虽已认为"捐玦遗珮,以诒湘君。与《离骚》解佩纕以结言同意,喻求贤也。"李光地在注此时说得更加明确。在注《湘夫人》最后一段"捐余袂兮江中"时,他认为此段与《湘君》相同,都是如《离骚》最后部分的"乱语",说"乱语与上章同,但前所捐者玦佩,而此所弃者衣襦,则益甚矣"。这是以《离骚》为本来对照《九歌》。说明他读《九歌》时,是将《九歌》当作《离骚》的补充部分来看待的。

《云中君》注说:"云神在天尊者,故亦可以喻君。君臣始合,如神人之初交。君既尊荣,臣亦光宠,使其久而安焉,云雨之施,虽与日月争光可也。"云神以喻君,自王逸一下,包括洪兴祖补注都如是说,李光地并无超越。然"君臣始合"云云,大概是以身为喻,或者说是李氏的愿望了。(这里也有矛盾,李氏既已认为东皇太一是君,这里又认为云神可以喻君。大概他总不能忘君之故。)再如注《湘君》曰:"鸟次屋上,则自高栖。水周堂下,则自卑逝。以兴盛衰殊厚,升沉异势。"注《湘夫人》说:"上章怨望之意多,此则但慨浮沉之势异,欲合并而不能。"都是以君臣遇合来理解二诗。注《大司命》说:"此章喻昔日同辅政者,

---

① 李光地:《榕村全集》第四册《九歌注》,福州:福建人民出版社,2013年。

意犹明显。言昔者及尔同僚，上引其君，下制天下。"注《少司命》说："此亦以况朝列而晚进者，如《湘君》《湘夫人》之例。大抵原之黜退，亲近用事者为之，余则流从随俗，况也咏叹。故《湘君》《大司命》，则望之深而至于怨。《湘夫人》《少司命》，则责之薄而依于厚。虽其托于鬼神，辞义荒忽，然意指犹可推而知也。""意指"是什么呢？还是屈原与同朝同列的关系。屈原被黜，乃是"亲近用事者"即君王周围群小所为。所以《湘君》《大司命》表达其深深的怨望；《湘夫人》《少司命》则仍寄托着些许期望。所以虽托于鬼神之事，隐喻的是屈原的现实。（由此也再次证明李光地是将《九歌》这几篇看成一个整体的。）

《东君》注说："是时当襄王之初，犹望以复仇开治之事，故以出《震》继《离》之义况之……欲王报怨雪耻之后，复引用贤臣，施惠百姓。惓惓属望，盖在于斯。"这是说屈原将襄王寄托在顷襄王身上，报仇雪恨，然后能进用贤臣，振兴楚国。注《河伯》"登昆仑兮四望"说："喻在朝廷而虑四方。"注《山鬼》说："夔、罔两之类也，以况幽人处士不能自通于君大夫者。己之始合终离，遭放废而屏昧幽，其寂寥索居，影响断绝于世，盖亦魑魅之群矣。"在李光地眼里，山鬼不是一位多情的山中女神，而是屈原的化身。"始合终离""遭放废而屏昧幽"，即指屈原早年的受重用，中年以后的失意。正如马茂元先生注《山鬼》时也说的："从另一个角度看，作者青年时期在政治上的活跃，中年失意的忧伤，放逐以后眷恋故国的情怀，也都很自然的渗透交融在于其中；这是不难求之于精神实质相通之处，而会心于文字迹象之外的。"① 李光地于文字之外的会心，即多是以君臣关系君臣大义来释读的。在李光地的解读中，《九歌》已不是楚地的祭祀乐歌和抒写爱情的诗篇了。

四

依经立义与腰斩《九歌》。

在汉代，不论是刘安、司马迁，还是扬雄、班固，他们评定屈原及其作品时尽管有分歧，但都是以儒家经典中的思想为标准的。王逸在《楚辞章句》叙中说："夫《离骚》之文，依托五经以立义焉。"既首倡"依经立义"之说，并运用这一原则进行楚辞批评。综观李光地对《离骚》《九歌》的评价，也同样恪守这一原则。

李光地在《离骚经注》"后叙"中说："前数年，尝谓秦、汉古辞，无如屈、魏《骚》《参同》之奇奥，欲创通章句，联成一篇。后选汉以下列代诗，又欲追《风》《雅》始变之源，以《骚》系后，庶几猗那之志。"这是他编《解义三种》的目的。而编注《离骚》《九歌》，还是以《诗》为参照，追踪《风》《雅》之源。

李氏在《离骚经》"后叙"中还说："原有《四牡》《皇华》之才。邂逅不辰，音非和正。然以视周衰，大夫悯时念乱，繁霜十月，无以益其哀矣。"按照《毛诗序》的说法，《四牡》

---

① 马茂元：《楚辞选》，北京：人民文学出版社，1980年，第110页。

是慰劳使臣勤于王事之诗;《皇皇者华》是派遣使臣访求贤达之诗。屈原当过使臣,为楚王出使过齐国等国,具备使臣之才。然而却遭遇不时,所发的怨诽之声,当然非和正之音。"繁霜"是《小雅·正月》中的句子(正月繁霜)。《正月》是一首怨刺诗,本是刺周幽王的。屈原之遭遇如此,不免有其哀怨。李光地在《离骚经注》的"附记"中,针对前人对屈原的批评说:"前之词显,故议者以为讥讪之太过。后之词微,故谈者以为荒幻而不经。夫怨诽而其流及上,《小雅》先之矣。"李光地理解屈原的怨诽之心情,不过李光地认为,屈原的怨诽之情并不过分,也非首创,《小雅》早已有之。所以,李光地衡评屈原及其情感,就如王逸所说的,是"依经立义",即以是否符合儒家经典的思想为标准的。

在《九歌注》中,李光地删除了《国殇》和《礼魂》,他在《后叙》中说:"《九章》止九篇,则《九歌》疑亦当尽于此。其辞所托,皆感遇抒忧,信一时之作也。后两篇,或无所系属而以附之者。"大家知道,《国殇》是哀悼为国事而死者之诗,《礼魂》是送神曲。从楚人祭祀的乐歌来说,《九歌》十一篇才是完整的。然而李光地比照《九章》的九篇而腰斩它们,实在牵强武断。所谓"或无所系属而以附之者",其本质即如上所论,在于李氏是以君臣大义来解释楚辞的。在他眼里,《九歌》已不是纯粹的祭祀乐歌,那么《国殇》《礼魂》无法纳入这个路径,则干脆不要了。《四库全书总目》就批评说:"至《国殇》《礼魂》二篇,向在《九歌》之末。古人以九纪数,实其大凡之名,犹《雅》《颂》之称什。故篇十有一,仍题曰九。光地谓当止于九篇,竟不附载,则未免拘泥矣。"①

另外,李光地从王逸将《离骚》称为"经",也受到后人批评。四库馆臣认为,"《楚辞》实诗赋之流,未可说以治经之法"②。《离骚》虽被王逸目为"经",但它确实本为"诗赋之流",是不可以解释经书的方法来解诂的。李氏从之,实属无谓。

李光地一生著述甚丰,四库馆臣评李光地"数十年来,屹然为儒林巨擘,实以学问胜,不以词华胜也"③,不过他的著述总是尽力服务于朝廷的政治需要,其易学著作是如此,对楚辞的理解也是如此。李光地读楚辞,多依附于君臣关系,以君臣大义来看待屈原作品。其原因即在此也。

---

① 《四库全书总目·集部·离骚经注九歌注提要》,中华书局,1983年,第1270页。
② 《四库全书总目·集部·离骚经注九歌注提要》,中华书局,1983年,第1270页。
③ 《四库全书总目》卷一七三 集部《榕村集提要》,中华书局,1983年,第1527页。

董国英及其《楚辞贯》研究

南通大学 李国荣

一、董国英生平考略

董国英,生于公元 1729 年(清雍正七年),卒于公元 1804—1812 年之间,字逸伦,昌化博川人(今属浙江临安),以诸生终老。关于董国英的生平,由于史书记载较少,其著作又均已散佚,因此学界历来存在诸多争议,许多问题也不够清晰,现根据所掌握的资料,将相关问题梳理如下:

首先是关于董国英国籍的探讨。根据黄灵庚《楚辞文献丛刊》所录,董国英为朝鲜人。① 另有一些学者认为董国英是中国人。如姜亮夫《楚辞书目五种》著录:"《楚辞贯》一卷,清董国英撰。"② 又有周建忠《五百种楚辞著作提要》中著录:"董国英,字逸伦,博川(今属山东)人。"③ 由此可见学者们对于董国英的国籍有不同认识。笔者翻检史籍,发现《清史稿》记载:"《楚辞贯》一卷,董国英撰。"④ 再有《八千卷楼书目》卷十五集部中记载:"《楚辞贯》一卷,国朝董国英撰刊本。"⑤ 清代的史书与书目相对而言较为可靠,因此基本可以确定,董国英为中国清朝人,而非朝鲜人。

其次是董国英的籍贯。当今学者一致认同其为"昌化博川人",但其具体位置则难以确定。多数学者认为昌化在今浙江,如潘啸龙《楚辞著作提要》:"董国英,字逸伦,昌化(今浙江省临安市)博川人。"⑥ 又有吴宏一《清代诗话考述》中记载:"董国英,浙江昌化博川人,诸生。约生于雍正七年(1729),卒于嘉庆五年(1800)之后。"⑦ 而周建忠《五百种楚辞著作提要》中则认为博川今属山东,黄灵庚《楚辞文献丛刊》则以朝鲜博川郡为准,将董国英归为朝鲜人。由于历史上各个朝代的行政区域划分不同,各地地名亦多有重复变更,因此"昌化博川"的具体位置存在诸多分歧。笔者翻检资料,发现提及"昌化"与"博

---

① 董国英:《楚辞贯》,见黄灵庚《楚辞文献丛刊》,北京:国家图书馆出版社,2014 年,第 80 册,第 554—680 页。
② 姜亮夫:《楚辞书目五种》,上海:上海古籍出版社,1993 年,第 224—225 页。
③ 周建忠、施仲贞:《五百种楚辞著作提要》,南京:江苏教育出版社,2011 年,第 108—109 页。
④ 赵尔巽:《清史稿》,长春:吉林人民出版社,1998 年,第 3002 页。
⑤ 丁立中:《八千卷楼书目》,北京:北京图书馆出版社,2008 年,第 379 页。
⑥ 潘啸龙、毛庆主编:《楚辞著作提要》,武汉:湖北教育出版社,2003 年,第 206—209 页。
⑦ 吴宏一:《清代诗话考述》,台北:"中央研究院"中国文哲研究所,2006 年,第 1598—1599 页。

川"的资料很多,如刘永智《中朝关系史研究》中记载"博川郡"本属辽东郡,后为高丽所取,至李朝太宗十三年命名为博川郡。① 顾德如《中外8000大中城市概况》中亦有记载:"博川,朝鲜北部城市,博川郡首府。"② 笔者推测黄灵庚正是据此将董国英归为朝鲜人。在《中国历史地图集》所绘清时期图组中,涵盖"昌化"的共两处,一处在浙江图中,属于杭州府部分。一处在广东图中,属于琼州府部分。③《楚辞贯》扉页署有"唐昌董逸伦论释"字样,"逸伦"是董国英的字,而根据《大中华浙江省地理志》中记载:"昌化县治。……秦汉晋为于潜地。唐初紫溪县。析置武隆县。循省入,又复置,改唐山,或称唐昌。吴越更名金昌。唐复故。晋改横山,后改吴昌。宋太平兴国三年改昌化。元明清因之。"④ 可知"唐昌"是浙江昌化的另一个名称。再有民国时期浙江省《昌化县志》卷十八书目集部曾明确载录《离骚贯》一卷,题为"诸生董国英注",同书卷十三"节妇"编,董家烈继妻毕氏条下云:"(毕氏)二博庄人,年二十三归董,夫已抱疾,奉汤药惟谨,逾年夫亡,时翁讳国英,府庠生,为邑名宿,问字者无虚日……"⑤ 至于其他昌化县的史料中并未提及董国英,因此基本可以确定董国英应为浙江省昌化县人士。又据陈桥驿《浙江古今地名辞典》中记载:"昌化县,北宋太平兴国三年(978)吴越纳土归宋,改吴昌县为昌化县,以示昌地归化之意。县治即今昌化镇,属杭州。南宋属临安府,元属杭州路,明、清属杭州府……1960年昌化县撤销并入临安县,划属杭州市。"⑥ 综上,董国英所在"昌化"应属于今浙江省杭州市临安市。

关于董国英具体生卒年月,多种记载均认为其生于清雍正七年(1729),其卒年则至今仍未有定论。董国英本人在《楚辞贯》"凡例"中自注"嘉庆五年,岁在庚申,腊月之吉,博川董国英识,时年七十有二"。学者余莲与罗以智曾为《楚辞贯》作序,其曾孙董希仲为该书作跋,其中关于董氏生平均略有涉及,我们可以从中推之一二。罗以智所作序言中提及,"先生名国英,……今殁且三十余载,著是书时,嘉庆庚申之岁,余甫生,先生年已七十有二矣"。嘉庆庚寅年为公元1800年,由此可以推断其生年为公元1729年,即清雍正七年。但其卒年已不可确考,只能根据罗以智序言大致推测。罗以智为《楚辞贯》作序时正值道光癸卯年间,即道光二十三年(1843),而比时董国英"殁且三十余载",那么可以推测其卒年大致在公元1804—1812年之间。

---

① 刘永智:《中朝关系史研究》,郑州:中州古籍出版社,1994年,第90页。
② 顾德如、彭克宏主编:《中外8000大中城市概况(上)》,海口:海南国际新闻出版中心,1997年,第410页。
③ 谭其骧:《中国历史地图集第八册·清时期》,北京:中国地图出版社,1996年,第31—32页,第44—45页。
④ 林传甲总纂:《大中华浙江省地理志》,杭州:浙江印刷公司,1918年,第185页。
⑤ 陈培珽:《民国昌化县志》,台北:成文出版社有限公司,1924年,第821—1480页。
⑥ 陈桥驿:《浙江古今地名词典》,杭州:浙江教育出版社,1991年,第399页。

董国英以诸生终老,但其既"为邑名宿,问字者无虚日",可以想见其一生应有其他著作,遗憾的是除《楚辞贯》一书外,均未能得以留存。昝亮于《〈楚辞书目五种〉补考五则》中曾提及董氏"其他不可详考,惟知所撰《传经堂家规》一卷,在民国十年董瑞椿排印本《勉不足斋四种》中"①。《传经堂家规》现存于国家图书馆古籍部,通过文献传递后,笔者翻检此书,发现该书实为清代另一名董国英所著,其人学名国英,祀名鸿达,字掀云,号恬斋,婺源人,清故增广生,生于乾隆六年辛酉十二月二十六日,殁于嘉庆年间。与本文提到的董国英生平资料不符,可见二者并非同一人。

二、《楚辞贯》评析

《楚辞贯》全书凡一卷,虽名为"楚辞"贯,实际只收录《离骚》一篇。董国英认为司马迁在《列传》中详言《离骚》,对于《天问》《招魂》《哀郢》等则一笔带过,是因为"《离骚》一篇包举全部,全义全神,看透此篇,以后各篇,自可迎刃而解",同时《列传》仅为《离骚》一篇注脚,因此,《楚辞贯》全书亦仅为《离骚》一文做注解。

细看全书体例,开篇为后世学者罗以智与余莲所做的两篇序言,序言中大致谈及董国英的创作动机与成书过程,并对该书做出简要评价。序言之后附有《史记·屈原列传》(并不完整,部分文字有所省略),并以眉批的形式说明自身对《列传》与《离骚》之间关系的看法,道出全书主要思想,即围绕"修己""取人"两点为《离骚》作注。其后为作者所作《凡例》,共六条,具体说明注疏原则、创作动机及全书体例。正文部分注解《离骚》全文,正文之后是其曾孙董希仲所作之跋,简单叙述了成书过程,并附有参与校对者的身份姓名。

正文部分的注释体例上,董国英采用了逐句注释,评注相兼的方法。全书注解部分多依鲁笔《楚辞达》与林云铭《楚辞灯》之注释,他并未将精力过多投注在字词训诂与典故阐释之上,而是重点围绕文章主旨大意,从作品结构层次入手,分析文本语句及段落之间的联系,力求以主旨贯通全文,解读作品。间以眉批表达见解,或分析篇章结构,或点评字句,或点明写作主旨。可以看出在分析文本时,董国英颇具整体观,他将全文分为前后两篇,并进一步对《离骚》全文进行了细致的段落划分,在段后具体分析该段章法,评析其大意,致力于理清前后文之间的关系,疏通文脉。譬如在分析《离骚》前半篇时,他着重指出五段中重言修己之事者有三,重言取人之事者有四,并给出了详细论述,对文中难解之处进行了梳理。旧编著作中,文章佳妙处常常用密圈标出,而董国英则认为"人之意见不同,文极于工,则随指一句,或采其词调,或取其音节,或赏其气骨,或喜其神味与风韵,字字皆佳妙可圈",反不如"使人人各以其意见赏识其佳妙",因此书中并无过多圈

---

① 昝亮:《〈楚辞书目五种〉补考五则》,《古籍整理研究学刊》,1997年第3期。

点标记之处,但涉及主旨之处往往用方框着重标明,如"嫉贤""举贤""任能""好修""灵修""修名"等字眼处均有标记,以表明屈子"修己""取人"之志。

全书将注解的重点放在结合主旨阐释文义、理清文脉之上,而避免了一味地典故考据与枯燥说教,在阐发主旨的同时顺其自然地表达了对忠君爱国观点的赞赏,与宋儒解读时的空洞说教泾渭分明。同时董注之特色在于在注解中往往设身处地,以己意去体会作者之本意,并立足于屈原的角度加以陈述,因而能够以情服人。如注解"民生各有所乐兮,余独好修以为常。虽体解吾犹未变兮,岂余心之可惩"两句时,注曰:

> 乃民情好尚不同,初服虽美,奈非其所好,何于是上不合于吾君,中不宜于僚友,下不协于民情,离群索处,不既孤而无偶乎?乃余则始终不懈,唯独好修以为常耳,盖所好根于天悰,虽至支体之解而此情不变,岂以不合于世遂惩戒其心,而致改途易辙哉。①

将屈原之文意简洁直白地表述出来,达到人人可解的效果。

前人在研究《离骚》时,对《史记·屈原列传》已多有关注,如钱澄之在其《离骚总诂》中就对《列传》多有引用,从而结合屈原生平遭遇及其"美政"理想来梳理《离骚》内容。林云铭《楚辞灯》与屈复《楚辞新集注》中亦将《列传》置于正文之前,以做参考。《楚辞贯》的独特之处在于,书中并非单纯罗列《列传》以备参考,而是采用眉批的形式对《列传》与《离骚》之间的联系进行了深入的探讨,将《列传》中提到的楚国政治情况及屈原生平与《离骚》之主旨联系起来。首先,《列传》点明了屈原作《离骚》之缘由,即一"怨"字。屈原一生"正道直行,竭智尽忠",然而却"信而见疑,忠而被谤",以至于见疏见替,终至无路可走,满腹怨忿,因而宣泄为一篇怨词,这是理解《离骚》的根本所在,也说明了《离骚》一文的情感趋向。其次,《列传》全文点明了《离骚》"修己""取人"两大主旨。《列传》开篇即指出屈原在位时,政教修明,国家治平,均是君王善于取贤人之故,因而为"取人"作注脚。篇中叙述屈原为小人所害,见疏见替之后,楚王屡为张仪所欺,在秦国面前步步后退,乃至兵挫地削,怀王本人也克死他国,字字句句都揭示出不用贤之祸,同样是为"取人"注脚,同时,怀王之所以屡屡见欺于秦,皆因一"贪"字,利令智昏,且由此而愚,乃至为小人蒙蔽,以贤者为不贤,不贤者为贤,可见王之不能修己之祸,这是为"修己"作注脚。此外,《列传》指出楚王因听信上官大夫、令尹子兰等小人之言而疏屈原,由此生出《离骚》中"取贤士"之感,而怀王惑于宠姬郑袖,以致再次受欺于张仪,由此生出《离骚》中

---

① 引自董国英:《楚辞贯》,见黄灵庚《楚辞文献丛刊》,北京:国家图书馆出版社,2014年,第80册,第618页。

"求女"之怀。总之,正是因为怀王不能修身取人才会导致疏屈原、近小人,最后以悲剧收场。因此董氏总结出屈原毕生之政治理想就在于冀幸君王能够修身取人,《离骚》全文亦是围绕"修己""取人"两大主旨写成。所谓"修己"既有劝君提高修养,明智以明政的含义,也有勉励自身加强修养,为君辅助之意。"取人"既有劝君广纳贤人,不为小人所蒙蔽之意,也有彰显自身勤恳揽才,为君添翼之意。要想理解《离骚》,理清屈子之志,必须要从"修己""取人"这两方面入手,这是董氏解读《离骚》的根本所在。董国英认为,读懂《列传》中提到的史实,理清屈原毕生之志向,也就读懂了《离骚》。因此在注解《离骚》时,他将重点放在对大旨的剖析上,时刻不离"修己""取人",并以此来融会全书。

注重章法、脉络是清代楚辞研究章句学派学者的主要著述特点,且这一注解方式在清代楚辞研究方面影响颇深。清代诸多楚辞研究学者在著作中都致力于剖析文章结构,注重脉络条贯,力求理清主旨大意,正如王邦采所言:"所贵乎能读者,非徒诵习其辞章、声调已也,必审其结构焉,必寻其脉络焉,必考其性情焉。结构定而后段落清,脉络通而后词义贯,性情得而后心气平。"① 董国英在注解《离骚》时,在文章结构划分与脉络梳理方面细致周详,用力极深,而不事烦琐的考据训诂。全书在划分文章段落与分析文意时往往围绕"修己""取人"两大主旨而来,紧扣主题,并能自圆其说。董氏认为屈原作《离骚》一文,全在于一个"怨"字,主要在于怨王,次要在于怨党人。而最后一句"吾将从彭咸之所居"是一篇大旨,与开篇以正而生相呼应,揭示最后以死谏王之结局,中间以"修己""取人"两大旨意贯穿全文,结构全篇。"取人"又可分为两项,一项是针对令尹子兰等党人而求贤士,一项是针对郑袖而求淑女,从而将前后篇连接起来。前半篇主要是阐述屈子自身之修己取人,以及慨叹党人与楚王之不能修己取人,并自叙其谏王修己取人而终见疏见替。后半篇则阐述屈子忠君爱国之心志,以致上征天庭,下至列国,无人可与修己取人,最终无处可容身,不得不"从彭咸之所居"。整体看来,《离骚》全文首尾相呼应,条理分明,脉络清晰,宛如一体。

三、《楚辞贯》之继承前人

清初至中期楚辞研究大致可分为三类,即经学者之楚辞研究、朴学者之楚辞研究和章句学者之楚辞研究。董国英在凡例中已言明著作是以鲁笔《楚辞达》为蓝本,同时对林云铭《楚辞灯》亦有提及。鲁笔是清代楚辞研究中章句学派代表人物,而林云铭则是经学派之代表人物,因此董氏作品中自然结合了二者之特色,既有章句学派之重视文章脉络的特点,又在行文之中对儒家的道德观念做了简略阐发。

---

① 王邦采:《屈子离骚汇订三段杂文笺略》,见黄灵庚主编《楚辞文献丛刊》,北京:国家图书馆出版社,2014年,第53册,第384页。

书中对于鲁笔注解的继承之处,大致有以下三点:

一是对于鲁笔注解的沿袭与化用。董氏全文之中,字词注解部分大都直接引用鲁笔或林云铭之注解,有时标明"鲁注"二字,以示传承,这种方法多用在注解单个字词时。有时则直接照搬,只略微改动一二字。如注解"冀枝叶之峻茂兮,愿俟时乎吾将刈。虽萎绝其亦何伤兮,哀众芳之无秽"一句时,注解曰:

> 承上言培植善类,原欲极其道德才华之盛,以待时取为国家之用,乃我既见疏,彼亦同归废弃。我则虽因见疏而致萎绝,亦何足惜,特不能不为诸贤叹耳。所谓人之云亡邦国殄,瘁痛何如之。①

仅在"不能不为诸贤叹耳"一句前加一"特"字,其余部分均为鲁注之原文。

有时则采用化用的办法,将鲁笔的观点融汇于自己的注解之中,这种方法多用于分析屈子写作旨意与情感之时。

二是对于鲁笔的注解方式的化用。前文中已经提到董氏在注解《离骚》时往往站在屈原的角度,以屈子的口吻来解释文章大意,这种方法便是来自鲁笔的注解。例如鲁笔在注解"忽反顾以游目兮,将往观乎四荒。佩缤纷其繁饰兮,芳菲菲其弥章"一句时,注曰:

> 我之初服既修成,则吾进退岂不绰有余裕哉。乃忽焉回头近顾而远览焉,国中秽浊无人,已不足观矣。吾身芳洁,已不可衒而见污矣。然则将何之而可,或者宽闲之野、寂寞之滨,犹有好修如吾、隐居乐道者乎。吾将往观焉。如是被吾复修之盛服以往,不因处荒落之境稍灭其修饰,庶可藉此以邀知己,未可知也。②

整段注解犹如屈子之内心独白,"我""吾"字的运用十分恰当。这种方法为董国英所吸取,在《楚辞贯》一书中,亦多用"我""余"字以表达屈子之情志,且阐释多较为合理,使人读来有亲近之意。

此外,董国英在注解《离骚》时重视文脉梳理,按照段落归纳文章大意,并且注重段落之间以及上下文之间的联系,也可以看出是受到鲁笔注解方式的影响,二人同源于清代楚辞注解的章句一派。

三是关于《离骚》全文段落的划分。鲁笔将《离骚》全文划分为上下两篇,十二大段,

---

① 引自董国英:《楚辞贯》,见黄灵庚《楚辞文献丛刊》,北京:国家图书馆出版社,2014年,第80册,第598页。
② 引自鲁笔:《楚辞达》,见黄灵庚《楚辞文献丛刊》,北京:国家图书馆出版社,2014年,第49册,第470页。

前五段为上半篇，后七段为下半篇，而董国英在凡例中指出《离骚》可分为前后篇，其中前半篇五段，后半篇六段，中间"女媭"一段独立为过文，不属于前后段之列。事实上在后文中具体划分时，董国英仍是将"女媭"一段划为了第六段，因此与《楚辞达》区别不大，均可以看作十二段分法。细微差别在于，《楚辞达》中往往将过渡句归为上一段，而董国英则将之归入后一段中。鲁笔认为前半篇亦应有过文，而董国英指出前半篇"一气转接，五段如一段"，因而无须过文。此外，二人在划分段落时的依据并不相同，董国英往往根据文章主旨是侧重修己还是侧重取人来划分文章脉络。

　　董氏在注解时多以演绎鲁注为主，然而并不能据此就说《楚辞贯》一书之注解全无可取之处，事实上该书注解在多方取法前人的基础上，对《楚辞达》中存阙之处多有思考和订正。书中于见解不同之处往往采用"愚谓"的形式提出自己的想法，有些观点亦颇为合理。如在注解"扈江离与辟芷兮，纫秋兰以为佩"一句时，他结合"修己"旨意指出，屈子之所以"扈江离""辟芷"，是因为其生长于江滨僻壤，洁而不污，远而不俗。至于"秋兰"则更有深意，兰多芳于春夏，秋兰则独芳于草木零落之时，犹如松柏，象征着屈原一生之节概。同时提出这三种香草均为后文做了铺垫，如"江离"是后文"饮坠露""餐落英"之本，"芷"是后文不为时俗之工巧之本，"秋兰"是后文九死未悔，乃至从彭咸所居之本，见解颇为合情合理。同时董国英还对从前注解中存在争议的地方进行了解读，提出了自己的见解。最为典型的是对于"哀高丘之无女"之"无女"与后文中"求女"的解释，鲁笔将之解释为求贤相，且隐刺子兰、郑袖二人。而董国英则指出，令尹子兰应归入党人一类，在前文中已有指斥，后文中的求女应仅隐刺郑袖，并举出《列传》中的史实加以说明，当日楚王内惑于宫中，以至于身死异国，均因郑袖之祸，而宫宦之事，屈子不便明言，只得采用隐刺手法，以女刺女。这种观点亦颇有可取之处。

　　董国英在凡例中曾提及林云铭之《楚辞灯》"颇有端绪可寻"，文中注解部分亦对林氏之注解多有倚重。同时，林云铭作为清代楚辞研究经学派的代表，其注解方式亦对董国英产生了影响，使得《楚辞贯》行文之中带上了经学派的影子。在分析《列传》与《离骚》之间的关系时，董国英曾经批注曰"甚矣，屈子之忠也"，将屈原定位为忠臣，对其最后"从彭咸之所居"的死谏行为击节赞赏，并将《离骚》定位为"忧君忧国"之文字，如在注解"忽反顾以游目兮，将往观乎四荒"一句时，批注曰"篇中无数波澜，总从一片忧国忧民熟肠进出"。同时他将文章主旨定义为"修己""取人"，亦可以看出儒家之"修身、齐家、治国、平天下"观点的影子。更为典型的是在注解"女媭"时，注曰：

　　　　上文由朝廷说到四荒之民，已经说到尽头处，忽又突出一女郎，殊觉不类，细思君臣属尊一边，民生属卑一边，皆系疏外一边，至此则合尊卑，内外亲疏无一窒漏，而国真无一人知矣。①

以尊卑来划分君臣百姓,可见其受到儒家伦理观念的影响之深。

小结

回顾本文各章节的分析讨论,可以得出以下结论:

首先,董国英对《离骚》文本进行了较为深入的研究。一方面体现在对文章结构的分析与脉络的梳理上,另一方面体现在对文章主旨的提炼与文意的阐发上。全书特色在于致力于通过提炼文章主旨来梳理文章结构,董国英通过结合《列传》中的屈原生平与楚国当时的政治局势,提取出屈原创作《离骚》一文的动机与情感趋向,并将其与文章创作结合起来,从而将《离骚》之行文与文章脉络进行了有理有据的梳理,较为客观、准确地把握了作品的内涵。从这一点可以看出他受章句学派影响颇深,因此全书在脉络梳理上用力颇深,而在注解训诂方面则多引前人观点。在分析文本结构时,董国英亦颇具整体观念,以"修己""取人"为线索,对文本进行了细致的划分,尽力做到了融会全书。

此外,董国英在注解《离骚》时,亦受到经学者之注解楚辞的影响,在行文过程中不由自主地带入了儒家之正统道德观念。他将《离骚》一文主旨定位为修己取人,将屈子定位为忠臣,将其情感定位为忧君忧国,在行文中涉及了"宗国""尊卑"之观点,凡此种种,均可见出经学者之影响。

相比较清代诸多楚辞研究著作,《楚辞贯》并非其中的佼佼者,其流传与影响也远远不及其他著作。《楚辞贯》全书之不足之处在于,作者虽力求跳出前人藩篱,但遗憾的是书中对前人的倚重之处要远多于创新之处,虽然董国英将《离骚》全文的旨意归结为"修己""取人",并做到了自圆其说,整体上理清了《离骚》全文的脉络,但在董氏之前,前人对《史记·屈原列传》与《楚辞》创作之间的关系已多有关注,而其结合写作主旨来注解全文的方式,与前人将屈原之美政理想与其创作联系起来的观点亦颇有相似之处,并不能说是董氏首创。

---

① 引自董国英:《楚辞贯》,见黄灵庚《楚辞文献丛刊》,北京:国家图书馆出版社,2014年,第80册,第622页。

论陈廷焯《白雨斋词话》之"屈骚"词学观

湖南大学 谢 雪

屈原以其独特的人格魅力和文学精神,影响深远。迨至清朝,文人学士作词论文亦以此"骚情雅意"为标杆。陈廷焯《白雨斋词话》(以下简称《词话》)在论及作词、评词及其他词话时亦以此为标的,可见影响之深之远。本文就《词话》中论及"屈骚"的部分予以探析,以期进一步探讨"屈骚"评价体系在《词话》中的运用,从而略窥清代词坛"屈骚"评价体系的盛行之风。

一

在《词话》中论及"骚"字,更多的是指词作的幽怨气质以及一种屈骚内涵,这些都与屈子的人生经历密切关联。司马迁在《太史公·自序》中说:"屈原放逐,著《离骚》……此人皆意有所郁结,不得通其道也,故述往事,思来者。"故而屈辞多哀怨愤懑,宣之于文辞则广博典雅,融之于情性则极具"独醒"意识。想来,古人喜借文辞以抒心中愤懑之情,概大抵源于风骚。

陈氏《词话》自序提到写书缘由时如是说:"本诸风骚,正其情性,温厚以为体,沉郁以为用,引以千端,衷诸一是。"① 提出词要溯源于风骚,方能情意端正,温厚沉郁,故发此论词之声。又云:"余不得已,撰述此编,推诸风骚以尽精义。"(卷六)再一次表明自己写作《词话》实乃为现实所迫,大有正本清源之态。故撰写时极力追溯风骚,以求其精深微妙之义理。

再有"不有屈原,岂见《离骚》?"(《文心雕龙·辨骚》)《离骚》的产生自是诗人情感郁结,发于感愤,而后动情所作。其叙身世抒怀抱明志向的诸多感发,实乃遭际所致,故能于其凝聚心血之作中见得深情哀怨。后世之人,也莫不因屈原其人其作而心生感叹,幽愤抒怀。汉贾谊《吊屈原赋》"谊追伤之,因此自喻"。贾谊有感于屈原平生遭际,作文以述内心惺惺相惜之感。唐柳宗元被贬永州:"既窜斥地,又荒疠,因自放山泽间,其堙厄感郁一寓诸文,仿《离骚》数十篇,读者咸悲恻。"② 宋朱熹评论《离骚》篇时:"遂静默而

---

① 陈廷焯:《白雨斋词话》,见屈兴国:《白雨斋词话足本校注》,山东:齐鲁书社,1983年,第2页。文中所引文句皆出于此版本,以卷目标识于引文之后。
② 《新唐书》,卷一百六十八,列传第九十三,清乾隆武英殿刻本。

不敢言也,观此则知屈原事君,惓惓之意盖极深厚。"① 陈氏论及曹植:"惟陈王处骨肉之变,发忠爱之沉,既悯汉亡,又伤魏乱,感物指事,欲语复咽,其本原已与骚合。"(卷七)称子建乃千古得骚之妙者,而其生平与屈子似。古代文人遭遇不公或者贬谪时,往往会联想到屈原,在对屈原的遭遇感同身受的同时,借屈原明志。屈原的生平遭际为时代所传诵,或悲或叹,或感怀或愤恨,或伤悼或崇敬。总之,屈骚精神由燥吻形诸濡翰,进而融入士子文人的血液之中。故凡有幽深感怆之文辞莫不以此为端,亦不为怪矣!

古今不论国朝运命,还是文体兴替,都有一个盛衰起落的过程。正如《词话》所言:"万事万理,有盛必有衰,而于极衰之时,又必有一二人焉,扶持之使不灭。词盛于宋,亡于明。国初诸老,具复古之才,惜于本原所在,未能穷究。乾嘉以还,日就衰靡,安所底止。二张出而溯其源流,辨别真伪,至蒿庵而规模大定,而词赖以存矣。盛衰之感,殊系人思,独词也乎哉。"(卷四)陈氏此处不仅阐述词的兴盛衰亡,言辞中更是富于哲理。尤其末句,言明此盛衰之理非仅限于词,更是令笔者唏嘘不已。

从清初的大背景来考察,一些词人生长于明末,由于历经朝代更迭,在思想及行为表现上故多哀戚悲凉。邹祗谟在《倚声初集》中多次提到"离骚"一词,以比兴寄托来谈词既是对《风》《骚》观念的引进,又是与当时社会大变动以及作家们身世际遇密切相关的。②

明清之际的词人受政治影响,与现实密切关联。在清初词人中,陈维崧及其家族与明代政权渊源很深。其作品《满江红·怅怅词》六首,邹祗谟、王士禛如此评论道:"长爪生天才瑰诡,有其年起为匹敌。诸辞离奇险丽,字字《湘君》《山鬼》之亚,昌谷而上,惟有左徒。"③ 二人皆言其用字用词几与骚雅诸作媲美;况周颐在《蕙风词话》中提及夏完淳,如是评价道:"明夏节湣完淳,年十七殉国难,词人中未之有也。其大哀九哀诸作,庶几趾美楚骚。夫以灵均辞笔为长短句,乌有不工者乎。谢枚如称其所作如猿唳、如鹃啼,略得其似。"④ 此评不吝赞美之词,称扬夏作可追美楚骚屈作,且堪与之同"美",而这恰恰与夏完淳的个人经历密不可分;明末清初杰出女词人顾贞立,在明亡之际,暗伤亡国偷弹泪,深感避愁无地。郭麐评其词曰:"语带风云,气含骚雅,殊不似巾帼中人作者,亦奇女子也。"⑤ 上引诸人,就其身世遭际来看,多身历二朝,还有一个共通点即是:在文辞创作上多类屈骚,似乎有一种特殊的吸引力将此二者联结,情感的张力于此倒不言自明。

古今情感相通处,在文学作品中多有体现。其一,朱彝尊《词综》中:"邵复孺云:'公

---

① 屈原著,朱熹集注:《楚辞集注》8卷,上海:上海中华书局,1953年,第81页。
② 张宏生:《清代词学的建构》,江苏:江苏古籍出版社,1998年,第203页。
③ 邹祗谟、王士禛编撰:《倚声初集》,卷十五长调一,清顺治十七年刻本。
④ 况周颐:《蕙风词话》,卷五,民国刻惜阴堂丛书本。
⑤ 郭麐:《灵芬馆词话》,卷二,民国词话丛编本。

以承平王孙而婴世变,黍离之悲,有不能忘情者,故长短句深得骚人意度。'"① 此句即指赵孟頫作为赵宋嫡派子孙,因遭遇家国之变,故词作风格多黍离悲屈骚意。其二,元代舒頔《小重山·端午》云"空惆怅,谁复吊沉湘。往事莫论量。千年忠义气,日星光。离骚读罢总堪伤。无人解,树转午阴凉。"② 元亡后,词人隐居山中,明兴屡召不出,不忘旧国之恩。且每读《离骚》处,伤心怅惘不已。二人作品所流露出的忧国之思、哀悼之情,形诸于文,读来伤痛。

大抵一朝一代之兴亡所引发的文人士子守志之心不外如是。屈原被谗放逐,在楚郢都被攻破之际,自沉汨罗,其爱国之心之情因而成为屈骚精神的一部分,为历朝历代所传续。

二

"作词之法首贵沉郁,沉则不浮,郁则不薄,顾沉郁未易强求,不根柢于风骚,乌能沉郁? 十三国风二十五篇楚辞,忠厚之至亦沉郁之至,词之源也。不究心于此,率尔操觚乌有是处。"(卷一)在谈及具体写作时,陈氏认为把握词的源头亦即风骚甚是关键,否则极易流于轻率不慎重,于此也可见出对国风楚辞的推崇。

明代张琦在《衡曲麈谭》中谈到戏曲时以"风骚""屈宋"为标尺,文章中如是说"今玉茗堂诸曲争脍人口。其最者《杜丽娘》一剧,上薄风骚,下夺屈宋,可与实甫《西厢》胜交。"钱谦益的"伪体不别裁,何以亲风骚?"③ 诸如此类,俯拾皆是。至于张惠言在评价温飞卿《菩萨蛮》时,如是云:"照花四句离骚初服之意"④;"飞卿短古,深得屈子之妙词,亦从楚骚来,所以独绝千古,难乎为继"。(卷五)吴衡照言"词至碧山、玉田,伤时感事,上与风骚合旨,小道云乎哉!"⑤ 冯金伯《词苑萃编》有"适寓景而作,则有渔父词十五章,又清新简远备骚雅之体"。又丁绍仪《听秋声馆词话》"何事皱眉头,且读离骚赋"。大体皆以"骚"作为评判词作的标准,与之合则为道。

周建忠先生说道:"作为与词血缘关系较近的楚辞,早就确立了不可动摇的权威地位,以楚辞来规范词,不仅有合理性,而且有利于提高词学的地位,尤其可以提高自己的评判份量。"⑥ 陈廷焯强调屈骚的用意,大抵亦如是。

王逸《楚辞章句·离骚序》中说:"《离骚》之文,依托五经以立义。"这种经骚并论的思维方式,在班固、刘勰文中均有体现。究其缘由乃是受儒家正统思想的影响,因而论人、

---

① 朱彝尊:《词综》,卷二十七,清文渊阁《四库全书》本。
② 况周颐撰,屈兴国辑注:《蕙风词话》,南昌:江西人民出版社,2000年,第166—167页。
③ 钱谦益:《牧斋有学集》,卷十一红豆三集,四部丛刊景清康熙本。
④ 张惠言:《词选》,卷一,清道光十年宛邻书屋刻本。
⑤ 吴衡照:《莲子居词话》,卷四,嘉庆刻本。
⑥ 周建忠:《白雨斋论词的"楚辞"尺度》,《学术交流》,1989年第5期,第106页。

论词皆喜往此点上倾斜。评论词作的宗旨也要求比兴沉郁,以达到风骚的标准,从而使词和诗、骚并列,词的地位自然得以一定程度的提升。故而张惠言、陈廷焯在选录词作时都颇为严苛,评论词作则更苛,以期与诗骚比肩而立。

从陈氏《词话》看,如若不从风骚始,格局亦不能大。《词话》如是说:"善为词者,贵久而愈新,不妨俟知音于千载后。陈朱之词佳处一览了然,不能根柢于风骚,局面虽大,规模终隘也。"(卷三)对陈朱二人之作不以风骚为根源予以毫不留情地评判。又如"有志为词者,宜直溯风骚,出入唐宋,乃可救陈朱之失,勿为陈朱辈所囿也。"(卷八)此处明白告诫诸来者溯源风骚,不囿于陈朱方是作词之王道,可见陈氏之用意及立场的坚定。提到厉鹗时,同样毫不留情地说,"樊榭词拔帜于陈、朱之外,窈曲幽深,自是高境。然其幽深处在貌而不在骨,绝非从楚骚来,故色泽甚饶,而沉厚之味终不足也。"(卷四)首先肯定厉鹗词作之幽深自有一番高远境界,继而又论此幽深却在貌不在骨,因其不从楚骚中来,故而不深刻,纵使外在语言形式丰富,亦是枉然。想来,陈廷焯所认可的屈骚之作,盖皆沉郁,否则不足与屈骚论。行文愈往后,其主张愈直白,既言"陈、朱词,显悖乎风骚。樊榭则隐违乎风骚。而不知风骚门径,必不容与之相背也"。又道"朱陈厉三家可谓极词之变态以云骚雅,概未之闻"。(卷六)无论表述方式上是显是隐,总之在陈氏看来都是有违风骚,不入门径。相反,陈氏在书中推崇温庭筠时,弥其得骚之神而不袭其貌,如是言"飞卿短古,深得屈子之妙,词亦从楚骚来,所以独绝千古,难乎为继"。总之,是否得"屈骚"之旨成为陈氏论词之关键所在。

作为词论,陈氏不单仅限于论词,更是大谈自己作词之法门,以示诸学词者。如"无论作诗作词,不可有腐儒气,不可有俗人气,不可有才子气。人第知腐儒气、俗人气之不可有,而不知才子气亦不可有也。尖巧新颖,病在轻薄,发扬暴露,病在浅显。腐儒气,俗人气,人犹望而厌之;若才子气,则无不望而悦之矣,故得病最深"(卷五)。在创作好的诗词上,陈氏强调三种最常有之"气"万不可有,不然难以为诗词。继而又说"词中本原,初学难于骤得。宜先多读唐宋之词,以植其基。然后上溯风骚,下逮国初,以竟其原委,穷其变态。本原所在,可不言而喻矣"(卷七)。又如"风骚为诗词之原,然学骚易学诗难,风诗只可取其意,楚辞则并可撷其华"(卷七)。再如"入门之始,先辨雅俗,雅俗既分,归诸忠厚,既得忠厚,再求沉郁;沉郁之中,运以顿挫,方是词中最上乘"(卷七)。作为词论家,大谈作词之法亦属自然,至于先唐宋后风骚的经验门道亦是可取。但是谈到风诗只可取其意,楚辞只可撷其华,对此我深不以为然。风诗中亦有形象化生动化艺术化的字词,而楚辞中也并非只有华辞绮语,若《离骚》者就有深意,屈子以此传达志向表露心绪。至于如何为词方能造就上乘之作,何为正何为雅,何为沉厚何为沉郁,书中都一一予以阐明。

此外,对风骚的采纳,陈氏论词中充溢着相当的理性色彩。他说:"风骚有比、兴之义,本无比、兴之名。后人指实其名,已落次乘。作诗词者,不可不知"(卷六),"风诗三百,用意各有所在。仁者见之谓之仁,智者见之谓之智,故能感发人之性情"(卷六)。由此阐述,即是以风骚为代表的儒家诗教。风骚用意本身,实是词体艺术精神的生命之源。①

同时,作为一部评词论词之作,自不免对当时的词话作品做一番品评。陈氏这般说道:"朱彝尊《词综》取材宏富;万树《词律》执法精严。其他如彭孙遹《词藻》《金粟词话》,毛奇龄《西河词话》《词苑丛谈》等,或讲声律,或极艳雅,或肆辩难,各有可观。但皆未能洞悉本原,直接三昧。余撰此编,尽扫陈言,独标真谛。称张惠言《词选》,可称精当,识见之超,有过于竹垞十倍者,古今选本,以此为最,却小疵不能尽免。"(卷一)又如对王昶的《国朝词综》,如是道"去取虽未能满人意,大段尚属平正,余亦未敢过非"。可见,陈氏在词作选录标准上有自己独到的见解,既有对同时代词话作品的认同肯定,也有对不尽善之处的指陈。鉴于皆未能尽善尽美、洞悉本原,且为"枝叶虽荣,本根已槁"的情况,故而只好勉力作《词话》,以述词作之真谛。在谈到编集选录时,如是说:"余旧选《词则》四集,二十四卷,计词二千三百六十首,七易稿而后成。"(卷五)由此可略见当时编订书籍之不易,陈氏以己之力突破已有的认知,陈述己见,此番为学精神实是可嘉。

《词话》中在论及"情"的重要性时,谈道:"语不必深,而情到至处,亦绝调也。"(卷七)陈氏认为情意深处,诗词之作为绝调自是无疑。又如"李后主晏叔原皆非词中正声,而其词则无人不爱,以其情胜也。情不深而为词,虽雅不韵,何足感人?"(卷七)对于李煜和晏几道的词作,陈氏认为二人均以情胜,虽不是词中正声,却依然能感人至深。又论及东坡词以情胜还是以词胜上,陈氏对蔡伯世的"子瞻辞胜乎情,耆卿情胜乎辞,辞情相称者,惟少游而已"之说颇不以为然,言此论陋极,道:"东坡之词,纯以情胜,情之至者辞亦至,只是情得其正,不似耆卿之喁喁儿女私情耳。论古人词,不辨是非,不别邪正,妄为褒贬,吾不谓然。"由此见情之关键。

至于哪些词作该选入哪些又不该选入,此处略一论述稍作说明。比如谈到顾梧芳在辑入唐明皇《好时光》诗时,陈氏说:"俚俗极矣,而顾梧芳《尊前集》首录此篇,称为音婉旨远,妙绝千古,岂非痴人说梦。"显然,二人对于这篇作品的标准是不同的,故而论断也是天差地别,一个认为妙绝千古一个认为极其俚俗。陈氏认为成肇麐的《唐五代词选》"删削俚亵之辞,归于雅正,最为善本"(卷五)。称得此一编,相较于顾梧芳所辑的《尊前集》,雅俗判若天渊矣。在此,陈氏从选词标准恰当与否论及所辑之书的雅俗判定,可见选录标准重要性之所在。

由上不难见出陈氏对国风楚骚的推崇可谓备至,无论是根究本原还是大论词法甚或

---

① 杨柏岭:《陈廷焯词学思想的偏颇性与合理性》,《安徽师范大学学报》,2001年第4期。

是品时人之词皆不离风骚,处处与风骚相勾连。

三

从晚唐五代词体开始独立以来,对于诗词曲三者的讨论从未止歇。唐圭璋先生指出"离诗而有意为词,冠冕后代者,要当属飞卿也"①。清王世禛《花草蒙拾》如是说:"词中佳语多从诗出""词本诗而劣于诗者""唐无词所歌皆诗也,宋无曲所歌皆词也""词曲虽不同,要亦不可尽作文字观"。张惠言《词选·序》曰:"词者,盖出于唐之诗人,采《乐府》之音以制新律,因系其词,故曰词。"陈廷焯《词则》自序云:"风骚既息,乐府代兴,自五七言盛行于唐,长短句无所依,词于是作焉。词也者,乐府之变调,风骚之流派也。"《词话》中亦有"诗中不可作词语,词中不妨有诗语,而断不可作一曲语。"(卷五)可见,诗、词、曲三体为众多大家所讨论,诗词二者的关联又甚是紧密,不论是认为词乃诗之后续或变调,还是认为词无法与诗并论,又或是认为曲的地位不能与诗词同论,总之词体一直以来被认为是"诗余"之作。

至于词体在选字用词上。众所周知,《尊前》《花间》诸集的词风是以"艳"为人所熟知。陈氏毫不讳言创造之初也曾推尚绮丽之言,道:"近人为词,习绮语者,托言温韦,衍游词者,貌为姜史,扬湖海者,依于苏辛,近今之弊,实六百余年来之通病也。余初为倚声,亦蹈此习。"(卷五)一直以来对词的评判,笔者认为有失公允,文体本应无优劣之分。但正如所说:"词体的雏形,形成于初唐……人们在观念上鄙视词体,认为词是'方之曲艺,犹不逮焉'。"②在此点上,陈氏认为倘若:"根柢于风骚,涵咏于温韦,以之作正声也可,以之作艳体亦无不可。"(卷五)言下之意即为倘寻得根本、溯源风骚,有无艳辞就不那么紧要了,而且词素来因多作艳辞而被"攻击"的言论也会有所改观,想来词要获得应有的认可与地位,溯源风骚实为一法。同时陈氏亦强调字句的重要性,道"炼字琢句,原属词中末技,然择言贵雅,亦不可不慎"(卷五)、"作词贵讲本原,而文藻亦不可不讲"(卷六)。显然,在具体创作上,尤其是字词的选择上要以雅正为主,把握好度的原则,本原与文藻者不可废,亦为关键。

言作词宜慎用艳辞俗语外,于选录词作上也应以此为鉴,如论及夏秉衡《清绮轩词选》时,如是说:"大半淫词秽语,而其中亦有宋人最高之作。泾渭不分,雅郑并奏,良由胸中毫无识见,选词之荒谬,至是已极。"(卷六)可见,用字用词之重要。

此外,在诗词二者的学习何者为先何者为后的讨论上,陈氏道:"诗词一理,然不工词者可以工诗,不工诗者断不能工词。故学词贵在能诗之后,若于诗未有立足之处,遽

---

① 唐圭璋:《词学论丛》,上海:上海古籍出版社,1986年,第896页。
② 王兆鹏:《从诗词的离合看唐宋词的演进》,《中国社会科学》,2005年第1期。

欲学词,吾未见有合者。"笔者不太认同陈氏的观点,尽管当时或是出于"尊体"的需要,而将诗置于词前,其实诗词俱佳的人或者说先词后诗的也不在少,比如姜夔。继而在论及成肇麐的《唐五代词选》之时,陈氏如是说:"唐五代为词之源,而俚俗浅陋之词,杂入其中,亦较后世为更甚,至使后人陋《花间》《草堂》之恶习,而并忘缘情托兴之旨归。"(卷五)《词话》称扬《唐五代词选》得其雅正,大抵在陈氏看来,对于作品的选取宜需审慎。

古人论词时,喜与诗并论,在《词话》中亦是如此,但显然陈氏有不同的见解。如:"昔人谓诗中不可著一词语,词中亦不可著一诗语,其间界若鸿沟。"而陈氏则认为:"偶作诗语,亦何害其为大雅?且如'似曾相识燕归来'等句,诗词互见,各有佳处。彼执一而论者,真井蛙之见。"(卷五)此处,笔者亦颇认可书中观点,诗词要有创新性,二体间相互学习又何须太过拘束,戴着镣铐跳舞岂不妙哉?

刘勰在谈及"正确"的文学道路之时,言"凭轼以倚《雅》《颂》,悬辔以驭楚篇"[①],亦是极重取法诗骚。淮南王刘安《离骚传》"《国风》好色而不淫,《小雅》怨诽而不乱,若《离骚》者,可谓兼之矣"[②]。认为《离骚》两美兼具,既有《国风》写男女爱情而不过分,又有《小雅》讥讽指责却不宣扬作乱。如此说来,屈骚在刘安看来可称为典范,不仅文辞丽雅,而且有益实用,远超国风小雅,其推崇屈骚可见非同一般。

在论及作品时,雅是一个极其显著的标识,陈氏亦多次提及"雅正""大雅"。相较而言,清代可以说是一个彻底破除"诗庄词媚"旧说的时代,词家辈出。比如朱彝尊张惠言、王国维等,他们的主张与创作冲击着"词为小道"的传统观念,极力促使词向诗等传统体裁靠拢。

陈廷焯认为"张皋文《词选》一编,扫靡曼之浮音,接风骚之真脉"(卷四)。陈氏在论词方面对张惠言还是比较推崇的,"皋文《词选》,精于竹垞《词综》十倍。去取虽不免稍刻,而轮扶大雅,卓乎不可磨灭。古今选本,以此为最"(卷五)。认为张惠言扫却靡曼之音,得风骚真脉。在清文人词论中,屈骚因其所含中正之音、家国之思大受推崇。

《词话》称赞温庭筠的词作"全祖《离骚》,所以独绝千古","《菩萨蛮》十四章,全是变化楚骚,古今之极轨也"。认为飞卿词师法楚骚,极沉郁极风骚。对于冯延巳,陈氏说:"正中蝶恋花四阕,情词悱恻,可群可怨。《词选》云:忠爱缠绵,宛然骚辨之义。"又说:"方回词胸中眼中,另有一种伤心说不出处,全得力于楚骚,而运以变化,允推神品。"认为他的词悲苦凄切意味深长,皆归功于楚骚。在评论贺铸的《踏莎行·荷花》时,言"此词骚情雅意,哀怨无端,读者亦不自知何以心醉,何以泪堕"(卷一)。此词似与屈原被贬后悲怨

---

① 刘勰:《文心雕龙》,北京:中华书局,1985年,第8页。
② 《汉书艺文志拾补》,卷三,民国师石山房丛书本。

愁思之情多有相合之处。

屈骚之广为传诵,一则为其文辞瑰丽典雅,一则为其情感深沉。屈原受到现实的排挤,胸中淤积的不平之气无法宣泄,发内心动真情,屈骚的写就其本身就是一种爆发式的抒情。①

因此,结合清代文人的身世境况、当时的文化环境以及"屈骚"精神的广博性,这一评价体系之所以被广泛接受,并为诸多词论家所应用,实乃其归旨所在。但就陈廷焯《词话》来说,其自身对于词作的见解自是深刻,然也仍不免有偏颇之处,无论是出于个人的喜好抑或是对前代学者的认同,在某一方面留有余地反而能生发出更多的阐释。

---

① 毛庆:《论鲍照诗歌对屈骚艺术的继承和发展》,《荆州师范学院学报》,2003年第4期。

以己注骚,以骚注己

——论谢济世《离骚解》的"感遇情结"*

南通大学 施仲贞　无锡城市职业技术学院 张 琰

谢济世,字石霖,号梅庄,广西全州县人,清室名臣,生活于康熙、雍正、乾隆三朝。他为人雅正质直、严毅有守、铁骨铮铮、拙硬顽强;一生虽坎坷跌宕,既有乖于时又终见弃于君,却始终恪守其孤忠不移、尽性至命的刚性精神和人格追求,终身未改。他平生著述颇丰,但惜其许多作品在萧杀沉闷、贫弱黑暗的康乾文坛,却命途多舛、屡被削禁,甚至惨遭毁版,谢济世"几以文字陷重辟……而著作遂多散失"(赵炳麟《后记》)[①]。而其中有幸得以保留的作品,经过历代学人的收集和整理,今主要有《梅庄杂著》得以遗存且传于后世。

《梅庄杂著》内容庞杂,视域开阔,有谏臣奏疏、史评札记、序跋碑志、军营问答、经学研究、诗歌杂记和地域风土等。但谢济世对于楚辞的相关评论甚少,只有《离骚解》和《纂言内篇·辞章第七》两篇。其中《辞章第七》,更仅以"屈、宋艳"一句带过,总括楚辞想象奇特、瑰丽华彩的文学特征。又加之谢济世向来主要是以其经学研究而显赫著称于世。因此,其楚辞研究方面的成就往往被学界所忽视甚至否定。光绪三十四年全州赵炳麟汇编整理的《梅庄杂著》版本,甚至认为谢济世遗作中的《离骚解》"亦无深意,今并不录"[②],意欲将《离骚解》直接从其文集《梅庄杂著》中剔除。

其实,谢济世《离骚解》在清代纷繁众多的楚辞注疏中,具有强烈的个人风格与个性色彩。整个注本始终都萦绕着浓郁而独特的"感遇情结"。这种"感遇情结"具体表现在:一方面,谢济世以"兴寄"之法注疏《离骚》,既"以己注骚",感遇申论,凭一己骨鲠忠直之心揣度屈子匡正不移之大义,进而用屈原"为人"推论其"为文";同时对《离骚》采用"落实化""现实化"的文本解析方式,创众多《离骚》注疏之独见。另一方面,谢氏更"以骚注己",感遇申怀,倚托注解《离骚》,抒发身世不济之感慨、砥砺峭岸守忠之志节。

---

* [基金项目]江苏省社会科学基金项目"清代楚辞著述论考"(12ZWD019);江苏高校哲学社会科学研究项目"楚辞在日本的传播和影响"(2015SJB617);江苏高校"青蓝工程"优秀青年骨干教师培养对象资助项目(2014);国家社科基金重大项目"东亚楚辞文献的发掘、整理与研究"(2013 & ZD112)。

① 谢济世:《梅庄杂著》,南宁:广西人民出版社,2001年,第345页。
② 谢济世:《梅庄杂著》,南宁:广西人民出版社,2001年,第345页。

一、以己注骚：《离骚解》中的"个性"解读

《离骚解》："该书凡一卷。仅录《离骚》一篇。篇末附谢氏《自跋》。"① 谢济世于此卷注解《离骚》，另辟蹊径，不落窠臼，既不遵循烦琐艰涩、亦步亦趋的考据旧则，也不沿袭训教严整、刻板政语化的义理解说；他以自己松风仪之思想秉性，以及毕生所追奉尊崇的孔孟大义大节，遥知、感受、理解屈原。因此，他的《离骚解》更像是一种情感式的阅读和解析。

谢济世《离骚解》"以己注骚"的注疏个性具体表现在：

第一，由己推人，断定且坚信凭屈原忠义大节，定不能背君而"去国"，并以此作为解读《离骚》的推理前提和论证依据。

对于《离骚》中屈原是否曾动过"去国"之念，谢济世持明确而坚决的反对态度，《离骚解》开篇眉批就直言断论："第一句便见无去国之义。"② 其后，谢济世更以此观点为脉络主线，解析推演《离骚》，所得诸多创见殊异于前人及同辈。例如对于"灵氛既告余以吉占兮，历吉日乎吾将行。……朝发轫于天津兮，夕余至乎西极。……麾蛟龙以梁津兮，诏西皇使涉予。……路不周以左转兮，指西海以为期。……陟升皇之赫戏兮，忽临睨夫旧乡。仆夫悲余马怀兮，蜷局顾而不行"③ 段的理解，注疏诸家观点多有不同，存有最大争议之处主要在于：屈原是否曾有"去国他投"之心？对此，多有学者认为，屈原有离开楚国的打算。其中，有持屈原"去国隐逸论"的汪瑗《楚辞集解》："盖彭咸当殷之乱世，西逝流沙而隐去。屈子此数章之意，虽曰勉承氛、或吉占以复求，而遁逸之志已见于此矣。不然胡为乎独指西海以为期哉？"④ 李陈玉《楚辞笺注》和朱冀《离骚辩》等观点与此类似。也有提出"自疏离楚论"的钱澄之《庄屈合诂》："远逝之举，非如灵氛所占，将别有遇合也。原之远逝，特以自疏而已……今兹之游，指西海以为期。西为万物归宿之地，原生平万念于此尽矣。"⑤ 方苞《离骚正义》又进一步继承和发展了此论。甚至还有持"萌生变节之念"观点的李光地《离骚经注》："是时山东诸国，政之昏乱，无异南荆。惟秦强于刑政，收纳列国贤士，一言投合，俯仰卿相，士之欲急功名，舍是莫适归者。是以览观大势，属意于斯，所过山川，悉表西路。"⑥ 只因"然父母之邦可去，而仇雠之国不可依"⑦，而终未"事秦"成行。朱骏声《离骚补注》也持此说，云："西极、西皇、西海，疑皆喻秦。时六国昏弱，

---

① 周建忠、施仲贞：《五百种楚辞著作提要》，南京：江苏教育出版社，2011年，第78页。
② 谢济世：《离骚解》，楚辞文献集成：13册，扬州：广陵书社，2008年。
③ 洪兴祖：《楚辞补注》，北京：中华书局，1983年。
④ 汪瑗：《楚辞集解》，北京：北京古籍出版社，1994年，第103页。
⑤ 钱澄之：《庄屈合诂》，安徽：黄山书社，1998年，第186页。
⑥ 李光地：《离骚经注》，四库全书存目丛书集2，山东：齐鲁书社，1997年，第251页。
⑦ 李光地：《离骚经注》，四库全书存目丛书集2，山东：齐鲁书社，1997年，第251页。

惟秦为强,游说之士多归之。"① 跟这些学者不同,谢济世《离骚解》则以"忠君爱国"之大防揣意屈原,认为其"尤尚节操"②,况屈氏乃"宗臣"③,谢必"无去国之义"④;《离骚》本段虽提及"将行""远逝"诸语,"此行亦止暂去,而终不能不归也"⑤。在分段解析的篇末,谢济世更以此大胆推测并得出结论"其上云云,梦游也。然则原究未去也"⑥。至于本文段中一再讲述的,离开楚国"西游"的原因和目的,谢济世也笃信屈原定有护卫楚国、惦念故主之意,云:"其舍他方而之西者,何也?"⑦ 其一,"秦介西陲,与楚世婚,亦世仇。秦暴而强,其幅员略与楚等,此一行亦可觇其疆圉、关隘、政教、人民,以决其成败"⑧,此一论,谢济世归结屈原"去国西游",是出于侦察敌秦形势、以伺后机的军事和政治动因,离土观秦终是图他朝抗秦灭秦。其二,"而故主客死,孤魂难招? 尤每饭不忘者,此则隐情也"⑨,此一论,谢济世指出屈原欲"去国西向"的另一原因,是出自其念君忠君之情,期望通过这一行动,为客死秦国的故君楚怀王招魂。

　　谢济世正是以自己忠直的性情理解屈原;认为屈子赤诚,定不会"去国弃君";并用这样的预设前提,来具体领悟和解读《离骚》文本。

　　第二,"落实"《离骚》"意识流式"的文本叙述。即以"现实化"的内容和形式,解读《离骚》"超现实"的想象,是谢济世《离骚解》"以己注骚"注疏个性的又一项具体表现。

　　例如对于《离骚》"何桀纣之猖披兮,夫唯捷径以窘步"⑩ 和"夏桀之常违兮,乃遂焉而逢殃。后辛之菹醢兮,殷宗用而不长"⑪,《离骚解》将前后两句联系起来,眉批云:"两引桀纣而不及幽、历,为本朝讳也。楚当春秋之始,已无周;原当战国之末,尚不敢无周,纯臣也。"⑫ 谢济世正是以自己独到的社会敏感和政治眼光于幽微处细探《离骚》,努力发掘其往往易被研读者所忽略的、屈原隐喻于其中的特殊语境和考量。

　　此外,《离骚解》中还多有将《离骚》文本与屈原创作政治现实动因相关联之处:关于"长太息以掩涕兮,哀民生之多艰。……伏清白以死直兮,固前圣之所厚"⑬,谢

---

① 朱骏声:《离骚补注》,楚辞汇编8册,台湾:新文丰出版股份有限公司,1986年,第544—545页。
② 谢济世:《梅庄杂著》,南宁:广西人民出版社,2001年,第334页。
③ 谢济世:《梅庄杂著》,南宁:广西人民出版社,2001年,第340页。
④ 谢济世:《梅庄杂著》,南宁:广西人民出版社,2001年,第340页。
⑤ 谢济世:《梅庄杂著》,南宁:广西人民出版社,2001年,第340页。
⑥ 谢济世:《梅庄杂著》,南宁:广西人民出版社,2001年,第341页。
⑦ 谢济世:《梅庄杂著》,南宁:广西人民出版社,2001年,第341页。
⑧ 谢济世:《梅庄杂著》,南宁:广西人民出版社,2001年,第341页。
⑨ 谢济世:《梅庄杂著》,南宁:广西人民出版社,2001年,第341页。
⑩ 洪兴祖:《楚辞补注》,北京:中华书局,1983年,第8页。
⑪ 洪兴祖:《楚辞补注》,北京:中华书局,1983年,第23页。
⑫ 谢济世:《离骚解》,楚辞文献集成13册,扬州:广陵书社,2008年,第9441页。
⑬ 洪兴祖:《楚辞补注》,北京:中华书局,1983年,第13—16页。

氏注疏云:"述怀王见疏以后及襄王初年被放之事,而用以自伤也。我自见疏以来,每值构怨兴兵,未尝不哀生灵之涂炭。"① 对于"启《九辩》与《九歌》兮,夏康娱以自纵。……驷玉虬以乘鹥兮,溘埃风余上征"②,谢济世认为"陈辞重华,述三代废兴、天意民情及己身坎坷。……原在怀王时疏而未放,及至放所,抚今思昔,感激旧恩,欲哭诉于怀王之墓,故托言如此"③。至于"朝发轫于苍梧兮,夕余至乎县圃。……世溷浊而不分兮,好蔽美而嫉妒"④,《离骚解》更是不同于其他许多注本的笼统化、含混化阅读,将屈原周游清晰、实在地划分为"第一日朝发夕至,误以仙居为帝居。……第二日日出命驾,日入犹未息驾。折枝拂尘,聊且散步。………第三日传命速驾,……何似此光景,帝恐难见"⑤。谢济世亦总结此段云:"原在放所,必尝诣襄王行在求见而不得,故托言如此"⑥。对于谢氏此种"落实"化的文本解读方式,金开诚也予以高度肯定,"《离骚解》在解释'叩阍''求女'的周游时,有三条相关联的注文却是发前人之所未发,很值得参考"⑦,谢氏"已经看出,屈原想象中的周游在时间上不是混成一团,不是想到什么便说什么,而是在叙事上表现了一个时日的程序。这种理解是正确的"⑧,"作者在构思和表现上的这种有序性……来概括他当时倾其全力在政治上寻求出路的处境与心情"⑨。再如"欲从灵氛之吉占兮,心犹豫而狐疑。……及余饰之方壮兮,周流观乎上下"⑩,谢氏注疏云:"意是时怀、襄两朝旧僚,必多以此劝之者,故托言如此。"⑪ 甚至对于句中某个字的理解,例如"羌内恕己以量人兮"⑫ 中的"羌",王逸注解其"羌,楚人语词也,犹言卿,何为也"⑬,而谢济世则认为"楚谓秦为羌,贱恶之词"⑭。诸如此类的注疏,谢济世《离骚解》中有很多。

总之,谢济世注疏《离骚》,奉行"以己注骚"法则。一方面,以满腔赤诚怀忠、爱国之心,感悟解读《离骚》;将注疏的推论依据和凸显重点,都置于屈子的忠贞大义之上,正如

---

① 谢济世:《梅庄杂著》,南宁:广西人民出版社,2001年,第336页。
② 洪兴祖:《楚辞补注》,北京:中华书局,1983年,第21—26页。
③ 谢济世:《梅庄杂著》,南宁:广西人民出版社,2001年,第337页。
④ 洪兴祖:《楚辞补注》,北京:中华书局,1983年,第26—32页。
⑤ 谢济世:《梅庄杂著》,南宁:广西人民出版社,2001年,第338页。
⑥ 谢济世:《梅庄杂著》,南宁:广西人民出版社,2001年,第338页。
⑦ 金开诚:《屈原辞研究》,南京:江苏古籍出版社,1992年,第133页。
⑧ 金开诚:《屈原辞研究》,南京:江苏古籍出版社,1992年,第134页。
⑨ 金开诚:《屈原辞研究》,南京:江苏古籍出版社,1992年,第136页。
⑩ 洪兴祖:《楚辞补注》,北京:中华书局,1983年,第36—42页。
⑪ 谢济世:《梅庄杂著》,南宁:广西人民出版社,2001年,第340页。
⑫ 洪兴祖:《楚辞补注》,北京:中华书局,1983年,第11页。
⑬ 洪兴祖:《楚辞补注》,北京:中华书局,1983年,第11页。
⑭ 谢济世:《梅庄杂著》,南宁:广西人民出版社,2001年,第335页。

姜亮夫评论《离骚解》"谢氏以离骚为忠孝之书"①,毛庆亦评论其"对于《离骚》的主题,则特别强调其忠孝思想,甚至认为它是一本忠孝之书,这当然与谢氏的人生准则有关"。另一方面,谢济世虽一生囿于政坛,但始终心系国事民生,他的文学创作多关联朝政君国,其解读《离骚》也多从政治家的视角出发,注疏中始终刻意关联作品创作的历史背景、政治语境和现实内容。因此,《离骚解》消解弱化了《离骚》文本的神秘、传奇和文学色彩,注解力求探究和再现,更有史证精神和务实品格,许多注疏也颇具个人风格和新意。

二、以骚注己:《离骚解》中的"身世"感怀

谢济世《离骚解》中的"感遇情结",既外托于"以己注骚"的注疏风格,更内化于"以骚注己"的抒怀方式。谢氏正是通过注读《离骚》,寻找到了一种抒发身世慨叹、砥砺守忠志节的方式与出路。

《离骚解》"以骚注己"的解读个性,有着其特定而深厚的形成机制。

第一,是著者谢济世所属地"全州"特殊的地缘文化和人文精神。全州,地处今广西壮族自治区桂林市辖区内,历史悠久,文化深厚,向以"地灵人杰山川秀,物华天宝五谷丰"而负有盛名。更重要的是,全州的地理位置,"全州地为湘桂孔道……山水人物具荆楚之俊逸"(《梅庄杂著·总序》)②,"东西有都庞、越城二岭列屏,南北有湘江纳罗水、灌江、建江作带,自古俊彦辈出,慷慨通脱,神融湘风桂韵,胸纳山魂水魄"(《全州历史文化丛书·序》)③。全州在地缘和文化根基上,都长期深受其所毗邻的"楚文化"的渗透和影响,"'正'与'刚'的全州雅文化层面,与屈原代表的'虽九死而未悔''吾将上下而求索'的楚文化,有着地域的关联,历史的传承……可以说,全州文化为中华传统文化特别是楚文化所范塑"。(《全州历史文化丛书·序》)④ 因此,谢济世注解《离骚》,在地缘上,可谓同枝同源,有着天然的气性相投、相通之处。

第二,《离骚解》能够做到"以骚注己",最重要也是最为直接的原因,是谢济世个人与屈原在心性品格上的相投,和人生际遇方面的相似。

纵观谢济世一生行谊,常忧君王家国天下,心怀拳拳赤子忠义;因其憨正事人、直言净谏,终不能自纳于唯唯顺应、圆熟如意的官僚体制。他难脱险恶的政治旋涡,几经浮沉,险象环生,曾四次受诬,三次下狱,两次罢官,岁暮天寒充军西北,漫漫九年流放边地,甚至还有一次刑场陪斩。正如他在《补〈柳下惠列传〉》中所言"介而和,

---

① 姜亮夫:《楚辞书目五种》,上海:中华书局上海编辑所,1961年,第147页。
② 谢济世:《梅庄杂著》,南宁:广西人民出版社,2001年,第4页。
③ 谢济世:《梅庄杂著》,南宁:广西人民出版社,2001年,第10页。
④ 谢济世:《梅庄杂著》,南宁:广西人民出版社,2001年,第11页。

是以一黜再黜而终复。介而直,是以一复再复而终黜也"①。此种颠沛流离、令人不忍卒读的遭遇,"在他人怵于祸患,或痛自摧抑,破觚为圜,求处于材不材之间,以终天年"(《谢梅庄先生遗集·胡思敬序》)②。而谢济世,虽备尝艰难心酸,仍独持履正趋义、忠君报国之信念,擅擅直臣,"公直声震天下"(李元度《耆献类徵·谢梅庄先生事略》)③,正如他在《纂言外篇·经学问答》中所言"然则全晚节,归首邱,老夫之厉志也"④。谢济世几至杀身犹不悔,其一片孤忠赤诚之心正与《离骚》所表达的"亦余心之所善兮,虽九死其犹未悔"⑤的"屈原精神"相契合,可谓是异代同声,颇有知音遇合之感。

第三,《离骚解》"以骚注己"的另一个原因,是清代驭文过度、以诗诛心的政治高压政策。清室文坛多忌,统治者对文论诗歌的极端解读,使得知识分子长期处于政治失语、精神蜷缩的状态。正是在如此令人窒息和发狂的密集文网中,谢济世通过注解《离骚》,得以曲折地、间接地寄托和抒发自己的怀忠信念和人生感悟。换言之,《离骚解》可以看作是谢梅庄争取文学话语权的一种途径与形式。

谢济世《离骚解》"以骚注己"的注疏个性,具体表现在以下两个方面:

第一,是谢济世自身坎坷"身世"的感怀和爱国守忠情志的表达。

谢济世素有报国之志、勇于直谏、为官清正,曾官至浙江道御史。因欲尚方借剑断佞臣,"疏劾河南巡抚田文镜营私负国,贪虐不法"⑥,被雍正疑心其牵涉党争,"以济世所言风闻无据,显系听人指使,要结朋党,拟斩"⑦,后"命夺济世官,往阿尔泰军前效力赎罪"(《清史稿·谢济世传》)⑧。在戍九年后,谢济世才被新帝乾隆召回,但始终疏离、不受重用。乾隆三年,谢济世上疏欲归养慈母,"上特授济世湖南粮储道"(《清史稿·谢济世传》)⑨,《离骚解》正是写于其任职湖南其间。《离骚解·自跋》就借由《离骚》,触动、感怀人生际遇,云:"《离骚》一篇,幼读之不解,长读之终不甚解。及至塞北诵王元之'迁客主还知有望,商山不敢读离骚'之句,九年中并未寓目焉。既果蒙恩召还柱下,旋因乞养,外转湖南,又得溯汨罗之江,吊灵均之墓。自此方舟督运,冬去夏归,每泊湘阴,辄酹酒朗读竟夕。光阴徂谢,三载于兹,觉一篇十四章,血脉流贯,片片分明,语诞而情真,词复而

---

① 谢济世:《梅庄杂著》,南宁:广西人民出版社,2001 年,第 155 页。
② 谢济世:《梅庄杂著》,南宁:广西人民出版社,2001 年,第 28 页。
③ 谢济世:《梅庄杂著》,南宁:广西人民出版社,2001 年,第 35 页。
④ 谢济世:《梅庄杂著》,南宁:广西人民出版社,2001 年,第 258 页。
⑤ 洪兴祖:《楚辞补注》,北京:中华书局,1983 年,第 14 页。
⑥ 谢济世:《梅庄杂著》,南宁:广西人民出版社,2001 年,第 342 页。
⑦ 谢济世:《梅庄杂著》,南宁:广西人民出版社,2001 年,第 342 页。
⑧ 谢济世:《梅庄杂著》,南宁:广西人民出版社,2001 年,第 342 页。
⑨ 谢济世:《梅庄杂著》,南宁:广西人民出版社,2001 年,第 344 页。

义别,无不可解也。"① 此外,《离骚解》中流露出"身世"感慨的类似文句还有很多,例如"朝有言,夕即有谴。……所不甘者,众口一词,诬直为枉,既疏而又放也。当今巧宦成风,直皆效尤而为枉,我生不辰,胡为遭此"②,"始自信,既自反,终自伤,泫然不知涕之何从也"③,"此一著我人,形诸寤叹,填诸心胸,直到于今,但不知前圣在何处耳"④ 等。

谢济世借托《离骚》抒发不平际遇之慨叹,沉郁恳至、动人肺腑,但并不流于低徊消沉。《离骚解》虽是凄婉,更是激壮;文中更多的,是谢济世通过诠释屈原,自我砥砺,进而表达和歌颂其忠直气节和报国雄心。例如,强调直言强谏、矢志爱国的有"既自疏而犹哀民生,欲谏君而先好修姱"⑤,"我亦自知不合时宜,其恋恋者惟君之故"⑥ 等;明己立志于斯,不移忠贞夙志的有"以直获罪,我亦甘心。……然欲我改行,有死不为也"⑦,"虽云放臣,不失故我,……平时必有劝原改行以图赐环者,原谓本性难移,体可解心不可惩,何况于放"⑧ 等。应该说,谢济世正是通过注疏《离骚》,自我规范与标榜为其所重视、且坚守的不畏寒霜,临寒弥坚的"屈原之志"、孤忠大节,正如鲁瑞菁所指出的"借'骚'言志,则在两汉大一统政权稳固建立以后,两千年来,无数不遇其志的骚人墨客,皆得以从屈原树立的心志典范中,借'骚'言志,借'骚'明志,既以屈'骚'自况,又以屈'骚'自觉"⑨。

第二,《离骚解》"以骚注己"的注疏个性也具体表现在,谢济世通过注解《离骚》,而隐喻于其中的、对于政治现实的思考与自身政治出路的探求。

首先,是对于"直谏"的提倡。谢济世在政见上,主张坦然直谏、反对私下密言、尤其痛恶党争谗言。他早在代钦拜作的《论开言路疏》中就曾提及道:"臣闻政治在于求言,求言期于闻过。……而欲收开言路之利,且先除开言路之弊。夫开言路何弊之有?告密是也。……小人多以此谗害君子……请自今除军机外,皆用露章,不许密奏。……一曰严不言之罚。……一曰恕妄言之罪。……且使天下后世谓我乾隆为宽大之朝,岂不盛哉!臣所谓开言路者如此。"⑩《离骚解》中多有推崇"诤臣"、"直谏"之语,例如"未几出图吾君,实欲匡救引导,使之法三王二帝而鉴桀纣"⑪,"二帝生来光明正大,三王便靠诤臣,与孟子

---

① 谢济世:《梅庄杂著》,南宁:广西人民出版社,2001年,第341页。
② 谢济世:《梅庄杂著》,南宁:广西人民出版社,2001年,第336页。
③ 谢济世:《离骚解》,楚辞文献集成13册,扬州:广陵书社,2008年,第9442页。
④ 谢济世:《梅庄杂著》,南宁:广西人民出版社,2001年,第336页。
⑤ 谢济世:《离骚解》,楚辞文献集成13册,扬州:广陵书社,2008年,第9437页。
⑥ 谢济世:《梅庄杂著》,南宁:广西人民出版社,2001年,第335页。
⑦ 谢济世:《梅庄杂著》,南宁:广西人民出版社,2001年,第336页。
⑧ 谢济世:《梅庄杂著》,南宁:广西人民出版社,2001年,第336页。
⑨ 鲁瑞菁:《讽谏抒情与神话仪式——楚辞文心论》,台北:里仁书局,2002年,第52页。
⑩ 谢济世:《梅庄杂著》,南宁:广西人民出版社,2001年,第10—11页。
⑪ 谢济世:《梅庄杂著》,南宁:广西人民出版社,2001年,第334页。

性反意同,谁谓屈子未闻道者"①,他主张倚重诤臣,方是成就三王二帝伟业之法;"我既不为,则直不化枉,必不容枉,枉亦必不容直。一薰一莸,十年有臭。我不死,祸正未有艾也。然则舍彭咸吾何依哉"②,"'好名'二字,公然不讳,此其所以为直也"③,尽显他对于直语不曲品格的钦慕之情;"原叹谓众既难以户晓,人又大抵耳食,党人同恶相济,其不余听固宜"④,"党人嫉妒直臣"⑤,则表露出他对于党人谗臣、流言恶语的深恶痛绝。

其次,是对于"贤妃"作用的重视和肯定。谢济世把自身对"贤妃"重要性的思索,作为其对政治现实和出路方式的一种考量,进而寄寓于对《离骚》"求女"意象的独特理解与分析中。不同于大部分注本的理解,谢济世的《离骚解》认为,《离骚》中屈原诸多漫游.占卜行动都与"求女"的动因相关;且谢氏认为屈原所有"求女",都应是求"贤妃"。例如关于"朝吾将济于白水兮,登阆风而绁马。忽反顾以流涕兮,哀高丘之无女。……世溷浊而嫉贤兮,好蔽美而称恶"⑥,《离骚解》总结且评价"重华既不可作,天帝又不得见,因想先王惑于郑袖,今王制于秦女、荒于神女。若内助得人,必不至此。故引诗人《关雎》《车辇》之义,思求淑女以配君子也"⑦。再如"索藑茅以筳篿兮,命灵氛为余占之"⑧,《离骚解》认为其"承求女言。原命占求女,不便明言其故。灵氛不知,误以为求君"⑨。而"欲从灵氛之吉占兮,心犹豫而狐疑。……及余饰之方壮兮,周流观乎上下"⑩,《离骚解》坚持"承媒字言。灵氛既误认女字,巫咸及九疑诸神遂误认媒字。……但诸公谓去求君,我仍是去求女"⑪。

在《离骚解》中,谢济世将其厚重特殊的人生际遇以及刚直顽强的思想品性投射到对《离骚》的研究与解读中,用情怀与生命去感知屈原、领悟楚辞、理解《离骚》。这使得其整部《离骚解》,超脱于同代文人对《离骚》"学者式"的考据或义理的解读,转向"内化",更加注重倾向于屈原和《离骚》人文精神层面的发掘与契合,萦绕着浓郁的"感遇情结"。谢济世既是"以己注骚",用自己的忠贞之心为独特的注疏视角,所见所论都不落窠臼,颇具个人风格;同时谢氏又是"以骚注己",通过注疏解读《离骚》,浇心中块垒,抒胸怀志节,喻现实探求。谢济世《离骚解》,可称得上一部"情真意实"的"个性"注本。

---

① 谢济世:《离骚解》,楚辞文献集成 13 册,扬州:广陵书社,2008 年,第 9434 页。
② 谢济世:《梅庄杂著》,南宁:广西人民出版社,2001 年,第 336 页。
③ 谢济世:《离骚解》,楚辞文献集成 13 册,扬州:广陵书社,2008 年,第 9435 页。
④ 谢济世:《梅庄杂著》,南宁:广西人民出版社,2001 年,第 337 页。
⑤ 谢济世:《梅庄杂著》,南宁:广西人民出版社,2001 年,第 340 页。
⑥ 洪兴祖:《楚辞补注》,北京:中华书局,1983 年,第 30—34 页。
⑦ 谢济世:《梅庄杂著》,南宁:广西人民出版社,2001 年,第 338 页。
⑧ 洪兴祖:《楚辞补注》,北京:中华书局,1983 年,第 35 页。
⑨ 谢济世:《梅庄杂著》,南宁:广西人民出版社,2001 年,第 339 页。
⑩ 洪兴祖:《楚辞补注》,北京:中华书局,1983 年,第 36—42 页。
⑪ 谢济世:《梅庄杂著》,南宁:广西人民出版社,2001 年,第 340 页。

王邦采楚辞研究及其生平著述初探

北京语言大学 伊雯君

一、王邦采的楚辞研究

王邦采,字贻六,江苏无锡人。其楚辞研究著作有《离骚汇订》和《屈子杂文笺略》。

《屈子杂文笺略》主要是《离骚》外诸篇的研究,在汇集诸家观点的同时,也针对其中的一些问题提出了自己的见解。如他评价诸篇艺术风格,云:"《九歌》之音思以慕,《天问》之音思以荒,《九章》之音思以激,《远游》之音思以旷,以至《卜居》《渔父》,惝怳愁悽,郁结之思,缠绵莫解。"① 但正如他自己所言:"即所采诸家,重加芟录而卒业焉。旧文仍其什七,管见参以二三。"② 大体沿袭旧注,暂不赘述。

王邦采在《屈子杂文笺略·自序》中认为屈原"精神之凝聚""学问之归宿"主要体现在《离骚》一篇中。故其用心主要集中于《离骚汇订》。其书名为《离骚汇订》,乃是汇集评订之义。《离骚汇订》先列原文,后有"音释""叶韵""考异"等,接着选列王逸、洪兴祖、朱熹、徐焕龙、林云铭、朱冀六家旧注。己说则以"案语"表明,此部分与序言一起集中展示了王邦采《离骚》研究成果。

(一)《离骚》研究批评问题

楚辞研究的推进往往夹杂着对前人研究的批判,王邦采概莫能外。王氏汇订六家评注,间有批评。王邦采就他对朱冀的批判剖白自己的批评观,谓:"……其诒误后学,尤非浅浅,因俱用直笔标于旁而详加辩证焉,但求其义之安而已,非好为论难也。"③ 表明自己并非为批评而批评,恰恰相反,他的批评是理性的。他更概括出楚辞研究的"七病"。王邦采在序言中说道:

> 盖尝论之,屈子之自命高,以庸俗求之则陋。措辞婉,以粗鄙求之则悖。取径曲,以艰深求之则晦。头绪繁,以拘牵求之则乱。采用博,以臆凿求之则舛。罕譬多,以色相求之则诬。意言隽,以尘腐求之则困。坐此"七病",而《离骚》不可得而读矣。

---

① 吴平主编:《屈子杂文笺略》,《楚辞文献集成》,扬州:广陵书社,2008年,第8565页。
② 吴平主编:《屈子杂文笺略》,《楚辞文献集成》,扬州:广陵书社,2008年,第8566页。
③ 吴平主编:《离骚汇订》,《楚辞文献集成》,扬州:广陵书社,2008年,第8288页。

况规规焉拟而学之,欲与之驰骋笔墨,不已过乎?①

可以看出,"七病论"是建立在充分认可《离骚》艺术价值基础上的。对应《离骚》艺术上的"自命高""措辞婉""取径曲""头绪繁""采用博""罕譬多""意言隽"七个特点,他着重批判了七种研究中的错误倾向。这种倾向,在楚辞注本层面出现过,在楚辞模拟层面亦存在着,其根节在于对屈原精神的不理解,正是这种隔膜,使人们既读不透《离骚》,也学不了《离骚》。"七病论"实际上是对以往楚辞解读的反思和总结。王邦采引入诗歌研究批评理论来探讨楚辞的艺术成就,使以往楚辞研究批评从零散的观点进入完整体系。

(二)《离骚》段落结构问题

现在多认为真正意义上的《离骚》分段始于宋钱杲之,而影响较大的则是王邦采提出的"三分法"。王邦采在《离骚汇订》序中即开宗明义地表明其对结构的重视:

> 求其能学必先能读,所贵乎能读者,非徒诵乎其词章声调已也,必审其结构焉,必寻其脉络焉,必考其性情焉。结构定而后段落清,脉络通而后词义贯,性情得而后心气平。②

王邦采将《离骚》分为三段。自篇首至"岂余心之可惩"为第一段,云:"文势至此为第一段大结束,而全文已包举。后两大段,虽另辟神境,实即第一段之意,而反覆申言之。所谓言之不足,又嗟叹之也。其中起伏断续,变化离奇,令人莫测。诸家卜辨过脉,妄分段落,真是小儿强作解事者。概删之。"③ 自"女嬃之婵媛兮"至"余焉能忍而与此终古"为第二段,云:"自女嬃至此为第二段大结束。诸家聚讼纷纷,总无是处。只缘错看见帝,求女两段,故横竖说来,都成影响……"④ 自"索藑茅以筳篿兮"至"吾将从彭咸之所居"为第三段,云:"此为第三段。彭咸所居乃通篇之结穴也。要逼出彭咸所居,却再以见帝,求女作余波。……一气奔赴,直逼到从彭咸之所居,真有神龙入海之势……"⑤ 除了整体上分为三段,对于其中的小节他亦说得十分清楚。如他把"求女"分为三部分,三节"逐层脱卸"。王邦采之三分法,呈现出整体上的简洁性和细节上的合理性。

易重廉《关于〈离骚〉整体结构的思考》说:"目前,研究《离骚》的整体结构,楚辞学

---

① 吴平主编:《离骚汇订》,《楚辞文献集成》扬州:广陵书社,2008年,第8283页。
② 吴平主编:《离骚汇订》,《楚辞文献集成》扬州:广陵书社,2008年,第8284页。
③ 吴平主编:《离骚汇订》,《楚辞文献集成》扬州:广陵书社,2008年,第8403页。
④ 吴平主编:《离骚汇订》,《楚辞文献集成》扬州:广陵书社,2008年,第8486页。
⑤ 吴平主编:《离骚汇订》,《楚辞文献集成》扬州:广陵书社,2008年,第8562—8564页。

者比较倾向于清王邦采在《离骚汇订》里提出的三段分法。"① 汤漳平《楚辞论析》亦言："今人比较一致采用的是清人王邦采在《离骚汇订》一书中提出的三段分法。"② 从整体上概括了王邦采三分法的影响。《离骚》之伟大,本就在于它抒情与叙事完美交融而造就的情感表达上的极致呈现。王邦采的"三分法",无疑找到了把握二者平衡的黄金点。

(三)《离骚》"求女"问题

对于"求女"部分,王氏直言"以神女喻良辅"③。但与以往研究多集中在"求女"喻指上不同,王邦采的"求女"研究则厘清了"求女"的起始和过程。

首先,他认为"将往观乎四荒"非"求女"之肇始。"往观"一词,表示空间上的离开。王逸认为"往观"的目的乃是"求贤君",洪兴祖则谓"以求同志"。王邦采认为"忽反顾以游目兮将往观乎四荒"一句,"反顾"与"游目"二词对应,一个表示"低头回看",一个表示"举头流览"。往观的目的,则是"征之于人,以自考也"④。主人公认为虽四荒之大,自己之光耀夺目绝无同类,紧扣下句的"佩缤纷其繁饰兮芳菲菲其弥章"。"将往观乎四方"只是言明了一种行为,而这种行为能够等同于"求女"是值得商榷的。游国恩先生认为"误以下文有周流上下及上下求索数段而预侵之,以为文章之伏脉在此,不知文义夹杂而不可通也"⑤。他在"佩缤纷其繁饰兮芳菲菲其弥章"句后的案语中说的则更加明白："此处断不容杂以求君求贤之枝节,以碍文义也。"⑥

其次,"见帝"非"求女"之未遂。历来注家亦多以"上下求索"句为"求女"之始。而王邦采则主张将"求索"与"求女"分开来看。他认为"求索"二字,乃求天帝所在,但帝阍却不为其开门,见帝而不得。王邦采认为正因如此才引出"求女"部分的内容,而"高丘之无女"方是求女之入题。他批驳了朱冀所持的"朝吾将济于白水兮"至"哀高丘之无女"二句为第一次求女失败的观点。王邦采认为其说"支离"。游国恩赞同王邦采之说,认为"王氏驳之是也"⑦。又谓"王邦采谓求女正面在后,此处不过上下转捩者,真灼见也"⑧。这实际上辨明了"求女"的次数问题。

王邦采认为"往观""上征""求索"等与"求女"均无无直接关联。他以幻境作为人间真实的又一次描摹,将此分为两个系统:即"见帝""求女"。王邦采认为第二段中的"求女"只有三次。"见帝"与"求女"是不同的两个系统,"见帝"不得而哀"无女",正是求女

---

① 易重廉:《关于〈离骚〉整体结构的思考》,《中国文学研究》,1988 年第 3 期,第 56 页。
② 汤漳平、陆永品:《楚辞论析》,太原:山西教育出版社,1990 年,第 84 页。
③ 吴平主编:《离骚汇订》,《楚辞文献集成》,扬州:广陵书社,2008 年,第 8486 页。
④ 吴平主编:《离骚汇订》,《楚辞文献集成》,扬州:广陵书社,2008 年,第 8400 页。
⑤ 游国恩主编:《离骚纂义》,北京:中华书局,1980 年,第 177 页。
⑥ 游国恩主编:《离骚纂义》,北京:中华书局,1980 年,第 178 页。
⑦ 游国恩主编:《离骚纂义》,北京:中华书局,1980 年,第 295 页。
⑧ 游国恩主编:《离骚纂义》,北京:中华书局,1980 年,第 294 页。

的契机,引出下文三次求女,最后落脚于"世好蔽美"而"哲王不寤"。

总而言之,王邦采的《离骚》研究,积极对章法结构进行认真考察,从整体出发,立足于对屈原人格精神、楚辞文学价值和艺术成就。在楚辞学批评研究、楚辞结构研究、"求女"研究等领域取得了很大成就。他高屋建瓴地将《离骚》分成三部分,不仅对于《离骚》本旨大义的理解大有裨益,更在后世产生了广泛的影响力。

二、王邦采其人的再认识

目前记录王邦采其人详细的资料有两处。

一处是姜亮夫《楚辞通故》中所录小传。后谓:"见《国朝耆献类征》卷四百二十四秦瀛撰传。"① 可知,其所引乃来自于秦瀛的记载。谓:

> 邑诸生,中岁弃举子业,覃精六经,淹该史学,好为诗古文辞,尤工于画,跌宕超逸,入古人妙境,精别金石缣素,南北宋雕镂版本,吴兴贾人接踵就辨真赝。又喜笺注前人遗编,如徐节孝晁具茨吴渊颖诸集,而离骚更别有解会。②

目前楚辞学类书籍对王邦采其人的介绍大都本于此。

另一处是清顾光旭所辑《梁溪诗抄》。卷三十载曰:

> 王逸老邦采。字贻六。晚年自署逸老,亦曰逸人。诸生。弱冠游庠,数蹶省门不利。中年善病,弃举子业。大肆力于古六经性理诸书。殚心研究,探抉奥穾,而口不言性命崇实行也。经疑则随手劄记史论亦然。尝曰读史当识其大者,人物琐细描画处,彼自为文耳,无关紧要。古今兴衰治乱,事机得失,人物邪正,纵横贯串,独见其大,后进有质疑就正者,必穷原竟委,不惮谆谆复,发人神智。所居斗室,常扃户,非所欲见,扣之辄不应。古今法书名画,张满四壁,日夕偃仰其中,兴到捉笔为诗古文辞,为书为画皆入妙而不肯出以示人。著离骚注释,于前人多所辩证,又注徐节孝晁具茨吴渊颖诸集行世,又读书随记读书缋记读书剩语,皆付剞劂,其他著述甚夥,今皆散轶,不可复睹,邑志文苑有传说者,谓逸老生平有倪高士之风焉。③

---

① 姜亮夫著:《楚辞通故》,《姜亮夫全集》,昆明:云南人民出版社,2002年,第2辑第256页。
② 姜亮夫著:《楚辞通故》,《姜亮夫全集》,昆明:云南人民出版社,2002年,第2辑第256页。亦见于《无锡金匮县志》卷二十二《文苑》。裴大中,倪咸生修;秦湘业等纂:《光绪无锡金匮县志》,南京:江苏古籍出版社,1991年,卷21,第364页。
③ 顾光旭辑:《梁溪诗抄》,《无锡文库》,南京:凤凰出版社,2011年,第4辑卷30第1页。

此段记载可以说对秦瀛所作传记进行了极为有效的补充。

今即以此二者为基础,进行补充辩证。

第一,生卒年问题。李诚、熊良智等采取了较保守的说法,谓王邦采"活动于清康熙间(1662—1722)"①。一些地方则以这个时间为其生卒年。如曹正元《〈四库全书总目提要〉偶证三十例(下)》一文即谓其"1662—1722在世"②。又如仲威《善本碑帖过眼录》其生卒年一栏载为"1662—1722"③。但其所指碑帖乃是题为王羲之作的《黄庭内景经》,王邦采题跋落款时间乃乾隆三年(1738)十二月,故其不当卒于1722年。又《锡山历朝著述书目考》载其"生丙辰寿七十一"④。江庆柏编著《清代人物生卒年表》中据此谓其生卒年为"1676—1746"⑤,即康熙十五年到乾隆十一年。我们认为这个时间较为可信。

第二,字号问题。其字"贻六",又字"携鹿"⑥,号"畦绿""逸人""逸老""湖上逸人"⑦,又自称"逸老人"⑧。其自署斋号、室名则有林养堂(《离骚汇订》序)、潄墨斋(《黄庭内景经》跋)、重阳阁(《渊颖集》序)。

第三,家世问题。王笺本《渊颖集》附有王邦采所作序文。在这篇序文里,他提到《渊颖集》的注解是他与"家侄"王绳曾共著。⑨王绳曾(1676—1755),字武沂,学者称蓼原先生,乃雍正八年(1730)庚戌科殿试金榜第三甲第2名,官扬州府教授,尝主讲东林书院。著有《春秋经传类联》,见《四库全书总目提要》。《锡山历朝著述书目考》谓其尚著有《交翠轩稿》《知古知今录》《澹园诗稿》《癋歌存草》。光绪《无锡金匮县志》谓王绳曾"少受学于舅氏秦道然"⑩,可知,王氏与无锡望族秦氏家族有一定关系。

王邦采的生平事迹,较难查证。目前已知的除著述外,大概有两个方面。

---

① 李诚、熊良智主编:《楚辞评论集览》,武汉:湖北教育出版社,2003年,第496页。
② 曹正元:《〈四库全书总目提要〉偶证三十例(下)》,《江苏图书馆学报》,1990年第5期,第53—55页。
③ 仲威:《善本碑帖过眼录》,北京:文物出版社,2013年,第395页。
④ 高鑅泉撰:《锡山历朝著述书目考》,《地方经籍志汇编》,北京:北京图书馆出版社,2008年,第15编第217页。
⑤ 江庆柏编著:《清代人物生卒年表》,北京:人民文学出版社,2005年,第42页。
⑥ 《无锡名人室名别号索引》谓"櫹鹿",《桐阴论画》则谓"携鹿"。见无锡市图书馆:《无锡名人室名别号索引》,2004年,甲编第6页。秦祖永撰,余平点校:《桐阴论画桐阴画诀》,杭州:浙江人民美术出版社,2014年,第198页。
⑦ 无锡市图书馆:《无锡名人室名别号索引》,2004年,甲编第6页。
⑧ 高鑅泉撰:《锡山历朝著述书目考》,《地方经籍志汇编》,北京:北京图书馆出版社,2008年,第15编第217页。
⑨ 吴莱著,王邦采、王绳曾笺:《渊颖集》,《丛书集成初编》,北京:中华书局,1985年,第5页。
⑩ 裴大中、倪咸生修;秦湘业等纂:《光绪无锡金匮县志》,南京:江苏古籍出版社,1991年,卷21,第349页。

(一) 刊刻古籍

一些宋元刊刻的古籍,因年代久远而几近亡佚。朱泽吉先生认为,在这样的情况下,"清代的首次重刻本就成为目前传世最早的刻本"①,具有多方面的重要价值。其所提及书目中即有王邦采覆宋刊的徐节孝诗集。

康熙六十年(1721),王邦采覆宋刊《节孝先生文集》三十卷。这本书最早是太守王直阁访徐氏子孙而得,徐积遗稿数万言,并使"镂板以广其传"。至淳祐十年(1250),王夬亨又重刊此书。他在序中说道此书的山阳旧板毁于兵,他重新裒辑全书,以承先志。然而,此书"未及付梓"②。王邦采刊本上题"依宋本刊,徐节孝先生全集,锡山王氏藏板"。可能即是此版。罗振常先生曾见此刊本两种。一本有锡山王邦采序,罗先生记载道:"康熙辛丑锡山王邦采序(草书,半页四行)。"另一本则无。他人为后者乃书贾去王序而伪作宋刻,并谓邦采刻本"楮墨古旧,虽非宋刻,亦可谓下真一等,可宝也"③。可见精良。《宋人别集叙录》谈及徐积集的版本亦谓王邦采刻之三十卷本最晚出,而雕印最佳④,今存苏州图书馆。⑤

(二) 书画活动

王邦采善书画,画笔萧疏淡远,以静逸胜。《梁溪诗抄》谓其有倪高士风。倪云林,名瓒,字元镇。其题画常用"云林"二字,故世称其为云林先生,后代画家多学其"有意无意,若淡若疏"的"逸气"⑥。《桐阴论画》谓王邦采:"诗情画笔,跌宕超逸,颇臻妙境。所见扇头册页,萧疏淡远,思致妍雅。较梅壑之简淡,以遒练胜;较青溪之潇洒,以静逸胜。(贻六画深得古法,笔情墨趣与严秋水父子相近。)惟传世甚少,尺幅小品,殊令人思慕矣。"⑦可见,王邦采曾有扇头册页等作。邹方锷《大雅堂集》有《题携鹿先生画》一诗。诗云:"疏篱一曲石苔平,溪路无人野水横。白板茆檐深竹里,是中应有读书声。"⑧方锷,字豫章,号半谷,一号笠溪。江苏无锡人,清乾隆二十七年(1762)举人。此诗题画诗较好地概括出了王邦采画作的静逸风貌。此外,还有一些金石书画类书籍也提及了王邦采的书画成就。如张剑等主编的《清民两代金石书画史》等,但皆大体依据清人记载。

王邦采亦善收藏鉴赏。《黄帝内景经》王邦采题跋:"予旧藏韩古洲先生手摹《内景经》

---

① 朱泽吉著:《朱泽吉学术论文选集》,济南:山东文艺出版社,1990年,第236页。
② 中华再造善本工程编纂出版委员会编著:《中华再造善本总目提要·金元编》,北京:国家图书馆出版社,2013年,第1202页。
③ 罗振常撰,汪柏江、方俞明整理:《善本书所见录》,上海:上海古籍出版社,2014年,第146页。
④ 祝尚书著:《宋人别集叙录(上)》,北京:中华书局,1959年,第373页。
⑤ 第三批《国家珍贵古籍名录》推荐名单01993号。
⑥ 王赓唐、冯炬主编:《无锡史话》,南京:江苏古籍出版社,1988年,第101页。
⑦ 秦祖永撰,余平点校:《桐阴论画桐阴画诀》,杭州:浙江人民美术出版社,2014年,第198页。
⑧ 故宫博物院编:《国朝画识》,海口:海南出版社,2001年,卷10。

真迹,后有衲米老人跋语云'先生生平手摹者不下千本',虽较之真迹未知何如,而其功力可谓专且勤矣。"《清稗类钞》载:"楸,字朝英,别字逸泉,居无锡闾江,工画,世无知之者。同邑王邦采一见,即为之延誉,自是遂大闻于时。"可见,当时王邦采在书画创作或书画鉴赏上是有一定名望的。

结合以上资料,我们可以对王邦采有一个总体认知。王邦采(1676—1746)生于清康熙十五年,卒于清乾隆十一年。他不仅喜好六经、史学,进行楚辞研究,而且能诗能文,在书画金石版本上亦有成就。

三、王邦采著述考

曹正元《〈四库全书总目提要〉偶证三十例(下)》一文考证光绪《无锡金匮县志》,认为王邦采即是《四库全书总目》卷一二九记载的"读书随记一卷续记一卷剩语一卷"的作者。① 方广岭《〈清人别集总目〉和〈清人诗文集总目提要〉补遗》中提及王邦采所撰《吴渊颖先生集》十二卷,并将其归类为咸丰同治朝刻本中"两部书均未著录,但属清代名望较高的著者及文献"一类。② 孙文良、董守义主编《清史稿辞典(上)》中载"王朝寀,误名,应为王邦寀"③,纠正了《清史稿》中关于《吴莱渊颖先生集注》十二卷作者名字的书写错误。这些研究的出发点虽然不是为了探究王邦采的著述情况,但恰恰证明了对王氏著述成果做一个系统梳理的必要性。

除《离骚汇订》和《屈子杂文笺略》外,记载为王邦采的作品主要有《徐节孝集注》《晁具茨诗集笺注》《吴渊颖集笺注》等诗集笺注、《读书随记一卷续记一卷剩语一卷》和诗二十一首。此外,《衍约说》一书县志虽言乃王邦采所著,但通常认为此书乃宋版。而《双奇会》县志、著述考等均无著录,但提名"湖上逸人",确乃邦采自号。

(一)集部别集类

《梁溪诗抄》谓邦采:"注徐节孝、晁具茨、吴渊颖诸集行世。"④《无锡金匮县志》卷三十九《艺文》著录:"《离骚注》《吴渊颖集》《徐孝节集注》《晁具茨集注》《读书随记》。"⑤

①徐节孝集注

按:徐积(1028—1103),字仲车,楚州山阳(今江苏淮安)人。生于宋仁宗天圣六年,

---

① 曹正元:《〈四库全书总目提要〉偶证三十例(下)》,《江苏图书馆学报》,1990年第5期,第53—55页。
② 方广岭:《〈清人别集总目〉和〈清人诗文集总目提要〉补遗》,《图书馆理论与实践》,2008年第5期,第74页。
③ 孙文良、董守义主编《清史稿辞典(上)》,济南:山东教育出版社,2008年,第161页。
④ 顾光旭辑:《梁溪诗抄》,《无锡文库》,南京:凤凰出版社,2011年,第4辑卷30第1页。
⑤ 裴大中、倪咸生修,秦湘业等纂:《光绪无锡金匮县志》,南京:江苏古籍出版社,1991年,第662页。"徐孝节集注"疑为"徐节孝集注"。

卒于徽宗崇宁二年。《宋史》卷四百五十九有其传。他的一生以孝廉称,可谓贤而知者。卒年七十六,赐谥节孝处士。乾隆《无锡县志》、光绪《无锡金匮县志》均载王氏笺注徐节孝集。《梁溪诗抄》卷三十谓已付刻行世。

②晁具茨诗集笺注

按:宋晁冲之撰,笺注者向云不知何人。《四库未收书目提要》之《晁具茨集十五卷提要》谓:"引书内有一统志及韵会韵府等书,当为明时人。"《海山仙馆丛书》本前有宋绍兴十一年俞汝砺序,书末有"亮圃"跋,云:"右宋晁具茨先生古今诗一百六十七首,涪陵孙君寿诸梓,陵阳俞君为之序,迄今六百年矣。……余向藏有缮本,爱其取材宏博,富有百家,而又惜其字多鱼豕,吟咏之余,猝难解会,因别购善本,与西亭先生雠校数过,讹者是正,疑者是阙,而加笺焉。读者庶可藉以寻其义之所在乎。"后自署:"亮圃书于一勺一卷之间。"① 从时间上看,谓俞序距今六百年,可见是注作于清乾隆间。从地点上看,"亮圃"与"西亭先生"虽未详二者何人,然辛幹谓邑城小河上王宅有"一卷一勺"之斋②,可见作者当与无锡王氏有关。乾隆《无锡县志》、光绪《无锡金匮县志》均谓其注晁具茨。王邦采《读书随记》亦著录。③《梁溪诗抄》谓已经刊行。《江苏艺文志》谓:"三槐堂原刻本,无锡图书馆藏。"

③吴渊颖集笺注

按:《渊颖集》原为吴莱弟子宋濂辑录。胡翰《渊颖集序》曰:"惜其学不见于用,而世之知者鲜也。门人宋濂惧其泯而不传,乃汇次其诗文为集若干卷。王邦采序云:"……岁己亥家侄武沂都门旋里因取先生集相与校勘笺释,凡两阅寒暑而成。……家鲜藏书质加谫陋,搜罗未备考订未精,姑阙疑焉,以俟博雅之君子。"④ 是书从康熙五十八年,至康熙六十年成。今有康熙六十年(1721)锡山王绳曾裕昆堂刻本⑤、康熙六十年(1721)无锡王邦采刻本。⑥

(二)子部杂家类

读书随记一卷续记一卷剩语一卷

按:《四库全书总目提要》卷一百二十九子部三一九杂家类存目六载:"《读书随记》一卷、《续记》一卷、《剩语》一卷(编修汪如藻家藏本)不著撰人名氏,自题曰湖上逸人。又署上章摄提格,为庚寅岁,相其版式,盖康熙中所刊己。其书皆摘录经史中语,而以己意

---

① 王云五主编、阮元撰:《四库未收书目提要》,《万有文库第二集七百种国学基本丛书》,北京:商务印书馆,1935年,第11页。
② 辛幹撰:《无锡艺文志长编》,上海:上海古籍出版社,2015年,第191页。
③ 辛幹撰:《无锡艺文志长编》,上海:上海古籍出版社,2015年,第191页。
④ 吴莱著,王邦采、王绳曾笺:《渊颖集》,《丛书集成初编》,北京:中华书局,1985年,第5页。
⑤ 王桂平著:《清代江南藏书家刻书研究》,南京:凤凰出版社,2008年,第248页。
⑥ 王桂平著:《清代江南藏书家刻书研究》,南京:凤凰出版社,2008年,第248页。

论断之,然无所发明。《剩语》为诗赋小词数十首,于句下各加笺注,亦无可采。"《无锡艺文志长编》录"寄沤书巢捐赠旧藏影写本"。云"是书《随记》《续记》皆讨论经史,类宋儒之学,《剩语》为五、七言古诗,间有律赋及小令词。前后无撰刻姓名,而卷首自序曰'湖上逸人',《剩语》自序又曰'逸老'。原刻本如宋人巾箱式,同县余一鳌得于衢州市上,既携归,与刘继增博稽详考,定为邦采所著无疑,并书颠末于简端,不赘焉。"① 可见,此书之最初认定为王作乃是源于刘继增等的考证。钱基博《无锡县立图书馆刊刻〈锡山先哲丛书〉计划书》:"就馆中现藏乡贤著述之未刊本及旧刊之孤本,分经史子集编制备刊书目。"此书即在"子部二十三种四十册"之列:"读书随记一卷剩语一卷续记一卷共一册,清王邦采著,本馆抄本。"② 后《锡山先哲丛刊》的出版因战乱资金等原因而中断。这本书今存于无锡市图书馆。③

(三) 存诗 21 首

《梁溪诗抄》卷三十收其诗 21 首。

按:顾光旭,生于雍正九年(1731),其人为官颇有政绩,体恤爱民,曾留下"产破妻孥贱,肠枯草木甘"之句,被誉为"一字一泪,十字千古"(毕沅)。他曾于乾隆十四年,出任东林书院山长,培养出如顾钰等许多人才。他致力于搜集历代无锡诗人作品。其《梁溪诗抄》于嘉庆元年辑成,共 58 卷,收录了自东汉到明清的两万多首诗,并为其中的一千多位作者写了小传。王邦采传记部分,对其人生经历多有补充,见上文。其书收录王邦采诗 21 首,分别是《示儿》二首、《书怀》一首、《莫照》一首、《杂咏》二首("杂咏五首,二存")、《春游辞》一首、《岁暮》一首、《题蓉帆图》一首、《题金粟山房》一首、《题云山图》一首、《老至》一首、《题扇》一首、《述怀》七首、《题秋林图》一首。其中,《春游辞》颇有古意,题扇、题画诗则见其鉴赏功力,《书怀》《述怀》等则满含对人生的和时光易逝的感喟。如《书怀》一首:"君不见东海有草名龙□,食之徃徃成龙驹。又不见蜗鱼三食神仙字,中夜煌煌降星使,物生大小不偶然,一朝变化何通玄。我生托此亦有命,跰无异夔怜蚿,几回呕心进却已,附肤落貌聊尔耳。剑铗归来鬓着霜。粟囊无底饥欲死,经明不明且归耕。莫教漏尽闻钟鸣。青山容我老疏拙,举手笑谢曹邱生。"充满了想象力与浑厚的笔力。再如《岁暮》一诗先描绘了岁暮寒夜独坐百忧丛生的场景,凄清感人,却以"会当游沧溟,一鼓凌风舸"作结,当是其步入老境之作。才能、志向在坎坷命运和沉重现实的打击下无处安放,诗人转而在玄妙中求得解脱。

(四) 存疑书目

除了上述的基本可以认定的王邦采著作外,尚有两种书目存疑,即《衍约说》与《双

---

① 辛幹撰:《无锡艺文志长编》,上海:上海古籍出版社,2015 年,第 108 页。
② 钱基博:《方志汇编》,《钱基博集》,武汉:华中师范大学出版社,2013 年,第 23 页。
③ 《第二批江苏省珍贵古籍名录》第 01904 号。

奇会》。我们分别对这两种著作加以初步讨论。

①《衍约说》

《江苏艺文志》依据乾隆《无锡县志》卷三十九,判定此书作者为王邦采。① 查乾隆《无锡县志》只载:"衍约说,王邦采。"② 并无详细说明。

《衍约说》一书,宋时书目皆未尝著录。最初见于《四库全书总目提要·子部存目提要》,谓:

> 《衍约说》十三篇。两江总督采进本。不著撰人名氏。诸家书目皆不著录。相其版式,由宋麻沙本翻雕,所征引亦至南宋而止。前有小引数行,称其'祖以约自号,所以垂训后人,爰取古人之可法戒者,分类采录一二,而衍其说于左。'然不知以约为号者何人也? 后有自跋,题上章阉茂。考宋度宗咸淳六年,岁在庚午,则其人当在南宋末矣。书分十三目:曰身心,曰学业,曰几务,曰言语,曰交际,曰田宅,曰器用,曰服饰,曰饮食,曰珍货,曰婚姻,曰丧葬,曰奴婢。每目之下,各先衍其说,后乃杂引故实格言,亦偶加评断。盖家戒,世范之流也。

认定此书为宋版书,作者为南宋人。今北京大学藏《衍约说》有阮元,宋葆淳等人书跋。阮,宋二氏从纸张,雕刻等角度亦认为是宋版。

综合来看,是书为南宋末年之作的理由乃是版式为"宋版"、征引内容"至南宋止"、时间"上章阉茂"这三条。

实际上,这三条理由不仅存在表征上的矛盾性,更存在着内在的不可靠性。我们不妨在认定它为宋版书的前提下,来探讨剩余两个证据。首先,自跋时间问题。"上章阉茂"乃指庚戌年。宋代最后一个庚戌年是宋理宗的淳祐十年(1250)。故,如依此时间,其作当不晚于淳祐十年。其次,征引内容问题。张燕婴认为《衍约说》多引罗大经《鹤林玉露》丙编内容,而《鹤林玉露》丙编成书乃在"淳祐壬子",即淳祐十二年(1252)年。③ 故,《衍约说》的成书一定晚于淳祐十二年。这是两条完全相悖的结论。

戎默在《旧题宋人笔记考辨二则》一文中,依据后者,认为此书成书时间乃是元代,其作者则应是由宋入元,或直是元人。对于实际上呈现出来的宋版状态,他引李致忠先

---

① 南京师范大学古文献整理研究所:《江苏艺文志·无锡卷》,南京:江苏人民出版社,1995年,第423页。
② 王镐等修,华希闵等纂:《乾隆无锡县志》,无锡文库第1辑,南京:凤凰出版社,2011年,卷39第26页。
③ 中华再造善本工程编纂出版委员会编著:《中华再造善本总目提要·唐宋编》,北京:国家图书馆出版社,2013年,第413页。

生《古书版本学概论》中对元初刻书承袭南宋遗风的特点给予解释。

他之认为此书非宋版则是，但将其定位元版则是拘于旧说。"上章阉茂"所代表的庚戌年是一个不确定的时间概念。唯一能证明它作于宋元的证据即"所征引亦至南宋而止"。但是其作者已表明所采录乃"古人可法戒者"，或事追慕古人也未可知。更重要的是，其所引南宋止证，而南宋之人对于同时代的作者来说可算古人吗？也是一个问题。

我们仔细研究即可发现，《提要》之谓此书为宋版，最大的根据仍然"相其版雕"。但版式并非判断书籍时代的关键证据。清初时有用宋纸精印的现象，一些刻本仿造甚工，而难以辨别。而康熙年间刻书精良，撤去康熙序跋以充宋椠之事尤多。

那么除了乾隆《无锡县志》之孤证，王邦采可能与《衍约说》发生关联吗？从借由现存资料可以了解到其他重要信息。

1.《衍约说》为两江总督采进本。虽然清高宗最初只是下令收辑图书，但是地方采进图书则呈现出明显的地域性。

2. 王邦采善于辨别宋版书，亦善于刻书。《无锡金匮县志》谓："精别金石缣素，南北宋雕镂版本，吴兴贾人接踵就辨真赝。"可以看出，王邦采对于南北宋之版本甚有研究。《无锡艺文志长编》载有"孙氏《玉鉴堂题记》称'是书为康熙雕刻巾箱本，流传颇少，书估有去其书跋，伪充宋元椠者，此事曾闻诸江阴缪荃荪'"①之事，亦可窥得一斑。

3. 王邦采在《离骚汇订》序后的落款乃是"贻六氏又题于林养堂之竹翠松苍深处"，《衍约说》最后刻作者自跋题"岁在上章阉茂之长至月敬书于竹林深处读书斋"，二者相似。而他之《读书随记》诸书"署上章摄提格"，可见他亦有采用星岁纪年的习惯。

4. 王绳曾乃雍正八年庚戌科进士(1730)。二人同龄。是年，王邦采尚在著述之盛年。

但是，仍有一些尚未解决的问题，首先，《衍约说》作者说"吾祖之以约自号也。所以垂训我后人者至矣"提及其祖有以"约"字号者，尚不知何人。其次，书中钤"毛晋私印""季沧苇图书记"等印记尚无法给出合理解释。

故，我们目前并不能够判定此书作者，但王邦采与《衍约说》之间存在着的千丝万缕的关系却是不可否认的。无论是对于《衍约说》而言，还是针对王邦采而言，无疑都有着重要意义。

②《双奇会》

按：姚燮著有论曲论著《今乐考证》与戏曲选集《今乐府选》。《今乐考证》共12卷，记录了上起金元，下至道光、咸丰年间的512位戏曲作家和2300百余种剧目。其书虽在一些条目下摘引前人评述，有助于人们查考。然"湖上逸人一种。双奇会"条目后无

---

① 辛斡撰：《无锡艺文志长编》，上海：上海古籍出版社，2015年，第191页。

案语及考证。①《今乐府选》则选录从金元至清的诸宫调、杂剧、传奇等 429 种,收罗范围广泛。② 吴敢《〈今乐府选〉叙考》介绍了《今乐府选》的存佚情况,附录了原浙江图书馆馆长张宗祥所编《复庄今乐府选详目》。其中即有《双奇会》:"湖上逸人《双奇会上》:逢侠、辞家、奸构、烈殉、侠拯、诛逆、脱阱、慈训、啸聚(以上百又六十册)。《双奇会下》:奸寇、途攫、神示、惊变、创守、番叙、窘谒、陷阱、双合。"③ 王邦采生活年代尚在《双奇会》的创作时期范围,他之"读书三书"亦署名"湖上逸人",故此书剧为王氏所作可能性较大。

此二书,今姑阙疑,以待知者。

结语

作为清初进行楚辞研究的重要学者,王邦采提出了针对楚辞研究的"七病论",针对《离骚》结构的"三分法",系统梳理了"求女"问题这个难点。其研究在清代楚辞学史上占有重要地位,而其研究成果现在仍然广泛为人们所接受。我们通过地方县志及艺文录,结合现存情况,对他的生平做了初步探究,对其著述进行了考证总结。《梁溪诗抄》另谓其"著述甚伙,今皆散轶,不可复睹",我们认为王邦采的著述当不仅于此。随着一些文献的不断被整理,会逐渐走入大家视野。

---

① 姚燮撰:《今乐考证》,《中国古典戏曲论著集成》,北京:中国戏剧出版社,1960 年,第 10 册第 295 页。
② 中国戏曲志编辑委员会:《中国戏曲志·浙江卷》,北京:中国 ISBN 中心出版社,2000 年,第 694 页。
③ 吴敢:《〈今乐府选〉叙考》,《徐州教育学院报》,2000 年第 1 期,第 9—25 页。

梁启超的屈原与楚辞研究

陕西师范大学 刘生良

梁启超(1873—1929)是近代著名的思想家、政治家、文学家和大名鼎鼎的学者。他在戊戌变法前后特别是晚年在清华大学任教期间,写作了大量著作(后编为《饮冰室合集》),在学术史上具有十分重要的价值和开创中国近代思想文化及学术研究新风气的意义。在屈原与楚辞研究方面,他先后写了《屈原研究》《要籍解题及其读法·楚辞》等重要著作,同样具有划时代的价值和意义。在回顾20世纪屈学和楚辞学研究历史的时候,我们不能不首先注意到梁启超先生在此方面的杰出贡献。因此,本文拟就其相关著作以全面评介和论述。

一、梁氏的《屈原研究》

《屈原研究》是梁氏1922年11月3日在东南大学文哲学会讲学时的讲演稿。后编入《饮冰室合集》,为《文集》第39卷之一。在这篇专著里,梁氏首开运用西方资产阶级文艺观点从纯文学和文学发展史的角度研究欣赏屈原作品的新风气,提出了不少新颖独到的见解,较之汉代以来传统的研究方法颇多创意和突破。

全篇约15万字,分为7个部分。在第一部分里,作者开宗明义,指出:"中国文学家的老祖宗,必推屈原。从前并不是没有文学,但没有文学的专家。"《诗经》及其他古籍所传诗歌,"好的固不少,但大半不得作者主名,而且篇幅也很短","欲求表现个性的作者,头一位就要研究屈原"。由此即可看出梁氏研究思路和方法的新异处,即把屈原作为文学专家,把他的作品作为表现个性的纯文学作品来研究,并从文学史的角度肯定其开山祖的崇高地位,这就给学人以新的启示。梁氏在本节着重考释了屈原的生平经历,他据《史记》传文大略推算,认为屈原"该是西纪前三三八年至二八八年间的人,年寿最短亦应在五十上下,和孟子、庄子、赵武灵王、张仪等人同时"。因为"假定屈原做左徒在怀王十年前后,那时他的年纪最少亦应二十岁以上,所以他的生年不能晚于西纪前三三八年"。又据《卜居》"屈原既放,三年不得复见"和《哀郢》"至今九年而不复"印证传文,"假定认这两篇为顷襄王时作品,则屈原最少当西纪前二八八年仍然生存"。梁氏简略说明了屈原合纵摈秦的主张和见疏被逐的经过,认为"屈原当怀王十六年以后,政治生涯像已经完全断绝","他脱离政治生活专做文学生活,大概有二十来年的日月"。又通过排列考释屈作中有关地名及描写景物的辞句,推断屈原除在郢都、江夏、洞庭、沅湘住过外,还可能到过庐山和衡岳等地。因《招魂》有"路贯庐江"之语,而《涉江》所谓"'峻高蔽日霰雪无垠'的山,大概就是衡岳最高处了"。因此他设想屈原"独自一人在衡山上过活了好些日子,他的文学,谅来就在这个时代大成的"。屈原的家庭状况从其作品中一概看不出,也表明"他放逐到湖南以后过的都是独自生活"。这些说法较为新颖。

在第二部分里,作者论述了楚辞产生的背景,并对屈原作品的篇目及各篇的性质作了阐说。梁氏认为,战国时代"文化正涨到最高潮","哲学的勃兴,文学也该为平行线的发展"。而楚辞"这种伟大的文学为什么不发生于别国而独发生于楚国",是因为当时的楚国人才由"蛮夷"同化为"诸夏"不久,"可以说是中华民族里头刚刚长成的新分子,像社会中才成年的新青年。从前楚国人本来是最信巫鬼的民族,很含些神秘意识和虚无理想,像小孩子喜欢幻构的童话,到了与中原旧民族之现实的伦理的文化相接触,自然会发生出新东西来,这种新东西之体现者,便是文学"。屈原"对于当时新输入之中原文化,自然是充分领会",又曾出使齐国,受"'稷下先生'数万人日日高谈宇宙原理"的影响"当然不少","他又是有怪脾气的人,常常和社会反抗,后来放逐到南荒,在那种变化诡异的山水里头,过他的幽独生活,特别的自然界和特别的精神作用相击发,自然会产生特别的文学了"。关于屈原作品篇目,梁氏认为应从太史公之说,将《招魂》"归还屈原",而《九歌》末篇《礼魂》"当是每篇末后所公用",不能算作一篇。这样合起来也与《汉志》"二十五篇"相符。关于各篇的性质,梁氏认为《离骚》当是"最初的作品","好像一篇自传","把他的思想和品格大概都传出,可算得全部作品的缩影";《天问》"或是未放逐以前所作",其"对于万有的现象和理法怀疑烦闷,是屈原文学思想出发点";《九歌》"含有多方面的趣味,是集中最'浪漫式'的作品";《九章》"把作者思想的内容分别表现,是《离骚》的放大";《远游》"是屈原宇宙观人生观的全部体现,是当时南方思想之现于文学者";《招魂》"是写怀疑的思想历程最恼闷最苦痛处","正和葛德的《浮士特》剧上本一样,《远游》便是那剧的下本";《卜居》是说两种矛盾的人生观,《渔父》是表自己意志的抉择"。这些说明言简意新,深中肯綮,颇得要领。

从第三到第六部分,作者论述了屈原作品所体现出的思想个性和人格精神,这是其屈原研究的主要内容。作者以屈原自杀作为出发点,多方引证屈原作品,逐层展开论述。

首先分析了屈原的思想性格。梁氏云:屈原"是一位有洁癖的人为情而死。他是极诚专虑地爱恋一个人,定要和他结婚,但他却悬着一种理想的条件,必要在这条件之下才肯委身相事,然而他的恋人老不理会他"。"他于他的恋人又爱又憎,越憎越爱,两种矛盾性日日交战,结果拿自己生命去殉那'单相思'的爱情。他的恋人是谁?是那时候的社会"。他指出:"屈原脑中含有两种矛盾原素,一种是极高寒的理想,一种是极热烈的感情"。"若有美术家要画屈原,把他所写那山鬼的精神抽显出来,便成绝作"。"他在哲学上有很高超的见解","他所领悟的,不让前辈的老聃和并时的庄周","但他决不肯耽乐幻想,把现实的人生丢弃"。"他对于现实社会不是看不开,但是舍不得"。"他在青年时代便下决心和恶社会奋斗","从小便矫然自异","拿性命和它相搏"。"他赌咒和恶社会奋斗到底,果然能实践其言,始终未尝丝毫让步","到了'最后一粒子弹'的时候,只好洁身自杀"。这样的论析,确实新颖精深,带有新时代的气息。

接着论述屈原的政治斗争。作者结合自己政治斗争及其失败的经验和体会,以为《离骚》"余既滋兰之九畹"云云,乃屈原"原定计划,是要多培植些同志出来,协力改革社会。但后来"众芳芜秽",令屈原非常痛心。他说屈原"想改革社会,最初从政治入手","无奈怀王太不是材料"。"他和怀王的关系,就像相爱的人已经定了婚约,忽然变卦","他对于这一番经历,很是痛心"。"他年少时志盛气锐,以为天下事可以凭我的心力立刻做成,不料才出头便遭大打击"。"他受了这一回教训,烦闷之极,但他的热血常常保持沸度,再不肯冷下去"。"以屈原的才气,倘肯稍为迁就社会一下,发展的余地正多",但"他断然排斥'迁就主义'",而"认定真理正义",坚持"'独立不迁'主义"。"中国人爱讲调和,屈原不然,他只有极端,'我决定要打胜他们,打不胜我就死',这是屈原人格的立脚点。他说是如此说,做也是如此做"。在这里,梁氏对屈原可谓体会深微,但有些说法也未免有其夫子自道之意味。

随后又论屈原对出路的探索与抉择。梁氏说:屈原既"不肯迁就",那就"丢开罢"!"丢开有两种,一是丢开楚国,二是丢开现社会"。关于前者,"他以为举世溷浊,到处都是一样","任凭你走遍天涯地角,终究找不着一个可意的人来结婚","有哪一处可以说是比'故宇'强些呢?故"丢开楚国全是不彻底的理论,不能成立"。而后者即"丢开现社会,确是彻底的办法。屈原同时的庄周就是这样,屈原也常常打这个主意"。"他的神识,亦往往靠这一条路得些安慰"。故其作品中颇多"表现这种理想"的"超现实境界","都是从宗教的或哲学的想象力构造出来"。"倘使屈原肯往这方面专做他的精神生活,他的日子原可以过得很舒服,然而不能"。因为"屈原是情感的化身,他对于社会的同情心,常常到沸度,看见众生苦痛,便和身受一般,这种感觉,任凭用多大力量的麻药也麻他不下"。"'登高吾不说兮,入下吾不能'(《思美人》),这两句真是把自己心的状态全盘揭出","他的路于是乎穷了"。作者这些论述,显然旨在揭示屈原对祖国对人民深挚热爱的思想感情。

其后又阐述了屈原晚年的心境节操尤其是屈原之死的伟大意义。梁氏云:对屈原来说,"同情心刺戟最烈者,当然是祖国,所以放逐不归,是他最难过的一件事"。他的这类作品"真所谓'一声何满子,双泪落君前'。任凭是铁石人,读了怕都不能不感动哩"!屈原在"阴惨岑寂的自然界中过那非社会的生活,经了许多年","他和恶社会这场血战,真已到了矢尽援绝的地步",但终不肯屈服,"要把他的洁癖坚持到底"。"最后觉悟到他可以死而且不能不死,便从容死去"。梁氏认为屈原的《国殇》"虽属侑神之词,实在写他自己的魄力和身份",并着重指出:"西方的道德论说凡自杀皆怯懦,依我们看,犯罪的自杀是怯懦,义务的自杀是光荣"。"我们这位文学老祖宗留下二十多篇名著,给我们民族偌大一份遗产,他的责任算完全尽了。末后加上这汨罗一跳,把他的作品添出几倍权威,成就万劫不磨的生命,永远和我们相摩相荡!""屈原不死!屈原惟自杀故,越发不死!"作者热烈赞美屈原的壮烈死义,激情喷发,溢于言表。

在第七部分,作者论述了屈原作品的艺术成就。梁氏把屈原作品和以前的《诗经》相比较,指出:"三百篇好的作品都是写实感,实感自然是文学主要的生命,但文学还有第二个生命,曰想象力,从想象力中活跃出实感来,才算极文学之能事。就这一点论,屈原在文学史的地位,不特前无古人,截到今天止,仍是后无来者。因为屈原以后的作品,在散文或小说里头,想象力比屈原优胜的或者还有,在韵文里头,我敢说还没有人比得上他。"梁氏认为,屈作中"最表现想象力者,莫如《天问》《招魂》《远游》三篇"。"《天问》纯是神话文学,把宇宙万有,都赋予他一种神秘性,活像希腊人思想。《招魂》前半篇说了无数半神半人的奇情异俗,令人目摇魄荡,后半篇说人世间的快乐,也是一件一件地从他脑子里幻构出来"。至于《离骚》,灵氛、巫咸与之对话,宓妃、佚女和他谈情,凤凰、虬龙为他服务,无数芳草"都做了他的服饰",种种地名"都是他脑海里头的国土"。又如《九歌》,"每篇写一神,便把这神的身份和意识都写出来"。"其想象力丰富瑰伟到这样,何止中国,在世界文学作品中,除了但丁《神曲》外,恐怕还没有几家够得上比较哩!"梁氏还指出:"从前的诗,谅来都是可以歌的,不歌的诗,自'屈原赋'始。几千字一篇的韵文,在体格上已经是空前创作。那波澜壮阔,层叠排奡,完全表出他气魄之伟大。有许多话讲了又讲,正见得缠绵悱恻,一往情深。有这种技术,才配说'感情的权(极)化'。"又说"写客观的意境,便活给他一个生命,这是屈原绝大本领"。"这类作品读起来,能令自然之美和我们心灵相触逗,如此才算是有生命的文学"。这是梁氏运用当时新的文艺观点和比较的方法,从创作方法、结构特色、表现技巧等方面,对屈原作品的艺术创造所做的新的阐发和评论,为前人所不及。

综上所述,作为我国近代资产阶级学术思想的启蒙者,梁氏也是开启近现代楚辞研究新风气的第一人。此著首次运用西方资产阶级文艺观点研究欣赏屈原作品,突破了王逸以来历代注家的研究方法,把屈原作品从经义中解放出来,放在中国和世界文学发展的历史长河中作为纯文学进行比较研究,从前人未曾窥探过的角度,论析其深刻的思想性、高超的艺术性及作者生平等,尤其是所体现出的屈原个性和人格,其思路、方法等均给人以新的感受。其视野开阔,议论风发,妙趣横生,见解精当,颇多独特发明,从而给当时和后代研究者以很大启示与影响,成为游国恩、支伟成等人研究的先导。故此著篇幅虽短,在楚辞研究史上却有着非常重要的地位。当然此著也有明显不足,一是在关于屈原生平及政治斗争经历的论述中,含有某些臆测附会、代圣人立言的成分。如说屈原晚年脱离政治生活专做文学生活幽居衡岳许多年,显然根据不足,盖以自己的经历去推想屈原。二是因为此著属讲演稿,虽多引证作品,但有些观点盖为即兴发挥,而未能展开充分论述,或有略欠慎思深考之处,似有进一步斟酌完善之必要。

二、《要籍解题及其读法·楚辞》

　　《要籍解题及其读法》是梁启超1923年在清华大学讲课时编著的一部讲义。两年后由《清华周刊》作为丛书之第一种付梓发表,后收入《饮冰室合集》,为《专集》第72卷。全书共8个部分,分别讲解《论语》《孟子》《史记》《荀子》《韩非子》《左传》《国语》《诗经》《楚辞》《礼记》等10余部"有永久价值"的重要古籍(本来还打算续编,后因故未能)。作者编著此书的目的,是给当时对读古书"引不起兴味"或"苦于没有许多时间向浩如烟海的书丛中埋头钻研","苦难得其要领"的学生们提示要领,引导路径,指点读法,"想替青年们添一点趣味,省一点气力"①。

　　《楚辞》为此书第7部分,约7000字,共讲了4方面的问题,其小标题依次为"《楚辞》之编纂及其篇目";"屈原赋二十五篇";"屈原之行历及性格";"《楚辞》注释书及其读法"。

　　关于《楚辞》之编纂及其篇目,梁氏据王逸《离骚后序》,谓《楚辞》"似是刘向所编定"。对篇目次第,他列表详细对照了"今本"与陆德明"《经典释文》本"之异同,又录朱熹《楚辞集注》之篇目作为补充,并根据洪兴祖、朱熹的论述,认为"欲知刘向、王逸原本,宜遵《释文》,今本非也"。这就为下文考证屈原作品做了准备。

　　接下来在"屈原赋二十五篇"一节中,作者着重考证了《楚辞》中哪25篇为屈原所作。因为"吾侪研究《楚辞》,实际上不过研究屈原而已"。梁氏不同意旧说,而以为刘向所集之屈赋25篇应该是:《离骚》一篇,《九辩》一篇,《九歌》十篇,《卜居》《渔父》《天问》《招魂》《远游》《惜诵》《涉江》《哀郢》《抽思》《思美人》《橘颂》《悲回风》《怀沙》各一篇。因"此说颇奇特",故特对"《大招》是否屈原作","《招魂》是否宋玉作","《九辩》作者","《九歌》篇数","《九章》是否旧名及其中各篇有无伪品"五个问题一一作了钩稽疏证。梁氏认为:"《大招》明为摹仿《招魂》之作,其辞靡弱不足观。篇中有'小腰秀颈若鲜卑只'语,鲜卑为东胡余种,经冒顿摧灭别保鲜卑山因而得号者,其以此名通于中国,盖在东汉,非惟屈原不及知,即景差亦不及知。此篇决为汉人作无疑,故《释文》本列诸第十六,在全书最末,则刘向编集时殆亦不认为先秦作品矣。故语屈原赋当先将此篇剔出。"关于《招魂》,梁氏云:"此篇对于厌世主义与现世快乐主义两方面皆极力描写而两皆拨弃,实全部《楚辞》中最酣肆最深刻之作。后人因篇名'招魂',且中有'魂魄离散汝筮予之'语,遂谓必屈原死后后人悼吊之作,因嫁名宋玉。"故"宜从《史记》以本篇还诸屈原"。关于《九辩》,因《释文》本次列第二,据此梁氏认为:"夫第一篇及第三以下之二十余篇皆屈原作,而中间忽以非屈原作之一篇置第二,甚可异也。"且《楚辞》中除汉人诸作外,向来拟议为宋玉、

---

① 梁启超:《要籍解题及其读法·自序》,《饮冰室合集》(第9册),北京:中华书局,1989年,第1页。

景差所作者只有三篇,"《大招》决属汉拟,《招魂》决为屈作","仅余此《九辩》一篇,以宋辞而虱屈集,益大可异也"。又"'启《九辩》与《九歌》'语见《离骚》,或辩、歌同属古代韵文名称,屈并用之。故吾窃疑《九辩》实刘向所编屈赋中之一篇"。关于《九歌》,梁氏承王船山诸人之说,以为《礼魂》"不能独立成篇",当为"前十篇之'乱辞',每篇歌毕,皆殿以此五句",所以"《九歌》仅有十篇"。关于《九章》,梁氏以为"其中《惜往日》一篇文气拖沓靡弱,与他篇绝不类,疑属汉人拟作,或吊屈原之作耳"。因太史公尚以《哀郢》"与《离骚》《天问》《招魂》并举,认为独立的一篇",并称《怀沙》为"怀沙之赋",故梁氏又云:"九章之名,似亦非旧","全因摹袭九辩、九歌而起,或编集者见《惜诵》至《悲回风》等散篇,体格大致相类,遂仿辩、歌例,赋予以一总名。又见只有八篇,遂以晚出之《惜往日》足之为九"。梁氏这里的考证,与前著《屈原研究》颇有异同。但经过一番增删合并,亦"恰符二十五篇之数",且云刘向、班固所谓屈赋,"殆即指此无可疑者"。

关于屈原之行历及性格,作者既重视《史记·屈原列传》的记述,又认可朱熹的辩难,以为此传"不宜轻信,更不宜牵合附会以曲为之说"仅据以勾勒了屈原的大致行迹,谓"屈原为楚贵族,生卒于西纪前四世纪之下半纪,曾一度与闻国政,未几被黜放,放后逾九年乃自杀。其足迹在今湖北湖南两省,亦或尝至江西"。"过此以往,阙疑可也"。作者又从批驳司马光以为屈原"过于中庸,不可以训"的观点和《通鉴》"削原事不载"的做法入手,阐述了屈原的性格,谓"屈原性格诚为极端的而与中国人好中庸之国民性最相反也","彼以一身同时含有矛盾两极之思想","对于现社会,极端的恋爱,又极端的厌恶","有冰冷的头脑,能剖析哲理,又有滚热的感情,终日自煎自焚"。最后的自杀,"实其个性最猛烈最纯洁之全部表现,非有此奇特之个性不能产此文学,亦惟以最后一死能使其人格与文学永不死也"。此与《屈原研究》之说大同,唯简略而已。

关于《楚辞》注释书及其读法,作者简略介绍了自淮南王刘安以来对《楚辞》作注的情况,只对王逸、朱熹的注释作了评论。梁氏认为:"王逸年辈在郑玄、高诱、韦昭前,所释训诂名物多近正,最可贵",但对其用忠正之义释篇中之义颇持怀疑态度:"人之情感万端,岂有舍'忠君爱国'外即无所用其情者?若全书如王注所解,则屈原成为一虚伪者或钝根者,而二十五篇悉变为方头巾家之政论,更何文学价值之足言?故王注虽有功本书,然关于此点,所失实非细也。""朱注对于此等曲说,颇有芟汰,较为洁净,惜仍有所拘牵,芟涤未尽耳。"因而他告诫青年:"治《楚辞》者,对于诸家之注,但取其名物训诂而足,其敷陈作者之旨者,宜悉屏勿观也。"梁氏还将《楚辞》与《诗经》作了比较,指出其不同的文学风格和创作特点。他说:"三百篇为中原遗声,楚辞则南方新兴民族所创之新体;三百篇虽亦有激越语,而大端皆立于温柔敦厚,楚辞虽亦有含蓄语,而大端在将情感尽情发泄;三百篇为极质正的现实文学,楚辞则富于想象力之纯文学。"其手法技巧"亦不同道,而楚辞表情极回荡之致,体物尽描写之妙,则亦进一步也"。这就从中国文学发展的新角度,用比较的方法,从艺术上揭示了《楚辞》的新贡献及其特色。梁氏最后还说:"吾以为凡为中国人者,须获有欣赏楚辞之能力,乃为不虚生此国。"以此勉励青年学子努力学习和研赏《楚辞》。

梁氏此著讲解《楚辞》有关问题及其读法,提纲挈领,简明扼要,且运用新的观点和方法,颇有创见,对当时的青年学生确有启发和指导作用,也给后来研治《楚辞》者以启迪和影响。但此篇的讲述也有缺点。作者以《九辩》为屈原作品,而屏弃《惜往日》于屈赋之外,证据殊嫌不足,失之主观。他对于旧注以为除取其名物训诂外"宜悉屏勿观"的看法,也失之偏颇。

三、梁氏的其他有关著述

梁氏研究《楚辞》,除以上两篇著作外,还在《老孔墨以后学派概观》(见《饮冰室合集·专集》第四十)第二节第五部分,把屈原作为"老子所衍生之学派"之一,对其思想学派进行了专门论述。梁氏认为:"当时思想界,大体可分为南北:孔、墨皆北派,虽所言条理多相反,然皆重现实,贵实行;老、庄产地,对邹鲁言之,可称为南人,其学贵出世,尊理想。"屈原生长于南国,"其思想则一大部分受老子之影响"。他的自杀"在思想家中为绝无仅有之事",然究其原因,"乃感于人生问题之不能解决,不堪其苦闷"。作者罗举《远游》《招魂》《离骚》《天问》《卜居》《悲回风》《山鬼》诸篇,分析屈原的思想见解和矛盾痛苦,指出:"彼捧其万斛爱情以向世界,而竟不见答,无可奈何而以身殉之。屈子盖天下古今唯一之'情死者'也。"又引太史公评语,阐明"屈子深有得于老氏之学,而其厌世思想,与庄子之乐天思想正殊途同归也"。此说颇为新特,也颇有影响。不过屈原是否属于老子一派,亦颇值得商榷。在梁氏之前,屈原总体上一直被当作儒家人物,在梁说之后,关于屈原的思想归属,有人说是道家,如刘师培[①];有人说是儒家,如郭沫若[②];有人说是受道家和阴阳家的影响,如游国恩[③];有人说是法家,如张纵逸等[④];还有人认为屈原属于杂家,凡此种种,不一而足。对此,詹安泰先生曾中肯指出:"把屈原思想派入在某一家的思想体系去,是不容易得出正确的结论的。但是如果从相互影响的角度看,则各家的思想学说,都或多或少对屈原有影响。"[⑤] 笔者也非常赞同詹先生的看法。由此看来,梁氏的说法并不十分妥当。然而他首倡道家说,无疑具有摒弃旧论、另创新说、且开后世关于屈原思想研究与争鸣之先河的意义,从这个意义上讲,其功是不可没的。

---

① 刘师培:《文说·宗骚篇》,《刘申叔遗书》(上卷),南京:江苏古籍出版社,1997年。
② 郭沫若:《屈原研究》,《郭沫若全集》(第12卷),北京:人民文学出版社,1982年。
③ 游国恩:《楚辞论文集·屈赋考源》,上海:古典文学出版社,1957年。
④ 张纵逸:《屈原与楚辞》,长春:吉林人民出版社,1957年。
⑤ 詹安泰:《屈原》,上海:上海人民出版社,1957年,第67页。

徐嘉瑞先生的楚辞研究

云南大学文学院　段炳昌

徐嘉瑞先生(1895—1977)曾长时期在云南大学任教,担任过云南大学文史系教授、系主任,后又先后担任过昆明师范学院教授、云省教育厅厅长、省文联主席等职务。他是著名诗人、作家、文学评论家,也是著名的文学史家,早在20世纪二三十年代,就出版过《中古文学概论》《近古文学概论》《中国文学史大纲》等著作,前两种都曾由胡适作序。他在地方文化史研究、少数民族文化和文学研究以及俗文学研究方面都有突出的成就,其《大理古代文化史》(一作《大理古代文化史稿》)至今仍是研究云南文化史、南诏大理国史的必读书,《云南农村戏曲史》仍是相关领域无人超越的著作。他还有一方面的成就,基本上没有得到学术界的关注,那就是楚辞研究。

徐嘉瑞先生的楚辞研究的论著主要有《离骚统笺》《楚辞研究》及《大理古代文化史》中的相关章节。《离骚统笺》除了对《离骚》进行统笺以外,还对《九章》《远游》《卜居》《渔父》《招魂》《大招》《天问》做统笺。《楚辞研究》实际上包含了《离骚的组织》《离骚说唱》《九歌的篇数文章》《九歌的组织》《九歌的本质》《楚辞乱曰解》《楚辞声韵与湖北民谣》《爱国诗人屈原》《屈原诗歌的现实主义与人民性》《汨罗巡礼》10篇论著。《大理古代文化史》中第二章"邃古期"第一节"大理文化之来源"之"大理文化与楚文化"一节,第三章"南诏期"第三节"神话"、第九节"神话"等都是将楚辞与大理的古代文化来源、神话、宗教(巫)作对比研究。以上这些论著主要完成或发表于20世纪40年代到50年代中期,最晚发表于1963年,总字数超过30万字,内容丰富,视野开阔,不仅对楚辞的主要内容和问题进行了全面的研究,提出了自己的看法,还扩展了楚辞研究的领域和范围。他的一些观点和研究方法对今日的楚辞研究仍然有着学术参考价值。以下主要通过论述徐嘉瑞先生楚辞研究的观点和方法,从而展示徐先生楚辞研究的特点、成就和贡献。

一、在统笺的基础上发现问题,提出看法。在《离骚统笺》中,在考证或论述屈原之有无、生平、性格,具体作品的时代背景、创作年代、地理方位的确定、字句的疏解等问题时,徐先生基本上是尽可能多的罗列铺排相关学者的不同看法,在相异的观点中发现问题,进而结合作品中相关材料,做出自己的判断。当然,这种方法是比较传统的,是汉儒以来一直采用的经典注疏的方法。这种方法看起来比较笨拙繁琐,但却是比较实在,行之有效。从这可以也看出,徐先生材料搜集之勤奋,研读之精微,判断之谨慎,治学之严谨。《离骚统笺》中关于《哀郢》的统笺是除了《离骚》以外,徐先生用力最多的一篇。这一篇涉及《哀郢》的创作历史背景、创作年代、两次流放、投江、夏水考、语词疏解等问题。在统笺《哀郢》的创作历史背景和年代时，徐先生主要引用了朱熹、王夫之、林云铭、蒋骥、郭沫若、游国恩、陆侃如等人的说法，结合作品和相关历史资料，通过比较，发现他们的说法中存在的矛盾或疑问，然后再提出自己的见解来。比如，《哀郢》中的"东迁"，王夫之认为东迁为迁陈。又说："顷襄迁原于江南，其迁都于陈，原不与同迁。"徐嘉瑞先生认为，"王氏此说矛盾尤大。如王氏说，原既未东迁，则逍遥来东者何人乎？背夏西思哀故都者，又何人乎？登大坟以远望，以舒吾忧之吾者，又何人乎？"①郭沫若基本赞成王夫之的看法，以为哀郢指顷襄王迁陈，即白起破郢为顷襄王二十一年，但又主张屈原死于顷襄王二十一年。对此，徐先生提出，如果这样，"那么，'至今九年而不复'一语如何解释？"（第74页）郭沫若还认为，郢都破了以后，屈原逃到江南，即沅湘之间，作《哀郢》《怀沙》《惜往日》等篇。徐先生指出：郭氏的观点，"从时间上解释很有困难。屈原到长沙以后，又由常德到溆浦回到长沙。投江那时白起已拔郢都，而黔中（即溆浦一带）也岌岌可危。第二年秦兵就入黔中。假如依王船山的说法，顷襄王一面迁陈，一面放逐屈原，有意把他送与敌人，那是无法理解的。假如他是逃到沅湘，那是不可能的。第一黔中接近敌人，他可能深入辰州，落于敌之手；第二祖国迁陈不死则去，当然只有随宗社东迁，何能只身逃入辰沅虎狼之区？又《哀郢》说'方仲春而东迁'，'遵江夏以流亡'，'甲之鼂吾以行'，足见遵江夏以流亡的是他，也就是东迁了（江夏在郢之东）。怎能说他是逃亡江南，若果逃往江南，何以不由江陵入常德，而绕道数百里由武昌渡江呢？"（第75页）徐先生进一步指出："《哀郢》中有'今逍遥而来东'，'背夏浦而西思'，明明是屈原自己既背夏浦而西思，足见他已到夏浦（武昌）以东，更不能说他由郢放逐的沅湘（王氏所主传），或逃难到沅湘（郭氏所主传）。又《哀郢》有'当陵阳之焉至'一句，足见他要到陵阳，又有'至今九年而不复'一句更明白是东迁已久。假如依王姜斋的说法，《哀郢》东迁是指襄王而不是屈原，那么'九年不复'是指何人？又依郭沫若的说法，《哀郢》是指襄王东迁，又说《哀郢》是秦兵破郢的那年所作，那么第二年秦取黔中，他被敌人压迫回长沙投汨罗（郭氏语），'至今九年'的'今'是指何时？他第二年便死，何以说'九年不复'？"从"屈原到沅湘到溆浦时的作品即是《涉江》"，也"足见他入沅湘入溆浦的时候，郢都并没有破。他在溆浦住的时间是相当的长，走的也很从容，不像逃难"（第75页）。游国恩先生的《〈哀郢〉辨惑》也不赞成王夫之的说法，认为王船山"所以致误之由，盖一则见篇首有民离散而相失之文，有类乎后世晋宋南渡之事者。又见诸书记言白起之破郢，襄王东保于陈，遂固执此文东迁之义，以为即指其事。但知屈子放于江南，而不知再放之初，实系东迁于陵阳，非径逐于沅

---

① 《徐嘉瑞全集》卷二，云南出版集团公司、晨光出版社、云南大学出版社，2008年，第73页。以下凡引用《徐嘉瑞全集》卷二中的文字，不再注释，仅在引文后面用括号说明页码。

湘也",是"逾岳州经江夏,直至陵阳而未尝入湖","自西徂东,故云背夏浦而西思,西思郢都也"。所以,"兹篇所纪,乃驱逐于陵阳,而非迁都于陈也,复何疑焉!"① 徐先生认为,"游氏的发挥,非常透彻",但是,游氏"以为《哀郢》是在中途闻郢都攻破而作。这一点已和郭氏说屈原在郢都破后逃到湖南之说,在时间上有困难解释的地方"。徐先生指出,"现在可以断定的是",屈原"由陵阳经武昌到沅湘到辰州,是在顷襄王二十一年以前即郢都沦陷以前";"作《哀郢》的时间是在二十一年以前";"郢都沦陷是在屈原到辰州以后相当久的时间,因为《涉江》中看不出郢都紧急的情形";"假如《惜往日》是屈原最后的文字,那么他投江时郢都还在安定。他并没有看见或听见郢都的沦陷",只是预见到"楚国将不免于危亡"(第76页)。徐先生也对陆侃如先生《哀郢》作于怀王客死之年的说法进行了讨论,指出了陆先生的说法的漏洞所在。徐先生的结论是:"我以为还是照游国恩先生的第一表,定《哀郢》作于顷襄王十一年,《涉江》作于十二年,很是妥当。"② 但不同意游国恩先生"以为《哀郢》是在中途闻郢都攻破而作"的说法,认为屈原的"自杀,一定在郢沦陷以前。国是日非,虽未亡而预料其必亡,所以绝望而死。因为在《九章》中看不出半点郢都沦陷,楚都迁东的痕迹,他并不是为国亡而死,乃是怕国亡而死也。不是为敌人取黔中无地立足而死(如这样看屈原,未免轻视屈原),乃是预先看见郢都必亡国事绝望而死。他之所以能成为一个预言家、一个诗人,也就在于此了"(第79页)。徐先生的观点,显然是比较接近林云铭和蒋骥两家的观点的,也受到了游国恩相关解释的启发,但是,徐先生的解释和观点更为细致,也更为圆通。

二、以诗歌一般规律为尺度,以诗人之心领悟诗骚之心。徐嘉瑞先生虽然重视运用统笺的方法,重视楚辞材料的尽量占有和字词句章的疏解,但是,他同时注意或者说更加重视以诗歌创作的一般规律为尺度来理解楚辞作品,以诗人之心来领会、体验、解读楚辞作品,真正把楚辞作为文学作品来读,而不是把它仅仅当作了无生气的文献资料,为考据而考据。在评价《史记·屈原贾生列传》时,徐先生说:"只有伟大的诗人才能认识伟大的诗人,才能理解伟大的诗人。司马迁自己的身世也是一幕悲剧,所以他批评屈原是从大处着眼,是从他的心灵、他的遭遇、他的生活的苦恼,找出一个'怨'字来做他创作的源泉。这是诗人对诗人的批评。此外,着重形势,着重文章,着重音律格调的批评,都不过是外表的观察。"(第20页)又说,林云铭"解释《九歌》陈腐的议论太多令人生厌,但他解释《九章》却非常动人,真能从一句一字中把大诗人的心情体会出来。因为《九章》是

---

① 游国恩:《〈哀郢〉辩惑》,《楚辞论文集》古典文学出版社,1957年,第120页。
② 徐嘉瑞先生在此说的"第一表"即游氏《楚辞概论》之年表。按,游国恩《楚辞概论》中"屈原年表"以《哀郢》作于顷襄王十一年,时屈原56岁。《读骚论微》之《释故都》中又说,《哀郢》约作于顷襄王二十三四年,在白起破郢之后;《屈原作品介绍》之丙《思美人、哀郢、悲回风》又说,《哀郢》"必作于顷襄王二十一年"。参见游国恩:《楚辞论文集》,古典文学出版社,1957年。

屈原所作,从屈原的身世心境去解释《九章》,不会错误"(第61页)。徐先生在划分《离骚》的章节时,非常看重诗人情感和诗歌本身的内在结构的关联,比如陈第、林云铭、蒋骥、钱杲之、王树楠、龚景瀚、戴震、张惠言、姚鼐、吴汝伦都是划到"沾余襟之浪浪"为一段,又从"跪敷衽以陈辞"为一段,徐先生却认为:"这是从音韵上划分的,他们都没有看到这两句是上一节的结束","自'驷玉虬以乘鹥'起另是一件事情,和陈词无关系"(第41页)。徐先生认为,在"沾余襟之浪浪"与"跪敷衽以陈辞"划分段落或章节的时候,不仅要注意音韵的不同,还应注意到诗歌本身的内在逻辑关系,看到上下句之间内容上的关系。有时候,在统筹了各家的材料和观点后,徐先生会作一些充满诗意的议论。比如在铺排笺注"折若木以拂日兮"一句之后,徐先生说:"《汇订》解释甚精。屈原向重华陈辞,以后他得到了更坚强的信念,对他的行为认为是最正大,最合理的。于是他高兴了,他的胳膊下面升起了羽翼,理想在他的心上开起花来。他恐怕年华消逝,不能实现他的理想,所以他要把日轮系着,把时光留住。这是从正义中所产生出来的希望和勇气,都是用象征方法写的。他没有彷徨,也没有怀疑,而是向着遥远的道路迈进。"(第46页)又说:"由朱冀的说法可以看出屈原伟大的精神:第一,他的抱负伟大。已经要下沉的太阳,他要折一枝光明的树枝(若木),把太阳拂拭干净,使他再放出万丈的光芒来;第二,是他很年轻,他不愿衰老。他要把红日用长长的绳子系住,使他可以把快要沉沦的国家,重放光明。都是用象征的笔描写出他心中的火花来。这是由'正义'产生出来的诗句。内容是现实的,形式是象征的、诗的。"(第47页)

三、眼光向下,把楚辞研究与民间大众文化联系起来。徐先生早年提倡"平民文学",又比较重视民间文学、民俗学和少数民族文学的收集、整理和研究,因此,他在研究中国古代文学也包括楚辞的时候,总是把眼光射向民间,把研究的问题与民间文化、民间生活连接起来,从而得出自己的新鲜见解。比如,他在吸收游国恩、郭沫若、青木正儿等人观点的基础上,明确提出"《离骚》是由民间谣曲组成的悲凉的乐曲",《离骚》和"劳商"有关,"'劳商'是一种悲凉的乐曲,是楚国的一种民谣,有特别的歌法","最初在民间流行,比较很简单,或者是一种五言诗,加上兮字,又加上几个衬字,比较四言诗来得生动,音调也容易提高,才达到要妙的境界。到了屈原手里,集合起九十三节民谣,组成一套大曲,而歌法仍是民间的歌法,加兮字,加衬字,唱了起来,是悲凉激楚,要妙入神,形成后来的骚体"(第125页)。还认为,说汉代才有五言诗的说法,只是"文人文学的历史记载,而不是民间文学的历史。民间文学的历史,是残缺不完的,假如他不被文人采用,他就永远埋没,成为文学史中的暗流。例如五言诗在民间是产生在何时,我们是不能知道的。假如把《九歌》《离骚》,看作五言诗的暗流,即是说五言诗曾早在民间流行,一度被屈原采用,自此以后,便无人过问,成为伏流。又到东汉,才大大的流行"(第126页)。徐先生对《九歌》的解读也始终和对民间文化的把握联系起来。他认为青木正儿由《九歌》的本质,探索他的组织,由《九歌》的组织,去解释他的文辞的研究路径是可行的(第 149 页)。那么,《九歌》的本质是什么呢? 徐先生说,"我以为《九歌》不是屈原所作"①,"我仍然主张《九歌》是湘江民间的宗教歌舞"(第 179 页)。并且从平民祭祀河伯、而昭王不祭河,楚国的民神杂糅现象、楚国民间风俗,巫及巫觋歌舞等方面进行了考证,认为"《九歌》是巫歌,是一种宗教歌舞","是用来迎神的,是巫觋迎神之曲,有歌、有舞、有诗","这是南方楚民族文化的结晶,而不是文人创作。即使曾经文人修改,那修改的人,也即是巫,因为巫是古代的诗人"(第 183 页)。在确定了《九歌》性质之后,徐先生根据陈本礼《屈词精义》,推翻了青木正儿所分析的说法,制订了一个全新的《九歌组织表》(第 176 页),对《九歌》每一首诗的神灵扮演者、主祭者、合唱、独唱、对唱、助唱、独舞、群舞等都进行了安排,似乎复活了当时民间迎神仪式的庄严而又热烈的场面。这些研究对今天的《九歌》的解读仍然有参考价值。徐先生还非常重视《楚辞》及研究成果的大众化和普及化,"他常感叹,由于写作年代的久远,这么好的诗作,一般群众却很难读懂,因而久欲将其译为通俗易懂的诗歌,'达到古典文学大众化的目的,并尽可能地使它能够成为一种通俗的唱本',介绍给最广大的读者"(第 127 页)。于是,在 1948 年徐先生写成了《离骚说唱》一文,全文分正文十节和尾声,每一节又有"说明"和"唱词","说明"是对本节文字内容的简要概述,"唱词"是对《离骚》相关章节的通俗化的翻译,文字通俗易懂,用说唱体形式写成,大多数句子是三三四的十字句,适合于弹词等曲艺演唱。比如第四节的"说明":"他在长期放逐和长期战斗之后,有点疲乏了,想回到家中休息一下。但是他的思想还是不变,还是要继续战斗。他始终纯洁高尚,好像一轮明月,不改它的的清光。爱清高已经成了他的天性,就是把他的身子切成碎片,也不会改变,不会像那些朝秦暮楚的人。"这一节的"唱词":"我追悔从前呵走错了道路,想回到田园中悠游消遣。把车儿转回去向后行走,趁这时在迷途还走得不远。骑着马儿经过那幽兰的路径,在芬芳的小丘上暂且休息。前进呵招来了许多忧患,我聊且归田园披着江蓠。""芳香和污秽被人混淆,我清白的本质一丝不改。忽然间转回头眷念祖国,我要想到四方散心游元。佩带着许多的奇花异草,从我的身上放出清香。世上人他们的爱好不同,只有我爱清高成了天性。就把我切成了一些碎片,我的心绝不会暮楚朝秦。"(第 133 页)徐先生说,这篇唱词是参考了各家注解和郭沫若的《离骚今译》,但我们看到,徐先生的《离骚说唱》采用比较能在民间大众中传播的说唱形式,又通俗易懂,明白晓畅,同时保持《离骚》的本义和结构,富于诗味,是《离骚》通俗化、大众化的一个有益的尝试。

四、实地考察,探寻楚辞研究中的疑点。与重视民间文化与楚辞的联系和比较研究有关,徐先生非常重视实地考察,身临其境,搜寻与楚辞相关的蛛丝马迹,以丰富文献的

---

① 嘉瑞先生对《九歌》是否为屈原所作的看法,前后文章观点似有所不同。

内容,补充记载的不足,从而探讨楚辞研究中的一些疑点。徐先生曾在湖北两年,一共搜集了农村戏曲115种,都是用民谣组成,把其中的韵脚排列起来,与隋道骞的《楚辞音》、陈第的《屈宋古音义》对照研究,发现《楚辞》的古音保存在湖北的俗音中。(第188页)这个研究对于《楚辞》的语音系统的构拟、湖北方言演化的研究都有学术参考价值。1947年4月9日至13日,徐先生还专门考察了汨罗江,后来写成了《汨罗巡礼》一文。徐先生先后考察了汨罗江、宋玉和景差为屈原招魂的汨罗江中小岛、汨罗山、屈子祠、骚坛、屈原疑冢,与女媭有关的剪刀池和捣衣石、招屈亭、女媭绣花墩、望爷墩(据说女媭是屈原的女儿,在此盼望父亲),这些名物都有相关的民间传说。有关屈原的传说和风物至少有17种。徐先生还瞻视了屈子祠中的6块碑刻。徐先生这次考察中,采访或发现的一些材料,对楚辞研究是有学术价值的。比如,当地人都把女媭当做屈原的女儿(学界或以女媭为屈原姊,或为屈妹,或为女婢,或为妾、贱妾、长妾,或为凡女,等等,似无人道及为屈原之女);屈原沉江后,女媭打捞了屈原的尸体,并安葬了屈原;正月二十一日是屈原的生日,到这一日村中人都要进行祭祀(郭沫若考订屈原生于公元前340年正月初七)。徐先生还结合实地考察,讨论了《招魂》中"魂兮归来哀江南"一句。自王逸、"五臣"、洪兴祖起,都把"哀江南"解释为江南之地,诚可哀伤,现在也基本上沿用这种解释。但是,蒋骥却提出了另一种解释,认为"哀江"是一条河流的名称,"哀江,在今长沙湘阴县。有大哀、小哀二洲。旧传舜南征,二妃从之不及,哭于此,故名"。① 又说:"哀江南,旧解以为哀此江南之地,尝考其说,多不可通。今览图经,湘阴有大小哀洲,二妃哭舜而名。又长沙湘阴志云,哀江在县南三十五里,正与汨罗相近,固知其所指乃言哀江之南。"徐先生也觉得为江南之地哀伤的说法"确是难通,从文理说来,'魂兮归来哀江之南'较为通顺,若把这一句解做哀此江南之地,那么就有点费解了。既说'归',又说'哀',未免重复。既然归来,又何必哀?"(第202页)所以,带着这种疑问,在这次考察中,徐先生决心到湘阴"找一找哀江的下落"。(第202页)徐先生先查找了《湘阴县志》,找到了哀江的图和《图说》,《图说》云:"古迹有哀江,以大哀洲小哀洲得名,今洲名以佚。哀江入湘江处,在城南三十五里樟树港。"《舆道水道图》也说:"湘江以东,汨水以南,凡西流入湘之水有八,其一曰哀江。原注云:樟树港即古哀洲。"(第203页)有了文献线索后,徐先生乘船到了樟树港,对面是乔口,有一条河流入湘江,徐先生经过与文献比对,认为这里即哀江入湘之处,这条河流即是哀江,也就是蒋骥所说的哀江,但现在叫濠河。现在看来,蒋骥的说法和徐先生的田野调查及考论,为"哀江南"的解释又提供了一条新的路径。从这也可以看出,徐先生对学术研究是多么的虔诚、执着和严谨。

五、扩大范围,比较研究楚辞和云南少数民族文化的关系。徐嘉瑞先生是研究云南

---

① 蒋骥:《山带阁注楚辞》,上海古籍出版社,1984年,第169页,241页。

少数民族历史文化、少数民族文学的大家,还搜集整理过大量的少数民族民间文学、宗教文化资料,还把有的传说故事改编再创作为现代长诗、剧本等形式。在研究云南少数民族历史文化时,往往联系楚辞,比较论证。他在《大理古代文化史》中主要从以下几个方面比较了楚文化和大理文化(实际上就是云南文化):第一,楚文化与滇文化交流密切。他说:"大理文化,内容非常复杂:除西北高原文化及蜀山文化外,尚有楚民族文化,亦为大理文化中最古而最重要的一支。"(第231页)认为庄蹻入滇前,滇楚必早已交通,庄蹻入滇后,关系愈切。(第231页)徐先生的说法是可以从云南当代考古发现中得到印证的。第二,楚文化与大理古代文化来源相同。认为楚国文化是夏民族文化的一支,其神话多来自西北,与大理古代文化之来源相同。《离骚》《天问》中之神话的山川都在西北,从《天问》《九章》等篇可以看出,"屈原对金沙江上游,即汶山一带,大禹所生之地,曾发生极大之幻想。又对怒江上游,亦发好奇之疑问"(第233页)。而大理文化来源,其中最古的一支,"乃由中国西北高原流入"(第226页)。总之,楚文化和大理古代文化都主要来源于西北。第三,大理地区的本主崇拜与《九歌》中的神祇崇拜、巫觋迎神送神相似,大理本主崇拜的各种神灵,与《九歌》之神极其相似,是受到了楚文化的影响。《大招》《招魂》是巫师所用的经典,可以用彝族《爨文丛刻》加以证明(第371页)。第四,楚国的神话传说与大理神话传说类似。认为云南古老的九隆神话与《天问》中之"女岐无合夫,焉取九子"有关系(234页);白族杜朝选的神话传说与《天问》后羿射河伯神话极其相似(第327页);云沧乡洞塝村本主庙本主是日神,与"东君"完全相同(第326页),"鸟焉解羽"之神话,现在还流传于洱源(第328页)。当然徐先生对这些神话的比较研究及结论,还需要进一步讨论,但他无疑为古代神话的研究开辟了一条新路。第五,认为《楚辞》中的一些河流山川就在云南。徐先生说《九章》"凭昆仑以瞰雾兮,隐汶山以清江"以下十余句,所描写者,皆金沙江之气候及形势。《天问》中"黑水玄趾,三危安在"的"黑水",即怒江上游。"玄趾"及《大招》中的"交趾"。(第233页)从以上五个方面,我们看到,在比较研究中,徐嘉瑞先生扩大了楚辞研究的范围,丰富并深化了楚辞研究的内涵。

在徐嘉瑞先生的学术生涯中,早期对楚辞的评价并不高,出版于1923年的《中古文学概论》区分文学为贵族文学和平民文学,认为贵族文学的内容"不过是崇拜君权,和其他不关痛痒的事","研究下来,也没有什么用处,所以本书对于贵族文学,只是简单的叙述,严重的批评",而重点详细叙述平民文学。① 在这样一种思想指导下,《楚辞》被划入贵族文学,只有几句话说到楚辞。完成于1929年到1937年之间的《中国文学史大纲》,原为徐先生的讲义,其中《先秦文学》一章,包括《诗经》《楚辞》两部分,但《诗经》部分

---

① 《徐嘉瑞全集》卷一,第7页,云南出版集团公司、晨光出版社、云南大学出版社,244页,2008年。

比较详细，因为"他是刻画当代人民生活的诗歌总集"[①]，而《楚辞》部分却比较简略，只相当于《诗经》部分的六分之一，并且把《九歌》作为民间的祭歌，非屈原的作品，则除去《九歌》，说到屈原的篇幅只有《诗经》部分的十二分之一。从这两部书可以看出徐先生的对《楚辞》的兴趣不大，但至晚从1943年起，徐先生开始对《楚辞》的研究倾注了巨大热情和精力，这可视为徐先生学术研究的重要转折。究其原因，似主要在于，一是抗日救亡活动的风起云涌，迫切需要鼓舞全国人民的爱国热情和高昂斗志，屈原的爱国主义精神，与子兰、郑袖之流的卖国行径不妥协的斗争，最能起团结人民、坚持抗战的宣传、凝聚的作用。所以，这个时期，屈原和楚辞的价值不断被开掘出来。1941年郭沫若曾在重庆《新华日报》发表文章说："抗战以来，由于国家临到了相当危险的关头，屈原的生世和作品又唤起了人们的注意。端午节的意义因而也更被重视了。"1942年1月，郭沫若完成了五幕历史剧《屈原》，自元月二十四日起在《中央日报》连载十五天，四月二日起公演，引起巨大轰动。同时，许多学者都投入到了对屈原和楚辞的研究之中。整个学术界的这种动态，无疑对徐嘉瑞先生是有影响的。二是抗战期间直到1946年，昆明聚集了一批楚辞学者，有西南联大的游国恩、闻一多、罗庸、浦江清等，云南大学的徐嘉瑞、刘尧民、姜亮夫等，在一个不到两平方千米的范围内，聚集了这么多的楚辞学者，这在中国学术史上恐怕是绝无仅有的。这些学者之间来往甚多，关系良好，在屈原和楚辞研究上必定相互切磋，相互启发。在徐嘉瑞先生的论著中，常常提到与游国恩、罗庸、姜亮夫等人的学术交往和所受到的启发。这样的一种氛围，无疑有利于徐嘉瑞先生也把屈原和楚辞研究作为自己学术的重要选择。三是，也与或者说主要与徐嘉瑞先生个人学术思想的变化有关。这个时期，徐嘉瑞先生很少再提平民文学，区分平民文学和贵族文学的那种阶级论的色彩淡化了，更多的是呼吁全民抗战，呼吁重视民间力量，把民间力量作为抗日统一战线的重要组成部分，这里既有与早期思想的联系，也有区别。另外，与动员全民族抗战有关，也要把少数民族作为整个中华民族的组成部分，要努力挖掘少数民族的文化文化资源，而徐先生既有得天独厚的条件，本身是大理白族，生活在云南这块土地上。云南的少数民族文化多数属于原生态的文化，巫文化的色彩非常浓厚，神秘、浪漫而又多姿多彩，这是能把云南少数民族民间文化与楚辞的进行比较研究的基础和契机，也是从一个新视角审视屈原和楚辞的良好条件，因而徐先生很自然的同时选择了楚文化的研究和古代大理文化的研究。

徐嘉瑞对楚辞研究的成果和贡献是多方面，对今天的楚辞研究也还具有突出的参考价值，需要引起学术界的重视，不让他的楚辞研究的成绩被遗忘埋没。

---

① 《徐嘉瑞全集》卷一，第7页，云南出版集团公司、晨光出版社、云南大学出版社，244页，2008年。

现代楚辞学史上的第一部楚辞地理考释专著

——评饶宗颐《楚辞地理考》的考据特色

华东理工大学 黄 建

饶宗颐先生是现当代著名的学术大师,至今撰有专著60余部,论文400余篇,可谓成果丰硕。他在楚辞学研究领域里也颇有收获,其成果主要有《楚辞地理考》《楚辞书录》《楚辞与词曲音乐》等著述,以及《屈原与经术》《骚言志说》等数篇论文。饶先生撰于1940年且出版于1946年的《楚辞地理考》[①]是他的成名作。然令人较感遗憾的是,迄今为止,学界对饶先生的学术成就及贡献评价甚多,也有一些学者从整体上论及了饶先生的楚辞学研究情况[②],或是撰写了提要性专论[③]和短评,然针对《楚辞地理考》进行全面评价的成果甚少。为此,笔者不揣浅陋,拟对《楚辞地理考》的考据原则和方法作一较全面的考察。

一、《楚辞地理考》的成书动因

考察饶宗颐先生撰《楚辞地理考》的动因,主要有两方面:一是参与当时《楚辞》地名的讨论,认为其中有未详之处;二是对自己研究古史中地理问题的一个成果作一小结。

在20世纪30年代,一些学者就楚辞地名问题展开了讨论。在饶氏撰《楚辞地理考》之前,已有一些单篇文章问世,其中四篇文章后被收入《楚辞地理考》卷末附录的《楚辞地名讨论集》,即:钱穆的《楚辞地名考》《再论楚辞地名答方君》、方授楚的《洞庭仍在江南屈原非死江北辨》、陈梦家的《论长沙古墓年代》。另外,游国恩也撰写了《论屈原之放死及楚辞地理》一文,饶氏因"载其所著《读骚论微初集》中,该书单行,故兹不采入"[④]。当时年仅23岁的饶氏,认为这些论文有未详之处,因此根据自己的学习研究积累,大胆提出自己的见解:"楚辞地名之讨论,为近年来文史界一大事,拙作《楚辞地理考》三卷,

---

① 饶宗颐:《楚辞地理考》,上海:商务印书馆,1946年。
② 如,梅琼林:《论饶宗颐楚辞学研究的文化还原模式》,《荆州师专学报》(社会科学版),1997年第6期,第59—62页;毛蕊:《饶宗颐的〈楚辞〉研究》,《商丘师范学院学报》,2016年第10期,第66—70页。
③ 洪湛侯:《楚辞要籍解题》,武汉:湖北人民出版社,1984年,第357—365页;潘啸龙、毛庆:《楚辞学文库·楚辞著作提要》,武汉:湖北教育出版社,2003年,第306—311页。
④ 饶宗颐:《楚辞地理考·题记》,上海:商务印书馆,1946年。

即为解决此问题而作也。"①

那么,饶氏认为有哪些未详的问题需要讨论呢?这从他的《楚辞地理考·自序》中可略知一斑。其云:

> 楚辞地名,多有未详。如《离骚》"朝搴阰之木兰",王逸注:"阰,山名。"《抽思》"宿北姑兮",王注"地名",皆不言所在。依予考之,"阰"即《汉志》庐江郡沘水所出之泚山;"北姑"即齐都之"薄姑"。地望所用,而后《离骚》《抽思》写作时地,可据以考定。《招魂》云:"路贯庐江左长薄",此追忆原放江南之事也。北姑者齐郡,原时盖为齐使,《抽思》之作,在伤怀王入秦之无识,又无善谋能谏之臣在其侧,则作期当在怀王入秦之后也。又高唐为观名,古音"唐""阳"相通,知高唐即高阳,高旭氏为楚先,故楚人禘之,高唐观即祀高阳氏之处。凡此皆属新见,尤愿质正于高明者。②

实际上,饶氏在讨论中提出的学术观点,有不少是针对当时的学界名师钱穆先生的。比如说,他在本书《自序》中就明确反对钱氏的"屈原放居汉北"说(详后述,此略),这实际上是与钱氏论难。关于这一点,童书业先生在《楚辞地理考·序》中也有描述:

> 钱君……为学深博,与(饶)君持论异,而途辙实同。往尝读钱君之书云:"屈原放居,地在汉北,《楚辞》所歌,洞庭、沅、澧诸水,本在江北。"余于《楚辞》地理,未曾深究,虽有所疑,未能明辨也。……余于二君之说,固未足以平其得失,然窃有所见焉。屈子早居,旧说在汉北,实无明证,饶君辨之已详。③

为何说饶氏之《楚辞地理考》也可看作是他对自己研究古史中地理问题的一个成果呢?正如饶宗颐先生自己所回忆:

> 记起我在弱冠前后,尤其在中山大学的广东通志馆工作时候,馆藏方志千余种,占全国的第二位,那时候,我深受顾(颉刚)先生的影响,发奋潜心,研究古史上的地理问题,曾经把古书所有与地名有关的记载抄录若干册,《楚辞地理考》即其中得以

---

① 饶宗颐:《楚辞地理考·题记》,上海:商务印书馆,1946年。
② 饶宗颐:《楚辞地理考·自序》,见《饶宗颐二十世纪学术论文集》(第16册),台北:新文丰出版股份有限公司,2003年,第78页。
③ 童书业:《楚辞地理考·序》,见《饶宗颐二十世纪学术论文集》(第16册),台北:新文丰出版股份有限公司,2003年,第75页。

刊布的一种。①

饶先生的这一回忆，在其《楚辞地理考·自序》中也有叙说："予为《古地辨》，此其一种也。以篇帙较多，故抽出单行，兹当刊布，因撮要略序其首。"② 根据有关记载，1935—1937年饶氏在广东通志馆任纂修期间，接触到大量地方志，这为其从事地理学研究打下了基础。饶氏当时曾发一大愿：想补作《史记》之"舆地书"。这时既得新学术之风气，又有长期从事方志学之积累，遂撰成《恶溪考》《古海阳地考》等发表于《禹贡》，前一文批评钱穆先生《三苗考》，后一文批评一部前人地理书。几年后，他的成名作《楚辞地理考》一书撰成，该书即为他庞大的古地考计划中的一种。

二、《楚辞地理考》的体例和考据原则

（一）体例

从总体安排体例来看，《楚辞地理考》全书分卷首、正文、卷末三部分。卷首有童书业民国二十九年（1940）序，随后有饶宗颐自序（主要是撮举书中的几例重要考证，以及对考证古代地理原则的归纳）。正文分三卷，卷上为《高唐考》（附《伯庸考》）、《释阤》《说沧浪之水》《溠阳考》《北姑考》（附《抽思解》）、《三闾辨》《苍梧考异》《方林考》；卷中为《洞庭辨》（上、中、下）、《说五渚》《江南解》《湘水巫山辨》（附《方淮考》）；卷下为《释鄢郢》《释都》（附《楚昭王墓辨》）、《哀郢辨惑》《楚黔中考》。另有附录《〈楚辞〉地名索引》。卷末附《〈楚辞〉地名讨论集》，最后是饶宗颐于民国三十年（1941）所作题记。

从具体考据体例来看，一般都是先列举前人旧说，再以"按""今按"的格式进行相关考证。另外，对考证中的未详之处或未尽之言，则另加注释加以说明。

在列举前人旧说方面，如《释阤》篇，即是先列举王逸注、《史记·叔孙通传索隐》引《埤苍》语、《玉篇·阜部》《广韵·六脂》、洪兴祖《楚辞补注》、戴震《屈赋通释》③、俞樾《读楚辞》、《说文·土部》、胡韫玉《离骚补释》、李翘《屈宋方言考》等有关解释；如《溠阳考》篇，即先列出许慎、王逸、《文选》吕向注等汉唐人旧说，再列洪兴祖、胡渭、宋本《玉篇》等宋明之说，又列唐诗的有关诗句，其间有时也作注解或说明。如《江南解》篇，是先举《史记·货殖列传》文句，后列徐广《音义》、张守节《正义》、近代贺次君《史记·货殖传新诠

---

① 饶宗颐：《论古史的重建》，见《饶宗颐二十世纪学术论文集》（第1册），台北：新文丰出版股份有限公司，2003年，第9—10页。
② 饶宗颐：《楚辞地理考·自序》，见《饶宗颐二十世纪学术论文集》（第16册），台北：新文丰出版股份有限公司，2003年，第75页。
③ 按：《屈赋通释》书名可能是饶氏记忆之误。戴震所作的《屈原赋注》虽附有"通释"二卷，然其中并无饶氏所在文中所引用的"南楚语：小阜曰比，大阜曰阤"之语，此语实见于《屈原赋注》的正文注。

正误》等文献之说,等等。在具体考证方面,其主要方法大致可归结为四种:驳正他说以立己论、列举旧说之考析、稽考古籍以比证、结合屈赋及旧说为佐证,等等。(具体详见本文第三部分,此略)

(二)考据原则

饶宗颐在《自序》中介绍了古代地理的两个特点,旨在让读者更好地理解楚辞地名考据的过程。他说:

> 古代地名,多同号而异地,或殊名而同实,其纷纽繁赜,至难悉究,然亦有大例,可资寻考,循是以求,或可得其情实。①

这段话,实际上可认为是饶氏考据楚辞地理的出发点。由此,饶氏又归纳出考证古地理的两条原则:辨地名和审地望。其云:

> 曾谓考古代地理,其方法有二:一曰辨地名,二曰审地望。前者为考原之事,所以穷其名称之由来,与所指之范围也;后者为究流之事,即求其地之所在与迁徙沿革也。②

接下来,饶氏举例对这两条原则进行解说。他认为,所谓"辨地名",首先应该了解地名的种类各有不同,而古地名大致包括六种情况:一是泛称之地名,如"江南"指大江以南一带;二是专称之地名,如"江南"也是个邑名;三是合称之地名,如"鄢郢"是宜城之鄢和江陵之郢的合称;四是别称之地名,如楚徙陈后,所谓鄢郢就转指鄢陵和郢陈了;五是借称之地名,如楚国曾建都江陵曰"郢",于是"郢"成了楚都的代称,所以迁都纪而称之为纪郢,迁都于鄢而称之为鄢郢,迁于陈而称之为郢陈;六是混称之地名,如边裔地名多所混乱,南方苍梧之名,亦被讹传于东方或西方。

饶氏认为,所谓"审地望",是指应注意其民族迁徙与建置沿革。他举例说,在民族迁徙方面,如邶被楚灭,徙之江夏,仍号曰邶;又如蔡为楚灭,迁之武陵,谓之高蔡。在建置沿革方面,如楚黔中之疆域及所治,应与秦汉时的黔中郡区别开来,等等。

三、《楚辞地理考》的考据方法

饶宗颐先生在继承传统考据学方法的基础上,根据中国古代地理的特点,结合所归

---

① 饶宗颐:《楚辞地理考·自序》,见《饶宗颐二十世纪学术论文集》(第16册),台北:新文丰出版股份有限公司,2003年,第79页。
② 饶宗颐:《楚辞地理考·自序》,见《饶宗颐二十世纪学术论文集》(第16册),台北:新文丰出版股份有限公司,2003年,第78页。

纳的两条原则,形成了自己特有的考据方法,以下简述之。

(一)驳正他说以立己论

如前所述,参与楚辞地名讨论是饶氏撰述《楚辞地理考》的重要缘由之一,因此,驳正他说以加强自己的立论,就自然成为该书的重要考据方法之一。从全书来看,运用这一方法的篇章不少,其中较重要的是《洞庭辨》(上、中、下)。如上篇,钱穆对《九歌·湘君》"遭吾道兮洞庭"中洞庭的解释是"自大江北征,遭道于洞庭,洞庭因在大江之北也",又有"大江即湘,湘即汉水,益证屈原放在汉北"之释语。饶氏驳斥曰:"湘与沅联称,与江分别为言甚明,江自为江,湘自为湘,本文已显,可毋庸论。"① 并引贾谊《吊屈原赋》、刘向《九叹》、王逸《楚辞章句》等古籍为证。不过,"屈原放于汉北"之说并非是钱穆的发明,饶氏在《楚辞地理考·自序》指出:"自来言《楚辞》者,多误以屈原放居汉北,此说倡自王船山,后人信之甚多。"② 又如,钱穆对《九歌·湘夫人》"嫋嫋兮秋风,洞庭波兮木叶下"的解释是"此决非江南洞庭湖水广员五百余里,日月若出没其中之所有也"。饶氏驳之曰:"五百里洞庭,安得无嫋嫋秋风、萧萧木叶乎?"③ 还如,钱穆对《九章·哀郢》"上洞庭而下江"的解释是"洞庭在北,称上;大江在南,称下",又曰"自郢泛汉,洞庭在北,居上游,故曰上;大江在南,居下游,故曰下"。饶氏则驳曰:"上篇为屈原东迁之作,盖自郢浮江东下,所谓'路贯庐江',即是时也。"④ 并引蒋骥《山带阁注楚辞》"自荆达岳东向而行,洞庭在其南,故以洞庭为上,而江为下"为解,反驳了钱穆的"洞庭在江北"说,加强了"洞庭在江南"这一定论。在《洞庭辨》的中篇和下篇,饶氏则分别驳斥钱穆关于洞庭山为今湖北安陆应山一带的说法,并对钱穆的其他三个旁证加以反驳。

对钱穆的驳正,也体现在《滻阳考》篇中。钱穆先生曾提出了"滻即汉,滻阳即汉水之阳"一说,饶氏认为,这是钱穆"意欲证成其屈原放居汉北之说,故牵合为言"⑤,因为滻出于汉后已另为一水,并非是汉水。为此,饶氏还列举《水经》、胡渭(《禹贡锥指》)、庾信《哀江南赋》,以及《古今乐录》《山海经·东次二经》《说文·水部》《广韵》引《文字音义》等文献予以佐证。

---

① 饶宗颐:《楚辞地理考·洞庭辨》,见《饶宗颐二十世纪学术论文集》(第16册),台北:新文丰出版股份有限公司,2003年,第129页。
② 饶宗颐:《楚辞地理考·自序》,见《饶宗颐二十世纪学术论文集》(第16册),台北:新文丰出版股份有限公司,2003年,第77页。
③ 饶宗颐:《楚辞地理考·洞庭辨》,见《饶宗颐二十世纪学术论文集》(第16册),台北:新文丰出版股份有限公司,2003年,第130页。
④ 饶宗颐:《楚辞地理考·洞庭辨》,见《饶宗颐二十世纪学术论文集》(第16册),台北:新文丰出版股份有限公司,2003年,第130页。
⑤ 饶宗颐:《楚辞地理考·滻阳考》,见《饶宗颐二十世纪学术论文集》(第16册),台北:新文丰出版股份有限公司,2003年,第102页。

除此之外，饶氏对涉及前人或近人的误说，也往往加以驳正或补说。如《涔阳考》篇对段玉裁之说的驳正。段氏于《说文·水部》"涔"字注说："许曰'在郢'，王曰'附近郢'；许云'渚名'，王云'江碕'名，皆不云有涔水，谓近郢滨大江之洲渚耳，近儒说未可信。"①段玉裁的意思是，许慎、王逸的注释中并未提及涔水，而近代人关于涔水是靠近郢都的洲渚这一说法并不可信。而饶氏驳斥了段玉裁的观点。他认为，《湘君》中"涔阳极浦"初意应是指涔水以北之远浦，涔阳不一定就是浦名。文中又有曰"驾飞龙兮北征，邅吾道兮洞庭"之语，这是湘君转行向北，故取道于洞庭。涔水在洞庭西北，湘君在洞庭前，自南遥望涔水以北之远渚，便说到"望涔阳兮极浦"。涔水以北是大江，故文句又说："横大江兮扬灵。"所以，饶氏推断出，湘水以北为洞庭，洞庭以北为涔水，涔水以北为大江，说涔阳为涔水的话，其位置刚好吻合，而且从下句曰"大江"对之可以看出，涔亦以指"涔水"为当。饶氏又进一步指出，在文理上，"望涔阳兮极浦"，涔阳不宜解为浦名。后人误解了《湘君》本义，从"浦"字着手去理解其义，于是用浦命名，这并非是《楚辞》本来所指之地。汉代学者所说的也未必可信，而宋代澧州的涔阳浦亦是后人取的名称，其不以滨江、郢都命名而以近湖之澧命名，必然有其原因。饶氏列出《说文》"郢中"，其中提到楚都前后，并不一定指其地在郢都境内，澧与郢相距并不远，而"涔阳在澧"说与"近郢"说相差也并不远。

又如《江南解》驳正张守节与贺次君之说。张、贺认为"江南"为"大江之南"，饶氏参照《史记》本传，衡山九江之上，没有"淮南"或"江北"之文，认为不应以豫章、长沙上有"江南"二字，而完全认同张、贺的观点，这实在是"增文足义"；饶氏且以《史记·货殖传》"彭城以东，东海、吴、广陵，此东楚也"等句例之，以为"江南"二字夹于"衡山、九江、豫章、长沙"等地名之间，似乎应当为地名，不宜独为泛指。但饶氏又列《史记》本传云"江南出柟梓姜桂金锡连丹沙犀瑇瑁珠玑齿草"和"豫章出黄金，长沙出连锡"之句，又似乎江南可以概括长沙豫章，而本传中与山西、山东比况之，"江南"二字乃泛指之地名，则其在豫章长沙之上"江南"二字，以为泛称地名，亦无不可。饶氏认为古书行文简洁括要，难以确定其说，容易陷入这样模棱两可的情况。最后，饶氏又列段玉裁《说文·草部》"芧"字注"汉人谓豫章长沙为江南"之语，以及钱大昕"江南谓今湖广江西之地"之语，进而提出自己的看法，认为大江以南皆可有"江南"之称，不应只局限在湘、赣范围内。

（二）列举旧说之考析

列举前人旧说，是饶氏具体行文的重要体例。然而，饶氏并非一般性列举就了事，而常常对所列举的前人说法进行简要的考证和分析。

如，关于《离骚》的"朝搴阰之木兰兮"之"阰"，饶氏在《释阰》篇中，先列出了王逸《玉

---

① 段玉裁：《说文解字注》，上海：上海古籍出版社，1981年，第558页。

篇》《广韵》、洪兴祖、戴震、俞樾、胡韫玉、李翘等多家释"阰"的说法,再以按语的格式进行较为详尽的评判分析。饶氏在列举屈原作品中的相关文句后,云:

> 地名不必以地名为对语,亦文例之一种。"阰"与"洲"为对文,以"阰"为实指山名,亦无不可也。惟叔师释沘字为山名,后人夏実之云"在楚南"。惜各家诠释太简,莫详其为何山。①

接下来,饶氏引《广韵》"沘,水名,在楚"之说,认为"沘水在楚,沘山亦在楚。沘、阰俱从比声,则沘水与沘山当有关"②。然后,他又引用《汉书·地理志》《水经注》《集韵》等文献进一步考证,得出结论:"是沘水在南楚之境,沘水出于沘山,沘山即阰。旧注:'阰山在楚南',与此正合。"③

又如,关于《湘君》"望涔阳兮极浦"中的"涔阳",饶氏在《涔阳考》篇,先列出《说文》《楚辞章句》《文选》吕向注等汉唐旧说,接着又在肯定涔阳为洲渚名、接近郢都的解释是汉唐人看法的基础上稍加说明,以为许慎、王逸"曰渚""曰江碕""曰浦"皆是从原文"极浦"二字推断而来。然后,饶氏在列举洪兴祖《楚辞补注》"今澧洲有涔阳浦"、胡渭《禹贡锥指》曰《九歌》涔阳,公安旧县东南有涔阳镇,即其地"《太平寰宇记》是指为公安县西六十里的"涔港"等宋明之旧说后,又考析曰:

> 曰"镇",曰"港",当由后人推而名之,此以为在公安或醴,宋后人之说也。《玉篇》十九:"涔,字廉切;涔阳,地名。"④

接下来,饶氏又列唐戎昱"涔阳儿女花满头""寒夲涔阳诸小儿""但见涔阳在眼前",卢肇"君梦涔阳月",李群玉《送客往涔阳诗》和《登涔阳城诗》,杜牧"一话涔阳旧使君""授以涔阳,活于阊门"等诗句,指出唐代时就已有了"涔阳城"一名,而杜牧诗中"求澧州"而又曰"授涔阳",是因为唐人称澧州为涔阳,所说的"涔阳城"即指"澧州城",而在《唐书·地理志》中澧州不称为涔阳,是因为知道寺人是以古地名称之,澧州是涔阳的

---

① 饶宗颐:《楚辞地理考·释阰》,见《饶宗颐二十世纪学术论文集》(第16册),台北:新文丰出版股份有限公司,2003年,第89页。
② 饶宗颐:《楚辞地理考·释阰》,见《饶宗颐二十世纪学术论文集》(第16册),台北:新文丰出版股份有限公司,2003年,第89页。
③ 饶宗颐:《楚辞地理考·释阰》,见《饶宗颐二十世纪学术论文集》(第16册),台北:新文丰出版股份有限公司,2003年,第89页。
④ 饶宗颐:《楚辞地理考·涔阳考》,见《饶宗颐二十世纪学术论文集》(第16册),台北:新文丰出版股份有限公司,2003年,第99页。

复称。

(三)稽考古籍以比证

稽考古籍以进行比证,是传统考据学的重要方法之一,饶氏将其发挥得较为充分。

如《江南解》篇,饶氏为说明"江南"可以指泛称地名,先后引用多种古籍予以稽考。如引《尔雅·释地》"江南曰扬州"郭注:"自江南至海";引《史纪·夏本纪》"太史公曰'或言禹会诸侯江南,计功而崩,因葬焉,命曰会稽'";引《史记·越世家》"滨于江南海上"句之《正义》"今台州临海县",认为"此自长江南及海之称'江南'也"①。再引《吕氏春秋·古乐》"商人服象于东夷周公遂以师逐之,至于江南";引《平准书》"江南火耕水耨,令饥民就食江淮间"等,认为"此言江.淮间称'江南'也"②。另外,又引《楚策》"今边邑之所恃者,非江南泗上也";引《越世家》"江南泗上,不足以备越矣"句之《正义》"江南、洪、饶等州,春秋时楚东境",认为"此指豫章之为'江南'也"③。还引《五帝纪》"舜崩于苍梧之野,葬于江南九疑,是为零陵";引《吴越春秋》"禹济江南,省水理,南到计于苍梧,而见缚人",认为"此指长沙以南之为'江南'也"④。饶氏据此得出的结论是:"盖'江南'统指大江以南之地,故不专限于湘赣也。……王逸《楚辞章句》'江南在湘、郢之间',则嫌窄矣。"⑤

同时,饶氏还认为"江南"既可泛称地名,亦有作邑名之时。如"楚之江南"即为邑名,稽考的古籍如《秦策》:"袭郢,取洞庭、五都、江南"高诱注:"洞庭、五都、江南,皆楚邑也。"如《齐策》"杜赫为邹忌说楚宣王曰:'王不如封田忌于江南,以示田忌不返齐也',楚果封之于江南。"如《新序·义勇》:"芈尹文者,荆之欧鹿氒也,(王)使文为江南令而大治。"这几个例子,"指江南为邑最显"⑥。饶氏又稽考《秦本纪》"昭襄三十年,蜀守若伐取巫郡及江南为黔中郡"语,认为此"江南"为秦昭置黔中郡之一部分,是"故楚江南"。而《秦纪》"三十一年,楚人反我江南"句《正义》之"黔中郡反归楚",《楚世家》"(襄王)西取秦所拔我江旁十五邑以郡,距秦",《秦始皇本纪》"二十五年,王翦遂定荆江南地"等语句中的"江

---

① 饶宗颐:《楚辞地理考·江南解》,见《饶宗颐二十世纪学术论文集》(第16册),台北:新文丰出版股份有限公司,2003年,第149页。
② 饶宗颐:《楚辞地理考·江南解》,见《饶宗颐二十世纪学术论文集》(第16册),台北:新文丰出版股份有限公司,2003年,第149页。
③ 饶宗颐:《楚辞地理考·江南解》,见《饶宗颐二十世纪学术论文集》(第16册),台北:新文丰出版股份有限公司,2003年,第149页。
④ 饶宗颐:《楚辞地理考·江南解》,见《饶宗颐二十世纪学术论文集》(第16册),台北:新文丰出版股份有限公司,2003年,第150页。
⑤ 饶宗颐:《楚辞地理考·江南解》,见《饶宗颐二十世纪学术论文集》(第16册),台北:新文丰出版股份有限公司,2003年,第150页。
⑥ 饶宗颐:《楚辞地理考·江南解》,见《饶宗颐二十世纪学术论文集》(第16册),台北:新文丰出版股份有限公司,2003年,第150页。

南",饶氏则认为"所包地广"①。而且,饶氏在自注中还列王先慎《韩非子集解》,引王先谦"秦取江南为黔中郡"语,认为他们并没有意识到秦昭王所置黔中郡,包括了巫郡、江南以及楚之故地黔中,不是单指江南。

又如《说沧浪之水》篇,他归结出前人对沧浪地点考证的两大类观点,其中一类观点是"泛言其地在汉水、夏水之域,而不明指在某州某县者,此近古之说也"②,同时稽考《地说》《初学记·地部·汉水》《永初山川记》《史记索隐》等古籍实例;另一类观点是"确指其地在某州某县者,其后人之说也"③,同时稽考《汉水记》《沔水注》《括地志》《荆州图经》《元和郡县志》《舆地纪胜·汉阳军·景物上》《元丰九域志》《明一统志》《太平寰宇记·补阙》《太平御览·地部》,以及嘉庆《常德府志》、光绪《荆州府志》等大量古籍实例。在对这些古籍进行比证后,饶氏得出的结论是:

> 诸家之说,至为纷纽。大抵后来之说,多出于附会,盖本诸传说而造为地名以实之。……近古之说,但泛言汉、夏之域,虽非定见,究亦有理。惟必引渔父之歌为证,则太信有渔父其人,终未近情实耳。予意不若指为孺子之歌,较为适当。盖渔父乃屈原之假托,非实录也。明乎此,则辞中所言之沧浪,自非屈原亲到之地,乃孺子歌所产之哉!究无与于屈原迁徙之地望,可不必沾沾执为居汉北佐证。④

(四)结合屈赋及旧说为佐证

考据《楚辞》地理,无疑不应忽视作品本身。饶氏深明此理。他在一些具体的考据中,就是从屈原作品本身出发,再结合相关旧说而帮助论证。

如《释阤》篇中,饶氏认为自己说"阤"即"沘山"、"阤"在南楚的观点,很可能会使人产生疑问。因为据《史记·屈原列传》所载,《离骚》乃作于怀王见疏之后但未被流放之时,文中出现淮域之地名"阤"似乎有些不通。为祛除这一疑问,饶氏先提出《离骚》应作于屈原流放之后的观点,然后引用了古今学者的一系列论说来证明。他先列《报任安书》所言"屈原放逐,乃赋《离骚》"语,这似在说明《离骚》作于顷襄王怒迁屈原之时,又有龚景瀚根据《史记》文字推勘,认为《离骚》作于"怀王不返,顷襄未立之时";而近代游国恩

---

① 饶宗颐:《楚辞地理考·江南解》,见《饶宗颐二十世纪学术论文集》(第16册),台北:新文丰出版股份有限公司,2003年,第150页。
② 饶宗颐:《楚辞地理考·说沧浪之水》,见《饶宗颐二十世纪学术论文集》(第16册),台北:新文丰出版股份有限公司,2003年,第93页。
③ 饶宗颐:《楚辞地理考·说沧浪之水》,见《饶宗颐二十世纪学术论文集》(第16册),台北:新文丰出版股份有限公司,2003年,第94页。
④ 饶宗颐:《楚辞地理考·说沧浪之水》,见《饶宗颐二十世纪学术论文集》(第16册),台北:新文丰出版股份有限公司,2003年,第97—98页。

也以《离骚》中有"美人迟暮""老冉冉将至"的话语,推定《离骚》应作于顷襄王三年之后。接下来,饶氏又列举郭沫若的观点。郭沫若认为《离骚》与《怀沙》《惜往日》等篇的言辞有许多相通之处,且有"济沅、湘南征"等词句,足以证明其作《离骚》的日期应在屈原被流放江南之后。饶氏不仅赞成郭沫若这一说法,并且进一步引证楚辞作品:《哀郢》云"当陵阳之焉至",《招魂》云"路贯庐江兮左长薄",由此推断出庐江是屈原亲身所到过之地;又有《离骚》云:"汨予若将不及兮,恐年岁之吾与。"这两句下接"朝搴阰之木兰兮"一句,又说"惟草木之零落兮,恐美人之迟暮。不抚壮而弃秽兮,何不改乎此度也。弃骐骥以驰骋兮,来吾导乎先路",屈原在此是自言哀年逢谴,仍守贞固,以赴长路;《离骚》又写道:"仆夫悲余马怀兮,蜷局顾而不行",这是屈原追记南征时的情景,思乡之情甚为明显。所以饶氏最后推出的结论是:所谓"搴阰之木兰"是在"路贯庐江"时的事,"阰"若如王逸所注为山名的话,依他之考,应为庐江"沘山"。饶氏为此还在自注中说明:《离骚》"朝发轫于苍梧(兮),夕予至乎县圃""夕归次于穷石(兮),朝濯发乎洧盘""朝发轫于天津兮,夕余至乎西极"等地名,"乃屈原驰骋设辞以表其申诉无由之怨,与'朝搴阰之木兰'之有所实指者异矣"①。

又如《江南解》中,饶氏分析完"江南"既可作泛称之地名,又可为邑名之后,进一步指出,楚之江南向来是黜臣窜逐之所,即被贬之臣流放之所。为此,他先后引王逸《楚辞章句》之《离骚序》和《九章序》《史记·郑世家》《史记·张仪列传》《史记·高祖本纪》,以及《楚辞·涉江》"哀南夷之莫吾知"等有关"江南"语,来佐证楚之江南自来为迁谪之地。

还如《涔阳考》中,认为《湘君》"涔阳极浦"与大江对举,而下文言"捐予玦兮江中,遗予佩兮澧浦",以澧水之浦与大江对,可知澧浦即涔浦。饶氏又据唐代李群玉"涔浦继孤棹"句中的"涔浦"即指"澧浦"之意,得出《九歌》中"涔阳极浦"只是泛指涔水以北的远浦,与澧水之浦异名同实。饶氏还提出,"'涔阳'是因在涔水北而得名,然后引用《水经》《澧州志》胡渭、汪七铎等四种旧说,推断涔阳是由于澧水而得名应无可非议。由此得出结论:"江南初未有涔阳之名,后人乃以《楚辞》推之以为渚名,江碛名、浦名、镇名、港名,更进而以为滨涔水澧州城之名,则又递变之称号,与《九歌》异指。于儒率以为解释,非其本矣。"②

---

① 饶宗颐:《楚辞地理考·释阰》,见《饶宗颐二十世纪学术论文集》(第16册),台北:新文丰出版股份有限公司,2003年,第90页。
② 饶宗颐:《楚辞地理考·涔阳考》,见《饶宗颐二十世纪学术论文集》(第16册),台北:新文丰出版股份有限公司,2003年,第102页。

结语

由上所述,不难看出饶宗颐关于楚辞地理考证时的基本情况。可以说,饶宗颐的《楚辞地理考》是以特有的体例、考据原则和方法,对当时文史界的《楚辞》地名讨论问题做出了一个较为清晰且新颖的回答,有些见解甚至是'发前人所未发"[①]。无论是驳正前人陈说,还是自立新解,饶氏总能在占有大量资料的基础上提出自己的看法,并对纷繁复杂的种种说法进行归纳、分析。不过,该书也有一些考证存在不足或仍有争议。如饶氏认为屈原放居汉北之说"倡自王船山"即欠考,此说实际上是倡自明代黄文焕《楚辞听直》(黄文焕针对王逸的"江南"说,提出疑问,以为《九章》中的《思美人》和《抽思》是屈原在怀王时作于汉北,与江南无涉)。又如《九章·抽思》"低徊夷犹,宿北姑兮"中的"北姑",饶氏认为它应作于屈原第二次使齐时,亦在怀王入秦之后,即屈原在怀王入秦之时正出使于齐。这种说法的理由未必充分。还如认为屈原自沉于长沙的湘水(见《湘水巫山辨》),这一说法与屈原实际自沉的汨罗江在地理方位上有误差。然瑕不掩瑜,《楚辞地理考》在现代楚辞学史上仍具有较高的地位。正如当代学者崔富章先生所评价,该书是"问世《楚辞》地理专著之第一种,为世所重"[②],这实际上认可了该书是现代楚辞学史上的第一部考释楚辞地理的专著。

[①] 童书业:《楚辞地理考·序》,见《饶宗颐二十世纪学术论文集》(第16册),台北:新文丰出版股份有限公司,2003年,第75页。

[②] 崔富章:《楚辞书录解题》,北京:高等教育出版社,2010年,第823页。

林庚楚辞研究中的"兮"字说

南通大学 陈长江

林庚的楚辞研究在当今学术界,乃至楚辞学史上都有着独特的意义。其楚辞成果以《诗人屈原及其作品研究》和《天问论笺》这两本学术性专著为代表,前者曾出版四次,可见其受欢迎程度;后者一经面世便颇受好评,徐志啸称《天问论笺》为"清末以来《天问》研究的集大成"[1]之作,并于1995年荣获全国高等院校人文社科研究成果一等奖。本文仅就其中的一个具体的点切入,以林庚对"兮"字的研究特色,展开论述。

一、"兮"字的位置及性质

"兮"字在楚辞中的句法位置有很多种,按林庚的观点,分为二种:

(一)"兮"字在句子中央

"兮"字放在句中央,使得一个句子在音节上分为两部分,其作用"近于是一个逗号、一个音符,并不含有任何与其他文字相当的意义"[2]。"兮"字可以出现在四言或五言之后,不受限制,"只要把一个句子分为上下对称的两节就行了,而'兮'字也就正放在这两节之间,使得上下的对称更为明显"[3],如《九歌》之《东皇太一》:

> 吉日兮辰良,穆将愉兮上皇。
> 抚长剑兮玉珥,缪锵鸣兮琳琅。[4]

每句都有一个"兮"字放在句中,使得句子前后在音节上独立。又如《九歌》之《少司命》:

> 荷衣兮蕙带,儵而来兮忽而逝。
> 夕宿兮帝郊,君谁须兮云之际?[5]

---

[1] 徐志啸:《林庚先生的楚辞研究》,《上海大学学报》(社会科学版),2006年第13卷第6期。
[2] 林庚:《中国文学简史》,北京:清华大学出版社,2007年,第66页。
[3] 林庚:《中国文学简史》,北京:清华大学出版社,2007年,第66页。
[4] 林家骊译注:《楚辞》,北京:中华书局,2010年,第37页。
[5] 林家骊译注:《楚辞》,北京:中华书局,2010年,第61页。

"兮"字正好在句子正中间,前后的音节字数明显对称。

(二)"兮"字在句子末尾

此种情形又分两种,其一是"兮"字放在偶句句末,"同时把两个四言重叠起来构成一个诗句"①,例如《诗经·郑风·野有蔓草》:

> 野有蔓草,零露漙兮,
> 有美一人,清扬婉兮,
> 邂逅相遇,适我愿兮。②

林氏之言,把两个四言连在一块,构为一个较长的诗句,成为楚辞中特有的格式,并称之为"源于《诗经》的改良体"③,如:

> 深固难徙更壹志兮,
> 绿叶素荣纷其可喜兮。④

"兮"字的此种用法在《诗经》里不多见,却是楚辞中最常见的体裁,楚辞因"兮"字而产生了长出一倍的节奏,使得句子得以拉长,以适应这一阶段语言文字的长度。相较于"兮"字放在句子中间的用法而言,林庚称将"兮"字放在偶句句末的用法为"《楚辞》里比较保守的一种形式。"⑤ 其二是"兮"字放在单句的句末。这种情形常见于《离骚》:

> 朝搴阰之木兰兮,夕揽洲之宿莽。
> 日月忽其不淹兮,春与秋其代序。⑥

《九章》大多也是这种用法,如《思美人》:

> 思美人兮,擥涕而伫眙。
> 媒绝路阻兮,言不可结而诒。⑦

---

① 林庚:《中国文学简史》,北京:清华大学出版社,2007年,第66页。
② 程俊英:《诗经译注》,上海:上海古籍出版社,2004年,第139页。
③ 林庚:《林庚诗文集》(第6卷),北京:清华大学出版社,2007年,第108页。
④ 林家骊译注:《楚辞》,北京:中华书局,2010年,第37页。
⑤ 林庚:《中国文学简史》,北京:清华大学出版社,2007年,第66页。
⑥ 林家骊译注:《楚辞》,北京:中华书局,2010年,第3页。
⑦ 林家骊译注:《楚辞》,北京:中华书局,2010年,第141页。

《怀沙》：

> 滔滔孟夏兮，草木莽莽。
> 伤怀永哀兮，汩徂南土。①

但是也有例外，例如《橘颂》的"兮"字常放在偶句句末。以林庚的观点，"兮"字放在偶句句末，这种用法来自于《诗经》不算楚辞的特有格式。

关于"兮"字的性质，自东汉以来，历来都有人对"兮"字训释。一般认为"兮"字乃是普通助词和语气助词。《说文解字》："兮，语所稽也。"段玉裁《说文解字注》："兮稽叠韵。稽部曰，留止也。语于此少驻也。"杨树达《论诠》："语末助词，无义。"相当于现代汉语里"啊"的意思。此后王力在《王力古汉语字典》里释为"句中句尾语气词"，大体相同。与前人不同，林庚认为，楚辞中的"兮"字在句中的不同位置，证明"兮"字"似乎只是一个音符"，目的是"构成诗的节奏"，"它本身并无意义"，仅仅是为了抒情，并且拿"兮"与今天民歌里的"来"相较，例如"我所思'兮'在泰山，欲往从之梁父艰"的"兮"与"正月里'来'是新春，家家户户点红灯"的"来"，它们"同样的都只是一个节奏上的字"，可有可无，"因此有时候也就无妨去掉"，按此观点，林庚做了一番推论："七言诗的来源也就是去掉了'兮'字或换上一个实字，所以三言常与七言并行。"② 这在后来的诗歌发展中得到印证，南北朝时期大力发展七言诗的鲍照，其诗《代春日行》：

> 献岁发，吾将行。
> 春山茂，春日明。
> 园中鸟，多嘉声。
> 梅始发，柳始青。
> 泛舟舻，齐棹惊。③

就是通篇是三言的诗，《代淮南王》：

> 淮南王，好长生，
> 服食炼气读仙经。
> 琉璃作碗牙作盘，

---

① 林家骊译注：《楚辞》，北京：中华书局，2010年，第135页。
② 林庚：《林庚诗文集》（第6卷），北京：清华大学出版社，2007年，第109页。
③ 丁福林编选：《谢灵运 鲍照集》，南京：凤凰出版社，2009年，第180页。

金鼎玉匕合神丹。
合神丹，戏紫房，
紫房彩女弄明珰，
鸾歌凤舞断君肠。
朱门九重门九闱，
愿逐明月入君怀。
入君怀，结君佩，
怨君恨君恃君爱。
筑城思坚剑思利，
同盛同衰莫相弃。①

即是三言与七言并行的诗。又如唐代诗人张楚金的诗《逸人歌赠李山人》，亦是三七言并行的诗。宋王安石的《胡笳十八拍十八首》第二首：

天不仁兮降乱离，嗟余去此其从谁。
自胡之反持干戈，翠蕤云旃相荡摩。
流星白羽腰间插，叠鼓遥翻瀚海波。
一门骨肉散百草，安得无泪如黄河。②

即是带"兮"字的七言诗。

二、"兮"字的作用

林庚楚辞研究的第一步就是分析"兮"字。如《中国文学史》楚辞部分开篇第一句："楚辞诗体的来源，《诗经》里首见到'兮'字。"③ 在屈原之前的春秋战国时代，有诸多作品里出现"兮"字，有《诗经》《左传》《说苑》《新序》《老子》《论语》《孟子》，但是它们的使用很少，也并不成熟，"这四百年中，除了兮字的偶用外，在诗体上发展殊少"。④ 林庚对"兮"字作用的阐释，归结起来，主要有两个方面：

（一）作为文体标识

"《诗经》在它的形式下培养了散文，而它本身也正近于文的表现。"⑤ "从《诗经》到

---

① 丁福林编选：《谢灵运 鲍照集》，南京：凤凰出版社，2009年，177页。
② 王安石：《王安石全集》，上海：上海古籍出版社，1999年，219页。
③ 林庚：《林庚诗文集》（第3卷），北京：清华大学出版社，2007年，第54页。
④ 林庚：《林庚诗文集》（第3卷），北京：清华大学出版社，2007年，第54页。
⑤ 林庚：《林庚诗文集》（第3卷），北京：清华大学出版社，2007年，第55页。

《楚辞》,不但思想感情生活上有了划然的变化,就是语言文字上,也因一个空前散文高潮的出现与发展,而达到了一个全新的阶段。"①"楚辞的来源,最初由于散文的运用。"② 作为文体创新标识的"兮",体现出林庚的"文体进化观":先有诗歌,接着散文出现,经历了散文的辉煌后才出现了楚辞。《楚辞》从散文的波澜中一路走来,散文又来源于《诗经》,那么作为诗歌的《楚辞》,必定深受《诗经》和散文的影响。因此,《楚辞》的体裁便有两种:"一是承继旧有《诗经》的形式,而把它加长以适合散文语吻的长度;一种是整个根据散文重新另制一个诗的形式"。③ 前者的代表便是《橘颂》《天问》之作,后者的代表便是《离骚》《九章》等作品。林庚称前者为"改良体",它的方法是把《诗经》的句法重叠起来,比如《抽思·乱辞》:

> 长濑湍流泝江潭兮,
> 狂顾南行聊以娱心兮。
> 轸石崴嵬蹇吾愿兮,
> 超回志度行隐进兮。

　　这四句都押韵,韵脚都为倒数第二个字,这种情形下的"兮"字就显得可有可无了,似乎可以用句末语气助词"之"来替代,仅仅是凑足音节的作用。这是因为当时的人习惯了《诗经》的断句,所以总愿意在句尾放一个语吻字,比如"兮",以表示"它是应当一口气读完才对的"。④

　　后者在林庚看来叫作"革新体",与前者相比,它们的根本不同在于:"前者大部分是'兮'字之间隔着一个整齐的'四言的重叠',遇到这种的句法,我们便可以断定'兮'应当在句尾;后者"兮"字之间普通成为不大整齐的诗行,而凡有'兮'字处并不押韵,遇到这样的句法,我们便可以断定'兮'应当在半句上"。⑤ 前者的"兮"乃是依据《诗经》里的用法而加以改良,后者的"兮"才是《楚辞》所独创的形式。《诗经》到散文再到《楚辞》,是一个从诗歌到散文再到诗歌的过程,"兮"字在此过程中,起到了一个重新回到诗歌体的作用。

　　(二)情感表达的需要

　　林庚认为《诗经》中的"兮"字是一个"表情的字",在不同的诗篇,其表情成分的轻

---

① 林庚:《林庚诗文集》(第6卷),北京:清华大学出版社,2007年,第7页。
② 林庚:《林庚诗文集》(第3卷),北京:清华大学出版社,2007年,第54页。
③ 林庚:《林庚诗文集》(第6卷),北京:清华大学出版社,2007年,第115页。
④ 林庚:《林庚诗文集》(第6卷),北京:清华大学出版社,2007年,第116页。
⑤ 林庚:《林庚诗文集》(第6卷),北京:清华大学出版社,2007年,第116页。

重不同。"兮"字到了楚辞,就不再是一个表情的作用,"《楚辞》里的'兮'字乃是一个纯粹句逗上的作用,它的目的只在让句子在自身的中央得一个较长的休息时间"①。这里的"兮"字只是一个音符,它是用来构成诗的节奏。为了在楚辞这种新的文学语言上建立诗歌的节奏,屈原承袭并推广了《诗经》中"三字节奏",使其成为楚辞的基本单位,如《离骚》"帝高阳之苗裔兮朕皇考曰伯庸",去掉"兮"字,正好是四个"三字节奏",此外,《九歌》之《国殇》《山鬼》也都出现了"三字节奏",后世有名的《易水歌》《垓下歌》《大风歌》也都沿着楚辞开辟的这条新的诗歌道路继续发展着。林庚称屈原此举乃是"天才的努力"。"三"是奇数,"正适于奇特不群的男性的表现"②,在这样一个光芒万丈的时代,一个蓬勃变化的时代,《诗经》中的四字句表达情感已很有限,"三字节奏"是一种创新的体现。当然,林庚认为"三字节奏是可以包括二字节奏的"③,如《九歌》的《云中君》:"浴兰汤兮沐芳,华采衣兮若英。灵连蜷兮既留,烂昭昭兮未央。蹇将憺兮寿宫,与日月兮齐光"④,是为"三兮二"字节奏,若去掉"兮",读起来就缺乏自然节奏的和谐与韵律感,这主要是因为兮前面的"三"可细分为"1+2",如"浴兰汤兮沐芳"一句中"浴兰汤"可分为"浴+兰汤",去掉"兮"字虽然可变为"浴兰汤沐芳",与后世五言诗表面上看来相似,实际上却与后世五言诗的"二兮三"节奏不同,缺乏自然和谐的音律。而从屈原的所有作品看来,类似于后世五言诗的"二兮三"的节奏出现的频率是很低的。"兮"字介入其中,使得节奏在前后分为两大节拍,在它的调和下,楚辞"三兮二"的节奏才显得和谐。

战国末期的局势千变万化,谁也无法预料明天会发生什么,尤其是君王昏庸、奸佞横行的楚国,整个国家的空气都是紧张的,那么也就给楚辞的创作带来急迫的节奏,如"风飒飒兮木萧萧,思公子兮徒离忧",因为"兮"字的连接,四个"三字节奏",把集中、尖锐、紧张、急迫的气氛全都表现出来了。政治抱负不能施展、孤高而不能为世俗所能容的屈原,"他要歌唱这一个时代,就非得用这一个时代的文学语言不可"⑤,因此借助十分具有表现力的"兮"来"露才扬己"(班固语),表现长吁短叹,"高亢地歌唱着不屈不挠的反抗精神",⑥也当属必然之事了。

以"三字节奏"为基础的楚辞大部分篇章,不仅打破了《诗经》的"四字节奏",使得情感的表达灵活多样,同时,"兮"字作为连接"三字节奏"的字,把原本独立的句子合在一起,情感更为丰富,这都是适应时代的需要。楚辞也由此"成为一切新兴诗篇的根据"⑦。

---

① 林庚:《林庚诗文集》(第6卷),北京:清华大学出版社,2007年,第108页。
② 林庚:《林庚诗文集》(第3卷),北京:清华大学出版社,2007年,第55页。
③ 林庚:《中国文学简史》,北京:清华大学出版社,2007年,第68页。
④ 林家骊译注:《楚辞》,北京:中华书局,2010年,第41页。
⑤ 林庚:《林庚诗文集》(第6卷),北京:清华大学出版社,2007年,第7页。
⑥ 林庚:《林庚诗文集》(第6卷),北京:清华大学出版社,2007年,第7页。
⑦ 林庚:《林庚诗文集》(第3卷),北京:清华大学出版社,2007年,第55页。

殷光熹教授楚辞研究述评

云南大学 许 悦

《楚辞》及其代表作家屈原对中国文学史有着巨大的影响,无论是刘勰所说:"其衣被词人,非一代也。"① 还是姜亮夫先生所说:"要是没有屈原的作品,就不会有我们后代文学这个发展,或者说我们后代文学的发展不会是我们现在走的路子,像汉乐府、唐人律诗、宋以后的词曲等,可能是另外一个路子。至于什么路子就无法猜了。"② 都足以让我们体会到《楚辞》之于中国文学的巨大影响。有鉴于此,梁启超先生曾在《要籍解题及其读法》一书中指出:"吾以为凡为中国人者,须获有欣赏《楚辞》之能力,乃为不虚生此国。"③ 然而,且不说《楚辞》文本本身离我们现在已经很远了,语言的古奥让人望而却步;就是历代注解《楚辞》的名著如《楚辞章句》《楚辞补注》等,亦让专业研究者之外的广大普通读者难以读懂。因此,普通读者以及刚入门的学人要"获有欣赏《楚辞》之能力",就不得不借助于今人的《楚辞》注本了。本文所要重点评介的《楚辞注评》就是这样一部为今人开启《楚辞》大门的"普及和提高相结合"④ 的注本。

《楚辞注评》的作者殷光熹先生是云南大学文学院教授,也是著名楚辞学家。殷先生曾于1979年跟随著名楚辞学大师姜亮夫先生系统地学习、研究《楚辞》;从1978年写作第一篇楚辞论文《〈国殇〉试析》起,到2012年79岁高龄完成《楚辞注评》,这34年里,先生先后出版《楚骚:华夏文明之光》《楚辞注释》(合作)、《〈招魂〉〈大招〉笺疏》、《楚辞论丛》以及《楚辞注评》等数种高质量的楚辞研究著作,并发表了数10篇与楚辞研究有关的论文,这些论文内容涉及作家研究、作品解读与鉴赏、文献考证、影响研究以及楚辞学史等几个方面,可谓硕果累累。而其中,我以为《楚辞注评》的问世与出版尤其意义非凡。该书选录《楚辞》中作者认为属于屈原、宋玉的作品28篇进行注释、简评,并设置了三个附录,分别收录了《楚辞》典籍选注、历代《楚辞》评论选辑和参考书目三个方面的内容。刘跃进教授曾说:"从学术发展的历史看,真正在学术史上确立地位的学者,都与其尽心致

---

① 刘勰:《文心雕龙·辨骚》,刘勰著、黄叔琳注、李详补注、杨明照校注拾遗:《增订文心雕龙校注拾遗》,北京:中华书局,2012年,第51页。
② 姜亮夫:《楚辞今绎讲录》,北京:北京出版社,1981年,第106页。
③ 梁启超:《要籍解题及其读法》,长沙:岳麓书社,2010年,第70页。
④ 殷光熹:《楚辞注评》,北京:中国社会科学出版社,2015年,前言第5页。

力于学术普及工作密切相关。"① 从这个角度看,《楚辞注评》不仅仅是殷先生的一部普及《楚辞》的著作,更是殷先生数十年楚辞研究心血的凝聚,是奠定先生学术史地位的重要著作。本文将在我对殷先生的《楚辞注评》和相关研究著作的阅读、学习的基础上,从两个方面谈一些粗浅的认识与体会。

一、博采众家,守正出新

任何学术的研究都不是无本之木或无源之水,都需在充分尊重和继承前人研究成果的基础上,做出自己进一步的探索与研究,并生发出新的思想与观点以启发后来人。殷先生《楚辞注评》的注释,就展现了这种优良的学术态度。

首先,在注释的体例上,殷先生继承了王逸《楚辞章句》的训释方法,即先训释单个字词,必要时引用相关书目,最后以"这句说"三字为标志(相当于王逸的"言"某某)串讲句意。这种训释方法既具体照顾到每一个字词的解释,又起到了融会贯通的作用,且符合读者阅读理解的一般习惯,对普通读者及初学者理解文本受益匪浅。

其次,在注释中博引众家,择善而从。这种不守一家一派门户之见而广引博征的做法,也正是注者学识与气度的表现。就博采众家一方面来说,以《离骚》为例,注者明确注明直接引用的文献就有十八种之多,其中既有《楚辞章句》《楚辞补注》《楚辞集注》的等常见《楚辞》注本,也有李光地《离骚经注》、吴世尚《楚辞疏》等不太常见的注本,更广引经部、史部和集部的其他文献;而从所引《楚辞》之注本的时代和性质方面考察,上起东汉,下迄20世纪70年代,且研究性著作和普及性著作兼而有之,此诚可谓旁征博引。就择善而从一方面来看,注释当中也常见匠心。下面举两个例子来谈。第一,《离骚》"长太息以掩涕兮,哀民生之多艰。"一句,王逸《章句》注曰:"言己自伤所行不合于世,将效彭咸沈身于渊,乃太息长悲,哀念万民受命而生,遭遇多难,以殒其身。申生雉经,子胥沈江,是谓多难也。"② 由此可见,王逸将"民生"的"民"字解释为"万民"之意,而这一解释于文意未必通顺,盖何以屈原前后皆言己之遭遇与思想,而此处却忽然说到万民。清人蒋骥在《山带阁注楚辞》中已发现此解不当,更解之曰:"民,人也。原自谓。下民心同。"③ 殷先生采用蒋骥的解释道:"民生:人生。自指,自佐之词。民:人。这句说,哀叹人生道路多么艰难。"④ 这样的解释结合上下文看,似乎较王逸的《章句》更为通达。第二,《离

---

① 刘跃进:《走出学术象牙塔》,转引自李山:《诗经选》总序,北京:商务印书馆,2015年,第1页。后引此文同此版本。
② 洪兴祖:《楚辞补注》,北京:中华书局,1983年,第14页。后引此书同此版本。
③ 蒋骥:《山带阁注楚辞》,上海:上海古籍出版社,1984年,第37页。
④ 殷光熹:《楚辞注评》,北京:中国社会科学出版社,2015年,第9页。

骚》结尾的"乱"辞,王逸《章句》解释道:"乱,理也。所以发明辞旨,总撮其要也。"① 王逸运用反训的方法释"乱"为"理",视之为全篇诗歌之总结。而殷先生对此有自己的辨析:"乱:乐歌曲终曰乱,尾声也。《集注》:'乱者,乐节之名。'《山带阁注楚辞》:'余意乱者,盖乐之将终,众音毕会,而诗歌之节亦与相赴,繁音促节,交错纷乱,故有是名耳。'前人对'乱'的解释主要有两说:乐节之名,即乐曲尾声,乐器杂作,众人齐唱,形成高潮,此其一。其二,'乱'有整理之义,对乐章内容做概括总结,所谓'篇义既成,撮其大要为乱辞'(《补注》引韦昭注)当前一说近是。"② 这条注释正是针对王逸《章句》而发,引朱熹、蒋骥和洪兴祖三家之说,而最终采朱、蒋之说,训"乱"为乐曲尾声,体现了先秦诗乐舞不分的特点,似乎更与《离骚》的情况相符,从而也纠正了王逸的注释。

再次,寓文献校勘于注释之中。校勘之于古书意义重大,古之学者已多有论及,如王鸣盛《十七史商榷序》所言:"欲读古书必先精校书,校之未精而遽读,恐读亦多误矣。"③ 王氏所言公允恰当,无论古籍整理还是普及,不注重校勘者,往往多有鲁鱼亥豕之误,最终贻误读者。《楚辞注评》虽非专门的古籍整理之作,但注者仍然寓简要的校勘于注释之中,这种校勘意识的背后,体现的是注者对读者的负责。在该书注释中,注者有时只是进行简要的校注,如《离骚》"腾众车使径待"一句,王逸《章句》曰:"待,一作侍。"④《楚辞注评》曰:"待,当从一本作侍,侍卫。"⑤ 在王逸所列异文的基础上出校并简释。而有时候,注者也会引相关书籍对所校字句进行讨论;讨论字的如《离骚》"委厥美而历兹"一句,《注评》云:"委:旧注作'弃'解,然据上下文文意看,疑'委'字有误。陆侃如、高亨《楚辞选》云:'委,似当作秉,大概古秉字或写作'委'字(形近),因而错作'委'字。秉,抱持。"⑥ 通过引书校勘,最后解释该句道:"这句说,保持它的美质直到今天。"再如讨论句的例子,《少司命》有一句:"与女游兮九河,冲风至兮水扬波。"洪兴祖以为古本无此句,应当删去,而殷先生在《注评》中引相关文献做了如下讨论:"洪兴祖说:'古本无此二句。'(《考异》)又云:'此二句,《河伯》章中语也。'认为此二句当是从《河伯》篇中窜入的文字,本应删去,现仍照《文选》本保留之。胡文英认为:'洪兴祖云古本无二句。古本岂能先于王逸及《文选》哉,疑而存之则可,坊本直删之,邻于妄作矣。'所言不无道理,故本篇未删此二句,姑且'疑而存之'。"⑦ 类似的校勘例子在全书中还有很多,虽然有些校注或有可商榷的地方,但它们表现了作者的文献意识,最终给读者提供了一个可靠的版本。

---

① 洪兴祖:《楚辞补注》,北京:中华书局,1983年,第47页。
② 殷光熹:《楚辞注评》,北京:中国社会科学出版社,2015年,第35页。
③ 王鸣盛,黄曙辉点校:《十七史商榷》,上海:上海古籍出版社,2013年,第2页。
④ 洪兴祖:《楚辞补注》,北京:中华书局,1983年,第45页。
⑤ 殷光熹:《楚辞注评》,北京:中国社会科学出版社,2015年,第33页。
⑥ 殷光熹:《楚辞注评》,北京:中国社会科学出版社,2015年,第31页。
⑦ 殷光熹:《楚辞注评》,北京:中国社会科学出版社,2015年,第67页。

最后,在本书的注释部分,还体现出了殷先生严谨治学、时出新见的特点。所谓严谨治学指的是对于一些学术史上聚讼纷纭的一些问题,在注者不能作出确解——今天的学术发展也不能为确解提供条件的情况下,殷先生毫不武断地下以己意,而是提出众说并在此基础上简单加以总结以供读者参考。这其中最典型的例子莫过于《离骚》的解题和创作时间的问题。谈到《离骚》的解题时,注者较为详细地介绍了以司马迁、班固为代表的"离忧""遭忧"说和以王逸为代表的别愁说;在这基础上,注者还罗列了扬雄、钱澄之、游国恩、项安世等古今学者的比较有特色的观点,这样就开阔了读者的视野。在介绍《离骚》创作时间时,注者简要介绍了关于其产生时间的三种说法,并在每一种说法后罗列了支持该说法的主要学者及其相关著作,这样的苦心安排,为读者的进一步研究提供了宝贵的学术线索。当然,学术研究在严谨治学、充分尊重前贤时彦的研究成果的基础上,提出自己的新解也是必要的;而以深厚的学术研究或深入、成熟的思考为基础的新解,往往也能起到启发别人、泽被后学的作用。《注评》中无论对于细微的字词的注解还是对于宏观的篇旨的解说,都在多处闪烁着殷先生的创新精神。就字词方面而言,可以举一个《天问》里的例子。《天问》里"昭后成游,南土爰底"一句,王逸《楚辞章句》解释道:"爰,于也。底,至也。言昭王背成王之制以出游,南至于楚,楚人沈之,而遂不还也。"① 其中"背成王之制"一句,就属于增字以解经的例子,明显是对《天问》文本的曲解,且也未必何合于周成王的制度或国策。而殷先生对前一句解释道:"昭后:周昭王,姬瑕,西周第四代君主。后,君主。成:通'盛'。一作完成解,亦通。成游:实现出游。这句说:昭王实现了他巡游的愿望。"② 这样的解释显然较王逸得更为通达、符合诗意。而宏观的解题方面,殷先生对《九歌》的解释也是别出心裁的。王逸以为《九歌》:"上陈事神之敬,下见己之冤结,托之以风谏。"③ 殷先生认为历来对《九歌》的解释脱离不开王逸"托之以风谏"的影响,而联系楚国"信巫鬼,重淫祀"(《汉书·地理志》语)的特点来看"《九歌》的主题是祭神求福。它是先民出于生存本能这个基本要求的精神产物。人们用祭祀神灵的仪式来对自然进行观照和认识,建立人与自然神灵之间的联系,使彼此之间心灵得以沟通。人们只有对神灵虔诚、热爱、敬畏,才能唤起神灵的注意、同情、关爱和支持,或在神灵的保佑下实现美好的愿望。也就是说,《九歌》反映了楚国人民热爱大自然的深厚感情,渴望得到大自然的恩赐。"④ 殷先生结合楚国地理与民俗做出的这一新解,或许更为接近《九歌》这一古老祭歌的本来面目。

---

① 洪兴祖:《楚辞补注》,北京:中华书局,1983年 第110页。
② 殷光熹:《楚辞注评》,北京:中国社会科学出版社,2015年,第126页。
③ 洪兴祖:《楚辞补注》,北京:中华书局,1983年 第55页。
④ 殷光熹:《楚辞注评》,北京:中国社会科学出版社,2015年,第40页。

二、注评结合，兼顾提高

对于《楚辞注评》的定位，殷先生在该书前言中曾有这样的说明："书中有注有评有附录资料，是普及和提高相结合的《楚辞》读本。"① 此所谓"普及和提高"的提高部分我的理解应该包括每一篇作品的第一条解题性质的注释、最后的简评以及本书的附录部分，而最后的附录部分我以为附录二《历代〈楚辞〉评论选辑》尤有特色；概括而言这三部分主要有以下四个特色。

首先，每一篇作品之后的简评内容丰富、富于文采。就内容而言，评者或总结作品内容，或分析作品结构，或对名句进行赏析，或揭橥作品的艺术特色。以《离骚》结构与分段为例，简评之中就颇见评者的功力与良苦用心。《离骚》的分段，历来有不同的观点，据周建忠教授《楚辞讲演录》统计，从二分法到综合法《离骚》总共有十种分段方法，而每一种分段方法之下各家各派的具体处理及细分又各不相同，真可谓聚讼纷纭，莫衷一是。殷先生在《离骚》简评中综合了清代学者奚禄诒《楚辞详解》和胡念贻先生《楚辞选注及其考证》的四分的意见，摒弃奚著四分之下继续细分的过于琐碎的做法，把《离骚》整体分为四部分，并对每一部分进行了简要的概括。这样做法既避免了传统作品选两分法过于笼统的问题②，又不至于太细使读者感到琐碎。对于初学者来说，这样繁简适当的分段，极为便利，其中也可以见出评者处处为读者考虑的良苦用心。关于简评的文采，也是本书的一大特色，刘跃进教授在评述20世纪60年代文学研究所选注的历代文学经典作品时曾说："这样的书，阐释经典，其本身也成为一种经典。"③ 我想，把刘先生这一观点移到殷先生的《注评》上也是恰当不过的，殷先生的注评语言精练而又辞藻华美，这样的简评与"气往轹古，辞来切今"（《文心雕龙》语）的《楚辞》本身就"两美其合"，相得益彰；殷先生的简评随着对《楚辞》经典的阐释，同时也将成为经典。

其次，《注评》附录部分注意对历代诗文评的辑录，在每一篇的简评部分也注重利用古代诗文评或历代《楚辞》研究著作中类似诗文评的话语来揭示该作品的主题思想和艺术特色。在唐宋诗词文的古籍整理本或普及性的注本中辑录或引用诗文评的现象数见不鲜，然而在先秦诗文尤其是《楚辞》的注本中辑录、引用诗文评的例子笔者看来仍属凤毛麟角。而诗文评对于把握先秦的文学作品有着重要的意义。北京大学中文系常森教授曾经敏锐地指出这其中的意义："我认为，20世纪先秦文学研究中所发生的一个特别值得注意的变化，就是评点被遗弃以及现代研究方法的建立。这一变化影响所及远远不限

---

① 殷光熹：《楚辞注评》，北京：中国社会科学出版社，2015年，前言第5页。
② 如朱东润先生主编的《中国历代文学作品选》、北大中文系文学史教研室选注的《先秦文学史参考资料》都是对《离骚》分段采取两分法。
③ 刘跃进：《走出学术象牙塔》，转引自李山：《诗经选》总序，北京：商务印书馆，2015年。

于方法领域。从本质意义上说，评点实际上意味着读者跟文本间一种特殊的关系方式，通过这种关系方式，读者得以在作品中'诗意地栖居'；换句话可以说，评点意味着读者跟评点对象的生动互渗与合一。先秦文学研究之现代学术范式之建立，虽然也接受了传统的影响，但在总体倾向上则是步趋西方的理论和方法，以评点为核心的传统批评手段缺少深切的关怀……因此后来的读者（包括研究者）付出了沉重的代价：他们在面对先秦文学作品时，已无由体验金圣叹《天下才子必读书》、刘熙载《艺概·文概》等著作所包含的那一份特有的生动……所以评点之被遗弃以及现代研究方法之建立……其长短得失值得认真地思考。"① 从常先生的述评中我们可以深刻地体会到评点之于先秦文学的重要性。所幸的是，殷先生的《注评》对诗文评的高度的重视，让读者得以和其所评的《楚辞》做到"生动互渗与合一"，能够更好地走进作品、把握作品，避免了缺少评点所给读者和初学者带来的"沉重代价"。具体来说，在附录《历代〈楚辞〉评论选辑》中，殷先生引用了从西汉至20世纪82位作者的数百条评论，其中的诗文评就选录了28位作者的各种评论。这些评论或涉及对《楚辞》的总评，或涉及《楚辞》与其他作品的比较，或者是对作品细部的赏析，都是寓慧心于三言两语之中，言简而义丰。此外，在殷先生为每一篇作品所写的简评中，也非常注重对诗文评的运用。或引用诗文评言简意赅地对作家和作品的艺术特点地位，进行述评，如在《离骚》简评的结尾引用刘勰《文心雕龙·辨骚》中"不有屈原，岂见《离骚》。惊才逸风，壮志烟高"来整体阐明对屈原与《离骚》的评价；而引用胡应麟《诗薮·内篇卷一》"宏丽之端，实自《离骚》发之"一语，要言不烦地从篇幅宏大、辞藻华丽的角度揭橥了《离骚》的艺术特点及其影响。又如，在评论《哀郢》的构思时作者说："诗人的心理活动，能随着旅程、景物的不同变换，层层递进，正如刘熙载所说：'屈子之辞，沉痛常在转处。'（《艺概·赋概》）一转一深，形成了凄怆沉郁的艺术风格。"② 作者这里引用刘熙载的评论，不仅指出了《哀郢》结构上的特点，而且还在此基础上高度凝练地总结了《哀郢》的艺术风格，对于读者理清《哀郢》文脉，整体把握《哀郢》都大有裨益。或引用传统楚辞学著作中类似诗文评的话来揭示作品艺术特点，这种做法同时也扩大了诗文评的范围，很好地发掘了传统楚辞学著作在评点方面的价值。《天问》在《楚辞》中素称难读，而其中对于初学者来说，它的一大难点不外乎是对作品宏大结构的把握，殷先生在谈及《天问》行文、结构的特点时，做出了这样的评论："全诗行文，基本上是井然有序的，它在主题思想的统摄下，将包罗万象的问题编织其中，有经纬、有交叉、有分合、有明暗、有表层、也有深层，或相辅相成，或相形见义，可谓巧夺天工。正如黄文焕所言：'布阵至大，布势至顺。'（《楚辞听直》）蒋骥亦言：'首原天地，次纪名物，次追往昔，终之以楚先。

---

① 常森：《先秦文学专题讲义》，太原：山西教育出版社，2005年，第2页。
② 殷光熹：《楚辞注评》，北京：中国社会科学出版社，2015年，第177页。

综其大旨,条理秩然。'"(《山带阁注楚辞》)① 这段评论先是注者自己对《天问》的结构进行点评,又引黄文焕的话进行总评,最后引蒋骥之语较为细致地分析,可谓从宏观和微观两方面让读者把握了《天问》的结构特点,结合作者对《天问》的注释,我相信读者对《天问》将会得以很好把握,畏难情绪也能减少。

第三,在辑录《历代〈楚辞〉评论选辑》时,作者博采众家,不仅选录了历代肯定屈原、表彰屈原的评论,而且也选录了怀疑、否定屈原的评论。众所周知,由于战国诸子之作没有一语明确谈及屈原,故近代以来掀起了对屈原及其作品怀疑的思潮,而这股怀疑思潮肇始自今文经学家廖平,廖平在其《楚辞讲义序》中始怀疑《楚辞》中《九章》以下的作品多非屈原所作,而乃秦时博士所为;稍后的胡适对屈原及其时代也提出了怀疑;到了何天行,这种怀疑思潮达到顶峰,彻底否定屈原及其作品,提出《楚辞》作于汉代的论断,并写出了《楚辞作于汉代考》一书。他们的观点尽管遭到了拥护屈原的学者的驳斥,然而作为楚辞学术史上的一种声音与潮流,殷先生在评论里还是辑录了他们的许多评论;殷先生这一做法,不仅体现了先生在选辑评论时的学术史意识,而且体现了先生海纳百川式的宽广的胸襟。为读者做进一步、多元化的研究提供了视角。

最后,在殷先生的《楚辞注评》中处处凝结着他数十年楚辞研究的心血及成果,正如殷先生在《唐宋名家词风格流派新探》一书的《后记》中所说,《楚辞注评》是先生楚辞研究中结的"小瓜"(先生戏称他的其他楚辞研究成果为"土豆")这种先做细部研究、日积月累,再进行普及的做法,提高了《楚辞注评》的学术质量与学术品格,也为初学者指示了治学之路。我想举两个例子以窥殷先生以研究反哺普及的做法。

第一,先生《天问》的研究。《天问》题目究竟何意,自王逸以来众说纷纭,莫衷一是,形成了十数种观点。而先生不满于承袭前人成说,写作《〈天问〉题名考辨》一文,从先秦"天"字的含义、《天问》的提问内容、质疑范围和篇名及文本本身等方面论证了"天问"二字乃是"天(来)问"之意。基于先生的研究,在注解《天问》时,先生指出:"比照以上诸说,当以'设天以问人'为近是。"② 这看似简单的一句话背后,蕴含的是先生艰辛的学术研究。再如就是《天问》的结构问题。《天问》难读,一大原因即在于其结构的复杂,然而对于这一困难,古往今来不少学者归之于错简问题,并通过对语句顺序的大量调整,以求解通《天问》。而一味把《天问》的难读归咎于错简,著名楚辞学家林庚先生就指出了这样做的不妥:"错简也是先秦著作中可能发生的。《天问》中有明显错简的地方……幸亏它出现得比较集中,这也许可以减少一些判断上的随意性。总之,在错字与错简的问题上,应当是尽量减少发生新的错误,因此与其相信它多些,毋宁相信它少些。《天问》中的真

---

① 殷光熹:《楚辞注评》,北京:中国社会科学出版社,2015年,第145页。
② 殷光熹:《楚辞注评》,北京:中国社会科学出版社,2015年,第91页。

正难题主要仍在于故事传说的失传上。"① 马茂元先生也指出"它(指《天问》)的内容全部涉及古代神话传说、现存资料又不足取征"② 才是《天问》难读的主要原因。由此可见，对失传故事的考索和对古代神话和历史的解读才是解决《天问》难读的正确途径。殷先生的《从〈天问〉看屈原的历史观》《〈天问〉结构的独特性》两篇文章分别回应了《天问》所涉及的神话、历史和错简等问题；尤其是后一篇文章，先生从"有序"和"无序"开始梳理关于《天问》结构研究的学术史，并从主题思想、创作动机、思维方式、表达形式、基本内容以及结构层次六个方面揭示了《天问》结构的独特性。以上这些具体、细致的学术积累与研究，为先生注解、解读《天问》提供了坚实可靠的学术保障。所以，先生在简评《天问》时，总结了他自己的研究心得："至于'文义不次序'和'错简'的地方，只是少数和局部的问题，并不影响全诗的基本面貌。《天问》之所以难懂，不能简单而武断地归咎于'错简'……主要原因还是诗中所涉及的问题中……给后人解读造成重重困难。"③ 这朴实的叙述，实是深得三昧之言。

第二个例子是先生的《大招》研究。《大招》的著作权归属问题，自王逸以来，就在屈原和景差之间摇摆，到了20世纪，又有郭沫若既非屈原，也非景差作的说法；以及游国恩先生根据《大招》中三次言及楚国，并且认为"青色直眉"是秦以后语，因此断定《大招》为西汉初年无名氏所作之说。殷先生根据王逸注释《大招》文本时的一系列语句，考订王逸是倾向屈原所作的，并且通过精细地考证辩驳了朱熹、郭沫若、游国恩等人的观点，把《大招》的著作权还给了屈原。《注评》中的《大招》署名屈原，并在简评部分指明屈原作《大招》的时间当在楚顷襄王三年(前296)的春天。先生的这些结论，都是以他的《〈大招〉探》为基础写成的，具有坚如磐石的学术保障。所以殷先生的《大招》研究也在学术界独树一帜，颇受好评。周建忠教授说："其中关于《大招》的研究……成了当今楚辞学者中独一无二的特色。"④ 王从仁教授也说："(殷光熹)主张《大招》为屈原所作……可代表一股历史反思的思潮。"⑤ 二位先生的评论，实为公允。

以上两部分内容即是我阅读、学习殷光熹先生《楚辞注评》和一些楚辞研究论文后的点滴体会。可以说博采众家、择善而从，注重评点，把研究与普及相结合不仅是《楚辞注评》的特色，也是殷先生楚辞研究的主要特色之一。然而，殷先生数十年如一日沉潜在楚辞的世界里，楚辞的世界本身就博大精深，殷先生的学问亦广博深厚，远非拙文所能述评。不揣谫陋，以此文就正于殷先生及诸前贤时彦。

---

① 林庚:《林庚楚辞研究两种》,北京:清华大学出版社,2006年,第175—176页。
② 马茂元选注:《楚辞选》,北京:人民文学出版社,1958年,第55页。
③ 殷光熹:《楚辞注评》,北京:中国社会科学出版社,2015年,第145页。
④ 周建忠:《楚辞论稿》,郑州:中州古籍出版社,1994年。
⑤ 王从仁:《楚辞研究的回顾与展望》,《语文导报》,1986年第7期。